政治発言
オックスフォード引用句辞典

アントニー・ジェイ［編］

和田宗春［訳］

はる書房

Selection and arrangement © Antony Jay, Oxford University Press 1996
Introduction © Antony Jay 1996
"The Oxford Dictionary of Political Quotations" was originally published in English in 1996.
This translation is published by arrangement with Oxford University Press."

序

「何か書かねばと苦しんでいる人がこの本のページを繰れば、教養高い雰囲気をいくぶん添えるためであれ、自分で考える煩わしさを免れるためであれ、多くの優れた名言を見出しまた書きとめることだろう。」バーナード・ダーウィンが「オックスフォード引用句辞典」初版の序で記した語句は、55 年前と変わらず今も正しい。しかし引用句を用いるに当たっては、特に政治の世界ではさらに妥当な理由がある。

 ある事業または政策への支持を盛り上げようとする時、過去の偉人たちを引き合いに出すのは至極当然のことなのだ。彼らの名声が論議に知的な重みと道徳的説得力を与える。彼らがすでにこの世にいず、テレビに出演して自分たちの主張はまったく違うのだ、と発言できないからである。

 おそらく、著名人による支持よりもさらに重要なのは、時間に磨かれた知恵であろう。政治分野の新しい考え方は常に疑われるものだが、引用句を用いることで、自分の考え方が新しくて傷つきやすい若木などではなく、政治社会の歴史に深く根ざしていることを示せるのである。

 刑罰は社会復帰の機会を与えるのではなく、むしろ見せしめだと主張する人々は、時代遅れだと感じるかもしれないが、アイスキュロス Ae-schylus を参照すれば、信念が 2500 年の由緒あるものであることを論証できる。

 ヨーロッパと緊密に連帯することに批判的な人々は、19 世紀ではバジョット Walter Bagehot の「イギリス国民はいかなる国にもまして、外の世界から切り離され……孤島となっているのではないか？ 現代ヨーロッパの一般的な政情動向から外れていないのか？」を引用し、また 18 世紀からはギボン Edward Gibbon の「ヨーロッパに多数の独立国家をつくることは、互いに宗教、言語、生活様式が類似し関連しており、人類の自由にとって最高の有益な結果をもたらすのだ。」を引用して、連帯に反対する十分な理由も論拠もあるという信念には何ら新奇さがないことがわかる。一方ヨーロッパ寄りの人々は、19 世紀に首相を務めたソールズベリー卿 Lord Salisbury の発言を楯にできる。「われわれはヨーロッパ共同体の同志だ。その通りに行動する義務を果たさなくてはならない。」さらに時には、引用句は知的な支えとしてだけではなく、劇的な効果を上げる魔力を持つものであるかのように使われることがある。

 今も語りつがれる二人の首相がこの力を感じていたはずだ。最初は

1940年のチェンバレン Neville Chamberlain で、レオ・アメリー Leo Amery が、残部議会に対するクロムウェル Oliver Cromwell の歴史的発言を引用した時のことだ。「あなたは世の中のため献身しようとしてここに長いこと座りすぎた。出ていけ、と言おう。私たちに処遇を任せよ。神の名にかけて、去れ！」チェンバレンは出ていった。2人目は1963年のマクミラン Harold Macmillan で、同志である保守党議員ナイジェル・バーチ Nigel Birch がブラウニング Frederick 'Boy' Browning の「失われし指導者」をとどめの一撃として引用した時だ。

  人生の夜が始まった。彼を戻って来させるな！
  われらには疑いやためらいや苦痛があり、
  彼を讃えよと強いられるが——黄昏の光の瞬きだ、
  喜びと自信に溢れた朝は2度と来ない！

 どの道マクミランの運命は定まっていたのだろうが、バーチの引用句はブルータスの短剣のごとく彼の失脚を確かなものとした。本辞典は、少しの教養の香りだけを求めたり、考えることを避けようとする人々のみならず、議論や意見を栄えある先祖や古き系図を論拠として主張しようとする人々にも役立つものであろう。
 しかし本書は、単なる政治的な機知や知恵の名文集ではない。まず第1に、そして何よりも、信頼するに足るデータ・ブックである。本書に収録するにあたって最も重視した選択基準は、古典性でも深遠さでもなく親しみ深さである。政治的演説や文章の決まり文句の一部として、英語使用地域全体に通用する政治的引用句は山のようにある。そのすべてが本書に採録されてしかるべきであり、もし落ちがあれば（もちろん時間に余裕のある鋭い読者が明らかな遺漏を指摘することは確実だが）、責めは編者が負うべきものである。
 中心となるのは世界的に著名な政治的引用句だが、それよりもはるかに多く収録されているのは、長く引用されて来たにもかかわらず、発言者とされる人々のものとは直接には認めがたいような言葉である。編集上の判断を必要とするところであり、遺漏があった場合も謝罪よりは弁解ができるものと考える。しかしどちらの場合も、鍵となるのは「これは信頼に足るデータ・ブックに必要なものか？」という問いであった。本書が対象とする主な読者は2種類ある。まずは、ある引用句にぶつかって、または一部を思い出して、これを確かめよう出所を明らかにしようと思う人々であり、もうひとつはあるテーマにそって、あるいは特定の著者の引用句を探そうとする人々である。
 しかし多くのデータ・ブックは目的を追い求める狩人を惹きつけるのと同様、拾い読みや目的のない漫然とした読書を楽しむ人々をも惹きつけるものだ。政治的引用句辞典は、そのリストのほとんどトップを飾る

ものであるに違いない。確認や照合と同じく発見の喜びをも与えるものなのだ。本書は、名言集として編集されたわけではないが、名言集を読む喜びも得られるはずである。だからこそ私は、多くの場合に、純然たるデータ・ブックであれば必須であるような情報よりも、その発言がもたらされた状況の情報を載せようと努めた。引用句の中には（例えばウェリントン Duke of Wellington の「もしあなたがそう信ずるなら、何でも信じることになるだろう。」など）、専門的な読書家でない限り、前後関係についての説明がなければほとんど理解し難い言葉もある。

　文言から表面上は理解はできるが、例えばマーガレット・サッチャー Margaret Thatcher の「さて、いつものような仕事になるに違いありません。」と同じく発言された背景を知っていればさらに面白くなる言葉もある。本辞典がテーマ別ではなく発言者や著者名別に編集されているのも、同じ理由による。

　私自身、テーマ別の編集には心から満足したためしがないのだ——私はいつも、テーマ別に採録された項目について、別の見出しに分類されてもおかしくないという詮索をしてしまうし、その見出しはいくつもある出典や発言者名に従って分類すればこの憂いを免れる上に、データ・ブックという目的のためには、出所による配列はテーマ別の配列と同様に役立つものである。「政治発言」辞典には、この形式が特に便利である。

　特にランダムに拾い読みをする読者には、個人——ロイド＝ジョージ David Lloyd-George、トクヴィル Alexis de Tocqueville、ハリファックス Lord Halifax（'the Trimmer'）——が行った複数の発言を通して、その人が何を言ったかだけではなく、人格や個性についてもす早くかつ生き生きと知ることができるのである。本書はまったくのデータ・ブックではあるが、私たちが今日生きている政治社会に至る歩みをはっきりと記してきた意見や思想や個性の概要を示す書としても、完全に系統立ってはいないにせよ、多くの読者に使っていただければ本望である。

　では、ある引用句を政治的な句であるとするものは何であろうか？もちろん、多くの場合答えは明らかである。

　まず政治についての一般的真理が候補として挙げられる。アイスキュロスの「何人も異邦人を責むるには急なり。」、ベーコン Francis Bacon の「高位へのあらゆる昇進は螺旋階段を上るようなものだ。」、バーク Edmund Burke の「課税してなお人民を喜ばせることは、愛してなお賢明であることに劣らず人間には不可能である。」などである。また、特定の出来事や個人についての引用句が言いまわしとして定着したものもある。ディズレーリ Benjamin Disraeli の「つるつると滑る棒の先端に上りつめた。」、メアリー・チューダー Mary Tudor の「私が死んで遺体を切り開いてみれば、カレー港が心に葬られていると知るでしょう。」など。誤って引用されることの方が多いにしてもである。引用句のうちの

あるものは、その発言者ゆえにここに収録される価値がある。もしあなたや私が「私の生きているうちは女性が首相になることはない」と言ったところで、本辞典に収録されることは期待できない。マーガレット・サッチャーがこれを言ったとなれば、事情は一変する。

しかし、明らかに政治発言であるものとそうでないものの間には、どちらなのかよくわからないという領域がある。「嘘がつけない、パパ。嘘がつけないと知ってるでしょ。ぼくが手斧で切りました。」という言葉は、政治に直接関わるものではないが、ワシントン George Washington の個性をよく示しているがゆえに、声望を立証するものとして引用される。ゆえに非採取とするなど論外である。では著名な人物が書いた文学上の語句や、その人柄から発せられた言葉についてはどうだろうか？　マコーレー Lord Macaulay の詩やディズレーリの小説などである。

もし本辞典に掲載しないなかに「スチュアート王家派の墓碑銘」を含んでも、不平等であるとは言われまい。サイベルの「2国家の演説」は、今も保守党の内輪もめの核心をなすものだ。

もう1つの曖昧な境界線は、多くが政治と重なる領域である法律、福祉、王権、経済等の見出しの下に分類される方が適当であるようなものと、政治発言とを区別する境界線、というか区別しがたい境界線である。

もしこれらのテーマにそったそれぞれの「オックスフォード引用句辞典」があるとすれば、アダム・スミス Adam Smith の「同業者仲間は、楽しみや気晴らしのために集った時でさえ、会話は社会公共に対する陰謀、すなわち値段をつり上げるある種の方策の話になる。」という観察をどこに収めるべきかが、議論の的となるだろう。つまりは「オックスフォード経済引用句辞典」が（まだ）ないために議論になっていないだけである。

「オックスフォード政治逸話集」という優れた本があり、引用句の出典は逸話なのだ。以下のような逸話は載せたい誘惑があったのは間違いなかろうが、記載されていない。保守党のイアン・マクラウド Iain Macleod は、1964年に政権を失った後欠席が多く、野党幹部議席にある彼の席は、空席が目立っていた。ウィルソン Harold Wilson 首相がこれを知ったのは、保守党の陣笠議員たちがよく文句を言うからだった。ある日、マクラウドが現れた。首相にきびしい質問を行うためだった。ウィルソンは立ち上がり、一息おいて言った。「その議席によく座っていらっしゃいますか？」これは保守党幹部議員への陣笠議員の歴史に残る笑いのひとつになった。

しかし「ここにはよくいらっしゃいますか？」がどうして政治発言に聞こえようか。ひとえに逸話の一部であり、除外されねばならなかったのだ。

もちろん、あらゆる政治発言が政治家の発言であったり、政治についてだったりするわけではない。ルイス・キャロル Lewis Carroll は間違い

なく政治家ではないし、「鏡の国のアリス」も同じく間違いなく政治的著作ではないが、「ジャムの約束はいつも明日」や「ただ話したいために選んだ言葉だ——それ以上でもそれ以下でもない。」は政治討論でいつも引用されている——その例としてトニー・ベン Tony Benn の引用を挙げよう。「明日のジャムにするつもりだったうちのいくらかを、もう食べてしまったのだ。」もしこれを入れなければ、本辞典は読者の役に立たないだろう。政治家はもはや、かつてのように意のままには詩を引用しなくなったが、それでも近年の政治の研究者は詩の引用や詩人についての言及を多く確認している。

今日でさえ、キプリング Rudyard Kipling の「デーン人の租税の支払い」やチェスタトン G. K. Chesterton の「秘められた人々」、そしてかのブレイ村の教区牧師を侮めかすおびただしい表現に出会うのである。そしてもちろん、他の追随を許さぬ頻度で引用される一人の詩人（といえばシェイクスピアである）がいる。

彼が政治的な状況においてこれほどよく引用されるのは、単に文章が力強く幅広いためのみならず、多くの戯曲がテーマや登場人物やその対立において、あまりに強烈に政治的だという事実による。もし読者が、本書でシェイクスピア William Shakespeare が多く取り上げられすぎていると感じられるなら、私はただ、彼が多すぎるスペースを与えられたように見えることはよく承知しているが、初版での彼の項はもっと長かったのだ、と言えるだけである。整頓を行ってきたのだが、残っているのは、失うものなしには落とせないという編者の判断を代表するものばかりなのだ。

同様にスペースを占めて見える文筆家（シェイクスピアは唯一の詩人だが）は 1 人だけではない。4 人の偉大なる国家指導者——チャーチル Winston Churchill、ディズレーリ、ジェファーソン Thomas Jefferson、リンカン Abraham Lincoln ——は、同時代人にも後継者たちにも際限なく引用されてきた。確かに彼らには言葉の才能があったが、生存中に達成した名声もまた、有名でない同時代の人々に比べて彼らの発言が細かく記録され繰り返し使用されている理由であるように思える。

本書には、世界的名声はないが目立って大きく扱われている人物が 2 人いる。バーク Edmund Burke は実際に政治家ではあったが、彼らほどの大物ではなかったし、バジョットは議員でさえなかった。しかし 2 人は常に誰にでも覚えやすくまた誰にもそれ以上うまくは言えない形で、発言や主張を表現する言い方を見出してきた。発言のあるものは彼ら自身のものだが、そうでないものでも頻繁に繰り返されてきたことが証明されている。彼らはポープ Alexander Pope の次の定義を体現しているのである。

　　ほんとうの機知とは美しい衣裳をまとった本質、

しばしば考えられてはきたが、これほどうまくは表現されなかったもの。

　編者は、彼らが要求するスペースの広さについては謝罪の必要を感じない。
　あらゆる引用句辞典が直面する、独特の危険性がひとつある。他の諸辞典にすでに記載のあるものばかりを、載せてしまうという危険である。もちろんその多くが他の引用句集にも見られるものであることは避けがたいのだが、辞典編集者が同じ資料ばかりを使うべきではないということも同様に重要である。
　もし引用句が政治的コミュニケーションを新鮮な活気あふれるものにするものならば、汲み取るべきは澱んだ沼ではなく生き生きとした流れであろう。そういうわけで、本書の出発点はオックスフォード大学出版会の棚に保管されている政治発言の現存資料ではあるが、単なる出発点に過ぎない。新しい資料を持ちこむための主な方法は、研究者がチームを組んで日刊紙や定期刊行物をしらみつぶしに探し、ラジオやテレビ番組を視聴して、出てきた重要な引用句をすべて記録し、検討を重ねることだった。もう一つ重要な情報源であったのは人々とのやり取りである。
　生きた引用句辞典ならば当然現在生きている人々の発言から引用句を入れるべきである。人々の多くは寛大にも、彼らの発言を確認し出典を明らかにしたのみならず、引用されているのに気がついた他の著作や発言をも提供してくれた。生者はまた死者との仲をも取り持ってくれたのである。例えば、最初の選択を終えた時点の草稿では、私が見てきたあらゆる引用句辞典と同様、イギリスの最も偉大な首相の1人ロバート・ピール Robert Peel の発言からの引用句が不当なほど欠けていた。彼が残した引用されるに足る言葉がそれほど少ないとは信じがたいことだった。
　そしてピールの代表的権威であるノーマン・ガッシュ教授に宛てた1通の手紙から、責められるべきはピールではなく記録であると証明したのである。今やピールの項目は十分に整っている。同様に、もしヘンリー・テイラー Henry Taylor の『政治家』についてダークル卿のご教示を頂かなければ、19世紀において最も政治的に機敏であった官僚は姿を現さないままであったろう。
　ここから、「政治発言とは何か？」という疑問の最終的な側面が導かれる。すなわち、「引用されてきたものであるのか、あるいは引用に値するというだけで十分なのか」ということである。もし引用に値することを基準として採用するならば、読者は名言集や備忘録の広大な平野に位置する滑りやすい坂のふもとに身を置くようなものである。「オックスフォード引用句辞典」の初版の編者たちは迷わなかった。
　「選択作業の間、記載項目を実際引用されたものにとどめ、編集者や

寄稿家が引用に値すると信じたり、望んだ言いまわしを採用しないようにするために、大変な努力を払った。」もちろん彼らは正しかったのである。

　それでも大変な努力を払ったと言っているだけで、完全に意図したとおりにできたとは言っていないのだ。私も同様のことを告白せねばならない。もちろん本書は本質的には実際引用されてきた言葉の辞典である。私は滑りやすい坂でほんの 1、2 歩足を滑らすように、現代の読者が引用したいと思うであろうと考える数行を入れた。結局のところ、いつどこで引用されなかったと、知り得ようか？　私は、自分の判断で勝手ながら、レアティーズが王位継承者との結婚についてオフィーリアに与えた忠告を入れることにしたのである。

　　だが、ご身分を考えてみろ、あのかたの意志はご自分のものではない、あのかたも生まれには従わねばならぬ、身分卑しいもののように、勝手気ままに生きることは許されぬのだ。あのかたの選ぶ道はただちに国家の安寧・福祉の存否にかかわってくる。
　　とすれば、妃を選ぶときも、ご自分を主君と仰ぐ国民全体の賛否に左右されることになる。……

　どこで政治的に引用されたという記録はないが、皇太子の離婚と再婚について現在継続中の論議に鑑みて、多くの人が覚えておきたい言葉なのではないかと私には思えたのである。実は本文が印刷に回された直後に、スタンレー・ボールドウィン Stanley Baldwin が下院で同じ言葉を、エドワード 8 世 Edward VIII の退位にからめて引用していたことを発見した。かくて本書にほんの数項目──パーセンテージにすればごく僅か──過去に引用されたと断言できないが、されていないとも言えない項目がある。これらはまた、政治発言の池が澱むことを食い止めるもう一つの方法でもあるのだ。

　さらに疑問のもう 1 つの側面は、政治発言はどんな時に政治発言でなくなるのか？　というものである。ビスマルク Otto von Bismarck のバルカン半島での対立には「健康な身体を持ったポメラニア人擲弾兵 1 人の価値もない。」、という意見を、歴史的な解決済みの項目として扱うのは簡単なことであった。だが 1995 年には国連の役割とボスニア問題の下院での討議で再浮上したのである。

　もし私が実際引用されたものよりも、引用される価値のあるものを採取するという姿勢をいくばくか通したとするならば、実例との照合や出所確認を経たものではないものになる。出版会の同僚たちは、引用の実例を検証することにかけては厳密かつ徹底的であり、記載を約束されていた多くの走者が最後の垣で落伍した。そのなかには「左側に敵はいない」や「誰が政権の座にあろうと、保守派は常に権力を持つ」など耳

になじんだ語句もあった。除外された語句のうちの2、3については、個人的に特に惜しく思っているものもある。ベーコンが「時間をその一員として召集しない議会は、時間が認可しない。」と言ったことは確かだと私は思うのだが（そして私が捏造したわけではないのも絶対に確かなのだが）、また彼が「大きな出来事は小さなきっかけでも起こるが、小さな理由で起こるのではない」と言ったことも確かだと思うのだが、調査では出所を突き止めることができなかった。

　グラッドストン William Ewart Gladstone について、次のように言った人物が誰かがわからなかったのも残念である。グラッドストンが演説を書く時は、自分の議論の海岸線にあるあらゆる湾や岬に従ったのみならず、あらゆる川を水源まで遡ることを主張した、というものだ。また政府機関とは過去の問題の記念館だ、と言ったのはアメリカの学者ドナルド・ショーンだと私は確信しているのだが、証明できなかった。

　もう1つ残念なことは、引用の実例が項目選定より遅かったというものである。特にシモン・ペレスの「テレビは独裁制を不可能にしたが、民主主義を耐えがたいものにした」という洞察である。しかし我々は、イゼッベゴヴィッチ Alija Izetbegović 首相がデイトン協定にサインした後の発言には遅れを取らなかった。「国民に言いたい、確かに平和とは言えないことかもしれない。だが、戦争継続よりはましなのだ。」

　おそらく引用句の中で最も問題が多いのは、ごく最近のものである。最終的には、ある意見が認められるかどうかの判断を下したのは時間であり、また「犯罪に対しても犯罪の原因に対しても、断固たる態度を取る」が当クラブの正規会員なのか短期訪問者なのか、を言えるのは時間だけであろう。

　しかし一方で、最初の引用例から10年なり20年なり認定期間を設定すれば、読者が望む多くの引用句を除外することになる。思うに、いずれ次の版が出る時には、最近の時事問題についての項目が生き残れないことになるのではないか。

　では演説の執筆者についてはどうか？　近年の問題である。過去の政治家が誰かの補助を得てきたことは確かだろうが、しかしリンカンやディズレーリやロイド＝ジョージやチャーチルが、控え室にいる仲間に演説のアイデアを求める図など考えがたい。今日では何人かの演説執筆者チームが国際的な指導者の側近の一員となっており、有名な発言などは語ったご当人とは別人の手で作られた贋金だということを、私たちは時折、非公式に耳にする。書いた本人の名前を探して当然の認知を与えるべきなのであろうか？　それは不可能な仕事だろう。読者はその発言を伝えた政治家の名前で探すであろう。また引用句は政治家が全国的にあるいは国際的に流通させる前から、すでに流布しているものだというのも事実なのだ。私たちは引用句を最初に口にした人物までたどってその人のものとしているが、政治家の発言は、彼ら自身の手になるもので

はないということは認めねばならない。それでも彼らは常にその発言と結び付けられるだろう。

「はっきり言えばね、君、まったく気にしてないよ」という言葉がマーガレット・ミッチェルやシドニー・ハワードではなくクラーク・ゲーブルと結び付けられるように（この発言は政治家たちのコメントになり得るだろう）。

もう1つ、最近の引用句を載せるにあたって難しいのは、全国あるいは国際社会に伝わった元の発言が、印刷された形にならないということである。

ラジオやテレビの資料館は常に公開されているとは限らないし、求めるものがはっきりしている場合でさえ、そこにたどりつくまでに大変な苦労と時間を要する。曖昧な記憶や大体の関連事項しかない場合は、新聞や縮刷版資料館であればごく簡単に見つかるのだが、どこにあるのか捜し当てるのは事実上不可能である。

もちろん記憶されるべき引用句はいずれは印刷されるのだが、その最初の形でとは限らないのだ。マイケル・ドブズ Michael Dobbs の『トランプで建てた家』に出てくる筆頭院内幹事の常用された発言「都合良く考えているようですな。コメントできません。」は、テレビの脚本から取られたもので、原作には出てこない。同様に、テレビやラジオの記録では言葉のどこが強調されたかやニュアンスといった重要なことが失われてしまう。ニール・キノック Neil Kinnock が労働党大会でリヴァプールの議会の報告をした時、強調したのは「労働党」という言葉であった。「労働者に内容のないメモを手渡しつつ、街中を雇上げのタクシーであちこち逃げ回る労働党会議の不気味な混乱。」という強調は、新聞記事ではテレビのニュース速報のようには伝わらない。また議会討論のテレビ放送は何人かの議員のやや支離滅裂な演説と、その後にイギリス国会議事録の格式ばった文面に現れる比較的明瞭で筋道だった話し方とのくい違いを明らかにしている。

最後に、貴重なご助力を頂いた多くの方々に感謝を申し上げねばならない。クリストファー・ブッカー、サイモン・ヘッファー、ノーマン・リーズ、ピーター・ヘネシーは、第一次の草稿全体にすべて目を通して非常に多くのコメントや助言を与えてくれて、すぐに採用された。みな大変多忙な専門家であり、この仕事に快く割いてくれた時間と配慮の大きさは、喜びであるとともに驚きであった。

実際、この稀に見る幸福な仕事の側面の一つは、私が接した方々のほとんどすべてが、本辞典をできる限り完全かつ正確なものとするために、時間や手間を惜しまれなかったことである。特に、あるテーマや発言者についてご助力を頂いた方々、即ちバウアー卿、トニー・ベン、ジョン・バッフェン、ジョン・ブランデル、イーモン・バトラー博士、コヴェントリー大主教、ダークル卿、ディーデス卿、オリヴァー・エバ

レット、ミルトン・フリードマン、ノーマン・ガッシュ、マーティン・ギルバート、ヘンリー・ハーディ、ヒーリー卿、バーナード・イングハム卿、サイモン・ジェンキンス、バーナード・レヴィン、ケネス・モーガン、ナイジェル・ニコルソン、マシュウ・パリス、イノック・パウエル、スタンリー・ウェルズ、クリス・リグレーに、ここで特に感謝を申し上げたい。そして誰よりも、オックスフォード出版会引用句辞典部の編集チームに感謝したい。大変な仕事量の仕事を消化したばかりではなく、博識、専門技術、そして学問にかける情熱が本書の質を高めるためにどれほど貢献しているかは計り知れない。

　最終的な結果である本書に対するいかなる称賛も、上記の人々と分け合うべきものである。しかし批判はひとえに編者のものである。

アントニー・ジェイ

サマセットにて、1996年1月

本辞典の使い方

　項目の配列は発言者のアルファベット順である。通例は姓名に拠るが、帝政あるいは王政における称号、ペンネーム（「サキ Saki」）、あだ名（「カリギュラ Calligula」）で知られる発言者は例外である。発言者の名前は、基本的には最もよく知られた形を取ったため、本書ではハロルド・マクミラン Harold Macmillan（ストックトン卿ではなく）、メルボルン卿 Lord Melbourne（ウィリアム・ラムではなく）、H. G. ウェルズ H. G. Wells（ハーバート・ジョージ・ウェルズではなく）、ハロルド・ウィルソン（ジェームズ・ハロルド・ウィルソンではなく）となっている。発言者不明 Anonymous や聖書 Bible などひとまとめにされた項目も、アルファベット順に並んでいる。

　発言者の名前［見本❶］に続いては、（わかっていれば）生年月日および没年月日［同❷］、そして簡単な説明が置かれている［同❸］。本書中の別の箇所に記載のある発言者についての引用句には、適宜、そちらを参照するよう注を施した［同❹］。各発言者の項目の中では、引用句は日付に従って配列され、小説、戯曲、書簡、日記、演説から取られた素材が等しく年代順に並んでいる。（発言者不明の部はこの限りではない。この見出しのもとに集められた項目は、引用句の書き出しの言葉のアルファベット順に並んでいる。）外国語の文章は、その訳文より原語での形の方が親しまれていると思われる場合には原語で記載されている（朕は国家なり。'L'État c'est moi'）。

　引用句はそれについての情報（書簡や日記の執筆年月日、書籍の出版年月日）がわかる限りは、正確な時日に合わせてある。しかしなかには、意見なり論評なりに結びついた出来事や状況の時日に合わせた引用句もある（エイブラハム・リンカンの暗殺に続くスタントン Charlrs E. Stanton の論評「今や（彼は）時代に属すことになった。」は、1865 年の引用句としてある）。時日が不正確または不明な場合、また特定の出来事に関連していない場合は、発言者の没年を引用句の時日とするのを通例としてきている。いくつかの項目（ウィンストン・チャーチルの項など）では、そのような句が多いので、これらはアルファベット順に配列した（'a' と 'the' は無視してある）。

　引用句の十分な理解に必要不可欠と思われる前後関係についての情報は、引用句に先だって注記してある［同❺］。また理解の助けになると思われる情報は、引用句の後に※印で記した［同❻］。引用句の出典についての書誌的事項は欄外に注記した［同❼］。題名および出版年月日は示したが、詳細な文献情報は省いてある。引用句の出典を突き止めるためのあらゆる努力は尽くしてきたが、やむなく「伝聞」としたところ

もある。これは、一般にはある発言者の発言とされているが、正確に特定されてはいないということを示している。広く知られた項目は、完璧に特定できていないからといって削除するより、現状報告を添えて記載した方が、読者の便宜に供すると感じられたのである。

参照項目は、個々の引用句と項目全体の両方について示した［同・❹］。特定の引用句について参照せよという表示では、まず発言者の名前、次に引用句の番号の順になっている。

　索引　原書には詳細な「索引」が100ページ以上にわたって付けられていたが、出版社の許諾を得て本書では割愛させていただいた。その代わりに、収載している発言者の一覧を巻末に付したことをおことわりしておく。（訳者）

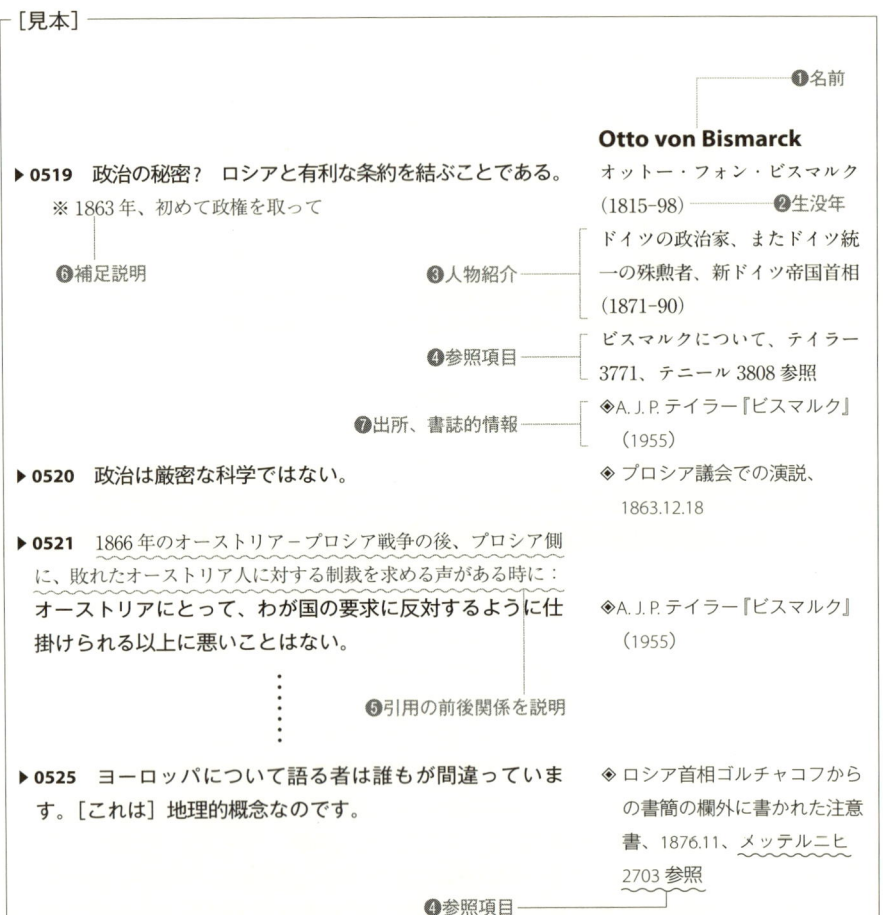

Oxford

**DICTIONARY OF
POLITICAL QUOTATIONS**

The world's most trusted
reference books

A

▶ 0001　下院議員であることは、労働者階級の両親が自分の子供たちに望むタイプの仕事だ。汚れないし、屋内だし重いものを担ぎ上げることもない。

Diane Abbott
ダイアン・アボット (1953-)
イギリスの労働党政治家
◈「インディペンデント」
　1994.1.18

▶ 0002　リチャード・ニクソンは彼自身を弾劾した。その復讐として、私たちにジェラルド・フォードをもたらしたのだ。

Bella Abzug
ベラ・アブズグ (1920-)
アメリカの政治家
◈「ローリング・ストーン」、リンダ・ボッツの「放言」欄
（1980）

▶ 0003　憎ませておけ、彼らが恐れている限りは。

Accius
アッキウス（紀元前170-同86頃）
ローマの詩人、戯曲家
◈「アトレウス」

▶ 0004　私が有難いことに儲かる仕事だと思われている職を探さねばならないのは確かだが、幸いなことに公職はそれにあたらない。

Dean Acheson
ディーン・アチソン (1893-1971)
アメリカの政治家
アチソンについて、ピアソン
3024 参照
◈「タイム」1952.12.22

▶ 0005　大英帝国はその帝国を失ったが、まだ自らの役割を見出してはいない。
▶ 0006　政治家に最も求められる資質は、鈍感であることだ。
▶ 0007　回想録が書かれるのは、読者に情報を伝えるためではなく筆者を守るためだ。
▶ 0008　アイゼンハワー大統領について：
読む本といえばもっぱら作品は素晴らしいかもしれないがゼイン・グレイ氏の小説であるような男が、インディアン問題を抱えるこの国の特に大統領にならんとすることには大きな懸念を感じる。

◈ ウェスト・ポイント陸軍士官
　学校での演説、1962.12.5
◈「オブザーヴァー」1970.6.21
◈「ウォール・ストリート・
　ジャーナル」1977.9.8

◈ 伝聞

▶ 0009　権力は崩壊するものであり、絶対権力は絶対的に崩

Lord Acton
アクトン卿 (1834-1902)

壊します。

※しばしば「すべての権力は崩壊するものであり……」と引用される

▶0010 偉大な人々はほとんどいつも悪党です。影響力を持つのみで権力者ではない場合でも。

▶0011 あなたはいずれ新憲法をお作りになる必要があるかと思いますが、そこでは女性のこともお忘れにならないことを願っています。これまでの世代の女性たちに対するよりもっと寛大で好意的であることも。その夫たちの手に、あのような際限のない権力を渡すことはしないでください。もしそれが可能となれば、すべての男性は暴君になり得ることを忘れないでください。

▶0012 天才が生きたいと願う時代というものがあります。それは静かで穏やかな生活や、安寧秩序が続いた状況にはありませんが、そこでこそ偉大なる人格が形成されるのです……大変な窮乏こそが偉大なる美徳を涵養するのです。

▶0013 女性の愛国心は、あらゆる美徳の中で最も関心の持たれていないものです。表彰されることも官庁からも除外されているので、私たちは国家や陽の当たる場所を得ることができません……しかし、すべての歴史あらゆる時代で、女性の愛国心という美徳の例は明らかです。これは私たちの存在があなた方の最も英雄的な存在と同等だと考えさせるに足るものです。

▶0014 政治評論家が「考える頭のあるすべての人間」と言う場合には、自分たち自身のことを指している。そして立候補者が「すべての知的な有権者」という場合には、自分に投票してくれる人すべてを指している。

▶0015 この国の問題とは、あまりにも多くの政治家が、自分の体験に基づいた確信を持って、いついかなる時もあらゆる人々をだましていいと信じていることだ。

▶0016 男であれ女であれ選挙に勝つのは、主に、ほとんどの人々が誰かを支持して投票するからというよりむしろ、誰かに反対して投票するからだ。

イギリスの歴史家
◆マンデル・クレイトン僧正宛書簡、1887.4.3
◆同上

Abigail Adams

アビゲイル・アダムズ（1744-1818）
アメリカ合衆国第2代大統領ジョン・アダムズの妻、ジョン・クィンシー・アダムズの母
◆ジョン・アダムズ宛書簡、1776.3.31
◆ジョン・クィンシー・アダムズ宛書簡、1780.1.19

◆ジョン・アダムズ宛書簡、1782.6.17

Franklin P. Adams

フランクリン・P．アダムズ（1881-1960）
アメリカのジャーナリスト、ユーモア作家
◆『うなずきと身振り』(1944)
◆『同上』

◆『同上』

Henry Brooks Adams

ヘンリー・ブルックス・アダムズ(1838-1918)
アメリカの著述家
◆『ヘンリー・アダムズの教育』(1907)

▶ 0017　政治とは口先ではなんと言おうとも実際には、常に憎悪で固まった体制である。

◆『同上』

▶ 0018　権力を持った友人はもはや友人ではない。
▶ 0019　［チャールズ・］サムナーの心は、ものの姿を受けとめ映し出しはするが同化はしないという、水の平静さの境地に至った。自分自身であるほかは何物も頭にないのだ。
　　※アメリカの政治家・演説家チャールズ・サムナーについて

◆『同上』
◆『同上』

▶ 0020　ワシントン大統領からグラント大統領に至る進化の過程は、ただダーウィン学説を混乱させる論拠であるだけだ。

◆『同上』

▶ 0021　現実の政治とは事実の無視にある。

◆『同上』

John Adams

ジョン・アダムズ(1735-1826)
アメリカ合衆国初代副大統領・第2代大統領、ジョン・クィンシー・アダムズの父、アビゲイル・アダムズの夫
◆『大砲および封建的法律論』(1765)への注釈

▶ 0022　アメリカへの植民は、無知を啓蒙し地上のあらゆるところで奴隷となっている人々を解放するための、神意による偉大なる光景と計画の始まりであると、常に尊崇と驚きとを持って考えている。

▶ 0023　権力の顎は常に貪り食らわんとして開かれ、その腕は思想表現の自由をできれば常に抑圧しようと伸ばされている。

◆『大砲および封建的法律論』(1765)

▶ 0024　自由は、知る権利を有し……知ろうと欲する人々に、一般的な知識がなければ維持できない。しかし人々はこれとは別に、奪うこともできず破棄もできない神聖なる権利を有する。それは、最も恐ろしく、羨むべき知識、つまり、私の言う為政者たちの人格および行状についての情報を得る権利である。

◆『同上』

▶ 0025　すべての人間の存在が危険になり得る。自由な政府が唯一旨とすべきは、何人といえども生きて権力を持った人間が、公的自由を脅かさないなどと信頼してはならないということである。

◆ ブレーントリーにおける式辞(1772春)への注釈

▶ 0026　ボストン茶会事件について：
感嘆措く能わざる最近の愛国者たちの奮闘には、高潔さ、威厳、崇高さがある。人民が立ち上がれば、必ず何かしら

◆ 日記、1773.12.17

▷ John Quincy Adams

記念すべきこと——何かしら注目に値する素晴らしいことをなさずにはおかない。

▶ **0027** 法律による政府であり、人間の政府ではない。　◆『ボストン・ガゼット』(1774)
　　※後にマサチューセッツ州憲法に織り込まれた

▶ **0028** 政治に中庸はまったく無意味であることは、おっしゃるとおりだと思います。　◆ ホレーショー・ゲイツ宛書簡、1776.3.23

▶ **0029** 昨日、アメリカにおいて討議された中でも最大の問題に決着がつきました。人間がこれ以上大きな問題に決着をつけることは、これまでも、また今後もないでしょう。植民州の全州一致で可決されたこの決議とは、「植民州連合は、かくてあるべき権利を持って、自由で独立の国家たること」です。　◆ アビゲイル・アダムズ宛書簡、1776.7.3

▶ **0030** 社会の幸福が政府の究極の目標である。　◆『政府についての思想』(1776)

▶ **0031** 恐怖がほとんどの政府の基盤である。　◆『同上』

▶ **0032** 司法の権力は立法および行政の権力とは別個に、独立してあるべきである。さすれば司法はその両者の抑止力となり、また両者が司法の抑止力となり得る。　◆『同上』

▶ **0033** 政治と戦争について研究しなければなりません。息子たちが数学と哲学を学ぶ自由を得られるように。　◆ アビゲイル・アダムズ宛書簡、1780.5.12

▶ **0034** 副大統領について：
祖国は叡智を持って、かつて人類の創意工夫や想像力が考案し辿りついた中でも最もさえない執務室を、意図的に私にあてがっています。　◆ 同上、1793.12.19

▶ **0035** 民主主義は決して長続きしません。すぐに衰弱し消耗し、自らを殺すに至ります。自殺しなかった民主主義は存在しないのです。　◆ ジョン・テイラー宛書簡、1814.4.15

▶ **0036** 私の政治的信念の基本箇条は、平民議会や貴族院の多数派であれ、寡頭制の結社や一人の皇帝によってなされるものであれ、専制政治、すなわち無制限の統治権や絶対権力は同じだということです。　◆ トーマス・ジェファーソン宛書簡、1815.11.13

▶ **0037** トーマス——ジェファーソン——がまだ生きて——　◆ 臨終の言葉、1826.7.4
　　※ トーマス・ジェファーソンは同日に死去

▶ **0038** 君たちの父祖を思いたまえ！　子孫を思いたまえ！

John Quincy Adams
ジョン・クィンシー・アダムズ
（1767-1848）
アメリカ合衆国第6代大統領、第2代大統領ジョン・アダムズとアビゲイル・アダムズ夫妻の息子

▶ 0039 「正義を行わしめよ、天滅ぶとも」。乾杯の挨拶は、我らが祖国の常に繁栄せんことを、繁栄するにしろしないにしろ常に正しくあらんことを、ということになるでしょう。

◈ プリマスでの演説、1802.12.22
◈ ジョン・アダムズ宛書簡、1816.8.1、ディケーター 1203、マンスフィールド 2629、ワトソン 4042 参照

▶ 0040 アメリカは国家としての自らの存在を発するのと同じ声で人類に対し、人間性が有する消すことのできない権利と政府の唯一の合法的基盤とを宣言する。

◈ 演説、1821.7.4

▶ 0041 アメリカは……ひとたび自分以外の旗印の下に参集すれば、たとえそれが独立の諸外国であっても、利害関係や陰謀、私利私欲、嫉妬、野望を粉飾し自由の旗を奪おうとする戦争に抜き差しならず巻き込まれることになるのをよく知っている。その政策の基本的原理が、自由から強制力へと気づかれぬうちに変化することになるだろう……自分が世界の独裁者となることだろう。もはや自分自身の精神の支配者ではなくなってしまうのだ。

◈ 同上

▶ 0042 個人の自由は個人の力です。コミュニティの力とは個人の力を結集したものであります。最も自由を謳歌できる国家とは、必然的にこれに比例して最も力強い国でなければなりません。

◈ ジェームズ・ロイド宛書簡、1822.10.1

▶ 0043 彼の書簡は、外交官の技法のすべてが、夕食会を催すことにあるのを論証しようとする論文だ。
※合衆国スウェーデン公使であったクリストファー・ヒューズ宛のカニングの書簡について

◈ 日記、1825、チャールズ・フランシス・アダムズ『ジョン・クィンシー・アダムズの思い出』

▶ 0044 この家は、彼の敬虔さの証となるだろう。誕生の地であるこの町［マサチューセッツ州ブレントリー］は気前のよさの、歴史は愛国心の、子孫は心の深みと広がりのそれぞれの証となるだろう。

◈ ジョン・アダムズの墓碑銘（1829）

▶ 0045 上院で倒れた際に、1848.2.21（2日後に死去）:
これが、これが最期だ。満足だ。

◈ ウィリアム・H. セワード『ジョン・クィンシー・アダムズからニューヨーク議会への賛辞』（1848）

Samuel Adams

サミュエル・アダムズ（1722-1803）
アメリカの革命派指導者

◈ 演説、1771

▶ 0046 父祖について、子孫についてよく考えてみよう。そして父祖たちが私たちに残した権利を、後に続くもののために保持する覚悟を決めよう。

▶ **0047**　レキシントンの銃撃を聞いて、1775.4.19：
今朝はなんて素晴らしい朝だ。
　　※一般的には「アメリカにとってなんと素晴らしい朝だ」と引用されてきた

▶ **0048**　商業の国が、これほど私利私欲を持たないことなどほとんどあり得ない。

▶ **0049**　思想の自由および良心の個人判断の権利が、世界中のあらゆるところから、人々を最後の避難所としてこの幸福な国へと向かわせている。

▶ **0050**　私たちは事件を創作できない。私たちの仕事はこれを賢く改善していくことだ……。人間は理性よりむしろ感情に支配されている。感情を興奮させる出来事は、素晴らしい効果を生むものだ。

▶ **0051**　スラの支配下にあったローマは、乗客の半分はこれを運転しようとし、もう半分は運賃を改定しようとしているバスのようであった。

▶ **0052**　なんと残念なことか
国のために死ねるのはただの1度であるとは！

▶ **0053**　その時より、激しく争い合う国々に国内でぶつかり合う潮流が及ぼす恐ろしい効果を知らしめるがいい。

▶ **0054**　厚い面の皮は神の賜物だ。

◈ J. K. ホスマー『サミュエル・アダムズ』(1886)

◈『フィラデルフィアでの大会演説』1776.8.1（この文章が本物であるかどうかは疑わしい）、ナポレオン 2833、スミス 3622 参照

◈ フィラデルフィアでの演説、1776.8.1

◈ J. N. ラコヴ『国家政治の始まり』(1979)

Frank Ezra Adcock

フランク・エズラ・アドコック (1886-1968)
イギリスの古典学者、ギリシャ・ローマ史研究家
◈ ケンブリッジ大学の講義、1940年代

Joseph Addison

ジョセフ・アディソン (1672-1719)
イギリスの詩人、戯曲家、エッセイスト、「スペクテイター」の創刊者の一人
◈『カトー』(1713)
◈『同上』

Konrad Adenauer

コンラート・アデナウアー (1876-1967)
ドイツの政治家、ドイツ連邦共

和国初代首相 (1949-63)
◈「ニューヨーク・タイムズ」
1959.12.30

Aeschylus

アイスキュロス（紀元前 525 頃 – 同 456）
ギリシャの悲劇作家
◈「エウメニデス」

▶ 0055　つまらぬ功利打算から純粋なる法を毒するなかれ
政府の形をよく守護し、また尊崇せよ
それこそが放埒と奴隷制の如きを避くるものなり。
また汝が施策により恐怖を全く拭い去るなかれ
なんとなれば、生きたる人の恐怖より免れたるがな
お公正であり得べけんや？

▶ 0056　何人も異邦人を責むるには急なり。

◈「乙女たちの嘆願」

Herbert Agar

ハーバート・エイガー (1897-1980)
アメリカの詩人、作家
◈『偉大さの時代』(1942)

▶ 0057　人を自由にする真実のそのほとんどは、人が聞きたくないような真実だ。

Spiro T. Agnew

スピロ・T・アグニュー (1918-96)
アメリカの共和党政治家、副大統領 (1968-73)、メリーランド州知事時代の財政上の不正告発を受けている最中の、1973 年 10 月 10 日に副大統領を辞任した
◈「デトロイト・フリー・プレス」
1968.10.19

▶ 0058　スラム街に入るつもりはない、などとは言っていない。そういう場所を多く訪れてきたが、ある意味ではこう言うべきだったかもしれない。スラム街を 1 つ見れば、すべてのスラムを見たに等しい、と。

▶ 0059　国民的なマゾヒズムが蔓延しているが、これは厚かましくも自分たちを知識人だと特徴づける惰弱な気取り屋連中が煽ったものだ。

▶ 0060　今日の合衆国には、ぶつぶつ言う懐疑主義のお大尽が度はずれて多い。

◈ ニューオーリンズでの演説、1969.10.19

◈ サン・ディエゴでの演説、1970.9.11

Alcuin

アルクィン (735 頃 -804)
イギリスの学者、神学者
◈ 書簡 164、『作品集』(1863) 所収

▶ 0061　人民の声は神の声だと主張し続ける人に耳を傾けてはなりません。なぜなら大衆の熱狂はいつもほとんど狂気に近いからです。

▶ **0062** 愛国心とは、集団としての責任を生き生きと感じているものだ。
国家主義は、愚かな雄鶏が自分の縄張りでしか作れないときの声だ。

Richard Aldington
リチャード・オールディントン
(1892-1962)
イギリスの詩人、小説家、伝記作家
◆『将軍の娘』(1931)

▶ **0063** 富める男は己が城にあり、
貧しき男はその門にあり、
神彼らを作り給えり、あるいは高くまた低く、
そしてその境遇を定め給えり。

Cecil Frances Alexander
セシル・フランシス・アレクサンダー(1818-95)
アイルランドの詩人
◆『ものみな輝きまた美わし』(1848)

▶ **0064** アメリカはバーで酒を飲むことにたとえられる。1分間は金や肉体を自慢している、1時間経つと失敗や希望のなさから愚痴を言い始める。今ちょうど泣き言を言っているところだ。

Henry Southworth Allen
ヘンリー・サウスワース・アレン
アメリカの作家
◆『遠くへ行きすぎた』(1994)

▶ **0065** 54 対 40、さもなくば戦いを！
※ 1844 年の大統領選における民主党の膨張主義者のスローガン、オレゴン州の州境が争点となっていた(1846 年、民主党の新大統領ジェームズ・K. ポークは大英帝国と互いに 49 ずつで妥協した)

William Allen
ウィリアム・アレン(1803-79)
アメリカの民主党政治家、合衆国上院議員
◆ 上院での演説、1844

▶ **0066** 向こうから私たちを見張ってることはわかってる。残念ながら、それは政府だ。

Woody Allen
ウッディ・アレン(1935-)
アメリカの映画監督、作家、俳優
◆ ピーター・マクウィリアムズ
『君がやらなきゃ誰がやる』(1993)、伝聞

▶ **0067** 感謝は愛と同様、決して当てになるような国際的な感情ではない。

Joseph Alsop
ジョセフ・オールソップ
(1910-)
アメリカのジャーナリスト
◆「オブザーヴァー」1952.11.30

▶ 0068　H. H. アスクィスについて：
20年間というもの、最も抵抗の少ない路線の定期券を持って、諸問題という列車が自分を運んでくれるところならどこにでも行き、たまたまいることになった場所で自分の立場をどんなことであれ明快に正当化してきたのだ。

▶ 0069　イギリスのために話せ。

▶ 0070　私はある人のことばを引用しようと思う。かなりの抵抗を感じるのだが、それは私の旧友や同僚を批評しようとしているからだ。しかしこの言葉が、現在の状況にも適切なものだと思う。クロムウェルが長期議会に対して、議会がもう国政を司るに適さないと考えたときに言った言葉だ。「あなたは世の中のため献身しようとしてここに長いこと座りすぎた。出ていけ、と言おう。私たちに処遇を任せよ。神の名にかけて、去れ！」

▶ 0071　君主制は商船であり、早く走るがいずれ岩礁に乗り上げて海底に沈むのだ。一方共和国制はいかだであり、決して沈まないが乗っている国民の足は常に水中にある。

▶ 0072　書かれた法律はくもの巣のようなものだ。捉えることは確実だが、弱く貧しい者をであり、富裕かつ権力のある者には八方に破られるものだ。

▶ 0073　すべての人間はその尊厳と権利において自由かつ平等に生まれる。

▶ 0074　すべての「〜主義」は時代遅れの理論だ。

Leo Amery
レオ・アメリー（1873-1955）
イギリスの保守党政治家
◆『クォータリー・レヴュー』1914.7

◉ 下院でアーサー・グリーンウッドへの発言、1939.9.2、『わが政治人生』(1955) 第3巻、ブースビー 579 参照
◉ 下院での発言、1940.5.7、クロムウェル 1150 参照

Fisher Ames
フィッシャー・エイムズ（1758-1808）
アメリカの政治家
◉ エイムズの下院での演説と伝聞、1795。R. W. エマーソンの『随想集』(第2シリーズ、1844) に引用されているが、出典をエイムズの演説と特定していない

Anacharsis
アナカルシス
紀元前6世紀のスキタイの王子
◉ プルターク『対比列伝』「ソロン」

Anonymous
発言者不明
◆『世界人権宣言』(1948) 第1条
◉ ピーター・ヘネシー『ホワイ

▷ Anonymous

※モロトフ—リッベントロップ協定調印に際して、ある外務省スポークスマンのコメントだといわれる、1939.8

▶0075　LBJといっしょに行こう。
※リンドン・ベインズ・ジョンソン支持のアメリカ民主党選挙スローガン

◆「ワシントン・ポスト」1960.6.4

▶0076　労働は自由を生む。
※ダッハウの強制収容所の門に。後にアウシュビッツの強制収容所の門に掲げられていた

◆碑銘、1933

▶0077　悪貨は良貨を駆逐する。

◆経済原則の諺、王立取引所の設立者トーマス・グレシャム卿（1519頃–79）と伝聞

▶0078　原水爆撲滅。
※アメリカの反核運動スローガン

◆1953年以来、核軍縮キャンペーンに使用された

▶0079　銃剣は、労働者が各人の最期に臨んで持つ武器だ。

◆イギリス平和主義運動のスローガン（1940）

▶0080　原子力爆弾に対する最良の防御は、落ちる時その場にいないことだ。

◆『ブリティッシュ・アーミー・ジャーナル』寄稿、「オブザーヴァー」1949.2.20

▶0081　死ぬよりアカがいい。

◆1950年台後半の核軍縮キャンペーンのスローガン

▶0082　若造にはガンと一発。

◆チャールズ・E. ウィルソンの防衛政策、「ニューズウィーク」1954.3.22

▶0083　黒は美しい。

◆1960年代中期のアメリカ公民権運動のスローガン

▶0084　ブラウンは鷹のように襲いかかってきた。グレイはねずみのように土台を掘り崩した。
※19世紀中期に相次いでニュージーランド総督となったトーマス・ゴア・ブラウンとジョージ・グレイについてのマオリ族の評言

◆『英国人名辞典』

▶0085　燃やせ、ベイビー、燃やせ。

◆ロサンジェルス暴動の黒人過激派のスローガン、1965.8

▶0086　でもこれはとんでもないことですわ——あの人たちは労働党の政府を選んだけれど、この国は決してそんなものに賛成しませんわ！
※サボイ・ホテルで夕食を取っていた婦人、1945.7.26

◆マイケル・シソンズ、フィリップ・フレンチ（共編）『緊縮経済の時代、1945–51』（1964）

▶0087　不注意なおしゃべりは死を招く。

◆第2次世界大戦防諜ポスター

▶0088　会社は巨大な利益の管理運営を行っていますが、それが何なのか誰も知りません。

◆南洋景気の頃の会社案内書（1711）

▶0089　彼らが策を惑わせたまへ、

◆"God Save the King"（英国国歌）、

彼らが騙し手を打ち破りたまへ。

▶ 0090　危機？　どんな危機だ？
　　※ジェームズ・キャラハンの1979年1月10日の意見を要約した言葉。「私は、ここに混乱が高まりつつあるという見方を、諸外国の人々が共有してくれるとは思わない」
▶ 0091　1つの領土、1つの国民、1人の指導者。
　　※ナチス党スローガン
▶ 0092　国家は独自の憲法を保持する。我が国の憲法は暗殺で調整された絶対主義だ。
　　※ロシアについて

▶ 0093　人間は、自国の国境内における移動と居住の自由という権利を有している。人間は、自国を含めてあらゆる国々を出国しまた自国に帰国する権利を有している。あらゆる人間は、他国において迫害から逃れる避難所を求めまたそれを享受する権利を有している。
▶ 0094　強引な卑語削除。

▶ 0095　油断のならないイギリス人たちを……皆殺しにしろ、フランス将軍たちの取るに足らぬ軍隊を蹴散らすのだ。
　　※ドイツ皇帝ウィルヘルム2世の発言とされるが、ほぼ確実にイギリス人による捏造。「取るに足らぬ老兵たち」というフレーズで伝聞
▶ 0096　簡潔を尊び「共産主義者」という言葉に、ファシストまでも含めるという一般の使い方を踏襲してきた。
▶ 0097　フリードリヒ大王がイエナの戦いから名誉の退却をした。
　　※プロイセンの頑固な崇拝者たちが、1806年プロイセンがイエナでナポレオンに敗れたのはフリードリヒ（1786年死去）の戦略によるとしたもの
▶ 0098　幸せとは、平和にあって戦争について思いめぐらす町のことだ。
　　※ヴェニスの造兵廠に掲げられた碑銘
▶ 0099　伝令の天使たちが歌うのを聞け

◆作詞者にはヘンリー・ケアリーを始めとする多くの人名が挙げられる
◆「サン」の見出し、1979.1.11

◆1930年代初頭

◆『ヨーロッパ諸国の政治的素描、1814-1867』(1868)で、エルンスト・フリードリヒ・ヘルベルト、ミュンスター伯爵が「理性的なロシア人」を引用して
◆『世界人権宣言』(1948)

◆リチャード・M.ニクソン大統領が下院の査問委員会に提出した大統領会話記録、1974.4.30
◆「イギリス派遣軍定例訓令集」への付け足し、1914.9.24、アーサー・ポンソンビー『戦時下の嘘』(1928)

◆ラドクリフ報告「公職における安全保証手続き」1962.4
◆ウォルター・バジョット『英国憲法』(1867)

◆ロバート・バートン『憂鬱さの解剖』(1621-51)

◆クレメント・アトリーの書簡、

▷ Anonymous

シンプソン夫人が我らが王を奪ったと。
　※エドワード8世の王位放棄についての近代の童謡

▶ 0100　聞きましたか？ 首相が辞任して、ノースクリフが国王をお呼びしたそうですよ。
　※新聞王にしてロイド＝ジョージ首相の不倶戴天の敵ノースクリフ卿がその後釜に座ろうとしているというジョーク（1919頃）

◇ 1938.12.26、ケネス・ハリス『アトリー』(1982)
◇ ハミルトン・ファイフ『ノースクリフ、素顔の伝記』(1930)

▶ 0101　彼は何かに憑かれたように専門的な話ばかりした。
　※グラッドストンの予算演説について

◆ G. W. E. ラッセル『収集と回想』(1898)

▶ 0102　議事録を書く人間こそが支配する。

◆ 行政事務の格言

▶ 0103　彼らを通してはならない。
　※1916年にフランス軍がヴェルダン防衛作戦で用いたスローガン

◆ ペタン元帥、ロベール・ニヴェル将軍などの発言とされている、イバルーリ 1966 参照

▶ 0104　私はイギリスを支持する。
　※イギリス、サリー州サービトンのコルト社の工場で労働者が新しく表現したスローガン。その後国政選挙に使われた

◆「ザ・タイムズ」1968.1.1

▶ 0105　ナッパー・タンディに会ったんだ、私の手を取って言った、
　「なつかしい哀れなアイルランドは元気かい、どうやって辛抱してるんだい」
　アイルランドほど悲惨な国は今まであったためしもない、
　あそこでは男でも女でも緑色を身につけたといって首を括られる。

◆「緑の服を着る」(1795頃のバラッド)

▶ 0106　よき国王チャールズの黄金時代には、
　忠義が害をなすことなどありませんでした。
　私は熱烈な高教会派で、
　そのため昇進することができました。
　信徒らに向かって日々説教しました、
　王たちは神によって任命されたのであり、
　敢えて異を唱えるもの、
　聖別されたる王を害さんとする者は呪われると。
　そしてこれが法なのです、私はこれを守り続けます、
　私が死を迎える日までです、閣下、
　王が統治され給う限り、
　私はブレー村の教区牧師であり続けます、閣下！

◆「ブレー村の教区牧師」、『イギリス音曲集』(1734)第1巻所収

▶ 0107　決して投票しません。あの人たちを喜ばせるだけですから。

◆ コメディアンのジャック・パーが引用した年配のアメリカ女性の言葉、ウィリアム・サファイア『政治の新しい言

▶ 0108　鉄の女。
　　※反対陣営の指導者マーガレット・サッチャーに対して、ソ連防衛省新聞「赤い星」が冷戦を復活させようとしていると非難してつけた仇名

▶ 0109　町を救うために、破壊するのやむなきに至った。
　　※ヴェトナムのベン・トレについて。合衆国陸軍少佐のコメント

▶ 0110　これならピオリアでも演れる。
　　※ニクソン政権のキャッチフレーズ（1970年代初期）。意味は「アメリカ中流階級でも受け入れられる」

▶ 0111　またあの男だ……！　黒い車を７台連ねた行列の先頭に立って、ヒトラーは昨夜ベルリンの首相官邸を堂々と出ていき行方不明となる。

▶ 0112　海を渡ったもう一人の国王。
　　※退位亡命したジェームズ２世および後継者に対するジャコバイト派の賞賛

▶ 0113　国王の情婦がウルジーの地元で離婚裁判。
　　※イプスウィッチでのウォリス・シンプソンの離婚訴訟についてのアメリカの新聞見出し

▶ 0114　労働党は働いていない。
　　※1978-79年の保守党ポスターの標語。職業安定所の外の長い列につけられていた

▶ 0115　政治的情熱を持ち合わせなかったので、そこを誰もしたことがない政治に無関係な執務室にした。
　　※労働大臣ウォルター・モンクトンについて

▶ 0116　人民のための土地。

▶ 0117　リンドン・ベインズ・ジョンソン、リンドン・ベインズ・ジョンソン、今日は何人の子供を殺したの？
　　※リンドン・ジョンソン大統領時代の反ヴェトナム戦争のデモ行進スローガン

▶ 0118　観測気球を上げてみて、どんな反響を呼ぶか見てみよう。

▶ 0119　自由！　平等！　博愛！

◆『　　　　語』(1968)
◆「サンデー・タイムズ」1976.1.25

◆AP通信、「ニューヨーク・タイムズ」1968.2.8

◆もとは1930年代に、ポピュラー音楽のミュージック・ホールで言われていたジョーク
◆「デイリー・エクスプレス」の見出し、1939.5.2、(「またあの男だ」の)ITMA (It's that man again.) という頭文字は、1939年9月からBBCラジオ放送の番組名となった

◆18世紀に流布していた

◆フランセス・ドナルドソン『エドワード8世』(1974)

◆フィリップ・クレインマン『サアッチとサアッチの物語』(1987)
◆「ニュー・ステイツマン」1954.1.8

◆共産主義者のスローガン、1917頃
◆ジャクィン・サンダース『徴兵とベトナム戦争』(1966)

◆レジナルド・ローズ『十二人の怒れる男』(1955)、1960年代の定着した広告表現として記録されている
◆コルドリエ・クラブは1793.6.30

▷ Anonymous

※フランス革命の標語（出所はそれ以前に存在）に以下の提議を決議した、「持てる者らは己が家の前面に大書せねばならない。共和国の統一と不可分離、自由、平等、博愛か、さもなくば死を、と」、「ジュルナル・ド・パリ」182号（1795から「さもなくば死を、と」の言葉は削除）

▶0120　自由は常に終わりのない仕事だ。

◆「アメリカ自由連合組合年鑑」第36集の題名、1955.7.1–1956.6.30

▶0121　閉じられた扉の下から流れ出てくる血を見ている［ようだった］。
※イースター蜂起事件の死刑執行ニュースの印象についての当時の表現

◆ロバート・キー『われらのみ』（1916）

▶0122　ロイド＝ジョージは私の父さんを知ってたし、父さんもロイド＝ジョージを知っていた。

◆『キリスト教の兵士たちよ進め』の曲に乗せて歌われた2行滑稽詩、おそらくトミー・ライズ・ロバーツ（1910–75）作

▶0123　失われしは古き良き時代の単純さ、世界は法に満ち溢れ、そして犯罪に満ち溢れている。

◆『アメリカに対する訴訟』（1775）

▶0124　こども：ママ、トーリー党の人は拗けて生まれたの？　それとも生まれてから拗けて育ったの？
母親：拗けて生まれて、育ってもっと悪くなったのよ。

◆G.W.E. ラッセル『収集と回想』（1898）

▶0125　国民は、キリストとその聖者たちは寝ていたのだと言って憚らなかった。
※イングランド国王をめぐるスティーヴンとマティルダの内紛期間の12世紀のイギリスについて

◆『1137年のアングロ–サクソン物語』

▶0126　大臣たちは閣議で2つのうち1つのことしか言わない。誰かが「ご覧下さい、首相、人手がありません」と言えば、他の人々は「同じく、私もです」と言うんだ。
※サラ・ホッグが首相の政策部門の引継ぎをしようとした時、ある高級官僚が言った言葉

◆「サンデー・タイムズ」1995.4.9

▶0127　あらゆる才能を集めた内閣。
※1806年のウィリアム・グランヴィルの連立内閣につけられたあてこすった呼び名、それ以降も使われた

◆G.W. クック『政党の歴史』（1837）第3巻

▶0128　生きとし生けるもののうち最も死に近いのはデーヴィッド・パトリック・マクスウェル・ファイフ、でもその惨めな殻の下では、とんでもなく贅沢に暮らしてる。

◆E. グリースン『郡判事の告白』（1972）

※後のキルミュア卿デーヴィッド・マクスウェル・ファイフについて。1930年代後半の北部巡回裁判の間言われ続けた

▶ 0129　座れる間は決してお立ちにならず、そしてお手洗いに立つ機会は決してお逃しになりませんように。
◈ ジョージ5世か6世の私的秘書または侍従による助言

▶ 0130　議会の会議中はいかなる人の生命、自由、財産といえども安全ではない。
※ニューヨーク遺言検認後見裁判所のある裁判官の見解
◈ 1866、不詳

▶ 0131　包囲されたデリーの防衛者たちがジェームズ2世軍に対して、1689.4
降伏はない！
※北アイルランドの抵抗のスローガンとして使われた
◈ ジョナサン・バードン『北アイルランドの歴史』(1992)

▶ 0132　さて閣僚たちは晩餐に去り、
秘書は残り、痩せこける、
記録と報告に知恵を絞る、
閣僚らが考えておくべきだったと閣僚らが考えると閣僚らが考えるものの。
◈ 発言者不明の詩、年代不明、S. S. ウィルソン『内閣官房』(1975)

▶ 0133　カートライトという人物がロシアから奴隷を連れてきて、鞭打って尋問した。以下が決定・決議された、イングランドの空気は清浄すぎて奴隷などは呼吸できないのだ。
◈ 「エリザベス1世の治世11年目」(1568.11.17–1569.11.16)、ジョン・ラッシュワース『歴史的文章集』(1680–1722)

▶ 0134　秩序がワルシャワを支配している。
※反乱を暴力的弾圧した後に
◈ 「モニター」は「秩序と静けさが完全に首都に復活した」と報道、1831.9.16。同日外務大臣セバスティアニ伯爵は「平和がワルシャワを支配している」と宣言した。

▶ 0135　11月5日を忘るることなかれ、
火薬を使いし反乱と陰謀を。
火薬を使いたる反乱の
忘らるるべき由はなし。
◈ 火薬陰謀事件についての古詩（1605）

▶ 0136　王よりも王党派。
※当時のキャッチ・フレーズだが新しいものではないとの注釈あり。「ルイ16世治下に造られ、王党派の手をしばり、死刑執行人の腕を自由にしただけだった」
◈ フランソワ・ルネ、シャトーブリアン子爵『憲章にもとづく君主制』(1816)

▶ 0137　人民に力を。
◈ 黒人解放の急進的政治結社の運動スローガン、1968頃以降

▶ 0138　かくして世の栄光は過ぎ行く。
※新法王の即位式で地上の栄光の移ろいやすさを象徴して、亜麻布が焚かれる時の言葉。
◈ 1409.7.7、ピサのアレクサンダー5世の即位式で使われた、出所はより古い

▶ 0139　聡明なる識者に向かって、合衆国大統領として示さ
◈ リンカンのゲティスバーグ演

▷ Anonymous

れるべき人物の、ばかげた平板な中身の薄い発言。

説に対する批評、「シカゴ・タイムズ」、1863.11.20、エヴェレット 1470 参照

▶ 0140　時は移り、我らもともに変わり行く。

◆ ウィリアム・ハリソン『イギリスの描写』(1577)、「すべての物事は変わり行き、我らもともに変わり行く」という形で皇帝ロタール１世(795-855)の文と伝聞されている

▶ 0141　この世に軍隊より強いものが１つある。それは時流に乗った思想だ。

◆「ネイション」1943.4.15、ユーゴー 1946 参照

▶ 0142　ただの昼食などというものはない。
　　※1960年代以降のアメリカ経済の口承格言。ミルトン・フリードマンに関係が深い

◆ 最初の印刷された形としてはロバート・ハインライン『月は無慈悲な夜の女王』(1966)

▶ 0143　ヒュー・ダルトンの希有な薄青い目についてのある労働党下院議員のコメント：
　　目が何気なくじっと見つめ、不誠実さの底知れぬ深さを伝えて来る。
　　※時に「その目は不誠実さをはっきりと示している」と引用される

◆ パトリシア・シュトラウス『ベヴィンとその他のイギリス労働党の指導者たち』(1941)

▶ 0144　うかつにも上院で読まれてしまった、閣僚向け指示：
　　これは腐敗した議論だが、あのお偉方たちが夏の暑い午後を過ごすには打ってつけというわけだ。

◆ ホーム卿『風の吹く道』(1976)

▶ 0145　クーリッジ氏を賞賛することにかけては人後に落ちないが、彼がピクルスで乳離れさせられたかのように見られなければいいと切に思う。
　　※カルヴィン・クーリッジ大統領について

◆ 発言者不明、アリス・ローズヴェルト・ロングワース『ぎゅうづめの時間』(1933)

▶ 0146　３エーカーと１頭の乳牛。
　　※自給自足の必要量とされる。急進派のジェシー・コリンズ(1831-1920)と、1885年に始まった彼の土地改良運動を想起させる

◆ 下院でジェシー・コリンズ、1886.1.26、ジョセフ・チェンバレンがさらに早くイーヴシャムでの演説（「ザ・タイムズ」1885.11.17）で使用していて、すでに諺となっていた

▶ 0147　男でも女でも十分悪いこと
　　共有の鵞鳥を盗むのは。
　　でもさらに言い訳なんてできやしない
　　誰かが鵞鳥から共有地を盗むのは。

◆「共有地囲いこみについて」、『オックスフォード滑稽詩集』(1938) 所収

▶ 0148　手や頭を使い労働者たちのために、彼らの産業の製造するすべての利益と最も平等な分配を確保することは、生産・分配・交換の手段が共有という基盤のうえでなら可

◆「労働党綱領」第４条(1918-26)、ブレア 554 参照

▶ 0149　北アイルランドはノーと言う。
※イギリス－アイルランド協定の返答として作られたスローガン、1985.11.15

◈「アイリッシュ・タイムズ」1985.11.25

▶ 0150　資本主義の下では人間が人間を搾取する。
　　　　共産主義の下ではそれが反対になる。
※1958年5月、J. K. ガルブレイスがポーランドに講演旅行をした折、ポーランド経済界に招待された夕食の席で聞かされたジョーク

◈J. K. ガルブレイス『われわれの時代』(1981)

▶ 0151　戦争は人間が戦いを拒否した時に終わるだろう。
※平和運動家のスローガン。しばしば「戦争」が複数形で引用される

◈1936年頃

▶ 0152　私たちは以下の真理を自明の理と考える。すべての人間は平等に作られ、また創造主から一定の譲渡すべからざる諸権利を授けられており、その中には生命、自由、幸福の追求が含まれているということである。

◈「アメリカ独立宣言」、1776.7.4

▶ 0153　我ら動かされず。

◈労働権、人権の歌の題名(1931)、以前から歌われていたゴスペルの歌詞から借用したもの

▶ 0154　われらは勝利する。
※1946年、黒人の煙草労働者の抵抗歌として、また公民権運動の最中の1963年にも再流行した歌の題名

◈もともとアメリカ南北戦争以前からあったが、C. アルバート・ティンドレーがバプテスト派の賛美歌(「いつの日かわれらは勝利する」1901)として採譜した

▶ 0155　8隻ほしい、待つ気はない。
※ドレッドノーツ型戦艦建造について

◈ジョージ・ウィンダムの演説、「ザ・タイムズ」1909.3.29

▶ 0156　規律の行き届いた市民軍は自由国家の安全保障に必要不可欠であり、人民が武器を保持し携帯する権利は、これを侵害してはならない。

◈合衆国憲法(1791年修正第2条)

▶ 0157　大統領は何を知っていて、いつそれを知ったのですか？

◈特に上院ウォーターゲート調査委員会副委員長ハワード・ベイカーに関係したウォーターゲート事件当時の質問

▶ 0158　国が戦争になったら
　　　　浜の真砂ほど嘘を作り出す。

◈アーサー・ポンソンビー『戦時下の嘘』(1928)の題辞

▶ 0159　引金にかけるのは誰の指がいい？
※労働、保守両党が、明らかな失策にもかかわらず指導者たちの一掃に失敗したことと原子爆弾を関連づけた見出し

◈「デイリー・ミラー」1951.9.21

- 0160　独占企業監視委員会がどうして1つしかないんだ？

- 0161　無難な敵艦と十分な操艦の余裕。
  ※ネルソン提督時代の海軍の格言

- 0162　「ウィンストン復帰」
  ※ウィンストン・チャーチルが海軍本部委員会第1軍事委員に再任された際、海軍本部委員会が艦隊に送った通信、1939.9.3

- 0163　北部の男も女も奴隷保有者であり、南部の男も女も奴隷所有者である。北部が担う罪は南部と同等である。

- 0164　女たちよ連合しよう、ともに同等の仕事に同等の賃金をと言おう。
- 0165　独立宣言の最初の段落に、何よりも基本となる自然権として選挙権の肯定が主張されている。とすれば投票権が拒否されている場合、「統治される側の同意」がいかにして与えられるのだろうか？
  ※選挙権裁判の前に発言、1873

- 0166　彼［筆者］は政党の首脳たちに、自分自身の嘘を信じるなと警告する。

- 0167　政党は最終的に自らの嘘をうのみにして死ぬ。

- 0168　最も過激な革命とは、革命の翌日に保守になることだろう。

- 0169　専制政治の統治下では、思考するよりも演じる方がはるかに楽だ。

◆ イギリスの落書き、「公的奇形乱痴気狂人党宣言」の一部、1987
◆ W. N. T. ベケット『海軍の慣習、表現、伝統および迷信あれこれ』(1931)、「慣習」
◆ マーティン・ギルバート『ウィンストン・S. チャーチル』(1976)第5巻

Susan Brownell Anthony
スーザン・ブラウネル・アンソニー (1820-1906)
アメリカの女性運動、政治運動家
◆『奴隷保有者とは連合せずという演説』1857
◆「ザ・レボリューション」1869.10.8
◆『これは投票すべき合衆国市民に対する犯罪ではないのか？』

John Arbuthnot
ジョン・アーバスノット (1667-1735)
スコットランドの医師、パンフレット作者
◆『政治的嘘の技術』(1712)
◆ リチャード・ガーネット『エマーソンの生涯』(1988)

Hannah Arendt
ハンナ・アーレント (1906-75)
アメリカの政治哲学者
◆「ニューヨーカー」1970.9.12
◆ W. H. オーデン『ある世界』(1970)

Marquis d'Argenson
ダルジャンソン侯爵（1694-1757）
フランスの政治家、政治評論家
◆『ダルジャンソン侯爵の未公刊回想録と記録』、ケネー 3159 参照

▶ 0170　介入せず。
※経済的営為には国家の介入を最小限にとどめるという原則を言うのに使われた用語

Aristotle
アリストテレス（紀元前 384- 同 322）
ギリシャの哲学者
◆『ニコマコス倫理学』

▶ 0171　かくして人間の善性は政治学の対象となるべきなのだ。

▶ 0172　私たちが平和に生きられるようにと戦争を起こすのだ。 ◆『同上』

▶ 0173　政治家にはまた安逸もない。なぜなら常に政治的生活それ自体を超えた権力と栄光、あるいは幸福を目指しているからだ。 ◆『同上』

▶ 0174　人間は本質的に政治的動物だ。 ◆『政治』

▶ 0175　社会で生きられないあるいは自己満足して生きる必要性を感じない人間とは、神か動物のどちらかであるに違いない。 ◆『同上』

▶ 0176　支配する人間がいるからには支配される人間がいるということは、必要であるのみならず都合のよいことである。ある種の人間は生まれた時から服従するように、その他の人間は支配するように定められているからだ。 ◆『同上』

▶ 0177　貧困は革命と犯罪の両親である。 ◆『同上』

▶ 0178　限られた人々が飛び抜けて裕福で他は無一物であるような国家では、結果として極端な民主主義か絶対的寡頭制が敷かれるか、あるいは両者の行き過ぎから専制政治が誕生してくる。 ◆『同上』

▶ 0179　最高に完璧な政治的共同体とは、中流階級が統治を行いまた数において残り 2 つの階級にまさっているところに成立する。 ◆『同上』

▶ 0180　人間がお互いを信頼し始めない限り、専制君主は恐怖と無縁である。 ◆『同上』

Robert Armstorng
ロバート・アームストロング（1927-）

▶ 0181　誤解を与えるような印象ではありますが、嘘ではありません。真実を簡潔に表現したものでした。

※ニュー・サウス・ウェールズの最高裁で裁判中の『スパイキャッチャー』出版問題の書簡についてふれて、1986.11

イギリスの公務員、行政長官（1981-87）
◆「デイリー・テレグラフ」1986.11.19、バーク746 参照

▶0182　行政の仕事とは国家の衰退を整然と管理することだ。

William Armstrong

ウィリアム・アームストロング（1915-80）
イギリスの公務員、行政長官（1968-74）
アームストロングについて、ロスチャイルド 3311 参照
◆1973. ピーター・ヘネシー『ホワイトホール』（1990）

Matthew Arnold

▶0183　私たちの社会は、野蛮人と俗物と一般大衆に分けられる。アメリカもわが国と同様だが、野蛮人は無視され、一般大衆もそれに近い状態だ。

マシュウ・アーノルド（1822-88）
イギリスの詩人、評論家、トーマス・アーノルドの息子
◆『文化と無政府状態』（1869）、序文

▶0184　教養ある人間とは平等を進める真実の使徒である。
▶0185　貴族階級を俗物階級や中流階級と明確に区別したい場合には、心の中で前者を野蛮人と呼ぶことにしている。
▶0186　労働者階級というこの膨大な社会の一部分は、未熟かつ発展途上で貧困と悲惨さの中に半ば隠れつつ長らく横たわり、今やその隠れ場所から飛び出して自らの好むところを行うというイギリス人の天与の特権を主張し、好むところでデモを行い、好むところで集会を開き、好むところを叫びたて、好むところを打ち壊して我々を困惑させている――この膨大な人間の最下層民に大きな正当性をもって一般大衆という名称を与えよう。

◆『文化と無政府状態』（1869）

◆『同上』

◆『同上』

Thomas Arnold

▶0187　反乱については、古いローマの扱い方が常に正しいのです。兵士たちは鞭打ち見せしめにし、首謀者たちをタルペーイアの崖から突き落とすのです。

トーマス・アーノルド（1795-1842）
イギリスの歴史家、1828 年よりラグビー校校長、マシュウ・アーノルドの父
◆1828 年以前に書かれた未刊行

▶ 0188　政治思想はフランスでは、回顧的であるか空想社会主義的であるかだ。

▶ 0189　政治家としてワシントンにいるわけではない。国民の用を足す、きわめて報酬の高いメッセンジャー・ボーイとしてあそこにいるのである。主な仕事は支持者たちの仕事の分け前の源となる、小さなかけらを突き刺して集める棒を持って周辺をうろつくことなのだ。

▶ 0190　動かずに様子を見た方がいい。
　　※ 1910 年の演説に繰り返し使われた言葉。財政法案の通過を確実にするために貴族院が新しい自由党の貴族たちで溢れかえるのではないかという噂について

▶ 0191　［迫り来る戦争については］幸いなことに、われわれが見物人以外のものになるべき何の理由もないように思います。
▶ 0192　この剣を軽々しく抜いたわけではない。ベルギーが完全にこれまで犠牲にしてきたものすべてに勝って回復し、フランスが侵略者の攻撃から十分安全に守られ、ヨーロッパのより小さい国々の権利がゆるぎない基盤の上に置かれ、そしてプロイセンの軍事支配が完全にまた最終的に破壊されるまでは決して剣を鞘に納めはしない。
▶ 0193　イギリスの制度の揺るぎなさを確実に示す実例は、下院をおいて他にない。
▶ 0194　首相の執務室はその主が選び、何かを成し遂げることができるところだ。
▶ 0195　［陸軍省は 3 種類の人物たちに分かれている。］1 つは世間を迷わせ、1 つは内閣を迷わせ、3 つ目は自分自身

書簡

Raymond Aron
レイモン・アロン（1905-）
フランスの社会学者、政治ジャーナリスト
◆『知識人の阿片』(1955)

Henry Fountain Ashurst
ヘンリー・ファウンテン・アッシュルスト
アメリカの政治家
◆ トーマス・C. ドネリー『ロッキー山脈の政治』(1940)、伝聞

Herbert Henry Asquith
ハーバート・ヘンリー・アスクィス (1852-1928)
イギリスの自由党政治家、首相 (1908-16)
アスクィスについて、チャーチル 951、ヘネシー 1855 参照
◆ ロイ・ジェンキンス『アスクィス』(1964)
◆『1914.7.24「ヴェネティア・スタンレーへの手紙』(1982)

◆ ロンドン市庁舎での演説、1914.11.9

◆『議会の 50 年』(1926) 第 2 巻

◆『同上』

◆ アリステア・ホーン『栄光の代償』(1962)

▷ Margot Asquith

を迷わせる。
- 0196 この無名の首相［ボナー・ロー］を、無名兵士のそばに葬っておくべきだったというのは適切だ。
- 0197 ボールドウィン内閣の砂丘地帯にそびえる、チンボラソ山かエヴェレスト山だ。
  ※ウィンストン・チャーチルについて

◆ ロバート・ブレイク『無名の首相』(1955)
◆ ロイ・ジェンキンス『アスクィス』(1964)

- 0198 1905年の自由党執行部人事を策定していたキャンベル=バナーマンが、R.B.ホールデーンを大法官ではなく内務大臣にしようとしていたことを聞いて：
  ジョージ・エリオットの言葉を思い出した。「ある人が桃を欲しがっている時に、一番大きな南瓜をあげてもしかたがない」って。
- 0199 キッチナーは立派なポスター。
- 0200 どんな教育も女性を第1級の政治家にすることはできません。女性が首相になるのをあなたは見ていられますか？ 私にはこの島々にとって、ダウニング街10番地にいる女性の指導下におかれること以上の不幸など考えられません。
- 0201 バーケンヘッド卿はとても聡明だけれど、頭は時々しか働かない。

Margot Asquith

マーゴット・アスクィス (1864-1945)
政治好きの夫人、ハーバート・アスクィスの妻
◆ ロイ・ジェンキンス『アスクィス』(1964)
◆『さらなる回想』(1933)
◆『非公開発言』(1943)

- 0202 ベルトの下のお腹を叩かないとベルトが見えない。
  ※ロイド=ジョージについて

◆「リスナー」1953.6.11、ヴァイオレット・ボナム・カーター夫人「マーゴット・オックスフォード」
◆「同上」

- 0203 ナンシー・アスター：あなたの妻だったら、あなたのコーヒーに毒をいれますよ。
  ウィンストン・チャーチル：あなたの夫だったら、飲みますよ。

Nancy Astor

ナンシー・アスター (1879-1964)
アメリカ生まれのイギリスの保守党政治家
◆ コンシェエロ・ヴァンダービルト『金ぴかと金』(1952)

- 0204 どの戦争の後にも、救済できる民主主義はごくわずかしかない。

Brooks Atkinson

ブルックス・アトキンソン (1894-1984)
アメリカのジャーナリスト、批評家
◆ 1.7,『ひとたび太陽をまわって』

▶ 0205　いつの世代にも「古き良き時代」は神話だ。誰もその時代の自分自身は良かったとは思わない。なぜならいつの世代もその時代を生きていた人々にとっては、耐えがたいように見える危機で構成されていたからだ。

▶ 0206　資本および労働の共有利益ということについて、ずいぶん多くのもったいぶったお説教が行われている。現状では、唯一の共有利益とはお互いの喉を切り裂き合うというものだ。

▶ 0207　モーズレーはなぜいつも我々に向かって、まるで自分が封建領主で地代の支払いの遅れている小作人を罵るかのように話すのだろうか？
　※議会労働党の集会で、1930.11.20。オズワルド・モーズレーが党を追われる2〜3ヶ月前に

▶ 0208　そちら側が沈黙を守る期間は歓迎されるでしょう。
　※労働党党首ハロルド・ラスキからの書簡への返事。ラスキの書簡はアトリーに、国会労働党が新指導者を選出するまで新内閣を組閣しないように（2度にわたって、長々と）依頼していた

▶ 0209　国王が君に内閣を組閣せよとおっしゃったら、答えは「はい」か「いいえ」だ。「後でお知らせします！」ではない。

▶ 0210　独り言は決定ではない。
　※内閣に何度も提出されてきた事案に、不平を言ったウィンストン・チャーチルに対して

▶ 0211　聞いたのはチャーチル氏の声だが、その精神はビーヴァーブルック卿のものだ。

▶ 0212　閣議で住宅供給大臣アネイリン・ベヴァンが自分の建設計画に必要なだけの人材を得られなかったと不平を言った時：
　ベヴァン：私の計画に必要な人々はみんなどこにいるんだ？
　アトリー：家を探しているんだよ、ナイ！

▶ 0213　いつも大口をあけている男だったな。

(1951)
◆ 2.8、『同上』

◆ 9.7、『同上』

Clement Attlee

クレメント・アトリー(1883-1967)
イギリスの労働党政治家、首相 (1945-51)
アトリーについて、チャーチル 1027、1045、ヘネシー 1855、ニコルソン 2857、オーウェル 2920 参照

◆ ヒュー・ダルトン『政治日記』(1986)、1930.11.20

◆ ハロルド・ラスキへの書簡、1945.8.20、フランシス・ウィリアムズ『ある首相の記憶』(1961)

◆ ケネス・ハリス『アトリー』(1982)

◆ フランシス・ウィリアムズ『ある首相の記憶』(1961)

◆ ラジオ放送の談話、1945.6.5、『同上』

◆ マイケル・フット『アネイリン・ベヴァン』(1973) 第2巻

◆ ケネス・ハリス『アトリー』

※予算案漏洩の後に大蔵大臣を辞任したヒュー・ダルトンについて

▶ 0214　どんな広報のプロにとっても私は困りものだ。宣伝できるようなものを何も持っていない。
◆ ハロルド・ニコルソン『日記』1949.1.14

▶ 0215　他のあらゆる国々と違うイギリス人の特徴は、古いボトルを破裂させずに新しいワインを注げるところだと思う。
◆ 下院で、1950.10.24

▶ 0216　労働大臣の回想録に「われわれは内閣の提案を読んだ」とあるのに応じて：
内閣は提案するのではない、決定するのだ。
◆ トニー・ベン『日記』1974.5.20

▶ 0217　良心の声はまだ小さく、また大声で話すものでもないと信じている。
◆ 伝聞、1955

▶ 0218　［ロシア共産主義は］カール・マルクスとエカテリーナ女帝の私生児だ。
◆ オルフス大学での演説、1956.4.11、「ザ・タイムズ」1956.4.12

▶ 0219　競争相手とさえ思った者はほとんどいなかった
自分の方が頭がいいと思った者が多かった
しかし彼は最後には首相
名誉勲爵士にしてメリット勲位。
※トム・アトリー宛書簡で自分自身について、1956.4.8
◆ ケネス・ハリス『アトリー』（1982）

▶ 0220　マスコミは概ね災難を糧にして生きている。
◆ 伝聞、1956

▶ 0221　民主主義とは討論による政府を意味している。しかし国民の話しているのを止められる時のみ有効である。
◆ オックスフォードでの演説、1957.6.14

▶ 0222　しばしば「専門家」はその専門分野にあって、最悪の大臣を誕生させる。この国では素人に統治される方が好ましい。
◆ 同上

▶ 0223　よい犬を飼っていれば、自分で吠えることはないというのは正しい格言だ。私はアーネスト・ベヴィン氏という大変便利な犬を飼っている。
◆ 伝聞、1960

▶ 0224　政治という技術の定義：
限定された時間内で不十分な知識に基づいて、重要な決定を下すために必要とされる判断。
◆ 伝聞

▶ 0225　奇妙な鳥、ハリファックス。とてもユーモラスで、みんなで狩って聖餐式に捧げる。
※ハリファックス卿について
◆ インタヴュー、ピーター・ヘネシー『2度目はない』（1992）

W. H. Auden

W. H. オーデン（1907-73）
イギリスの詩人
◆『雄弁家』（1932）、「献身」

▶ 0226　公的の顔にある私的な顔は
より賢くより素敵だ
私的な顔にある公的な顔よりも。

▶ 0227　国家のようなものは他にない　　　　　　　　　　　◆「1939年9月1日」(1940)
そして誰もが一人ではいられない。
飢えは何の選択も
市民や警察に許さない。
われわれはお互いを愛さなければ死ぬのだ。

▶ 0228　世論調査をする研究者たちは満足している　　　　　◆「無名の市民」(1940)
自分たちが時節に合った意見を持っていることに。
平和であれば平和に賛成し、戦争があれば去って
いってしまう。

▶ 0229　この大理石の記念碑は国家が建てた。　　　　　　　◆「同上」
彼は自由だったか？　幸せだったか？　そんな問い
は馬鹿げたものだ
何かが間違っていたのなら、はっきりと聞くべき
だったのだ。

▶ 0230　彼は人間の愚かさを自分の掌のようによく知ってい　◆「ある暴君の墓碑銘」(1940)
て、
そして軍隊や艦隊に大変な興味を抱いていた。
彼が笑えばご立派な上院議員たちが大笑いし、
彼が泣けば小さな子供たちが路上で死んだ。

▶ 0231　あなたの世界を救うためにこの男に死んでくれと頼　◆「無名兵士のための墓碑銘」
んだ　　　　　　　　　　　　　　　　　　　　　　（1955）
この男がもし今あなたに会えるとしたら、どうして
かと聞くだろうか。

Augustus

▶ 0232　クインティリウス・ウァルス、我が領土を返せ。
　　　※クインティリウス・ウァルスの支配下にあったローマの3
　　　州がゲルマンの首長アルミニウスに全滅させられた後に

アウグストゥス（紀元前63-紀元14）
初代ローマ皇帝
アウグストゥスについて、キケロ1058参照
◆ スエトニウス『シーザーの生涯』

▶ 0233　煉瓦としてこれを受け継ぎ、大理石として残したと
自賛してもいいだろう。
　　　※ローマの街について

◆『同上』

Marcus Aurelius

▶ 0234　男よ、お前はこの世界都市の市民であったのだ。そ
れが5年であろうと50年であろうと何だというのだ？

マルクス・アウレリウス
(121-180)
161年よりローマ皇帝

▶ 0235　政治からなら、沈黙までは軽い一歩だった。

◆『内省録』

Jane Austen
ジェーン・オースティン
(1775-1817)
イギリスの小説家
◆『ノーサンガー寺院』(1818)

B

▶ 0236　また知識それ自体も力であるからだ。

Francis Bacon
フランシス・ベーコン(1561-1626)
イギリスの法律家、廷臣、哲学者、評論家
◆『聖なる瞑想』(1597)、「異端について」

▶ 0237　発明が持つ力と価値と行き着く先とを観察するのは賢明なことだ。そしてわれわれの祖先が知らなかったこの3つの発明以上に、はっきりとそれらを見せてくれるものはない。しかしその始まりは、最近のことなのだが、曖昧で不明確である。すなわち印刷、火薬、羅針盤である。3つの発明は、ものごとの形態や状態を全世界的にすっかりと変えてしまったのだ。

◆『新機関』(1620)

▶ 0238　人間を崇拝することは崇拝されることだ。

◆『科学の尊厳と拡大』(1623)

▶ 0239　行政において。何が最初に来るか？　厚顔さだ。2番目と3番目に来るのは？　厚顔さだ。しかしそれは、無知と下劣さの子供なのだ。

◆『随想』(1625)、「図太さについて」

▶ 0240　トランプカードを束ねることはできるが、遊ぶのは下手だという［人々がいる］。かくしてこきおろしや陰謀は得意だが、それ以外は弱いという人々もいるわけだ。

◆『同上』、「狡猾さについて」

▶ 0241　狡猾な人間を賢明とみなす環境ほど、悲惨な事件を起こすことはない。

◆『同上』、「同上」

▶ 0242　ものごとの始まりと終わりの時を心得ること以上に賢明な知恵は、地上に存在しない。

◆『同上』、「遅れについて」

▶ 0243　王子たちの責務には困難が多くそれも大きいが、最大の問題は時に彼らの頭の中にある。

◆『同上』、「帝国について」

▶ 0244　高位にある人々は三重の意味で従僕である。君主あるいは国家の従僕、名声の従僕、仕事の従僕だ。

◆『同上』、「高位について」

Francis Bacon

- 0245 権力を求め、自由を失おうとするのは不可思議な欲望である。 ◆『同上』、「同上」
- 0246 昇進は骨が折れるものであり、人は痛みによってより大きな痛みに出会う。［出世は］時に卑しいものであり、不名誉な行為によって人は名誉ある地位につくのだ。立っていれば滑りやすく、後退はすなわち奈落あるいは少なくとも失脚だ。 ◆『同上』、「同上」
- 0247 厳格さは恐怖を生むが、粗暴さは憎悪を生む。権威ある者が叱責する場合でも、謹厳であるべきであり嘲罵してはならない。 ◆『同上』、「同上」
- 0248 高位へのあらゆる昇進は螺旋階段を上るようなものだ。 ◆『同上』、「同上」
- 0249 新しい高貴さは単なる権力の働きに過ぎないが、古き高貴さは時の働きである。 ◆『同上』、「高貴さについて」
- 0250 名声は川のようなものだ。軽いものや膨れたものは浮き上がらせ、重量のあるものや中身の充実した固いものは沈める。 ◆『同上』、「賞賛について」
- 0251 かくして、政府の4本の柱のどれかが大きく揺るがされたり弱められたりした場合には（この柱とは宗教、正義、議会、財宝である）、人は風向きがよくなるよう祈らねばならなかった。 ◆『同上』、「反乱や問題について」
- 0252 反乱を予防する最も確実な方法は（もし時代がそれを生み出すのであればだが）、彼らが問題としているものを取り除くことである。 ◆『同上』、「同上」
- 0253 思考の中の疑惑は、鳥たちに混じっている蝙蝠のようである。たそがれ時になるまでは飛ばない。 ◆『同上』、「疑惑について」
- 0254 （ありふれた言い方では）金もまた、戦争を支えるものではない。 ◆『同上』、「王国の真の偉大さについて」
- 0255 そうならないであろうが、諸税に圧迫された国民が常に雄々しくまた勇敢になるべきだということだ。 ◆『同上』、「同上」
- 0256 真実とは何か？と冗談好きなピラトは言った。そして答えを待とうとはしなかった。 ◆『同上』、「真実について」
- 0257 あらゆる立場の色は暗闇の中で同意するであろう。 ◆『同上』、「宗教の統一について」
- 0258 国家が若い時期には、大きく枝々が繁る。国家の中年期には、学びがある。そしてこの両者が共にあるのはほんの一時である。国家の衰微期には、機械的な技術と商取引がある。 ◆『同上』、「ものごとの有為転変について」
- 0259 名誉の湧きいずる泉だ。 ◆『王についての随想』（1642）、ただし彼の発言かどうかは疑わしい、バジョット278参照

▶ 0260　国家を豊かにまた偉大にする3つの要件がある。肥沃な土地、活発な作業場、さまざまな場所から場所への人や製品の円滑な輸送である。

▶ 0261　私の名誉と記憶は、仁愛深い演説や諸外国、また次世代にこれを託す。

◆ 伝聞、S. プラット（編）『謹んで引用された言葉』(1989)

◆ 遺言、1625.12.19

▶ 0262　これまで非暴力組織よりも唯一ひどく変節したのは、暴力組織だった。

Joan Baez
ジョーン・バエズ(1941-)
アメリカの歌手、作詞、作曲家
◆『夜明け』(1970)、「もし〜だったらどうしますか？」

▶ 0263　政府のやることが鈍重であることはよい印だ。悪いことではない——特に、議会の鈍重さは優秀さの証であり、成功を示すものだ。

Walter Bagehot
ウォルター・バジョット
(1826-77)
イギリスの経済学者、評論家
◆「サタデー・レヴュー」
　1856.2.16
◆「同上」1856.4.19

▶ 0264　イギリス人は独創的であることなど、誰も決して期待していない。

▶ 0265　立憲制における政治家とは、ふつう平凡な意見と非凡な才能を持った人間だ。

▶ 0266　立憲制における政治家で最大の影響力を持つ者は、その時点での主義主張をたくみに表現し、執行し、また法律や法令に組み入れ、可能な限り活用し、また一般人に「もし自分に時間があったとしても、これ以上うまくはやれなかっただろう」と思わせる。

◆『ナショナル・レヴュー』
　1856.7
◆『同上』

▶ 0267　世論とは広く浸透した影響力であり、それ自体への服従を強要するものである。世論は他人の意見を考え、他人の言葉で話し、他人の習慣に従うよう命ずる。

◆『同上』

▶ 0268　大義の道を歴史上で特徴付けるのは、困難や憂鬱や葛藤である。

◆「サタデー・レヴュー」
　1856.2.16

▶ 0269　自由を獲得しようと試みつつ失敗してきた多くの国々の破滅のもとは、人民による政府を、政治的事業を行う手段ではなく、むしろ知的興奮の手段としてみなしてきたことにあった。

◆『同上』

▶ 0270　真のイギリス紳士は、秘めた心のうちでさえ、かつて政治経済学者の死を悼んだことはない。

◆『イングランド人およびスコットランド人について』
　(1858)

▶ 0271　自分が伝道者の傑出した知性と殉教者の魂を持って

◆『ナショナル・レヴュー』

いること、真実存在していると心底また本気で信じている。　　1860.7
　　※グラッドストンについて

▶ 0272　人間が自由かつ平等である方法など存在しない。　◆「エコノミスト」1863.9.5

▶ 0273　アメリカという国は、「子供のみ」が持っていると　◆「同上」1863.11.14
　　言われる問題をかなり多く抱えている。アメリカは自分の
　　強さを測る、正しい物差しを持たない。これまで他のいか
　　なる国とも近しく競争をしたことがないために、果てしな
　　い尊大ぶりを通してきているが、それはイギリスにあって
　　はパブリックスクールが、うぬぼれの強い少年からすぐに
　　こすり落とすものである。

▶ 0274　ある党派を迫害すれば彼らは結束を固めるが、これ　◆「同上」1867.4.27
　　を合法化すればその統一性が存在しなくなるか、強制的結
　　束でなくなるまで果てしなく拡散する。

▶ 0275　秘密めいた崇敬心および宗教的忠誠は、真の独裁制　◆『英国憲法』(1867)
　　に必要不可欠なものであるが、これらは想像力から生まれ
　　た感情であり、立法府はいかなる人々のうちにもこれを捏
　　造することはできない。

▶ 0276　[英国憲法のごとき] このような憲法には、2つの　◆『同上』
　　側面がある。1つ目は人民の敬意を喚起し、また維持する
　　もの——厳粛な部分である。2つ目は能率的な部分である
　　——実際にはこの部分によってものごとがうまく運び、支
　　配する。

▶ 0277　国民の最も素朴な物質的欠乏に訴えかけるだけで、　◆『同上』
　　感銘を与えた弁舌家はいまだかつて存在しないが、そのよ
　　うな欠乏が何者かの専制によって引き起こされたと称し得
　　た場合は別であった。

▶ 0278　ことわざによれば王冠は「名誉の湧きいずるとこ　◆『同上』、ベーコン 259 参照
　　ろ」である。しかし国庫は商業の源泉である。

▶ 0279　内閣は合同の委員会である——国家の立法府と行政　◆『同上』
　　府をつなぐハイフンであり、締めつける尾錠である。

▶ 0280　イギリスは「女王陛下の野党」という言い回しを、　◆『同上』、ホブハウス 1913 参照
　　初めてつかった国といわれている。すなわち行政への批判
　　勢力をも、行政府同様の政治体とした初めての政府がイギ
　　リス政府であったということである。この批判的反対勢力
　　は、議会政治の帰結である。

▶ 0281　「ザ・タイムズ」紙は多くの閣僚を輩出してきた。　◆『同上』、「内閣」

▶ 0282　存亡の危機に即応するために要求される最上質の精　◆『同上』、「同上」
　　神、強固な意志、果断に動くエネルギー、情熱的な性質が
　　平和時には邪魔となる。

▶ 0283　世界の構造のしからしむるところにより、われわれ　◆『同上』、「同上」

はしばしば、激しい大嵐の突然の出来に際し、操舵手を変えたいと望む——凪の際の舵手を嵐の際の舵手に交代させようとするのだ。

▶ **0284** ヴィクトリア女王と後のエドワード7世について：引退した寡婦と無職の若者の行動が、いかにしてこれほどの重要性を持つようになったかを根拠づけるのは好ましい。 ◆『同上』、「君主制」

▶ **0285** 君主制政府が強力である理由の最たるものは、わかりやすい政府だということだ。大衆はこれを理解する。そして世界のどこの国の大衆であれ、それ以外の政府を理解しがたいのだ。 ◆『同上』、「同上」

▶ **0286** 人間は自分の想像力で支配されている、とはよく言われることだ。しかし次のように言った方が正確だろう。人間は自らの想像力の弱さによって統治されているのだ、と。 ◆『同上』、「同上」

▶ **0287** イギリスの君主制政府はある感覚を今も保持しているが、それによってかつての英雄的な王たちは野蛮な時代を支配していた。そしてこの感覚に後期ギリシャの政体が、いくらか洗練された時代を支配する際に用いた感覚を付け加えてきた。これがイギリスの君主制政府の特徴である。 ◆『同上』、「同上」

▶ **0288** 女——少なくとも人類の半分——は、内閣に払う関心の50倍の関心を結婚に対して持っている。 ◆『同上』、「同上」

▶ **0289** 王制とは、ひとりの興味深い行動を取っている人物に国家の関心が集中する政府である。共和国という政府においては、興味を引かない行動を取っている多くの人々に関心が分散する。したがって、人間の感情が強く理性が弱い限りは、王制は広範な感情に訴えかけるゆえに強い。そして共和国は理解に訴えかけるがゆえに脆弱である。 ◆『同上』、「同上」

▶ **0290** ジョージ3世は生涯のほとんどを通じて、「聖なる厄介者」というようなものであった。 ◆『同上』、「同上」

▶ **0291** 法廷を持たないという議論もあり、素晴らしい法廷を持つための議論もある。しかし、並みの法廷を持つことの議論はない。 ◆『同上』、「同上」

▶ **0292** 女王は……もし上下院が満場一致でこれを彼女に提出した場合は、自分自身の死刑宣告書にもサインをしなければならない。 ◆『同上』、「同上」

▶ **0293** 何事にもまして、われわれの王国は尊敬されねばならない。もし王国についてあれこれ詮索し始めたら、尊敬することができなくなる……不可解さが生命なのだ。魔術に昼の光を当ててはならない。 ◆『同上』、「同上」

- ▶ 0294 君主は立憲君主制のもとでは、3つの権利を持つ……意見を求められる権利、奨励する権利、警告する権利である。 ◆『同上』、「同上」
- ▶ 0295 立憲君主にふさわしい唯一の人材とは、若くして統治を始めた王子である——その若さはあっても逸楽を超越し——働くことをいとわず——また生来明察に富んでいるような人物だ。このような王たちは神の最も貴重なる賜物に数えられるが、また最も稀な賜物でもある。 ◆『同上』、「同上」
- ▶ 0296 貴族制度にもまた、これが作り出すもののみならず妨げるものにおいても大いなる使い道がある。貴族制度は富の支配——黄金崇拝の宗教を妨害する。アングロ＝サクソン民族が明らかに生来持っている偶像である。 ◆『同上』、「貴族院」
- ▶ 0297 われわれの制度に対する痛烈な、しかし好意を持つ批判者が口にするのは、「貴族院崇拝の治療には、貴族院へ行ってよく見ることだ」。 ◆『同上』、「同上」
- ▶ 0298 諸国家は首脳たちを通じて触れ合う。 ◆『同上』、「同上」
- ▶ 0299 上流階級出身議員についての「皮肉な政治家の見解」：ヨーロッパで最も上品な獣じみた有権者たち。 ◆『同上』、「下院」
- ▶ 0300 常に下院は潜在的に選択を行っている状態にある。いついかなる時でも、下院は首相を選びまた免職することができる。したがって政党は本来的に下院に属し、その屋台骨であり精髄である。 ◆『同上』、「同上」
- ▶ 0301 野党は、権力の座に着こうとする際にはしばしば、請求書の支払期日が来た投機的な商人のようなものだ。大臣たちは自分たちのした約束を履行せねばならず、実行の困難さを知るのである。 ◆『同上』、「同上」
- ▶ 0302 官僚たちが結果より慣例を重視するのは、避けがたい短所である。 ◆『同上』、「内閣交代に際して」
- ▶ 0303 官僚制度は自らの義務は公権力、公的事業、または公務員を増やすことであって、人類の能力を自由にさせることではないと確信している。官僚は政府を量的に拡大しすぎるのと同じく、政府の質も損なうのである。 ◆『同上』、「同上」
- ▶ 0304 しかし自ら国の政治を執行し、自然のままの自分自身を生きているイギリス国民が、さらに善政を行っていれば奇跡ではないか？　イギリス国民はいかなる国にもまして、外の世界から切り離され立地においても精神においても、よきにつけ悪しきにつけ孤島となっているのではないか？　現代ヨーロッパの一般的な政情動向から外れていないのか？　近代的世界の特別な教養なり文化なりを持たない、そしてしばしば文化をさげすむ人種なのではないか？ ◆『同上』、「同上」

このような人々に、他の地域で起こっている新しい不思議なできごとを理解することなど、誰が期待できようか？

▶ 0305 まったくそのとおりではないが真実に近い言い方で伝えられてきていることは、1802年にはすべての世襲君主が精神異常だったということだ。

◆『同上』、「いわゆる抑制と均衡」

▶ 0306 イギリスが偽装した共和国であることに気づいたら、すぐさま偽装を必要とする階級を優しく扱わねばならないことにも気付かねばならない。

◆『同上』、「その歴史」

▶ 0307 イギリス国民の生来の衝動とは、権力への抵抗である。

◆『同上』、「同上」

▶ 0308 簡潔に言えば、私が恐れているのは、わが国の2つの政党が労働者の支持を得ようと競い合うことだ。すなわちもし何を望んでいるのか労働者が言えれば、双方が労働者の要望に添うことを約束することである。また、今や労働者がわが国の政治の決定権を握っている以上、両政党とも自分に投票してくれるよう労働者に乞い願うであろう。教養あり富裕なる2つの集団が、常に彼らの判断を尊重すると申し出て、それを実行するための政権の座を争っている構図ほど、貧しく無知な人々を腐敗させおとしめるものは私には思いつかない。

◆『英国憲法』(1872) 第2版の序

▶ 0309 政治国家とはアメリカの森林のようなものだ。古い木々を切り倒すだけで、すぐに新しい木々が芽生えそれに取って代わる。種は地中で待っており、古いものが退いて光と空気がもたらされるとすぐに伸び始めるのだ。

◆『同上』同上

▶ 0310 国家が長引く議論に耐え得ることを知っていれば、国家が常に平静に寛容を実践し得ることも理解できる。

◆『物理学と政治』(1872)

▶ 0311 幸福な国家では、保守党は野党より長期にわたり国全体を治めるべきである。もしあなたがいつも家を直しているなら家が悪いか、あるいはあなた自身がひどく落ち着きのない性質であるかを示す証である——どこかしらに何か欠点があるのだ。

◆『イギリスにおける長期保守統治の諸機会』(1874)

▶ 0312 立派な首相は刻苦勉励する人の勤勉さに、怠惰な人間の活気を付け加えねばならない。

◆「エコノミスト」1875.1.2

▶ 0313 多くの国民は、意見を持たずにいることが人間の性質として苦痛なので、耐え忍ぶより軽率な意見に飛びつくものである。

◆「同上」1875.12.4

▶ 0314 よい政府とは、少なくともすべての権利に偏頗せずに敬意を払うのと同じく、権利を守る権威に対して敬意を払わせることにもエネルギーをさくのである。

◆「同上」1876.5.27

▶ 0315 あらゆる国家にあって過激政党は、主張は近いがさ

◆「同上」1876.4.22

▶ 0316　例えばローマ帝国や大英帝国のような、長い間創造を繰り返してきた歴史を持つ大国に特徴的な危険とは、自らが創造してきた偉大な制度を理解しないでついには崩壊するということだ。

◈「フォートナイトリー・レヴュー」1876.11.1

▶ 0317　流血の争いに苦しむ国家が増えれば、和解を求める動機が早く優勢を占めるであろう、という仮定があったが決定的な間違いではなかった。

◈「エコノミスト」1877.3.17

▶ 0318　資本はそれ自体の利益を求めて展開されるべきである。慈悲心などに惑わされてはならない。

◈『経済学研究』(1880)

Jacques Bainville
ジャック・バンヴィル(1879-1936)
フランスの歴史家
◈『平和に関する政治的結論』(1920)

▶ 0319　ヴェルサイユ条約について：
聖書の読者によって、聖書の読者のために書かれた。

Michael Bakunin
ミハイル・バクーニン(1814-76)
ロシアの革命家、無政府主義者
◈『科学芸術年鑑』(1842)
◈J. モリソン・デーヴィッドソン『旧秩序と新秩序』(1890)

▶ 0320　破壊を迫る力はまた創造を迫る力でもある。

▶ 0321　われわれが願うのは、一言で言えば平等である――事実上、自由の当然の帰結としての、あるいはむしろ自由の大前提としての平等である。人民の資産保有高や、人民の要求するものにも同様である。それこそわれわれが心底、また熱烈に願うものである。
　　※リヨンの蜂起失敗後の裁判で47人の無政府主義者が署名した宣言、1870

James Baldwin
ジェームズ・ボールドウィン(1924-87)
アメリカの小説家、評論家
◈「ニューヨーク・タイムズ・マガジン」1965.3.7

▶ 0322　みんなと一緒に自分が忠誠を誓った旗が、自分に対して忠誠を誓うわけではないという発見は、5、6歳、あるいは7歳の頃に大きなショックとして経験する。インディアンを殺しつくすゲイリー・クーパーを見る、そして応援する自分自身は血脈としてはゲイリー・クーパーに根深く結びついてはいても、インディアンは自分だ、という大きなショックを経験するのだ。
　　※イギリスのケンブリッジ学生会における「アメリカン・ドリームはアメリカ黒人の犠牲の上に成り立っている」という

提議に賛意を表して、1965.2.17

▶ 0323　自由とは、誰にでも与えられ得るものではない。自由とは、人々が獲得するもの、また人々がかくありたいと望む程度に自由である。

▶ 0324　アメリカの黒人問題の根底にあるのは、アメリカの白人が黒人と共生する道を見出す必要があり、それは白人が自分自身と共に生きられるためなのだということである。

▶ 0325　彼らが朝にあなたを捕らえるなら、夜には私たちを襲いに来るでしょう。

◆『何人もわが名を知らず』（1961）、「仮説的な小説についての覚書」

◆『ハーパーズ・マガジン』1953.10、「村の異邦人」

◆「ニューヨーク・レヴュー・オヴ・ブックス」1971.1.7、「わが妹アンジェラ・デーヴィスへの公開書簡」

▶ 0326　彼ら［議会］は戦争で大手柄をたてたかのように見える、大勢の厚顔無恥な人間の集まりである。

Stanley Baldwin

スタンリー・ボールドウィン
(1867-1947)
イギリスの保守党政治家、首相
(1923-24、1924-29、1935-37)
ボールドウィンについて、ビーヴァーブルック 379、チャーチル 1013、1017、カーゾン 1179、トレヴェリアン 3903、キプリング 2260 参照

◆ J. M. ケインズ『平和の経済的意義』(1919)

◆ 下院で、1924.5.29

▶ 0327　決まり文句とはひたすら、世間が聞き飽きるまで繰り返された真実である。

▶ 0328　他種に比して保護区を必要とする種が3つある——鳥、野生の花、そして首相である。

▶ 0329　「安全第一」とはすべてをそのままでよしとする、独善的な自己満足を意味するのではない。これは危険な状況で道を渡ろうとする、すべての人間に対する警告なのだ。

▶ 0330　過去何世代もの雇用主が自分の雇用者を正当に扱っていたら、組合などは存在しなかっただろう。

▶ 0331　世間一般の人々にとっても、自分を爆撃から守る力などこの世には存在しないと悟ることはよいことだと思う。人がなんと言おうと、爆撃する者は常にやってくるのである。唯一の防御は攻撃であり、これが意味するところは、己を救いたければ敵よりも早くより多くの女性や子供を殺さねばならないということだ。

▶ 0332　空軍時代が到来してから、古い国境は去った。イギ

◆「オブザーヴァー」1925.5.24

◆「ザ・タイムズ」1929.5.21

◆ バーミンガムでの演説、1931.1.14

◆ 下院で、1932.11.10

◆ 同上、1934.7.30

リスの国防を考えたら、ドーヴァー海峡の白亜の崖をもはや考えることはない。ライン川を考えよ。そこが国境だからだ。

▶ **0333**　チャーチルを内閣から排除する理由として：
もし戦争になるのであれば——そして誰も戦争にならないとは言えないだろう——われらが戦時首相として潑剌さを残しておかねばなりません。

◆ 書簡、1935.11.17

▶ **0334**　今夜はごく短時間しかここにいられない。これまで何かを口にしてしまってから後悔することはめったになかったが、今私の口はまだ封を解かれていない。この問題が終われば言うべきことを言うつもりであり、反発して圧力をかける人は1人もいないであろうことを保証する。
　　※通常「私の口は封じられている」と引用される

◆ アビシニア危機の際に下院で、1935.12.10

▶ **0335**　もし解散総選挙を行って、ドイツが再軍備をしつつあるのでわれわれも再軍備をすべきだと言ったとしてみよう。あの時点で、この平和な民主主義の国がそのような叫びのもとに結集するなどと誰が考えるだろうか？　私の立場からは、これ以上に選挙での敗退を確実にしたであろう提案など考えられない。

◆ 下院で、1936.11.12

▶ **0336**　政治では、誤った行動の責任者として名指しされることがある。だが決して不平を言わず説明しないことだ。

◆ ハロルド・ニコルソン『日記』1943.7.21

▶ **0337**　法王にも新アルスター運動にも、近づいて潰されるな！

◆ バトラー卿『記憶の芸術』（1982）、マクミラン 2589 参照

▶ **0338**　真実と虚偽をないまぜに塗りこめ、そこからまことしやかなものを捏造することに全生涯を費やした。
　　※ロイド＝ジョージについて

◆ 伝聞

▶ **0339**　聡明な人間と知識人の関係は、紳士と紳士ぶる男である。

◆ G. M. ヤング『スタンリー・ボールドウィン』（1952）

▶ **0340**　かくてウィンストンが百馬力の精神でやってきた、私に何ができるというのか？

◆『同上』

▶ **0341**　熱狂が世界を動かすことを考えれば、真実を話していると信じられる熱狂的人間がほとんどいないのは残念なことです。

Arthur James Balfour

アーサー・ジェームズ・バルフォア（1848-1930）
イギリスの保守党政治家、首相（1902-05）。外務大臣として、バルフォア宣言として知られる、パレスチナにおけるユダヤ人国家建設法に対する賛同宣言を行った（1917）

▷ Arthur James Balfour

バルフォアについて、チャーチル 951、952、フースマン 1940、ロイド＝ジョージ 2402、2416 参照
◆ ドルー夫人への書簡、1891.5.19

▶ 0342　キャンベル＝バナーマンは、自分では制御できない奔流に踊らされているだけの、単なる瓶の栓に過ぎません。
　　※ 1906年の選挙について。自由党の圧勝に加え50人の労働党下院議員が誕生し、トーリー党の前首相バルフォアおよび6人の閣僚は議席を失った

◆ ソールズベリー卿夫人への書簡、1906、ブランシュ・ダグデール『アーサー・ジェームズ・バルフォア』(1939)

▶ 0343　政府はユダヤ人の故郷としての国家を、パレスチナに建設することを好意を持って迎え、またこの計画を達成するために最大限の努力を払うつもりであります。パレスチナに存在する非ユダヤ人集団の市民権および宗教的権利、また他の国家においてユダヤ人が享受している権利および政治的地位を害するようなことは、何1つ行われないことが明確なのです。

◆ ロスチャイルド卿への書簡、1917.11.2

▶ 0344　シオニズムは正誤、善悪はともかく、長い伝統および現在における必要と未来への希望とに根ざしており、古来の土地に暮らす70万人のアラブ人の欲求や損害よりもさらに深い重要性を持つものなのだ。

◆ 1919.8、マックス・イグルモント『バルフォア』(1980)

▶ 0345　ヴェルサイユ条約に調印したドイツ使節団の態度をどう思うか尋ねられて：
人が明らかに苦悩の渦中にある時に、じろじろ見たりするようなことは決してしないことにしている。

◆『同上』

▶ 0346　「現代における過ちはすべてキリスト教とジャーナリズムから起こっている」と主張したフランク・ハリスに答えて：
キリスト教、はもちろんだ……だがなぜジャーナリズムなのかね？

◆ マーゴット・アスクィス『自叙伝』(1920) 第1巻

▶ 0347　ボナー・ローの後を継いで首相になれなかったカーゾンが財政的に依然として、2度目の妻グレース・ダガンに依存していることについて：
栄光に浴する希望は失ったかもしれないが、まだグレースという手段は持っている。

◆ 伝聞

▶ 0348　伝記は手厳しい敵によって書かれるべきである。

◆「オブザーヴァー」1927.1.30

▶ 0349　［われわれの］全政治機構は、ごく基本的な部分で国民を同一のものと見なしているのか、国民は安全に口論することができる。

◆ ウォルター・バジョット『英国憲法』の序 (世界の名著版、1928)

▶ 0350　歓迎されない支持者について：

悪質な忠実さをもってつきまとう。

▶ 0351　誉められれば多かれ少なかれ幸福であり、攻められてもさほど不愉快ではないが、ただ自分について説明をされると居心地の悪い時がある。

▶ 0352　決して許さないが、常に忘れる。

▶ 0353　彼を将来を約束された若い男だと思ったが、どうやら約束だらけの若い男であるようだ。
　　　※チャーチルについて

▶ 0354　不適切な、はっきり言えば甚だしい通俗的な迷妄が破滅的な政策につながるとして、これに与する［経済］学者が十分な数だけいれば、その政策は生き延びてしまう。

▶ 0355　ある人々は、特に苦手な社会問題と政治問題が除外されている場合には、何でも信じてしまう。

▶ 0356　20世紀の半ばを迎えて、アメリカの指導力の危機は部分的には体制の権威の凋落によるが、この体制は現在、いよいよカースト的になっているWASP（白人アングロ＝サクソン系プロテスタント上流階級）に支えられているものだ。

▶ 0357　専制政治は、壮大な事業を非合法的に達成する。自由は、小さな事業を合法的に達成する手間すらかけようとしない。

▶ 0358　［スイスの］カルヴィン主義は……高位の聖職者のない宗教、王のいない政府を確立した。

◆ ウィンストン・チャーチル『偉大なる同時代人たち』(1937)
◆ K. ヤング『A. J. バルフォア』(1963)
◆ R. ブレイク『保守党』(1970)
◆ ウィンストン・チャーチル『わが若き日々』(1930)

Lord Balogh
バロー卿(1905-85)
ハンガリー生まれの政治経済学者、ハロルド・ウィルソンの政府顧問
◆『因習的経済学の見当違い』(1982)
◆『同上』

E.Digby Baltzell
E. ディグビー・バルツェル(1915-)
◆『プロテスタントの権力体制』(1964)

Honoré de Balzac
オノレ・ド・バルザック(1799-1850)
フランスの小説家
◆『あら皮』(1831)

George Bancroft
ジョージ・バンクロフト(1800-91)
アメリカの歴史家、政治家
◆『合衆国の歴史』(1855年版) 第3巻

Lord Bancroft
バンクロフト卿 (1922-96)
イギリスの公務員、行政長官 (1978-81)
◆「ホワイトホール：いくつかの個人的省察」ロンドン経済学院 (LSE) での講義、1983.12.1

▶ 0359　政治家の確信は、もちろんです。公務員の自信は、いいえ。

Imamu Amiri Baraka
イマーム・アミリ・バラーカ (1934-)
アメリカの詩人、劇作家
◆『クルチュル』1962 春、「名目的法規」

▶ 0360　人間は自由であるかそうでないかだ。自由にはいかなる徒弟制度もあり得ない。

Ernest Barker
アーネスト・バーカー (1874-1960)
イギリスの政治学者
◆『社会学および政治学理論の原理』(1951)

▶ 0361　主権は無制限である──無制限かつ無限である。

Bernard Baruch
バーナード・バルーク (1870-1965)
アメリカの金融業者、大統領顧問
◆ 国連原子力委員会への建白書、1946.6.14
◆ サウスカロライナ州議会における演説、1947.4.16。「冷戦」という表現は「ニューヨーク・ワールド」前編集長 H. B. スウォープの示唆による
◆ 上院委員会を前にしての演説、1948
◆ メイヤー・バーガー『ニューヨーク』(1960)
◆「ザ・タイムズ」1964.8.20

▶ 0362　新たな原子力時代の凶兆の背後には、希望が横たわっている。誠意を込めて把握すれば、救済策を講ずることができるものだ……自分たち自身を欺くのはやめよう。世界平和か世界破壊かを選ばねばならないのだ。

▶ 0363　欺かれてはならない──今日、冷たい戦争の最中にいるのだ。

▶ 0364　冷戦の最中にいるが、次第に温まりつつある。

▶ 0365　公約が最も少ない男に投票せよ。落胆が最も少ないはずだ。

▶ 0366　資本主義や共産主義のそのたぐいの話をするのはかまわないが、重要なことは、あらゆる人間が苦闘しているのはよりよい生活環境を達成することであり、国民は政府

▶ 0367　政治的指導者は常に、支持者たちが己の肩越しにいるかどうかを確かめていなければならない。もしいないのなら、もはや指導者ではない。

◆「ニューヨーク・タイムズ」1965.6.21

Lord Bauer
バウアー卿（1915-）
イギリスの経済学者

▶ 0368　海外援助とは豊かな国の貧しい人々から金を取って、貧しい国の豊かな人々に与える制度だ。

◆ 伝聞、バウアー卿の記憶にはなく否認もされていない

Beverley Baxter
ビヴァリー・バクスター（1891-1964）
イギリスのジャーナリスト、保守党政治家

▶ 0369　ビーヴァーブルックが閣僚になって喜んでいる様子といったら、まるで市長と結婚できた街娼のようだ。

◆ ヘンリー・（'チップス'・）シャノンの日記、1940.6.12

Charles Austin Beard and Mary Ritter Beard
チャールズ・オースティン・ビアード（1874-1948）とメアリー・リッター・ビアード（1876-1958）
◆『転換期のアメリカ』(1939)

▶ 0370　いまだかつて、いかなる場所においても厳粛なる議会において選ばれた代表者を通じてではなく、アメリカ国民が公式に、合衆国が民主主義国家たるべきことを宣言したことはなかった……。憲法が書かれた時には、自らを民主主義者と呼ぶような人間はいなかったのだ。

Lord Beaverbrook
ビーヴァーブルック卿（1879-1964）
カナダ生まれのイギリスの新聞社主、保守党政治家
ビーヴァーブルックについて、バクスター369、ロイド＝ジョージ2426、ウェルズ4099、キプリング2260参照

▶ 0371　新政党をあきらめてくださるよう希望する。もしあなたがどうしても公的生活で指に火傷しなければならないのなら、明々とした大きな炎のところに行くことです。
　　　※ハロルド・ニコルソンに

◆ 1931.6.25 書簡、『ハロルド・ニコルソンの日記』(1980) 所収
◆『政治家と戦争』(1932)

▶ 0372　得意の絶頂にあるチャーチルにあるのは、専制君主を作り出す素質だ。

▶ 0373　われらが首領には戦意がない。

◆ フランシス・ドナルドソン『エ

※1936年の王位放棄騒動の時、エドワード8世についてウィンストン・チャーチルに語った

▶0374 「デイリー・エクスプレス」はイギリスが欧州戦争に関わることは、今年も来年もないと宣言する。

▶0375 では、これほど多くの人々が頼っている開発事業の責任者は誰なのか？ 賞賛は誰に与えられるべきなのか？ 奥の部屋で企画している連中である。スポットライトが当たるところに座ることはできない。だが彼らこそが仕事をした人間なのだ。

▶0376 新聞社［デイリー・エクスプレス］を経営しているのは、純粋にプロパガンダのためであって他の目的はない。
※王立報道委員会への証言、1948.3.18

▶0377 いつも辞任すると言って脅かすが、いまだかつて辞めたことがない。
※ダービー卿について

▶0378 39歳でインド総督に任命されたカーゾン卿について：39歳で突然に至福の任地へ、そしてまた7年後に現実生活へ復帰したことが生涯にわたり影響していた。

▶0379 会話は野生の薔薇の美しさを語ると思えば、春の山査子の苔の見事さへという具合の変り目の早さだった。
※スタンリー・ボールドウィンについて

▶0380 時として沈み行く船を放棄するか否かの決定を、浮き上がりそうもない船のために下さないまま、一日中波止場に座りこみを決め込んだものだ。
※カーゾン卿について

▶0381 1952年の『非公開文書』の出版によって、彼［ヘイグ伯］は死後25年にして自殺したのだ。
※ヘイグ伯爵について

▶0382 ［ロイド＝ジョージは］運転席にいる限り、どこへ向かっているのか気にかけている様子はなかった。

▶0383 イギリスの有権者は帽子をかぶらない人間などに投票しない。
※トム・ドライバーグへの助言

▶0384 ボナー・ローとチャーチルについて：
私には2人の主人がいた。その1人が私を裏切った。

▶0385 平等をかくも困難な事業としているのは、自分より

ドワード8世』(1974)

◆「デイリー・エクスプレス」1938.9.19
◆「リスナー」1941.3.27

◆A. J. P. テーラー『ビーヴァーブルック』(1972)

◆『人間と権力』(1956)

◆『同上』

◆『同上』

◆『同上』

◆『同上』

◆『ロイド＝ジョージの凋落と失墜』(1963)
◆アラン・ワトキンス『短い人生』(1982)

◆A. J. P. テーラーの書簡、1973.12.16、『エヴァへの手紙』(1991)

Henry Becque

アンリ・ベック(1837-99)

上の者との平等だけを望むということからだ。　　　　　フランスの劇作家、批評家
◆『文学的論争』(1890)

Brendan Behan

▶ 0386　パット：あいつはイングランド人とアイルランド人の混血だ。
メグ：神様の御名にかけて、どういうことだ？
パット：プロテスタント野郎だ。

ブレンダン・ビーハン(1923-64)
アイルランドの劇作家
◆『人質』(1958)

▶ 0387　ダブリンに帰ってきたら、いない間に軍法会議にかけられて死刑を宣告されていた。だからいなかった間に銃殺できたのだろうと言ってやった。

◆『同上』

Francis Bellamy

▶ 0388　私はすべての国民に自由と正義を与え、神の下に一国となり、分離することのないアメリカ合衆国の国旗とその国旗が表徴する共和国に忠誠を誓います。

フランシス・ベラミ(1856-1931)
アメリカの牧師、編集者
◆『国旗に対する忠誠の誓い』
(1892)

Hilaire Belloc

▶ 0389　いかなることが起ころうとも、
私たちにはマキシム砲があり、彼らにはない。

ヒレア・ベロック(1870-1953)
イギリスの詩人、評論家、歴史家、小説家、自由党政治家
◆『近代の旅人』(1898)

▶ 0390　紳士諸君、私はカトリックだ……。もし諸君が宗教を理由に私を拒否するなら、諸君の代表者となる不名誉からお救いくださったことを神に感謝するだろう。

◆ サウスソールフォードの有権者に対する演説、1906、スペイト『ヒレア・ベロックの生涯』(1957)

▶ 0391　閣下！　あなたには失望した！
あなたを3つの憂いのない次期首相にと考えていたのに。
株式も売ったし、報道も規制し、中流階級対策は準備万端だった。
しかしこうなっては！　……言葉もない！
出て行け、そしてニュー・サウス・ウェールズを治めるがいい！

◆『訓戒寓話集』(1907)、「ランディ卿」

▶ 0392　下院について：
このような場所では、歌を歌う以上に素晴らしい演説をすることはできない。

◆ ヒュー・ダルトン『政治日記』
(1986)、1930.7.29

▶ 0393　ここにおそろしく派手に飾り立てられて、
政治家の遺体が埋葬された。

◆「政治家自身の墓碑銘」(1923)

知る人がみな、あざ笑い罵っている時に
私は泣いていた。彼が絞首刑になるのを見たいと切
望していたのだから。

▶ 0394　知識人の背信。

Julien Benda
ジュリアン・ベンダ（1867-1956）
フランスの哲学者、小説家
◆ 本の題名、1927

▶ 0395　現実的な考え方をする人間は……差異を尊重する。その目標は多様な差異が危険にさらされない世界であり、そこでこそ合衆国は世界の平和を脅かすことなく徹頭徹尾アメリカ人でいられるのであり、また同様の条件においてフランスはフランス人で、日本は日本人でいられるのである。

Ruth Fulton Benedict
ルース・フルトン・ベネディクト
（1887-1948）
アメリカの人類学者
◆『菊と刀』（1946）

▶ 0396　政治とは問題を捜し求め、問題があろうがなかろうが見つけ出し、誤った判断を下し誤った治療を行う技術である。

Ernest Benn
アーネスト・ベン（1875-1954）
イギリスの出版業者、経済学者
◆ 伝聞

▶ 0397　やる気のない貴族でなく不屈の下院議員。

Tony Benn
トニー・ベン（1925-）
イギリスの労働党政治家、前スタンズゲート子爵、世襲貴族の地位を放棄できるよう法律を変えるキャンペーンを行ったトニー・ベンについて、レヴィン 2336、ハロルド・ウィルソン 4156 参照
◆ 記者会見、1960.11.23

▶ 0398　放送は放送記者に任せておくにはあまりに深刻で重要すぎる。
　　※科学技術大臣として、1968

◆ アンソニー・サンプソン『イギリスの新たな解剖』（1971）

▶ 0399　明日のジャムにするつもりだったうちのいくらかを、もう食べてしまったのだ。

◆ 伝聞、1969、キャロル 848 参照

▶ 0400　政権についた時に相続した危機は、根本的改革の機会となるものであり先送りする口実になるものではない。

◆ 労働党大会で、1973

▶ 0401　来るべき時代に向けた産業戦略を発展させるに当た

◆ 下院での演説、1974.3.13

り、多くの経験から恩恵を蒙ってきていた。ほとんどすべてのことが、過去に少なくとも1度は試みられてきているのだ。

▶ **0402** 3月に首相を辞任した、ハロルド・ウィルソンが「完全に萎縮」しているのを見て：
公職とはその人自身の自覚がある場合にのみ、鍛え上げてくれる仕事である。

◆ 日記、1976.4.12

▶ **0403** マルクス主義は今や世界的信念であり、宗教的信念を含めた他の世界的諸信念との継続的対話に参加を許可しなければならない。

◆ カール・マルクスの講義、1982.3.16

▶ **0404** 議会の影響について：
対話によってこそ王を手なずけ、暴君を抑え革命を回避してきた。

◆ アンソニー・サンプソン『変貌するイギリスの解剖』（1982）

▶ **0405** 私が47年前に労働党に入党したのは、モリ博士とギャラップ博士とハリス氏が書いたマニフェストのためではない。

◆「ガーディアン」1988.6.13

▶ **0406** 信念とはそのために自分が死んでもよいと思うものだ。教義とはそのために人を殺すものだ。天と地ほどの違いがある。

◆「オブザーヴァー」1989.4.16、「今週の言葉」

▶ **0407** 諸君に権力があるのか？ どこから得たのか？ 誰の利益のために使うのか？ 誰に弁明の義務を負うのか？ 諸君を排除するにはどうしたらいいのか？

◆ ノッティンガムでの講義「独立自尊の精神」、1993.6.18

▶ **0408** 国民はいかに統治されているのか、したがって首相の権力を理解するためには、王冠の権力を理解せねばならない。三位一体のようなものである。父なる神は女王である——彼女はただそこにましまし給い誰もよく知らない。息子なる神は首相である——あらゆる任命権を行使し、あらゆる現実の権力を持っている。そして聖霊なる神は王冠——国王大権——である。王冠は、国家であり、有刺鉄線に囲まれて神秘のうちに隠されている。

◆ クィーン・メアリー・アンド・ウェストフィールド大学の「内閣と首相職」課程の要約報告、1994.4.26

▶ **0409** 行政はいくらか錆びついた風見鶏に似ている。世論に従って動き、次の風がまた別の方向へと動かすまでそこに留まっているのだ。

◆ 下院主催のクィーン・メアリー・アンド・ウェストフィールド大学の「内閣と首相職」課程の要約報告、1995.3.1

▶ **0410** ダウニング街にたどりつくまでは、「現状」と呼ばれる小さな梯子を登ってきていたのだ。そこに着いた時には、現状はすこぶる良好に見えるのだ。

◆ 下院で、1995.3.1

Arnold Bennett

アーノルド・ベネット（1867-1931）
イギリスの小説家
◆『称号』(1918)

▶ 0411　候補者一覧を仔細に検討すれば、政府が何を考えているのかがすぐわかる。叙爵者一覧がごろつきや百万長者や、えー、その、能無しなどでいっぱいなら、政府は危篤状態にあると確認できる。

▶ 0412　いつも文学は叙爵のゲームにはいいカードだ。閣僚たちには教養があると国民に思わせるのだ。

◆『同上』

▶ 0413　ロイド＝ジョージ氏が適切な論点にたどりつくまでに70分かかった。117分間話したが、その間、論拠を挙げたと認められたのは1回きりであった。

◆『私の興味を引いた事柄』(1921)、「3月攻勢の後」

A. C. Benson

A. C. ベンソン（1862-1925）
イギリスの作家
◆エルガーの『戴冠式頌歌』(1902)のフィナーレにあわせて作詞された「希望と栄光の国」

▶ 0414　希望と栄光の国よ、自由の母よ、
　　　　何処より生まれし汝をいかに褒め称うべきや？
　　　　汝に定められし国境は広くただひたすら広く。
　　　　汝をいやがうえにも強大に作りしものは神なり。

Jeremy Bentham

ジェレミー・ベンサム（1748-1832）
イギリスの哲学者
◆『秩序なき誤謬』(1843)

▶ 0415　権利……は法の子である。現実的な法からは、現実的な権利が生まれる。詩人や雄弁家や道徳的、知的害毒を操る者たちが作り出した想像上の法、つまり自然法からは想像上の権利が生まれる。ろくでもない化け物どもの生んだ子供である。

◆『同上』

▶ 0416　自然法はまったくのたわごとである。自然かつ不可侵の権利とは、言葉だけのたわごとである──竹馬に乗っかったたわごとだ。

◆『備忘録』(1843)

▶ 0417　最大多数の最大幸福とは、道徳と法律制定の根本である。
　　※ベンサムはジョセフ・プリーストリー(1733-1804)、チェーザレ・ベッカリーア(1738-94)の言う「聖なる真実」を理解するよう主張している

◆『民法典の原理』(1843)

▶ 0418　あらゆる法は自由の反対概念だ。

◆H.N.ピム（編）『旧友たちの思い出──キャロライン・フォックスの書簡、記録抄録』(1882)

▶ 0419　苦しんでいる多くの人々を愛したというより、むしろ支配している少数の人々を憎んだのだ。
　　※ジェームズ・ミルについて

Edmund Clerihew Bentley

エドマンド・クレリヒュー・ベントレー（1875-1956）

▶ 0420　閣下がたがベーコンにご下問された
　　　　どれほど賄賂を取ってきたのかと

彼は少なくともたしなみは持っていた
顔を真っ赤にするだけの。

イギリスの作家
◈『でたらめな伝記』(1939)、「ベーコン」

▶ 0421　ジョージ3世
現れたりしてはいけなかった。
人はただ驚くばかり
あんまり奇怪な失敗で。

◈『さらなる伝記』(1929)、「ジョージ3世」

Lloyd Bentsen

ロイド・ベンツェン(1921-)
アメリカの民主党政治家

▶ 0422　ダン・クェールが大統領を目指した時に、ジャック・ケネディの議会経験と同様の経験を有していると主張したことに答えて：
上院議員、私はジャック・ケネディのために働いてきていた。ジャック・ケネディは知っている。友人だ。上院議員、あなたはジャック・ケネディではない。

◈ 副大統領選挙討論会で、1988.10.5

George Berkeley

ジョージ・バークレー(1685-1753)
アイルランドの哲学者、イギリス国教主教

▶ 0423　西に向かって帝国は針路を取る。
最初の4幕はすでに終わり
5幕目はドラマをその日とともに閉じることだろう。
時が最後に生み出すものこそ最も高貴なるものだ。

◈「アメリカにおける芸術および学術移植の見直し」(1752)、ジョン・クィンシー・アダムズ『プリマスにおける演説』(1802)、「西方に帝国の星は針路を取る」参照

Peter Berger

ピーター・バーガー
政治学者

▶ 0424　制度として整備された資本主義は、明らかに、まことしやかな神話を欠いてきた。対照的に、近代世界において資本主義に代わり得る主要な代案である社会主義は、神話を作り出す効能に決定的に優れている。

◈1986、アンソニー・サンプソン『会社人間』(1995)

Irving Berlin

アーヴィング・バーリン(1888-1989)
アメリカの作詞、作曲家

▶ 0425　神はアメリカを祝福する、
わが愛する祖国を、
その傍らに立って導く
夜も天上の光をもって。
山々から平原まで、

◈「神はアメリカを祝福する」(1939)

神はアメリカを祝福する、
わが家を、楽しきわが家を。

Isaiah Berlin

イザイア・バーリン(1909-)
イギリスの哲学者

▶ 0426　自由は自由である。平等でもなく公平でもなく、正義でもなく人類の幸福でもなく、平静な良心でもない。

◆『自由の2つの概念』(1958)

▶ 0427　これ──自由の「肯定的な」概念。つまり何かからの自由ではなく何かに向かっていく自由──こそは、「否定的」概念の信奉者が時に、暴虐な独裁制のうわべを糊塗したものに過ぎないと主張するものである。

◆『同上』

▶ 0428　自由の基本的概念は、鎖からの、刑務所からの、奴隷からの自由である。安息はこの感覚や他の延長である。

◆『自由についての4つの評論』(1969)、序

▶ 0429　不公平、貧困、奴隷制、無知──これらは改革か革命によって治癒できるだろう。しかし人間は悪魔と戦うのみで生きていけるものではない。肯定的な目標によって生きるのである。それらの目標は個人的または集団的なもので大変に多様であり、ほとんど予測し得ず時には両立しがたい。

◆『自由についての4つの評論』(1969)

▶ 0430　これまで自由を自由であるがゆえに尊重してきた人々は、選択の自由を持つこと、そのために選択される必要はないことが人間を人間たらしめる不可分の要素であると信じていた。

◆『同上』

▶ 0431　新たな真実が、すでに確立した考え方からの抵抗に対して勝ちを占めることは、誇張されて語られる場合を除いてはほとんどなかった。

◆『ヴィーコとヘルダー』(1976)

Daniel Berrigan

ダニエル・ベリガン
アメリカの反ヴェトナム戦争運動家

▶ 0432　この戦争は世界に、特に第三世界に、われわれの科学技術との距離を見せつけるために行われるものだ。

◆ 伝聞、1973

Theobald von Bethmann Hollweg

テオボルト・フォン・ベトマン・ホルウェグ(1856-1921)
ドイツ首相(1909-17)

▶ 0433　イギリス帝国はただ「中立性」という言葉──戦争時にはあまりに無視されてきた言葉だ──のために、ただ一片の紙きれのために、ただその友人たらんとのみ欲した友好国と戦争を起こそうとしているのだ。

◆ エドワード・グレイに宛てた E. ゴシェンによる報告の要約、『戦争勃発に関するイギリス

側資料、1898-1914』(1926)
第 11 巻所収

Mary Mcleod Bethune
メアリー・マクラウド・ベシューン (1875-1955)
アメリカの教育家
- レイフォード・W. ローガン (編)『黒人が望むことは』(1944)、「確かな奪い得ない諸権利」

John Betjeman
ジョン・ベチェマン (1906-84)
イギリスの詩人
- 「ウェストミンスター寺院にて」(1940)

Aneurin Bevan
アネイリン・ベヴァン (1897-1960)
イギリスの労働党政治家
- 下院で、1929.7.23
- マイケル・フット『アネイリン・ベヴァン』第 1 巻 (1962)

▶ 0434 もしわれわれが差別に直面して容認し黙認するならわれわれもまた差別の責任を引き受けることになり、また責任のある人々にわれわれの容認、同意があると信じ込ませ良心を救済させ許してしまうのだ。

▶ 0435 わが国を代表するものといえば、
ブーツ薬局チェーンのカタログに田舎の小道、
言論の自由、自由通行証、階級意識、
民主主義と整備された下水道。
主よ、どうか特別のお恵みを、カドガン広場 189 番地に。

▶ 0436 民主主義について言える最悪のことは、民主主義が 4 年半の間この閣下を許してきたということだ。
　　　※ネヴィル・チェンバレンについて

▶ 0437 チェンバレンの演説を聞くことは、ウルワース雑貨店に行くようなものだ。あらゆるものがそこにあり 6 ペンス以上のものはない。

▶ 0438 1945 年、厚生大臣就任の際、ベヴァンはすぐに見事な装飾の革張肘掛椅子を取り払った：
不要だ。頭の血をすべて吸い取り、考える力を奪い前任者たちの過去の多くを説明するからだ。

- 『同上』第 2 巻 (1973)

▶ 0439 この島は主に石炭からできており、魚に周りを囲まれている。石炭と魚の欠乏を同時にもたらすことは、ただ創造主のみになし得ることだ。

- ブラックプールでの演説、1945.5.24

▶ 0440 どれほどの甘言もいかなる道徳的あるいは社会的な誘惑の試みも、トーリー党に対して燃え盛る憎悪を私の心から消し去ることはできない……。私に関する限り、彼らは人間の屑以下なのだ。

- マンチェスターでの演説、1948.7.4、「ザ・タイムズ」1948.7.5

▶ 0441 優先権という言葉は、社会主義という信仰からくる

- ブラックプールの労働党大会

▶ **0442**　本が読めるのなら、なぜ水晶を見て占いをするのかね？
　　　　※ポンド交換レートの討論でロバート・ブースビーについて

▶ **0443**　トーリー党員はあらゆる選挙で、脅かしに来る鬼を必要とする。自分たちにはまだ綱領はなくとも、鬼は必要とするというわけだ。1945年にはハロルド・ラスキが、1951年には私が鬼だ。

▶ **0444**　[ウィンストン・チャーチルは]20世紀の言葉ではなく、18世紀の言葉を話している。彼はいまだにブレナムの戦いを繰り返し続けているのだ。唯一の困難な状況に対する彼の回答は砲艦を差し向けることだ。

▶ **0445**　不平不満は可能性を知るところから起こるものであり、現状を知ることとは対照的である。

▶ **0446**　化石化した思春期に苦しんでいる人間だ。
　　　　※ウィンストン・チャーチルについて

▶ **0447**　道の真ん中に居座る人々に何が起こるかはわかっている。意気消沈している。

▶ **0448**　いまいましい、棘の王冠ばかりか銀30枚も得られないのだ。
　　　　※1956年頃の労働党における自分の立場について

▶ **0449**　外務大臣を攻撃することになど、いささかの時間も使うつもりはない……。その曲に不平があるとしても、手回しオルガン弾きが猿回しをしている時に猿を攻撃しても意味がない。
　　　　※スエズ問題の討論で

▶ **0450**　この決議を行うなら、イギリス外務大臣を丸腰で会議場に送り込むことになる。
　　　　※イギリス連邦による一方的核軍縮動議への反対演説

▶ **0451**　あなた方はあれを政治的手腕と呼ぶのか？　私なら感情的な発作と呼ぶ。
　　　　※イギリス連邦による一方的核軍縮動議への反対演説

▶ **0452**　私は労働党の指導者としてふさわしい資質とは、いかなる場合にも義憤に左右されることを自らに許さない乾ききった計算機のような人間であると理解している。苦しみや窮乏や不正を目にしようとも、それに動かされることを許してはならないのだ。適切な教育を欠き自己抑制がないことの証拠となり得るからである。死につつある子供について話す時にも、内燃機関の部品類を話す時と同じような、静かで客観的な声音で話さねばならないのだ。

◆ での演説、1949.6.8
◆ 下院で、1949.9.29
◆ グロスター州ストーンハウスにおける総選挙運動での演説、1951.10.13
◆ スカボローの労働党大会での演説、1951.10.2
◆『恐怖の場所』(1952)
◆ ヴィンセント・ブローム『アネイリン・ベヴァン』(1953)
◆「オブザーヴァー」1953.12.6
◆ マイケル・フット『アネイリン・ベヴァン』第2巻 (1973)
◆ 下院で、1957.5.16
◆ ブライトンの労働党大会での演説、1957.10.3
◆ 同上
◆ マイケル・フット『アネイリン・ベヴァン』第2巻 (1973)

※ベヴァンが1959年4月28日のロビン・デイのインタヴューで特に否定しているにもかかわらず、しばしばヒュー・ゲートスケルの言葉として引用される

▶ 0453　経済の堂々とした絶頂での征服。
※本人が以前使った言葉を思い出して（本来はレーニンのものと思われる）
◆ 労働党大会で、1959.11

▶ 0454　首相は空っぽの荷物に、派手々々しいラベルを貼り付けることについては大変な才能をお持ちだ。
※ハロルド・マクミランについて
◆ 下院で、1959.11.3

▶ 0455　トーリー党の恥は、ウォルター・マンクトンがわずかにすすいだだけだ──トーリー党は、彼をガスマスクとして使うべきか運動用のサポーターとして使うべきか理解できなかったのだ。
※スエズ問題当時のウォルター・マンクトンについて
◆ アンドリュー・ロバーツ『著名なチャーチル支持者たち』（1994）

▶ 0456　新聞を貪るように読む。連続小説の形式の1つだ。
◆「ザ・タイムズ」1960.3.29

▶ 0457　国家医療制度創設時の顧問団の取りまとめについて：私は彼らの口を黄金でふさいだ。
◆ ブライアン・エイベル＝スミス『病院 1800-1948』（1964）

▶ 0458　内閣に入るには2つの道しかない。1つは、腹ばいになって出世の階段を這い登ることだ。もう1つは、歯で蹴散らすことだ。
◆ リチャード・クロスマン『内幕』（1972）

Albert Jeremiah Beveridge

アルバート・ジェレマイア・ベヴァリッジ（1862-1927）
アメリカの共和党政治家、上院議員、1912年、進歩党を結成しセオドア・ローズヴェルトを党首に選出した党大会の議長を務めた

▶ 0459　わが党は草の根から誕生した。人民が切実に必要としているものから育ってきたのだ。
◆ シカゴの進歩党大会での演説、1912.8.5

William Henry Beveridge

ウィリアム・ヘンリー・ベヴァリッジ（1879-1963）
イギリスの経済学者

▶ 0460　政府の目標とは平和時においても戦争時においても、民族あるいは支配者の栄光ではなく一般国民の幸福だ。
◆『社会保障および関連サーヴィス』（1942）

▶ 0461　貧困は、改革の道に立ちふさがる5人の巨人の1人
◆『同上』

であるに過ぎない……、他のものとは、疫病、無知、不潔、および怠惰である。

▶0462　無知は邪悪な雑草である。独裁者たちはだまされやすい者たちにそれを培養しようとする。いかなる国の民主主義も市民にその機会を与えてはならない。

◆『自由社会における完全雇用』（1944）

▶0463　国家は貨幣の支配者になり得るが、自由社会では他の要素はごくわずかしか支配できない。

◆『自発的行動』（1948）

Ernest Bevin

アーネスト・ベヴィン（1881-1951）
イギリスの労働党政治家、労働組合主義者

◆演説、1927.9.8

▶0464　世界で最も保守的な人間とは、あなたが改心させようとする時のイギリス労働組合主義者である。

◆『労働党大会報告』（1935）

▶0465　あなた方に望むのは、ランズベリーのように良心に基づいて何をすべきかを説くといった切迫した形の解決法を、実行しないでほしいということだ……。それは、自分の良心をあちこちの人に持って回り、良心に基づいて何をすべきかの教えを請うという、根本的に誤った立場に指導者を置くことになるのだ。

　※しばしば「ヨーロッパの諸首脳に自分の良心を強引に触れ回り」と引用される

▶0466　科学者パトリック・ブラケットがイギリスの原子爆弾製造を試みる知恵について質問したのに答えて：
科学に忠実に。

◆ヘンリー・ペリング『労働党内閣 1945-51』（1984）

▶0467　私はイートン校やハロー校を非難する一員ではない。彼らがイギリスの戦いに参加しているのを大変喜ばしく思った。

◆ブラックプールにおける演説、1945、D. ハーレイ『わが人生の時』（1989）

▶0468　もし事実が一般の国民に冷静に示されたのであれば、防ぐことのできなかった戦争はこれまでなかった……。一般国民こそ、戦争の強靱なる防御策であると考える。

◆下院で、1945.11.23

▶0469　労働大臣として官僚たちに：
君たちはこれはできないという、20もの理由を与えてくれた。頭の良い諸君なら、そこから脱しこれができるという理由を 20 作り出すことができると確信している。

◆口承、ピーター・ヘネシー『ホワイトホール』（1990）

▶0470　イギリスの委任統治の終了に際し、航空幕僚がパレスチナに残りたがっていると伝えられて：
もし残りたいなら、ヘリコプターの中で夜を明かさねばならない。

◆ヒュー・ダルトンの日記『政治日記』（1986）、1947.9.20

▶ **0471** 誰かがアネイリン・ベヴァンは彼の最悪の敵だと言ったのに対して：
私がこの世にいなくとも、彼は敵ではない。
※ハーバート・モリソンについてのベヴィンの言葉とも言われる

◆ ロデリック・バークレー『アーネスト・ベヴィンと外務省』(1975)

▶ **0472** 私の言う［外交］政策とは、ヴィクトリア駅で切符を買えばどこにでも断固として行きたいところに行くことができる、ということだ。

◆「スペクテイター」1951.4.20

▶ **0473** パンドラの箱を開けたのなら、いかなるトロイの木馬が襲ってくるか計り知れない。
※欧州議会について

◆ ロデリック・バークレー『アーネスト・ベヴィンと外務省』(1975)

▶ **0474** 決して実行してはならなかったのだ。そうさせたのは、ウィリー、君だ。
※共産主義中国を公式に承認した後で、ストラング卿に

◆ C. パロット『蛇とナイチンゲール』(1977)

The Bible (Authorized Version)
聖書（欽定版）

▶ **0475** わが民を去らしめよ。

◆『出エジプト記』

▶ **0476** 生かしめよ。ただしすべての会衆のために薪を切り水を汲むものとせよ。

◆『ヨシュア記』

▶ **0477** 彼らの腰と腿とを打てり。

◆『士師記』

▶ **0478** かくて彼女はその子をイカボドと名づけたり。栄光はイスラエルを去れり、の意なり。

◆『サミュエル記（上）』

▶ **0479** またサウルは言えり、神は彼をわが手に運び給えりと。

◆『同上』

▶ **0480** イスラエルに預言者ありと知るであろう。

◆『列王記（下）』

▶ **0481** かくてこれは、王が喜んで名誉を与える者に対し行われるであろう。

◆『エステル記』

▶ **0482** 偉大なる者が常に賢明であるとは限らない。

◆『ヨブ記』

▶ **0483** 展望のないところで、人々は滅びる。

◆『箴言』

▶ **0484** この種族は利口な者にも向かわないが、また強い者とも戦わない。

◆『伝道の書』

▶ **0485** 悲しいかな、わが国土よ、汝の王は幼ければ。

◆『同上』

▶ **0486** その剣を打ちのばして鋤刃とし、その槍を刈り込み鎌とするであろう。国は国に対し剣を振り上げず、2度と戦いを学ばないであろう。

◆『イザヤ書』、レンドール 3199 参照

▶ **0487** 支配が増してゆくにつれ、平和が終わることなく続くであろう。

◆『イザヤ書』

▶ **0488** 今や、おお王よ、御旨は成就し、その触書は変わることなく、メデス人とペルシャ人の法に従い、変わること

◆『ダニエル書』

- 0489 彼らは風を蒔き、旋風を刈り取るだろう。　◆『ホセア書』
- 0490 今こそ名高き人々を称えしめよ、そして我らを生みし父たちを。　◆『伝道の書』
- 0491 かくのごとく彼らの王国に規律は作られたり。　◆『同上』
- 0492 裁くなかれ、されば汝も裁かれないであろう。　◆『マタイによる福音書』
- 0493 平和をもたらすために来たのではない。剣をもたらすために来たのだ。　◆『同上』
- 0494 我とともになきものは、我に敵対する者である。　◆『同上』、『ルカによる福音書』
- 0495 返せ、カエサルのものはカエサルに、神のものは神に。　◆『マタイによる福音書』
- 0496 汝らは戦いについて聞き、その噂を聞くであろう。これに煩わされないことを知るがよい。すべては必ず過ぎ去り、終わりはまだ来ていないからである。　◆『同上』
- 0497 国が国に対して立ち上がり、王国は王国に立ち向かう。　◆『同上』、『ヨハネによる福音書』
- 0498 かつて世界を混乱させたものがまたここへ来る。　◆『使徒行伝』
- 0499 しかしパウロは言った、私はキリキアのタルススという町のユダヤ人で、立派な町の市民だと。　◆『同上』
- 0500 カエサルに訴えたのだろう？　カエサルのところに行け。　◆『同上』
- 0501 そこに法がない以上、犯罪もない。　◆『ローマ人への手紙』

George Bidault

ジョルジュ・ビドー(1899-1983)
フランスの政治家、首相(1946、1949-50)

- 0502 弱者は1つの武器を持っている。自分たちを強いと考える人間が犯す間違いである。

◆「オブザーヴァー」1962.7.15、「今週の言葉」

Ambrose Bierce

アンブローズ・ビアース(1842-1914頃)
アメリカの作家

- 0503 戦争（名詞）――舌に従おうとしない政治的な結び目を歯でほどこうとする方法。

◆『冷笑家の用語集』(1906)

- 0504 保守（名詞）――現存する悪魔に魅入られた政治家、革新と区別されるために、これを他のものに置き換えることを望んでいる。

◆『同上』

- 0505 平和（名詞）――国際関係において、戦争と戦争の間のだましあいの時期。

◆『悪魔の辞典』(1911)

John Biffen
ジョン・ビッフェン（1930-）
イギリスの保守党政治家
◉1988年頃テレビのインタヴューで録音されたが放映されず

▶ 0506　報道担当官バーナード・インガムの批判的なことばに対するコメント：
彼は下水道であって下水ではない。

◉「オブザーヴァー」1990.12.9
◉「デイリー・テレグラフ」1995.1.5

▶ 0507　首相としてのマーガレット・サッチャーについて：
ハムスターに取り巻かれた雌トラだった。
▶ 0508　政治においては、早すぎても5分早くやめる方が、5年長く続けるよりも賢いと考える。
　　※辞表の弁

John Biggs-Davison
ジョン・ビッグス＝デーヴィソン（1918-88）
イギリスの保守党政治家
◉チェルムズフォードでの演説、1976.11.7

▶ 0509　十戒を修正するよう求めることを下院議員の義務だなどとは考えたこともない。

Steve Biko
スティーヴ・ビーコー（1946-77）
南アフリカの反アパルトヘイト運動家
◉目撃者としての証言、1976.5.3

▶ 0510　抑圧者が握っている最も強力な武器とは、抑圧される側の心だ。

Josh Billings
ジョシュ・ビリングス（1818-85）
アメリカのユーモア作家
◉『ことわざ』(1874)

▶ 0511　それとは違うことを知っているくらいなら、何も知らない方がましである。

Nigel Birch
ナイジェル・バーチ（1906-81）
イギリスの保守党政治家
◉ハロルド・マクミラン『運命の潮流』(1969)

▶ 0512　労働党内閣の大蔵大臣ヒュー・ダルトンの辞任を聞いて、1947.11.13：
神よ！　獲物を撃ってしまったぞ！

▶ 0513　1951年に建設大臣として、バーチは楽しんでいると語った：
3,000人のスタッフといっしょに園芸を。

◉『英国人名辞典』
◉「ザ・タイムズ」宛書簡、

▶ 0514　2度目には、首相は予算を管理しようとした大蔵大

▶ Augustine Birrell

臣を辞めさせた。1度で十分過ぎたのだ。　　　　　　　1962.7.14
　※ハロルド・マクミランがレジナルド・モードリングに味方してセルウィン・ロイドを罷免した後に

▶ 0515　言わねばならないことは、これまで彼から修道僧のような人間であるという印象を受けたことは1度もないということだ。そしてキーラー嬢はプロの娼婦であった……。彼らの関係が純粋にプラトニックなものであったという主張には、基本的なところで疑いを差し挟まざるを得ない。　　◆ 下院で、1963.6.17
　※プロフューモ審議において、ジョン・プロフューモについて

▶ 0516　適格性および良識に疑問がある以上、私にはこの表決が承認し得るものであり得るとは考えられない。　◆ 同上
　※ハロルド・マクミランおよび彼のプロフューモ事件の取り扱いについて。バーチはブラウニングの『失われし指導者』の「彼を戻って来させるな！……喜びと自信に溢れた朝は2度と来ない！」を引用して大げさに結んだ

▶ 0517　誰よりも頻繁に、勇気を持って自分を責めたのは首相だった。　　◆ 下院で、1965.8.2
　※ハロルド・ウィルソンについて

Lord Birkenhead（バーケンヘッド卿）➡ **F. E. スミス参照**

▶ 0518　1902年ケンブリッジ大学のトリニティ・カレッジの夕食で、学寮長がカレッジのために乾杯の音頭を取り、当時の王も首相もトリニティの人間だと言ったことについて：
学寮長はこう付け加えるべきだったのです。もっと先を続けることができる、なぜなら世界の出来事は、神もトリニティの人間だというゆゆしき事実の上に成り立っているのは明らかだから、と。

▶ 0519　政治の秘密？　ロシアと有利な条約を結ぶことである。
　※1863年、初めて政権を取って

Augustine Birrell
オーガスティン・ビレル
（1850-1933）
イギリスのエッセイスト、政治家
◆ ハロルド・ラスキのオリヴァー・ウェンデル・ホームズ宛書簡、1926.12.4

Otto von Bismarck
オットー・フォン・ビスマルク
（1815-98）
ドイツの政治家、またドイツ統一の殊勲者、新ドイツ帝国首相（1871-90）
ビスマルクについて、テイラー 3771、テニール 3808 参照

▶ 0520　政治は厳密な科学ではない。

◆ A. J. P. テイラー『ビスマルク』（1955）
◆ プロシア議会での演説、1863.12.18

▶ 0521　1866年のオーストリア−プロシア戦争の後、プロシア側に、敗れたオーストリア人に対する制裁を求める声がある時に：オーストリアにとって、わが国の要求に反対するように仕掛けられる以上に悪いことはない。

▶ 0522　政治は可能性の技術である。

◆ A. J. P. テイラー『ビスマルク』（1955）
◆ マイヤー・フォン・ヴァルデックとの会話、1867.8.11

▶ 0523　政治家は起こったことに復讐する必要はないが、2度と起こらないようにする必要がある。
　　※1867年、セダンの戦いの後に敗れたナポレオン3世に示された寛大な措置に対する一般の批判に対して

◆ A. J. P. テイラー『ビスマルク』（1955）

▶ 0524　ドイツに手綱を取らせよう！　十分にうまく乗りこなせるはずだ！

◆ 1867、アラン・パルマー『ビスマルク』（1976）

▶ 0525　ヨーロッパについて語る者は誰もが間違っています。［これは］地理的概念なのです。

◆ ロシア首相ゴルチャコフからの書簡の欄外に書かれた注意書、1876.11、メッテルニヒ2703参照

▶ 0526　常にヨーロッパという言葉を、ある種の政治家たちが口にするのを聞いてきた。彼らは自分たち以外の諸権力から何かを得ようと望みつつ、自国の名義で敢えて求めようとはしないのだ。
　　※1878年のボスニアの内乱は、ロシアやドイツの問題というよりはヨーロッパの問題だと主張したロシア首相ゴルチャコフに

◆ A. J. P. テイラー『ビスマルク』（1955）

▶ 0527　平和の達成という問題において演ずるべきは、多様な意見の調整役だとは思っていない……。むしろ、ビジネスを無理にも先へ押し進めようと心底願っている、正直な仲買人の役なのだ。
　　※ベルリン会議の前に

◆ ドイツ帝国議会での演説、1878.2.19

▶ 0528　鉄に見えるよう塗りたてた細い木材。
　　※ベルリン会議でのソールズベリー卿について、1878

◆ 伝聞、ただしシドニー・ホイットマンは『王子ビスマルクについての個人的回想』（1902）で強く否定している

▶ 0529　老いたユダヤ人！　あれこそ男だ！
　　※ベルリン会議でのディズレーリについて

◆ 伝聞

▶ 0530　プロシア王の手に可能な限り軍事力を与えよ、そうすればあなた方が望む政策を実行し得るであろう。この政

◆ プロシア国会で、1886.1.28、すでに1862.9.30の演説でビ

策は、演説や射撃演習や歌では達成し得ず、ただ血と鉄によってのみ実行し得るのである。

▶ 0531　私は退屈している。重要課題がすでに実現されたからだ。ドイツ国会は開設されたのだ。

▶ 0532　イエナ［の戦い］はフリードリヒ大王の死の20年後に起こりました。もし事態が同様に運ぶのでしたら、衝突は私の死後20年に起こるでしょう。
　　※1895年、皇帝ウィルヘルム2世との最後の対面で

▶ 0533　イギリスの政治制度について：
もし反動的政策が取られれば、自由党が政権の舵を握るのだが、それは必要な限界を踏み越えないという正しい仮定によるのである。もし自由主義的政策が取られれば、今度は保守党が同様の考えから政権につくのである。

▶ 0534　ヨーロッパにまた戦争が起こるとすれば、何かとんでもなく馬鹿げたことがバルカンで起こることからだろう。

▶ 0535　人間は事象の流れを作り出すことはできない。ただ流れに浮かんで舵を取ることができるだけだ。

▶ 0536　ドイツが可能なバルカン半島への関与について：
健康な身体を持ったポメラニア人の擲弾兵1人の価値もない。

▶ 0537　政治家は……問題を通じて神の歩みの響きを聞き取るまで待たねばならない。その時こそ跳躍し、神の裳裾を摑むのである。

▶ 0538　愚か者、大酒呑み、子供、そしてアメリカ合衆国を守れというのは神意である。

▶ 0539　融通無碍な舌。
　　※他のヨーロッパ諸国との関係におけるドイツの位置について

▶ 0540　ご都合主義者とは何か？　自分が有効かつ適切であると考えることを達成するために、最も都合の良い機会を活用する人間のことである。

▶ 0541　人が何かに原則として賛成するという時は、実際にはやる気は針の先ほどもないということである。

▶ 0542　憲法修正第1条は、教会と国家の間に壁を作った。壁は高くまた堅固に保たねばならない。ほんの僅かな弊害にも同意することはできない。

スマルクは「鉄と血」という言い方を使っている
◆A. J. P. テイラー『ビスマルク』（1955）
◆『同上』

◆『同上』

◆ 海運王バレンが晩年のビスマルクに聞いたと述べたもの、下院にて引用、1945.8.16
◆A. J. P. テイラー『ビスマルク』（1955）

◆ ジョージ・O. ケント『ビスマルクとその時代』(1978)
◆A. J. P. テイラー『ビスマルク』（1955）

◆ 伝聞、恐らく偽作

◆A. J. P. テイラー『ビスマルク』（1955）
◆『同上』

◆ 伝聞

Hugo La Fayette Black

ヒューゴ・ラ・ファイエット・ブラック(1886-1971)
アメリカの裁判官
◆ エマーソン対教育委員会裁判で、1947

- 0543 われわれの［憲法修正第1条から第10条までの］「人民の基本的人権に関する宣言」には絶対不変の内容があり、それは言葉の意味するところを知り、かつ「絶対的」になることを禁止しようとした人間によって、意図を持って書き付けられたものであるというのが私の信念である。
- 0544 人が好ましいと思うところを国家行政に述べるという無条件の権利は、憲法修正第1条の最小限の保障だと考える。
- 0545 新聞はヴェトナム戦争を導いた政府の所業を暴露することで、創立者たちが願いまた信じた目的を立派に果たしたのだ。

◆ ユダヤ系アメリカ人大会前のインタヴュー、1962.4.14

◆ ニューヨーク・タイムズ対サリヴァン裁判で、1964

◆ 国防総省白書の出版についての共同声明、1971

- 0546 王は決して死なず。
- 0547 王立海軍は常にイギリスの最強の防衛力であり栄誉であった。イギリスの古くかつ本質的な強さである。この島の浮かぶ防波堤なのだ。
- 0548 王はいかなる過ちもなし得ずということが、イギリス憲法の必須かつ根源的な原則である。
- 0549 すべての独裁的政府にあっては、最高司法権と立法および施行の権利の両方がただ1人の人間に、あるいはただ1人の人間の身体に与えられている。この2つの権力が1つになっているところでは、常に公的自由はあり得ない。
- 0550 まさにここにイギリス政府の卓越性が存在する。つまり政府を構成するあらゆる組織が、相互にチェックしあうという点である。

William Blackstone
ウィリアム・ブラックストン
（1723-80）
イギリスの法学者
◆『英国法典注解』（1765）
◆『同上』

◆『同上』

◆『同上』

◆『同上』

- 0551 労働党は、今日のイギリスの法と秩序を守る政党である。犯罪に厳しくまた犯罪の原因にも厳しい。
  ※影の内閣の内務大臣として
- 0552 指導者の技量とはイエスではなくノーと言うことである。
- 0553 政府が、自らの政権委譲を恐れるがゆえに法案成立

Tony Blair
トニー・ブレア（1953-）
イギリスの労働党政治家、1994年より労働党党首
◆ 労働党大会での演説、1993.9.30
◆「メール・オン・サンデー」1994.10.2
◆「インディペンデント」

の採択に固執することしかできないような場合は、確実に何事かが起こるものだ。

　　※保守党内の反対派に対するジョン・メージャーの警告について

▶ 0554　1918年の世界のために書かれた言葉を、現在1995年に生きるわれわれが修正できないと信じ込んでいる人間は、歴史から学んでいるのではなく、歴史を生きているのだ。

　　※第4条修正案について

◆「インディペンデント」
　1995.1.11、発言者不明 148参照

1994.11.17

William Blake

ウィリアム・ブレイク（1757-1827）
イギリスの詩人
◆「無垢の卜占」（1803頃）
◆「同上」

▶ 0555　知らるる限り最強の毒は
　　　　シーザーの月桂冠より来れり。

▶ 0556　国の認可を受けた娼婦や博徒が
　　　　国家の運命を築く
　　　　遊女の呼び声が街路から街路へ
　　　　古きイギリスのよじれた敷布を織り上げる。

▶ 0557　かくてエルサレムはここに築かれたのか
　　　　暗く悪魔のごとき製材所の間に？

▶ 0558　わが心の葛藤はやむことなく、
　　　　わが剣もわが手に安らうことなし、
　　　　我らがエルサレムを築き上げる時まで、
　　　　イギリスの緑うるわしき野に。

◆『ミルトン』（1804-10）、序「かくて古代に御足はなせり」
◆『同上』、「同上」

Alfred Blunt, Bishop of Bradford

アルフレッド・ブラント、ブラッドフォード主教（1879-1957）
イギリスの聖職者
◆ブラッドフォード教区協議会での発言、1936.12.1

▶ 0559　王の即位の恩典は、神の下に、2つの要素による。1つは、信仰、祈り、そして王自身の献身に基づくものだ。そして、神の慈悲に王を委ねること、また委ねよとあなた方に求めること以外には何を言うことも私には不適切であろう。神の慈悲こそ、王が有り余るほどに必要とするであろう……王がその義務を誠実に果たせばであるが。われわれは、王がこの必要に気付かれることを願っている。われわれのうちには、王がこれに気付かれているという明らかな印を、よりはっきりと下されることを願う者もいる。

　　※マスコミがそれまで自発的に報道規制していたエドワード8世とシンプソン夫人の噂話を漏らしたのはこの演説である

William Joseph Blyton
ウィリアム・ジョセフ・ブライトン（1887-1944）
イギリスのジャーナリスト、著述家
◆ アンドリュー・ロバーツ『著名なチャーチル支持者たち』（1994）

▶ 0560　ウィンストン［チャーチル］はあまりにもすばらしく弁舌巧みで、感動的で誤っています。
　　※自身の著作『欲望の矢』の出版社への書簡

David Boaz
デーヴィッド・ボアズ（1953-）
アメリカの財団幹部
◆「麻薬合法化」1988.4.27

▶ 0561　20年代から30年代の高い犯罪発生率を引き起こしたのは、アルコールではなくその禁止である。今日恐ろしいほどの犯罪発生率を引き起こしているのも、麻薬ではなく麻薬禁止である。

◆「同上」

▶ 0562　何かしらの娯楽活動を心から楽しんでいる2,300万人のアメリカ人に戦いを挑もうとしたら、禁止に勝るものはない。

Allan Boesak
アラン・ボイザック（1945-）
南アフリカの政治家、聖職者、反アパルトヘイト運動家
◆「ザ・ニューヨーク・レヴュー・オヴ・ブックス」1994.10.20、「マンデラの落選」

▶ 0563　私の人間性は白人に受け入れられるかどうかに左右されはしない。
　　※ 1994.4、アフリカ民族会議議員候補としてウェストケープ州で敗れた後に

Ivan Boesky
イヴァン・ブースキー（1937-）
アメリカの金融業者、インサイダー取引により1987年、禁固刑
◆ カリフォルニア大学バークレー校での卒業式講演、1986.5.18、ワイザー4078参照

▶ 0564　貪欲さは良いものだ……貪欲さは健全だ。人は貪欲であって一層自分に満足できる。

Curtis Bok
カーティス・ボック（1897-1962）
アメリカの連邦裁判所裁判官
◆『鯨の背骨』（1941）

▶ 0565　ある裁判官とは、法曹界の一員で知事と知り合いだった者だと言われている。

Henry St John, Lord Bolingbroke

▶ 0566　大きな誤りは人間を高潔だと思い込むこと、あるいは法律によって高潔たらしめることができると考えることだ。

▶ 0567　政治家の最も大切な手腕とは、有用な悪徳を美徳のために奉仕させることだ。

▶ 0568　諸国家には人間と同様に幼年期があります。

ヘンリー・セント・ジョン、ボーリングブローク卿(1678-1751)
イギリスの政治家
◆ 評言(1728頃)、ジョセフ・スペンス『省察、逸話、そして人物たち』(1820)所収
◆ 同上、『同上』所収

◆『歴史学について』書簡5、『著作集』(1809)第3巻所収

Simón Bolívar

▶ 0569　国家が広大すぎたり、従属国家のせいで最終的に衰亡していくのだ。すなわち自由政府は独裁政治へと変化する。守るべき原則を無視したりして、結局は専制政治へと堕落する。小さな共和国の特長とされるべき性格は安定性である。広い共和国は変貌しやすい。

▶ 0570　革命の結果に奉仕しようとするのは、海を耕しているようなものだ。

シモン・ボリヴァル(1783-1830)
ヴェネズエラの愛国者、政治家
◆『ジャマイカからの手紙』1815夏

◆ 伝聞

Robert Bolt

▶ 0571　トーマス・モア：この国は海岸から海岸まで、法律が密集して植えられている。人間の法律であって神のものではない。――もしその法律を切り倒したら――切り倒すとしたら君しかいないが――法律に吹き寄せる風に直立して本当に立っていられると考えるのか？

ロバート・ボルト(1924-95)
イギリスの脚本家
◆「全季節の男」(1960)

Andrew Bonar Law

▶ 0572　したがって、もしイギリス帝国とドイツ両国が戦争しなければならないとすれば、とんでもないことだ。もしそうなるとすれば、それはやむを得ない自然法の結果ではなく、人間の知恵の欠如の結果であろうと私は思う。

▶ 0573　もし私が立派だとすれば、すべての立派な人は詐欺師ということだ。

アンドリュー・ボナー・ロー(1858-1923)
カナダ生まれのイギリス保守党政治家、首相(1922-23)
◆ 下院で、1911.11.27
◆ ビーヴァーブルック卿『政治家と戦争』(1932)

The Book of Common Prayer

▶ 0574　ローマ主教はわが大英帝国に何の支配権も持たない。

聖公会祈禱書(1662)
◆『宗教の信条』(1562)第37条

Christopher Booker
クリストファー・ブッカー
(1937-)
イギリスの作家、ジャーナリスト
◆『新し物好き』(1969)

▶ 0575 どのように安定多数の政府にも、必ず逆風が吹く時がくる。
その時までは、どんなに過ちを犯しても、どれほど辛辣な批判を浴び、人気をなくしても、まずは順風満帆に航海できる。だがひとたび逆風が吹くと、犯した過ちは増幅し、失策は増殖し、表向きも内部でも、あらゆる風になすがままに翻弄されるように見える。

▶ 0576 革命的危機の前夜には、革新的な譲歩と無謀な反動的政策との間を旧秩序が迷走するというのが、歴史上、典型的なパターンである。この反動的政策は、最悪に見え、また自滅を早めようと計算されたかのように思われる。

◆『同上』

▶ 0577 政府は最近、歴史上にない平和時に最大の規制の乱発を行っている。吟味してみれば例外なく、牛刀をもって鶏を割こうとして取り逃している。

◆ 演説、1995

John Wilkes Booth
ジョン・ウィルクス・ブース
(1838-65)
アメリカの暗殺者
◆「ニューヨーク・タイムズ」
　1865.4.15

▶ 0578 専制主は常にかくのごとく！　南部は復讐せり。
※リンカン大統領射殺に際して、1865.4.14(「専制主は常にかくのごとくあれ」はヴァージニア州の標語、第2文はおそらく偽作)

Robert Boothby
ロバート・ブースビー(1900-86)
イギリスの保守党政治家
◆ ハロルド・ニコルソンの日記、
　1939.9.2、アメリー69 参照

▶ 0579 イギリスのために通告したまえ！
※労働党党首代理であったアーサー・グリーンウッドに対して。ネヴィル・チェンバレンがドイツに最後通牒の宣言を行えず、おそらくレオ・アメリーがすでに表明した後に

Betty Boothroyd
ベティ・ブースロイド(1929-)
労働党政治家、1992年以来下院議長
◆ グラニス・キノック、フィオナ・ミラー(共編)『信念と勇気によって』(1993)

▶ 0580 ここ［議会］に入りたいという願いは、坑夫にとっての炭塵のようなもので、指の爪にまで入り込み掻き落とすことができなかった。

James H.Boren
ジェームズ・H.ボレン(1925-)
アメリカの官僚

▶ 0581 官僚の指針──(1) 攻撃されたら、熟考せよ。(2) 混乱したら、代理を立てよ。(3) 疑われたら、もぐもぐ

呟け。

◆「ニューヨーク・タイムズ」
1970.11.8

Jorge Luis Borges
ホルヘ・ルイス・ボルヘス
(1899-1986)
アルゼンチンの作家
◆ ことわざの脚色、「タイム」
1983.2.14

▶ 0582　フォークランド紛争のことは、2人の禿げた男が櫛を争うケンカのようなものだ。

Caesar Borgia
カエサル・ボルジア (1476-1507)
イタリアの政治家
◆ ジョン・レスリー・ガーナー
『カエサル・ボルジア』(1912)

▶ 0583　カエサルか、無か。
※彼の剣に刻まれた標語

Robert H.Bork
ロバート・H. ボーク (1927-)
アメリカの裁判官、教育者
◆『反トラストの逆説』(1978)

▶ 0584　歴史の効用の1つは、誤って想像されている過去からわれわれを解放することだ。さまざまな思想が実際にはどのように根付き育ってきたかを知らなければ、激動している世界の必然的な諸側面として、疑いもなく受け入れてしまいがちになるのだ。

George Borrow
ジョージ・ボロー (1803-81)
イギリスの作家
◆『スペインの聖書』(1843)

▶ 0585　私は常にともに座り、ともに眠ることのできる人たちの政見に賛成する。

James Boswell
ジェームズ・ボズウェル
(1740-95)
スコットランドの法律家、サミュエル・ジョンソンの伝記作家
◆『ヘブリディーズ諸島旅行記』
1773.9.13

▶ 0586　私たち［ボズウェルとジョンソン］はまともなトーリー党員である。ともに君主制権力に信服し、忠節の対象である君主への崇敬と親愛を愛する者である。私が慣れ親しんだ原理は、イギリスにおいては完全に廃止されようとしている。

Antoine Boulay de la Meurthe
アントワーヌ・ブーレイ・ド・ラ・ムルト (1761-1840)
フランスの政治家

▶ 0587　ダンガン公爵の処刑を聞いて、1804：犯罪より悪い。大失策だ。

◆ C.-A. サントブーヴ『新月曜談叢』(1870) 第 12 巻

Pierre Boulez

▶ 0588 　革命は、もはや危険でなくなった時に祝福される。

ピエール・ブーレ (1925-)
フランスの指揮者、作曲家
◆「ガーディアン」1989.1.13

Randolph Silliman Bourne

▶ 0589 　戦争は国家の健康状態である。戦争は圧倒的な力を社会全体にわたって自動的に発動させる。それはひとつにまとまろうとする力であり、自分たちより大きな集団に与したがらない小集団や個人を強制的に服従させようと、政府に熱狂的に協力しようとする力である。

ランドルフ・シリマン・ボーン (1886-1918)
◆『国家』(1918)

Lord Bowen

▶ 0590 　クラパムの乗合馬車に乗っている男。
　　　　※ただの人の意

ボーウェン卿 (1835-94)
イギリスの裁判官
◆『法律白書』(1903)、伝聞

Edward Boyle

▶ 0591 　政治においては何であれ、最初に姿を現した時と変わらず良い状態、悪いままなどということはない。

エドワード・ボイル (1923-81)
イギリスの保守党政治家
◆ ウィリアム・ホワイトロー『回想』(1989)

Omar Bradley

▶ 0592 　原子力戦争に勝利する道は、決して始めないことを確実にすることだ。

オマール・ブラッドレー (1893-1981)
アメリカの将軍
◆ ボストン商工会議所への演説、1948.11.10

▶ 0593 　われわれは原子力の秘密を摑み、山上の説教を拒絶したのだ。

◆ 休戦記念日の演説、1948

▶ 0594 　世界は知恵なくして偉業を、良心なくして力を達成した。世界とは、原子力の巨人と倫理の幼児の世界だ。

◆ 同上

▶ 0595 　戦争には、2 位の走者のための 2 等賞というものはない。

◆『軍事評論』1950.2

▶ 0596 　この戦略は誤った場所、誤った時、誤った敵との誤った戦争に巻き込むだろう。

◆『連邦上院軍事委員会』(1951) 第 2 巻

※マッカーサー将軍の朝鮮戦争を中国に拡大したいという希望に対して

▶ 0597　暴君に対する反乱は神への服従である。

John Bradshaw
ジョン・ブラッドショー（1602-59）
チャールズ１世の裁判におけるイギリスの裁判官
◆ 墓碑銘（推測）、ヘンリー・S. ランドール『トーマス・ジェファーソンの生涯』(1865) 第3巻

Edward Stuyvesant Bragg

▶ 0598　人々が彼を愛するのは、もっぱら彼がつくった敵が理由である。
　　　※クローヴァー・クリーヴランドの大統領指名を支持して

エドワード・スチューヴサント・ブラッグ（1827-1912）
アメリカの政治家
◆ 演説、1884.7.9

Luis D.Brandeis

▶ 0599　独立を勝ち取った人々は、国家の最終的な目的は人間の能力を自由に発展させられるようにすることだと信じていた。またその政府においては、審議を行う権力が専制の恣意に打ち勝つべきだとも。彼らは自由を、その目的およびその手段として尊重していた。彼らは自由が幸福の秘訣であると信じており、また勇気が自由の秘訣であると信じていた。

ルイス・D. ブランダイス（1856-1941）
合衆国最高裁判所裁判官
◆ ホイットニー対カリフォルニア州裁判（1927）で

▶ 0600　重大な傷害への恐れは、それのみで言論と集会の自由の抑圧を正当化するものではない。人々は魔女を恐れて女たちを火あぶりにした。理性的な恐れにとらわれることから人々を解放するのが、言論の機能である。

◆ 同上

▶ 0601　彼ら［憲法起草者］は政府に対抗して、自立する権利を協議した。（権利のうちでも）最も包括的であり、また教養ある人々に尊重される権利である。

◆ オルムステッド対合衆国裁判（1928）で

▶ 0602　われわれは政府の目的が情け深いものである時こそ、自由を守るために最も警戒せねばならぬことを、経験から学ぶべきである。自由の最大の危機は、熱意溢れる善意の、しかし思慮を欠いた人々がわれわれの知らぬ間に自由を侵食することに潜んでいるのだ。

◆ オルムステッド対合衆国裁判（1928）での反対意見

▶ 0603　多くのアメリカ人の中には小さくとも理想主義の灯

◆『ブランダイス裁判官の言葉』

がほの見えており、煽れば燃え上がるものである。これが何であるかを見つけ出すには、時には水脈探知の占い棒が使われる。だが理想が見つかった時、所有者たる人民の前にあらわになった時はしばしば、結果はまったく驚くべきものとなる。

（1951）

▶ 0604　空っぽの胃袋で愛国者になれる人間はいない。

William Cowper Brann
ウィリアム・クーパー・ブラン
（1855-98）
◉『偶像破壊、古き栄光』1893.7.4

▶ 0605　アンドレア：英雄がいないなんて、なんて不幸な国！
　　　　……
　　　　ガリレオ：違うね。英雄が必要だなんて不幸な国だ。

Bertolt Brecht
ベルトルト・ブレヒト（1898-1956）
ドイツの劇作家
◉『ガリレオの生涯』（1939）
◉『肝っ玉おっ母と子どもたち』
（1939）

▶ 0606　ある人がここでは、あまりにも長い間戦争をせずに過ごしてきたと言う。そういう場合は道徳はどこから来るんだ？　と私は聞いているんだよ。平和はだらしなさ以外の何ものでもない。ただ戦争だけが秩序を作り出すんだ。

▶ 0607　最良の計画はいつも、それを実行するはずの人間の器量の小ささでだめになる。だから皇帝たちは実際には何もできない。

◉『同上』

▶ 0608　戦争がいつでも道を見つける。
▶ 0609　平和が破られたと私に言わないでくれ、ようやっといくらか食料を買えるようになったばっかりだという時に。

◉『同上』
◉『同上』

William Joseph Brennan Jr.
ウィリアム・ジョセフ・ブレナン・ジュニア（1906-）
アメリカの裁判官
◉ ニューヨーク・タイムズ社対サリヴァン裁判（1964）で
◉ アイゼンシュタット対ベアード裁判（1972）で

▶ 0610　政治などの公の事柄についての討論は、率直に、確固として、公開の場で行われるべきであり、そして……また激しく辛辣に、時には不快になるほど鋭い攻撃が政府や公的機関に対してなされるべきでもあろう。

▶ 0611　プライヴァシーの権利が何かを意味するとすれば、子供を生むまたは作るかどうかの決定といった、まさに根本的に人に影響を及ぼすような事柄への政府の認められざる侵害から、既婚、独身とを問わず個人は自由であるとする権利である。

▷ Aristide Briand

▶ 0612　本条約締結諸国は厳粛に宣言する……相互に対する自国の政策実行の手段として……戦争に訴えることを糾弾し、これを廃棄することを……。
いかなる性質、原因によるものであれ、起こり得るあらゆる論争または紛争の和解または解決は……平和時手段による以外は、どちらの側からも求められてはならない。

▶ 0613　われわれ［公務員］が公認の物笑いの種として、ウィガン桟橋と同じグループに入れられ続けるであろうと確信をもって予想する。

▶ 0614　死の天使は国中こぞって外国へ出かけている。はばたく音が聞こえるようだ。
　　　※クリミア戦争の戦果について

▶ 0615　「平和、経費削減、改革」という、偉大なる自由党の30年前の標語に賛成する。

▶ 0616　北部諸州はとにかくなんとかやり遂げるだろう、というのが私の意見だ。
　　　※南北戦争中に語った言葉

▶ 0617　イギリスは議会の母だ。

▶ 0618　1866年の選挙法改正法案に反対したホイッグ党反主流派指導者ロバート・ロウについて：
この善良なる名誉ある紳士は……彼のいわゆるアダムの洞窟、離党派へ引きこもったのだ。──そして困っている人々、不平を持つ人々をすべて自分の周囲に呼び集めている。

▶ 0619　ロバート・ロウおよびエドワード・ホースマンについて：
この2人の党はスコッチテリアのようだ。ふさふさの毛で覆われていて、どちらが頭か尻尾かわからない。

▶ 0620　武力は治療薬ではない。

Aristide Briand
アリスティード・ブリアン
(1862-1932)
フランスの政治家
◆ 草稿、1927.6.20。後にケロッグ条約、1928に織り込まれた、「ル・タン」1928.4.13

Edward Bridges
エドワード・ブリッジェズ
(1892-1969)
イギリスの内閣書記官、行政事務長
◆『ある職業人の肖像』(1950)

John Bright
ジョン・ブライト(1811-89)
イギリスの自由党政治家、改革家
◆ 下院で、1855.2.23
◆ バーミンガムでの演説、1859.4.28、「ザ・タイムズ」1859.4.29。引用された言葉はサミュエル・ワレンの小説『1万年に1度の年』(1841)にある
◆ ジャスティン・マッカーシー『回想録』(1899)第1巻

◆ バーミンガムでの演説、1865.1.18

◆ 下院で、1866.3.13、『サミュエル記（上）』第22章参照

◆ 下院で、1866.3.13

◆ バーミンガム青年自由党クラ

▶ 0621　イギリスの外交政策について：
イギリス帝国の貴族社会が野外で一息つくための巨大なシステム。

▶ 0622　政治はたいがい人間の未熟さの行政上の表現である。

▶ 0623　大統領になりたがる人間はみんな、なりたいあまりに準備や運動に2年間も費やすので官庁には信用されない。

▶ 0624　原始的な北アメリカという、ドイツや日本よりさらに恐るべき敵を敗北させてきた国民……「定住し、貪れ、さもなくば死ね」という国是を持つ国。

▶ 0625　ニューイングランドや中西部、北部のしっかり安定した村はどこでも町の大酒呑みや無神論者や、僅かな民主主義者を養う余裕がある。

▶ 0626　公正なる君主方のために、
裁け、公明正大に、彼らがかく見るべき目を持って。
自由の民を治めるには、彼ら自身が自由であらねばならぬ。

▶ 0627　わが君トムノディは御年34。
伯爵はお命はあと2、3年。
わが君が後を継ぐはずで。
女王陛下の議会に彼の言葉が光彩を添える。
官庁も彼が握り任命権を振るう。
幸運も生命も彼の票次第。
さていったい彼の資格とは？――たったひとつ！

ブでの演説、1880.11.16、「ザ・タイムズ」1880.11.17

◈ バーミンガムでの演説、1858.10.29

Vera Brittain
ヴェラ・ブリッテン（1893-1970）
イギリスの作家
◈『反逆者の情熱』（1964）

David Broder
デーヴィッド・ブローダー
（1929-）
アメリカのコラムニスト
◈「ワシントン・ポスト」
　1973.7.18

D.W.Brogan
D. W. ブローガン（1900-74）
スコットランドの歴史家
◈『アメリカの特徴』（1944）
◈『同上』

Henry Brooke
ヘンリー・ブルック（1703-83）
アイルランドの詩人、劇作家
◈『エセックス伯爵』（1750 上演、
　1761 出版）

Robert Barnabas Brough
ロバート・バーナバス・ブラフ
（1828-60）
イギリスの諷刺作家
◈『支配階級の唄』（1855）、「わが
　君トムノディ」

フィッツドッテレル伯の長男だからさ。

Lord Brougham

ブルーハム卿（1778-1868）
スコットランドの法律家、政治家、ブルーハムの大法官（1830-34）
ブルーハムについては、メルボルン 2678、2679 参照
◆ 下院で、1828.2.7

▶ 0628　私の考えでは、彼は過ちを犯さなかった理由で有罪であった——誇張しなかったがゆえの責めを負うべきであった——想像力が、なんの隠喩も使わないという過ちをさせたのだ。彼はかつて言ったことがあった。われわれが自分たちについて検討すべきことはすべて、王も貴族も下院議員も国家全体の機構もあらゆる政治機構も活動も、ただ12人の善良なる人間を陪審席に連れてくれば終わるのだ、と。

▶ 0629　教育は人々を導きやすくするが、操縦しにくくする。統治しやすくはするが、奴隷にすることは不可能だ。

◆ 伝聞

Heywood Broun

ヘイウッド・ブルーン（1888-1939）
アメリカのジャーナリスト
◆「ニューヨーク・ワールド」1928.2.6

▶ 0630　ちょうどあらゆる信念が酔狂から始まるように、解放者は変人として扱われる年季を勤め上げなければならない。狂信者とは、ちょうど部屋に入ってきたばかりの偉大なる指導者である。

◆ 伝聞

▶ 0631　権力の歓心を買おうとする者たちは、虎にステーキを投げ与え続ければ虎が菜食主義者に変わると信じている。

George Brown

ジョージ・ブラウン（1914-85）
イギリスの労働党政治家
◆『わが道』(1971)

▶ 0632　議会の与野党両サイドの下院議員たちが木曜日に騒ぎを起こさざるを得ないのを目撃してきたが、新聞の日曜の記事を引っ掛ける釘にするためである。
　※ジャーナリストでもある議員について

Gordon Brown

ゴードン・ブラウン（1951-）
イギリスの労働党政治家
◆ 新労働経済学の講演、1994.9、皮肉っぽい平明な英語おふざけ無し賞の「受賞作品」、1994

▶ 0633　国際的な協力および広大な地域にわたる経済支配の新理論がますます増大する重要性を強調するという考え方——マクロ経済学、環境問題、ポスト新古典主義的内発成長理論の進展、人間および社会的生産基盤における成長と投資との共生関係。

H.Rap Brown

H. ラップ・ブラウン（1943-）
アメリカの黒人運動指導者

▶ 0634　暴力は必要だと言おう。チェリー・パイと言うのに必ずアメリカンとつくのと同じように。

◆ ワシントンでの演説、1967.7.27、「ワシントン・ポスト」1967.7.28

John Brown
ジョン・ブラウン（1800-59）
アメリカの奴隷制廃止論者
◆ 1859.11.2

▶ 0635　もし私が、金持ちで力があり知的ないわゆるお偉方の代表として、またはその友人たちの代表として、襲撃を行ったなら……この法廷にいるすべての人々は、罰されるより讃えられるに値する行動だと考えたであろう。
　　※法廷での最後の演説

▶ 0636　私は神が地位や貧富の差によって、人間を差別しないと理解するには、まだ若すぎる。
　　※法廷での最後の演説

◆ 同上

▶ 0637　もし正義という目的を追求するために、命を失わねばならず、血を私の子供たちの血と混ぜ合わせねばならず、さらに、邪悪で残酷な最も不公正な法律によって諸権利が無視されているこの奴隷の国の何百万という人々の血と混ぜ合わせねばならない、ということが必要だと考えられるなら、私は従おう。さあ、やりたまえ！
　　※法廷での最後の演説

◆ 同上

▶ 0638　ここは美しい国だ！
　　※絞首台に運ばれる時、棺に腰掛けつつ

◆ 処刑に当たって、1859.12.2

Joseph Brown
ジョセフ・ブラウン（1821-94）
アメリカの政治家、南北戦争時の南部連合ジョージア州知事
◆ 1863、ジェフリー・C. ウォード『南北戦争』（1991）

▶ 0639　南部連合大統領ジェファーソン・デーヴィスの全国的断食の呼びかけを拒否して：
この革命に参加したのは、諸州の権利を維持し政府の強化を防ぐために微力を尽くすためであり、今も反逆者なのだ……権力の座についているのが誰であろうと。

William Browne
ウィリアム・ブラウン（1692-1774）
イギリスの医師、作家
◆ トラップの警句への応答、J. ニコルス『文芸逸話』第3巻、トラップ3899 参照

▶ 0640　王はオックスフォードに馬の群れを送った、
　　トーリー党が議論せず武力だけを持つように。
　　まったく同じ思いで彼はケンブリッジに本を送った
　　ホイッグ党が武力を使わず議論だけをするように。

Frederick 'Boy' Browning
フレデリック・'ボーイ'・ブラ

▶ 0641　1944.9.10、モントゴメリー陸軍元帥にアルンヘムの

▷ Robert Browning

「マーケット・ガーデン」作戦への疑念を表明して：
橋を遠くまで渡りすぎているのではないかと思う。

ウニング（1896-1965）
イギリスの兵士、廷臣、ダフネ・デュ・モーリエの夫
◆R. E. アーカート『アルンヘム』（1958）

Robert Browning

▶ 0642　彼はただ片手いっぱいの銀のためにわれらを見捨てた、
　　　　ただコートに留めるリボンのために。
　　　※ワーズワースが桂冠詩人の地位を受け入れたことで革新的主張の放棄が示されたことについて

▶ 0643　人生の夜が始まった。彼を戻って来させるな！
　　　　われらには疑いやためらいや苦痛があり、
　　　　彼を讃えよと強いられるが――黄昏の光の瞬きだ、
　　　　喜びと自信に溢れた朝は2度と来ない！

ロバート・ブラウニング（1812-89）
イギリスの詩人
◆「失われし指導者」（1845）

◆「同上」、バーチ 516 参照

Louis Brownlow

▶ 0644　大統領補佐官たちについて（スタンリー・ボールドウィンの私設秘書官トム・ジョーンズの助言）：
　　　　彼らは高い能力と卓越した肉体的活力と、無名であることへの情熱とを持たねばならない。

ルイス・ブラウンロウ（1879-1963）
◆『合衆国政府における行政管理：大統領行政管理委員会報告』、1937.1

William Jennings Bryan

▶ 0645　国中で最もつつましい市民でも、公正な大義という鎧で鍍金された時には、誤った大勢よりも強いのだ。

ウィリアム・ジェニングス・ブライアン（1860-1925）
アメリカの民主党政治家、金本位制に代わる金銀複本位制の熱烈な提案者
◆シカゴの民主党全国大会での演説、1896
◆同上、フーヴァー 1932 参照

▶ 0646　農場を破壊すれば、国中のあらゆる都市の道路に雑草が生い茂るだろう。
▶ 0647　君たちは棘の冠を労働者の額に押しかぶせてはならない。人間を金の十字架に磔にしてはならない。

◆シカゴの民主党全国大会での演説、1896

Arthur Bryant

▶ 0648　人民を救うために運命が育て上げた秀抜したドイツ人。

アーサー・ブライアント（1899-1985）

※アドルフ・ヒトラーについて

イギリスの歴史作家
◆ アンドリュー・ロバーツ『著名なチャーチル支持者たち』（1994）
◆「イラストレイテッド・ロンドン・ニューズ」1939.6.24

▶ 0649　自由は、ただ専制政治を弾劾するだけではない。園芸が雑草を嘆き悲しみ、なじり、さらには根こそぎにすることから成り立っているのとはわけが違うのである。

▶ 0650　イングランドについて、1699：
垣根と大地主とプロテスタントの牧師の世界、小地主と農家とぼろを着た不法居住者の世界、父祖伝来のしきたりで物を作り楽しみを見出している世界。

◆『プロテスタントの島』（1967）

James Bryce
ジェームズ・ブライス（1838-1922）
イギリスの歴史家、外交官
◆『アメリカ連邦』（1888）第1巻

▶ 0651　ヨーロッパ人がしばしば尋ね、アメリカ人が答えられないことは、ローマ教皇は別として世界最高の執務室［大統領の］が誰でもその優秀さで上り詰められる場所であるなら、さらに能力のある人物に使われてよさそうなものだが、なぜそうはならないのかということである。

▶ 0652　自治体政府は合衆国の明確な過ちの1つである。

◆『同上』同上

Zbigniew Brzezinski
ズビグニュー・ブレジンスキー（1928-）
合衆国国務長官、国家安全保障会議顧問
◆『外交問題』1994.3/4、「時期尚早の協力関係」

▶ 0653　ロシアは帝国にも民主国家にもなり得るが、両者を兼ねることはできない。

Frank Buchman
フランク・ブックマン（1878-1961）
アメリカの福音伝道家、道徳再武装運動創始者
◆「ニューヨーク・ワールド・テレグラム」1936.8.26

▶ 0654　アドルフ・ヒトラーのような、共産主義という反キリストに対する防衛前線を敷いた人物を天に感謝する。

Gerald Bullett
ジェラルド・ブレット
イギリスの作家
◆1936

▶ 0655　大主教閣下、あなたはなんと口やかましい方だろう！
そして敵が倒れた時ばかり、なんとも豪胆！

慈善事業にはなんとも不思議なくらいけち！
なんと長く、おお閣下、口先だけのお説教ばかりで
あることか！
※カンタベリー大主教コズモ・ゴードン・ラングがエドワード8世の退位に果たした役割について

▶ 0656　ハロルド・ウィルソンについて：
もし長靴を履いて学校へ行ったことがないというのなら、
ブーツが入らないほどでか過ぎたからだ。

Ivor Bulmer-Thomas
イヴォー・ブルマー＝トーマス（1905-93）
イギリスの保守党政治家
◆ 保守党大会での演説、「マンチェスター・ガーディアン」1949.10.13

▶ 0657　一言で言えば、われわれはいずれの国も［東アジアの］物陰に投げ入れたくはない。また同時に、われわれの場所を陽の当たるところにするように要求する。

Prince Bernhard von Bülow
ベルンハルト・フォン・ビューロー殿下（1849-1929）
ドイツ首相（1900-09）
◆ ドイツ帝国評議会での演説、1897.12.6、ウィルヘルム2世 4129 参照

▶ 0658　ここにスタンリーは登場する、──どんなにスタンリーが睥睨することか、あの眼光！
輝かしき指導者、異例なほど立派、
率直、傲慢、せっかちな、──議論好きのルペートと！
※エドワード・スタンリー、第14代ダービー伯爵について

Edward George Bulwer-Lytton
エドワード・ジョージ・ブルワー＝リットン（1803-73）
イギリスの小説家、政治家
◆『新人間嫌い』(1846)、ディズレーリ 1276 参照

▶ 0659　われわれは共和党員であり、離党を提案するものでもまた大酒呑みやローマ・カトリックや反乱者といった前歴を持つ民主党に与しようとするものでもない。

Samuel Dikinson Burchard
サミュエル・ディキンソン・バーチャード（1812-91）
アメリカの長老派牧師
◆ ニューヨーク、フィフス・アベニュー・ホテルでの演説、1884.10.29

▶ 0660　いかなる情熱も、あらゆる精神活動や論理の力を、

Edmund Burke
エドマンド・バーク（1729-97）

Edmund Burke

恐怖ほど効果的に奪いはしない。

アイルランド生まれのホイッグ党政治家、文学者
バークについて、ギボン1637、ジョンソン2108、オブライエン2898、ペイン2964、2979参照

◆『崇高さと美なるものについて』(1757)

▶ 0661　どのような形態の政府も、人民が真の立法者である。

◆『カトリック法についての小論』(1765頃構想)

▶ 0662　諸法は、馬たちと同様、相互にもたれ合っている。

◆『同上』

▶ 0663　人民は気質や気性の許容するやり方で、統治されねばならない。そして自由な気性または精神を持つ人々は、少なくともその精神および気性に対しへりくだる態度で支配されねばならない。

◆『『わが国の現況』と題された最近の出版物についての論考』(1769)

▶ 0664　世間のために最も声高に不平を言う者が世間の幸福を最も憂える者だと思い込むことは、一般によくある誤りである。

◆『わが国の現況に関する最近の出版物についての論考』(第2版、1769)

▶ 0665　しかし寛容が美徳であることにも限界がある。

◆『同上』

▶ 0666　もし政府のあらゆる行為のうちに、根本的、普遍的、かつ不変の法則というものがあったとするならば、自分が完遂できると道徳的に確信が持てない大きさの権力は手に入れようと企てるべきではないということだ。

◆ 下院で、1770.5.9

▶ 0667　われわれが生きている時代に不平を言うこと、現在の権力者についてぶうぶう言うこと、過去を嘆き悲しむこと、未来に過大な希望を抱くことは、人間のほとんどすべてが共通に持っている気質だ。

◆『現在の不平の原因についての考察』(1770)

▶ 0668　私は人民は決して過ちをしないと考えるような人間の1人ではない。人民は過ちをしてきている。しばしば、かつ粗暴にそこかしこの国々で。しかし私が言いたいことは、人民とその支配者の間に諍いが起こる場合はすべて、建前としては人民の側が少なくとも支配者と対等であるということだ。

◆『同上』

▶ 0669　王冠の持つ権力は国王大権としては死に瀕し腐ってはいるが、影響力という名の下では、新たに伸張し、さらなる強さを備え悪評をずいぶんと少なくしている。

◆『同上』

▶ 0670　すべての人間が高潔であると考えるには、揺籃期に授乳される赤子ほどまで素直な無邪気さで穏和にならなければならない。かといって全世界が、悪意と腐敗に満ち満ちていると信じるのであれば、それは悪魔のような敵意に骨の髄まで汚染されているからに違いない。

◆『同上』

▷ Edmund Burke

▶ **0671**　人々が自分の食物は食べ物の皮をかぶった毒であると想像している場合、また食事を供する手を愛しも信頼もしていない場合には、しつらえたテーブルにつくよう説得できるのは、古きイギリスという名のロースト・ビーフではない。　◆『同上』

▶ **0672**　悪者たちが結びつくなら、良き者たちも連合せねばならない。さもなければ、1人また1人と、軽蔑されるような苦闘で憐れまれない犠牲者として失墜することになる。　◆『同上』

▶ **0673**　この種の特質については、人ではなく手段だ、という決まり文句で語られてきている。文句の魔力のせいで、多くの人々があらゆる名誉ある誓約から離れていったのだ。　◆『同上』、キャニング815参照

▶ **0674**　したがって注意深く精神を耕し、最も完璧な精神的活力や成熟を目指して、本質に根ざした寛大かつ真正なさまざまな感情を育て上げるのはわれわれの務めである。私生活の敬愛すべき作戦計画を、国家のサーヴィスや行政にも反映させる。すなわち愛国者であることは紳士であることを忘れるものではない。　◆『現在の不平の原因についての考察』(1770)

▶ **0675**　権力が大きくなるほど、濫用の危険も増すのだ。　◆ミドルセックスでの選挙演説、1771.2.7

▶ **0676**　みなさんが選出した議員が果たすべき義務とは、仕事に励むのみならず判断力を保つことである。もし自らの判断力をみなさんの意見に迎合して犠牲にするとすれば、みなさんのために働いているのではなく、裏切っているのである。　◆演説、1774.11.3、『ブリストル到着時の演説集』(1774) 所収

▶ **0677**　抽象的な自由というものは、他の単なる抽象概念と同様、目で見ることができない。　◆『アメリカとの和解について』(1775)

▶ **0678**　あらゆるプロテスタンティズムは、最も情熱のない受動的なものであっても、ある種の異議申し立てである。しかしわが北部植民諸州に最も広がっている宗教とは、抵抗の原理を洗練したものである。つまり、異議申し立ての中の異議申し立て、プロテスタントという宗教の中の抵抗主義なのだ。　◆『同上』

▶ **0679**　われわれの祖先は天の召命の尊厳に注意を向けることによって、荒涼とした原野を栄えある帝国に変えた。破壊ではなく、人類の富と数と幸福を増すことによって最も大規模なそして唯一の名誉ある征服を成し遂げた。　◆『同上』

▶ **0680**　参加の自由が認められなければ、帝国の統一を最初に形作りまた維持している唯一の紐帯を切断することになる。　◆『同上』

▶ **0681**　自由と隷属せぬことは、無政府主義に対する治療薬　◆『同上』

- 0682 　私は人民全体を相手取って、起訴状を作成する方法を知らない。　◆『同上』
- 0683 　一般に紙に書かれた政府の美徳について、特に評価する意見は持ち合わせていない。　◆『同上』
- 0684 　したがってあなた方は継続的な歳入の代わりに、恒常的な諍いを得ることになるだろう。　◆『同上』
- 0685 　これは法律家が私にできると教えることではない。しかし人間性が、理性が、そして正義が私がすべきだと教えることなのだ。　◆『同上』
- 0686 　人民の愛である。自らの政府に対する愛着である。自分たちがこれほど素晴らしい国家組織に深く関わっている、という感覚がもたらすものだ。この愛着が陸軍と海軍を与え、両者にかの自由ある服従という考えを吹き込むのだ。愛着なくしては、陸軍はただの烏合の衆であり、海軍は腐れ木に過ぎないだろう。　◆『同上』
- 0687 　政治の度量の広さは、時として最高の真正の知恵である。大帝国と分別の足りない小人たちがともに集まれば不善を行うのだ。　◆『同上』
- 0688 　全体としてのアメリカこそが、満足させるのである。　◆『同上』
- 0689 　自由国家においては、複数政党が必ず存在せねばならない。　◆『同上』
- 0690 　奴隷制はあらゆる場所に存在し得る。いかなる土壌にも生え得る雑草である。　◆『同上』
- 0691 　弱者の譲歩とは恐怖による譲歩である。　◆『同上』
- 0692 　武力の使用は一時的なものに過ぎない。一時的には制圧できるだろう。しかし、武力によって制圧する必要がなくなるということではない。国家は統治されず、恒常的に制圧し続けねばならなくなる。　◆『同上』
- 0693 　植民地の交易のことを話す場合、虚構が現実に遅れを取っている。すなわち作り話は味気なく、想像力は寒々しく貧弱だ。　◆『同上』
- 0694 　厳密すぎないことこそが、あらゆる偉大さの本質である。大きな交易には常にかなりの損失がつきものだ。　◆『アメリカとの課税について』（1775）
- 0695 　課税してなお人民を喜ばせることは、愛してなお賢明であることに劣らず人間には不可能である。　◆『同上』
- 0696 　互いの憎悪のようなあまりにも不自然な紐帯で結ばれている集団は、ひたすら破滅に向かっているのです。　◆『ブリストル州知事宛書簡』（1777）
- 0697 　政府は人類の幸福のために作られた実用的方便で

あって、夢想家肌の政治家たちの机上の計画を満足させるために画一的な見世物をお膳立てするためのものではないと確信しています。

▶ 0698　国家全般に腐敗した人民がいれば、自由は永続し得ないのです。
◆『同上』

▶ 0699　自由もまた、これを御するためには制限を設けられるべきです。
◆『同上』

▶ 0700　当初計画から依然として何も進行していません。乳児の揺り籠で成人が揺られていると考えればよろしいでしょう。
◆『同上』

▶ 0701　［事態が］進行していけば、何事も元の計画のままにとどまることはできません。法律で潰された人民は、権力に何の望みも持たなくなります。もし法が彼らの敵であるなら、彼らも法の敵となるでしょう。そして、大きな望みと失うものを持たない国民は、多かれ少なかれ常に国家にとって危険な存在でしょう。
◆ チャールズ・ジェームズ・フォックス宛の書簡、1777.10.8

▶ 0702　悪法は最悪の専制政治である。
◆『先の選挙前のブリストルでの演説』(1780)

▶ 0703　人民が主人公である。
◆ 下院で、1780.2.11

▶ 0704　ピット２世の処女演説について、1781.2：
父親そっくりなんてもんじゃない、父親そのものだ。
◆ N.W. ラクソール『わが生涯の歴史的回想』(1904 編)

▶ 0705　すでに成立しているいかなる制度も、破壊することに手を貸すことには強い抵抗を感じるであろう。しかし理論的には、賞賛すべきことであろう。
◆ 下院でフォックスの東インド会社法案について、1783.12.1

▶ 0706　人民は議会の立法、規制、布告、選挙、決議には関心を払わないであろう。いや、そんな愚か者たちではない。訊ねるだろう、権力や信望や富や名誉へ導くものは何なのか、と。また訊ねるだろう、いかなる政策が怠慢、不名誉、貧困、流刑、監獄、絞首台という結果に終わるのか、と。これらの関心が人民自らが取るべき道を教えるであろう。人民に与えられるものが、すなわち政府の性質や雰囲気を形作るのである。それがなければ惨めなしかめ面ばかりだ。
◆ 同上

▶ 0707　われわれ以外のあらゆる征服者は、撤退したあとに国家なり善行なり何かしら記念となるものを残してきた。インドから追い出されようとしている今日、恥ずべき統治時代を通じてインドがわれわれの所有であったことを物語るものといえば、せいぜいオランウータンや虎が残っているだけだろう。
◆ 下院で、1783.12.1

※フォックスの東インド会社法案についての演説

▶ 0708　人民はある種の錯覚をしている場合以外は、決して自由をあきらめない。

◈ バッキンガムシャー州議会における演説、1784。E. レーサム『名言集』(1904) では「以外は」に代わって「を除いては」となっている

▶ 0709　道徳についての法律はどこであっても同じである。そして……イギリスにおいて、強奪、横領、収賄、弾圧とみなされるような行為でありながら、ヨーロッパやアジアやアフリカやその他全世界の至るところで強奪、横領、収賄、弾圧とされない行為はないのだ。

◈ ウォーレン・ヘースティングズの弾劾裁判の冒頭陳述、1788.2.16

▶ 0710　どちらもまったく正当化されない 2 つの動機が取り上げられるような場合には、悪い方が好まれるものだ。

◈ 下院でのウォーレン・ヘースティングズの弾劾裁判の冒頭陳述、1788.2.13

▶ 0711　軍団全体を一撃したことになる、頭を一撃すれば。

◈ 同上

▶ 0712　いかなる政治的案件の功罪も、関係しているのは誰かということと完全に切り離して考えてはなりません。内容さえよければ、それを提案した人間の性格や物の見方など関係ないではないかと言われることでしょう。しかし、立案者は決して自分の利益と案件とを切り離しはしないものなのです。

◈ シャルル = ジャン = フランソワ・ドゥポン宛書簡、1789.11

▶ 0713　軌道をはずれて穏健になったりしたら、絞首刑にしようと待ち構えている有権者たちという群集がいるのです。

◈ 書簡、1789.9.27

▶ 0714　ある事件が起こったら、それについて語ることは難しく、黙っていることは不可能です。

◈ 陳述、1789.5.5、E. A. ボンド (編)『ウォーレン・ヘースティングズ弾劾裁判における発言集』(1859) 第 2 巻

▶ 0715　言い逃れで築いた最後の砦でついに迎えた死。

◈ 陳述、1789.5.7、『同上』同上

▶ 0716　私は男らしく品行方正かつ規律正しく、自由を愛することにかけては、いかなる紳士にも劣らないと自負している。

◈『フランス革命についての考察』(1790)

▶ 0717　近所の家が火事になった場合には、家にすこし水をかけたからといって消防車が悪いわけではない。

◈『同上』

▶ 0718　ある種の変化の手段を持たない国家は、保全の手段を持たないのである。

◈『同上』

▶ 0719　革命を達成することは決算の両親であって、将来の革命の温床をつくることではない。

◈『同上』

▶ 0720　子孫に将来を期待しない人々、祖先を振り返らない人々。

◈『同上』

▶ 0721　平等は求めても公平は求めない人々。

◈『同上』

- **0722** 政府は人間の欲求のために、人間の知恵が工夫した装置である。人間ならば知恵で事前に欲求に備える権利を持っている。 ◆『同上』
- **0723** へつらいは贈与者も受領者も腐敗させる。 ◆『同上』
- **0724** このような人民は人間の権利の理論を採り上げるが、人間の性格をまったく忘れている。 ◆『同上』
- **0725** マリー・アントワネットについて：
彼女が侮辱されておののく姿を一目見たい、という復讐に燃えた1万本の剣が鞘ばしろうとしているように見えていた。 ◆『同上』
- **0726** 騎士道の時代は去った。学者、経済人、打算的な人間などが成功を収めている。欧州の栄光は永遠に消滅した。 ◆『同上』
- **0727** この野蛮な哲学は、冷たい心と泥まみれの理解から生じた所産である。 ◆『同上』
- **0728** 学問の世界では、展望もなく絞首台のほかは何も見えない。 ◆『同上』
- **0729** 国王は主権者が本義に基づいた反逆者となった時、政治の暴君になるだろう。 ◆『同上』
- **0730** シダの葉陰で数匹のキリギリスがにぎやかに鳴き始め、数千頭の大きな牛がイギリス樫の根元でのんびりと反芻しながら休んでいる。雑音を出しているのは平野で生活している人間だけである。 ◆『同上』
- **0731** 完璧な民主主義は、それゆえ世の中でいちばん恥知らずなのである。 ◆『同上』
- **0732** すなわち社会は契約なのである。生きている者同士の関係だけでなく、生きている者、死んだ者、生まれてくる者同士の関係である。 ◆『同上』
- **0733** 貴族階級は市民秩序のしっとりとした装飾品なのである。洗練された社会のコリント式の柱頭である。 ◆『同上』
- **0734** 歴史は、大方のところ苦痛からもたらされている。われわれの世界に誇り、希望、強欲、復讐、欲望、暴動、偽善、激情、それに連動した欲望が嵐の原因となる。宗教、道徳、法律、国王大権、特権、自由、人権は口実なのである。 ◆『同上』
- **0735** 悪徳を憎むあまりに、私を少しも愛してくれない。 ◆『同上』
- **0736** 家庭に社会の愛情を取り入れ始めよう。家庭の冷えていない関係は、暖かい市民社会をつくる。 ◆『同上』
- **0737** 秩序が整っているということは、あらゆる善の基礎である。 ◆『同上』
- **0738** 政治家はすべからく自らの体面を放棄し、理性に従 ◆『同上』

- 0739　弱体な政府ほど、強圧的で不正なものになり得るものはない。

◆『同上』

- 0740　敗北した政党の綱領が正しく見えることは決してありません。庶民にもわかる、唯一にして絶対確実な判断基準──成功──を持てないのですから。

◆『ある国民議会議員への手紙』（1791）

- 0741　ひとたび権力に酔い、ほんの1年でも何かしら利益を引き出したことのある人々は、進んで権力を放棄することは決してできません。

◆『同上』

- 0742　専制君主は口実を必要としません。

◆『同上』

- 0743　過去が未来を計画することは、決してできないのです。

◆『同上』

- 0744　誰かが申していたことですが、王は貴族を作ることはできるだろうが紳士を作ることはできません、ということです。

◆ウィリアム・スミス宛書簡、1795.1.29

- 0745　破滅した人々はみな、自分の生来の性質に固執したためなのです。

◆『国王弑逆総裁政府との講和提議についての2通の書状』（第9版、1796）

- 0746　虚偽と錯覚とは、いかなる場合でも許されるべきではありません。ただし、あらゆる美徳を実際に行う場合には、真実を割引して手加減を加えることはあるのです。

◆『同上』、アームストロング 181参照

- 0747　この王国の王、そして忠実なる臣民、貴族と平民とは誰にも切ることができない三重の縒り糸なのです。

◆『ある閣下への手紙』（1796）

- 0748　革新は改造ではないのです。

◆『同上』

- 0749　よく知られていることだが、野望は高く舞い上がるのと同じくそっと忍び寄ることもできるのです。

◆『国王弑逆総裁政府との講和提議についての3通目の書状』（1797）

- 0750　そして政府にパンを与えてもらっていながら、ひとたび欠乏するやきびすを返して養ってくれていた手に噛みつくのであろう。

◆『飢饉についての考察と詳細』（1800）

- 0751　勝利を目前にしている悪徳に対して手をこまねいていることは、まったくの善人にのみ許されたことである。

◆（さまざまな形で）バークのものとされているが、著作には見当たらない

- 0752　至るところに富が見出されねばならないというのは、経済世界の大命題であります。

◆『エドマンド・バーク書簡集』（1958-78）第3巻

John Burns

ジョン・バーンズ（1858-1943）
イギリスの労働党政治家

- 0753　ミシシッピ川を見たことがある。泥水である。セント・ローレンス川も見たことがある。水晶のような水である。しかしテームズ川は流れる歴史である。

◆「デイリー・メール」1943.1.25

Robert Burns

▶0754 　地位はただの1ギニー切手、
　　　　 なのに人柄は金！

▶0755 　法で守られているものがなんだというの！
　　　　 自由は素晴らしい祝宴だ！
　　　　 法廷は臆病者のために作られ、
　　　　 教会は司祭を喜ばすために建てられた！

▶0756 　自由はあらゆる騒動の中にある！
　　　　 俺たちにやらせろ──さもなくば死だ！

▶0757 　俺たちは早くから働き、遅くまで働く、
　　　　 称号待ちの悪党を食わすためにだぜ、おい。
　　　　 そして俺たちが得られる慰めといえば、
　　　　 墓の向こうにしかないんだぜ、おい。

▶0758 　法律とは何はともあれ図太く主張され、もっともらしく維持されたものだ。

▶0759 　彼女は生まれが社会的区別のしるしとなっているものとして、金銭をそれに置き換えたのだ。
　　　　 ※マーガレット・サッチャーについて

▶0760 　ここで聴いてくださっている皆さんの中にはいない誰かが、いずれ私の歩いた道を歩み、大統領の配偶者としてホワイトハウスを切り盛りすることでしょう。その彼に幸運を！

▶0761 　人気の高い大統領夫人だったのは、なぜだと思うかと聞かれて：
　　　　 誰もおびやかさなかったからです。年を取っていて、白髪で、太ってましたから。

Robert Burns
ロバート・バーンズ (1759-96)
スコットランドの詩人
◆「それでもなお」(1790)
◆「愉快な乞食たち」(1799)

◆「バノックバーンを目指すロバート・ブルースの行進」(1799)
◆「自由の木」(1838)

Aaron Burr
アーロン・バー (1756-1836)
アメリカの政治家
◆ 伝聞

Ian Buruma
イアン・ブルマ (1951-)
◆『ザ・ニューヨーク・レヴュー・オヴ・ブックス』1994.10.20、「アクション・アングレーズ・ダンスの踊り方」

Barbara Bush
バーバラ・ブッシュ (1925-)
ジョージ・ブッシュの妻、大統領夫人 (1989-93)
◆ ウェルズリー女子大学卒業式で、1990.6.1

◆「インディペンデント・オン・サンデー」1994.12.4、「今週の言葉」

George Bush

ジョージ・ブッシュ(1924-)
アメリカの共和党政治家、アメリカ合衆国第41代大統領 (1989-93)
ブッシュについて、リチャーズ 3216 参照

▶ 0762　ああ、ヴィジョンのことか。
　　※短期的な〈選挙〉運動の諸目標から、より長期的に具体的な目標に切りかえるようにしてはどうかという意見に応えて

◆「タイム」1987.1.26
◆ ニューオーリンズにおける共和党全国大会での大統領候補指名受諾演説、1988.8.18

▶ 0763　われわれはコミュニティからなる国家である。何千何百という、民族の、宗教の、社会的な、ビジネス上の、労働組合の、隣近所の、地域の、またその他の集合体から構成されており、すべてが異なり、自由意志を持ち、独特である……見事な多様性が星々のように、広大でおだやかな空の千もの光の点のように広がっている。

▶ 0764　唇を読んでみたまえ。新税はない。
　　※共和党の大統領候補指名を受けて

◆「ニューヨーク・タイムズ」1988.8.19

▶ 0765　平和に機会を与えることは、平和に賭けることを意味しているのではない。
　　※ボルティモアの海外戦争復員兵協会で、1990.8.20

◆「ガーディアン」1990.8.21

▶ 0766　この大陸はあまりにも長い間敵意で凍り付いていたが、今や革命的な変化の大陸になってきた。

◆「ガーディアン」1990.11.23

David Butler

デーヴィッド・バトラー(1924-)
イギリスの政治学者

▶ 0767　もう彼は辞表を出したのか？
　　※ジェームズ・キャラハンについて、ヒュー・ダルトンに

◆ ヒュー・ダルトン『政治日記』(1986)、1960.7.13

R. A. ('Rab') Butler

R. A. ('ラブ・)バトラー(1902-82)
イギリスの保守党政治家
バトラーについて、ヘネシー 1854、マクミラン 2592 参照

▶ 0768　ウィンストン・チャーチルがネヴィル・チェンバレンの後継で首相に指名されたことを聞いて：
イギリス政治の清廉なるよき伝統は、ピットがフォックスに対抗して持続してきたものだが、近代政治上最も立派な冒険家に売られたのだ。

◆ ジョン・コルヴィル『権力の周辺、ダウニング街日記 1939-1955』(1985)、1940.5.10

▶ 0769　レポーター：バトラーさん、この人［アンソニー・イーデン］が最高の首相だとおっしゃるつもりですか？
　　R. A. バトラー：もちろん。

◆ R. A. バトラー『可能性の芸術』(1971)

▷ John Byrom

※ロンドン空港でのインタヴュー、1956.1.8

▶ 0770　イギリスの公務員たちはどこかロールスロイスに似ている——それが世界最高の機械だということはわかっているのだが、それをどう扱ったらいいのかがあまりよくわからないのだ。

◆ アンソニー・サンプソン『イギリスの解剖』(1962)

▶ 0771　思うに、首相は肉屋になって、どこに関節があるかを知っている必要があるだろう。おそらく、私があまりに能力を持ち合わせなかったところだが、死体を切り刻むあらゆる方法を知っている、という点についてである。

◆「リスナー」1966.6.28

▶ 0772　常にブリッジの点数を記憶していて数字を知っているように見えて、ブラックジャックをあれほど見事にやってのけた人物なら、これから成功するのではと感じざるを得ない。

◆『記憶の芸術』(1982)

※大蔵大臣として成功が約束されたかに見えるイアン・マクラウドについて

▶ 0773　特にギボンがキリスト教徒について書いた言葉が好きだ。キリスト教は主教と死後の生以外、ほんとうに何も与えるものを持たなかったが、とにかくそれを押し通しかなり成功したのである。

◆ ジョン・モーティマー『人となりについて』、「慈悲をおぼえよ」

▶ 0774　政治とは大きく言えば心の問題だ。

◆ ピーター・ヘネシー、「インディペンデント」1987.5.8

▶ 0775　政治に関わる限り、常に荷物を背負って走り続けなくてはならない。君がよろめいた瞬間、君が傷ついたとまわりが感じ取った瞬間にすべてが狼のように君に襲いかかってくる。

◆ デニス・ウォルターズ『常に荷物を背負うのではなく』(1989)

▶ 0776　神よ王を祝福したまえ、信仰の擁護者を。
　　　神よ祝福を——祝福にはなんの害もない——王位を狙う者を。
　　　だが王位を狙う者とは誰か、あるいは王とは？
　　　神はわれわれを祝福したまう——それはもうひとつまったく別のこと。

John Byrom

ジョン・バイロム(1692-1763)
イギリスの詩人
◆「ある軍士官に、即座に、愛党心の猛烈さを鎮めようとして」(1773)

▶ 0777　私の人生にはなんの一貫性もありませんが、政治だけは例外です。おそらく政治問題にまったく無関心であることから来ているのです。

▶ 0778　西側のキンキンナトゥス。
　　　※ジョージ・ワシントンについて

Lord Byron

バイロン卿(1788-1824)
イギリスの詩人
◆ 書簡、1814.1.16
◆「ナポレオンへの頌歌」(1814)

▶ 0779 他人の運命には裁決者
  自らの運命には嘆願者！

◈「同上」

▶ 0780 ついに自分の喉を掻き切ったか！──彼が！ 誰だって？
  ずいぶん前に自国の喉を掻き切った男さ！
  ※カースルレイの自殺について、1822年頃

◈「カースルレイ卿についての寸鉄詩」

▶ 0781 いったいこの愛国者たちは皆、なんのために生まれたのか？
  傷つけ、投票し、とうもろこしの王子様を担ぎ上げるためか？

◈「青銅の時代」(1823)

▶ 0782 来る年も来る年も彼らは1人の例外もなく投票した。血と、汗と、涙を絞り取られた何百万人が──なぜか？ 小作料のためだ！

◈「同上」

C

▶ 0783 ガリア全土は3分割される。

▶ 0784 人はほとんど自分が望むことを信じようとする。

▶ 0785 シーザーの妻は疑いを超えていなければならない。

▶ 0786 シーザーは、ガリアに初めて入った時、何の後ろめたさもなく「2番手としてローマに入るより、1番手として村に来る」と公言した。

▶ 0787 サイは投げられた。
  ※ルビコン河を渡るとき

▶ 0788 来た、見た、勝った。

Julius Caesar
ジュリアス・シーザー（紀元前100-同44）
ローマの将軍、政治家
◈『ガリア戦記』
◈『同上』
◈ 口承、プルターク『対比列伝』、「ジュリアス・シーザー」
◈ フランシス・ベーコン『学問の進歩』（プルターク『対比列伝』、「ジュリアス・シーザー」に基づいている）
◈ スエトニウス『シーザーの生涯』、「デヴィアス・ジュリアス」（しばしばラテン語で"Iacta alea est"といわれる、しかし元はギリシャ語で語られた）
◈ スエトニウス『シーザーの生涯』、「デヴィアス・ジュリアス」によれば、シーザーの黒海遠征作戦勝利の碑文。またプルターク『対比列伝』、「ジュリアス・シーザー」によれば、黒海

▷ Joseph Cairns

▶0789　お前もか、ブルータス？

遠征作戦勝利の決め手となったゼラの勝利を報告するシーザーの手紙に記された言葉
◈ スエトニウス『シーザーの生涯』、「デヴィアス・ジュリアス」の伝統的な解釈。マーカス・ブルータスが襲い掛かった時ギリシャ語で「おまえもか息子よ？」と言ったと記述しているものもある

Joseph Cairns

ジョセフ・ケアンズ(1920-)
イギリスの産業資本家、政治家
◈「デイリー・テレグラフ」
　1972.6.1

▶0790　北アイルランドへの裏切り行為、すなわちかけがえのない公選議会を皮肉にも非民主的に壊滅させ、非正常で混乱した植民地の地位をさらに下落させたりしてきた。願わくば、これがダウニング街の最後の裏切り行為であるように。なぜなら北アイルランドが容認できるのもこれが最後だからだ。
　※ 1972.5.31、ベルファスト市長を引退する際の演説

John Caldwell Calhoun

ジョン・コールドウェル・カルホーン(1782-1850)
アメリカの政治家
カルホーンについて、ジャクソン 1992 参照
◈ 演説、1835.2.13

▶0791　自由政府の本質は、行政を祖国の福利のために信託されたものと見なすことであって、個々人や政党を利するために託された政府ではない。

◈ 同上、1836.5.27

▶0792　民衆の力以上に大きくなった政府権力には、多種多様な利害が内在し、銀行の莫大な余剰金の凝集力に支えられて巨大な塊となっている。

▶0793　人生の敗残とはみじめな生活を自覚して没落していくことではない。

◈ 上院での演説、1847.2.19

Caligula (Gaius Julius Ceasar Germanicus)

▶0794　ローマ人はおのれの首以外のものを持っている！

カリギュラ(ガイアス・ジュリアス・シーザー・ゲルマニクス)
(12-41)
紀元 37 年よりローマ皇帝
◈ スエトニウス『皇帝たちの人生』、「ガイアス・カリギュラ」

James Callaghan

ジェームズ・キャラハン (1912–)
イギリスの労働党政治家、首相 (1976–79)
キャラハンについて、バトラー 767、ジェンキンス 2050、発言者不明 90 参照
◆『フランクス・レポート』(1972)、証言

▶ 0795　漏洩はあなたの仕事、事情説明は私の仕事。
　※ 1971、公式秘密会議のフランクス委員会で証言

◆ 労働党年次大会での演説、1972.10.2

▶ 0796　イギリスが必要とするのは新しい社会契約である。この文書[「労働党が考えるイギリスのための政策」]はまさにその新しい契約である。

◆ 労働党大会での演説 1976.9.28

▶ 0797　今はしないが、するとすれば、景気後退の出口に時間をかけるべきだ。

◆ テレビのインタヴュー、1978.7.20

▶ 0798　約束された大地には到着できない。それに向けて前進することはできる。

◆ 下院で、1979.3.28

▶ 0799　七面鳥がクリスマスを早めて投票させたという有史以来の記録だ。
　※労働党と自由党の協定が破棄され、権利委譲法案不成立の結果国民党も労働党支持から手を引いたので、労働党政権が崩壊した

▶ 0800　サッチャー夫人の人気について：
イギリスから離れれば離れるほど賞賛される。

◆『スペクテイター』1990.12.1

▶ 0801　機能しているか、どうかって？　たとえ封筒の裏に書かれたようなもので、コロンやセミコロンもしかるべきところに揃った明文憲法がなかったにしても、機能しているが答えだと思う。なぜなら時として明文憲法が常識の勝利を困難にしているからだ。

◆ ピーター・ヘネシー、サイモン・コーツ共著『封筒の裏』(1991)

Italo Calvino

イタロ・カルヴィーノ (1923–85)
イタリアの小説家、短編作家
◆『木のぼり男爵』(1957)

▶ 0802　革命家たちは、保守主義者よりもさらに形式主義である。

Lord Camden

キャムデン卿 (1714–94)
イギリスのホイッグ党政治家、大法官 (1766–70)
◆ 上院で、1766.2.10

▶ 0803　税制と代表制は不可分のものである。ある人物の所有物は何であれ絶対的にその人物のものである。何人であれ所有物を所有者本人ないしその代理人の同意なしに剝奪することはできない。剝奪しようとする者は、傷つけることになる。そうしようとする者は、盗みをすることにな

る。自由と奴隷制の区別を放棄して破壊する。
※イギリス議会でアメリカ税制について

▶0804　正直な政治家とは買ったものを買ったと言い続ける人だ。

Simon Cameron
サイモン・キャメロン（1799-1889）
アメリカの政治家
◆ 伝聞

▶0805　上院の唯一の存在意義は不合理であるところにある。合理的にやろうとして、誰も満足させられない。

Lord Campbell of Eskan
エスカンのキャンベル卿（1912-）
イギリスの産業資本家
◆ アンソニー・サンプソン『変貌するイギリスの解剖』(1982)

▶0806　なんと数百万人が死んだ——シーザーは大きな存在だ！

Thomas Campbell
トーマス・キャンベル（1777-1844）
スコットランドの詩人
◆『希望の喜び』(1799)

▶0807　友人関係にとって憲法とは何だろうか？
※違憲であるとしてクリーヴランド大統領が法案への支持を拒否したことに言及して

Timothy Campbell
ティモシー・キャンベル（1840-1904）
アメリカの政治家
◆ 伝聞、1885頃

▶0808　それ自身いわば自明であるように聴こえるフレーズがある。しばしば大量殺りくに用いられる「戦争は戦争だ」だ。
しかしさらに聞くと、今行われている戦争は戦争ではないと答える［笑い］。戦争ではない戦争とはなんのことか？南アフリカで野蛮な方法によって行われている戦争である。

Henry Campbell-Bannerman
ヘンリー・キャンベル＝バナーマン（1836-1908）
イギリスの自由党政治家、首相（1905-08）
キャンベル＝バナーマンについて、アスクィス 198、バルフォア 342 を参照
◆ 国家改革連盟での演説、1901.6.14
◆ スターリングでの演説、1905.11.23

▶0809　良い政府といえども、国民自身による統治に代わり得るものではない。

▶0810　カバ以上の如才なさはない……。ホールデーンはい

◆ 伝聞

つも陰謀を画策する。しかしお話にならない。声の大きさは家中に聞こえるのだから。
※ R. B. ホールデーンについて

▶ 0811 政治と人類の運命は、理想と崇高な精神を持ち合わせていない人々に掌握されている。崇高な気位を持つ人は政界に足を踏み入れないものだ。

▶ 0812 反逆者とは？ ノーと言う人のことだ。
▶ 0813 現代の革命はすべて国家権力の強化で終わった。
▶ 0814 革命論者は結局、圧制者か異端者となる。

▶ 0815 「男たちではなく、方策だ」という合言葉をやめよ！──それは、馬車を引っ張るのは馬ではなく馬具であるという愚かな言い回しである。もし比較や区別が必要なら、男たちはすべてであり、方策とは比べるすべてとてない。
※ 1802.12.8、軍隊歳出予算についての演説

▶ 0816 ピットはアディントン首相につながる。
ロンドンがパディントンにつながるように。
▶ 0817 世界で唯一の忠実な愛国者で、自国以外のすべての国の友である。
※ジャコバン党について
▶ 0818 鑑識眼を鋭く働かせると、黒はそれほど黒くはない──また、白もあまり白くはない。
▶ 0819 商売をするオランダ人の欠点は奉仕が少なすぎ、要求が多すぎることである。フランス人は等しい損得内容である。したがって、われわれはオランダ人の最低値のちょうど 20 パーセント引きで叩いて買う。

Albert Camus
アルベール・カミュ (1913-60)
フランスの小説家、脚本家、随筆家
◆『手帖 1935-42』(1962)
◆『反抗的人間』(1951)
◆『同上』
◆『同上』

George Canning
ジョージ・キャニング (1770-1827)
イギリスのトーリー党政治家、首相 (1827)
◆『キャニングの演説集』(1828) 第 2 巻。「男たちではなく、方策だ」という句は 1742 年という早い時期から見られる (3 月 6 日、チェスターフィールドからシェヴェニックス博士への書簡で)。またゴールドスミス『お人よしな男』(1768) の中では「男たちではなく、方策だ、はずっとわが旗印だ」とある、バーク 673 参照
◆「神託」(1803 頃)

◆「新道徳」(1821)

◆「同上」

◆1826.1.31、ハーグ駐在のイギリス大使に暗号で急送した文面、ハリー・ポーランド『キャニングがチャールズ・バゴッ

▷ Al Capone

- 0820 　私は古い世界の均衡を是正するために新しい世界を到来させた。
　　　　※ポルトガル事件についての発言
- 0821 　［院内幹事の義務は］議会を構成し、運営しまた大臣を元気づけることだ。

- 0822 　忌まわしい過激論者の1人であると思わないか。アメリカの制度を強烈に刺激していると思わないか。

- 0823 　［憲法は］次の理論から立案された。つまり、複数の国家の国民は浮沈をともにしなければならない、そして、長い目で見ると、繁栄と癒しは統一されており分離してはいないということだ。

- 0824 　2世紀間にほとんど等しい時間。民主主義がしかるべき、最も有害ないんちき主義の段階を乗り越えるまでに。

- 0825 　腐敗しない海緑色。
　　　　※ロベスピエールを表現して
- 0826 　金持ちで強欲な貴族政治。
- 0827 　フランスは長い間、風刺で鍛えられた独裁政治であった。
- 0828 　現代文明の3大要素、銃、印刷、そしてプロテスタント信仰。
- 0829 　彼［ナポレオン］は最晩年まである種の理想を持っていた。部下たちを掌握する道具、才能を開花させた生涯

ト卿宛てに作成した'急送文書'』(1905)
◆ 下院で、1826.12.12

◆ J. E. リッチー『現代政治家』(1861)

Al Capone
アル・カポネ (1899-1947)
イタリア出身のアメリカ人ギャング、1920年代にシカゴで組織犯罪を率いたことで悪名高い
◆ インタヴュー、1929頃、クラウド・コックバーン『トラブルの時に』(1956)

Benjamin Nathan Cardozo
ベンジャミン・ネーサン・カードーゾー (1870-1938)
アメリカの裁判官
◆ ボールドウィン対シーリング裁判 (1935) で

Thomas Carlyle
トーマス・カーライル (1795-1881)
スコットランドの歴史家、政治哲学者
◆『フランス革命の歴史』(1837) 第1巻
◆『同上』第2巻

◆『同上』第3巻
◆『同上』第3巻

◆『重要で多種のエッセイ』(1838)、「独文学の現状」
◆『同上』、「ウォルター・スコット卿」

▶ 0830　機知に富んだ政治家は言った。数字でなんでも証明できるだろうと。　◆『チャーティスト運動』(1839)

▶ 0831　現金支払いが人間同士の唯一の結びつきになった時代に。　◆『同上』

▶ 0832　確かに、すべての「人間の権利」のうちで、無学の人たちが賢者によって導かれる権利、穏やかにせよ強制的にせよ、賢者によって道を踏みはずさずにいられる権利は、最も議論の余地なく確かな権利である。　◆『同上』

▶ 0833　イギリスの地獄──お金を作らない地獄。　◆『過去と現在』(1843)

▶ 0834　国会議員について：
［国会議員とは］空論をまくしたてる人、神への信仰は薄く、あったとしても日曜の教会の中だけ。強く信じているのは、短評や短い話が票につながるということと、議員たちの言うところの世論の力が第一の必須要件で、われわれ［有権者］の持ち得る最高の神だということだ。　◆『同上』

▶ 0835　専制政治はほとんどの事業に必須なものである。　◆『同上』

▶ 0836　国会はレポーターを通じて政治家の駄弁と、大半は愚かな 2,700 百万人に向かって話している。　◆『最新パンフレット』(1850)、「イギリス議会」、ウォーカー 4001 参照

▶ 0837　彼自身について：
ただの形式主義的な蓄音機で議会の雄弁術の不幸な入れもの。　◆『同上』、「現代」

▶ 0838　政治経済学について：
陰気な学問。　◆『同上』、「同上」

▶ 0839　国会議員たちは陰謀を企てながら議席に座っている。そこで高度なチェスゲームをしていて、駒は人間である。　◆『衣裳哲学』(1858)

▶ 0840　この頃の無記名投票の、黒んぼ解放の、無意味な不潔なものに費やされた日々。　◆『ナイアガラを撃つ：そしてその後は？』(1867)
　※その表現法により大きな非難を呼んだ反自由主義の論争

▶ 0841　ディズレーリについて：
最高のヘブライ人で頭の切れる人。　◆『同上』

▶ 0842　コブデンは筋金入りの出張販売人であり、インド綿布の黄金時代を信じている。　◆T.W. リード『リチャード・マンクトンの生活、書簡そして友情』(1890) 第1巻

▶ 0843　民主主義、それはあなた方を統治する英雄を探し出すことが絶望的だということだ。　◆伝聞

▶ 0844　無記名投票は、社会の消化不良である。　◆サイモン・ヘッファー『道徳無視』(1995)

Stokely Carmichael and Charles Vernon Hamilton

ストークリー・カーマイケル (1941-) とチャールズ・ヴァーノン・ハミルトン (1929-)

▶ 0845　ブラックパワー……はこの国の黒人たちにとって、団結し自分たちの地位を認識し共同体意識を持つための合言葉である。

◈『ブラックパワー』(1967)

▶ 0846　ある集団が開かれた世界へ仲間入りする前には、まず肉薄しなければならない。

◈『同上』

Lewis Carroll

ルイス・キャロル (1832-98)
イギリスの作家、論理学者

▶ 0847　「わしが何か言葉を使ったら」、ハンプティ・ダンプティはいくぶん軽蔑した調子で言った。「その言葉はわしが選んだ意味になる――それ以上でもそれ以下でもない」

◈『鏡の国のアリス』(1872)、ショークロス 3582 参照

▶ 0848　明日はジャムを食べられる。昨日もジャムを食べていい、でも今日はジャムはなし。それが決まりだ。

◈『鏡の国のアリス』(1872)、ベン 399 参照

Edward Carson

エドワード・カーソン (1854-1935)
イギリスの弁護士、政治家、北アイルランドの指導者、統一党員

▶ 0849　私が海軍総司令官に任命される唯一の優れた資格とは、視界不能な海を苦にしないことだ。

◈ イアン・コルヴィン『カーソン卿の生涯』(1936) 第 3 巻

▶ 0850　議会に入った初めの日から現在に至るまで、団結への忠誠心は私の政治生活を導く星であった。

◈『英国人名辞典』

Jimmy Carter

ジミー・カーター (1924-)
アメリカの民主党政治家、アメリカ合衆国第 39 代大統領 (1977-81)

▶ 0851　キリストが今日の午後やってくるかのような生活を送るべきだ。
　　　※ジョージア州プレーンズでの聖書の授業で、1976.3.

◈「ボストン・サンデー・ヘラルド・アドヴァタイザー」1976.4.11

▶ 0852　われわれはもちろん多様な民族からなる国だ。この違いはわれわれを脆弱にするものではない。違いは強さの源である……。問題はいつこの地へ来たのかではなく……なぜ一族が来たのかである。そして、何をしてきたのかである。

◈ ニューヨーク、アル・スミス晩餐会での演説、1976.10.21

▶ 0853　大勢の女性を欲望の目で見てきた。何度も頭の中で不貞をはたらいた。神は私が頭の中で不貞しようとすること を——そして犯したことを承知されていて、私を許してくださるのだ。

▶ 0854　わが国の2つの問題——エネルギーと不定愁訴。

▶ 0855　1人1票を持つことになろう。

▶ 0856　過激派の問題は彼らが急進的な文学しか読まないことであり、保守派の問題は彼らは何も読まないことである。

▶ 0857　すべての権利がいたずらに並び立てられた悪事とみなされる国だ。自分の土地で生存し自分の考えを持ち自分たちの歌を歌い、自分たちの仕事の果実を収穫することなどの許可を、息を殺して請わなければならない国だ。それなら当然、このような環境に対して行動で反逆者になる方が、おとなしく宿命として受け入れるよりも勇敢で、正気でそして真実の姿である。

▶ 0858　争いに代わって。

◆『プレイボーイ』1976.11

◆ ケンタッキー州バーズタウンのタウンミーティングで、1979.7.31

John Cartwright
ジョン・カートライト(1740-1824)
イギリスの政治改革者
◆『不当勢力に対する国民の防壁』(1780)、「政治の原理、格言、そして主要な規則」第68条

Thomas Nixon Carver
トーマス・ニクソン・カーヴァー
アメリカの伝統主義者、ハーヴァード大学農業経済学教授、1934年にガルブレイスが継承
◆「カーヴァーの法則」、J. K. ガルブレイス『私たちの時代の生活』(1981)

Roger Casement
ロジャー・ケースメント(1864-1916)
アイルランドの民族主義者、1916年反逆罪で処刑された
◆ 刑務所からの声明、1916.6.29

Ted Castle
テッド・キャッスル(1907-79)
イギリスのジャーナリスト
◆『労働党政府白書』の題名、1969.1.17。キャッスルが、時の労働大臣であった妻のバー

Catherine the Great

エカテリーナ大帝 (1729-96)
1762年からロシアの女帝
◆ 伝聞

▶ 0859　独裁者になりましょう。仕事ですから。偉大な神は許されるでしょう。仕事ですから。

Wyn Catlin

ウィン・カトリン
◆ ローレンス・J. ピーター（編）『現代引用文集』(1977)

▶ 0860　外交では、岩とわかるまでは「かわいい小犬」と言うものだ。

Carrie Chapman Catt

キャリー・チャップマン・キャット (1859-1947)
アメリカのフェミニスト
◆『なぜ修正の提案を求めるのか』(1900)
◆ ストックホルムでの演説、『女性参政権は進んでいるか？』(1911)

▶ 0861　成文法は、多数意見に支持されながら明文化されていない慣習よりも拘束的である。
　　　※女性参政権についての上院公聴会での意見開陳、1900.2.13

▶ 0862　ある主義が絶頂期に達すると……立ちはだかるものが現れ圧倒的な力の前に、すべて崩壊してしまうに違いない。

Cato the Elder (or 'the Censor')

大カトー（または「戸口総監」）(紀元前234-同149)
ローマの政治家、雄弁家、作家
◆ 大プリニウス『自然歴史』

バラ・キャッスルに提案した

▶ 0863　カルタゴは必ずや滅亡する。

Constantine Cavafy

コンスタンティヌス・カヴァフィ (1863-1933)
ギリシャの詩人
◆「野蛮人を待つこと」(1904)
◆「同上」

▶ 0864　市場に集められて、何を待っているのか？
　　　野蛮人たちがい今やってくるはずだ。

▶ 0865　そしていったい、野蛮人がいないとどうなるのか？
　　　市民にとって、彼らが一種の解決策であった。

Count Cavour

カヴール伯爵 (1810-61)
イタリアの政治家
◆ 演説、1861.3.27

▶ 0866　イタリア中に素晴らしい原則を公布する準備ができている。自由な国家の自由な教会だ。

▶ 0867　妥協の定義：
　　　2人の人間がともに同意する協定は、間違っています。

▶ 0868　人道主義者が絶好の機会をうかがっている姿ほど、下品なものはない。
　　　※キャンベル＝バナーマンの企んだ謀略を阻止して

▶ 0869　社会主義者は貧乏になるより金持ちになる方が、キリスト教徒は金持ちになるより貧乏になる方が良いと信じている。

▶ 0870　国家にとっての利益損失は、国家の性格も変える意味からもきわめて重要なことである。海の向こうの領土を失ったとしても、同じことが言えるであろう。

▶ 0871　内容をそのままに受け止めなさい、宮廷の華々しさの中で悲しみ、うわべだけは公明正大さをとりつくって落胆して去った人に注意を払いなさい。……宮廷はこの世にほとんど安楽をもたらしません。そして国王が天国に目を向けている賢者ではないと理解するのです。

▶ 0872　政治では、2週間以上先を予見することは無意味です。

▶ 0873　あなたが再起を望んでいる社会の偏見を喚起することは、あなたの利益とはならない。私の助言は次の通り

Lord Edward Cecil
エドワード・セシル卿（1867-1918）
イギリスの軍人、公務員、エジプト政府のイギリス人顧問団長
◉ 書簡、1911.9.3

Lord Hugh Cecil
ヒュー・セシル卿（1869-1956）
イギリスの保守党政治家、イートン校校長
◉『ザ・タイムズ』1901.6.24
◉『保守主義』（1912）

◉『同上』

Robert Cecil
ロバート・セシル（1563-1612）
イギリスの廷臣、政治家、バーグリー卿、ウィリアム・セシルの息子
◉ ジョン・ハリントン卿への書簡、アルジャノン・セシル『ロバート・セシルの生涯』（1915）

Joseph Chamberlain
ジョセフ・チェンバレン（1836-1914）
イギリスの自由党政治家、ネヴィル・チェンバレンの父
チェンバレンについて、フュースマン1940を参照
◉ A. J. バルフォアのソールズベリー卿への書簡、1886.3.24、ウィルソン4144参照
◉ ロイ・ジェンキンズ『チャールズ・ダイク卿』（1958）

だ。思い通りに反逆者になれ。必要なら支配者になれ。少なくとも好戦的愛国主義者であれ。
※政治的復帰を望んでいた友人、チャールズ・ダイクへ

▶ 0874　自分の成果を自画自賛することに何の意味もない、周りを見渡しても誰もついて来てはいないだろう。
※第２次ボーア戦争に先だってクルーガー大統領と交渉、討論して

◆ ウィンストン・チャーチル『よき同時代人たち』(1937)

▶ 0875　ロンドンシティが現在のように世界の手形交換所であり続けるとすれば、他の国々は作業現場となるだろう。

▶ 0876　堂々と思考することを学べ。
※アレクサンダー・ハミルトンの新しく独立した合衆国への助言を伝聞して

◆ ロンドン市庁舎での演説、1904.1.19

◆ 同上、ハミルトン 1790 参照

▶ 0877　小国家の時代はもはや終焉した。帝国の時代が到来した。

▶ 0878　落胆してはいない。ただ１つの問題は、隣で何が起こっているかわからないことだ。
※選挙の圧倒的勝利に反応を示さなかった選挙民に言及して

◆ バーミンガムでの演説、1904.5.12

◆ スメジウィックでの演説、1906.1.18

▶ 0879　戦争ではどちらが自分を勝利者と呼ぶとしても、勝利者はいない。全員が敗者である。

Neville Chamberlain

ネヴィル・チェンバレン(1869-1940)

イギリスの保守党政治家、首相(1937-40)、ジョセフ・チェンバレンの息子

チェンバレンについて、ベヴァン 436、シャノン 888、チャーチル 976、ロイド＝ジョージ 2421、ニコルソン 2853、2854 参照

◆ ケタリングでの演説、1938.7.3

◆ ラジオ放送、1938.9.27

▶ 0880　遠い国が見ず知らずの国民同士の間の戦争のために、塹壕を掘りガスマスクを装着するべきだというのは、なんと恐ろしく異様で信じがたいことか。
※ドイツのズデーテンラント併合について

▶ 0881　今朝、ドイツの首相ヒトラー氏とまた話をした、ここに私の名前と同様に彼も署名している……。「昨夜、調印したイングランド―ドイツ海軍協定を、両国民が決して２度と戦争をしないという願いの象徴とみなす」

◆ ヘストン空港での演説、1938.9.30

▶ 0882　わが国の歴史で名誉ある平和がドイツの時代からダウニング街に戻ってきたというのは、今回が２度目である。平和であると信じる。

◆「ザ・タイムズ」1938.10.1

※ダウニング街、首相官邸の窓からの演説、1938.9.30
▶ 0883　勝てるはずのない戦争に、国を導くのは首相の役目ではない。　◈ 伝聞
　　　※ミュンヘン会議の直前、ホーム卿に呼び戻されて
▶ 0884　ベルリン駐在のイギリス大使が、11時までにドイツがポーランドから軍を撤退させる、という知らせをイギリス政府が受け取らなかったら両国は戦争状態に突入する、と書いた最後通牒をドイツ政府に渡したことを受けて：
私は今、そのような約束は受け取っていないと言わざるを得ない、したがってわが国はドイツと戦争状態にある。　◈ ラジオ放送、1939.9.3
▶ 0885　ヒトラーが戦わずして得たものを持ち逃げしようと企んでいたのであれ、結局、用意周到ではなかったのであれ、理由は定かではないが、1つのことは明らかだ——彼はバスに乗り遅れたのだ。　◈ ウェストミンスター・セントラルホールでの演説、1940.4.4

Henry ('Chips') Channon
ヘンリー・（'チップス'・）シャノン（1897-1958）
アメリカ出身のイギリス保守党議員、日記作者

▶ 0886　個人的に思うが……影響が現れ、王権は多少は動揺するであろう、しかし存続し王は上手にくぐりぬけるだろう。何か得体の知れないものに近づいている。歴史は何を明らかにしようとしているのか？　◈ 日記、1936.11.22
　　　※1936年、国王退位危機のときに　◈ 同上、1937.12.17
▶ 0887　この世で下院の図書館よりも眠りの深い場所はない。　◈ 同上、1939.1.15
▶ 0888　勝ち進んでおり、もう首相になっているだろう。
　　　※ネヴィル・チェンバレンについて
▶ 0889　ロシアの熊と抱擁はしないが、手を差し出して慎重に熊の手足を受け入れる決定がなされたのだと推測する。それ以上ではない。両方の世界にとって最悪。　◈ 同上、1939.5.16
▶ 0890　ラブ・バトラーが、彼とイワン・メイスキーがブルグレーヴにあるシャノンの家を秘密の会合に使えるか尋ねて：
ロシア大使が家の敷居をまたぐことがあろうとは思わなかった。帰宅してかぎ煙草入れは調べたが、何かがなくなったかどうかは気づかなかった。　◈ 同上、1939.11.28
▶ 0891　マウントバッテン女史が自ら反君主制の思いを説明したのを聞いて：
いくらか王家の血を引く大金持ちが、地位と金の愉悦を使い果たしてしまい、ほとんどコミュニストそのものになる、というのはいとも簡単なことよ！　◈ 同上、1944.9.19

John Jay Chapman
ジョン・ジェイ・チャップマン

▶ 0892　アメリカのすべての国民は穏やかで、紛争を嫌って

いる。政治や社会生活の救済策においても、それに劣らぬ不屈の精神が必要である。国民にありのままの真実を公表せよ。

(1862-1933)
◆『事実上の扇動』(1898)

▶ 0893 非難される前に防戦や弁解をしてはならぬ。

Charles I
チャールズ1世(1600-49)
1625年からイングランド、スコットランド、アイルランド王チャールズ1世について、マーヴェル 2645 参照

◆ ウェントワース卿への書簡、1636.9.3

▶ 0894 すべての鳥が飛ばされているのがわかる。
　　　※下院議員の5人組の逮捕を執行した後に

◆ 下院で、1642.1.4

▶ 0895 明らかに極貧の農夫たちまでも不当に扱っている、もし彼らの自由な同意を求めないのなら。
　　　※最高法院の司法権を却下して、1649.1.21

◆ S. R. ガーディナー『ピューリタン革命の憲法記録』(1906年編)

▶ 0896 吾が子よ、今彼らはなんじの父の首を切ろうとしている。吾が子よ、よく聴きなさい。私の首を切り、恐らくなんじを王にするだろう。しかし、よく聴いておきなさい。あなたの兄弟のチャールズやジェームズが生きている限り、国王に即位するべきではない。
　　　※ヘンリー王子に

◆『枢機卿の神聖な遺産』(1650)

▶ 0897 国王に関しては、この国の法律はあなた方に、はっきりと規定するだろう。臣民に関しては、私は本当にすべての臣民の解放と自由を望むものであるが、あなた方に言っておかねばならない、民の解放と自由は法の定める政府を持つことにあり、それによって彼らの生命と財産は民自身のものとなり得る。民が彼らの属するところではない政府に位置を占めることにより、解放と自由がなされるわけではない。臣民と統治はまったく別のものである。……もし剣の力で法律を変えられる独裁的な手段が与えられていたら、断頭台にのぼる必要はなかっただろう。それゆえにあなた方に臣民の殉教者である（そして神が、あなた方に責めを負わさないことを祈る）と言う。
　　　※断頭台での演説、1649.1.30

◆ J. ラッシュワース『歴史的収集』第2巻(1701)

▶ 0898 キリスト教徒として死ぬ、イギリス国教会の信仰に従って。それが、父の遺していったものだからである。

◆『同上』

Charles II

チャールズ2世(1630-85)

1660年からイングランド、スコットランド、アイルランド王チャールズ2世について、ロチェスター3239を参照

- ▶ 0899 この王国の安全、名誉、繁栄が何よりも頼りにしているのは、神の摂理の下の海軍である。

◆「戦争の記事」序(恐らく有名な言い換え)、ジェフリー・カレンダー『海軍から見た英国史』(1952)

- ▶ 0900 まぎれもない事実だ。言葉は私自身のもので、行動は大臣のものである。
  ※ロチェスター卿の墓碑銘への感想

◆『トーマス・ハーン：批評と収集』(1885-1921)、1706.11.17、ロチェスター3239参照

- ▶ 0901 遊戯よりました。
  ※上院のロス卿の離婚法案の討論で
- ▶ 0902 イギリス国民が、私の生命を奪って君を王にすることはないと確信している。
  ※弟ジェームズ、後のジェームズ2世に

◆A. ブライアント『国王チャールズ2世』(1931)

◆ウィリアム・キング『政治と文学の逸話』(1818)

- ▶ 0903 旅に疲れたので外国へはもう行かないことにした。だが死んだときには、弟が何をするかわからない。王位に飽きて、彼も旅に関心を示すのではないかと気に病んでいる。
  ※弟との違いについて

◆ 伝聞

- ▶ 0904 自分自身では決して専制政治を敷こうとは思わないし、他人が行うのも許さない。
  ※ホイッグ党員に

◆ 伝聞

- ▶ 0905 不条理な時代に死の苦しみを味わった、と彼は言った。そして国民が許すことを期待した。

◆ マコーリー卿『イギリスの歴史』(1849)第1巻

Salmon Portland Chase

サルモン・ポートランド・チェース(1808-73)

アメリカの弁護士、政治家

- ▶ 0906 憲法はあらゆる規定を設けて、不滅の州により構築される不滅の連邦を想定している。

◆ テキサス州対ホワイト事件の判決、1868

Mary Chesnut

メアリー・チェスナット(1823-86)

アメリカの日記作者、南部連合

- ▶ 0907 南部連合に政治家が死をもたらした。

▶ **0908** アトランタの戦は終わった。断末魔は去った。望みはないが、恐怖はもうけっこうだ。
※ 1864 年、シャーマン将軍の部隊によってアトランタが陥落した後で

▶ **0909** では女性はと言えば、身体の大きいただの子供です。面白い噂話をし、時には気の利いたことも言いますが。しかし中身の充実した議論のできる良識の持ち主である女性、あるいは 24 時間続けて首尾一貫した行動・話をする女性には 1 人として出会ったことはないのです。

▶ **0910** 政治家は愛すことも憎むこともしない。彼らを動かすのは心情ではなく利害関係なのです。

▶ **0911** 愛する祖国の筆に尽くせぬ不運について熟考せざるを得ない。覚えている限りそして今まで読んだ限り、常に 200〜300 万人のうちのたった 2、3 人によって統治されていて、残りの彼らはまったく政治力もなく信用もされていなかった。

▶ **0912** 「わが国が、正しいか間違っているか」とは、極端な場合を除き、愛国者と言われる人は言おうとしない。「母が酔っているか素面でいるか」と発言するようなものだからだ。

▶ **0913** 伝統とは、あらゆる階級の中で最も漠とした素性の人々、すなわち祖先に選挙権を与えることなのだ。すなわち民主政治の死である。

▶ **0914** 民主主義者は、人間が生まれつきにより資格を問われることに異議を唱える。伝統は、その生まれつきを疑われることに異議を唱える。伝統は、たまたまそのあたりを歩いていたに過ぎない人間による瑣末で横暴な独裁政治に屈服するのを拒絶する。

▶ **0915** 保守主義というのは物事を放置して、あるがままにして置かねばならない、という基本に立っている。しかし

支持者
◆ 1863、ケン・バーンズ『南北戦争』(記録資料、1989)、エピソード 4
◆ ジェフリー・C. ワード『南北戦争』(1991)

Lord Chesterfield
チェスターフィールド卿(1694-1773)
イギリスの作家、政治家
チェスターフィールドについて、ジョンソン 2084、ウォルポール 4009 参照
◆ 書簡、1748.9.5
◆『書簡集』1748

◆「ザ・ワールド」1756.10.7

G. K. Chesterton
G. K. チェスタトン(1874-1936)
イギリスのエッセイスト、小説家、詩人
◆『被告』(1901)
◆『正統主義』(1908)

◆『同上』

◆『同上』

そうはならない。もし放置するなら変化の激流に放置することになるからだ。

▶ 0916　十字架に執着しているのですか、F.E. スミス？　　　　◆「反キリスト者」(1912)
　　　※ F. E. スミスのウェールズ国教廃止法案への態度を風刺して

▶ 0917　教会の信徒席と尖塔について話せ　　　　　　　　　　　◆「同上」
　　　　献金についても！
　　　　しかしキリスト教の精神は……
　　　　やめろ、スミス！

▶ 0918　国民に微笑みかけ、家を与え、自由にさせなさい。　　　◆「秘密の人々」(1915)
　　　　だが、忘れ去ってはいけない。
　　　　イギリスの国民なのだ、これはまだ言ったことがないが。

▶ 0919　ただ悲しみにうちひしがれた最後の従者たちが、馬　　　◆「同上」
　　　　で海の方へゆっくり進んでいくのを見ている、
　　　　さらに新しい人々がその地にやってくる。だがわれわれではないのだ。

▶ 0920　われわれを新しいみじめな貴族たちの手中に差し出　　　◆「同上」
　　　　した、
　　　　怒りも名誉も感じない貴族たち、剣を持つこともない。
　　　　書類を操作してわれわれと戦う。輝いてはいても異様な目をしている。
　　　　疲れてハエを見るように、農作業や笑いを見る。
　　　　愛のない執拗な同情は、古い昔の悪事よりも始末が悪い、
　　　　扉は夕方には固く閉ざされ、何の歌も聞えてこない。

▶ 0921　国を救うために死んだが、世界だけを救った。　　　　　◆「イギリスの墓場」(1922)

▶ 0922　ランカシャーの商人たちはいつでも好きなときに　　　　◆「教育の歌：第 2 地理学」(1922)
　　　　クロンダイクで働く人間のビールを水で薄めることができる
　　　　あるいはボンベイで生活する人間の肉に毒を塗ることができる、
　　　　これが帝政時代の意味である。

▶ 0923　民主政治は教育のない人間が行う政治で、貴族政治　　　◆「ニューヨーク・タイムズ」
　　　　は間違った教育を受けた人間が行う政治である。　　　　　 1931.2.1

Lydia Maria Child
リディア・マリア・チャイルド
(1802-80)

▶ 0924　最初に人間を地上にまき散らし、永遠に踏みつける
　　　　権利を主張する。彼らが倒れ伏しているからという理由で。

▶ 0925　女性のあらゆる意味での蓄積は、市場で高まってきています。女性の投票を見るまで生きられないでしょうが、天から降りてきて投票箱をトントンと叩きます。

▶ 0926　処刑の点火係に：
君たち、近くに来なさい。その方が君たちにとって楽だ。

▶ 0927　報道はピューリッツァー賞を受賞するかのように誤解させ、中傷する。
※政治家に向けられたゴシップ好きのジャーナリズムの問題について

▶ 0928　ニューイングランドの勇気は、「良心の勇気」であった。だが決して、戦争自体を愛するという狂乱の熱狂にまでは至らなかった。

▶ 0929　旗を持たず、連邦の音楽に合わせて行進しないいかなる政党にも参加しません。

▶ 0930　憲法は、独立宣言に自然の権利を盛り込んだ華麗で立派な基本法。

▶ 0931　［もし人が］「何かできることをしよう」と口にしたら、「政権を手に入れて、誰かのために何かできることを

アメリカの奴隷廃止主義者、参政権拡大論者
◆『アフリカ人と呼ばれるアメリカ人の階級差別に向けての抗議』(1833)
◆ サラ・ショーへの書簡、1856.8.3

Erskine Childers
アースキン・チルダーズ(1870-1922)
アイルランド在住のイングランド人作家、政治活動家
◆ バーク・ウィルキンソン『改心者の熱意』(1976)

Lawton Chiles
ロートン・チャイルズ(1930-)
アメリカの政治家
◆「セント・ピーターズバーグ（フロリダ）・タイムズ」1991.3.6

Rufus Choate
ルーファス・チョート(1799-1859)
アメリカの弁護士、政治家
◆ マサチューセッツ州イプスイッチでの、百年祭の演説、1834
◆ マサチューセッツ州ウォーセスターでのホイッグ党大会への書簡、1855.10.1
◆ メイン州ホイッグ党国家中央委員会への書簡、1856.8.9

Frank Chodorov
フランク・チョドロヴ(1887-1966)

しよう」という意味だ。そして、誰かとは決まってあなたのことである。
▶ 0932　世界社会への唯一の方法は、自由貿易だ。

▶ 0933　「綿は王様：奴隷制を基にした経済的関係」

▶ 0934　ウィンストン……は僭越ながら、現在の、将来の内閣が保持していないドイツと戦う能力、想像力、覚悟など最高の手腕を有しています。
　※ウィンストン・チャーチルが海軍本部から免職されたことについてアスクィス首相に宛てた書簡、1915.5

▶ 0935　正直言うと、私自身、トーリー党の民主主義がわからない。しかし、一口で言えば日和見主義と信じている。
　※ウィルフリッド・スコーウェン・ブラントにトーリー党民主主義者として立候補するよう説得して、1885

▶ 0936　気晴らしのつもりで、彼［グラッドストン］は木を切り倒す判断をした。気晴らしは政治と同じく、本質的に破壊的だと言って間違いない……。グラッドストン氏が汗をかくたびに、森は悲しむのだ。
▶ 0937　彼［グラッドストン］は議会やあらゆる女王の家来に十分な法的擁護、繁栄、そして恒久平和を与えると言った。しかし国民には断片以外何も与えていない。アフガニスタンでの忠実な同盟の断片、南アフリカの原住民信頼の断片、エジプト農夫の断片、イギリス農夫の断片、大量生産者と職人の断片、農業従事者の断片、下院そのものの断片。すべて断片なのだ。
▶ 0938　アルスターは戦う。アルスターは正しい。
▶ 0939　せっかちな年寄りの男。
　※グラッドストンについて

アメリカの経済学者、作家
◈「自由が良い」(1949)
◈「統一の世界主義」(1950)

David Christy
デーヴィッド・クリスティ
(1802-68 頃)
◈ 本の題名、1855

Clementine Churchill
クレメンタイン・チャーチル
(1885-1977)
ウィンストン・チャーチルの妻
◈ マーティン・ギルバート『チャーチルを求めて』(1994)

Lord Randolph Churchill
ランドルフ・チャーチル卿(1849-94)
イギリスの保守党政治家、ウィンストン・チャーチルの父
チャーチルについて、グラッドストン1672、ローズベリー3297 参照
◈ エリザベス・ロングフォード『情熱の巡礼』(1979)
◈ ブラックプールでの財政改革についての演説、1884.1.24

◈ 同上

◈ 公文書、1886.5.7
◈ 南部パディントンの有権者への演説、1886.6.19

▶ 0940　すこし前に決めた。もしG.O.M.[グラッドストン]がアイルランド自治を行ったら、オレンジ党のカードで弄ばれるようになるだろう、と。神よ、どうかそれがトランプの2ではなく、エースになりますように。
※「オレンジカードをする」の形でよく引用される。シャピロ3556参照

◆ フィッツギボン控訴院裁判官宛の書簡、1886.2.16

▶ 0941　功績あった人々も皆、間違いを犯す。ナポレオンはブリュッヒャーを忘れて、私はゴーシェン子爵を忘れていた。
※1886年にランドルフ卿自身が突然大蔵大臣を辞職したとき、ゴーシェン子爵が後任に任命された

◆『ドロシー・ネヴィル女史の覚書のページ』(1907)

▶ 0942　このいまわしい点が何を意味するのかわからなかった。
※小数点について

◆ ウィンストン・チャーチル『ランドルフ・チャーチル卿』(1906)第2巻

▶ 0943　たぶん復讐の味は甘いのだろう、それゆえ神々は人間の復讐を禁じられる。なぜなら御自分たちに美味で陶酔する飲み物を取っておかれるからだ。しかし神とてカップの底まで飲み干してはならない。かすはいつも不浄の味がする。

Winston Churchill

ウィンストン・チャーチル (1874-1965)
イギリスの保守党政治家、首相 (1940-45, 1951-55)
チャーチルについて、アスクィス197、ボールドウィン333、ベヴァン444、446、バルター768、ヘッドラム1824、ラスキ2302、ロイド＝ジョージ2423、2430、モートン2804、ニコルソン2857、ウェブ4051、ウィルソン4158参照

◆『リヴァー戦争』(1899)

◆ アンドリュー・ロバーツ『著名なチャーチル支持者たち』(1994)

▶ 0944　内政の腐敗、隠蔽するための外国への攻撃……。たったバケツ一杯程度の感情、帝国単位で0.5リットルの僅かな愛国心。
国家財政の開かれた手、酒場の開かれた扉。数百万人のぜいたくな食事、百万長者に奉仕する安価な労働者。
※厖大な既得権益を獲得した党としての保守主義について、1904

▶ 0945　国民が制約された短期間に自主的に結ぶ労働契約は、適当だとみなした給料が支払われ、労働力が売買されることはなく通行料17.10ポンド台の支払いの安心を得られるという契約なのだが、健全で正しい契約ではないと思

◆ 下院で、1906.2.22

われる。しかし帝国政府の見解では、用語上の不正確さの危険を負ったとして、どう用語解釈をしても奴隷に分類されない。

▶ **0946** 彼［チャールズ・ベレズフォード卿］は、「発言を求めて起立する前に何を言おうとしているのか理解できていない。発言している時、何を言っているのか判断できない。着席してしまうと、何を発言したのか忘れてしまう」と言われるような雄弁家のうちの 1 人である。

◆ 同上、1912.12.20

▶ **0947** ヨーロッパの勢力地図が修正される間も、ビジネスはいつもどおり活動していた。
※イギリス国民自身が納得している「モットー」について

◆ ロンドン市庁舎での演説、1914.11.9

▶ **0948** 政治や政治家とうまくやっていくために、これ以上多くの関わりを持つことは決してしない。この戦争が終わったら、自分は物書きと絵描きに専心する。
※西部戦線で同僚に、1915

◆ マーティン・ギルバート『チャーチルを求めて』(1994)

▶ **0949** 非常に単純に生活している——しかし生活必需品はすべて当然のものとして与えられている——熱い風呂、冷えたシャンパン、新しいエンドウ、そして古いブランディーが。
※海軍本部から免職されて、隠遁したホー農場で人生について、1915

◆『同上』

▶ **0950** 大英帝国の霧雨は……大気中に降っている。
※オーストリア＝ハンガリー二重国籍問題とオスマン帝国について、1918

◆『同上』

▶ **0951** H. H. アスクィスをアーサー・バルフォアと比べて：
彼とアーサーとの違いは、アーサーは意地悪で道徳的、アスクィスは善良で非道徳的なことだ。

◆ E. T. レイモンド『バルフォア氏』(1920)

▶ **0952** バルフォアがアスクィス内閣からロイド＝ジョージ内閣へ転身したことについて：
遅しい優美な猫が、慎重に歩き、ぬかるむ道を汚れずに横切るようなものだ。

◆『よき同時代人たち』(1937)

▶ **0953** ヨーロッパ全土の地図は塗り替えられた……洪水がおさまって水位が少し下がったときに、北アイルランドのファーマナのわびしい尖塔とティローンの再出現を目の当たりにする。

◆ 下院で、1922.2.16

▶ **0954** 誰でも裏切ることはできるが、2 度目の裏切りにはある程度の巧妙さを要するものだ。
※自由党に移って 20 年以上後にまた保守党に参加することについて、1924 頃

◆ ケイ・ハレ『手に負えないチャーチル』(1966)

▶ **0955** 1926年のロイド＝ジョージとの会合について、国会外で：

▶ 0956　消防隊と火との関係のように公平であることは、絶対に断る。
　　　※ゼネスト中に官報を編集した際の偏見への不平に答えて

▶ 0957　貯蓄を攻撃することはすなわち「明日死んでしまう、食べさせろ、飲ませろ、そして幸せにしろ」という思想を宣伝することであり、それはとりも直さず社会主義哲学に着想を与え、国を侵す不治の病だ。

▶ 0958　教養ある人間たちは、生産という深い川に浮かぶ輝くくずでしかない。
　　　※息子ランドルフがカルガリーの石油業者の教養の欠如を批判したのを聞いて、恐らく1929頃

▶ 0959　ハロー校の入学試験を受けたときに、チャーチルの答案は名前と1問目に括弧で囲まれた数字の1だけであった：ウェルドン氏が、私にハロー校に合格する価値があると結論を下したのは、このようなかすかな学識のしるしからであった。それが彼の名誉となった。

▶ 0960　校長は首相には与えられたことのない、処分権限を持っている。

▶ 0961　私には少年たちに英語を学ばせたいという偏見がある。全員に英語を学ばせよう。そして頭の良い子たちには栄誉としてラテン語を、さらにほうびとしてギリシャ語も学ばせよう。

▶ 0962　グラッドストン氏は趣味でホメロスを読んだ。役に立ったと思う。

▶ 0963　［1894年には］民主主義の自由な国家に住むすばらしい社会生活を楽しみ、ペテン師が演じる確実に重宝する世界を知らなかった。

▶ 0964　子供の頃、有名なバーナムのサーカスに連れて行ってもらったことを思い出す。そのサーカスは奇人や怪物の見世物もあったが、出しものの中で一番見たかったのは、「骨なしの妖怪」と書かれたものだった。両親は私の幼い眼には、その見世物はあまりにも反抗的で反社会的だと判断した。それ以来50年待って、奇妙な骨なしの妖怪が大臣席に座っているのを見つけた。
　　　※ラムゼー・マクドナルドについて

▶ 0965　選挙が好きではない、しかしこの島の国民を知り尊敬するようになったのは、たび重なる選挙によってである。文句なく良いことだ。

◆ ブースビー卿『ある反逆者の記憶』(1978)
◆ 下院で、1926.7.7

◆ 同上、1927.5.19

◆ マーティン・ギルバート『チャーチルを求めて』(1994)

◆『わが若き日々』(1930)

◆『同上』

◆『同上』

◆『同上』

◆『同上』

◆ 下院で、1931.1.28

◆『思考と冒険』(1932)

▶ 0966　1922年の総選挙について：
まばたきをする間に、政権も奪われ、議席も党も一切合財なくなっていることに気がついた。

◆『同上』

▶ 0967　あなたのボスに、反ユダヤ政策は善意の先導者だったかもしれないが、つまり結局はたちの悪い刺殺人である、と直言するつもりだ。
　　※息子ランドルフのドイツ人の友人に、ヒトラーに会うのが嬉しいかと聞かれて、1932

◆ マーティン・ギルバート『チャーチルを求めて』(1994)

▶ 0968　乱雑なかぎ針編みの巨大なキルト、小人が建てた恥ずかしいほどの怪物のような建造物。
　　※インド統治法案について、1935

◆ ケネス・ローズ『最近のセシル家』(1975)

▶ 0969　羊の群れには精肉店への道中に集団の安全はない。

◆ ドーチェスターホテルでの新連邦国家昼食会で、1936.11.25

▶ 0970　だから彼ら［政府］は奇妙なパラドックスを繰り返し続ける。未決にすることを決断し、優柔不断でいることを決心し、流れには不動、気体には液体、あらゆる権力を持ちながら無能をつらぬくのだ。

◆ 下院で、1936.11.12

▶ 0971　独裁者たちは虎に乗って行き来し、虎から降りようとしません。だが虎は腹がへり始めているのです。

◆ 書簡、1937.11.11

▶ 0972　カーゾン卿の生涯について：
朝は黄金であった。正午は青銅、夕刻は鉛であった。しかしすべては無垢で、それぞれが相応に輝くまでに磨かれていた。

◆『よき同時代人たち』(1937)

▶ 0973　政治家教育には、選挙運動にまさるものはない。

◆『同上』

▶ 0974　チェコスロヴァキアと懸案の問題に関して彼［ネヴィル・チェンバレン］が獲得できた成果といえば、せいぜい、ドイツの独裁者に食料をテーブルから掠めさせるのではなく、彼をテーブルにつかせて食料が一品一品差し出されることで満足するようにさせたことだ。

◆ 下院で、1938.10.5

▶ 0975　あなた方にロシアの行動を伝えることはできない。謎のミステリーにつつまれた不可解なものだ。

◆ ラジオ報道、1939.10.1

▶ 0976　地方の保守党員たちにネヴィル・チェンバレンが演説するときにどこへ演壇を置いたらいいかと尋ねられて：
彼が瞳に太陽を、歯に風を有している限りどこに置くかは問題ではない。

◆ マーティン・ギルバート『チャーチルを求めて』(1994)

▶ 0977　宥和政策者とは、最後に彼を食べたいと望んでいるワニにえさをやる人のことである。

◆ 下院で、1940.1

▶ 0978　首相として：
［私は］安堵のもたらす深い淵を意識していた。運命とともに歩みつつあり、過去の人生はこの試練の準備期間だっ

◆ 1940.5.10

▷ Winston Churchill

たと感じていた。

▶ **0979** 血、闘争、涙、そして汗以外には捧げられるものがない。　◆ 下院で、1940.5.13

▶ **0980** われわれの政策とは何か？　……怪物のような専制政治と戦い続け、見通しのつかない状況にあっても勝利し続けることだ。人間の罪の悲しいカタログだ。　◆ 同上

▶ **0981** 劣勢になったり敗北したりしない。最後まで戦い続ける。フランスで戦う。海上で戦う。膨らむ自信と戦力で空中戦をする。われわれの島を守る。戦費にかかわらず。海岸線で戦う。離着陸場で戦う。野や街で戦う。丘で戦うだろう。なんとしても降伏しない。　◆ 同上、1940.6.4

▶ **0982** それゆえに任務に立ち向かわせてほしい、もしイギリス連邦と帝国を1,000年もちこたえさせていたら、人々は「祖先の最も華やいだ素晴らしい時代だった」と言うだろう。　◆ 同上、1940.6.18

▶ **0983** 空襲されることについて：
慣れなさい、鰻はすり抜けることに慣れている。　◆ 演説メモ、1940.6.20

▶ **0984** 人間の歴史で、多数がごく少数にこれほど重い義務を負わせた戦闘はなかった。　◆ 下院で、1940.8.20
　　※イギリス飛行士の技術と勇気について

▶ **0985** 死と悲しみは旅につきものであろう。苦難は上着である。忠実と勇気は唯一の盾である。団結し、ひるまず不屈でいなければならない。　◆ 同上、1940.10.8

▶ **0986** 近東訪問についてアンソニー・イーデンが提出した長たらしい報告書に対してのコメントと言われている：
読んだ限りでは、「神は愛だ」と「出かける前に衣服を整えなさい」以外のすべての常套句を用いている。　◆『ライフ』1940.12

▶ **0987** 子馬の白と黒の駁毛の比率を維持する必要性を認識している。　◆ アンドリュー・ロバーツ『著名なチャーチル支持者たち』（1994）
　　※連立政権の均衡を崩壊させそうな役職の要求について

▶ **0988** 望むことは、肉にハエが付かないようにしてくれることだ。少しでもハエがとまったなら、肉は傷んでしまう。その肉は私で、議会や政治の場面で問題が起きたときにも私に向かって警告灯をつけなければいけない。　◆『同上』
　　※新しく契約した議員私設秘書に、1941頃

▶ **0989** もっと大きくて高価な船で沈没させられる以外に何を望めるというのか？　◆『同上』
　　※1941.11、海軍の現役を許可されず、連合作戦の相談役としてデスクワークを命令されたことに抗議し、無視されたマウントバッテンに

▶ 0990　メダルは輝く、しかし同時に影を投げる。
　　※名誉に対する妬みに言及して
◆1941、ケネス・ローズ『ジョージ5世』(1983)

▶ 0991　日本の行動を冷静に、あるいは正気に調停するのはさらに難しくなった。われわれ［アングロ＝サクソン］民族を何だと思っているのだ？
◆アメリカ議会での演説、1941.12.26

▶ 0992　イギリス国民はこの点で独特である。状況がどれほど悪化しているかを、最悪の事態を公にされることを好む唯一の国民である。
◆下院で、1941.6.10

▶ 0993　ロンドン市民は一斉にヒトラーに言うだろう。「あなたは太陽の下であらゆる罪を犯した……。邪悪な野望を遂行する、恐ろしいギャングとは休戦も停戦もしない。きみは最悪のことをしている——われわれは最善を尽くすのだ」
◆ロンドン・カウンティ・ホールでの演説、1941.7.14

▶ 0994　これがローズヴェルト大統領への答えだ。手段を与えよ、それで仕事を終える。
◆ラジオ報道、1941.2.9

▶ 0995　［フランス政府に、］イギリスは何が起ころうとも単独で戦い続けるだろうと私が警告したとき、フランス将官たちは彼らの首相と内閣に、「3週間以内に、イギリスは鶏のように首を絞められるはずだ」と言及した。たいした鶏だ！　たいした首だ！
◆カナダ議会での演説、1941.12.30

▶ 0996　そうです、あなたは縛られた古い雄鶏だ。
　　※教育大臣ラブ・バトラーに送ったメモ。ウェストミンスターの大司教がローマ・カトリック教会の教育の独立を公に主張した時に、バトラーは教育法改正で働いていた、1942
◆R.A.バトラー『記憶の芸術』（1982）

▶ 0997　イギリス帝国の清算管理のために首相になったのではない。
◆ロンドンでの演説、1942.11.10

▶ 0998　ところで、終わりではない。終わりの始まりでもない。恐らく、始まりの終わりである。
　　※北アフリカ軍事作戦でのイギリスの成功について
◆ロンドン市長公邸での演説、1942.11.10

▶ 0999　第1の目標として生命線の制海権を奪回するが、総攻撃をして独伊枢軸の最弱点、特にイタリアを集中攻撃し、大規模な地中海包囲作戦を断行する。
　　※しばしば間違って「独伊枢軸の下腹部」と引用される
◆下院で、1942.11.11

▶ 1000　すべての階級のあらゆる生活環境のための、揺り籠から墓場までの国家の強制的保険。
◆ラジオ報道、1943.3.21

▶ 1001　どこのコミュニティでも、乳児にミルクを与えるほど貴重な投資はない。
◆同上

▶ 1002　将来の帝国は心が帝国となる。
◆ハーヴァードでの演説、1943.9.6

▶ 1003　国会議事堂の建て直しについて：

まず国民の住宅構想を構築する、その後に住宅が私たちを構築する。

▶ **1004** 希望する世界機構を 5、6 日で実現するほかの方法を思いつかない。神様でさえも 7 日間かかった。
※スターリンとのヤルタ会談の会議日程について。フランクリン・ローズヴェルトに、1945

▶ **1005** 連合国軍物資貸与法と呼ばれる、想像もつかない援助方法を考え出した。歴史上、自国本位でなく高貴な財政支援法の嚆矢である。
※ローズヴェルト大統領について

▶ **1006** ある日ローズヴェルト大統領は、その戦争が何と呼ばれるべきか議会から質されていると語った。私は咄嗟に「不必要な戦争」と答えた。

▶ **1007** 1945 年の総選挙後で：
国民が解雇命令を出したばかりなのに、どうやって陛下からのガーター勲位を拝受すればよいのだろう？

▶ **1008** アネイリン・ベヴァンについて：
名誉ある紳士は、方針と方法を転換し、即座に動けなければ平時においては呪わしい厄介者であり、戦時においてはみじめな鼻つまみ者になるだろう。

▶ **1009** イギリス首相は合衆国大統領に何も隠すものはない。
※風呂から裸で出てきたチャーチルに驚いたローズヴェルト大統領の前で

▶ **1010** バルト海のスチェチンからアドリア海のトリエステまでは、大陸をまたいで鉄のカーテンで覆われている。
※「鉄のカーテン」という表現はもともとソヴィエト連邦とその勢力圏に適用されていた。例えばエセル・スノーデン『ボルシェヴィキのロシア』(1920)、ゲッベルス博士『帝国』1945.2.25、チャーチル自身がトルーマン大統領への電報で1945.6.4 に

▶ **1011** ヨーロッパの合衆国をつくらねばならない。

▶ **1012** ニュールンベルグの戦争裁判後に：
これからは戦争に負けないように注意しよう。

▶ **1013** スタンリー・ボールドウィンが健勝であることを祈る。もっとも生まれてこなかった方がどれほど良かっただろう。
※ボールドウィンの 80 歳の誕生祝いの言葉を求められて

▶ **1014** もし賢さが風刺劇くらい安直に迅速に国民に伝わるとしたら、理想の政治改革になっていただろう。

◆ 下院で、1944.10.28

◆『第 2 次世界大戦』第 6 巻（1954）

◆ 下院で、1945.4.17

◆『第 2 次世界大戦』第 1 巻（1948）

◆ D. バーデンズ『議会のチャーチル』(1967)

◆ 下院で、1945.12.6

◆「チャーチル」(マーティン・ギルバート、BBC テレビシリーズ、1992) の中でローズヴェルトの息子の思い出として

◆ ミズーリ州フルトン、ウェストミンスター・カレッジでの演説、1946.3.5

◆ チューリッヒにて、1946.9.19

◆ 伝聞

◆ マーティン・ギルバート『チャーチルを求めて』(1994)

◆ ロンドン市庁舎での演説、1947.9.10

▶ **1015** 誰もが民主主義が完璧、あるいは万能の政治形態とは思い込んでいない。それゆえに、何度も試行されてきた他の政治形態を別にすれば、民主主義は最悪の政治形態であると言われてきた。

◆ 下院で、1947.11.11

▶ **1016** 外国を訪問している時はいつも、決して自国を批判、攻撃しないと自戒している。国内では持てない自然な時間を取り戻すのだ。

◆ 同上、1947.4.18

▶ **1017** 大馬鹿者のろうそくは消えてしまった。
※スタンリー・ボールドウィンの最晩年について

◆ ハロルド・ニコルソンの日記、1950.8.17

▶ **1018** 私が我慢していないのも、英語のスタイルの一種である。
※役人が彼の記録を、文章の終わりの前置詞を移動して読んだ後に

◆ アーネスト・ガウアーズ『平明な言葉』(1948)、「前置詞の問題」

▶ **1019** 戦争には、決意。敗北には、挑戦的反抗。勝利には、雅量。平和には、親善。

◆『第2次世界大戦』第1巻(1948)題辞。エドワード・マーシュ『多数の人々』(1939)によれば、第1次世界大戦終結後まもなくチャーチルの心に浮かんだもの

▶ **1020** 最高権力者に集中する忠節は巨大である。ある場所を訪問すれば、必ず歓迎される。間違いを起こせば、必ず隠蔽される。眠れば、些細なことに邪魔されることはない。だが期待に応えられなければ、必ず斧で打倒される。けれども最後の決定的過程が毎日実行されるということはあり得ない。このことは確かに選出されたばかりの数日間のうちは当てはまらない。

◆『第2次世界大戦』第2巻(1949)

▶ **1021** 海軍の伝統？ ぞっとするようなことばかりだ。ラム酒、男色、祈り、そしてムチ以外の何物でもない。
※「ラム酒、男色、そしてムチ」というように引用される。ピーター・グレットン『元海軍人』(1968)

◆ ハロルド・ニコルソンの日記、1950.8.17

▶ **1022** 20世紀の初めの4半世紀のイギリスの歴史が書かれれば、平和と戦争を体験したわが国の運命の大部分はこの1人の男が仕掛けていたとわかるだろう。
※ロイド=ジョージについて

◆「イヴニング・スタンダード」1951.10.4

▶ **1023** 特別な党や政治家が政権についたときから、世界が始まったと信じるのは間違いである。きわめて長い間同じことがくりかえされてきているのだ。

◆ ロンドン市庁舎での演説、1951.11.9

▶ **1024** 「アラメインの前に勝利したことはなかった。アラメインの後は敗北したことがなかった」と恐らく伝わるだろう。

◆『第2次世界大戦』第4巻(1951)

▶ **1025** 自分の責務から解放されたいと、望み苦しんでいたわけではなかった。願っていたすべては、筋の通った議論をした後に、目指す希望へ服従してくれることであった。

▶ **1026** 神の恩寵のない神が行く。
　　　※スタッフォード・クリップスについて

▶ **1027** 謙虚さの美徳を有している謙虚な男。
　　　※クレメント・アトリーについて

▶ **1028** 私をつくり賜うた神に会う準備ができている。神の方から会いにくるという厳しい試練に対する準備ができているか、ということは別の問題だ。

▶ **1029** ライオンの心を持っていたのは、地球上に広がった国家と民族であった。私は雄たけびをあげるだけでよかった。

▶ **1030** 長談義は長期戦よりましだ。

▶ **1031** 1950年代前半に、移民が増え続けるという見込みについてジャマイカ総督ヒュー・フットに：
　　こそ泥社会になるだろう。決してそうしてはならない。

▶ **1032** まだ次の手があるよ、ウォルター、だが表現する言葉が見つからない。
　　　※ウォルター・マンクトンに

▶ **1033** モントゴメリー卿について：
　　目も向けられない敗北と。たとえようもない勝利と。

▶ **1034** 期待される政治家に望まれる資質について：
　　明日、来週、来月、そして来年に何が起きるのか予言する能力。あとでどうして起こらなかったのか言い訳する能力を持っていること。

▶ **1035** 出版の自由について言えば、印刷機を買って政府を攻撃するよう目論んだひどい意見を宣伝することが、どうして許されるべきなのか？

▶ **1036** 度重なる意気消沈について：
　　また黒い犬が戻ってきた。

▶ **1037** 空車のタクシーがダウニング街10番に着いた。ドアが開いてアトリーが出てきた。
　　　※チャーチルの発言とされる、本人は強く否認している

◆『同上』

◆ ピアーズ・ブレンドン『ウィンストン・チャーチル』(1984)

◆「シカゴ・サンデー・トリビューン・マガジン・オヴ・ブックス」1954.6.27

◆ ワシントンで行われた記者会見、1954

◆ ウェストミンスター・ホールでの演説、1954.11.30

◆ ホワイト・ハウスでの演説、1954.6.26

◆ アンドリュー・ロバーツ『著名なチャーチル支持者たち』(1994)

◆ トニー・ベンの日記、1956.12.15

◆ エドワード・マーシュ『神の食べ物と少しのビール』(1964)

◆ B.アドラー『チャーチルの機知』(1965)

◆ ピアーズ・ブレンドン『ウィンストン・チャーチル』(1984)

◆ 伝聞
◆ ケネス・ハリス『アトリー』(1982)

▶ 1038　スタンリー・ボールドウィンについて：
しばしば問題処理に失敗したが、急場をしのいですぐさま何事もなかったかのように振舞った。

◆伝聞

▶ 1039　豚が好きだ。犬は見上げる。猫は見下す。豚は等しくつきあってくれる。

◆マーティン・ギルバート『決して絶望せず』(1988)、伝聞

▶ 1040　アルコールで失うよりも、より多くのことをアルコールから得た。

◆クェンティン・レイノルズ『クェンティン・レイノルズによれば』(1964)

▶ 1041　ある人がその場に立つことで、威厳を増幅しているという場面に出くわしたことはない。

◆伝聞

▶ 1042　もし1万の規制をかけたら、その法律のすべての権威を破壊することになる。

◆伝聞

▶ 1043　人生で、時として誤ちを嚥下しなければならなかった。いつも身体に良い食事だとわかっていたと告白しなければならない。

◆W. マンチェスター『オリの中のライオン』(1988)

▶ 1044　歴史上のほとんどの戦争は、ただ延期するだけで避けられている。

◆J. K. ガルブレイス『われわれの時代の生活』(1981)

▶ 1045　羊皮をまとった羊。
※クレメント・アトリーについて

◆ホーム卿『風の吹く道』(1976)

▶ 1046　のろまは邪魔だ——論点も何もない。

◆『同上』

▶ 1047　闊歩する、あの嵐が丘を。
※ジョン・リースについて

◆アンドリュー・ボイル『風は聞く』

▶ 1048　アルフレッド・ボッサムについて：
名前からは何の情報もないこの男は誰だ？

◆伝聞

Count Galeazzo Ciano

ガレッツォ・チアーノ伯爵(1903-44)
イタリアのファシスト政治家、ムッソリーニの義理の息子

▶ 1049　勝利には100人の父がいる。しかし、敗北は孤児だ。

◆『日記』(1946)第2巻、1942.9.9（文字通りには「誰も敗北を自分のものだと認めたくない」）

Cicero(Marcus Tullius Cicero)

キケロ(マルクス・トゥリウス・キケロ)(紀元前106-同43)
ローマの雄弁家、政治家
キケロについて、プルターク3113、スティーヴンソン3709

▶ 1050　ロムルス皇帝の千々に乱れた西ローマ帝国というより、まるでプラトンの共和国に住んでいるかのように意見を吐く。
※M. ポルキウス・カトー、小カトーについて

- 1051 人間の善はかけがえのない法だ。
- 1052 戦争を平和に、名誉を賛歌に取って代わらせよ。
- 1053 最高の性格と最も高貴な才能の人々には、飽くことを知らぬ名誉、支配、権力、栄光がある。
- 1054 ああ、時代よ！ ああ、風習よ！
- 1055 ローマ市民だ。
- 1056 戦争の頼みの綱は、無限の金だ。
- 1057 法は戦時中おとなしい。
- 1058 若者は絶賛され、飾り立てられそして排斥されるべきです。
    ※後のアウグストゥス帝、オクタウィアスについて

参照
◆『アッティクス宛書簡集』
◆『法律論』
◆『義務論』
◆『同上』

◆『カティリナ弾劾演説』
◆『ウェッレース弾劾演説』
◆『第五のフィリッピカ』
◆『アンニウス・ミロ弁護演説』
◆ デシマス・ブルトゥスがキケロに送った書簡『家族書簡』

Lord Clare
クレア卿 (1749-1802)
1789年からアイルランド大法官

- 1059 司教に、いやむしろ大司教に、でも裁判長にはするな。
    ※ノルベリー卿を裁判長に任命するという提案についてのアイルランド大法官の見解

◆『英国人名辞典』

Edward Hyde, Lord Clarendon
エドワード・ハイド、クラレンドン卿 (1609-74)
イギリスの政治家、歴史家
◆『反乱の歴史』(1703) 第3巻

- 1060 間違いなく、最初に剣を抜いたとき鞘を捨ててしまったのだ。
    ※ジョン・ハムデンについて
- 1061 企む頭、説得する舌そしてあらゆる害悪を実行する手を持っている。
    ※ジョン・ハムデンについて
- 1062 金切り声で悲しい口調で、「平和、平和」と繰り返すだろう。
    ※フォークランドについて
- 1063 彼が上機嫌になるほど平和に憧れていたのなら、国王は万金を費やしても平和を買うべきであった。
    ※フォークランドについて
- 1064 子孫に、勇敢で悪い男として敬われるだろう。
    ※クロムウェルについて

◆『同上』

◆『同上』

◆『同上』

◆『同上』第6巻

Alan Clark
アラン・クラーク (1928-)
イギリスの保守党政治家

- 1065 最後にはみな追放される、いつも恐怖だ。生の後に来る死のように避けられないものである。出世すればしたで、降格される時がやがて来る。たとえ首相であっても。

◆ 日記、1983.6.21

▶ 1066　公務員に適当な課題を与えてみよ。さっそく陳腐な決まり文句、間違った句読法、二重否定、そして複雑な弁解で換骨奪胎するだろう。

◆ 同上、1983.7.22

▶ 1067　多くの議会の筆頭院内幹事たちのように、くだらない奴が誰か知っていた。
　　　※マイケル・ジョプリンについて

◆ 同上、1987.6.17

▶ 1068　先輩の同僚議員の緊迫した処分ほど、党の雰囲気を改善するものはない。

◆ 同上、1990.7.13

▶ 1069　政治に真の友はいない。みな、水の中に血が現れるのを回遊して待っているサメである。

◆ 同上、1990.11.30

Karl von Clausewitz

カール・フォン・クラウゼヴィッツ（1780-1831）
プロシアの兵士、軍事理論家
◆『戦争について』（1832-34）

▶ 1070　戦争とは、他の手段と混合した政治の延長以外の何物でもない。
　　　※普通には「戦争は他の手段による政治の延長」と表現される

Henry Clay

ヘンリー・クレー（1777-1852）
アメリカの政治家
クレーについて、グラスコック1686、ジャクソン1992参照

◆ メーコン法案についての上院での演説、1810.2.22

▶ 1071　剣による抵抗に賛成である。わが国で、私より平和を望んでいる者はいない。だが平静で腐敗した恥ずべき平和のため池よりも、騒然とした戦争の海を好むのだ。

◆ 下院で、1812.1.22

◆ 国会での演説、1813.1.8

▶ 1072　外国と衝突を避けたければ、海を放棄すればよい。

▶ 1073　その紳士［ジョシア・クィンシー］は、議会のちょうどこの席で発言した自身の心情、「できるならば平和に、必要ならば力ずくで」を忘れられるはずがない。

▶ 1074　クレーはキャニングがスウェーデン駐在アメリカ公使クリストファー・ヒューズに宛てた書簡を見せられていた：
もしも彼からのこのような手紙をもっと沢山読むことになっていましたら、キャニング氏と相思相愛になっていたでしょう……。大臣任期中……キャニング氏はイギリスそのものを、つまり自由原則、政治、経済をヨーロッパの最上位に評価しています。

◆ サミュエル・スミスへの書簡、1825.5.4

▶ 1075　アメリカ先住民について：
人間集団から消え去っても、世界にとっては大きな損失にはならない。

◆ 閣僚会議、1825、ロバート・V.レミニ『ヘンリー・クレー』

▶ 1076　［アンドリュー・ジャクソンは］無知で、直情径行で、偽善的で、堕落していて、取り巻きの卑劣な人間に簡

◆ フランシス・T. ブルックへの書簡、1833.8.2

単に動揺させられます。

▶ **1077** 権力の術策とそれにまつわることどもは、どこの国でもいつの時代でも同じである。まず生贄を選び出す。そして罵倒する。次に権力自体の乱用と越権を隠すために、国民の憎悪と憎しみを扇動するのだ。

◆ 上院での演説、1834.3.14

▶ **1078** 大統領になるよりはむしろ正しくありたい。

◆ サウスカロライナ州選出の上院議員プレストンに、1839。S. W. マッコール『トーマス・ブラケット・リードの生涯』(1914)

▶ **1079** アメリカのためにすべてを賭けるのが不変の主義であった。もし私の心の鍵が欲しければ、その者にアメリカの鍵を与えよ、すなわちそれが私の心への鍵である。

◆ ノーフォークでの演説、1844.4.22

▶ **1080** アメリカ上院議長時代、クレーが日の出時にパーティーから帰るのを目撃されて、その日どのようにして議会を取りまとめるつもりかと聞かれて：
さあ来なさい、議員の首につけた手綱でいかに操るか見せるよ。

◆ ロバート・V. レミニ『ヘンリー・クレー』(1991)

▶ **1081** スタール夫人に、アメリカでのイギリス軍の指揮がウェリントン公爵ではなかったことに遺憾の意を表して：
もし公爵を撃破していたら、永遠の名誉を得ていたに違いない。その一方で、もしナポレオンという征服者に破れていたとしてもわれわれは何ものをも失っていなかったに違いない。

◆『同上』

▶ **1082** 何か南への忠誠についてとやかく耳に入る。忠誠を誓うべき南も、北も、東も、西もない……。アメリカだけが、祖国だ。

◆ 上院での演説、1848

▶ **1083** アメリカの憲法は、単にその時存在していた世代のために制定されたのではなく、無限で未来があり、絶えることない永遠の子孫のためにであった。

◆ 同上、1850

Eldridge Cleaver

エルドリッジ・クリーヴァー (1935-)
アメリカの政治活動家

▶ **1084** 今日議論していることは、あなた自身が解決の、あるいは問題のどちらの一部分であるかである。

◆ サンフランシスコでの演説、1968。R. シェール『エルドリッジ・クリーヴァー、刑務所出所後の著述と演説』(1969)

▶ 1085　ゴルフ場は製粉場の隣にある
ほとんど毎日
働いている子供たちは顔を出し
プレイしている男たちを見ている。

▶ 1086　内政、戦争を遂行する。外交、戦争を遂行する。要するに常時、戦争を遂行しているということだ。

▶ 1087　アンドレ・タルディオーに、パリ平和会議でなぜいつもロイド＝ジョージに屈服したのかと聞かれて、1918：
1人［ロイド＝ジョージ］は自分がナポレオンだと思っていて、もう1人［ウッドロー・ウィルソン］は自分がイエス・キリストだと思っている2人の男の間にいて、いったい何が期待できると思うのですか？

▶ 1088　平和を構築するより、戦争を起こす方が簡単だ。

▶ 1089　戦争は、軍人たちに任せるには荷が重すぎる問題だ。

▶ 1090　80歳の誕生日に可愛い女の子を見て：
ああ、また70歳になれたら！

▶ 1091　有権者はみな最高行政官と同様、確実に公的義務を遂行している。
　　※「公職は公的義務だ」はクリーヴランドの政権のモットーとして使われた

Sarah Norcliffe Cleghorn
サラ・ノークリフ・クレグホーン（1876-1959）
◈「誰かが見ている、その間に ─」（1914）

Georges Clemenceau
ジョルジュ・クレマンソー（1841-1929）
フランスの政治家、首相（1906-09、1917-20）
クレマンソーについて、ケインズ2193、ロイド＝ジョージ2411 参照
◈ フランス下院での演説、1918.3.8

◈ ジェームズ・リーズ＝ミルン『ハロルド・ニコルソン』（1980）第1巻、ニコルソンから妻への書簡、1919.5.20
◈ ヴェルダンでの演説、1919.7.20
◈ クレマンソーの引用としているのは、ハンプデン・ジャクソン『クレマンソーと第3共和政』（1946）等。その他ブリアンやタレーラントとも

◈ ジェームズ・エーガットの日記、1938.4.19。オリヴァー・ウェンデル・ホームズ・ジュニアとの伝聞も

Grover Cleveland
グローヴァー・クリーヴランド（1837-1908）
アメリカの民主党政治家、アメリカ合衆国第22代および第24

代大統領（1885-89、1893-97）
クリーヴランドについて、ブラッグ 598 参照
◆ 大統領就任演説、1885.3.4
◆ 扶養年金法案への拒否権行使に際して、1888.7.5
◆ 大統領就任演説、1893.3.4

▶ 1092　共和党の年金構想を、名誉ある戦死者芳名録だと思い込んできた。
▶ 1093　政治の温情主義は忘れ、新しい課題を学ぶべきだ。国民は愛国的にかつ喜んで政府を支援するが、政府の機能としては国民への支援は含まれていないことを学ぶべきだ。

Harlan Cleveland
ハーラン・クリーヴランド（1918-）
アメリカの官吏
◆ 新造句、1950、アーサー・シュレジンジャー『1000 日間』（1965）参照

▶ 1094　高まる期待への革命。

William Jefferson ('Bill') Clinton
ウィリアム・ジェファーソン・（'ビル'・）クリントン（1946-）
アメリカの民主党政治家、1993年からアメリカ合衆国第 42 代大統領
クリントンについて、ジャクソン 1995 参照
◆「ワシントン・ポスト」1992.3.30
◆ マイケル・バロン、グラント・ユージフサ共著『アメリカ政治年鑑 1994』
◆ 大統領就任演説、1993

▶ 1095　マリファナを 1、2 度試した。好きではなかったし、吸い込まなかった。

▶ 1096　返り咲いた子供！
※大統領選挙のニューハンプシャー州予備選挙で 2 位になった後に述懐して、1992（1952 年以来、ニューハンプシャー州で首位を獲得せずに大統領選を制した候補者はいなかった）
▶ 1097　われわれの時代の喫緊の課題とは、敵ではなく友人を変えられるかどうかにかかっている。

Lord Clive
クライヴ卿（1725-74）
イギリスの将軍、ベンガル州長官
◆ G. R. グレッグ『ロバート、初代クライヴ卿の生涯』（1848）

▶ 1098　自殺を試みながら、ピストルの 2 発目を発射しなかった：自分が何らかの役割か、他のために命をながらえさせられていると感じている。

- **1099** 議長、この瞬間自分が穏やかなのに驚いている！
    ※議会の反対討論の答弁、1773

◆『同上』

Thomas W. Cobb
トーマス・W. コブ
アメリカの政治家
◆ ロバート・V. レミニ『ヘンリー・クレー』(1991)

- **1100** もし固執したら、連邦軍は納得しない。世界中の海の水でも消せない火をつけた。血の海だけが消せるものである。
    ※ジェームズ・タルメッジに。ミズーリ州を奴隷州と認める彼の修正案について、1820

William Cobbett
ウィリアム・コベット(1762-1835)
イギリスの政治改革者、急進的ジャーナリスト
◆『英文法』(1817)
◆『田舎の旅行：ザ・ケンティッシュ・ジャーナル』1822.1.5

- **1101** 数詞、あるいは衆多名詞、例えば野次馬連、議会、群衆、下院、統治、王座裁判所、泥棒の巣、そのようなもの。

- **1102** いったいロンドン市の運命はどうなるのか？ 怪物、いわゆる……「帝国の首都」？
    ※ロンドンについて

◆『政治抵抗者』1832.12.22

- **1103** 私はかなり早い段階から、自分の国を自分がいいと思うように遺すべく全力を尽くすことがすべての人の義務であるという見解を吸収していた。

Lord Cobbold
コボルド卿(1904-87)
チェンバレン卿(1963-71)
◆ 伝聞

- **1104** 儀式は、完璧でない限りは馬鹿らしい。

Claud Cockburn
クロード・コーバーン(1904-81)
イギリスの左翼ジャーナリスト
◆『困難な時代に』(1956)
◆『一線を越えて』(1958)

- **1105** 公的に否定されるまでは何も信じるな。
    ※若い頃によく聞かされた助言

- **1106** 重要人物として着目してきた多くの人物が、本当はただ手先に使われた人物であったと信じる覚悟はできている。とはいえ手足は手足として、体の一部として扱われたいと期待しているに違いない。
    ※『クリヴデン・セット』についての記述

- **1107** 党規律は、遠く離れたところからの指示でなければ、閉所恐怖症になる。
    ※共産党員であることについて

◆『同上』

▶ **1108** 戦時下の情報大臣は国益のために、たとえ自然な髪が鬢のように育とうが、そういった継続した裏表ある行動を強いられる。
　　※ブレンダン・ブラッケンについて

◆『同上』

▶ **1109** マグナ・カルタとはそんなものだ、君主を持たない。
　　※「権利請願」の貴族院修正について、1628.5.17

Edward Coke
エドワード・コーク (1552-1634)
イギリスのジャーナリスト
◆ J. ラッシュワース『歴史的収集』第 1 巻 (1659)

Samuel Taylor Coleridge
サミュエル・テイラー・コールリッジ (1772-1834)
イギリスの詩人、批評家、哲学者
◆『雑談』(1835)、1830.10.5
◆『教会と政府の構造について』(1839)

▶ **1110** 通常、政治にあって恐怖で始まることは愚行に終わる。

▶ **1111** 国家政策とは、1 つ目の奇形巨人、それも目は頭の後ろについているのだ！

▶ **1112** あなたに告げておきます——今朝早くに私の死亡証明書にサインをしました。
　　※1921 年の英国—アイルランド条約にサインをしたことについて

Michael Collins
マイケル・コリンズ (1890-1922)
アイルランドの民族主義指導者、政治家、1922 年のアーサー・グリフィスの死により、国家元首となったが、10 日後に待ち伏せにあって銃殺された
◆ 書簡、1921.12.6

▶ **1113** イギリス軍隊の移譲を受けるためダブリン城に着いて 7 分遅れだと言われて、1922.1.16：
700 年待ち続けた。7 分くらい待てるだろう。

◆ ティム・パット・クーガン『マイケル・コリンズ』(1990)、伝聞

Barber B. Conable Jr.
バーバー・B. コナブル・ジュニア (1922-)
アメリカの共和党政治家、銀行家
◆ ナイジェル・リース『ブルーア——辞典の引用句』(1994)

▶ **1114** 決定的証拠を見つけたと思うのだが、そうじゃないか？
　　※ウォーターゲート侵入罪の FBI 捜査をどの程度制限できるか、ニクソン大統領と H. R. ホールデマンが打ち合わせるテープを聞いて、1972.6.23

James M. Connell
ジェームズ・M. コネル (1852-1929)
アイルランドの社会主義作詞家
◆「赤い旗」(1889)

▶ 1115　人民の旗は深紅だ。
時として殉死をおおい隠し、
体が硬直し冷たくなる前に、
心臓の血は体中のひだの隅々までも染めた。
さあ、深紅色の旗を高く上げよ！
その陰の中で生き、あるいは死ぬだろう。
臆病者たちはたじろぎ、反逆者たちはあざ笑う、
われわれは赤い旗をここに掲げ続けるだろう。

Cyril Connolly
シリル・コノリー (1903-74)
イギリスの作家
◆「エンゲルスが制圧を恐れるところ」

▶ 1116　M はマルクスの M
大衆運動の M
愚か者団結の M。
そして階級の激突。

James Connolly
ジェームズ・コノリー (1868-1916)
アイルランドの労働運動指導者、1916、復活祭後に処刑された
◆『アイルランドの再征服』(1915)

▶ 1117　労働者は資本主義社会の奴隷であり、女性労働者は奴隷の奴隷である。

Joseph Conrad
ジョセフ・コンラッド (1857-1924)
ポーランド生まれのイギリスの小説家
◆『秘密諜報員』(1907)
◆『西側の眼下で』(1911)

▶ 1118　テロリストと警官はどちらも同じ籠から誕生して来る。

▶ 1119　誠実で公正な、そして高貴で慈悲深く献身的な性質を有する人々、利他的な人間や知的な人間は革命運動を始めるかもしれない——だが、革命運動の方から去っていってしまう。革命の指導者にはなれない。犠牲者なのだ。

A. J. Cook
A. J. クック (1885-1931)
イギリスの労働運動指導者、イギリスの炭鉱労働者連盟書記長 (1924-31)

▶ 1120　賃金から 1 ペニーたりとも削らせないなら、1 日の労働時間を 1 秒たりと増やさせない。
※「秒」を「分」に代えてよく引用される

Peter Cook

ピーター・クック（1937-95）
イギリスの風刺作家、役者

- 1121 このところ世界中を旅行している――国民の理解を得て、国民の費用で――国民の未来を創造できると期待する何人かの外国要人を訪ねながら。最初にドイツに行って、そこでドイツの外務大臣、……氏と会談した。各人の言語で多方面にわたり率直な言葉を交わした。
  ※首相、ハロルド・マクミランを風刺した素描

◆『ふちを越えて』(1961)

- 1122 政界に足を踏み入れた仲間は日の目を見なかったか、ジャーナリズムが苦手な人たちであった。
  ※ケンブリッジ大学の同輩たちについて

◆「ガーディアン」1995.1.10

- 1123 国家安全保障を妨害する権利はありません。いつでも、どこでも、誰にでも。

◆ ヨークでの演説、1926.4.3

Calvin Coolidge

カルヴィン・クーリッジ（1872-1933）
アメリカの共和党政治家、アメリカ合衆国第30代大統領（1923-29）

クーリッジについて、発言者不明145、メンケン2695、パーカー3001参照

◆ サミュエル・ゴンパーズへの電報、1919.9.14
◆ ニューヨークでの演説、1920.11.27
◆ ワシントンでの演説、1925.1.17
◆ ジョン・H. マッキー『クーリッジ：機知と知恵』(1933)

- 1124 文明と利益は手を携えて進む。

- 1125 アメリカ国民の主なビジネスは、ビジネスである。

- 1126 お金を雇ったから、だろう？
  ※イギリスなどの戦債の原因について

- 1127 牧師が罪について何と言っていたか、クーリッジが妻に説明したとされる（多分ねつ造）：
  彼は反対だった。

◆『同上』
◆ 伝聞

- 1128 税金を使うほど簡単なことはない。個人のもののようには見えないからだ。誰かに贈与してしまいたいという誘惑は圧倒的に大きい。

- 1129 非常に多数の国民が仕事につけないと、失業が生じる。

◆ 伝聞

- 1130 慣例となっていない国の動きは間違っているか、正

Francis M. Cornford

フランシス・M. コーンフォー

▶ 1131　プロパガンダについて：
敵はまったく偽らずに、味方と密接して薄氷を踏む思いで偽る、嘘つきの芸術とその技。

▶ 1132　われわれはこの本、つまり、世界が与え得る最高の価値あるものを贈る。知恵である。国王の法である。生き生きとした神の信託を伝える。

▶ 1133　制海権、それはイギリス君主の古代から確かな権利であったように、国家にとって最高の安全策である……。軍艦はこの王国にとって最高の防壁である。

▶ 1134　ではアメリカ人とは何か、この新たな人類とは？ ヨーロッパ人、あるいはヨーロッパ人の子孫で、それゆえ、他のどの国でも見られない奇妙な混血が出来上がった。この国では世界中の国の個人個人が混ざり合って、新しい人種になっている。その労働と子孫がいつか世界に一大変化をもたらすだろう。

▶ 1135　イギリス社会はこれまでずっと、議員たちに対し、自然な批判精神を示してきた。議員たちが国の前に党を、党の前に自己を考える利己的な詐欺師で偽善者であることを、当然と思ってきた。
　　※国民生活の水準についてのノーランの質問に答弁して

▶ 1136　フランス……国境に深く根付いた不満と鉄のカーテンがある 4,000 万人の国。

ド (1874-1943)
イギリスの古典学者
◆『小宇宙の学究生活』(1908)

◆『同上』(1922 版)

Coronation Service（戴冠式）
◆「聖書贈呈」、L. G. ウィッカム・レッジ『イギリスの戴冠式記録』(1901)

Thomas Coventry
トーマス・コヴェントリー
(1578-1640)
イギリスの裁判官
◆ 裁判官たちへの講演、1635.6.17

Michel Guillaume Jean de Crèvecoeur
マイケル・ギローム・ジーン・ド・クレヴェクール (1735-1813)
フランス生まれのアメリカ移民
◆『あるアメリカ農民からの手紙』(1782)

Ivor Crewe
アイヴォー・クルー (1945-)
イギリスの政治学者
◆「ガーディアン」1995.1.18

George Washington Crile
ジョージ・ワシントン・クライル
(1864-1943)
アメリカの外科医、生理学者
◆『戦争と平和の機械論的な見方』(1915)

Julian Critchley

ジュリアン・クリッチリー
(1930-)
イギリスの保守党政治家、ジャーナリスト

◆「リスナー」1982.6.10
◆「ザ・タイムズ」1982.6.21

▶ 1137　議会人の唯一の無難な楽しみは飴玉の袋だ。

▶ 1138　組織と見ると、必ずハンドバッグをぶつけて攻めにくる。
　　※マーガレット・サッチャーについて

◆『ウェストミンスターの近衛騎兵たち』(1985)

▶ 1139　ハミング、口ごもり、躊躇は現代の議会雄弁の3大品位である。

▶ 1140　欄干を見るとき、必ずその下にかがまなければならなかった。
　　※マイケル・ヘゼルタインについて

◆『ヘゼルタイン』(1987)

▶ 1141　マルクス主義のように、実はサッチャー主義は矛盾で欠陥だらけである。にもかかわらずサッチャー夫人は自信満々である。まるでパンドラの箱のラベルである。

◆『変化に富んだ宮殿』(1989)

▶ 1142　不忠誠はトーリー党の秘密兵器だ。

◆「オブザーヴァー」1990.11.11

Oliver Cromwell

オリヴァー・クロムウェル
(1599-1658)
イギリスの軍人、政治家、戦略家、1653年から護国卿

◆ クラレンドン『反乱の歴史』(1826)

▶ 1143　1641年の国王に対する大諫議書が議決されなかったら何をしたか、とフォークランド卿に尋ねられて：
翌朝、持ち物をすべて売り払い、2度とイギリスとまみえることはなかっただろう。

◆ ウィリアム・スプリングへの書簡 1643.9.
◆ 同上

▶ 1144　少数の正直者たちが多数の臣民よりも勝っています。

▶ 1145　「紳士」と呼べるそれだけの指導者よりも、何のために戦うのかを知り、また知っていることを愛する質素な田舎者の指導者の方が好ましいのです。

▶ 1146　残酷な宿命。
　　※チャールズ1世の処刑について

◆ ジョセフ・スペンス『逸話』(1820)
◆ W. C. アボット『オリヴァー・クロムウェルの著述と演説』(1939) 第3巻

▶ 1147　良心の自由についてあなたが触れていることに関して言えば、私は誰の良心にも干渉しません。
　　※1649.10.19、アイルランドのロス総督への書簡

◆ スコットランド教会の全国大会への書簡、1650.8.3

▶ 1148　あなた方に嘆願する、キリストの憐れみをもって、誤っていないかを考えてください。

◆ イングランド議会のウィリアム・レントール議長への書簡、

▶ 1149　この慈悲の大きさは想像を超えています。知り得る限りで最高の慈悲です。

▶ 1150　あなた方は世の中のため献身しようとしてここに長いこと座りすぎた。出ていけ、と言おう。私たちに処遇を任せよ。神の名にかけて、去れ！
　　※残部議会で演説、1653.4.20（口承。レオ・アメリーが下院でネヴィル・チェンバレンに対して引用、1940.5.7）

▶ 1151　ばかげたとるにたらぬもの、鎚鉾を持ち去れ。
　　※残部議会の解散に際して、1653.4.20。しばしば「これらのとるにたらぬものを持ち去れ」と引用される

▶ 1152　「平和が実現しても、なお平和を維持することに関心がある」、軽視されてはならない格言である。

▶ 1153　必要の前に法も無力である。虚偽の必要、架空の必要……は神の摂理に対する最大の欺きであり、とんでもない詐欺である。

▶ 1154　貧弱な軍、貧弱で卑劣な兵士がやって来た。

▶ 1155　君たちは自分たちが他の世界とは大きな海溝で隔てられていることを幸運に考えてきた。

▶ 1156　レリー君、あなたの技術のすべてを尽くして私そっくりに描くように希望する。実物以上に良く描くことはまったくない。しかし見たとおりに肌あれ、吹き出物、いぼなど全身に注意しなさい。そうでなければ、絶対に納得しない。
　　※一般的に「いぼと全身」と引用される

▶ 1157　誰もどこへ向かっているのかを知らなければ、高くはのぼれない。

▶ 1158　マーカス・トゥリウス・キケロをさておいて、3つの名前を持つ小男ほど、つきあうのに戸惑う人間はいない。
　　※シャフツベリー卿、アンソニー・アシュリー・クーパーについて

▶ 1159　わが構想は地上を去るまでに急いで実行することだ。
　　※臨終の言葉

▶ 1160　絶対禁酒や完備されたファイリング・システムは、今や社会主義の理想郷への正しい道標ではない。少なくとももしそうだとしても、幾人かは途中で挫折するだろう。

▶ 1161　もしそれが私の最後の仕事だとしたら、イギリスのいまいましいグラマー・スクールすべてを取り壊すだろ

1651.9.4
◈ バルストロード・ホワイトロック『イギリスの事件の記録』（1732版）

◈『同上』

◈ 議会での演説、1654.9.4

◈ 同上、1654.9.12

◈ 同上、1657.4.21
◈ 同上、1658.1.25

◈ ホレース・ウォルポール『イングランドに描かれた逸話』第3巻（1763）

◈ 伝聞

◈ B. マーティン、キップス博士（共著）『シャフツベリー初代伯爵の生涯』（1836）

◈ ジョン・モーリー『オリヴァー・クロムウェル』（1900）

Anthony Crosland
アンソニー・クロスランド（1918-77）
イギリスの労働党政治家、外務大臣（1976-77）
◈『社会主義の未来』（1956）
◈ スーザン・クロスランド『トニー・クロスランド』（1982）

う。ウェールズと北アイルランドも。
　　※1965年頃、教育科学省大臣の時
▶ 1162　パーティーは終わった。
　　※中央政府の固定資産税の援助削減について、1970年代に環境大臣の時
▶ 1163　社会主義者には、無政府主義者と自由論の血が通っていて、うぬぼれ屋やお堅い人の血はあまり通っていないはずだ。

▶ 1164　笑いを聞いた。
　　※上院が同僚議員への友情にあつい彼の演説を笑い物にした時に

▶ 1165　死が存在している間は、望みが存在している。
　　※ヒュー・ゲートスケルの死について、1963

▶ 1166　行政機関は心から敬意を表している――「はい、大臣！　いいえ、大臣！　あなたが望むなら、大臣！」
▶ 1167　政治状況から爆音が聞こえる。意見の一致が崩壊している音だ。

▶ 1168　民主主義の神話と呼んでいる葉の厚い層［を剥ぎ取ること］。

▶ 1169　戦時中地主が、飛行場建設のために強制的に買い取られた土地を買い戻すことが許されなかったクリシェルダウン事件の農業省職員の行為を批判して：
　　チャールズ1世はこの程度の事件で頭を失った。

▶ 1170　政治家はロバであり
　　　　その背に人間以外の皆が座っている。

◆ アンソニー・サンプソン『変貌するイギリスの解剖』(1982)
◆ スーザン・クロスランド『トニー・クロスランド』(1982)

Lord Cross
クロス卿(1823-1914)
イギリスの保守党政治家
◆ G. W. E. ラッセル『収集と回想』(1898)

Richard Crossman
リチャード・クロスマン(1907-74)
イギリスの労働党政治家
クロスマンについて、ダルトン1186参照
◆ タム・ディエル『ディック・クロスマン』(1989)
◆『大臣日記』第1巻(1975)、1964.10.22
◆ 1970、アンソニー・サンプソン『変貌するイギリスの解剖』(1982)
◆『大臣日記』第1巻(1975)、序

Robert Crouch
ロバート・クローチ
イギリスの保守党政治家
◆ 下院で、1954.7.20

E. E. Cummings
E. E. カミングス(1894-1962)
アメリカの詩人

▶ 1171　詩で選挙運動する。散文で統治する。

▶ 1172　神が人間に自由を与える条件は、永遠に警戒心を持つことである。もしこの条件を破ったら、直ちに罪の帰結として、過失の処罰として奴隷の境遇が与えられる。

▶ 1173　ロバート・ピールの笑みについて：
棺の上の銀板のよう。

▶ 1174　正直に言うと、問題は貧困と関係ないと思う……。国民にとってその問題は非常に多くの場合、単に無知からくることであると思う。
　　　※過度の喫煙とアルコール依存の問題について

▶ 1175　わが国のビジネスマンが出張で外国に行くとき、彼らへのメッセージで注意すべき最重要な点は、エイズにかからないようにということである──同時に、奥さんも。

▶ 1176　他の国々は1つの首都しかない──パリ、ベルリン、マドリード。イギリスは世界中に首都がある、オタワから上海まで。

▶ 1177　下層階級があのような白い肌をしていたとは知らなかった。
　　　※第1次世界大戦中に兵士が入浴するのを見た時に発言した

◆『1×1』(1944) 第10番

Mario Cuomo
マリオ・クオモ(1932-)
アメリカの民主党政治家、元ニューヨーク州知事
◆「ニュー・リパブリック」、ワシントンDC、1985.4.8

John Philpot Curran
ジョン・フィルポット・カラン
(1750-1817)
アイルランドの裁判官
◆ ダブリン市長の選挙権についての演説、1790.7.10

◆ ダニエル・オコンネルが下院で引用、1835.2.26

Edwina Currie
エドウィナ・カリー(1946-)
イギリスの保守党政治家
◆ ニューカッスル・アポン・タインでの演説、1986.9.23
◆ ランコーンでの演説、1987.2.12

Lord Curzon
カーゾン卿(1859-1925)
イギリスの保守党政治家、インド総督(1898-1905)
カーゾンについて、ビーヴァーブルック378、380、チャーチル972、ネール2844参照
◆ メモ帳、1887、ケネス・ローズ『超人』(1969)

◆ ケネス・ローズ『超人』(1969)

▶ 1178　閣僚のグループが個々に会い、勝手に政治行動を議論し始めるとどこからか内閣崩壊の音が聞こえるようになる。
　　　※ 1922.11、ロイド＝ジョージ内閣の連立政権崩壊の少し前に

▶ 1179　有名人でさえない。経験もなく、最も無意味な男。
　　　※ボナー・ローの後に 1923 年に首相に任命された、スタンリー・ボールドウィンについて

▶ 1180　紳士は昼食会ではスープを飲まない。

◆ デーヴィッド・ギルモア『カーゾン』(1994)

◆ ハロルド・ニコルソン『カーゾン：最後の局面』(1934)

◆ E. L. ウッドワード『小旅行』(1942)

Astolphe Louis Léonard, Marquis de Custine

▶ 1181　この帝国はその広さごと、皇帝が鍵を握っているただの牢獄である。
　　　※ロシアについて

▶ 1182　ロシアを現実に見た者は誰であれ、自分がロシア以外で暮らしていることに満足を感じることだろう。何の幸せもない社会が存在する、と知ることは好ましいことである。なぜなら、自然の法則により人間は自由でない限り幸せにはなれないからである。

アストルフ・ルイ・レオナルド、クスティン侯爵(1790-1857)
フランスの作家、旅行家
◆『1839 年のロシア』、ピーターホフで、1839.7.23
◆『同上』、同上、結論

D

▶ 1183　警官は争乱を仕掛けるためにそこにいるのではない。警官は争乱を長引かすためにいるのだ。
　　　※ 1968 年の民主党大会期間中の暴動について報道機関に

Richard J. Daley

リチャード・J. ダレイ(1902-76)
アメリカの民主党政治家、シカゴ市長
◆ ミルトン・N. ラコヴ『波を立てるな：敗北者を支持するな』(1975)

Hugh Dalton

▶ 1184　国会で労働党のオリの外にいる者たちが、中にいる収容者たちの好みを推測することはとても困難である。
　　　※ハーバート・モリソンがアトリーのリーダーシップに挑戦するのを支持して

ヒュー・ダルトン(1887-1962)
イギリスの労働党政治家
ダルトンについて、発言者不明
143、アトリー 213、バーチ 512 参照

▶ 1185　国王は、ウィンストンにイギリスでこその首相であって、フランスではそうではないと言ってやらなければならない。

◆『政治日記』(1986)、1938.6.15
◆日記、1940.5.31

▶ 1186　この有能で精力的な男に、ある種の分裂を見る。自分の職分には忠実であるが、別のものや他人にはただのついでにしか忠実ではない。
　　※リチャード・クロスマンについて

◆同上、1941.9.17

▶ 1187　同僚がいないことをどれほど熱望するだろう！　そうしたら本当に仕事がうまくやれるだろう。
　　※大蔵大臣として

◆『政治日記』(1986)、1946.5.15

▶ 1188　貴族院改革［1910年の］とは、何世紀もの間幸いにも書かれなかった大きな幽霊を、狭隘な、堕落しやすい慣例という肉に魔法をかけて呼び出すために憲法を成文化することを意味した。

George Dangerfield
ジョージ・デンジャーフィールド
◆『自由主義イギリスの奇妙な死』(1936)

▶ 1189　この場合の王子たちは
　　反逆者を嫌っている、反逆は愛しているにもかかわらず。

Samuel Daniel
サミュエル・ダニエル(1563-1619)
イギリスの詩人、劇作家
◆『クレオパトラの悲劇』(1594)

▶ 1190　大胆に、そしてまた大胆に、そしていつも大胆に！

Georges Jacques Danton
ジョルジュ・ジャック・ダントン(1759-94)
フランスの革命家
◆国家防衛立法委員会での演説、1792.9.2

▶ 1191　わが首を国民に見せるのだろう。見せる価値がある。
　　※死刑執行人に、1794.4.5

◆トーマス・カーライル『フランス革命の歴史』(1837)第3巻

▶ 1192　少年の頃、誰でも大統領になれると言われた。私は信じ始めている。

Clarence Darrow
クラレンス・ダロウ(1857-1938)
アメリカの弁護士
◆アーヴィング・ストーン『弁護とクラレンス・ダロー』(1941)

Harry Daugherty

ハリー・ドーハティー(1860-1941)

アメリカの共和党支持者

◆ 伝聞（ドーハティーは後に否定した）、ウィリアム・サファイア『政治の新用語』(1968)

▶ 1193　睡眠不足で疲れ果てて目をシバシバさせた12か15人の男たちが、午前2時頃にどこかのホテルのタバコの煙の蔓延した部屋で、テーブルを囲んで指名を決定するだろう。

※1920年の共和党大会で指名がなされなかった場合の（実際そうなった）共和党大統領候補の選出方法。シンプソン3614参照

Charles D'Avenant

チャールズ・ダヴェナント(1656-1714)

イギリスの劇作家、政治経済学者

◆『キルケー』(1677)

▶ 1194　慣習、つまり書かれていない法律、それによって国民は、畏敬の念で王さえ守っている。

David Davis

デーヴィッド・デーヴィス(1815-86)

アメリカの裁判官

◆『ミリガン事件』(1866)

▶ 1195　合衆国の憲法とは戦争のときと平和なときも同様に、国民と統治者のための法である。その保護の盾で、いつでもどんなときも、すべての階級の人々を包み込むのだ。憲法のいかなる条項も、どのような危機にあっても一時停止できるというようなドクトリンは、人間の機知は生み出していない。

Jefferson Davis

ジェファーソン・デーヴィス(1808-89)

アメリカの政治家、南部連合国の大統領(1861-65)

デーヴィスについて、ヤンシー4196参照

◆1865、ジェフリー・C.ワード『南北戦争』(1991)

▶ 1196　南部連合国が崩壊したら、墓石にこう書かれるに違いない──理論による死。

Christopher Dawson

クリストファー・ドーソン(1889-1970)

◆『国家の判断』(1942)

▶ 1197　悪と戦うためならどんな手段も許されると決めるや否や、善とこれを破壊しようとする悪との見分けがつかなくなる。

Lord Dawson of Penn

ペンのドーソン卿(1864-1945)

▶ 1198　国王の生命は平和的に終わりに近づいている。

※死の前夜にバッキンガム宮殿のメニュー・カードに下書された容態書、1936.1.20

イギリスの医師、ジョージ5世の主治医
◉ ケネス・ローズ『国王ジョージ5世』(1983)

John Dean

ジョン・ディーン(1938-)
アメリカの弁護士、ウォーターゲート事件のホワイト・ハウス弁護人
◉ [ニクソン]大統領記録より、1973.3.21

▶ 1199　国は内部に癌をかかえ、癌が大統領に近いところで成長している。

Régis Debray

レジス・デブライ(1940-)
フランスのマルクス主義理論家
◉『シャルル・ド・ゴール』(1994)

▶ 1200　国際生活は自然界のように右翼だ。社会契約は人類社会のように左翼だ。

Eugene Victor Debs

ユージーン・ヴィクター・デブズ(1855-1926)
アメリカの社会党創立者
◉『演説集』(1928)

▶ 1201　歴史に大変化が起き、それに根本的に本質が関連しているときは、多数派が決定的に間違っている。少数派が正しいのだ。
　　※オハイオ州クリーヴランドでの暴動容疑の裁判での論述、1918.9.11

▶ 1202　下層階級がある間は、そこにいる。犯罪分子がいる間は、その一員だ。刑務所にひとつでも魂がある間は、自由ではない。
　　※オハイオ州クリーヴランドでの暴動容疑の裁判での論述、1918.9.11

◉『解放者』1918.11

Stephen Decatur

ステファン・ディケーター(1779-1820)
アメリカの海軍士官
◉ A. S. マッケンジー『ステファン・ディケーターの生涯』(1846)、アダムズ 39 参照

▶ 1203　我が祖国よ！　外交ではいつも正しくありますように。しかし、祖国が正しいか間違っているかは別だ。
　　※ヴァージニア州ノーフォークでのディケーターの乾杯の音頭、1816.4

Daniel Defoe

ダニエル・デフォー(1660-1731)

▶ 1204　人気のない馬鹿は、まともな悪漢をねたむものだ。

▷ Charles de Gaulle

イギリスの小説家、ジャーナリスト
◆『生粋のイギリス人』(1701)、序
◆『生粋のイギリス人』(1701)

▶ 1205　二重性格の悪質な群集から
　　　　無益で意地が悪い、イギリス人が誕生した。

▶ 1206　ローマ風＝サクソン風＝デンマーク風＝ノルマン風英語。

◆『同上』

▶ 1207　だらだらと長く、ふしだらな統治。
　　　　※チャールズ2世について

◆『同上』

▶ 1208　誰もが認める昨日までの尊い祖先たち、
　　　　神のみが両親を知る貴族たち。

◆『同上』

▶ 1209　人間を苦しませるすべての災難で、
　　　　聖職者の圧制が最悪である。

◆『同上』

▶ 1210　ひとたび王が正義の剣を置くと、
　　　　王ではない、王冠を手にしているとしても。
　　　　称号は幻で、王冠は空のもので、
　　　　臣民の善は王の終わりである。

◆『同上』

▶ 1211　創造主はこの特性を血として残した、
　　　　つまりすべての男はなれるものなら独裁者になりたいだろう。

◆『ケント州の請願の歴史』(1712-13)

Charles de Gaulle

シャルル・ド・ゴール(1890-1970)
フランスの将軍、フランス大統領(1959-69)
◆『剣の刃』(1932)、「性質」

▶ 1212　権力者の地位は名声、あるいは庶民的な名声なしには機能しない。

▶ 1213　剣は地球の軸であり、その力は絶対的だ。

◆『正規軍に向かって』(1934)、「なぜ？」命令第3号

▶ 1214　フランスは戦いに負けた。だが戦争には負けてはいない！

◆ 宣言、1940.6.18

▶ 1215　フランスの剣の行使を義務としていた彼らが、落として刃こぼれをさせたので、その刃を拾い上げた。

◆ 演説、1940.7.13

▶ 1216　私は正しいときに怒る。チャーチルは彼が間違っているときに怒る。ほとんどの時間、お互いに怒っている。

◆ 伝聞

▶ 1217　ダウン症の娘が死んだときに：
　　　　たった今、普通の人と同じようになった。

◆ 1948、ジーン・ラクチャー『ド・ゴール』(1965)

▶ 1218　67歳で独裁者の仕事を始めようとしている私を信用できるか？

◆ 伝聞、1958

▶ 1219 そのとおり、それがヨーロッパだ、大西洋からウラル山脈まで、ヨーロッパだ。ヨーロッパ全体、つまり世界の運命を決定するところである。
▶ 1220 政治は政治家に任せるにはゆゆしき問題だ。
　　※クレメント・アトリーの「ド・ゴールは最良の兵士で、最悪の政治家だ」という意見に返答して
▶ 1221 諸国家統一欧州。

◈ ストラスブールの住民への演説、1959.11.23

◈ クレメント・アトリー『首相の回想』(1961)

◈ 広くド・ゴールと関連付けられ、彼の考えの要約とされているが、おそらく彼が言ったものではない。J. ラクチャー『ド・ゴール：支配者』(1991)

▶ 1222 246種類ものチーズがある国をどうやって統治できるというのだ？
▶ 1223 政治家は自分の言うことを決して信じてこなかったから、主張が受け入れられて大変驚くのだった。
▶ 1224 おわかりのとおり、条約は少女やバラのようなものだ。薫る間は薫っている。
▶ 1225 永遠に活気のある自由なケベック。
　　※ケベック独立を求める分離派運動のスローガンを引用して

◈ アーネスト・ミニョン『将軍の言葉』(1962)
◈『同上』

◈ エリーゼ宮殿での演説、1963.7.2
◈ モントリオールでの演説、1967.7.24

▶ 1226 同族意識は、現代世界では最も強力に影響するものである。

Vine Victor Deloria Jr.
ヴァイン・ヴィクター・デロリア・ジュニア (1933-)
スー族の勇敢な戦士
◈『カスターは自身の罪で死んだ』(1969)

▶ 1227 インディアンが走り回っていた時、この国は最も暮らしやすかった。

◈『ニューヨーク・タイムズ・マガジン』1970.3.3

Demosthenes
デモステネス (紀元前384頃 – 同322頃)
アテネの雄弁家、政治家
◈『フィリップ王攻撃演説』

▶ 1228 賢者によく知られている1つの予防手段がある。あらゆることに、特に独裁者に対する民主社会にとって有効な安全策——猜疑心だ。

Jack Dempsey
ジャック・デンプシー (1895-1983)
アメリカのボクサー
◈ J. デンプシー、B. P. デンプシー

▶ 1229 ねぇ、たまたまひょいと頭を下げるのを忘れてしまっただけさ。
　　※世界重量級タイトル戦に敗北して妻に、1926.9.23。ロナルド・レーガンが1981年に暗殺をまぬがれた後に、自分の妻

▷ Deng Xiaoping

に「きみ、ひょいと頭を下げるのを忘れてしまっただけさ」と冗談を言った

共著『デンプシー』(1977)

▶ 1230　ねずみを捕まえるのに、猫の色は問題ではない。

Deng Xiaoping
鄧小平 (1904-97)
中国共産党の政治家、副首相 (1973-76、1977-80)、中国共産党中央委員会副主席 (1977-80)、現在も中国の事実上の指導者とみなされている
◆ことわざ表現、「フィナンシャル・タイムズ」1986.12.18

Lord Dennig
デニング卿 (1899-1999)
イギリスの裁判官

▶ 1231　[ローマ]協定は上げ潮のようだ。入り江まで来て川に流れ込んでいる。後戻りできない。

◆1975、アンソニー・サンプソン『イギリスの本質的な解剖』(1992)

▶ 1232　この国のすべての国民に対して、どれほどの地位にある国民にであれ、300年以上前のトーマス・フラーの言葉を紹介しよう、「あまり傲慢になるな、法は皆の上にある」。

◆司法長官に判決を下す高等裁判所で、1977.1、フラー 1558 参照

▶ 1233　イギリスの法支配の基本原理は、裁判官の独立であった。真の意味での権力の分立ができるのはこの点だけだ。

◆『家族の話』(1981)

▶ 1234　新しい権力の執行部が適切に政策遂行をすれば、福祉国家を築くことになる。だが誤った遂行は全体主義国家に導くことになる。

◆アンソニー・サンプソン『変貌するイギリスの解剖』(1982)

Edward Stanley, 14th Earl of Derby
エドワード・スタンリー、第14代ダービー伯爵 (1799-1869)
イギリスの保守党政治家、首相 (1852、1858-59、1866-68)
ダービーについて、ブルワー=リットン 658、ディズレーリ 1276 参照

▶ 1235　野党の義務[は]、きわめて単純[である]……何事にも反対し、何も提案しない。

◆「ティアニー氏は、立派なホイッグ党の実力者だが……」

▶ 1236　干渉と混乱。
　　※ジョン・ラッセル卿の外交政策を短評して

と論じて引用、下院で、1841.6.4
◆ 上院での式辞、1864.2.4

Edward Stanley, 15th Earl of Derby

▶ 1237　彼女の言いなりになる人々には丁寧である。つまり、行為が彼女の満足にかなうからなのだ（いつも彼らもそうだというわけではないが）。しかし、もはや役に立たなくなった人々には、丁寧にする理由は何もない。
　　※ヴィクトリア女王について、臨終の病床にある前首相、第14代ダービー伯との関係を述べて

エドワード・スタンリー、第15代ダービー伯爵（1826-93）
イギリスの保守党政治家
◆『スタンリー卿の政治目録 1849-69』

Camille Desmoulins

▶ 1238　時代は急進革命家が主導する時代である。革命家にとって後のない時代だ。
　　※裁判での反論

カミーユ・デムーラン（1760-94）
フランスの革命家
◆ トーマス・カーライル『フランス革命の歴史』（1837）

Thomas E. Dewey

▶ 1239　それが、今こそ変化の時だという理由だ！
　　※1944、1948、1952年の選挙運動で広く用いられたフレーズ

トーマス・E. デューイ（1902-71）
アメリカの政治家、大統領候補者
◆ サンフランシスコでの選挙演説、1944.9.21

Porfirio Diaz

▶ 1240　哀れなメキシコよ、神からはひどく遠く、合衆国とは極極近い。

ポーフィリオ・ディアズ（1830-1915）
メキシコ大統領（1877-80、1884-1911）
◆ 伝聞

A. V. Dicey

▶ 1241　政府の介入による有益な影響は、特に法律制定という形での介入の場合、直接的、即時的、そしていわば目に見える。一方で有害な影響は時間がかかり間接的で、見えないところで起こる。したがって、大多数の人々は、必然的に、政府の介入をふさわしからぬ好意と見ることになってしまうであろう。

A. V. ダイシー（1835-1922）
イギリスの法学者
◆『法と世論の関係についての講義』（1914）

Charles Dickens

チャールズ・ディケンズ
(1812-70)
イギリスの小説家
◆『ピックウィック・ペイパーズ』(1837)

▶ 1242 「こういうときはいつだって、群衆がしているのに倣うのが一番いいんだ」「でも群衆が2つあったら？」スノッドグラース氏がたずねた。「一番でかいのと叫べばいいのさ」、ピックウィック氏は答えた。

◆『ザ・チャイムズ』(1844)、「第2四半期」

▶ 1243 おお、仕事を愛し、
地主と親戚を祝福し、
日々の糧食で生活し、
そして適切な身分を知ることができますように。

◆『デーヴィッド・コッパーフィールド』(1850)

▶ 1244 年収が20ポンドで支出が19.196ポンドだと、幸福な結果だ。年収が20ポンドで支出が20ポンド6セントなら、惨めな結果だ。

◆『二都物語』(1859)

▶ 1245 最良の時代であり最低の時代でもあり、知の世代であり愚の世代でもあり、信頼の新時代であり懐疑の新時代でもあり、光の季節であり闇の季節でもあり、希望の春であり絶望の冬でもあり、われわれにはすべてがありわれわれには何もなく、皆天国へとまっすぐ歩んでおり、皆もう一方の地獄への道をまっすぐ歩んでいた。
※フランス革命について

◆『同上』

▶ 1246 「生きている間には、勝利しない──かもしれない……」「勝利するようにがんばりましょう」、マダムは答えた。

◆『同上』

▶ 1247 上の者の嫌悪は、下の者が無意識に抱く尊敬にあたる。

◆ バーミンガム・ミッドランド研究所での演説、1869.9.27

▶ 1248 統治している人々への私の信頼は、一方で限りなくゼロに近い。統治されている人々への私の信頼は、一方で無限大である。

John Dickinson

ジョン・ディキンソン(1732-1808)
アメリカの政治家
◆「自由の歌」(1768)

▶ 1249 手をとり合おう、すべての勇敢なアメリカ人よ、──団結し立ちあがろう、分裂すれば失敗する。

◆ C. J. スティーレ『ジョン・ディキンソンの生涯と時代』(1891)

▶ 1250 論争を統括してみて、任意奴隷制度ほど恐ろしいものはない……。われわれの主張に根拠がある、団結は完璧だ。
※イギリスに武装蜂起を宣言して国会へ提出、1775.7.8

Denis Diderot
デニス・ディドロー(1713-84)
フランスの哲学者、文学者
◆『王の運命への酒神讃歌』、メスリエ 2702 参照

▶ 1251 そして最後の聖職者の勇気［で］最後の王の首を縦に振らせよ。

Joan Didion
ジョアン・ディディオン（1934-）
アメリカの作家
◆『ベツレヘムに向かってひざまずく』(1968)、「道徳について」

▶ 1252 私たちが何かを持つのは、それがほしいから、必要だから、実際に有用だからではなく、所有することに「道徳的必然性」があるからだ、などと自分を欺くようになったら、今流行の狂人の仲間入りをし国中にヒステリーのか細い泣き声が聞こえ非常事態の時代に入っていることになる。

Benjamin Disraeli
ベンジャミン・ディズレーリ（1804-81）
イギリスのトーリー党政治家、首相(1868、1874-80)
ディズレーリについて、ビスマルク 529、カーライル 841、フット 1500、パーマストン 2990 参照
◆『ヴィヴィアン・グレイ』（1826）

▶ 1253 繰り返す……あらゆる権力は信頼に基づく──その行使には説明責任が伴う──すべては人々から生じ、人々のために存在しなければならない。

▶ 1254 経験は思考の子であり、思考は行動の子である。本では人間は学べない。

◆『同上』

▶ 1255 政党が容認できない裏切りや卑劣な行為は存在しない。なぜなら政治には名誉が存在しないからだ。

◆『同上』

▶ 1256 上院議員には機知は歓迎されない。ただ困難に耐えることを強いられる。

◆『若き公爵』(1831)

▶ 1257 どんな歴史も読むな、伝記以外は。つまり理屈抜きの生涯だからだ。

◆『コンタリーニ・フレミング』（1832）

▶ 1258 東洋の政治習慣を定義すれば、おそらく偽善の一語で終わる。

◆『同上』

▶ 1259 徹底的に論破できたでしょう。ここだけの話ですが。議会で活躍できるとこれほど自信を持ったことはなかったのです。見ていてください。
　※議会に入る 4 年前に

◆ 書簡、1833.2.7

▶ 1260 昨日ロンドンで聞いた話。ディズレーリに「メリル

◆ 同上、1833.4.8

ボーンから立つ時はどこに来るんだ？」と尋ねたら、「頭の上に（=楽に当選）」と答えたという。

▶ **1261** 期待していることはめったに起こらず、予期していないことがたいてい起こる。 ◆『ヘンリエッタ・テンプル』（1837）

▶ **1262** 私は確かに今は議席に座ってはいるが、あなたが首相演説を座って聞く時がやってくるでしょう。 ◆下院で、1837.12.7
※処女演説

▶ **1263** ヨーロッパ大陸は、イギリスが世界の工場となることを容赦しないだろう。 ◆同上、1838.3.15

▶ **1264** 下院は絶対である。それは国家である。「朕は国家なり」 ◆『コニングスビー』（1844）

▶ **1265** 冗談で低い方の議院と呼ぶもの。 ◆『同上』
※下院について

▶ **1266** 政治家の政府か、上級官吏の政府か？ ペテン師のか退屈のか？ ◆『同上』

▶ **1267** イギリスの爵位は3つの供給源のおかげである。まず教会が略奪する。次に先代スチュアートの時代に公然と乱脈な売買が行われた。そして現代の時代は行政区売りがある。 ◆『同上』

▶ **1268** 保守主義は規範を捨て原理からも後退し、進歩を否定する。過去に対する尊敬を拒んでおきながら、現在のために何の是正も提起せず未来へは何の準備もない。 ◆『同上』

▶ **1269** 「健全な保守主義の政府とは」とテイパーは熟考のうえで言った。「トーリー党の人間、ホイッグ党の手段と理解している」 ◆『同上』

▶ **1270** 青春期は大失策。壮年期は闘争。老年期は後悔。 ◆『同上』

▶ **1271** 保守主義は不毛のように思える――不幸な異種交配、何も生み出さない政治のラバ。 ◆『同上』、ドネリー1362、パワー3152参照

▶ **1272** 権力を預かる人間はいつも不人気である。 ◆『コニングスビー』（1844）

▶ **1273** 非国教徒の国家では何に信頼を寄せるのか？ ◆『同上』

▶ **1274** 侮り難い野党がなければ、政府は長期的に安全ではない。 ◆『同上』

▶ **1275** 飢えた人口、貴族の不在、そして外国の教会、加えて世界で一番の弱体政府を抱えている。それがアイルランドの懸案だ。 ◆下院で、1844.2.16

▶ **1276** 議会で討論をするルーパート王子は、気高き貴族である。 ◆同上、1844.4.24、ブルワー＝リットン658参照
※スタンリー卿、後の第14代ダービー伯爵について

▶ **1277** ものの見事に、紳士がホイッグ党の入浴時にやってきて、服を持ち去った。 ◆下院で、1845.2.28

※ロバート・ピールが伝統的に［ホイッグ党の］反対する政策であった自由貿易を支持し、保護貿易を放棄したことについて

▶ 1278　保護貿易は原則ではないが、打算的な御都合主義である。　◆同上、1845.3.17

▶ 1279　保守党政府は組織化された偽善である。　◆同上（バジョットが、『イギリスの憲法』（1867）、「貴族院」の中で、ディズレーリを引用して、『『頭』の理屈は『尾』の大騒ぎとは相当異なった」という言葉で詳述している）

▶ 1280　蒸気機関車を追いかけてやかんに行き着く人間だ。　◆下院で、1845.4.11
　　　※ロバート・ピールについて

▶ 1281　「2種類の国民。両者の間には交流も融和もない。まるで違う地域に住んでいるかのように、というより違う惑星の住人であるかのように互いの慣習、思考、感情に無関心である。異なる血筋と食糧で成長し違った生活様式で規定され、同じ法律では支配されない」「つまりあなたが言いたいのは──」エグレモントはためらいがちに言った。「金持ちと貧乏人のことだ」　◆『巫女』（1845）

▶ 1282　特権階級と庶民とは2つの国をつくっていると言われた。　◆『同上』

▶ 1283　国民生活がさらに良くなるという触れ込みは、過激主義以外の何ものでもない。　◆『同上』

▶ 1284　「率直に明確に」──これは、自分の気持ちを隠したいと思ったり、他人の気持ちを混乱させたいと思った時に採る筋道である。　◆『同上』

▶ 1285　国家の青年は未来の受託者である。　◆『同上』

▶ 1286　話にならないおどけ者が代表者たる政府を誕生させた。　◆『タンクレッド』（1847）

▶ 1287　多数派は最高の当意即妙の応答にたけているものだ。　◆『同上』

▶ 1288　何の目的でどこまで発展していくのか……。ヨーロッパ人が発展について話すのは、科学の成果を独創的に適用し、快適さを文明とはき違えた社会をつくり上げたからだ。　◆『同上』

▶ 1289　ロンドンは現代のバビロンだ。　◆『同上』

▶ 1290　機会を逃してはならない。機会には征服者や預言者さえ及ばぬ達成力があるものだ。　◆『同上』

▶ 1291　自治政府というこびへつらう暴政。　◆『同上』

▶ 1292　ロバート・ピールについて：

▷ Benjamin Disraeli

他人の知性強盗である……。こんな大規模な愚にもつかない政治的な窃盗を犯した政治家はいない。

◆W. マニーペニー、G. バックル共著『ベンジャミン・ディズレーリの生涯』第2巻（1912）

▶ 1293　正義は実行してこそ真実となる。

◆下院で、1851.2.11

▶ 1294　今朝、世論という大きな声の単調ながら尊敬すべき政権政策を読んだ。いつものことながら緊張させられる。いわばオリンポス山の稲妻。さらに耳に届くゴロゴロと鳴る恐ろしい轟音の真ん中にいる大臣席の悲しげな甲高い声を思い描かずにはいられなかった。

◆同上、1851.2.13

▶ 1295　不機嫌に見えることがあてこすりではなく、傲慢に見えることが侮辱ではないと学ぶべきだ。
　　　※チャールズ・ウッドについて

◆同上、1852.12.16

▶ 1296　イギリスは連合政権を心から支えてはいない。

◆同上

▶ 1297　貴族はむしろ平民指導者の質を強調し、その意味を誇張する傾向があるようだ。

◆『ジョージ・ベンティンク卿』（1852）

▶ 1298　ロバート・ピールについて：
自分に洞察力がないという想像力が欠けていた……。判断力は、将来の問題に関わらなければ完璧だった。

◆『同上』

▶ 1299　悲惨な植民地もすべて独立するでしょう、数年以内に。わが国の首にまきつけられた重荷なのです。

◆マルメスベリー卿への書簡、1852.8.13

▶ 1300　最後という言葉は政治の言葉ではない。

◆下院で、1859.2.28

▶ 1301　子孫をいつも積み込みの準備ができている荷馬車だと思っているようだ。

◆演説、1862.6.3、伝聞

▶ 1302　断言する。本当に真心のこもった理解……この国とフランスの間での……に至るのは、そして、国家を財政難に巻き込む膨張した軍事力に終止符を打つのは、威厳ある貴族の権力である。

◆下院で、1862.5.8

▶ 1303　植民地が独立しているからといって、植民地でなくなるわけではない。

◆同上、1863.2.5

▶ 1304　あなた方がイギリス帝国がうぬぼれ屋や、空論家になるという運命を置き去りにしないことを期待する。

◆同上

▶ 1305　現代社会の特徴はとっさの信じ込みだと思う。

◆オックスフォードでの演説、1864.11.25

▶ 1306　政党とは世論が組織化されたものである。

◆同上

▶ 1307　人間は猿か天使か？　今私は天使よりだ。

◆同上

▶ 1308　暗殺が世界の歴史を変えたことはない。

◆下院で、1865.5.1

▶ 1309　国の心を持ち、党を教育しなければならなかった。

◆エディンバラでの演説、1867.10.29

▶ 1310　変化は発展する国家では避けられないことだ。変化は不断である。

◆同上

- **1311** 効率のないところに経済はあり得ない。 ◆ 有権者への演説、1868.10.1
- **1312** ヴィクトリア女王に、1868、「スコットランド高地地方の生活ジャーナル社」から『群葉』を出版後に：
 われわれは著者です、女王陛下。 ◆ エリザベス・ロングフォード『ヴィクトリア英国科学知識普及会』(1964)
- **1313** 略奪を合法化し、神聖冒瀆を聖化し残虐な背信も容認してきた。 ◆ 下院で、1871.2.27
 ※グラッドストンのアイルランド政策について
- **1314** 議会制政治を、世界で最も立派な統治方法だと評価している。 ◆ マンチェスターでの演説、1872.4.3
- **1315** 政党なくしては議会制政治は不可能だと信じている。 ◆ 同上
- **1316** 死火山の山並みを見つめている。 ◆ 同上
 ※自由党政府について
- **1317** 増える財産と増える余暇は、人間教育の2つの方法である。 ◆ 同上
- **1318** 「外交問題」という用語こそがまさに、私が手がけようとしている分野にイギリス国民が何の関心も持たないという証左である。 ◆ 同上
- **1319** 大学は楽しげで自由で、学びの場であるべきだ。 ◆ 下院で、1873.3.11
- **1320** 自著を語る者は、自分の子供について話す母親と同じくらい鼻持ちならない。 ◆「ザ・タイムズ」1873.11.20
 ※レクター卿叙任を祝ってグラスゴーで開かれた宴会で、1873.11.19
- **1321** かつてルイ・フィリップ王は、イギリス国民の政治活動の大きな成功は夕食後の政治談議の賜物だと言った。 ◆ グラスゴーで、1873.11.19
- **1322** 嘲笑と軽蔑とあざけりの真の達人である。 ◆ 下院で、1874.8.5
 ※ソールズベリー卿について
- **1323** 国民の教育に、国の運命が左右される。 ◆ 同上、1874.6.15
- **1324** コーヒー店のざわめき。 ◆ R. W. セトン＝ワトソン『ヨーロッパのイギリス 1789–1914』(1955)
 ※ブルガリアの残虐行為について、1876
- **1325** 国際的な批評家たち、すなわち世界中に友人を持つ人たちが自国を救うのだ。 ◆ ロンドン市庁舎での演説、1877.11.9
- **1326** ソールズベリー卿と私は国民を再び平和へ連れ戻した──しかし望むのは名誉ある平和だ。 ◆「ザ・タイムズ」1878.7.17
 ※ベルリン会議からの帰国演説、1878.7.16
- **1327** めでたい後悔の連続。 ◆ ナイツブリッジの宴会で、1878.7.27
 ※ベルリン条約でのハリントン卿の決断について
- **1328** 自分の饒舌の豊富さに酔った、詭弁を弄する修辞学 ◆「ザ・タイムズ」1878.7.29

者。
 ※グラッドストンについて

▶ 1329 ゴシップの存在は認める……。だが、世界の政治は国王や政治家が行っているのであり、匿名の小記事作家……あるいは無責任で軽率な向こう見ずな言辞で行われているのではない。
◆ ロンドン市庁舎での演説、1878.11.9

▶ 1330 ローマの実力者が政策は何かと聞かれたとき、「帝国と自由」と答えた。イギリスの内閣にも都合の悪い政策目標とはならないだろう。
◆ ロンドン市長公邸での演説、1879.11.10、タキトゥス『アグリコラ』を言い換えて

▶ 1331 ゴデリッチ卿のつかの間のうろたえた幻影。
 ※首相としてのゴデリッチ卿について
◆『エンデュミオーン』(1880)

▶ 1332 霧に影響されやすく活発な中流階級が存在する島国は、威厳ある政治家を要求する。
◆『同上』

▶ 1333 下院を貴重な教会付属室として敬意を表してきた。改革がそれを無に帰そうとしている。
◆『同上』

▶ 1334 多数派については……1人いれば十分だ。
◆『同上』

▶ 1335 イギリス国民に提供されている貴重な機会――下院の議席。
◆『同上』

▶ 1336 利率3パーセントの心地よい平易さ。
◆『同上』、ストウェル3725参照

▶ 1337 スチュアート家が都合の良いことを、すべて持ち去って行ったと確信している。
◆『エンデュミオーン』(1880)

▶ 1338 インドの鍵はロンドンが握っている。
◆ 下院で、1881.3.4

▶ 1339 原則は捨てておけ！　党に残れ。
◆ ディズレーリの伝聞、エドワード・ブルワー＝リットンへの忠告として言われたものとされる。E. レーサム『名言とその作者』(1904)

▶ 1340 誰もお世辞好きだ。王位の尊厳はとことん誉めあげるべきだ。
◆ マシュー・アーノルドに。G. W. E. ラッセル『収集と回想』(1898)、第23章

▶ 1341 つるつると滑る棒の先端に上りつめた。
 ※首相就任について
◆ W. マニーペニー、G. バックル共著『ベンジャミン・ディズレーリの生涯』第4巻(1916)

▶ 1342 私は死んだ。死んだが、至福の場所で。
 ※ある貴族に、貴族院議員になったことについて
◆『同上』第5巻(1920)

▶ 1343 否定しない。反駁しない。ときどき忘れるのだ。
 ※イーシャー卿に、ヴィクトリア女王との関係について
◆ エリザベス・ロングフォード『ヴィクトリア英国科学知識普及会』(1964)

▶ 1344 不平を言わず、説明せず。
◆ J. モーリー『ウィリアム・ユワート・グラッドストンの生

▶ **1345** 時代は無節操で狂気のグラッドストンを公正に評価するだろう——羨望、執念深さ、偽善および迷信が異常な状態で混在している。堂々とした才能を持ち——首相や野党のリーダーであっても、説教や祈っていても、演説や執筆していても——その態度は決して紳士的ではない。

▶ **1346** どうぞ思い出してください、首席司祭殿、教義がなく、首席司祭もいない。

▶ **1347** 保護貿易は機能不全で、非難囂々だ。

▶ **1348** エアークッションに座るように言われて：
大量死の象徴をどけてくれ。

▶ **1349** 小屋が幸せでなければ、宮殿は安全ではない。

▶ **1350** マンチェスター派の学校。
※コブデンとブライトの自由貿易政策について

▶ **1351** 3種類の嘘がある。嘘、地獄に落とされる嘘、そして統計。

▶ **1352** ちやほやされようと国会議員になった。
※ジョン・ブライトに、下院で

▶ **1353** 紳士が議会に復帰できなくなったら、帝国は消滅する。

▶ **1354** 小説を読みたくなったら、1冊書く。

▶ **1355** それなりの年になれば、勇気は社会生活のあらゆる資質のなかで最も希少だとわかるだろう。
※グェンドレン・セシル夫人に。彼女の父ソールズベリー卿はディズレーリが一緒に仕事したなかで唯一本物の勇気を持っていたと教えて

▶ **1356** 間違った文法を話して、後世の歴史には残りたくない。
※最後の議会演説の資料を訂正しているときに、1881.3.31

▶ **1357** 臨終の床で、ヴィクトリア女王からの見舞いの申し出を断って：
いや、会わぬ方がいい。アルバート公への伝言を頼まれるだけだろう。

涯』(1903)第1巻、フィッシャー1490参照

◆W. マニーペニー、G. バックル共著『ベンジャミン・ディズレーリの生涯』第6巻(1920)

◆『同上』第4巻(1916)

◆『同上』第3巻(1914)

◆ ロバート・ブレイク『ディズレーリ』(1966)

◆『同上』

◆『同上』

◆ ディズレーリの伝聞、マーク・トウェイン『自叙伝』(1924)第1巻

◆ ロバート・ブレイク『ディズレーリ』(1966)

◆W. フレイサー『ディズレーリと彼の時代』(1891)

◆W. マニーペニー、G. バックル共著『ベンジャミン・ディズレーリの生涯』第6巻(1920)

◆ グェンドレン・セシル夫人『ソールズベリー、ロバート・マークウィスの生涯』(1931)

◆ ロバート・ブレイク『ディズレーリ』(1966)

◆『同上』

Milovan Djilas

ミロヴァン・ジラス(1911-)
政治家、作家で元ユーゴスラヴィアの共産党員(1954.4 離党)
◆ フィツロイ・マクリーン『議論されたバリケード』(1957)

▶ **1358** 党の路線は、党の路線がないことである。
※ユーゴスラヴィアの共産党の改革についてのコメント、1952.11

Michael Dobbs

マイケル・ドブズ(1948-)
イギリスの作家
◆『トランプで建てた家』(テレビ用に脚色、1990)

▶ **1359** 都合良く考えているようですな。コメントできません。
※質問に対する筆頭院内幹事の常用的な答え

Bubb Dodington

バブ・ドディントン(1691-1762)
イギリスの政治家
◆「叙情詩」(1761)、ジョセフ・スペンス『逸話集』(1820)所収

▶ **1360** なんじの国を愛せよ、繁栄を願い、
見境なく関わりすぎないように
それで十分だ、つまり崩壊した時、
なんじは荒廃を共有しなかったことになる。

Robert Dole

ロバート・ドール(1923-)
アメリカの共和党政治家
ドールについて、ギングリッチ 1650 参照
◆ マイケル・バロン、グラント・ユージフサ共著『アメリカ政治年鑑 1994』

▶ **1361** ちょっとの交通渋滞は、たまにはいいだろう。
※共和党の上院院内総務として、クリントン大統領選出の直後に(「交通渋滞」は、ワシントンでは、国会と行政の意見対立から議会審議が進展しない状況を指して用いられる)

Ignatius Donnelly

イグナティウス・ドネリー
(1831-1901)
アメリカの政治家
◆ 伝聞、ディズレーリ 1271、パワー 3152 参照

▶ **1362** 民主党はラバのようだ──祖先への誇りも後世への望みも持たない。

Reginald Dorman-Smith

レジナルド・ドーマン=スミス
(1899-1977)
イギリスの政治家、農業水産大臣(1939-40)

▶ **1363** 「勝利へ向けて耕せ」を、庭園のあるすべての国民、市民菜園を掘る体力のある人々の自由時間を生かすモットーにしよう。

◆ ラジオ放送、1939.10.3、「ザ・タイムズ」1939.10.4

John Dos Passos
ジョン・ドス・パソス（1896-1970）
アメリカの小説家、20世紀初頭の数十年にわたり活躍し、生命力のコラージュとアメリカ人の生活の多様性の描写が特徴
◆『大金』（1936）

▶ 1364　わが祖国アメリカは、法律を買い牧草地を柵で囲い、森林を伐採してパルプを作り、楽しい街をスラムに変え国民から富を搾り取る余所者に自由にされてきた。さらに望んで、スイッチを押す死刑執行人すら雇うようになった。

William O. Douglas
ウィリアム・O. ダグラス
（1898-1980）
アメリカの最高裁判所裁判官
◆『自由の年鑑』（1954）
◆ 1970、アンソニー・サンプソン『会社人間』（1995）

▶ 1365　憲法修正第5条は古きよき友である。圧制から解放され、道徳をわきまえて文明化していく人間の闘争の、かけがえのない伝統的規範の1つである。

▶ 1366　点検する……組織を作る方法と手段のために――その組織を動かす地方自治体と政府の膨大な官僚――国民の召使いたちを。それが来るべき革命である。

Alec Douglas–Home（アレック・ダグラス＝ホーム）➡ ホーム参照

Caroline Douglas-Home
カロライン・ダグラス＝ホーム
（1937-）
ホーム卿の娘
◆「デイリー・ヘラルド」1963.10.21

▶ 1367　農園の労働者を上手に働かすのに長けている。彼が現実認識に欠けているとなぜ言うのかわからない。
※ホーム卿がハロルド・マクミランの次の首相と決まったことについて

Frederick Douglass
フレデリック・ダグラス（1818頃-95）
アメリカの元奴隷、公民権運動推進者
◆ ニューヨーク州ロチェスターでの演説、1852.7.4
◆ ニューヨークで行われた「アメリカと海外の反奴隷制協会」の年次会議での演説、1853.5

▶ 1368　アメリカの奴隷にとって、独立記念日とは何なのか？　答えよう。1年の他のどの日よりも、死ぬまで続く犠牲者としてのひどい不法行為と残酷さが、明らかになった日。あなた方の奴隷への祝福は偽物である。

▶ 1369　この国にあっては有色人種が支配する土地は、1インチごとに血みどろの闘争のもとになる。

▷ Margaret Drabble

▶ 1370　誕生から死まで、人種差別に関係させられる。

▶ 1371　最後には自身が首を縛られることの理解なしに、仲間の足首を縛ることはできない。

▶ 1372　正義が否定され貧困が強要され無知が勝利し、ある階級だけが社会を意識できる国家では、抑圧され略奪され腐敗させられ、個人も財産も不安にさせる組織的陰謀が存在する。

◆ ケンタッキー州ルイスヴィルで開かれた有色人種定期大会での演説、1883.9.24
◆ ワシントンで開かれた公民権大会での演説、1883.10.22
◆ ワシントン、コロンビア地区での奴隷解放 24 回記念日の演説、1886.4

▶ 1373　イギリスは悪い国ではない……。ただ普通の寒く、醜く、分割され、疲労し、おんぼろの帝国主義後の、脱工業化の、ポリスチレンのハンバーガー箱に覆われたボタ山である。

Margaret Drabble
マーガレット・ドラブル
(1939-)
イギリスの小説家
◆『自然の好奇心』(1989)

▶ 1374　スペイン王のあごひげのひげ焦がし。
　　　　※カディス遠征について、1587

Francis Drake
フランシス・ドレイク (1540 頃 -96)
イギリスの船員、探検家
◆ フランシス・ベーコン『スペイン戦争に関する考察』(1629)
◆ 伝聞、『英国人名辞典』(1917-) 第 5 巻

▶ 1375　このゲームに勝利し、さらにスペイン人をいたぶるための時間はたっぷりある。

▶ 1376　永遠に軍旗をたなびかせろ！
　　　　敵は息はしているが目の前で崩壊するところ、
　　　　足元の自由の土壌とともに、
　　　　頭上に自由の旗はたなびいているのか？

Joseph Rodman Drake
ジョセフ・ロッドマン・ドレイク (1795-1820)
アメリカの詩人
◆「アメリカの旗」、「ニューヨーク・イヴニング・ポスト」1819.5.29 (フィッツ＝グリーン・ハレックの伝聞とも)

▶ 1377　汝を過去の栄光と名づける。
　　　　※自船のマストに旗が掲げられた時に（ドライヴァーはバウンティ号の反逆者たちがタヒチからピトケルン島に向かう時に乗ったチャールズ・ドゲット号の船長。これを記念して、

William Driver
ウィリアム・ドライヴァー
(1803-86)
◆ 伝聞

ドライヴァーは女性の一行から大きなアメリカ国旗を贈られた）

John Dryden

ジョン・ドライデン（1631-1700）
イギリスの詩人、批評家、劇作家
◆『劇的な詩のエッセイ』(1668)
◆「オックスフォードでのプロローグ、1680」(ナタニエル・リー『ソフォニスバ』第2版（1681）への序)
◆『アブサロムとアヒトペル』（1681）
◆『同上』

▶ 1378 民衆を理解しようとするなら、彼らが何を考えているかは問題にならない。時には正しく、間違っている。彼らの判断はちょっとしたくじのようなものだ。

▶ 1379 しかし、イギリス人の才能である、
今もって新しい改革を構想しようとしているのは。

▶ 1380 陰謀は真実でも嘘でも必要なものである、
共和国を建てて王を滅亡させるために。

▶ 1381 彼らのうち裏切りのアヒトペルが最初だった、
のろわれた後の時代すべての名前。
綿密な設計と歪んだ思慮が符合し、
聡明で大胆で機知が混乱し、
道義が不安で不安定で、
不名誉に不満足で我慢できない権力のもとで。
※プロテスタントの継承を描いたドライデンの政治的風刺。「アヒトペル」はシャフツベリー卿を、「アブサロム」はモンマス公爵を意味している

▶ 1382 難局に接した勇敢な舵手。
危険に身を置いて喜び、波が高く上がったときには嵐を求める。穏やかな時は落ち着かず、
砂浜に近づきすぎ機知を自慢できない。
◆『同上』

▶ 1383 友情を裏切ると、憎悪が限りなくかきたてられる。
国家を破滅させるか、支配するかが鍵である。
◆『同上』

▶ 1384 人々の祈り、喜ばしい占い師の主題、
若者の洞察力と老人の夢！
◆『同上』

▶ 1385 すべて帝国は信頼を権力にしか置かない。
◆『同上』

▶ 1386 1人が罰せられる方が、国家が悲しむよりました。
◆『同上』

▶ 1387 若さ、美、優雅な行動はめったに失敗しない。
共通の利益は常に拡大する。
そして哀れみは決して庶民の誤りを
自身のものにする者に示されることがない。
◆『同上』

▶ 1388 私権を確実なものにできる者たちにとって、
主権者の動揺が力ずくで解決されるとしたら？
それに国民の判断もいつでも真実ではないとしたら、
多数派も少数派と同じく大胆に誤るかもしれない。
◆『同上』

- 1389 決して愛国者ではなかったけれども、愚人であった。　◆『同上』
- 1390 ところが反逆が記録されたということは、容認されなかったからなのだ。
成功した罪だけが正当化される。　◆『勲章』(1682)
- 1391 自由は他のどの地でもうまく成育しない、
自由はイギリス臣民の唯一の特権である。　◆『セレノディア・アウグスタリス』(1685)
- 1392 支配の論拠と許容の慈悲。
第1は法、最後は特権。　◆『雄ジカと豹』(1687)
- 1393 完全奴隷か完全自由か。　◆『同上』
- 1394 為政者を拒絶し、法を承認することは、
反逆者を嫌い反逆を愛することだ。　◆『同上』
- 1395 戦争は王たちの取引だ。　◆『アーサー王』(1691)

Alexander Dubček

アレキサンダー・ドプチェク (1921-92)
チェコスロヴァキアの政治家、チェコスロヴァキア共産党の第1書記(1968-69)

- 1396 国民への奉仕においては、われわれは社会主義が人間の顔を失わないという方針をとってきた。　◆「赤い法」1968.7.19

Joachim Du Bellay

ジョアシム・デュ・ベライ (1522-60)
フランスの詩人

- 1397 フランス、芸術、戦争、法の母。　◆『後悔』(1558)、ソネット第9番

W. E. B. Du Bois

W. E. B. デュボア (1868-1963)
アメリカの社会改革者、政治活動家

- 1398 20世紀の問題は人種差別である――つまりアジアとアフリカ、アメリカと海の島々の肌の色に濃淡のある人種関係である。　◆『黒人たちの魂』(1905)
- 1399 ここに時代の悲劇がある。人々が貧しいわけではない……不道徳なわけでもない……しかし自分たちのことを知らなさ過ぎる。　◆『同上』
- 1400 自由への犠牲は抑圧の価値より少ない。　◆『ジョン・ブラウン』(1909)

John Foster Dulles

ジョン・フォスター・ダレス (1888-1959)

- 1401 もし……欧州防衛共同体が効力を発揮できなかったら、フランスとドイツが反目しあったままだとしたら

……。合衆国の基本政策の苦悩の再検討が強いられていただろう。

▶ 1402 和平への切っ掛けをつかむ必要がある、ちょうど戦争への切っ掛けをつかまなければならないように。戦争の際へ連れて行かれたのだと言う人がいる。もちろんその通りだ。瀬戸際で戦争に参入しない能力は必要な技術だ。その技術を習得できなければ、必然的に戦争に巻き込まれてしまう。もしそこから逃げようとすれば、瀬戸際へ行くのを恐れるなら負けだ。われわれは面前で直見する必要があった――朝鮮戦争拡大の問題について、インドシナ戦争参戦の問題について、台湾の問題について。瀬戸際に歩いていき、面前で見た。
※この政策が瀬戸際外交として知られるようになった

アメリカの国際的弁護士、政治家
◈ パリの NATO 会議での演説、1953.12.14
◈「ライフ」1956.1.16、スティーヴンソン 3706 参照

John Dunning, Lord Ashburton

▶ 1403 国王の権力は肥大化した、いまだに強大化している、貶めるべきだ。

ジョン・ダニング、アシュバートン卿（1731-83）
イギリスの弁護士、政治家
◈ 下院を通過した決議案、1780.4.6

Eric Dupin

▶ 1404 彼の一貫性のなさが貴重な一貫性なのである。
※フランソワ・ミッテランについて

エリック・デュパン
ジャーナリスト
◈『ザ・ニューヨーク・レヴュー・オヴ・ブックス』1994.11.3

Lillian K. Dykstra

▶ 1405 今まで知る限り最も始末に負えない小男です。座ったまま気取って歩くのです。
※トーマス・デューイについて

リリアン・K. ディクストラ
◈ フランツ・ディクストラへの書簡、1952.7.8、ジェームズ・T. パターソン『共和主義者様』（1972）

E

Stephen T. Early
ステファン・T. アーリー(1889-1951)

▶ **1406** 心配させないでください──それでなくとも8つの頭痛の種を抱えそのうち4つと格闘中なのです。
　　※ハリー・トルーマンが受け取ったカード

◆ ウィリアム・ヒルマン『大統領閣下──ハリー・S. トルーマンの私的日記、個人書簡、書類、インタヴュー初版集』(1952)

Abba Eban
アバ・エバン(1915-)
イスラエルの外交官

▶ **1407** ひとたびすべての解決策を検討しつくしてしまうと、人間と国家は賢く振舞うことを歴史は教えてくれる。

◆ ロンドンでの演説、1970.12.16

▶ **1408** イギリスの外務省について：
逃げ腰の常習犯。

◆ アントニー・ジェイとの会話

Anthony Eden
アンソニー・イーデン(1897-1977)
イギリスの保守党政治家、首相(1955-57)
イーデンについて、バトラー 769、マクラクラン 2554、モンクトン 2750、マガーリッジ 2811 参照

▶ **1409** 「武力紛争の状態にある」──私が使用した表現である。開戦の宣言はされなかった。
　　※スエズ危機について

◆ 下院で、1956.11.1
◆ 「オブザーヴァー」1956.6.17

▶ **1410** 国民はいつも、普遍的な経済運営と特別に豊かな消費活動を歓迎している。

Clarissa Eden
クラリッサ・イーデン(1920-)
アンソニー・イーデンの妻

▶ **1411** ここ数週間というもの、本当にスエズ運河が応接室に流れ込んでくるような気がしていた。

◆ ゲイツヘッドでの演説、1956.11.20

Edward VII
エドワード7世(1841-1910)

▶ **1412** われわれと違う黒い顔と信仰を持っているからと

いって、獣のように扱われるべき理由はありません。

▶ **1413** イギリス最後の国王。
※息子、後のジョージ5世をホールデン卿に紹介した時に、イギリスの君主制の存続を悲観して

▶ **1414** 鉄鋼業が働く人々をここに引き寄せてきた。また仕事をしてもらうには何か手を打たなければならない。
※廃業したドウレス鉄鋼所での話、1936.11.18（一般的に「何かがなされなければならない」と引用される）

▶ **1415** やっとのことで自分の言葉を2、3語話せるようになった……愛する女性の助けと支えなくしては責任の重荷を背負い、国王としての義務を果たすことは無理だとわかった、と告白するのを信じてほしい。
※退位にあたってのラジオ放送、1936.12.11

▶ **1416** 彼をそこへ吊り下げておくべきだと思う。ゆったりゆったり風の中で揺れさせておけばよい。
※ジョン・ディーンとの電話での会話の中でのパトリック・グレイについての話（彼のFBI長官任命に関して）

▶ **1417** アメリカ政府の名声は禁酒法によって、間違いなくかなり下落した。なぜなら実行できない法律を認めれば、政府と国家が決める法律の信頼が地に落ちる以外ないからだ。増加するアメリカの犯罪が、このことと密接に関わっていることは公然の秘密である。

▶ **1418** ナショナリズムは小児病だ。人類のはしかである。

1901年よりイギリス国王
◆ グランヴィル卿への書簡、1875.11.30
◆ アンドリュー・ロバーツ『著名なチャーチル支持者たち』（1994）

Edward VIII
エドワード8世（1894-1972）
イギリスの国王、1936継承、後にウィンザー公爵
エドワード8世について、ジョージ5世1612、トーマス3860参照
◆「ウェスタン・メール」1936.11.19
◆「ザ・タイムズ」1936.12.12

John Ehrlichman
ジョン・エーリッチマン（1925-99）
リチャード・ニクソンの大統領補佐官
◆「ワシントン・ポスト」1973.7.27

Albert Einstein
アルバート・アインシュタイン（1879-1955）
ドイツ生まれのアメリカの理論物理学者、相対性理論の発見者
◆1921年にアメリカ訪問を終えて、『私の見た世界』（1935）
◆ ヘレン・デュカス、バネッシュ・ホフマン共著『アルバート・アインシュタイン、人間

▷ Dwight D. Eisenhower

▶ **1419** 等式が政治よりも関心事であるのはなぜかを説明して：政治は現在だが、等式はどこか永遠だからだ。

▶ **1420** 西ヨーロッパ諸国の人々へ。連合国軍の遠征部隊が今朝フランス海岸に上陸した。この上陸はヨーロッパの自由に向けての連合国協定の作戦の一部であり、ロシアとの同盟によるものである……。自由を愛するすべての人に、共に立ち上がるように呼びかける。一緒に勝利しよう。

▶ **1421** 製造される銃、進水する軍艦、発射されるロケット弾、それらは結局のところ、飢餓の人々、凍えて着るもののない人々から窃盗することを意味する。この世界が戦争状態ということは、金を浪費するだけではない。労働者の汗、科学者の才能、子供たちの希望も浪費するのである。

▶ **1422** 「ドミノ倒し」の原理に関連して広く考察してみよう。ドミノがまず並べられた。先頭を倒すと最後の１つまであっという間に倒れる。つまり国民は、崩壊の初めにこそ重要な影響力を持っているのだ。

▶ **1423** 政府は国民よりも断然愚かである。

▶ **1424** 国民は心から平和を望んでいる、早急に政府は手を引き道を譲る方がいいと思う。

▶ **1425** 政府の会議を通して、軍産複合体がもくろむもくろまないにかかわらず、水面下の影響力を得ようとすることに警戒しなければならない。見当違いな軍事力の無謀な増強の可能性は、存在し残存していくだろう。
　　※大統領離任報道、1961.1.17

▶ **1426** 人生最大のばかな間違い。
　　※自分がアール・ウォレンを合衆国最高裁判所長官に任命したことについて、1953

▶ **1427** 選挙が始まった。恒久的な平和が宣言され、狐たちは家禽の延命に真面目に興味を抱いている。

としての側』(1979)

◆ ステファン・ホーキング『ホーキング、宇宙を語る』(1988)

Dwight D. Eisenhower

ドワイト・D. アイゼンハワー
(1890-1969)
アメリカの元帥、共和党政治家、アメリカ合衆国第34代大統領
(1953-61)
アイゼンハワーについて、アチソン8参照

◆ ノルマンディー上陸の日の放送、1944.6.6

◆ ワシントンでの演説、1953.4.16

◆ 報道会議での演説、1954.4.7

◆ 伝聞、1958.
◆ 討論放送、1959.8.31

◆「ニューヨーク・タイムズ」1961.1.18

◆ 伝聞

George Eliot

ジョージ・エリオット (1819-80)
イギリスの小説家
◆『フェリックス・ホルト』

(1866)

T. S. Eliot
T. S. エリオット (1888-1965)
イギリス系アメリカ人の詩人、批評家、劇作家
◆「うつろな人々」(1925)

▶ 1428　世界が終わる様はこうだ、ドーンという衝撃音ではなく、シクシクと泣く声によって。

Queen Elisabeth of Belgium
ベルギーのエリザベス女王 (1876-1965)
ベルギー人のアルバート国王のドイツ生まれの配偶者
◆ 伝聞

▶ 1429　彼ら［ドイツ］と私の間には、今や血のカーテンが永遠に下ろされた。
　　　※ドイツのベルギー侵略について、1914

Elizabeth I
エリザベス 1 世 (1533-1603)
1558 年よりイングランドとアイルランドの女王
◆ 国会議員への演説、1566.11.5
◆ ジェームズ・メルヴィル卿『彼自身の人生の記憶』(1827 年編)
◆ J. E. ネール『エリザベス 1 世と議会 1584-1601』(1957)、「女王自身の手で多くの修正を加えた」報告から

▶ 1430　聖別されたのです。決して暴力で何かを強いられることはありません。生まれながらにこの立場があるので女性優位の王国から放逐されても、キリスト教社会のどこかで生きていけることを神に感謝します。
▶ 1431　この日スコットランド女王は、愛しい王子の守役であり私は不妊の血統でしかない。
▶ 1432　私について言うと、そのために生きたいと思う大義はないと保証します。望むほどの喜びは大義というものに抱いていないし、恐れるほどに死を恐怖してもいない……。この世で幸せな経験と試練を経験してきました。臣民の立場も、王権の立場もわかるし善き隣人とは何かを知り、時には邪悪な考えを抱く者たちにも会いました。
　　　※リッチモンドの議会代表演説、1586.11.12。伝統的な表現では次のように締めくくられている「信頼に反逆を見た」

◆ F. チェンバレン『エリザベス女王発言集』(1923)

▶ 1433　あなた方を頭ひとつ分短小にします。
　　　※スコットランドのメアリー女王に対する、彼女［エリザベス女王］の方針に異議を唱えていた議会の指導者たちに
▶ 1434　不和が蒔いた論争の娘。
　　　※スコットランドのメアリー女王について

◆ ジョージ・プッテンハム編『イギリスの詩の芸術』(1589)
◆ サマーズ卿『希少価値の小冊子第 3 集』(1751)

▶ 1435　弱くてもろい女性の身体であることは理解しているが、国王の心臓と胃を持ち、イングランドの国王のなかの国王としての資質もある。イタリアのパルマ、スペインまたはヨーロッパの王子が、私の王国の境界を侵害しようと

▷ Elizabeth I

していることに唾棄すべき軽蔑を感じている。
　　※スペイン無敵艦隊の接近時にティルベリーで軍隊に演説、1588

▶ 1436　この国は女主人だけで男主人はいない。
　　※レスター伯爵の推測を戒めて

◆ ロバート・ノートン『フラグメンタ・レガリア』(1641)

▶ 1437　なんじの息災を毎日天に祈っている、そうでもしないと私と国民は、甘味と香味の濃いアルコールのたっぷり入ったコーディアルが必要になる。私の安楽は国民の幸福にあり、国民の幸福はなんじの思慮分別がもたらすのだ。
　　※ウィリアム・セシルの死の床で

◆ F. チェンバレン『エリザベス女王発言集』(1923)

▶ 1438　閣下、あなたを重用する、病んでいる脚ではなく鋭敏な頭を。
　　※痛風のウィリアム・セシルに

◆『同上』

▶ 1439　聖餅にキリストが宿っていると思うかと尋ねられて：
　　　それを言われたのは神であり、
　　　神はパンを取ってお割りになった。
　　　言葉が作りだしたものを
　　　私は信じ、それを受ける。

◆ S. クラーク『教会の歴史の心髄』(1675)、「エリザベス女王の生涯」

▶ 1440　神はお許しになるかもしれないが、私には到底できない。
　　※エセックス伯爵が女王に最期の弁明に来るのを阻止したと言われるノッティンガム伯爵夫人の死の床で

◆ デーヴィッド・ヒューム『テューダー家とイギリス史』(1759) 第2巻

▶ 1441　最悪でも、神はまだイギリスを滅亡されようと定めていらっしゃらないと思う。

◆ F. チェンバレン『エリザベス女王発言集』(1923)

▶ 1442　殿方の心に私は窓を開かない。

◆ 口承、J. B. ブラック『エリザベスの統治 1558-1603』(1936)（おそらく文言はベーコンが草稿した書簡に基づく）

▶ 1443　もしなんじの心が奮い立たなければ、登ろうとするな。
　　※窓ガラスに書かれたウォルター・ローリーの一節に続けて書かれた

◆ トーマス・フラー『イギリスの名士たち』第1巻、ローリー3166 参照

▶ 1444　いわゆるイチゴの妻たちのように、つまり鉢の目立つところに2、3個の見事なイチゴを置き、残りはすべて小粒なものにする。
　　※経済活性委員会が女王と交渉する戦術を描写して

◆ フランシス・ベーコン『新旧格言』(1625)

▶ 1445　ご夫人、あなたをそうは呼ばないでしょう。情婦、そう呼ぶのも恥じらう。だから何と呼べばよいのかわからない。いずれにしても、あなたに礼は言う。
　　※カンタベリーの大司教の妻へ。女王は聖職者の結婚には不

◆ ジョン・ハリントン『英国国教会の概要』(1653)

▶ **1446** 女王の面前で放屁したことに恐縮して、自分で課した7年間の国外退去から帰国したオックスフォード伯爵、エドワード・デ・ヴィアを歓迎して：
閣下、屁のようなくだらないことは忘れていましたよ。

◈ ジョン・オーブリー『人生の概略』、「エドワード・デ・ヴィア」
◈『全議会議事録』……シモンズ・デューズ男爵が収集（1682）

▶ **1447** 神が気高くお支えくださっても、これこそが私の栄光であると考えています。国民の愛によって統治してきたことが。
※女王の会見で、1601

▶ **1448** 「そうするべきである」とは！ 女王に向かって発せられる「べき」言葉なのか？ 坊やよ、坊や！ なんじの父君は生きていたとしたら、その言葉を使うことはなかっただろうよ。
※ロバート・セシルに。最後の病の時に女王はお休みになるべきだ、と言ったことについて

◈ J. R. グリーン『イギリス国民の短い歴史』(1874)。『ドッドのイギリス教会の歴史』第3巻（M. A. ティアニー編、1840）では続けて、「しかし、そなたは私が死ぬべきと知っていて、だからそのようにあつかましくなるのですね」

▶ **1449** 手にしてきたものもすべてはつかの間のこと。
※臨終の言葉

◈ 伝聞、典拠不確定

Elizabeth II
エリザベス2世（1926-）
1952年よりイギリス女王

▶ **1450** イギリス連邦自治領の皆さんに宣言します。私の人生は長くても短くても、皆さんと私たちが帰属している素晴らしい帝国に仕えることに捧げます。
※エリザベス王女の放送演説、ケープタウンからイギリス連邦自治領の皆さんに、1947.4.21

◈「ザ・タイムズ」1947.4.22

▶ **1451** ロンドン市庁舎での演説、結婚25周年に：
この機会に国民は、私がいつでも演説を「夫と私は」という言葉で始めるべきだということを認めるだろう。

◈「同上」1972.11.21

▶ **1452** 王室に思いやりのある報道機関の言葉を借りれば、今年は「恐怖の年」だった。

◈ ロンドン市庁舎での演説、1992.11.24

▶ **1453** イギリス憲法はこれまで悩ましさの連続であったし、これからも長くそうだろう。

◈ ピーター・ヘネシー『隠された架線』(1995)

Queen Elizabeth, the Queen Mother
エリザベス皇太后、女王の母（1900-）
ジョージ6世の王妃、エリザベス2世の母

▶ **1454** 爆撃されてうれしい。目の前にロンドン市東部が見える。
※あるロンドンの警官に、1940.9.13

▷ Alf Ellerton

▶ **1455** ロンドン空襲の時に王室一家を避難させようという提案について：
王女たちは私と一緒でなければならず、私は国王と一緒でなければならず、そして国王は決してここから離れない。

◆ ジョン・ホイーラー＝ベネット『国王ジョージ6世』(1958)

◆ ペネロペ・モーティマー『エリザベス女王』(1986)

▶ **1456** ベルギーはドイツ皇帝をたたきつぶした。

Alf Ellerton
アルフ・エラートン
◆ 歌の題名

▶ **1457** 共産主義者とは？　不平等な稼ぎで平等な分配を切望する人。

Ebenezer Elliott
エビニーザー・エリオット
(1781-1849)
「穀物法の作詩者」として知られるイギリスの詩人
◆「短い風刺」(1850)

Ralph Waldo Emerson
ラルフ・ウォルドー・エマーソン (1803-82)
アメリカの哲学者、詩人
◆「保守主義」(講義、1841)

▶ **1458** 国家を分割している2つの党、保守主義政党と改革政党の存在はとても古く、有史以来ずっと世界を席巻しようと論争してきている。

◆『保守主義』(1842)

▶ **1459** 保守主義の論点は、事実は優れているがどこか卑しさがある。

▶ **1460** 自分の名誉を語る声が大きくなればなるほど、われわれのスプーンの拍子が早くなった。

◆『生活行為』(1860)、「崇拝」

▶ **1461** 国王と闘うなら、殺さなければならない。

◆ オリヴァー・ウェンデル・ホームズ・ジュニアにより、エマーソンの言と伝えられる。マックス・ラーナー『ホームズ判事の精神と誠意』(1943)

Friedrich Engels
フリードリヒ・エンゲルス
(1820-95)
ドイツの社会主義者、カール・マルクスとともに現代共産主義の創始者

▶ **1462** 国家は「破壊される」のではなく、それは衰亡してしまうのだ。

◆『反デューリング主義』(1878)

▶ 1463　当然ながら、労働者たちは完全に自由である。工場主は用具や書類を押しつけはしないが、彼らに言う……「もしおまえらが私のフライパンで炒められるのが嫌だったら、火の中に歩いて入ることもできる」

◆『1844年のイギリスにおける労働者階級の環境』(1892)

Friedrich Engels（フリードリヒ・エンゲルス）➡ Marx and Engels（マルクスとエンゲルス）も参照

Ennius
エンニウス（紀元前239-同169）
ローマの作家
◆『年代記』

▶ 1464　ローマ国家は古代の習慣と勇ましさによって存続する。

▶ 1465　遅れてきた1人の男が国家を正常な状態にした。
※ローマ将軍ファビウス・カンクテイター（「遅れた人」）について

◆『同上』

Erasmus
エラスムス（1469頃-1536）
オランダのクリスチャン、ヒューマニスト
◆『格言』

▶ 1466　盲目国では片目の男が王様だ。

Dudley Erwin
ダッドリー・アーウィン
(1917-84)
オーストラリアの政治家
◆「ザ・タイムズ」1969.11.14

▶ 1467　改造内閣で彼が失職するはめになった「政治戦略」の主が実は首相秘書であったことを公言して：
あちこちと動き回り格好が良く、名前はエインズリー・ゴットーだ。

Robert Devereux, Lord Essex
ロバート・デヴェロー、エセックス卿（1566-1601）
イギリスの兵士、廷臣、反逆罪で処刑
◆ウィロビー卿への書簡、1599.1.4

▶ 1468　理由は衣服のようなものではありません、重ねるだけ着心地が悪くなります。

William Maxwell Evarts
ウィリアム・マクスウェル・エヴァーツ（1818-83）
アメリカの政治家、弁護士

▶ 1469　プリマスの信心深い人々は、ロックへたどり着いたときに初めて跪きそれから原住民を襲った。

◆『ルイスヴィル・クーリエ・ジャーナル』1913.7.4、よく引用されてきた駄洒落

Edward Everett
エドワード・エヴェレット
(1794-1865)
アメリカの雄弁家、政治家

▶ **1470** もしあなたが2分もかからずに話題の核心に触れられたように、私が2時間以内に核心に触れていたら内心は満足してうれしかったに違いなかった。
※エイブラハム・リンカンのゲティスバーグでの演説について。エヴェレットの2時間演説が報道機関でお追従の注目を受けた一方で、世論で批判された

◆ リンカンへの書簡、1863.11.20、発言者不明139参照

▶ **1471** 自由のために生命を捧げる──これが私の承知していることだ。
戦いを命じた人々がそう言っていた。

William Norman Ewer
ウィリアム・ノーマン・ユワー
(1885-1976)
イギリスの作家
◆「5つの魂」(1917)

F

Quintus Fabius Maximus
クィントゥス・ファビウス・マクシマス(紀元前275頃–同203)
ローマの政治家、将軍

▶ **1472** 人の意見、非難、誤った風説で人生が変えられるということは、その人間が公職に適さないということの証拠である。

◆ プルターク『対比列伝』、「ファビウス・マクシマス」

Émile Faguet
エミール・ファゲ(1847-1916)
フランスの作家、批評家

▶ **1473** ルソーの「人は生まれながらにして自由であるが、至るところで鎖につながれている」についてコメントして：
羊は生まれながらの肉食性だが、至るところで草を少しずつかじると言うのも同じように正しいだろう。

◆ ジョセフ・ド・メーストルの言い換え、『19世紀の政治思想家とモラリスト』(1899)

Thomas Fairfax
トーマス・フェアファックス
(1621-71)
イギリスの議会派司令官、1645年に新型軍の司令官に任命され

▶ **1474** 隣国と戦争を起こすのに、人間の蓋然性は十分な根拠にはならない。
※スコットランドの攻撃はスコットランドの侵略の時からも懸念されるべきだった、という1650年の提案に対して

たが、将来のチャールズ2世王を擁していたスコットランドへの進攻を拒んだことから、1650年にオリヴァー・クロムウェルと交替させられた
◈『英国人名辞典』

Lucius Cary, Lord Falkland

ルシアス・ケアリー、フォークランド卿(1610-43)

イギリスの王政主義政治家

◈『完全無欠な談話集』(1660)、「教会政治形態を考える演説」1641 に叙述

▶ 1475　変化が必要でない時には、変化しない必要がある。

Michael Faraday

マイケル・ファラデイ(1791-1867)

イギリスの化学者、物理学者

◈ W. E. H. レキ『民主主義と自由』(1899 版)

▶ 1476　グラッドストンに、電気の実用性を尋ねられて：
もちろん、閣下！　あなたにはすぐさま電気税を課せるようになります！

James A. Farley

ジェームズ・A. ファーリー(1888-1976)

アメリカの民主党政治家

◈ 報道陣への声明、1936.11.4

▶ 1477　メイン州で勝利するなら、ヴァーモント州も勝利する。
※フランクリン・ローズヴェルトが 1936 年の大統領選挙で 2 つの州以外すべて勝利するだろう、と正確に予測した後で(1888 年頃のアメリカの政治格言、「メイン州で成功すれば国でも成功する」を改訂して)

Farouk

ファルーク(1920-65)

エジプト国王(1936-52)

◈ ボイド＝オール卿『私の思い出すこと』(1966)、カイロでの会議で同著者に、1948

▶ 1478　全世界は激動の渦中にある。まもなく 5 人の王だけが残るだろう——イギリスの王、スペードの王、クラブの王、ハートの王そしてダイヤの王だ。

Guy Fawkes

ガイ・フォークス(1570-1606)

1605 年の火薬陰謀事件の主謀者

▶ 1479　絶望的な病気には危険な治療が必要だ。

◆1605.11.6、『英国人名辞典』
（1917-）第6巻

Dianne Feinstein

▶1480　タフな人間は細縞のスーツを着てやって来るとは限らない。

ディアンヌ・ファインスタイン（1933-）
アメリカの民主党政治家、サンフランシスコ市長
◆『タイム』1984.6.4

▶1481　最小の政府が最良だと言えた時代があった。だが国家の人口が大きくなったらそうは言えない。

◆選挙演説、1990.3.1

Ferdinand I

▶1482　正義を通せ、世界が滅亡しても。

フェルディナンド1世（1503-64）
1558年より神聖ローマ皇帝
◆座右の銘、ヨハネス・マンリウス『Locorum Communium Collectanea』（1563）第2巻、「法：第8指令」参照

Eric Field

▶1483　国王と国があなたを求めている。
　　　※第1次世界大戦の勧誘ポスター

エリック・フィールド
◆『広告』（1959）

Frank Field

▶1484　政治家が貧乏人を異人種だと見れば、もはや民主主義は機能しない。

フランク・フィールド（1942-）
イギリスの労働党政治家
◆「インディペンデント」1994.10.29

L'Abbé Edgeworth de Firmont

▶1485　聖ルイの息子、天に上りなさい。
　　　※ルイ16世に。ギロチンへの階段を上っていたときに、1793

ラベ・エッジワース・ド・フィルモント（1745-1807）
アイルランド生まれのルイ16世への懺悔聴聞司祭
◆伝聞

H. A. L. Fisher

▶1486　私よりも賢く、教養のある人々は、歴史にプロット

H. A. L. フィッシャー（1856-

やリズム、一定のパターンを見出す。これらの調和は私にはわからない。わかるのはただ、緊急事態がひとつまたひとつと波が次々に打ち寄せるように起こっていること、ただ、独特であるがゆえに一般化できない重大な事実、ただ歴史家にとって安全な唯一の法則だけだ。その法則とは、歴史家は人の運命の展開のうちに偶発的で予期せぬドラマに気付くべきだということだ。

▶ **1487** 人種の純潔は存在しない。ヨーロッパは圧倒的な混血児の大陸である。

▶ **1488** 心から保守的だという信念よりも、イギリス人に根本的な変化を促すものはない。

1940)
イギリスの歴史家
◈『ヨーロッパの歴史』(1935)

◈『同上』

◈『同上』

John Arbuthnot Fisher

▶ **1489** 全部、没収！
※政府の人員過剰配置と浪費について

ジョン・アーバスノット・フィッシャー(1841-1920)
イギリスの提督
◈「ザ・タイムズ」への書簡、1919.9.2

▶ **1490** 反論するな
弁明するな
謝罪するな。

◈「同上」、1919.9.5、ディズレーリ 1344 参照

John Fiske

▶ **1491** 合衆国は──北を北極光に、南を春分点歳差に、東を太古の混沌に、そして西を最後の審判に隣接している。

ジョン・フィスク(1842-1901)
◈『合衆国の境界』

Gerry Fitt

▶ **1492** [北アイルランドの]国民はジョギングの代わりにデモ行進するのではない。自分たちの優位を主張するためにする。純粋種族であり、世界中の問題の根本である。

ゲリー・フィット(1926-)
北アイルランドの政治家
◈「ザ・タイムズ」1994.8.5

Robert, Marquis de Flers and Arman de Caillavet

▶ **1493** 民主主義とは国民を必要とするとき、いつでも彼らに与える名称である。

ロベール、マルキ・ド・フレア(1872-1927)とアマン・ド・ケラヴェ(1869-1915)
フランスの劇作家
◈『緑の衣服』、『劇場の小イラスト集』1913.5.31 所収

Andrew Fletcher of Saltoun

ソルトウンのアンドリュー・フレッチャー（1655-1716）
スコットランドの愛国者、反統一党員

◆「人類の善のための政府の権利規制に関する議論の記述。モントローズ侯爵への書簡の中で」(1704)、『政治の機能』(1732) 所収

▶ **1494** かなりチャー……ル卿の心情を理解している、とても賢い男を知っていた。その人物は、人はバラッドさえ創らせてもらえれば、国の法律は誰が作ろうが気にしないと考える。

Ferdinand Foch

フェルディナン・フォッシュ（1851-1929）
フランスの元帥

◆ R. レコウリー『フォッシュ』（1919）
◆ ポール・レノー『憶え書』（1963）第 2 巻

▶ **1495** 正面に敵はおらず右側は退却しており、状況は順調で攻撃中である。
※ 1 回目のマルヌ戦闘中の報告、1914.9

▶ **1496** 平和条約ではなく、20 年間の停戦である。
※ ヴェルサイユ条約に調印したときに、1919

Michael Foot

マイケル・フット（1913-）
イギリスの労働党政治家

◆「デイリー・ヘラルド」1962.10.8
◆『アネイリン・ベヴァン』(1962) 第 1 巻

▶ **1497** イアン・マクラウドについて：
堅い信頼の汗があらゆる政治の毛穴からにじみ出ている。

▶ **1498** 重要な局面でのアーネスト・ベヴィンの演説は、ほとんど公の場での処刑の恐ろしい魅力といってよかった。もし精神が影響を受けないとしたら、目と耳と感情は張り裂けていただろう。

◆ 下院で、1969.2.3

▶ **1499** 考えてみよ！ ホイップ党が過半数を占める第 2 の議院を。宦官の官殿だ。

◆「オブザーヴァー」1975.3.16、「今週の発言」

▶ **1500** ディズレーリは私のお気に入りのトーリー党員だった。純粋で単純な、あるいは不純で複雑な冒険家だった。グラッドストンが彼より優れていたと言えてうれしく思う。

◆ 下院で、1978.3.2

▶ **1501** 出世するたびに、有名になった半ば家で訓練されたイタチの真似をする必要はない。
※ ノーマン・テビットについて

▶ **1502** 自由党の指導者、デーヴィッド・スティールについて：
出世の望みを達成してから、少しの間も置かずに元老政治家に素通りしてしまった。

◆ 同上、1979.3.28

▶ **1503** もし民主社会主義が次の議会に正しい答えを提示できなければ、もう再び期待もされず、老練で有名な社会主義者の系譜は派閥のどろ沼と砂原の中へ消滅するかもしれない。

◈ アンソニー・サンプソン『変貌するイギリスの解剖』(1982)

▶ **1504** 政府が国民が欲しがるものをすべて与えるほど巨大であるということは、とりもなおさずあなたが所有するすべての財産を奪うほど巨大であるということだ。

Gerald Ford

ジェラルド・フォード(1909-)
アメリカの共和党政治家、アメリカ合衆国第38代大統領(1974-77)
フォードについて、アブズグ 2、ジョンソン 2079、モートン 2805 参照

◈ ジョン・F. パーカー『もし当選したら』(1960)。似た表現はバリー・ゴールドウォーターにも引用されている

▶ **1505** フォードであり、リンカンではない。
※副大統領就任宣誓をしたときに、1973.12.6

◈「ワシントン・ポスト」1973.12.7

▶ **1506** 長く全国的な悪夢は終わった。憲法は機能している。信頼される共和国は、法による政府であり、人による政治ではない。
※リチャード・ニクソンの後任の大統領として就任宣誓をした時に

◈ 演説、1974.8.9

▶ **1507** 真実はわが国の政府だけでなく、文明自体をも統一していく接着剤だと信じている。
※大統領就任宣誓をした時に

◈ 同上

▶ **1508** ソヴィエトの東欧支配は存在せず、フォード政権の下では今も将来もあり得ない。
※ジミー・カーターとのテレビ討論で、1976.10.6

◈ S. クラウス『大論争』(1979)

Howell Forgy

ハウエル・フォージー(1908-83)
アメリカの海軍司祭

▶ **1509** 神を賛美して、弾薬を手渡しましょう。
※真珠湾で、1941.12.7、フォージーが弾薬を甲板まで手渡している兵士たちの列に沿って歩きながら(後にフランク・レッサーの曲の題名になった、1942)

◈「ニューヨーク・タイムズ」1942.11.1

E. M. Forster

E. M. フォースター(1879-1970)
イギリスの小説家

▶ **1510** もし国を裏切るか友人を裏切るかを選択しなければいけないとしたら、国を裏切る根性があることを希望する。

▷ Harry Emerson Fosdick

▶ **1511** 民主主義への2つの喝采。1つは多様性を認めるからで、2つ目は批評を許すからである。2つの喝采でもう十分である。3つ目の喝采を与える状況ではない。ただ最愛の共和国への愛だけがそれに値する。

▶ **1512** 戦争がもたらすこれらの結果——嘘と宣伝、消えない憎悪、民主主義に代わる独裁、戦後にはびこる飢餓——をなくすために戦争を放棄する。

▶ **1513** 10億ドルの国ではないのか？
※第51回国会にて。「100万ドルの国会」という民主党の嘲笑に応えて

▶ **1514** 厄介で困難な時代に、何ものにも代えがたい母なる帝国がヨーロッパで見事に孤立している。

▶ **1515** 女性の権利拡張は、社会発展のすべての基本的原理である。

◆『民主主義への2つの喝采』(1951)、「信じること」
◆『同上』、「同上」(「愛せよ、最愛の共和国を」はスウィンバーンの詩「ハーザ」からの借用)

Harry Emerson Fosdick
ハリー・エマーソン・フォスディック(1878-1969)
アメリカのバプティスト派聖職者
◆ ニューヨークの休戦記念日説教、1933、『満ち足りた生活の秘密』(1934)所収

Charles Foster
チャールズ・フォスター(1828-1904)
アメリカの政治家
◆『ノース・アメリカン・レヴュー』1892.3、第154巻でやりとりを報告したトーマス・B・リードのものともいわれる

George Foster
ジョージ・フォスター(1847-1931)
カナダの政治家
◆『カナダ自治領の下院討論の公式報告』(1896)第41巻、1896.1.16。「ザ・タイムズ」1896.1.22はこの演説に「見事な孤立」の見出しで言及

Charles Fourier
シャルル・フーリエ(1772-1837)
フランスの社会主義理論家
◆『4つの運動の理論』(1808)第2巻

▶ **1516** 幼い家族がいてこの先数年、彼らにもっと多くの時間を捧げたい。
　※よく「家族により多くの時間を割く」と引用される

▶ **1517** あの小さな少年が、チャールズが生きている限り苦労の種になるだろう。
　※若きウィリアム・ピットに、息子チャールズ・ジェームズ・フォックスの予想される競争相手を感じて

▶ **1518** 彼［息子のピット］は人気はないが、一定の意見すなわち統治権は財産ではなく信用である、という意見を持っており主張するつもりであった。
　※ピットの議会改革計画について、1785

▶ **1519** 世界で初の大事件はなんと荘厳だったことでしょう！　最高の事件です！
　※バスティーユ監獄陥落について
▶ **1520** 晩年にフォックスの友人たちが貴族の称号を受け入れるべきだと提案した時に：
私の政治生活をそんな愚かな行動で終わらせはしない。
▶ **1521** 幸福に死ぬ。
　※臨終の言葉

Norman Fowler
ノーマン・ファウラー（1938-）
イギリスの保守党政治家
◆首相への辞表、「ガーディアン」1990.1.4 所収、サッチャー3848 参照

Caroline Fox
キャロライン・フォックス（1774没）
ホランド卿ヘンリー・フォックスの妻で、チャールズ・ジェームズ・フォックスの母親
◆伝聞

Charles James Fox
チャールズ・ジェームズ・フォックス（1749-1806）
イギリスのホイッグ党政治家、ホランド卿ヘンリー・フォックスとキャロライン・フォックスの息子
フォックスについて、ギボン1638、ホランド1918、ジョンソン2109、ショー=ルフェーヴル3583 参照
◆J. L. ハモンド『チャールズ・ジェームズ・フォックス』（1903）
◆リチャード・フィッツパトリックへの書簡、1789.7.30

◆『英国人名辞典』
◆ジョン・ラッセル卿『C. J. フォックスの生涯と時代』第3 巻（1860）

Henry Fox（ヘンリー・フォックス）➡ **Holland**（ホランド）を参照

▷ Anatole France

Anatole France
アナトール・フランス (1844-1924)
フランスの小説家、文学者
◆『赤いユリ』(1894)
◆『ウミスズメの島』(1908)

▶ 1522　彼ら［貧しい国民］は法の威厳ある平等の下で働かねばならない。その法は金持ちにも貧しい人々にも、橋の下で眠ること、道で物乞いをすること、そしてパンを盗むことを禁じている。

▶ 1523　平穏に統治された国家では、富は神聖なものである。民主主義では唯一の神聖なものである。

Francis I
フランソワ1世 (1494-1547)
1515年よりフランスの国王
◆『フランスの歴史上未発表の文書集』(1847) 第1巻

▶ 1524　持っていたすべてのもののうち、名誉と生命だけが容赦された。
　　※イタリアのパヴィア戦での敗北の後に母親に宛てた手紙、1525。よく「すべてを失い、名誉が守られた」と引用される

Barney Frank
バーニー・フランク
アメリカの民主党政治家
◆「デイリー・テレグラフ」1995.1.5

▶ 1525　理念は持っていない。だが理念を持つことがどんなに高尚かという理念は持っている……。抽象論と一般論の程度で調整しているに過ぎない。
　　※新しい共和党議長、ニュートン・ギングリッチについて

Felix Frankfurter
フェリックス・フランクファーター (1882-1965)
アメリカの裁判官
◆ マクナブ対合衆国裁判 (1943) で
◆ 国旗敬礼事件 (1943) で

▶ 1526　自由の歴史は、主に手続き上の規範順守の歴史であった。

▶ 1527　歴史上最も非難され迫害されてきた少数派の人が、わが国の憲法が保障している自由に鈍感であることはなさそうだ……。だが裁判官であるわれわれは、ユダヤ人でも非ユダヤ人でもなければ、カトリック教徒でも不可知論者でもない。

◆ 合衆国対ラビノウィッツ裁判 (1950) での少数意見

▶ 1528　自由の防衛手段が、必ずしも善良とはいえない人々を巻き込んだ論争から発展してきたということは、公正な歴史の物語るところである。

Benjamin Franklin
ベンジャミン・フランクリン (1706-90)
アメリカの政治家、発明家、科学者

▶ 1529　一時的な安全を得るために、本質的な自由を断念できる人々は自由も安全も手に入れる価値がない。

フランクリンについて、テュルゴー 3958 参照
◆『ペンシルヴェニアの歴史的回顧』(1759)
◆ 書簡、1765.7.11

▶ **1530** 王や議会にも勝る強圧的で無策で思い上がった税。前者から免れても、明らかに後者からの負担を背負うことになるでしょう。
　※印紙条例について

▶ **1531** 確かに全員が揃って絞首刑になるかもしれない、もっと正確に言えば別々に絞首刑にさせられるだろう。
　※独立宣言に調印して、1776.7.4（原文どおりではないかもしれない）

◆ P. M. ザル『ベン・フランクリン』(1980)

▶ **1532** この地で［フランスで］後世の人々がワシントンを何と言うか想像し、愉快になるでしょう。なぜなら 1,000 リーグという距離は 1,000 年という時間ととほとんど同じ意味があるからです。

◆ ワシントンへの書簡、1780.3.5

▶ **1533** 歴史上に良い戦争も悪い平和もありませんでした。

◆ ヨシュア・クインシーへの書簡、1783.9.11
◆ 伝聞

▶ **1534** アメリカ軍の司令官ジョージ・ワシントンは、モーゼの後継者のヨシュアと同様に、太陽と月にそのままであるように命じ太陽と月は従った。
　※ヴェルサイユでの晩餐会の乾杯の挨拶。イギリスの大臣がジョージ3世を太陽にたとえて乾杯し、フランスの大臣はルイ16世を月にたとえた

▶ **1535** 交易して壊滅した国はこれまでない。

◆『貿易政策の考え方』

▶ **1536** ハクトウワシが国章として選定されなかったら、よかったと思います。ごまかしと盗みで生計をたて、一般的に貧しく、そして時として金を持っている人間のように、非道徳な性質を持つ鳥です。
七面鳥は……はるかに尊敬できる鳥であり、そのうえ本当にアメリカ原産なのです。

◆ サラ・ベーチへの書簡、1784.1.26

▶ **1537** 「共和国になったのか、君主国になったのか？」と尋ねられて：
共和国だ、もし国民が維持できるのなら。

◆ 会話、1787.9.18

▶ **1538** この世界では死と税金以外は、何も確実だと言えるものはありません。

◆ ジーン・バプテスト・ル・ロイへの書簡、1789.11.13。ダニエル・デフォー『悪魔の歴史』(1726)、「死や税ほど確かなものは、もっと堅く信じられてよい」参照

▷ Lord Franks

Lord Franks
フランクス卿（1905-92）
イギリスの哲学者、行政官
◆「オブザーヴァー」1952.11.30
◆「サンデー・テレグラフ」1977.1.30

◆ 会話、1977.1.24、ピーター・ヘネシー『ホワイトホール』（1990）

▶ 1539　アメリカ国防総省、つまり机上にあって現代人に貢献する巨大な記念碑。

▶ 1540　オックスフォード感覚の秘密。1度に1人にだけ話してよい。

▶ 1541　王立委員会と査問委員会の組織構成について：物事には流行があり、流行の渦中にいれば沢山の難題解決を要求される。

Michael Frayn
マイケル・フレイン（1933-）
イギリスの作家
◆「オブザーヴァー」1965.8.8

▶ 1542　正直言って残念に思うのは、私があまり申し訳なく感じていないことだ。簡潔に言えばそれがむなしい自由主義者の課題だ。

Frederick the Great
フリードリヒ大王（1712-86）
1740年よりプロシアの国王
◆ 伝聞
◆ ヴォルテールへの書簡、1771.3.19
◆ 伝聞

▶ 1543　下賤の者どもよ、永遠に生きるのか？
　　※尻込みがちのコリン守備隊に、1757.6.18

▶ 1544　扉から偏見を追い払えば、窓から戻ってくるでしょう。

▶ 1545　臣民と相互に満足しあう合意に達した。彼らが好むことを言い、私が好むことをする。
　　※慈悲深い専制政治の解釈

E. A. Freeman
E. A. フリーマン（1823-92）
イギリスの歴史家
◆『歴史研究の方法』（1886）

▶ 1546　歴史は過去の政治であり、政治は現在の歴史だ。

John Freeth
ジョン・フリース（1731頃-1808）
イギリスの詩人
◆「ボタニー湾」、『ニュー・ロンドン・マガジン』（1786）所収

▶ 1547　アメリカが独立した損失を何で埋め合わせるか？
　　新しい植民地がボタニー湾を求めている。

Milton Friedman
ミルトン・フリードマン

▶ 1548　法人役員が株主のために可能な限りの利潤を稼ぐよ

(1912-)
アメリカの経済学者、マネタリズムの主唱者、レーガン大統領の政策顧問 (1981-89)
◆『資本主義と自由』(1962)

▶ **1549** 経済学者は経済の運営方法は知らないかもしれないが、市場原理で価格を規制したり、または政府が打ち出す政策を支持することで、どうすれば容易に供給不足や供給過剰が創出できるかを知っている。

◆ 1962、伝聞

▶ **1550** インフレーションが作られる場所は 1 箇所だけである。ワシントンだ。

◆ 1977、伝聞

▶ **1551** 自由よりも平等——結果の平等という意味で——を導入している社会では、最後には平等も自由も残らないだろう。

◆『選択の自由』(1980)

▶ **1552** 10代の、特に黒人の高い失業率は、社会不安の不面目で深刻な原因である。また主に最低賃金法の結果である。最低賃金法を、法令のなかで最悪の、最悪ではないとしても反黒人の法律とみなすことである。

◆『同上』

▶ **1553** 政治には見えない手があって、市場の見えない手の反対方向に作用する。政治にあっては公共的善のみを増進しようとする個人は、見えない手によって、増進する意図のない特別な利益を増進するように導かれる。

◆『輝かしい約束、憂鬱な行動——経済学者の抗議』(1983)

▶ **1554** 天界に感謝します、苦しみを与える政府を授からなかった。

◆ 伝聞、ハリス卿がイギリス貴族院で引用、1994.11.24

Robert Frost
ロバート・フロスト (1874-1963)
アメリカの詩人
◆「砂漠の地」(1936)

▶ **1555** 若い時には決して過激派になることはできなかった、老いた時に保守的になってしまうのを恐れたからだ。

J. William Fulbright
J. ウィリアム・フルブライト (1905-95)
アメリカの上院議員
◆ アメリカ上院での演説、1964.3.27

▶ **1556** おそらく慎重とは言えないが、正確であり得る「平和的共存」の一種と定義された政策。

◆ 同上

▶ **1557** あえて「考えられない」思考法を考えねばならない。複雑で急速に変化していく世界で対面する、あらゆる選択権と可能性を探究することを学ばなければならない。異議の声を怖れずに受け入れることを学ばねばならない。

あえて「考えられないこと」について考えねばならないのは、物事が考えられない事態になったときに、思考が停止し愚考を犯すことになってしまうからだ。

Thomas Fuller
トーマス・フラー（1654-1734）
イギリスの作家、内科医
◆『金言集』(1732)、デニング 1232 参照

▶ 1558　決してそんなに高尚になるな、法は頭上にある。

Alfred Funke
アルフレッド・ファンク（1869 誕生）
ドイツの作家
◆『剣とギンバイカ』(1914)

▶ 1559　神はイギリスを罰する！

David Maxwell Fyfe（デーヴィッド・マクスウェル・ファイフ）➡ **Kilmuir**（キルミュア）を参照

G

Hugh Gaitskell
ヒュー・ゲートスケル（1906-63）
イギリスの労働党政治家、1955年より労働党党首
ゲートスケルについて、ベヴァン 452、クロスマン 1165 参照
◆ 労働党大会での演説、1960.10.5
◆ 同上、1962.10.3

▶ 1560　幾人かは……愛する党を救うために戦い、戦い、戦いぬくだろう。
※単独軍縮に賛成する投票に反対して

▶ 1561　1,000 年の歴史の終わりを意味する。
※ヨーロッパ連邦化について

John Kenneth Galbraith
ジョン・ケネス・ガルブレイス（1908-）
カナダ生まれのアメリカの経済学者、西側社会の経済成長の普遍化という先入観への批判で知られている。インド駐在アメリカ大使（1961-63）

▶ 1562　第 2 次世界大戦のドイツの敗北について：
彼らが負けたのは独裁制の生来的な無能力と、自由の生来的な効率性との決定的な証拠となる。

- **1563** 飢えた人々に食べ物の、凍えた人々に燃料の、家のない人々に家の宣伝をする必要はない。

  ◆『フォーチュン』1945.12
  ◆『アメリカの資本主義』(1952)

- **1564** [知性が不活発なのは]野党の病気です、主導権と想像力は一般的に行動への責任が伴うものです。

  ◆ アドレー・スティーヴンソンへの書簡、1953.9.

- **1565** 豊かな社会。

  ◆ 本の題名(1958)

- **1566** 俗信。

  ◆『豊かな社会』(1958)

  ※「いつでも根気強く厳粛に、そして容赦なく陳腐な知識人同士でやりとりされる政治信条」への皮肉な言葉

- **1567** 現代は社会的訓練を積んだ人々や政治的誠実さのある人々が、働く快適さとまともさを求めている時代である。論争好きな人が社会体制を混乱させるとみなされる時代である。独創性が不安定の象徴ととられる時代である。そして、聖書のたとえ話のあまり知られていない形容で言えば、面白みのない人が面白みのない人を導く時代ということである。

  ◆『同上』

- **1568** 無意味で堅固な錨の方が、思想の荒れた海上に出るよりもずっとずっとましなことだ。

  ◆『同上』

- **1569** 公的サーヴィスが個人消費に追いついていないコミュニティでは、事態は極端に違っている。つまり個人の贅沢と公共の貧弱さという状況の中では、全般的に個人財が影響力を持っている。

  ◆『同上』

- **1570** 富が大きくなれば、無価値のものも増大するだろう。

  ◆『同上』

- **1571** 政治は可能なことの芸術ではありません。不吉と不快の選択から成り立っています。

  ◆ ケネディ大統領への書簡、1962.3.2、ビスマルク 522 参照

- **1572** 政府自身が知らない政府の意図を知ることはできない。

  ◆ J. K. ガルブレイス『われわれの時代の生活』(1981)

  ※「情報についてのガルブレイスの第1法則」、1960年代初頭に公式化された

- **1573** 政治には、損をして譲らなければならない場合がある。

  ◆ 伝聞、1968

- **1574** ガルブレイスの法則は、自分は決して辞職しないと4回言った者が、必ず辞職することを明確に記述している。

  ◆ 伝聞、1973

- **1575** なぜ人の国への愛情はかつて女性にそうであったように、たった1回に制限されるべきなのか理解できないでいる。

  ◆『われわれの時代の生活』(1981)

- **1576** 観客が喜ぶスポーツ政治の立場を縮小させてきたのは……テレビの問題ある仕業の1つである。テレビのニュース・アナウンサーは試合の進行については息継ぎなしでしゃべるが、その試合が何の価値を持つのか触れない

  ◆『同上』

- **1577** 残念ではあるが結果が出た経験は有益である。経済学者は誰も否定すべきではない、また否定する学者もいない。 ◆『同上』
- **1578** 公共行政では賢明な良識として、結果的に生じるであろう失望を最低限に押さえるように、可能な限り低い水準で公共への期待を保とうとしているように見える。 ◆『同上』
- **1579** 公職についていると、自己検閲は自立的に行われるだけではなくその人の個性の一部分になる。 ◆『同上』
- **1580** ピューリタンと長老派では、健康で新鮮な空気のもとに行きさえすれば——かつ安全に視界から消えさえすれば——それほど苦しむことはないと固く信じられている。 ◆『同上』
  ※都市の貧困と対比して、一般の人々の田舎への見方
- **1581** 地球上の人種のうちインド人が飛び抜けて雄弁への意欲がある。 ◆『同上』
- **1582** 普遍的に存在し始めた幸福という事実から、貧しい人々の新しい立場が生まれた。だがもはやほとんどのコミュニティで少数派となった。国民の声は比較的に富裕な人々の声でもあった。政治家は投票を獲得するにあたって、極貧の国民への依存を減らすことが望まれるようになっただろう。そこで同情が不確かな代役であっても代替しなければならなかっただろう。 ◆『同上』
- **1583** 市民行政は議論と合意に支えられる。軍事行動は情報と命令に支えられる。後者は特に学究生活の一貫性のない伝統を受け継ぐ学者にとって、有益で近づきやすさがある。このことが軍事事件に出会う学者ほど、危険で好戦的になる国民があまりいない理由だ。 ◆『同上』
- **1584** 外交政策に頻発する危険な影響の１つは——良識ある行動を取ったことの政治的な結果への恐怖である。多くの場合、歯牙にもかけないのだが。 ◆『同上』
- **1585** 大統領（と他の高級官僚たち）のあまり知られていない能力の１つは、彼らの沈黙を買える程度の共感を示して批判者に耳を傾けることだ。 ◆『同上』
- **1586** トリクル・ダウン理論は——誰かが馬に十分なオートムギを与えたら、何頭かはスズメに場所を譲って道へ出て行くだろう、というエレガントでない隠喩よりも確率は低い。 ◆『満足の文化』(1992)

Indira Gandhi
インディラ・ガンジー (1917-84)

- **1587** 政治とは権力の獲得、維持、行使の技巧である。

インドの女性政治家、ジャワハーラル・ネルーの娘、インド首相（1966-77、1980-84）
◆ 伝聞、1975

Mahatma Gandhi

マハトマ・ガンジー（1869-1948）
インドの民族主義者、精神的指導者
ガンジーについて、ナーイドゥ 2819、ネルー 2840 参照
◆『ヤング・インド』1922.3.23

▶ 1588　非暴力は信念の最初の項目である。それはまた信条の最後の項目でもある。
　　※シャイ・バッグでの演説、1922.3.18。煽動の罪を問われて

◆ E. F. シューマッハー『よい仕事』（1979）

◆『戦争と平和の非暴力』第 1 巻（1942）

▶ 1589　現代文明をどう思うか尋ねられて：
それは良い思想だろう。
　　※イギリス訪問中に、1930

▶ 1590　狂気に満ちた破壊が全体主義か、または神聖なる自由または民主主義の名のもとで行われたとしても、死人、孤児、そしてホームレスに違いは何か出てくるのか？

▶ 1591　どうぞ続けてください。今日は沈黙の日です。
　　※会談でイギリス政府使節団に渡したメモ、1942

◆ ピーター・ヘネシー『2 度目はない』（1992）

◆『戦争と平和の非暴力』第 2 巻（1949）

▶ 1592　奴隷が自分がもう奴隷ではないと決心した瞬間、足かせは外れる。彼自身自由となり、その方法を仲間に理解させる。自由と奴隷制は精神の持ちようである。

James A. Garfield

ジェームズ・A. ガーフィールド（1831-81）
アメリカの共和党政治家、アメリカ合衆国第 20 代大統領。大統就任の数ヶ月後に暗殺

▶ 1593　友人である市民たちよ。神は君臨し、ワシントンの政府は生きている！
　　※リンカン大統領暗殺についての演説、1865

◆『ガーフィールド大統領の死』（1881）

◆ ニューヨークのウィリアムズ・カレッジの卒業生への演説、1871.12.28

▶ 1594　この議論が真の教師の価値を語らずに終わるのは好ましいとは思わない。私には丸太小屋をもらおう。質素なベンチと、目の前にマーク・ホプキンス［ウィリアムズ・カレッジ学長］が座っていてくれればそれでいい。君たちはこのカレッジの建物全部、機材も図書館もすべて取るがいい。ただし、マークは抜きだ。

Giuseppe Garibaldi

ジュゼッペ・ガリバルディ
(1807-82)
イタリアの愛国者、軍指揮官
◆ ジュゼッペ・グエルゾニ『ガリバルディ』(1882)第1巻（逐語的記録ではない）

▶ 1595　諸君、ローマから出征するところだ。外敵と戦争したいと思う人は誰でも、一緒に行こう。あなた方に名声も賃金も提供することができない。それどころか飢え、乾き、強制的行軍、戦闘が、死をもたらす。それでも祖国を愛するものは誰でも、ついて来なさい。

John Nance Garner

ジョン・ナンス・ガーナー
(1868-1967)
アメリカの政治家
◆ O. C. フィッシャー『サボテン・ジャック』(1978)

▶ 1596　副大統領の地位は温かい小便の水差し一杯分の価値もない。

William Lloyd Garrison

ウィリアム・ロイド・ギャリソン
(1805-79)
アメリカの反奴隷制活動家
◆『ザ・リベレイター』1831.1.1、「卒業式の演説」
◆「マサチューセッツ州の反奴隷制協会」に採択された決議案、1843.1.27
◆ W. P. ギャリソン、F. J. T. ギャリソン共著『ウィリアム・ロイド・ギャリソン』(1885-89)第1巻

▶ 1597　私は真面目で――私は言葉を濁さない――私は言い訳しない――私は1インチも後退しない――そして私は聞かせる！

▶ 1598　北部と南部の間に存在する合意は、「死との契約と地獄との協定」である。

▶ 1599　分別ある人々に、理を説こう。思いやりのある人々に、嘆願する。しかし暴君には、何の慈悲も与えなければ、明らかに論破できる無駄な議論もしない。

James Louis Garvin

ジェームズ・ルイス・ガーヴィン(1868-1947)
イギリスのジャーナリスト、「オブザーヴァー」編集者
◆ 伝聞

▶ 1600　1時間喋り、議会をポケットにしまった。
　　　　※ F. E. スミスの下院での処女演説について、1906.5.12

Eric Geddes

エリック・ゲッデーズ(1875-1937)
イギリスの政治家、行政官
◆ ケンブリッジでの演説、

▶ 1601　ドイツ人たちはこの政権が復活すると、イギリスに最後の1ペニーまで要求しようとする。イギリス国民はレモンの種から絞られるように搾取されるだろう。

1918.12.10

George II
ジョージ2世（1683-1760）
1727年よりイギリスとアイルランドの国王
◆ ポーツマスでの演説、おそらく1716、ジョセフ・スペンス『逸話集』（J. M. オズボーン編、1966）所収

▶ 1602　臣民の利益、臣民すべての財産に戦いをしかけられている。

George III
ジョージ3世（1738-1820）
1760年よりイギリスとアイルランドの国王
ジョージ3世について、ウォルポール4016参照
◆ 国会開会に際しての国王の演説、1760.11.18

▶ 1603　この国で生まれ教育されて、大英帝国人の名のもとに誇りに思う。

◆ 1765、ホラス・ウォルポール『ジョージ3世の統治』（1845）

▶ 1604　2時間退屈させて時計を見て、もう1時間話しても私を退屈させないだろうかと考える。
　　※ジョージ・グレンヴィルについて

◆ ハードウィック卿への書簡、1767.7.10

▶ 1605　グレンヴィルを私のクローゼットに閉じ込めておくのではなく、剣で脅してでもむしろ会いたいのです。
　　※ジョージ・グレンヴィルについて

▶ 1606　アメリカについて：
不正行為は、そこの住民の明確な特徴です。つまり、最終的には彼らが異邦人ということになったのもそう悪いことではないかもしれません。

◆ シェルバーン卿への書簡の下書き、1782.11.10

George V
ジョージ5世（1865-1936）
1910年よりイギリスとアイルランドの国王
◆ ロンドン市庁舎での演説、1901.12.5（演説は1911年に「立ち上がれ、イギリス」というタイトルで再印刷）

▶ 1607　思い切って、海の向こうの同胞たちの間に、全般的に広がっている印象について言及する。つまり、もし外国の競争相手に対し植民地貿易の傑出した昔の地位に固執するのならば、伝統ある国は立ち上がらなければならない。

◆「ザ・タイムズ」1922.5.15

▶ 1608　凄惨な戦争の静かな証人として集められたこの方々よりもすぐれて、将来にわたって地球上の平和の力強い主

▷ George VI

張者が存在し得るのかどうか、と何度も自問してきた。
　　※ブローニュの共同墓地でのメッセージ、1922.5.13

▶ 1609　政府の威光を、自分の威光に利用することなく執務してきた。
　　※退任する首相ラムゼー・マクドナルドに

◆ ラムゼー・マクドナルドの日記、1934.6.7

▶ 1610　もう戦争はしない。私は決してしない。この戦争は何も私が起こしたわけではなく、もしまた国民が戦争に巻き込まれる恐怖に陥ったら、トラファルガー広場で国が巻き込まれる前にいちはやく自分で赤い旗を振るつもりだ。

◆ アンドリュー・ロバーツ『著名なチャーチル支持者たち』(1994)

▶ 1611　アンソニー・イーデンとの会話で、1935.12.23。サミュエル・ホアが外相を辞任したことについて：
あなたの前任者に言った。「国民が揃ってニューキャッスルにもう石炭はなく、パリにはもうホアはいないと話していることが耳に入っているか」と。やつは笑いもしなかった。

◆ エイヴォン伯爵『独裁者と向き合うこと』(1962)

▶ 1612　私が死んだら、息子は12ヶ月で身を滅ぼすだろう。
　　※息子、将来のエドワード8世について

◆ キース・ミドルマス、ジョン・バーンズ共著『ボールドウィン』(1969)

▶ 1613　ボグナー野郎。
　　※1929年に、国王が重体から回復したことで街の名をボグナー・リージスにしようという提案があった時、もしくは1936年に臨終の床で、「元気になってください、閣下、すぐボグナーで静養してください」と誰かが言った時のコメント

◆ ケネス・ローズ『ジョージ5世』(1983)

▶ 1614　帝国はどうなった？
　　※死亡する朝、私設秘書に。おそらく「ザ・タイムズ」の帝国と外国のページを開いて

◆『同上』

▶ 1615　諸君、待たせて大変申し訳ない。集中できない。
　　※臨終に際して

◆ ウィグラム卿の覚え書、1936.1.20

George VI

ジョージ6世(1895-1952)
1936年よりイギリスと北アイルランドの国王

▶ 1616　極悪人ヒトラーがすべてを狂わせたことは憎むべき[ことだ]。
　　※ナチス―ソヴィエト協定を聞いて、1940

◆ アンドリュー・ロバーツ『著名なチャーチル支持者たち』(1994)

▶ 1617　個人的には今、礼儀正しくしたり機嫌をとったりしなければならない同盟国がないことに幸せを感じています。
　　※メアリー皇太后に、1940.6.27

◆ ジョン・ホイーラー＝ベネット『国王ジョージ6世』(1958)

▶ 1618　アトリー：選挙に勝利しました。

◆ ピーター・ヘネシー『2度目

ジョージ6世：知っている。6時のニュースで聞いた。
　　※国王と新しく選出された労働党首相との初めてのやりと
　　　り、1945.7.26。おそらく捏造
▶ **1619**　えーと、首相が難局に直面していることは知っている。言いたいのは、「公務員様々」である。
　　※労働党の選挙勝利の直後に
▶ **1620**　ハリー・トルーマン：革命を成就された。
　ジョージ6世：いや違う！　ここにそんなものを持ち合わせてはいない。
　　※選挙で労働党勝利の直後、トルーマン大統領がイギリスを訪問中に
▶ **1621**　現在すべてが進行中である。近いうち、私自身も進行させなければならないだろう。
　　※1949年頃、クノール・パークのサクヴィル＝ウェスト家がナショナル・トラストに売却されたと聞いて

▶ **1622**　自由よ、なんじの名において何の自由が奪われるのか！

▶ **1623**　贅沢を拡大させ「持てる家」と「欲する家」との差異を明白にさせるために、現代の発展がもたらす肥大化した富がさらに巨万の富を築き上げようとし続ける限り、発展は現実ではなく永遠に達成できない。

▶ **1624**　選挙される君主政治では、君主の空席は危険と損害を伴う重大な瞬間である。

▶ **1625**　ヨーロッパに多数の独立国家をつくることは、互いに宗教、言語、生活様式が類似し関連しており、人類の自由にとって最高の有益な結果をもたらすのだ。

▶ **1626**　崇拝の多様な様式はローマ世界で普及したものだが、当時人々からはそれぞれが正式なものだとみなされていた。だが哲学者は間違いだとしていた。行政官は有益としていた。そして立場の異なるそれぞれの容認は相互の寛大さを生み出しただけでなく、信仰の一致さえも誕生させ

はない』(1992)

◆ ヒュー・ダルトン『政治日記』
　　(1986)、1945.7.28

◆『同上』

◆ アンドリュー・ロバーツ『著名なチャーチル支持者たち』
　　(1994)

Daniel George
ダニエル・ジョージ
イギリスの作家
◆『永遠の悲観論者』(1963)

Henry George
ヘンリー・ジョージ(1839-97)
アメリカの経済学者、社会改革者
◆『発展と貧困』(1879)、序

Edward Gibbon
エドワード・ギボン(1737-94)
イギリスの歴史家
◆『ローマ帝国の衰退と崩壊』
　　(1776-88)
◆『同上』

◆『同上』

- 1627 　自由憲法の原理は立法権が行政権に牛耳られた場合、修復しようもなく失われる。　◆『同上』
- 1628 　偉大な地位に登りつめることは、どのように危険であっても、活動的な精神にとっては自らの力を存分に意識し、発揮する機会になるかもしれない。しかし君主の地位を保持するだけでは、野心の満足を持続させることはできないだろう。　◆『同上』
- 1629 　歴史は……間違いなく人類の犯罪、愚行、災難の記録に過ぎない。　◆『同上』
- 1630 　いつの時代もどこの国家でも、男女の性のうち賢い方があるいは少なくとも強い方が国家権力を強奪し、もう一方を家庭生活の心配事や楽しみへと押し込めてきた。　◆『同上』
- 1631 　暴君の理論によると、君主の能力があると思われる人々は死に値し、熟慮する人々はすでに謀反を起こしている。　◆『同上』
- 1632 　堕落は、憲法の言う自由の最も避け難い徴候である。　◆『同上』
- 1633 　いたずら行為をするのに決心する心、たくらむ頭、実行する手があった。　◆『同上』
    ※コムネヌス家について
- 1634 　同情は遠方の窮乏に冷たいものだ。　◆『同上』
- 1635 　説得は弱者への方便である。だが弱者はめったに説得に応じない。　◆『同上』
- 1636 　人間であれば、前進しないのなら後退しなければならない。　◆『同上』
- 1637 　雄弁に感銘し政治手法に賛成し、騎士道的精神を尊敬し迷信的行為すら許すことができます。　◆ シェフィールド卿への書簡、1791.2.5
    ※エドマンド・バークについて
- 1638 　犬を可愛がらなければなりません、思う通りにさせてやりましょう。　◆ 同上、1793.1.6
    ※チャールズ・ジェームズ・フォックスについて
- 1639 　風刺家は笑い、哲学者は説教するかもしれないが、良識とは経験が浄化させていく習慣や偏見自体を尊ぶことである。　◆『わが人生の記録』(1796)

Kahlil Gibran

- 1640 　あなたは「金もうけのために祖国を利用しよう」と自分に言い聞かせている政治家だろうか？　または「忠実な下僕として祖国に奉仕することを愛しているか」と内なる自身の耳に囁く献身的な愛国者だろうか？

カーリル・ジブラーン(1883-1931)
シリアの作家、画家
◆『新開拓者』(1931)

W. S. Gilbert

W. S. ギルバート (1836-1911)
イギリスの喜劇作家、風刺詩作家
◆『軍艦ピナフォア』(1878)
◆『ペンザンスの海賊』(1879)

▶ 1641　いつも政党の要求の通りに投票し、
　　　　一度も自分の頭で考えたことはない。

▶ 1642　所信を聞いて動かされないイギリス人はいない。
　　　　なぜなら、国民の誤解なのだが、貴族院を愛しているから。

▶ 1643　時として喜劇だと思う
　　　　創造主が常にどのように思案されようとも
　　　　少年、少女のすべてが今の世界に誕生してきて
　　　　小さな自由か、
　　　　それとも小さな保守か！

◆『アイオランジ』(1882)

▶ 1644　貴族院は戦争中、
　　　　特に何もせずに、
　　　　何もしないことを上手にやった。

◆『同上』

▶ 1645　下院議員たちが分裂して、
　　　　彼らに脳と小脳があれば、
　　　　脳を外に残してきたに違いない、
　　　　そうして指導者の言うとおりきっぱりと投票する。

◆『同上』

▶ 1646　怠惰な下院議員たちによく近づいてみると、
　　　　みんな誰もが平静でいられない考えをしている。

◆『同上』

▶ 1647　熱狂して、
　　　　讃える馬鹿者、
　　　　歴史上の今以外、世界中で彼の国以外。

◆『ミカド』(1885)

▶ 1648　万物は平等である。
　　　　伯爵、侯爵や石工、
　　　　花婿、執事や料理人、
　　　　クーツ銀行に預金する貴族、
　　　　長靴を磨く貴族。

◆『ゴンドラの舟人』(1889)

Ian Gilmour

イアン・ギルモー (1926-)
イギリスの保守党政治家
◆『教義は踊る』(1992)

▶ 1649　不幸にも、通貨主義はマルクス主義同様、理論にとっても死よりも悪い運命に陥った。実行に移されたのである。

Newton Gingrich

ニュートン・ギングリッチ
(1943-)
アメリカの共和党政治家、1995年より下院議長

▶ 1650　ロバート・ドール上院議員について：
　　　　福祉国家を目指す徴税員。

▷ George Gipp

▶ **1651** 福祉国家の最大の知的失敗の1つは、働く納税者であるアメリカ人にのみ犠牲を求める強い傾向である。

▶ **1652** 12歳が子供を産み15歳が殺し合い、17歳でエイズで死に18歳でも卒業証書が読めない社会、そういう文明は生き残れない。
　　※共和党選挙で勝利した後で、1994.12

▶ **1653** ギッパーのために一丸となって勝利しよう。

▶ **1654** なぜ大統領選挙に引き続き出馬しないのかということを説明して：
年齢、ブルジョア化、距離ともに一般庶民から遊離しすぎ、同志からも支持されず、世論調査の支持率も低すぎすでに試食した国民はその経験を繰り返そうとはしていない。

▶ **1655** アイルランド、アイルランドだ！　西にあるその雲は嵐をもたらす。

ギングリッチについて、フランク1525参照
◆「ニューヨーク・タイムズ」1984.9.9
◆「今日のアメリカ」1995.1.16
◆「ザ・タイムズ」1995.2.9

George Gipp
ジョージ・ギップ（1920没）アメリカのフットボール選手。1940年の映画、『全米代表、クヌート・ロックニー』の後に、この不滅の台詞を言ったロナルド・レーガンに結びつけられるようになったキャッチフレーズ

Valéry Giscard d'Estaing
ヴァレリ・ジスカール・デスタン（1926-）フランスの政治家、大統領（1974-81）
◆「インディペンデント・日曜版」1995.3.5、「今週の発言」

William Ewart Gladstone
ウィリアム・ユーアート・グラッドストン（1809-98）イギリスの自由党政治家、首相（1868-74、1880-85、1886、1892-94）
グラッドストンについて、バジョット271、チャーチル936、962、ディズレーリ1328、1345、フット1500、ヘネシー1855、キング2221、ラボーチェリ2282、マコーレー2506、ソー

▶ 1656　政府の制度に新設された神の否定なのです。

▶ 1657　財政はいわば一国の胃袋であり、あらゆる臓器はそれに同調する。
※財政問題について、1858

▶ 1658　あなたの任務は国を治めることではなく、もし正しいと考えるなら、国を治めようとする人の責任を問うことである

▶ 1659　あなた方の「言論統制」を解きにきた。
※マンチェスターでの演説、1865.7.18。オックスフォード大学で、議会人として失脚した後に

▶ 1660　あなたは未来とは闘えない。時間はわれわれの側にある。
※選挙法改正案について

▶ 1661　私の使命はアイルランドを平和にすることだ
※第1次内閣を組閣した際のニュース、1868.12.1

▶ 1662　人生を泳ぎきろうとする時、あまりに多くの国を曲がりくねっていると、その川が流れている土地の様子を十分見ることはできない。

▶ 1663　われわれは、ジンとビールの奔流のただ中に生まれた。

▶ 1664　ホメーロスの祈りが罪を犯した後に遅れてくるように、人間の正義は誤りの後にゆっくりやってくる。

▶ 1665　イギリスでは、自由への愛自体は貴族主義への愛よりも強くはない。

▶ 1666　今トルコ人から唯一可能な方法で抑圧を除去し、すなわち一切合財のすべてを自己解放させるには、荒廃され神聖を汚された地方からまず立ち直ることであると期待する。

▶ 1667　[イギリス憲法は]他のどんな憲法よりも大胆に、これを執行する人々に良識と誠意があると仮定している。

▶ 1668　国教僧侶は日常的にトーリー党の軍隊でありましょう。

▶ 1669　敵に対抗する文明の源はまだ枯渇していない。
※アイルランド国土連盟について

▶ 1670　ここにいる紳士たちが帝国の崩壊、分割という強奪

ルズベリー3361、ヴィクトリア3977、3979参照
◆妻への書簡、1845.10.12
◆ナポリ政府州検察についてアバディーン伯爵への書簡、1851
◆H. C. G. マシュウ『グラッドストン 1809–1874』(1986)

◆下院で、1869.1.29

◆ジョン・モーリー『グラッドストンの生涯』(1903) 第2巻

◆下院で、1866.4.27

◆H. C. G. マシュウ『グラッドストン 1809–1874』(1986)
◆日記、1868.12.31

◆兄弟への書簡、1874.2.6

◆『現代批評』1876.12

◆『19世紀』1877

◆『ブルガリアの恐怖と東洋の問題』(1876)

◆『過去の落ち穂拾い』(1879) 第1巻
◆グードウィン僧正への書簡、1881.9.8
◆リーズでの演説、1881.10.7

◆ノーズリーでの演説、

に向かって前進しようとしていることは明白な事実である、そして残念ながら帝国の他の地方では互いに敵意を抱き続けている。
　　※アイルランド国土連盟について

▶ **1671**　報告で明らかなように、帝国の現実の権力に、インドは何も加えてはいない。逆に強力に、帝国政府の責任を増やしている。

▶ **1672**　道徳や原則の点で、マールボローのジョンから始まってチャーチルのような人は出ていない。

▶ **1673**　理想的な完全形はイギリス法制度の本当の基礎ではない。われわれは実現可能である形を見つめる。われわれはすこぶるイギリス人らしく、イギリスの人々のために最善の結果を約束する道からはずれて、ユートピアでなら達成されるであろう明るい完成像を描いたりはしない。
　　※選挙法改正について

▶ **1674**　エジプトの最初の占領地は、盗んだりしたわけでもないが、ある種、北アフリカ帝国の卵のようなものだろう。拡大していってそれは赤道を越えてナタールとケープタウンで手を結ぶまでになって、南のトランスヴァールやオレンジ川は言うまでもなく、アビシニアとかザンビアを旅の最後の聖餐として平らげるまでに成長を重ねるだろう。

▶ **1675**　敢えて言えば、大きな問題のその上に、どの問題よりも大きく、重く乗っているのは、真実、正義、人道主義といった結論を導く考えを指導、決断するものである。私は階級に対抗する大衆を後援する。

▶ **1676**　胸に秘めた気持ちを語ろうと思う、古い議会の手法であるが、今同じことをするように助言したい。

▶ **1677**　私の理解からすると、歴史上、今絶好の瞬間にいるのであって、機会は去来するが2度と巡ってこないものだ。
　　※地方自治法案の第2読会について

▶ **1678**　祈りがすべてを吸収する。アイルランド、アイルランド、アイルランド。

▶ **1679**　泣き虫内閣。
　　※最後の閣議で泣いた閣僚について

▶ **1680**　シチリア人の頑固者が私にしてきたことを、女王に行ってきた。
　　※ヴィクトリア女王との関係についての覚書、1894.13.20

▶ **1681**　霧を吸って洪水のように吐き出す。

　1881.10.27

◆H. C. G. マシュウ『グラッドストン 1875-1898』(1995)

◆1882 の会話、キャプテン・R. V. ブリスコの記述による。R. F. フォスター『ランドルフ・チャーチル卿』(1981)

◆下院で、1884.2.28

◆『東方の自由とエジプトへの攻撃』(1884)

◆リヴァプールでの演説、1886.6.28

◆下院で、1886.1.21

◆同上、1886.6.7

◆日記、1887.4.10

◆同上、1894.3.1、メモ

◆『自伝的覚書 1868-94』(1981)

◆リドル卿『重大事』(1927 編)

※公的発言について
▶ **1682** 絶対に人生などではない。何も語らずに 3 巻にもなる。
　※ J. W. クロスの『ジョージ・エリオットの人生』について
▶ **1683** わが国は残虐行為、愚行、無政府の年月を重ねたすえに当然の結果として、アイルランドを失うことになった。敵としてではなく、むしろ友人として失いたかった。
▶ **1684** ［お金は］国民のポケットにたくさんあるはずだ。
▶ **1685** ある人物の道徳的行為に関して、他人が結論めいた判断を下せるような知識——その背景や取り巻く出来事、決断を促した本当の理由——を知っている場合は極めて稀だ。

◈ E. F. ベンソン『もしそうだとしたら』(1930)
◈ マーゴット・アスクィス『さらなる記憶』(1933)
◈ H. C. G. マシュウ『グラッドストン 1809–1874』(1986)
◈『同上 1875–1898』(1995)

▶ **1686** ジョージア州のトーマス・グラスコック将軍がアメリカ上院議員に当選し、共通の友人がヴァージニア州のヘンリー・クレーに紹介しようとした時に：
いや結構です。仇敵でいたい、彼の魅力の虜になろうとは思わない。

Thomas Glascock
トーマス・グラスコック
アメリカの上院議員
◈ ロバート・V. レミニ『ヘンリー・クレー』(1991)

▶ **1687** バターだけではこの急場はしのげない。例えば、銃だ。攻撃されたらバターではなく、銃で防衛するしかない。

Joseph Goebbels
ジョゼフ・ゲッベルス (1897–1945)
ドイツのナチ指導者
◈ ベルリンでの演説、1936.1.17、ゲーリング 1688 参照

Hermann Goering
ヘルマン・ゲーリング (1893–1946)
ドイツのナチ指導者

▶ **1688** バターがない、おたずねする。バターと銃とどちらを取るのですか。……準備は国民を強力なものにする。バターは太るだけだ。

◈ ハンブルグでの演説、1936、W. フリショウアー『ゲーリング』(1951)、ゲッベルス 1687 参照
◈ W. L. シラー『第三帝国の隆盛と崩壊』(1962)

▶ **1689** ここにドイツ支配下におけるヨーロッパ領土のユダヤ問題の完全解決のために、すべての準備を遂行するよう命令する。
　※ハイドリッヒへの指令、1941.7.31

Nikolai Gogol

▶ 1690　［ロシアよ］お前もまた、何ものも追い抜けない、元気なトロイカのように突っ走るのか？　地上のあらゆる物事は目にも止まらぬ早さで飛び去り、他の民族や国家は脇によけたり道を開いたりする。

▶ 1691　外交とは行動すべきこと、発言すべきことをその通りにすることだ。最高に腹のたつようなことを、最高に素敵な方法で。

▶ 1692　アメリカ、果てしなき可能性のある国

▶ 1693　事実、そこで無政府主義とは宗教の支配から人間の精神の自由を、富の支配から人間の肉体の自由を、政府の束縛と抑圧からの自由を支持するものだ。

▶ 1694　それは愛国者の誇り、放浪していて、最初で、最高で、最善の国とは家庭である。

▶ 1695　法律は貧者をすり潰し、富める者は法律を支配する。
▶ 1696　耐えられるには人間の心はなんと小さいことか。そこを法律や国が訴訟にしたり救済したりする。
▶ 1697　国は破綻し、不合理を急いで餌食にするために、富が計算され、人々は腐敗する。
王子や貴族は潤うか、衰退する。
呼吸が彼らを造ってこられたし、呼吸がそのようにしてきた。
だが勇気ある田舎者は、国の誇りだ、
ひとたび破壊されれば、2度と生み出されない。

Nikolai Gogol
ニコライ・ゴーゴリ (1809-52)
ロシアの作家
◆『死せる魂』(1842)

Isaac Goldberg
アイザック・ゴールドバーグ (1887-1938)
◆『反射』1927.10

Ludwig Max Goldberger
ルードウィグ・マックス・ゴールドバーガー (1848-1913)
◆『果てしなき可能性のある国：アメリカ合衆国の経済観測』(1903)

Emma Goldman
エマ・ゴールドマン (1869-1940)
アメリカの無政府主義者
◆『無政府主義とその他のエッセイ』(1910)

Oliver Goldsmith
オリヴァー・ゴールドスミス (1728-74)
アイルランド在住のイギリス作家、詩人、劇作家
◆『旅行者』(1764)
◆『同上』
◆『同上』、ジョンソン 2090 参照

◆『捨てられた村』(1770)

その時は、イングランドの悲しみの始まり、
すべての人々が４分の１エーカーの土地を保有する時。
人々の軽労働が健全な卸売店舗に広がっていく、
生命が求めているものが与えられるように、だが何もそれ以上ではない。
人々の最高の友は、無邪気と健康。
そして、最高の豊かさは、富への無知だ。

▶ 1698　素晴らしい国土と幸福な国土の間に、なんと広い境界線があることよ。

◆『同上』

Barry Goldwater
バリー・ゴールドウォーター
(1909-98)
アメリカの共和党政治家

▶ 1699　自由を守る場合の急進主義は、悪いことではないと憶えていてほしい！　正義を追求する場合の穏健主義は、美徳ではないと憶えていてほしい！
　　※大統領候補者指名を受諾して、1964.7.16

◆「ニューヨーク・タイムズ」
　1964.7.17

Richard Goodwin
リチャード・グッドウィン

▶ 1700　人はワシントンが権力の中心と信じてやってくる。私もそうだったと言わざるを得ない。ワシントンがエンジンに関係しているのではなく、車輪だと知るのにそんなに時間は必要なかった。

◆ピーター・マクウィリアムズ『実行すれば、誰の仕事でもない』(1993)

Mikhail Sergeevich Gorbachev
ミカエル・セルゲーヴィチ・ゴルバチョフ(1931-)
ソヴィエトの政治家、ソ連邦共産党総書記長(1985-91)、大統領(1990-91)
ゴルバチョフについて、グロムイコ1734、サッチャー3837参照

▶ 1701　党や国民の面前でスターリンと彼の直接の取り巻きが、多大な圧制と無法を行ってきた罪は想像を絶していて許されざるものだ。

◆第70回ロシア革命記念日の演説、1987.10.2

▶ 1702　改革［ペレストロイカ］の思想は……継続と改新であり、ボルシェヴィキの歴史的経験と社会主義の同時代化である。

◆同上

George Joachim, Lord Goschen

▶ 1703　意見を言う勇気はあるが、ソールズベリー卿に政治的に白紙の小切手を預ける無謀さは持ち合わせない。

ジョージ・ヨアキム、ゴーシェン卿(1831-1907)
イギリスの自由統一党政治家、ランドルフ・チャーチル卿が突然に辞任した1886年に大蔵大臣に指名された
ゴーシェンについて、チャーチル941参照
◆下院で、1884.2.19

Ernest Gowers

▶ 1704　今日、公務員は公の奉仕者であるということほど見た目とかけ離れていることはあまり思いつかない。だからといって公務員は、実は公が公務員への奉仕者であるという逆の幻想を助長しようとしてはならない。

アーネスト・ゴーワーズ(1880-1966)
イギリスの公務員
◆『平明な言葉』(1948)

D. M. Graham

▶ 1705　この議会は、いかなる環境にあっても国王と国家のために戦わない。
※オックスフォード労働組合論争の動議、1933.2.9(275票対153票で可決された)

D. M. グラハム(1911-)
オックスフォード労働組合の文書管理責任者当時のグラハムが執筆した動議

James Graham, Marquess of Montrose

▶ 1706　偉大で善良で称えずにはいられない、正義感の強いあなたの苛酷すぎる運命を悲しむ。

ジェームズ・グラハム、モントローゼ侯爵(1612-50)
スコットランドの王党派将軍、詩人
◆「チャールズI世の墓碑銘」
◆「処刑前夜の獄舎の窓にかかれた詩文」

▶ 1707　すべてを手足に委ねさせよ。
すべての血管が開き、泳げるだろう、
おお、創造主よ！　深紅の湖の中で。
火刑柱の上に焼かれている私の頭を載せて──
その灰を撒き散らせ──
大気に溶け込んでいく。
主よ！　あなたはこの原子がどこにあるかわからない、
私の灰をもう一度探してほしい、
正義とともに私の信頼を取り戻してほしい。

Phil Gramm
フィル・グラム（1942-）
アメリカの共和党政治家
◈ テレビのインタヴュー、1990.9.16
◈ ミシェル・バロン、グラント・ユージフサ共著『アメリカ政治年鑑 1994』

▶ 1708　予算を均衡させることは、天国に昇るようなものだ。誰もがそう望む、だが誰もがそこへ到達するためにしなければならないことをしたがらない。

▶ 1709　愛されようと思って、ワシントンに来てはいなかった。また失望させられないとも思わなかった。

Bernie Grant
バーニー・グラント（1944-）
イギリスの労働党政治家
◈ トッテナム・タウン・ホールの外でハリンギイ議会議長として、1985.10.8

▶ 1710　警察は日曜日の夜の事件で責められるべきだった。市民が得たものは血なまぐさいまったく不可解な秘匿である。
※ブロードウォーター農場暴動事件で警官が殺された後で

Ulysses S. Grant
ユリシーズ・S. グラント（1822-85）
アメリカ連邦総司令官、アメリカ合衆国第18代大統領（1869-77）
グラントについて、シャーマン 3602 参照
◈ P. C. ヘッドリー『U. S. グラント将軍の人生と軍事行動』（1869）

▶ 1711　無条件で即時降服以外受け入れられない。今の任務から即刻離れるよう指令する。
※ドネルソン砦が包囲されている時、サイモン・ボリヴァー・バックナーに、1862.2.16

◈『同上』

◈ 1865.4.9

▶ 1712　ひと夏かかっても前線で最後まで闘うつもりだ。
※戦場の司令部からワシントンに急遽帰って、1864.5.11
▶ 1713　戦争は終わった──。反乱分子が再び国民から出る。
※アポマトックスで、リー将軍の降服後に兵士が喝采するのを制して

◈ P. C. ヘッドリー『U. S. グラント将軍の人生と軍事行動』（1869）

▶ 1714　平和を築こうではありませんか。
※ジョセフ・R. ホーキイ将軍への書簡、1868.5.29。大統領候補者指名を受けて
▶ 1715　非情な死刑執行の他に、悪法や非難の多い法を確実に無効にする手段はない。

◈ 大統領就任演説、1869.3.4

▶ 1716　完全に個人の奉仕で行われている家族の祈り、教会、私立学校の宗教行事には干渉しない。教会と国家は永遠に関わるべきではない。

◈ アイオワ、デモインでの講演、1875

▶ 1717　労働は人を辱めない。不幸にも時として人が労働を

◈ イギリス、バーミンガムの

▷ 1718　彼が買うように提案しているのは、売ることのできないもの——自由だ。
　　※提案された統一に反対して、アイルランド国会で演説、1800.1.16

▷ 1719　埃は場違いな場所にある時だけ問題になる。コモン・ローという紋章の盾についた汚れも、社会主義共和国では王冠の宝石かもしれない。

▷ 1720　死んだ女は嚙み付かない。
　　※口承、スコットランドのメアリー女王に対し、「死んでしまえばあの女はもう嚙み付かない」という言葉で強く処刑を主張して、1587

▷ 1721　ハムデン村に、恐れを知らず胸をそらし、
　　野の小さな暴君が立っている。
　　無口で名もないミルトンや、
　　祖国の血の罪を負っていないクロムウエルが、ここには眠っている。
　　耳を澄ます長老らは喝采し、
　　苦痛の脅威や蔑むべき崩壊を振りまくように命令する。
　　この微笑みをたたえた国にたっぷりと、
　　そして祖国の目で彼らの歴史を読めと。
　　あらゆることを禁じられ、制限されるだけではなく、
　　彼らの運命は閉ざされた。
　　徳ばかりではなく、その犯罪も。
　　虐殺から王座への道は封じられ、

ミッドランド・インターナショナル仲裁救貧区連合での講演、1877

Henry Grattan
ヘンリー・グラタン（1746-1820）
アイルランドの民族主義指導者
◆『英国人名辞典』

John Chipman Gray
ジョン・チップマン・グレイ（1839-1915）
アメリカの法律家
◆『富のもたらす不和の抑制』（第2版、1895）、序

Patrick, Lord Gray
パトリック、グレイ卿（1612没）
◆ウィリアム・カムデン『エリザベス女王の治世年表』（1615）第1巻、A.ダーシーの翻訳、1625

Thomas Gray
トーマス・グレイ（1716-71）
イギリスの詩人
◆「田舎の墓地に書かれた挽歌」（1751）

憐れみの門は閉じられた。

▶ 1722　かつての時代が現在よりましだったとする幻想は、あらゆる時代にしみ渡っているようだ。

▶ 1723　民主党員がすべて酒場経営者だった、と言ったおぼえはない。私が言ったのは酒場経営者がすべて民主党員だ、ということだ。

▶ 1724　正義を愛し、不正を嫌悪してきた。そこで追放されて死ぬことになる。
　　※臨終の言葉

▶ 1725　賢明な政府は人々の気概をどう盛り上げ、威厳で懐柔するかを知っている。
　　※ジョン・ウィルクスの追放に反対しての発言

▶ 1726　ヨーロッパのすべての灯は消されてしまった。生きている間に再び灯ることはないだろう。
　　※第1次世界大戦の前夜に

▶ 1727　憲法は事件そのものだ。

Horace Greeley
ホラス・グリーリー(1811-72)
アメリカの編集者、政治家
◆『アメリカの闘争(1864-66)』
◆ 伝聞

Gregory VII
グレゴリウス7世(1020頃-85)
1073年からローマ法王
◆ J. W. ボウデン『グレゴリー7世の人生と司教職』(1840) 第2巻

George Grenville
ジョージ・グレンヴィル (1712-70)
イギリスのホイッグ党政治家、首相(1763-65)
グレンヴィルについては、ジョージ3世 1604、1605、ウォルポール 4015 参照
◆ 下院で、1769.2.3

Lord Grey of Fallodon
ファロダンのグレイ卿(1862-1933)
イギリスの自由党政治家
◆『25年』(1925) 第2巻

John Grey Griffith
ジョン・グレイ・グリフィス (1918-)
イギリスの法律家、教養人
◆ ウェストランド事件の時にピーター・ヘネシーに、1986.2.5、ピーター・ヘネシー『ホワイトホール』(1990)

▷ Roy Griffiths

Roy Griffiths

ロイ・グリフィスス

▶ 1728　もしフローレンス・ナイティンゲールが今、国民健康保険という病院の廊下をランプを照らしながら見回っているとすれば、彼女が探しているのは責任者だ。

◆『国民健康保険管理調査報告、DHSS』、1983

John Grigg

ジョン・グリッグ（1924-）
イギリスの作家、ジャーナリスト

▶ 1729　もしロイド＝ジョージが、エイブラハム・リンカンの運命を分けてもらえていたら、イギリス神話ではさらによい地位にあっただろう。

◆ 伝聞、1963

▶ 1730　政治家は正常な個人世界から放逐されている。

◆ 伝聞、1964

Joseph ('Jo') Grimond

ヨセフ・（'ヨー'・）グリモンド（1913-93）
イギリスの自由党政治家、自由党党首（1956-67）

▶ 1731　かつて指揮官は迷ったら、銃声に向かって軍隊を行軍させよと教えられたものだ。私は銃声に向かって行軍させようとした。

◆ 自由党大会での演説、1963.9.14

▶ 1732　労働党政権との協定をひそかに期待して：
本物の肉を噛み始めたところだ。

◆ 同上、1965

▶ 1733　労働党の問題とするところは、社会主義を心から信じていないことと、個人企業も徹底的に是認できないでいることだ。

◆ 1965、伝聞

Andrei Gromyko

アンドレイ・グロムイコ（1909-89）
ソヴィエトの政治家、ソ連邦大統領（1985-88）

▶ 1734　同志よ、この人は笑顔が素敵だ。だが鉄の歯を持っている。
　　　※ミカエル・ゴルバチョフについて

◆ ソヴィエト共産党中央委員会での演説、1985.3.11

Philip Guedalla

フィリップ・グェダーラ（1889-1944）
イギリスの歴史家、伝記作家

▶ 1735　捏造尋問の海軍委員会について：
彼らは寝そべっているミコーバーたちのように、座ったまで何かが起こることを待っている。

◆ オックスフォード労働組合での演説、1912。類似のコメントは大蔵省の首脳のウィンストン・チャーチルの発言とい

▶ 1736　イギリス委任統治最後の日、ガーニーが誰に事務所の鍵を渡そうとしているのかと尋ねられた時と伝えられる：
誰にも渡さない。絨毯の下に置いて去る。
　※出典不明。ガーニー日記には、倉庫を施錠し、もともと気乗り薄の国連に、カギを受け取らないなら「そっちの玄関先に置いていく」と伝えたとある

▶ 1737　祈って、善良な人々たち。市民になるために。プロテスタントの売春婦よ。
　※オックスフォードにて、カトリック教徒恐怖事件で、1681

H

▶ 1738　残念ながら大変気の弱い人物で、羽根枕のように最後に寝た人間の頭の跡がついてしまっている。
　※ヘイグ夫人への手紙で、第17代ダービー伯爵を評して、1918.1.14

▶ 1739　あらゆる作戦は1人の人間に握られていなければならない。退却はあり得ない。進退が窮まっても運動の正義を信頼して、最後の1人まで闘わなければならない。
　※イギリス軍への命令、1918.4.12

▶ 1740　保守党員は生活にとって、政治闘争が最重要であるとは信じていない。なかでも最も単純な連中は、狐狩りを最高に賢明な宗教と規定している。
▶ 1741　政党の責任は政権を奪る機会と反比例する。
▶ 1742　偉大な政党は、軽佻浮薄な女と札つきの嘘つきとの低俗な情事のせいで転覆などさせられはしない。
　※プロヒューモ事件について

われている（アンソニー・サンプソン『今日のイギリスの解剖』）

Henry Gurney
ヘンリー・ガーニー（1898-1951）
植民地公務員、パレスチナ最後のイギリス総督
◆ピーター・ヘネシー『2度目はない』（1992）

Nell Gwyn
ネル・グウイン（1650-87）
イギリスの俳優、高級売春婦
◆B. ビーヴァン『ネル・グウイン』（1969）

Earl Haig
ヘイグ伯爵（1861-1928）
在フランスのイギリス軍司令官（1915-18）
◆R. ブレイク『ダグラス・ヘイグの個人書簡』（1952）
◆A. ダフ・クーパー『ヘイグ』（1936）第2巻

Lord Hailsham
ヘールシャム卿（1907-）
イギリスの保守党政治家
◆『保守主義弁護論』（1947）
◆貴族院で、1961.2.13
◆テレビのインタヴューで、1963.6.13

▷ Richard Burdon Haldane

▶ **1743** もし英国民がこの計画にだまされるなら、彼らはまったく完全に頭のおかしい連中だ。
※労働党の活動計画について

◆保守党中央委員会の記者会見、1964.10.12

▶ **1744** ヨーロッパにはマラソンからアラマイン、あるいはソロンからウィンストン・チャーチル、またその後まで政治の歴史に金の糸が一本通っていて、それが意味を持つものだと信じている。これを法の下での自由の教義と呼びたい。

◆1975、アンソニー・サンプソン『変貌するイギリスの解剖』(1982)

▶ **1745** 公選された独裁主義。

◆「ディンブルビー講座」の題名、1976.10.19

▶ **1746** 政治権力の対決では、脆弱な中心が必ず溶けてなくなるものだ。

◆1981.10、アンソニー・サンプソン『変貌するイギリスの解剖』(1982)

▶ **1747** デニス・ヒーリーについて：
一流の精神を持ちながら、まるで作法を知らない老いた海賊のような乱暴者。

◆「ザ・タイムズ」のインタヴューで、1987.6.2

▶ **1748** 国家は自らの制度で形づくられ始める、だが最終的には国家またはその影響力によって永続して形成されるのだ。

◆「1987年のグラナダ市役所での講演」1987.11.10

▶ **1749** イングランド、また最近ではイギリス人は、制度をある時は深く考えずに設けたり、発作的に廃止する習慣が始まった。

◆「同上」、シーリー3398参照

▶ **1750** 非の打ちどころのない国家元首に、民主主義的に支配された共和国である。

◆『価値：崩壊と回復』(1994)

▶ **1751** 私たちの結論は、市民政府の領域では行動の前に調査し考える義務がよりはっきりとつけ加えられるであろうし、大いに有効に働いてきていたということだ。

Richard Burdon Haldane
リチャード・バードン・ホールデーン (1856-1928)
イギリスの政治家、法律家、哲学者
ホールデーンについて、アスクィス198、キャンベル＝バナーマン810参照

◆ピーター・ヘネシー『ホワイトホール』(1990)

H. R. Haldeman
H. R. ホールデマン (1929-93)
リチャード・ニクソン大統領首席補佐官

▶ **1752** ひとたび練り歯磨きがチューブからひねり出されたら、元に戻すのは至難のわざだ。
※ウォーターゲート事件について、ジョン・ディーンに、

1973.4.8

◆ 米上院大統領選活動特別委員会の事前公聴会で、『ウォーターゲート事件と関連活動』(1973)第4巻

Edward Everett Hale
エドワード・エヴェレット・ヘール(1822-1909)
アメリカの牧師
◆ ヴァン・ウィク・ブルックス『ニューイングランドの小春日和』(1940)

▶ 1753 「上院議員たちのために祈りますか、ヘール牧師」「いいや、上院議員たちのことは考えるが祈るのは国家のためだ」

Matthew Hale
マシュウ・ヘール(1609-76)
イギリスの裁判官
◆ ウィリアム・ブラックストンのホールズ発言の概要(テイラーの事例、1676)、『解説』(1769)第4巻所収。この表現はジョン・プリソット卿(1460没)に遡る

▶ 1754 キリスト教信仰はイギリスの法律の一部である。

Nathan Hale
ネーサン・ヘール(1755-76)
アメリカの革命家
◆ ヘンリー・フェルプス・ジョンストン『ネーサン・ヘール 1776』(1914)

▶ 1755 ただ残念なのは、祖国のために失う命がたった1つしかないことだ。
　※イギリス軍にスパイ行為で処刑される前に、1776.9.22

William Haley
ウィリアム・ヘイリー(1901-87)
イギリスのジャーナリスト
◆「ザ・タイムズ」1963.6.11

▶ 1756 道徳の問題だ。
　※プロヒューモ事件の社説の見出し

Lord Halifax ('the Trimmer')
ハリファックス卿(「日和見主義者」)(1633-95)
イギリスの政治家、エッセイスト
◆ ギルバート・バーネット『私

▶ 1757 ロチェスター卿は貴族出身の議長となった。順序とすれば過去から見て高い地位であるが、以前から有していた功績や信用からすると失うものも多かった。ハリファックス卿から次のようにからかわれた——閑職に蹴り落とさ

▷ Lord Halifax（'the Trimmer'）

れるというのはよく聞くが、蹴り上げられた奴は初めて見るよ、と。

▶ **1758** この罪のない「日和見主義者」という概念は、これから述べる以上のものではない。すなわち2人がボートに乗っていたとして、1人が一方に体重を寄せれば反対側に体を傾けるようなものだ。

▶ **1759** 世界を救うために何をすべきか、と質問されるならば、自分のまわりの濠に注目せよという答え以外にない。

▶ **1760** 責任ある立場の人間にとって、反抗している者よりも部下の方が危険である。

▶ **1761** 何が起こるかと予想する最善の道は、過去を思い出すことだ。

▶ **1762** 名代の嘘つきは整然とした政府では、無法者扱いされる。

▶ **1763** 怒りには主張がつきものである、たまには益になることもある。

▶ **1764** 革命が終わると客間にいた人間が、1週間たらずで太鼓もちに変わる。

▶ **1765** 誰もが理解している証明を重視して、会話を軽視した。

▶ **1766** 手本となるものは何もない、超権力は自由気ままでなければならない。

▶ **1767** 大衆は後さがりしっぱなしはしないものだ。だが時を得て攻撃されないと鬱積して悪態をつくものだ。

▶ **1768** 腐敗した政府では地位が人に与えられる。健全な政府では人が地位に選択される。

▶ **1769** 流れる川のように安定していない政府では、軽いものが水面を流れていくものだ。

▶ **1770** 最良の政府にふさわしい定義とは、支持してもなんの不利益もないことである。だが不利益がないわけがない。

▶ **1771** 法律が自ら語ることができたとしたら、まず初めに法律家への不満を語るだろう。

▶ **1772** 敵意は背丈は低いのだが、長い両腕がある。

▶ **1773** 普段は軽視していたり価値を置かないにしても、議会で議員は自由の論争をする。

▶ **1774** 理想の政党とは、国民の安寧に楯突く一種の謀議のようなものである。

▶ **1775** 闘争を勝ち上がってくる人は、派閥で光彩を放ち敵と対立することで存在を示し、ほの暗い曖昧な勢力を代表

の時代史（1683-86執筆）』第1巻（1724）

◆『日和見主義者の性格』（1685、1688出版）

◆『海洋新構想の概略』（1694）

◆『政治、道徳、諸思想とその反響』（1750）、「機関としての国務大臣」

◆『同上』、「雑報：経験」

◆『同上』、「雑報：嘘」

◆『同上』、「怒りについて」

◆『同上』、「宮廷について」

◆『同上』、「神聖さと愚かさについて」

◆『同上』、「基本について」

◆『同上』、「同上」

◆『同上』、「同上」

◆『同上』、「政府について」

◆『同上』、「同上」

◆『同上』、「法律について」

◆『同上』、「敵意と嫉妬について」

◆『同上』、「議会について」

◆『同上』、「政党について」

◆『同上』、「同上」

▶ **1776** 政党は裁判所の審理に過ぎない。共通の利益を追求するあまり、個人の意見を持つ自由の余地がない。

◈『同上』、「同上」

▶ **1777** 自由のために闘う人々が勝利によって得るのは、新しい指導者くらいだ。

◈『同上』、「特権、権利と自由について」

▶ **1778** 権力は孤立しがちであり、自由は奔放である。したがって両立することは稀である。

◈『同上』、「同上」

▶ **1779** 誰もが自分の思っているような自由が手に入らないとすれば、世界中で多数の自由でない人間がいることになる。

◈『同上』、「同上」

▶ **1780** 馬泥棒が絞首刑にはならない、とすれば馬は盗まれなくなるかもしれない。

◈『同上』、「処罰について」

▶ **1781** ならず者が罰せられない国では、正直者が笑われる。

◈『同上』、「同上」

▶ **1782** 国家の商売とは残酷な取引である。善性は不器用だ。

◈『同上』、「よこしまな大臣について」

Lord Halifax

ハリファックス卿（1881-1959）
イギリスの保守党政治家、外相
◈ 伝聞

▶ **1783** ミュンヘン危機の直後に連夜遅くて疲れなかったかと質問されて：
いや、そんなことはない。ただ上空を飛ぶ鳥を見るには都合が悪くなった。

Alexander Hamilton

アレクサンダー・ハミルトン
（1755 頃-1804）
アメリカの連邦主義政治家、アーロン・バーとの決闘で殺害された
ハミルトンについて、ウェブスター 4066 参照

◈ ロバート・モリスへの書簡、1781.4.30

▶ **1784** 国家の赤字は多額でなければ、国民は祝福するでしょう。

◈ 連邦大会での討論、1787.6.18

▶ **1785** イギリス政府の形態はかつて地上に誕生した、最高のものだと信じている。この政府は、公の権力と個人の安全を目的している。

▶ **1786** コミュニティはすべて狭く、無数に分割されている。まず、第1の階層には、裕福で生まれ育ちのよい人々が、そして他に大衆がいる。大衆は荒れ狂い、心変わりする。その判断や決定は正しいことは稀である。したがって議会において、第1の階層に特別で永久の割り当て議席を

◈ 同上

与えよう。第1の階層は第2の階層の不安定さを点検し、いたずらに変化しても何も利益を享受できないということになり、善良な政府を支持していくことになるであろう。

▶ **1787** 今共和国政府を建設しようとしている。真の自由は専制政治や極端な民主主義に走ったりしていては見出せないが、中庸な政府には存在する。

◆ 同上、1787.6.26

▶ **1788** ヨーロッパの大国によって、道具にされることをアメリカ人が軽蔑するようにしようではないか。13州が固く離れることのない団結を目指し、1つの偉大なアメリカという制度が立ち上がり、すべてのアメリカの権力や影響力の統制の優位さを結集させ、古い世界と新しい世界のために指導力をつけよう！

◆『連邦主義者』(1787-88) 第11集

▶ **1789** いったい政府はどうして組織を保持しようとするのだろうか？　人間の熱情は強制力が働かなければ理性や正義の指令を守れないのだ。

◆『同上』第15集

▶ **1790** 欧州大陸風に考えることを学べ。
　　※新しい独立国家アメリカへの助言

◆ 伝聞、チェンバレン 876 参照

▶ **1791** 外国人に無差別に市民権を与えることは、われわれの自由と主権の要塞にトロイの馬を受け入れることに等しいことである。

◆『行為』(1886) 第7巻

Richard Hampden

リチャード・ハムデン (1631-95)
議会擁護者、英国大蔵大臣 (1690-94)
◆『英国人名辞典』

▶ **1792** プロテスタント信仰を残すために、法でプロテスタントの後継者を束縛することは、怪力ソロモンを小枝で縛りつけることに等しい。
　　※ヨーク公を名指しで王位継承者からはずすことを提案して、1679.5.11

Mark Hanna

マーク・ハンナ (1837-1904)
アメリカの政治家、実業家
◆ 1901.9

▶ **1793** ウィリアム・マッキンリーの暗殺で、大統領をセオドア・ローズヴェルトが継承したことについて：
さあごらん、あの口のきけないカウボーイが合衆国の大統領だ。

William Harcourt

ウィリアム・ハーコート (1827-1904)
イギリスの自由党政治家、大蔵大臣
◆ G. B. ショー (編)『社会主義の

▶ **1794** われわれは全員今社会主義者である。
　　※ゴーシェン卿の作製した1888年の予算通過に際し、国家負債の減少に言及して

▶ 1795　各局の政治責任者の任務は、国民が何を容認しないかを常勤公務員に告げることである。

▶ 1796　幼少時代からこの少年［将来のエドワード 8 世］は 20 人程度の追従者、お世辞屋に囲まれるのだろう。［オー、オーという声あり］──さらに本人も特別な創造者と信じきるように教えられていくだろう。──［オー、オーという声あり］──先々、統治するであろう庶民と彼の間に 1 本の線が引かれているのだろう。それゆえにすでに設定されている先例に従い、視察で世界中を訪れ、おそらく下々の女性たちとの交遊の噂がついてまわり──［オー、オーという大声があり、静粛に !］──そしてとどのつまり、この国が後始末を迫られるであろう。［分離 ! の声あり］

▶ 1797　立派な実績を残すために政府が国民のために何ができるかという関心ではなく、国民が国家のために何ができるかの方が問題である。

▶ 1798　現在のところアメリカが要求されるのは、英雄的な行為ではなく癒しである。妙案ではなく正常化である。革命ではなく改革である。

▶ 1799　公職にいながら危機的状況で平凡な気持ちで下す決断は、事件の影響を 100 年間も残すことになる。

▶ 1800　反逆は決して成功しない、なぜか？　もし成功すれば、あえて反逆とは言わないからだ。

フェビアン論』(1889)
◈ A. G. ガーディナー『ウィリアム・ハーコート卿の生涯』(1923) 第 2 巻

Keir Hardie
カー・ハーディ (1856-1915)
スコットランドの労働党政治家
◈ 下院で、1894.6.28

Warren G. Harding
ウォレン・G. ハーディング (1865-1923)
アメリカの共和党政治家、アメリカ合衆国第 29 代大統領 (1921-23)
◈ 共和党全国大会での演説、1916.6.7、ケネディ 2165 参照
◈ ボストンでの演説、1920.5.14

Thomas Hardy
トーマス・ハーディ (1840-1928)
イギリスの小説家、詩人
◈ フロレンス・ハーディ『トーマス・ハーディの半生 1840-91』(1928)

John Harington
ジョン・ハリントン (1561-1612)
イギリスの作家、廷臣

John Marshall Harlan
ジョン・マーシャル・ハーラン
(1833-1911)
アメリカの裁判官
◆ プレッシー対ファーガソン事件での反対意見 (1896)

▶ 1801　われわれの憲法は色盲であって、市民の中にいかなる階級も持たないし、容認しない。市民権にかんがみれば、すべての市民は法の前に平等である。最もつましい人々も最も権力ある人々と同等の仲間である。

Lord Harlech
ハーレフ卿 (1918-85)
ワシントン駐在のイギリス大使 (1961-65)
◆「ニューヨーク・タイムズ」1962.10.28

▶ 1802　歴史家はイギリスが帝国を獲得してきた道筋より、整理した経緯で評価する。

Harold II
ハロルド2世 (1019頃-66)
イングランドの国王、1066継承
◆ スノッリ・ステュルソン『ハロルド国王の武勇談』(1260頃)

▶ 1803　イングランドの国土を7フィート与えよう。あるいは他の男より背丈が少し高くなるくらいの土地を。
　　※イングランドが侵略された際、ハロルド・シグルッソンへの提案

Robert Goodloe Harper
ロバート・グッドロー・ハーパー (1765-1825)
◆ ジョン・マーシャルの晩餐会の乾杯で、1798.6.18

▶ 1804　数百万ポンドの防衛費支出と、1セント足らずの税収。

Michael Harrington
マイケル・ハリントン (1928-89)
アメリカの作家、社会学者
◆『もうひとつのアメリカ——合衆国の貧困』(1962)

▶ 1805　都市の貧困層にとっては、警察は彼らを逮捕する存在だ。大方のスラム街には、法や秩序の権力に対抗する途方もない陰謀が存在する。

William Henry Harrison
ウィリアム・ヘンリー・ハリソン (1773-1841)
アメリカのホイッグ党政治家、軍人、1811年のティペカヌーの戦いの勝利は有名。1841年、ア

◆ 警句 (1618)

196

メリカ合衆国第9代大統領として就任するも1ヶ月後に肺炎で死亡
ハリソンについて、モリス2800、ロス3307参照。
◆ 大統領就任演説、1841.3.4
◆ 同上

▶ 1807 政府の行為が適正に、かつ断固として調査されることは、容認され、奨励されるべきだ。

Minnie Louise Haskins

ミニー・ルイーズ・ハスキンズ (1875-1957)
イギリスの教師、作家
◆『功罪』(1908)、「神ぞ知る」

▶ 1808 そこで私は1年の門出に立っている男性に問うた。「未知の世界を安心して歩けるような光をお与えください」、答えがあった。「暗闇の中を進んで、神の手におのれの手を重ねよ。それは既知の道より、さらに明るく安全な道であろう」
※国王ジョージ6世がクリスマス放送で引用、1939.12.25

Roy Hattersley

ロイ・ハタズリー (1932-)
イギリスの労働党政治家
◆「インディペンデント」
　1995.3.25、「引用、非引用」

▶ 1809 野党は冷遇を避けられず調整にも参加できずに、4、5年は屈辱が続くものだ。

Václav Havel

ヴァーツラフ・ハヴェル (1936-)
チェコの劇作家、政治家、チェコスロヴァキア共和国大統領 (1989-92)、チェコ共和国大統領 (1993-)
◆『権力なき力』(1978)

▶ 1810 ある亡霊が東ヨーロッパに出没している。西側では"意見の相違"と呼ばれる亡霊が。

◆ ヴァーツラフ・ハヴェル他『権力なき力』(1985)

▶ 1811 政治の焦点を現実の国民に当て直すことは、単に西欧民主主義（呼びたければブルジョワ民主主義と呼んでもいい）の日常的手続きに戻るより、はるかに奥深い。

▶ 1812 悪に対応するために別の悪を犯せば、悪を排除することにはならず、逆に永久に許すことになる。

◆ 書簡、1989.11.5

R. S. Hawker

R. S. ホーカー (1803-75)
イギリスの牧師、詩人
◆「西欧人の歌」

▶ 1813 だが彼らは場所と時間は決めたのか？
　　　トレローニーは死んだのだろうか？
　　　この2万人のコーンウォール人は

やがて理由を知るだろう！
※最後の3行は1688年にブリストルの主教トレローニーをはじめとする7人の主教がジェームズ2世に投獄された故事をうたった俗謡からとられている

▶ **1814**　壮烈で小規模な戦争だが気高い動機で開戦され、荘厳な知性と精神で遂行され、勇気を愛する運命に味方されています。
　　※スペイン－アメリカ戦争について、1898

▶ **1815**　門戸開放政策。
　　※中国と交渉していた貿易政策の成功時に

John Milton Hay
ジョン・ミルトン・ヘイ（1838-1905）
アメリカの政治家
◆ セオドア・ローズヴェルトへの書簡、1898.7.27
◆ 内閣への書簡、1900.1.2

▶ **1816**　ヘイデンは1983年マルコム・フレーザーの選挙中に野党党首を辞職したが、勝利できたはずだと今でも信じていて：私の指導下で労働党が勝利できなかったとは信じられない。家畜商人の犬でさえも、労働党の国政勝利への道を主導できたと信じている。

Bill Hayden
ビル・ヘイデン（1933-）
オーストラリアの労働党政治家
◆ ジョン・スタッブズ『ヘイデン』（1989）

Friedrich August von Hayek
フリードリヒ・アウグスト・フォン・ハイエク（1899-1992）
オーストリア生まれの経済学者
◆『隷従への道』（1944）

▶ **1817**　個人財産制度は自己財産のある者、少ししかない者も含めて自由の最高の保証である。

◆『同上』

▶ **1818**　特に放任主義のようなある種粗雑で大ざっぱな方法で、無味乾燥な主張が自由になされても、自由主義をそれほど傷つけることにはならない。

◆『同上』

▶ **1819**　しかしながら計画の目的は、人間が単なる道具にとどまらず、事実……個人が単なる道具を超えて「社会福祉」や「コミュニティの善」というような抽象的なサーヴィス部門に関わることである。

◆『同上』

▶ **1820**　どんな社会でも思想の自由は少数派に特に、直接的に重要なのである。だが誰もが有能であり、あるいは権力を持つべきと言っているわけではなく、選択のためにこの自由が保留されるべきということだ。

▶ **1821**　善良な人民より善良な原理が必要である。決まりを定めるのであって、黒幕は必要としない。

◆『哲学、政治学、経済学の研究』（1967）

▶ **1822**　個人の自由の法的保護を最も破壊したのは、社会正

◆『経済的自由と代表政府』（1973）

義の奇蹟を求める闘いだったと確信している。
- 1823 生産以上に消費している国民を援助していては、生活水準を維持しようとしている国家の助けにはならない。

◆「デイリー・テレグラフ」
1976.8.26

Cuthbert Morley Headlam
カスバート・モーリー・ヘッドラム（1876-1964）
イギリスの保守党政治家
◆ 日記、1927.7.20

- 1824 いつの政府にあっても運ぶのが厄介な荷物だ、——ある人はランドルフ・チャーチルは結婚式では花婿に、葬式では死体、つまり常に主役でいたいのだと言っている——同じことが優秀な息子にも言える。
　　※ウィンストン・チャーチルについて

- 1825 彼はすぐれて頭が良く、情報収集のためには限りない苦痛にも耐える——だが政治的に成長しているかどうかは何か疑わしいものがある。国民をあまりに早く退屈させ、ユーモアのセンスはまったくない。だが、ある人の政治的将来を予言しても確実性はない、その意味ではハロルドが頂点を極められる可能性はまだある。
　　※ハロルド・マクミランについて

◆ 同上、1932.1.31

- 1826 今国会は政界入りをしようとする人を落胆させている——手のつけられない少数派と、まったくの無教育な多数や少しの関心を持たない人たちの政府である。

◆ 同上、1933.3.27

- 1827 政治指導者とその妻を仕立てていかなければならない。後者は人目につかない一群であるが、影響力は想像以上に大きいのだ。

◆ 同上、1933.7.28

- 1828 政治にあってはただ1つのことが真に重要であって、それこそが決断力なのである。各方面から政策は要求されるものである。実行しようとしていることが決断できないことで政党を崩壊させるよりは、基本方針が原因で解体させたほうがよい。

◆ 同上、1934.4.2

Denis Healey
デニス・ヒーリー（1917-）
イギリスの労働党政治家
ヒーリーについて、ヘールシャム1747参照
◆『新フェビアン論』（1952）

- 1829 フェビアン主義者は……夢の国をあてもなくさまよう社会主義者のようであり、近在の町や村のガスや水道の狭い仕事をしようとしている。
　　※フェビアン主義者の偏狭さについて

◆ 労働党大会での演説、
1973.10.1

- 1830 収入のうちの僅かな1部分に75％を越す税金がかけられても不満のない富裕な8万人が、今苦悶に満ちた怒声を挙げようとしている。

- 1831 世界の牧師になるために、世界の警察官になるのをやめるのはよいことではない。

◆ 首相官邸での閣議、
1974.11.17、ピーター・ヘネ

- **1832** 何が起こっているか見て見ぬふりをしていた、中産階級の罪意識を許すべきではない。
  ※大臣の政治感覚について、1974年の労働党内閣で労働者や失業の問題を理解していなかったことを攻撃して

- **1833** 下院でジェフリー・ハウに批判されて：
  1頭の死んだ羊が原因で粗野な人間になる。
  ◆ 下院で、1978.6.14

- **1834** マーガレット・サッチャーについて：
  このみすぼらしいファウスト［外相、ジェフリー・ハウ］の背後にいるメフィストフェレスは誰なのか？ 同僚の言葉を借りれば立派な雌の象、頭の上がらない女性、フィンチリーの実力者キャサリン［エカテリーナ女帝］つまり首相自身。
  ◆ 同上、1984.2.27

- **1835** 中産階級特権の受難書。
  ※マーガレット・サッチャーについて
  ◆ ケネス・ミノグー、ミシェル・ビディス共著『サッチャー主義』(1987)

- **1836** ヒーリーの政治の第1法則。穴の中にいる時は、掘るな。
  ◆ 伝聞

- **1837** ヨーロッパの他国が新しい挑戦に立ち向かって行進している時に、首相は目のあう誰かれに呪いの言葉をつぶやき、古い袋を背負った口うるさい女性のように、反対方向のどぶを足をひきずりながら歩いている。
  ◆ 下院で、1990.2.22

William Randolph Hearst

ウィリアム・ランドルフ・ハースト(1863-1951)
アメリカの新聞発行者、実力者
◆ 伝聞

- **1838** あなたは絵を、私は戦争をもたらすだろう。
  ※キューバ、ハバナにいる芸術家、フレデレック・レミントンへのメッセージ。スペイン—アメリカ戦争の時に、1898

Edward Heath

エドワード・ヒース(1916-)
イギリスの保守党政治家、首相(1970-74)
ヒースについて、ヘネシー1855、ジェンキンス2056、サッチャー3822参照
◆ 保守党中央本部、1970.6.16
◆ 保守党大会での演説、1970.10

- **1839** この政策は一挙に物価上昇を抑え、生産性を上げ失業を減少させるであろう。
  ※新聞発表、ヒースは実際には発言していない

- **1840** 1950年に政界入りしたのは保守党が国民を自由にするという、チャーチルの政策課題を掲げて選挙を戦うためであった。国民を自由にして、言うことをやらせるため

▶ 1841　資本主義の不愉快で不同意の顔。
　　※ロンロー事件について
▶ 1842　もし政治家が賞賛と感謝を糧に生きるなら、他の仕事を探さねばならない。
▶ 1843　私は特権からの生産物ではない。好機からの生産物である。
▶ 1844　不動産所有者は転出し、不動産業者が転入してくる。

◆下院で、1973.5.15

◆伝聞、1973

◆伝聞、1974

◆「オブザーヴァー」1990.9.30

G. W. F. Hegel

G. W. F. ヘーゲル（1770-1831）
ドイツの観念論者、哲学者
◆『世界史の哲学講座：序』（1830）

▶ 1845　経験と歴史が教えるのは、国民や政府は決して歴史からは学ばず、導き出されたどのような教訓も実行しようとはしないということだ。

Heinrich Heine

ハインリッヒ・ハイネ（1797-1856）
ドイツの詩人
◆『アルマンゾール』（1823）

▶ 1846　焚書するような国では、ついには人間も燃やされるであろう。

Joseph Heller

ジョセフ・ヘラー（1923-）
アメリカの小説家
◆『終業時間』（1994）

▶ 1847　取るに足らない、首尾一貫しない騙されやすい人間になろうとしている……、だとすれば政府入りをしているのと同じである。

Lillian Hellman

リリアン・ヘルマン（1905-84）
アメリカの脚本家
◆ジョン・S. ウッドへの「書簡」、1952.5.19

▶ 1848　今年の流行を追う意識を断ち切ろうとしないし、できないのです。

Leona Helmsley

レオナ・ヘルムズレー（1920頃）
アメリカのホテル経営者
◆家政婦に、「ニューヨーク・タイムズ」1983.7.12

▶ 1849　少人数の国民しか税金を払わない。
　　※脱税裁判で証言された

Arthur Henderson

アーサー・ヘンダーソン

▶ 1850　ロイド＝ジョージ戦時内閣（1916.12）で無任所大臣と

なり労働政策の提案をし、自らの党からの批判を受けて：
自分やあなた方を喜ばすために大臣職にいるのではない。戦争が終わるのを見届けるためにいるのだ。

▶ **1851**　初めの48時間が大臣が自分の執務室に駆けつけるか、執務室が駆けつけてくるかの分かれ目だ。

▶ **1852**　多少のインフレとは、含みのある経済状態になることである。

▶ **1853**　イギリス情報局保安部は、古い時代から大学の落ちこぼれ学生たちの就職幹旋計画を立ててきている。

▶ **1854**　晩年のラブ・バトラーについて：
近代保守主義という波荒い海岸に打ち上げられて、温かで凪いだ浜にいた鯨のようなものだった。

▶ **1855**　現代首相の類型を見ると、義務に献身するピール、体力のグラッドストン、公平無私のソールズベリー、頭脳のアスクィス、舞踏会のロイド＝ジョージ、言論のチャーチル、行政能力のアトリー、格好づけのマクミラン、統制主義のヒースと睡眠不足のサッチャーなどある種奇妙で複雑な風変わりさを持ち合わせている。人間はそうなってはいけないのだ。

▶ **1856**　首を吊れ、勇敢なクリロン。アークエスで戦ったがお前はそこにいなかった。

(1863-1935)
イギリスの労働党政治家、1931年より党首
◉『英国人名辞典』
◉ スーザン・クロスランド『トニー・クロスランド』(1982)

Leon Henderson

レオン・ヘンダーソン (1895-1956)
アメリカの経済学者、ローズヴェルトから国家防衛顧問委員に指名された、1940
◉ J. K. ガルブレイス『われわれの時代の生活』(1981)

Peter Hennessy

ピーター・ヘネシー (1947-)
イギリスの歴史家、作家
◉「ザ・タイムズ」1981、ロージャー・ホリスのプロフィール

◉「インディペンデント」1987.5.8

◉『隠された針金』(1995)

Henri IV (of Navarre)

アンリ4世 (ナヴァールの) (1553-1610)
1589年からフランス国王
◉ ヴォルテールが指摘した伝承的なアンリ4世からクリロンへの書簡、1597.9.20。アンリ

4世の実際の言葉は「親友よ、クリヨン、首を吊れ、先週月曜日、過去にもなかったし、これからも目にすることのない重大事にそばにいなかった」であった
◈ アンリ4世、シュリの両説が伝承されている
◈ ペレフィクス・ハルドン『アンリ大王の歴史』(1681)、フーヴァー 1931 参照
◈ アンリ4世と伝承される。またアンリ4世がシュリ大臣に語った

▶ 1857　キリスト教世界で最高に賢く愚か者。
　※イギリスのジェームズ1世について
▶ 1858　わが国には毎週日曜日に、深鍋に鶏肉が入っていない貧乏な小作人はいないと望んでいる。
▶ 1859　パリはミサそのものだ。
　※このように発言した当時はプロテスタントであったが、献奉国王となるために、ノートルダム教会でミサを聞かなければならなかった。

Henry II
ヘンリー2世 (1133-89)
1154 年よりイギリスの国王
◈ 口承、数多の型が収集されている。G. リッテルトン『ヘンリー2世国王の生涯の歴史』(1769)では、「宮廷には臆病で恩知らずの男たちが多くいるが、手に負えない僧侶から王が受けた傷の仇を打とうとする者はひとりもいない」

▶ 1860　この手に負えない僧侶を、誰も私から切り離せないのか？
　※カンタベリー大聖堂で殺害されたカンタベリー大主教トーマス・ベケットについて、1170.12

Henry VIII
ヘンリー8世 (1491-1547)
1509 年からイギリスの国王
◈ トバイアス・スモレット『イギリス全史』(第3版、1759)
◈『ジョン・フォックスの行跡と記録』[殉教者たちのフォックス本] (1570)

▶ 1861　国王は彼女[アン・オヴ・クリーヴス]が絵で見たのとはまったく違っていたので、……奴らがフランダースの雌馬を寄こしたとののしった。
▶ 1862　この男はまったくまともなことをしている。
　※トーマス・クランマーについて、1529.6

Patrick Henry
パトリック・ヘンリー (1736-99)
アメリカの政治家

▶ 1863　シーザーにブルータスが、チャールズ1世にクロムウェルが、ジョージ3世に（「裏切り」と議長が叫ぶ）

……彼らの例は適当であろう。これが裏切りなら、最大限に利用する。
- 1864 ヴァージニア人ではなく、アメリカ人だ。
- 1865 他人がどんな方向に進むかは知らない。だが私について言えば、自由を与えよ、さもなくば死を！
- 1866 歩みを導く１つのランプがある。それは経験のランプだ。未来からの判断方法は知らない、過去からのものだ。
- 1867 自然の神が与え賜う手段を適正に用いれば、弱いことはない……。戦いは、諸君、それだけでは強いはずのものではない。すなわち警戒心が強く、行動派で勇敢なことが求められるのだ。
- 1868 公的自由を嫉妬深い思惑から守れ。その宝石に近寄る者すべてを疑え。不運にも、徹底した権力でなければ持続できないだろう。あなたが権力を諦めた時、当然のこととして滅亡する。

- 1869 この高級官僚は、すべてを許され、
総じて利益を得すぎている。
かつて部局もなかったし、
今貿易省すらない。
- 1870 遺言者は電話番号や洗礼名のように、心にとめている特別な自由党員のある指示を確実に準備する。
- 1871 楽しみを求めて行動すべきではない。ここに楽しみのためにいるのではない。議院法のどこにも楽しむことは書かれていない。
- 1872 イギリスのコモン・ローは──「道理をわきまえた人間」の形態を神話の形態をとって苦心のうえで制定されたものである。

- 1873 自分自身を救われない無能力な者だと考えているならば、主人となる専制政府の建設を確実なものとする。賢い専制君主は、そこで、救いようのない能力のない庶民感覚に自らの政策を支持させることになる。

- 1874 平和時には子供が両親を埋葬する。戦時は自然の秩

◆ ヴァージニア会議での演説、1765.5
◆ フィラデルフィア大陸会議での［ジョン・アダムズの］論争記録、1774.9.6
◆ ヴァージニア会議での演説、1775.3.23
◆ 同上、リッチモンド、1775.3.23
◆ 同上

◆ 伝聞

A. P. Herbert

A. P. ハーバート（1890-1971）
イギリスの作家、喜劇作家
◆「商務省大臣」(1922)

◆『誤解された事件』(1935)

◆『アンコモン・ロー』(1935)、「自由な国家とは？」

◆『同上』、「道理をわきまえた人間」

Frank Herbert

フランク・ハーバート（1920-86）
アメリカの空想科学作家
◆『ドサディ実験』(1978)

Herodotus

ヘロドトス（紀元前485頃 – 同

序を破壊し、両親に子供たちを埋葬させる。

▶ 1875　人間にとって最高に憎むべき苦悩は、万物に対して知識を持つことではなくて何事にも力がないことによるものだ。

▶ 1876　有効な嘘をつこうとするなら、あまり嘘をつかないことだ。

▶ 1877　わが人生で椅子を移動し、その上の蠟燭で本を読んだりすることほど、至福の時はありません。

▶ 1878　共産主義はロシアの独裁政治に逆もどりすることだ。

▶ 1879　個人の解放がなければロシアの将来はヨーロッパの重大な危機であり、ロシアにとっても甚大な不幸である。現在の専制政治が1世紀以上続いて、ロシア人のあらゆる良質な能力を破壊する。

▶ 1880　ナイフを振り回すような人は、王冠を被れないと理解していた。

▶ 1881　かまれると恐れて、決して手を出さない者もいる。しかし出さなければ、友情をこめて握り返してもらえることもない。

▶ 1882　市場に道徳はない。

▶ 1883　新聞の最も重要な見出しは、いつも最後になる。私

425頃)
ギリシャの歴史家
◆『歴史』
◆『同上』

Lord Hervey
ハーヴェイ卿(1696-1743)
イギリスの政治家、作家
◆『ジョージ2世の治世の追憶』
　(J.W. クロッカー編、1848) 第1巻
◆ ロバート・ウォルポール伯爵への書簡、1737

Alexander Ivanovich Herzen
アレクサンデル・イワノヴィッチ・ヘルツェン(1812-70)
ロシアの著述家、革命家
◆『ロシア革命思想の発展』
　(1851)
◆『同上』

Michael Heseltine
マイケル・ヘゼルタイン
(1933-)
イギリスの保守党政治家
ヘゼルタインについて、クリッチリー 1140 参照
◆「新社会」1986.2.14
◆『意思のあるところ』(1987)

◆BBC1、パノラマについて、1988.6.27
◆「ザ・スペクテイター」のイン

は最後の見出しを望んでいない。政治に未来を期待するのならそうすべきではない。私には未来がある。
　※なぜ、ユーロ選挙中にサッチャー首相の反ヨーロッパ主義の批評を避けたのかと聞かれ

▶ 1884　汚染された川、不潔な町、玄関前で寝起きする人々が、繁栄して思いやりのある社会の宣伝にはならない。
▶ 1885　トーリー党は自由放任主義と、高い地位に伴う義務の相違点を認めている。
▶ 1886　もしイギリスの会社に干渉しなければならないとすると、朝食前、昼食前、3時のお茶の前、夕食前の習慣に干渉することになる。さらに翌朝、起きてまた同じことの繰り返しを始めることになる。
　※自分の通商大臣の役割について

タヴュー、1989.9.16

◆ 保守党大会での演説、1989.10.10
◆「オブザーヴァー」1990.3.18、「今週の発言」
◆ 保守党大会で、1992.10.7

▶ 1887　一連の事件は単に内容が重要であるというだけでなく、正義が明らかに疑いの余地もなく実行されたことを情報公開させる、という基本的な重要性を示している。

Gordon Hewart
ゴードン・ヒューワート(1870-1943)
イギリスの法律家、政治家
◆ 国王のサセックス裁判で、1923.11.9

J. R. Hicks
J. R. ヒックス(1904-89)
イギリスの経済学者
◆『計量経済学』(1935)、「独占の理論」

▶ 1888　あらゆる独占企業が収益を通じて求める最高の目標は、平穏な生活である。

Charles Hill
チャールズ・ヒル(1904-89)
イギリスの保守党政治家、医師、放送人
◆ ジュリアン・クリッチリー『飴玉の袋』(1994)

▶ 1889　賢そうに見えてもうまくいかない。この党での昇進は、ひとえにアルコールが入ったらいかにバカになれるかにかかっている。
　※1959年に新しく選出された国会議員のジュリアン・クリッチリーが、下院の喫煙室で読書しているのを見て助言して

Joe Hill
ジョー・ヒル(1879-1915)
アメリカの労働運動指導者、作詞家
◆『労働歌』、「伝道者と奴隷」(世界の工場労働者、1911)

▶ 1890　あなたはやがて食するだろう、
　　　　空の上の栄光の国で。
　　　　働き、祈り、干草の上で生活し、
　　　　死んだら絵に描いた餅が手に入る。

▶ 1891　真の反逆者のように死ぬだろう。喪に服して無駄な時間を作らず——組織を作れ。
　　※ビル・ヘイウッドへの別れの電報。1915.11.18。銃殺される前に

◆ ソルトレイク（ユタ）「トリビューン」1915.11.19

Emperor Hirohito
裕仁天皇（1901-89）
日本国の天皇（1926-89）

▶ 1892　戦況は日本の有利には決して展開していない。
　　※広島、長崎が原子爆弾で破壊された後に、国民に放送で日本の降伏を発表して

◆ 1945.8.15

▶ 1893　第2次世界大戦中には確かに、個人的に遺憾に思うことが起こった。

◆ 伝聞、1971

Adolf Hitler
アドルフ・ヒトラー（1889-1945）
ドイツの独裁者

▶ 1894　圧倒的国民は——小さな嘘より大きな嘘に簡単に餌食になる。

◆『わが闘争』（1925）第1巻
◆ ライヒスタークでの演説、1934.7.13

▶ 1895　長いナイフの夜、レーム事件。
　　※初期のナチの行進曲であり、1934年6月29日から30日にかけてヒトラーがアーンスト・レームと関係者を虐殺した時に利用された。1962.7.13のハロルド・マクミラン内閣の崩壊時にもしばしば使用された語句

▶ 1896　神の摂理で夢遊病者の保障を受け前進する。

◆ ミュンヘンでの演説、1936.3.15

▶ 1897　ヨーロッパで行う最初の領土宣言であるが、神の意思からは拒否されていない、私は成功する。
　　※ズデーテン地方について

◆ ベルリン・スポーツ宮殿での演説、1938.9.26

▶ 1898　ドイツのズデーテン・スポーツ宮殿問題は、今我慢の限界に来た！

◆ 同上

▶ 1899　フランコ軍との戦闘に断続的に9時間も費やしたムッソリーニに：
　　再び繰り返すのなら、歯を3、4本抜いてもらうことだ。

◆ ポール・プレストン『フランコ』（1993）

Thomas Hobbes
トーマス・ホッブス（1588-1679）
イギリスの哲学者

▶ 1900　偉大なリヴァイアサンはコモンウェルスとか国家と呼ばれ、人工的に創られている（ラテン語ではシヴィタスであるが）。そこには人工的な人間が、主権も人工的な魂で存在する。

◆『リヴァイアサン』（1651）、序

▶ 1901　人間の一般的な傾向は、死ぬまで止まることのない絶え間のない権力への欲求であると断定する。

◆『リヴァイアサン』（1651）

▷ John Cam Hobhouse

- **1902** 彼らは個人の意見を、世論と呼んで認めている。しかし異端として嫌う。だが異端は個人の意見を意味しているに過ぎないのだ。 ◆『同上』

- **1903** あらゆる畏怖から公権力で守られて生活していないかつての時代では、その状況は戦争と呼ばれていた。万人が万人に敵対していた。 ◆『同上』

- **1904** 荒れた天候の性質として1度や2度のにわか雨ではなく、降りそうな日が何日も続くことがある。戦争の本質は、実際の戦闘行為にはなく、平和に向かおうとする保証がまったくない間は戦争であるということである。 ◆『同上』

- **1905** 技術もない。文字もない。社会もない。最悪なことは絶えざる恐怖と、暴力による死の危険である。人間の生活は孤独で、貧困で、不潔で、残忍で、しかも短いものである。 ◆『同上』

- **1906** 暴力、不正行為は戦争では基本的な美徳である。 ◆『同上』

- **1907** ルカの町の小塔には、「自由」の文字が書かれている。誰も特別の人間が多くの自由を謳歌していても、コンスタンチノープルに住んでいる人間より国家のサーヴィスが少なかったりしても不満を口にしない。国家が専制的なのか、庶民的なのかと同様に自由についても同じことが言えるのである。 ◆『同上』

- **1908** 自由は……法律の沈黙にある。 ◆『同上』

- **1909** 支配者への被支配者の義務は支配者が臣民を保護する力が続く限り長く、だがそれ以上に長くはならないものと理解される。 ◆『同上』

- **1910** 私は、あらゆる国家を死に至らしめる、最高に効果的な種は、征服者たちが将来にわたり臣民に従順な行動を求めるだけではなく、過去のすべての行動への賞賛を要求することであると考える。 ◆『同上』

- **1911** 専制政治と呼ばれるには不満がある。貴族政治いわば寡頭政治には怒りを感じている。政府の欲望を拡大する無政府政治という、民主主義の悲しみも知っている。まだ誰もが政府の要求を、新しい種類の要求であるとは信じていない。 ◆『同上』

- **1912** 教皇は王冠をかぶり墓で座っている、病んだローマ皇帝の亡霊に過ぎない。 ◆『同上』

- **1913** 私が「陛下の反対」の語句を発想した時は、[キャニングからは]幸運な大当たりという賞賛があった。

John Cam Hobhouse

ジョン・カム・ホブハウス

(1786-1869)

イギリスの政治家
◆『長い人生の追憶』(1865) 第2巻、バジョット 280 参照

▶ 1914　ドイツはすべてだ。

August Heinrich Hoffman
アウグスト・ハインリッヒ・ホフマン (1798-1874)
ドイツの詩人
◆ 詩の題名 (1841)

▶ 1915　パンフレット作成者の時代ではない。技術者の時代だ。電極間隔はペンよりも強い。民主主義は流暢に話し、力強く結論を出し適切な引用をする政治家では救済されない。

Lancelot Hogben
ラーンスロット・ホグベン (1895-1975)
イギリスの科学者
◆『市民のための科学』(1938)、結語

▶ 1916　わが国王にお恵みを！
　　　　わが国王にお助けを！
　　　　お助けを！
　　　　勝利を、幸いを、栄光を、
　　　　長き統治を。
　　　　お助けを！

James Hogg
ジェームズ・ホッグ (1770-1835)
スコットランドの詩人
◆ ジャコバイト・レリックス『スコットランド第2集』(1821)、「国王の賛美歌」

▶ 1917　内閣は閣議よりも報告から成り立っている。説得より祝福だ。
　　　　※首相の政策顧問団をやめた時に

Sarah Hogg
サラ・ホッグ (1946-)
ジョン・メージャー首相の前政策顧問集団責任者
◆「サンデー・タイムズ」1995.4.9

▶ 1918　心を痛めるようなことに関わらせるな。早く仕事をするには、世界がたっぷりと時間を与えるだろう。
　　　　※幼児の時の息子、チャールズ・ジェームズについて

Henry Fox, Lord Holland
ヘンリー・フォックス、ホランド卿 (1705-74)
イギリスのホイッグ党政治家、チャールズ・ジェームズ・フォックスの父
ホランド卿について、ウォルポール 4011 参照
◆ 伝聞

▷ Oliver Wendell Holmes Jr.

▶ **1919** セルウィン氏がもう１度来たら通してくれ。もし生きていたら会えて嬉しい。もし死んでいたら彼が会いたがるだろう。
　　※臨終の際に

◆J. H. ジェス『ジョージ・セルウィンと彼の仲間』(1844) 第3巻

Oliver Wendell Holmes Jr.

オリヴァー・ウェンデル・ホームズ・ジュニア(1841-1935)
アメリカの最高裁判所裁判官

▶ **1920** 政府に関係する仕事についたら、街角は直角に曲がらなければならない。

◆ロック・アイランド、アーカンソー、ルイジアナ鉄道対合衆国裁判(1920)で

▶ **1921** 誰よりも早く納税通知書どおりに払い込んでいる——浪費されていようといまいと税から市民社会は成り立っているからです。

◆ハロルド・ラスキへの書簡、1930.5.12

▶ **1922** 二流の知性。一流の激しい気性！
　　※フランクリン・ローズヴェルトについて

◆1933.3.8

▶ **1923** 頑迷な人の心は目の瞳孔のようなものである。光を当てれば当てるほど縮小する。

◆伝聞

Alec Douglas-Home, Lord Home

アレック・ダグラス＝ホーム、ホーム卿(1903-95)
イギリスの保守党政治家、首相(1963-64)

▶ **1924** 経済資料を読む時にはマッチ箱が必要となる。マッチ棒を並べて要点を目に見える形で摑もうとするからである。

◆「オブザーヴァー」1962.9.16

▶ **1925** 14番目の伯爵は、ミスター・ウィルソン、それを考えるならば、あなたですよ、14番目は。ミスター・ウィルソン。
　　※(1963年にホームが首相に選出されたことに対する)ハロルド・ウィルソンからの批評「あらゆる(民主的な)過程で14番目の伯爵が作業停止の根拠となっている」に応えて

◆「デイリー・テレグラフ」1963.10.22

▶ **1926** 私の人生には２つの課題がある。政治は解説不能で経済は不可解だ。

◆伝聞、1964

Richard Hooker

リチャード・フッカー(1554頃-1600)
イギリスの神学者

▶ **1927** 彼は大衆を説得する立場である。もっとも大衆もあるべき姿でしっかりと統治されておらず、決して熱心で好ましい聞き手ではない。

◆『教会行政組織について』

- **1928** 今より悪い状況から良い状況に変化するのだけれども、不便で耐え難い。

- **1929** わが国は穏当な動機と偉大な目標を掲げて壮大な社会、経済的実験を慎重に計画しています。
  ※禁酒法制定の憲法第18条について、「穏当な実験」としてしばしば言及して

- **1930** 粗野な個人主義のアメリカ・システム。

- **1931** 発展のスローガンは手桶一杯の夕食から、車庫一杯の夕食へ変わっていくのだ。
  ※時には「各家庭の車庫に車、各家庭の鉢に鳥肉」と言い換えられる

- **1932** 雑草は数千の町の、数百の都市の街路で成長するだろう。
  ※「歳入のために保護関税から自由関税に修正する」との提案に

- **1933** 格好の物事はサンタクロースのいない暗闇で、いきわたっているものだ。

- **1934** 年寄りはいたずらに戦争を公言する。だが闘ったり死ななければならないのは若者でしかないのだ。

- **1935** ウィスコンシン州の上院議員の勝利は、民主主義の勝利であるといわなければならない。百万長者も一般の人と同様に、幸運な機会が与えられると証明している。
  ※ジョン・フィッツジェラルド・ケネディの選挙勝利について

- **1936** ああ市民よ、まず富を求める。その後で徳行の実践が可能となる。

（1593）
◈『同上』

Herbert Hoover
ハーバート・フーヴァー（1874-1964）
アメリカの共和党政治家、アメリカ合衆国第31代大統領（1929-33）
◈W. H. ボラー上院議員への書簡、1928.2.23
◈ニューヨーク市での講演、1928.10.22
◈同上、アンリ4世1859参照

◈演説、1932.10.31、ブライアン646参照

◈ジョン・マーシャルへの共和党クラブでの演説、ミズーリ州セントルイスで、1935.12.16
◈シカゴの共和党全国大会での講演、1944.6.27

Bob Hope
ボブ・ホープ（1903-）
アメリカの喜劇俳優
◈1960、ウィリアム・ロバート・フェイス『ボブ・ホープ』（1983）

Horace
ホラティウス（紀元前65-同8）
ローマの詩人
◈『風刺』、ポープ3120参照

▷ Samuel Horsley

Samuel Horsley
サミュエル・ホーズリー（1733-1806）
イギリスの主教

▶ 1937　この国では……臣民個人は……「法に従う以外法とは何の関係もない」
　　※委員会で当初用いた金言を弁明して

◆ 上院で、1795.11.13

John Hoskyns
ジョン・ホスキンズ（1927-）
イギリスの実業家、首相政策顧問団長（1979-82）

▶ 1938　下院は何はともあれ労働組合で言うところの、最高のクローズド・ショップだ。政府の意向で、5,500万人の国民がたった1社の多国籍企業すら守れなかった能力が集まった企業合同に依存せざるを得ないということだ。

◆「保守主義は十分でない」（経営最高責任者協会年次報告）、1983.9.25

▶ 1939　トーリー党は狼狽しない、危機の時は別だが。

◆「サンデー・タイムズ」1989.2.19

A. E. Housman
A. E. フュースマン（1859-1936）
イギリスの詩人、古典主義者

▶ 1940　［ジョセフ・］チェンバレンが負傷者の代表者で、またバルフォアが負傷させた者のように言うのは、キリストがポンティアス・ピラトを十字架にかけたと語るのに似ています。

◆ 書簡、1922.12.7

Samuel Houston
サミュエル・ヒューストン（1793-1863）
アメリカの政治家、テキサス分離独立戦（1834-36）を指揮し、アメリカの一部とした陸軍指揮官

▶ 1941　北軍はこの連邦を守ると決定した。あなた方と同じで激しやすくなく、衝動的でもない。なぜなら寒冷地に住んでいるから。しかし、与えられた目標に向かって動き始める時は……猛威を振るう雪崩のように明確な運動や頑張りで前進するのだ。
　　※連邦脱落に反対しテキサス住民に警告して、1861

◆ ジェフリー・C. ウォード『南北戦争』（1991）

Geoffrey Howe
ジェフリー・ハウ（1926-）
イギリスの保守党政治家、外務大臣（1983-89）
ハウについて、ヒーリー 1833 参照

▶ 1942　クリケットの試合開始の投球があった直後に、先発メンバーを送り出してから全員のバットが折れていたことを首相が認めたようなものだ。
　　※マーガレット・サッチャー政権崩壊を早めさせた辞職演説

◆ 下院で、1990.11.13

▶ 1943　長すぎるほど戦ってきた忠誠心との痛ましい葛藤

◆ 同上

に、私以外の人が答えを出す時が来た。
※辞職演説

▶ 1944　主が降下される栄光が見える。
主は怒りのぶどうが、収穫されて貯まると踏みつけられる。
主は恐ろしく速い剣の運命の光を解き放たれる。
主の真実は前進する。
▶ 1945　主は人間を信心深くするために死なれた。人間を自由にするために死のう。

▶ 1946　抵抗は軍隊の侵入を抑止できる。だが思想の侵入は抑制できない。

▶ 1947　時は金なりのなくなったイギリスに何が残る？
綿は王なりのなくなったアメリカに何が残る？

▶ 1948　金銭は……商売の原動力ではない。車輪をいっそう円滑にそして軽やかに回す油である。

▶ 1949　政策は暴力的である、臣民の貧しさを利用して公が権限強化をしていくのだ。
▶ 1950　国王の統治下で生活することは、ある場面で見捨てられるかもしれないが、臣民が国王の権威に暗黙の了解を与えていると納得せざるを得ない。例えばある人間が船に残っていて、船長の指揮に全幅の信頼を寄せているのと同じだと主張できる。すなわち眠っている時には船で航行し、船を離れる瞬間は海に飛び込み死なねばならぬ時なのだ。
▶ 1951　世界の歴史上、常に司祭は自由の敵である。
▶ 1952　人類は悪人である、と仮定するのは今日まで紛れもない政治の金言である。

Julia Ward Howe
ジュリア・ウァード・ハウ（1819-1910）
アメリカのユニタリアン派伝道者
◆「共和国の戦争賛歌」(1862)

◆「同上」

Victor Hugo
ヴィクトル・ユーゴー（1802-85）
フランスの詩人、小説家、劇作家
◆『犯罪の歴史』(1851-52に著述、1877出版)

◆『ああ無情』(1862)

David Hume
デーヴィッド・ヒューム
（1711-76）
スコットランドの哲学者
◆『随想――道徳と政治』(1741-42)、「金銭について」

◆『同上』、「同上」

◆「個人契約について」(1748)

◆「大英帝国の政党について」
　（1741-42）
◆『政治講演』(1751)

▷ Hubert Humphrey

Hubert Humphrey
ヒューバート・ハンフリー
(1911-78)
アメリカの民主党政治家
◆ウィリアムズバーグでの演説、1965.5.1
◆マディソンの全国学生連盟での演説、1965.8.23
◆ワシントンでの演説、1968.4.27
◆伝聞

▶ 1953　国民から支持されていない法律を強制するには、刑務所も警察官も裁判所も足りなすぎる。

▶ 1954　意見を聴いてもらう権利とは、真面目に（その意見を）受け止めてもらう権利を当然に内包するものではない。

▶ 1955　今アメリカの歩むべき道がある。幸福の政治、目的の明確な政治そして喜びの政治である。

▶ 1956　同情することは弱さではない。不運な人々に関心を持つことは社会主義ではない。

Lord Hunt of Tanworth
タンワースのハント卿（1919-）
イギリスの公務員、内閣官房長官（1973-79）
◆歴史研究協会のセミナーで、1993.10.20

▶ 1957　イギリスの内閣政治を、「よろよろ歩き」と表現して：可能な限り民主的で説明のつくよろよろ歩きである。

Douglas Hurd
ダグラス・ハード（1930-）
イギリスの保守党政治家、外務大臣
◆『契約の結末』（1979）

▶ 1958　ロスチャイルド卿は、イギリス国会を傭兵隊長のようにうろつきまわっている。こちらで腹ばいになって待ち伏せしたり、そちらでまだ役立つふりをして、かろうじて生きながらえている崩れかけた要塞が現れたようなものだ。人間には時に敬意を払うが、政策に対してはほとんど敬意を払わない。
　※中央政府検討委員会初代委員長としてのロスチャイルド卿について

◆チャタム・ハウスでの講演、「フィナンシャル・タイムズ」1993.2.4

▶ 1959　仮にクリントン大統領が欧州駐留米軍の削減を早めたとすると、それはワシントンが北大西洋条約機構の優先順位を下げることも暗示しているわけで、くさびも取り除かれるだろう。それと同時に、これまでイギリスが世界において実力以上のパンチを繰り出すことを可能にしていた主要な支えもなくなるだろう。

Saddam Hussein
サダム・フセイン（1937-）
1979年よりイラク大統領
◆「ザ・タイムズ」1991.1.7。サ

▶ 1960　戦闘の母。
　※湾岸戦争が切迫した時の表現として一般的に解釈されている。バグダッドでの演説、1991.1.6

ダムはクェートを手放す意志がなく、「あらゆる闘いの母」となる備えがあると報告

Robert Maynard Hutchins
ロバート・メイナード・ハッチンズ（1899-1977）
◈『名著』（1954）

▶ 1961　民主主義の死というのは、待ち伏せして行う暗殺のようなものではない。無気力、無関心や栄養失調で次第に衰亡するものなのだ。

Aldous Huxley
オルダス・ハックスレー（1894-1963）
イギリスの小説家
◈『手段と目的』（1937）
◈「ニューヨーク・ヘラルド・トリビューン」1963.11.25
◈ 伝聞

▶ 1962　シーザーやナポレオンのような人間を崇拝している限り、彼らは堂々と台頭し無残な姿をさらすであろう。

▶ 1963　理想主義とは政治的に振る舞う紳士が、権力への意志を被う優雅な上衣である。

▶ 1964　布教者が宣伝する目的は、ある集団の人々に、別の集団が人間であることを忘れさせることである。

I

Dolores Ibarruri ('La Pasionaria')
ドロレス・イバルーリ（「情熱の花」）（1895-1989）
スペインの共産主義指導者
◈ パリでの演説、1936.9.3。エミリアノ・ザパタによるとも伝聞されている、ローズヴェルト 3265 参照
◈ ラジオ放送、マドリッドで、1936.7.19、発言者不明 103 参照

▶ 1965　ひざまずいて生きるより、自分の足で立って死ぬ方がましだ。

▶ 1966　彼らは通さない

Henrik Ibsen
ヘンリック・イプセン（1828-1906）
ノルウェーの劇作家
◈『人民の敵』（1882）

▶ 1967　多数とはいってもその側に正義があるわけではない。決してそうではない！　自由に思考する人間が敢えて反逆する、というのは社会の嘘の１つである。生まれた国で誰が多数を占められるのか？　賢い人間なのか愚か者なのか。世界中に愚か者が恐ろしいほど溢れて、多数を占め

ていると認めなければならない。しかし、残念なことに愚か者が賢者を統治するほどに増えることは、決して正しいことではない！

▶ **1968**　自由や真実の闘いに出る時は、最上のズボンを穿いていくべきではない。

◆『同上』

▶ **1969**　ロング上院議員の問題は……知性のぷんぷんとした口臭がすることだ。強引なロング皇帝には知性がある。

Harold L. Ickes
ハロルド・L. イッキス（1874-1952）
アメリカの法律家、行政官
◆ 発言、1935、G. ウルフスキル、J. A. ハドソン共著『人民のすべて――フランクリン・D. ローズヴェルトと彼の批判者 1933-39』（1969）
◆「ニューヨーク・タイムズ」1939.12.12
◆ 1946.2

▶ **1970**　デューイはリングの上におしめを投げた。
　　※大統領選挙の共和党候補について
▶ **1971**　身内の政府には反対する。
　　※内務長官を辞任するに際して

▶ **1972**　消費者社会では必然的に2種類の奴隷がいる。耽溺の捕虜と嫉妬の捕虜である。

Ivan Illich
イワン・イリイチ（1926-）
アメリカの社会学者
◆『上機嫌の道具』（1973）

▶ **1973**　現実には喧嘩の当事者は一方で事足りる。狼と意見がくい違っている時に羊たちが菜食主義を支持する決議をしても役に立たない。

William Ralph Inge
ウィリアム・ラルフ・インゲ（1860-1954）
イギリスの作家、セント・ポール大聖堂の主任司祭（1911-34）
◆『エッセイ・一刀両断、第1章』（1919）

▶ **1974**　国民と子孫が負債に包まれた国家は、イスラエル、アテネ、フィレンツェ、エリザベス朝イギリスのように小さな国家である。

◆『同上、第2章』（1922）、「国家、見えるもの見えざるもの」

▶ **1975**　人は自分のために銃剣の王座を作ることはあっても、銃剣の王座には座れない。

◆『プロティノスの哲学』（1923）第2巻。ロシアで失敗した軍事政変の際、ボリス・エリツィンが語った、1991.8

▶ **1976**　自由の敵は議論ではない。敵は大声を上げ銃撃する

◆『時代の終わり』（1948）

▶ 1977　歴史上、退屈の果たす大きな効果は、過小評価されている。革命の大きな端緒となり、躍動感のない理想主義体制やフェビアン学派の牧場のような悠長な文化をすぐさま終焉させるであろう。

◈『同上』

Bernard Ingham
バーナード・インガム（1932-）
イギリスのジャーナリスト、報道スペシャリスト、首相筆頭報道秘書官（1979-90）
インガムについて、ビッフェン506参照

▶ 1978　闘牛など血を見せる出し物は、下世話なコラムの中に究極に純化されている。

◈ 発言、1986.2.5
◈ 国会記者クラブでの発言、1990.2

▶ 1979　メディアは私が言う政府の衒学者、すなわち油絵のようなものだ。近くで見れば、一体何を表現しているかわからない。離れて見ればようやく概要がわかるのだ。

▶ 1980　国会ロビーの会見でシャツの血痕を見せながら：
ああ、正面から刺されました。

◈ アントニー・ジェイへの書簡で回想、1995.1

Eugène Ionesco
イージェネ・イオネスコ（1912-94）
フランスの劇作家
◈『殺人者』（1958）

▶ 1981　公務員はジョークを言わない。

Hastings Lionel ('Pug') Ismay
ヘースティングス・ライオネル・（'パグ'・）イスメイ（1887-1965）
イギリスの将軍、イギリス国防会議事務総長、NATO初代議長
◈ ピーター・ヘネシー『2度目はない』（1992）、口承

▶ 1982　NATOの存在する3つの理由は、ロシア人を疎外し、アメリカ人を仲間に入れ、ドイツ人は膝下に置くことだ。
※イギリス保守党下院議員たちに、1949

Alija Izetbegović
アリシア・イゼッベゴヴィッチ（1925-）
ボスニアの政治家、1990年よりボスニア・ヘルツェゴヴィナ大

▶ 1983　国民に言いたい、確かに平和とは言えないことかもしれない。だが、戦争継続よりはましなのだ。
※セルビア・クロアチアの代表としてデイトン条約に署名した後で

J

Andrew Jackson

アンドリュー・ジャクソン
(1767-1845)
アメリカの将軍、民主党政治家、アメリカ合衆国第7代大統領 (1829-37)
ジャクソンについて、クレー1076参照

◆ モービルからルイジアナに向けた宣言、1814.9.21
◆ 伝聞

▶ **1984** 政府から招集された時に自分の権利を守らない個人は奴隷に等しく、敵国はもとより、友好国からも痛い目にあわされるに違いない。

▶ **1985** 勇気はあっても義務に無関心な人間は、危機一髪に戦線を放棄する臆病な人間よりも祖国にとっては価値がない。
　※ニューオーリンズの戦いで戦線を放棄した部隊に対して、1815.1.8

▶ **1986** われらの連邦。継続されねばならない。
　※ジェファーソン誕生式典の乾杯の辞、1830.4.13

◆ トーマス・ハート・ベントン『30年間の見方』(1856) 第1巻
◆ H. S. コマガー（編）『アメリカ歴史の記録』第1巻 (1963)

▶ **1987** 憲法を支持すると誓った個々の公務員は、他人に理解されるのではなく、本人が理解したうえで支持を誓っている。
　※アメリカ銀行再計画法案に投票して、大統領メッセージ、1832.7.10

▶ **1988** 誰もが法律によって平等に身柄保護の権利を与えられているのだが、時として法律が意図的な差別を加えたり、栄誉や排他的な特権を得て富めるものを豊かにしたり、一層権力を蓄積させる。社会の下層にいる人──農夫、機械工労働者は自由な時間も自身を守る手段も持たずにいるが、政府の不公平に不満を述べる権利を有している。

◆ 銀行法案への拒否権行使時に、1832.7.10

▶ **1989** 政府には必要悪はない。あるとすれば権力の悪用にこそ原因がある。平等な保護に限られるべきである。天が雨を降らす時、降り注ぐ雨は上層も下層も富める者も貧しき者も平等に祝福するであろう。

◆ 同上

▶ **1990** 緊張しているね。昔私と船旅行をしたことがなかっ

◆ ジェイムズ・バートン『ジャ

▶ 1991　勇気ある1人が多数派を形成するのだ。
▶ 1992　死の直前、何かやり残したことはあるのかと尋ねられて：ヘンリー・クレーを射殺していないし、ジョン・C. カルホーンも絞首刑にしていない。

クソンの生涯』(1860) 第3巻
◈ 伝聞

◈ ロバート・V. レミニ『ヘンリー・クレー』(1991)、伝聞

Jesse Jackson

ジェシー・ジャクソン(1941-)
アメリカの民主党政治家、牧師

▶ 1993　あなた方の前に立っている私の権利と特権は、人生で勝ち得たもので──無垢の人々の血や汗によって勝ち得たものなのだ。

◈ アトランタの民主党全国大会での演説、1988.7.19

▶ 1994　この大会会場を見渡すと、赤色、黄色、茶色、黒色のアメリカの顔が目にとまる。われわれは神から見てかけがえのない──真の虹の連合である。

◈ 同上

▶ 1995　あなたは労働者、黒人、都市から逃げ続けていては、彼らが投票する気になってくれると期待はできない。
　　　※クリントン大統領について、1994年の大統領選挙結果後に

◈「ガーディアン」1994.11.28

James I (James VI of Scotland)

ジェームズ1世(スコットランドのジェームズ6世)(1566-1625)
1567年からスコットランド国王、1603年からイングランド国王

▶ 1996　牧師不在、王不在。
　　　※イングランドの宗教的寛大を求めて、スコットランド教会から派遣された長老会の代表団に対して

◈ W. バーロー『会議の概要と実態』(1604)

▶ 1997　国王は真に人民の父で、礼儀正しい父である。
▶ 1998　独裁国家は地上で最高の創造物である。というのも国王は地上での神の補佐役にとどまらず、神自身から神々と呼ばれて神の王座に座っているからなのだ。

◈ 議会での発言、1610.3.21
◈ 同上

▶ 1999　王権の神秘性について、異論をはさむことは法にはかなっていない。それは王族の弱さを攻撃することであり、神の王座に座る者に属する神秘の崇敬を剝ぎ取ることだからである。

◈「星室庁での発言」(裁判官たちへの発言)、1616.6.20

▶ 2000　臣民の意思ではなく、臣民の福利で統治する。

◈ 1621.12、J. R. グリーン『イギリス国民の歴史』第3巻(1879)

James V

▶ 2001　スコットランドの王位（女系によってスチュアート家の

ジェームズ5世(1512-42)

ものになった）について、スコットランドのメアリー女王の誕生を耳にして、1542.12：

小娘とともに来て、小娘とともに受け継がれていくだろう。

1513年からスコットランド国王
◆ ピッツコティーのロバート・リンゼイ（1500頃-65）『スコットランド史』（1728）

Antony Jay（アントニー・ジェイ）➡ Lynn and Jay（リンとジェイ）参照

Douglas Jay

ダグラス・ジェイ（1907-96）
イギリスの労働党政治家
◆『社会主義者の場合』（1939）
◆『変化と未来』（1980）

▶ 2002　栄養や健康の問題については、国会にいる紳士たちの方が国民以上に教育問題と同様に改善策を真剣に認識している。

▶ 2003　全国民への平等な分配は、労働者の要求である。
　　※ノース・バタシーの補欠選挙に向けてのスローガン、1946

Thomas Jefferson

トーマス・ジェファーソン（1743-1826）
アメリカの民主共和党政治家、アメリカ合衆国第3代大統領（1801-09）
ジェファーソンについて、アダムズ37、ケネディ2170 参照
◆『独立宣言』1776.7.4

▶ 2004　われわれはそれゆえに……イギリス国民も他の国民と同様に戦時には敵、平時には友とみなさざるを得ない。

◆ アメリカ独立宣言、1776.7.4（前文）

▶ 2005　人間の歴史において、ある国民が他の国民との政治的紐帯を分断して、世界の諸国とならんで自然法およびそれを定めたもう神の認められる独立平等の地位を獲得する必要が生ずる場合、その国民が人類の世論に誠意ある敬意を払うならば独立を余儀なくされた理由を宣言すべきである。

▶ 2006　われわれは次の真理が神聖で不可避であると確信する。あらゆる人間は創造主から生来の譲り渡せない権利が与えられ、生命と自由を保持し、幸福を追求するように平等であり独立するように造られている。

◆ アメリカ独立宣言の「素案」、J. P. ボイド他『トーマス・ジェファーソンの記録』第1巻（1950）

▶ 2007　数百万の罪のない男女、子供がキリスト教の登場以来、焼かれたり拷問を受けたり罰金を科せられたり入獄させられたりしてきた。だが、［意見の］統一のために1インチも前進していない。威圧政治の効果とは何だったのか？世界の半分を愚か者にして、また半分は偽善者にする。

◆『ヴァージニア州の記録』（1781-85）

▶ 2008　神の公正さを傷つけたならば、国のために心の底からおののき恐れる。

◆『同上』

▶ 2009　われわれの政府は国民の意見を基底として、何より も最優先の目標は正義を守ることです。例えば新聞のない 政府を取るか、政府のない新聞を取るかの決断が迫られた ならば、後者を取ることに一瞬もためらいません。

▶ 2010　過去の経験からすると、人間が仲間を食べ尽くす唯 一の動物である、と断定できます。ヨーロッパの諸政府 で、富める者が貧しい者を当然のこととして、餌食として いる現状を穏当に表現する言葉はありません。

▶ 2011　多少の反逆は、過去も現在も薬になります。

▶ 2012　自由の木は時として、愛国者と暴君の血で清められ ねばならない。しごく自然な肥料と言えます。

▶ 2013　自然な歴史の進歩は自由のために譲歩し、政府は国 土を獲得するということです。

▶ 2014　団体でしか天国に行けないとすれば、最後までそこ へは行けません。

▶ 2015　人間の権利としての共和政体こそ、戦争が永遠に続 かないとする唯一の政府形態です。

▶ 2016　羽毛ベッドに寝ながら、抑圧を自由へ転換する期待 を持つべきではありません。

▶ 2017　検閲のない政府は存在すべきではありません。しか し今出版、報道が自由な国では、誰も望まないでしょう。

▶ 2018　政府の第2庁舎は信頼に足るゆったりとしたところ ですが、第1庁舎は目を覆うまでに惨めです。

▶ 2019　庁舎では官僚たちは居間と同様に、真面目にやって います。しかしながら［公的地位に］出世の眼差しを向け 始めると、行動が腐敗し始めるのです。

▶ 2020　理性と人間性が誤ちと弾圧に対して勝利を収めたの は、ひとえに報道のおかげであることを感謝する。

▶ 2021　仕事、投機、横領、会社の増設や買収が拡大してい くということは、州の権力が社会生活にある組織の手に委 ねられているという、権力の強奪によってもたらされてい ると言えます。

▶ 2022　もし、アメリカの一般法で［例えば単一国家が］支 配的な原則になるとすれば、世界で最悪の腐敗政府になる でしょう。

▶ 2023　市民のみなさん、さらにもう1つ必要だ。それは賢 く節約する政府である。市民が互いに傷つけずに勤勉と改 革を追求して正常化するのはあくまで自由であり、労働者 の口から稼いで手に入れたパンを取り上げるようなことは

◆ エドワード・カーリントン大 佐への書簡、1787.1.16

◆ 同上

◆ ジェームズ・マディソンへの 書簡、1787.1.30
◆ W. S. スミスへの書簡、 1787.11.13
◆ エドワード・カーリントン大 佐への書簡、1788.5.27
◆ フランシス・ホプキンソンへ の書簡、1789.3.13
◆ ウィリアム・ハンターへの書 簡、1790.3.11
◆ ラファイエットへの書簡、 1790.4.2
◆ ジョージ・ワシントンへの書 簡、1792.9.9
◆ エルブリッジ・ゲリーへの書 簡、1797.5.13
◆ テンチ・コックスへの書簡、 1799.5.21

◆ ヴァージニア・ケンタッキー 決議（1799）
◆ 書簡、1800.8.13

◆ ギデオン・グレンジャーへの 書簡、1800.8.13

◆ 第1回大統領就任演説、 1801.3.4

▷ Thomas Jefferson

させない。これは良い政府の概要であり、国民の幸福を十全なものにするためには必要なことである。

▶ **2024** われわれはすべて共和主義者であり、すべて連邦主義者である。われわれの中でこの合衆国を崩壊して共和制を変えたいと願う者がいるなら、そのままに干渉せずにおこうではないか。理性が誤った意志に対抗する自由を有する国家では、誤った意志の発表を許容しても安全である。 ◆同上

▶ **2025** またすべての市民が1つの神聖な原理を心に期すことだ。すなわち多数の意志はすべての場合、貫徹されるべきだが、この意志が正当なものであるためには、道理にかなったものであるべきこと、少数者も平等な権利を有し、平等な法律で保護されるべきでそれを侵せば圧制となる。 ◆同上

▶ **2026** 誠実な愛国者が、成功している実験の絶好調期にこれまで自由で確固たるものとして保持してきた政治を、放棄しようとするのか？ ◆同上

▶ **2027** あらゆる国家と平和、通商と誠実な友好関係を結び同盟は結ばない。 ◆同上

▶ **2028** 信仰の自由。出版の自由と人身の自由──人身の自由とは人身保護令状と公平に選任された陪審員による、裁判の保護を受けることである。これらの諸原理は輝かしい星座としてわれわれの行く手を照らし、革命と改革の時代を通じてわれわれを導いてきたのだ。 ◆同上

▶ **2029** 政府への当然の参加が権利だとすれば、どうしたら空きができるのでしょうか？ 死による空席は少なく、辞任による空席はまったくありません。 ◆E. シップマンらへの書簡、1801.7.12

　※一般的には「死ぬ者は少なく辞任する者はいない」と言われている

▶ **2030** もし面倒を見ると見せかけて、そのとおり国民の労働を無駄にしない政府ができれば、幸福となるに違いありません。 ◆トーマス・クーパーへの書簡、1802.11.29

▶ **2031** 敵意に満ちた攻撃があるたびに……戦争に訴える必要が出てきたら、われわれの義務を直視し、友人としては公正で敵としては勇敢であることを世界に知らしめなければなりません。 ◆アンドリュー・ジャクソンへの書簡、1806.12.3

▶ **2032** 人間が公的信用を意識し始めたら、本人が社会の財産になったと考え始めた時です。 ◆B. L. レイナー『ジェファーソンの生涯』(1834)

　※フンボルト男爵へ、1807

▶ **2033** 破滅ではなく人生や幸福に配慮すれば、市民にとって良い政府が初めて行う唯一の立法目的である。 ◆メリーランド州ワシントン郡の共和党市民へ、1809.3.31

▶ **2034** 成文憲法への徹底した見方は、善良な市民の高邁な ◆ジョン・B. コルヴィンへの書

義務の１つであることは疑いもありません。だが最高のものではないのです。国家危機の時には、必要な法、自己保身的な法、祖国を救助する法が、気高い責務を負った法なのです。

簡、1810.9.20

▶ **2035** 宗教のような政治が、誤った改革者たちへの殉教の松明を掲げているのです。

◈ ジェームズ・オジルヴィーへの書簡、1811.8.4

▶ **2036** 国民の中に自然な貴族がいることを認める。その土台となるのは徳と能力だ。

◈ ジョン・アダムズへの書簡、1813.10.28

▶ **2037** 商人には祖国がない。そこに立っている場所だけが、富をもたらし、そこに強く引きよせられて生活が成りたっているのです。

◈ ホレーショー・G. スパフォードへの書簡、1814.3.17

▶ **2038** もし国民が文化の進んだ国で無知や自由を期待したら、今までもそしてこれからも不可能なことを期待していることになります。

◈ チャールズ・ヤンシー大佐への書簡、1816.1.6

▶ **2039** しかし、重要問題［ミズーリ協定］は、暗い夜中に目覚めて恐怖の瞬間の出火警報ベルを聞くようなものです。連邦の弔鐘と思っていました。

◈ ジョン・ホームズへの書簡、1820.4.22

▶ **2040** 人民だけが、社会の究極の権力の安全な貯えとなる倉庫であるということを知っています。それにもし、人民が健全な自由意思に則って支配できるほどに開明されていないとすれば、それを補うのは教育によるべきであり、彼らの自由意思を奪うことによってはなりません。

◈ ウィリアム・チャールズ・ジャーヴィスへの書簡、1820.9.28

▶ **2041** われわれは狼の耳を持って吊るし上げます。抱くことはもちろん、安全に逃すこともできません。正義は大切ではありますが、一方で自分を守ることも大事です。
　　　※奴隷について

◈ ジョン・ホームズへの書簡、1820.4.22

▶ **2042** 150 人の法律家が、一緒に仕事をするとは期待できないはずである。
　　　※アメリカ議会で

◈『自伝』、1821.1.6

▶ **2043** これ［普遍的共和主義］を獲得するために、血の川が流されねばならないし荒廃の年月が過ぎるでしょう。しかし目標は、血が川となって流れることや、荒廃の年月に値するものです。

◈ ジョン・アダムズへの書簡、1823.9.4

▶ **2044** よき古き支配は、われわれのすべての母に祝福される。

◈『くじ引きの思想』(1826)

▶ **2045** 政府の合法的な権限は、他者に傷を負わせるような行為に対してのみ及ぼすことができる。だが、隣人が神は 20 人いると言おうが 1 人しかないと言おうが、私はいっこうに傷つかない。そういう言葉が私の財布をすりとったり、私の脚を折ったりはしないからだ。

◈ 伝聞

- **2046** 選ばれた者が実績を残す義務はない、ということになれば、適材適所を試みようとすることすらしないことになる。　◆J. B. マックマスター『アメリカ国民の歴史』(1883-1913) 第2巻
- **2047** アメリカ政府の政策は、市民を自由にさせておくことである。国民が追い求めるものを抑制したり、援助したりすべきではない。　◆伝聞
- **2048** もしワシントン大統領から、いつ種を蒔け、いつ刈り取れと指図されていたら、われわれは早晩パンも人から与えてもらいたがるようになる。　◆『自伝』
- **2049** 今日は4日？
  ※臨終の言葉　◆1826.7.4

Roy Jenkins

ロイ・ジェンキンス (1920-)
イギリスの政治家、1981年の社会民主党の創設者の1人

- **2050** ジェームズ・キャラハンについて：
  政治において覚えている限り、歴史において思いつく限り、これほど強力な政治的パーソナリティと貧弱な教養が一致する人間はいなかった。　◆リチャード・クロスマンの日記、1969.9.5
- **2051** 簡単にその車線でエンジンを止め、車を持ち上げて廻れ右して別の方向へ帰っていった。
  ※アーネスト・ベヴィンが閣僚会議の方針を変更したことについて　◆ロイ・ジェンキンス『権力の9人』(1974)
- **2052** この国の左派や中道勢力は時代遅れの型に凍りついていて、イギリスの政治経済の健全さの害となっている。その型にはまった生活をする人民を、ますます抑圧している。それを破壊できるのか？　◆国会記者クラブでの発言、1980.6.9
- **2053** 労働党について：
  死んでいるか死にかけている動物を線路上に横たえ、他の列車の通過を妨害している。　◆「ガーディアン」1987.5.16
- **2054** マーガレット・サッチャーについて：
  ノース卿以来、ネヴィル・チェンバレンというごく短期の例外を除いて、これほど独善的で頑固な首相は他に類を見ない。　◆「オブザーヴァー」1990.3.11
- **2055** 地位に拘泥する首相が党から簡単に放り出させるものだという見方を裏付ける記録は、過去に多くはない。　◆「ガーディアン」1990.4.14
- **2056** エドワード・ヒースについて：
  そこに立ち光線で照らしているが、打ち寄せる波には無関心で立派な燈台である。　◆「インディペンデント」1990.9.22

▶ 2057　犯罪が増え続けていると信じるのは、社会の深層の欲求で、悪いニュースは正しいに違いないという、いんちきくさい証拠のようなものだ。これもポルノと同じく統計の問題なのである。

▶ 2058　内閣に入っていない政治家は反対勢力になるに違いない、という認識は、普遍的ではないが事実だ。

▶ 2059　社会のどの階級も根底では労働組合員。だが、主に大胆さ、能力の高さ、秘密の保持、組合員の利益の追求の度合いが、それぞれ他の階級とは異なっている。

▶ 2060　市民の権威が秩序に反逆する立法をし、何事かを許可するということは、神の意思に反するものである。そのようにして制定された法は、国民の良心を拘束することはできない。なぜなら神には人間よりも、従わせる権利があるからだ。

▶ 2061　各国の社会発展、秩序、安全と平和は、すべて他国の社会発展、秩序、安全と平和と必然的に連係している。

▶ 2062　［世界人権宣言（1948年12月）では、］最高に厳粛な型で人間の尊厳があらゆる人間に認められていると指摘している。結果として、基本的権利すなわち真実を探求する自由な運動の権利、道徳善や正義の達成や尊重された生活の権利が公布されたのだ。

▶ 2063　1958年、リチャード・ニクソンが物議をかもした南アフリカ訪問から帰国した時に擁護したことについて、報道陣からの疑問に応えて：
ねえ君、政治では鶏糞が一夜明けたら鶏のサラダになることも可能だと、知っておいた方がいいよ。

Simon Jenkins
サイモン・ジェンキンス
(1943-)
イギリスの政治ジャーナリスト
◆「サンデー・タイムズ」
　1987.3.22
◆マーガレット・サッチャーとのインタヴュー、「ザ・タイムズ」1991.6.29

W. Stanley Jevons
W. スタンレー・ジェヴォンズ
(1835-82)
イギリスの経済学者
◆『労働関係と国家』(1882)

John XXIII
ヨハネス23世(1881-1963)
1958年からローマ法王
◆『地上に平和を』(1963)

◆『同上』

◆『同上』

Lyndon Baines Johnson
リンドン・ベインズ・ジョンソン(1908-73)
アメリカの民主党政治家、アメリカ合衆国第36代大統領(1963-69)
ジョンソンについて、ホワイト4111 参照
◆ファン・ブロディ『リチャード・ニクソン』(1983)

▷ Lyndon Baines Johnson

- **2064** 私は自由人、アメリカ人、アメリカ上院議員、民主党員という体制の中にいる。
  ◆『テキサス・クォータリー』1958年冬期号

- **2065** 根底に何があるか［真実］を教えてあげよう。もし最低層の白人に、彼が最高層の有色人よりも優れていると確信させてやることができたら、その白人はあなたが財布をすっても気づかない。見下す相手を与えてやれば、彼は自分のあり金をはたくだろう。
  ※1960年、大統領選挙中ビル・モイヤーズに
  ◆ロバート・ダレク・ローン『星は昇る』(1991)

- **2066** 突然今日、ここに立っていなくてすむものなら、自分の持っているすべてを喜んで投げだそう。
  ※J. F. ケネディの暗殺に続いて
  ◆大統領として国会で最初の発言、1963.11.27

- **2067** この国で男女平等権について長い間議論してきた。100年以上も議論してきたのだ。今こそ次章を書くときが来た。それも法律の本に。
  ◆国会での発言、1963.11.27

- **2068** 世界が友愛関係を広げる以前に、隣人関係が狭くならないことを望んでいるのだ。
  ※ナショナル・クリスマス・ツリーの点灯式で
  ◆1963.12.22

- **2069** この政府は、今こそアメリカの貧困に無条件の戦争を布告する。
  ◆国会での一般教書演説、1964.1.8

- **2070** 人類の歴史で初めて、貧困を克服する可能性がある。
  ◆国会での演説、1964.3.16

- **2071** あなた方の時代で豊かで力強い社会だけではなく、偉大な社会に向かって前進する機会が生じてきた。
  ◆ミシガン大学での講演、1964.5.22

- **2072** アメリカ人は、他国が忘れたことでも危機が拡大していく懸念を理解している。いまだに戦争の不拡大を望んでいる。
  ◆ラジオとテレビでの講演、1964.8.4

- **2073** 本国から9,000から10,000マイル離れた地で、アジアの青年たちが自ら行うべき仕事にアメリカの青年を送るべきでない。
  ◆アクロン大学での講演、1964.10.21

- **2074** 大統領が大騒ぎをすることは、許されない悪徳である。国政が中庸であることは最高の徳である。
  ◆ニューヨークでの演説、1964.10.31

- **2075** 大統領の最高に厳しい仕事は正しいことを実行するのではなく、それを認識することである。
  ◆国会での大統領一般教書、1965.1.4

- **2076** 機会均等の門を開くだけでは十分ではない。アメリカ市民のすべてが、この門を通り抜ける能力を持たねばならない。
  ※ハーヴァード大学での講演、1965
  ◆ポール・L. フィッシャー、ラルフ・L. ラベンスタイン（共編）『ニュースメディアと民族』(1967)

- **2077** 忠誠を望まない。忠誠そのものが欲しいのだ。昼日中にメイシーズ・デパートのショーウインドーの中で私の尻にキスして、薔薇の薫りがすると言わせたい。ポケットにそんな人間を入れておきたい。
  ◆デーヴィッド・ハルバースタム『最良で最高に輝くもの』(1972)

※期待する補佐役について
- 2078 テントの中から外に向かって小便されるよりも、外から中にされる方がよい。
    ※ J. エドガー・フーヴァーについて
- 2079 屁をしながらガムを嚙むことができないほど愚か者だ。
    ※ジェラルド・フォードについて
- 2080 さあ今、ともに議論しよう。
- 2081 経済講演する時、自分の足に小便をかけるようなことだと考えたことがありますか？ 温かく思うかもしれないが、他人にとっては決してそうではありません。
    ※ J. K. ガルブレイスに

- 2082 端的に言えば、トーリー党はある種の道徳や知的反応に欠けている萎縮するイギリス人である。家庭を見てもちょっと見て汚れていることがわかるが、耐乏生活であっても時として信頼できる。

- 2083 余計なこととは、舞台上でのベテランののろのろ歩きである。

- 2084 この人［チェスターフィールド卿］は考えるに、ウィットに富んだ有力者である。そして貴族の中でも唯一人、ウィットを語れる人だ。
- 2085 われわれが恐れても変化が避けられないものだとすれば、その他に人間に降りかかる苦難同様、黙って受け入れる他ない。撃退できないものはできるだけ遅らせ、癒せないものは和らげるしかない。
- 2086 年金。国家に大罪を犯すように国が雇いあげた人間に支払うもの。
- 2087 戦争のもたらす禍を総じて言えば、利益追求と盲信に助長される虚偽によって、真実の愛が損なわれることだろう。

◆『同上』

◆リチャード・リーヴェス『リンカンではなくフォード』（1975）
◆常用句
◆J. K. ガルブレイス『われわれの時代の生活』(1981)

Paul Johnson
ポール・ジョンソン (1928-)
イギリスのジャーナリスト
◆「ニュー・ステイツマン」1958.10.18、「頑固な規則」

Samuel Johnson
サミュエル・ジョンソン (1709-84)
イギリスの詩人、評論家、辞書編集者
◆『人間欲望の虚栄心』(1749)
◆ジェームズ・ボズウェル『サミュエル・ジョンソンの生涯』(1791) 1754
◆『英語辞典』(1755)、序

◆『英語辞典』(1755)

◆『怠け者』1758.11.11.「戦争が宣言されたら、真実は最初の戦争犠牲者だ」というアーサー・ポンソンビー『戦時下の虚偽』(1928)の巻頭句の出典と考えられる（またハイラ

▷ Samuel Johnson

▶ 2088 指摘された文章は、ある程度まで正確性が簡明さよりも犠牲にされねばならない。

▶ 2089 世界中で生活している最低の階級では、自由は働くか飢えるかを選べる程度のものだ。

▶ 2090 人間の心が耐えられる範囲はなんと狭いことか。それであるから法律や国王の原因追及や救済を求めるのだ。

▶ 2091 あなたがた平等主義者は人民の地位を下げようと望んでいるが、彼らは地位向上には耐えられない。

▶ 2092 女性の説教は犬が後足で歩くようなものだ。決して完璧に終わるものではない。終わったと知って驚かされる。

▶ 2093 ボズウェル：あなたは、政治改革の計画を笑い飛ばす。
ジョンソン：なぜいけないのか、政治改革の最大の改革はそれこそお笑い草なのだ。

▶ 2094 幾多の反対がすべての事案に出てくるが、何かをやろうという必要性がなければ何も克服できないのだ。

▶ 2095 貧困への適正な分配は、文化の真の試練なのだ。

▶ 2096 私は政府がどういう体制でも一顧だにしない。それ〔政府の体制〕は個人の幸福には何ら重要ではない。

▶ 2097 ホイッグ党員がどんなものを着ていても、見る気がしない。僧侶のガウンをまとっているホイッグ党員を見るのは大嫌いだ。

▶ 2098 人間が金儲けよりも無邪気に雇われる方法はない。

▶ 2099 ジョージ1世は何も知らない。知ろうと望んでいなかった。何もしなかった。何もしようと欲しなかった。ただ1つよく知られていることは、世襲継承者の王位を再興させようとした。

▶ 2100 愛国主義はならず者の最後の避難所である。

▶ 2101 今や政治は世界の隆盛の一方法に過ぎない。

▶ 2102 私の信念を攻撃する人はすべて信念に対する私の自信を揺るがせ、不安をかりたてる。不安にさせるその人々に怒りを覚えるのだ。

ム・ジョンソンの上院での発言が淵源とみられるが、発言の記録はない）

◆「イギリス兵士の勇気」『ザ・ブリティシュ・マガジン』1760.1

◆『同上』『同上』

◆ オリヴァー・ゴールドスミス『旅行者』(1764) に加筆、ゴールドスミス 1696 参照

◆ ジェームズ・ボズウェル『サミュエル・ジョンソンの生涯』(1791) 1763.7.21

◆『同上』1763.7.31

◆『同上』1769.10.26

◆『同上』1770

◆『同上』

◆『同上』1772.3.31

◆ ジェームズ・ボズウェル『ヘブリディーズ諸島への旅行日誌』(1785) 1773.9.24

◆ ジェームズ・ボズウェル『サミュエル・ジョンソンの生涯』(1791) 1775.3.27

◆『同上』1775.4.6

◆『同上』1775.4.7
◆『同上』1775.4.18
◆『同上』1776.4.3

▶ 2103　一般的に平等な環境にあれば、幸福な人がまったくいない国家より不幸な人のいる国家の方が、ましな国家である。

◉『同上』1776.4.7

▶ 2104　多数決では彼らに勝てないが、議論では勝てる。

◉『同上』1778.4.3

▶ 2105　常に言っている。最初のホイッグ党員は悪魔だと。

◉『同上』1778.4.28

▶ 2106　黒人奴隷の監督者たちが悲壮な大声で自由を訴えるのを聞いてどう思う？

◉『弾圧なき課税』(1775)

▶ 2107　私は信ずるが、賢いトーリー党と賢いホイッグ党は合意するであろう。考え方は異なっても主義がまったく同じだからだ。

◉ ジェームズ・ボズウェル『サミュエル・ジョンソンの生涯』(1791) 1781.5、ボズウェルに宛てた書簡

▶ 2108　もしある人がにわか雨を避けて、小屋でバークと一緒になることがあれば「変な人だ」と言うに違いない。
　　　※エドマンド・バークについて

◉ ジェームズ・ボズウェル『サミュエル・ジョンソンの生涯』(1791) 1784.5.15

▶ 2109　フォックスはシーザーと王国を分割した。だから国民をジョージ3世の王権か、フォックスの舌のどちらで治めるのがいいか疑問だ。
　　　※チャールズ・ジェームズ・フォックスの議会敗北と続く1784年の失墜について

◉『英国人名辞典』

▶ 2110　人間は不平等と従属の状態が何より幸福なのだ。平等という気持ちの良い環境になれば、すぐさま獣へと堕落する。

◉ 伝聞

Hanns Johst

▶ 2111　文化という話を聞くたびに……、ブローリング銃の安全装置を外す。
　　　※しばしば、ヘルマン・ゲーリングの言葉として「世界文化と聞くたびに、私はピストルを手にする」と引用される

ハンス・ヨースト(1890-1978)
ドイツの劇作家
◉『シュラゲーター』(1933)

John Paul Jones

▶ 2112　まだ戦闘に入ったわけではない。
　　　※1779.9.23、戦艦が沈み始めたときに、旗を降ろしたかと尋ねられて

ジョン・ポール・ジョーンズ
(1747-92)
アメリカの海軍司令長官
◉ レジナルド・ド・コーヘン女史『ジョン・ポール・ジョーンズの人生と書簡』(1914) 第1巻

William Jones

▶ 2113　私の意見では、権力は常に混乱するはずである、だ

ウィリアム・ジョーンズ(1746-

▶ 2114　臣民：大カトーの声はローマの声だ。
　　　　カトー：ローマの声は天の同意だ。

▶ 2115　権利章典は創造主が、神が定めたものではない。確かに人間が、最高にか弱い人間が定めたものだ。

▶ 2116　彼らは親交のテーブルを強引に引っ張り、
　　　　色付きのグラスを割った。
　　　　祭壇を地上に投げつけ、
　　　　十字架を叩き落した。
　　　　クロムウェルと相続人である
　　　　――クレイ卿夫妻を擁立した――
　　　　なぜなら公式祈禱文、
　　　　オルガンと花とリボンの柱を嫌っていたから。

▶ 2117　問題は世代から世代へと再生される。このことを「剝奪のサイクル」と言っている。

▶ 2118　われわれ［保守党］は、1930年代に施し物を求めて黙々と並ぶやせた男たちの列を作り出した責任の一端はわれわれにもあるという感情を避けることは難しい。
　　　※第2次世界大戦の終戦で、1945年、国民に幸福感をもたらした影響について

▶ 2119　芝刈り機と旋盤の区別もつかず、経営責任を果たしたこともないような人々が、あくことなく非効率なイギリ

94)
イギリスのジャーナリスト
◆オールソープ卿への書簡、1782.10.5

Ben Jonson
ベン・ジョンソン（1573頃-1637)
イギリスの劇作家、詩人
◆『カティリナ・彼の陰謀』（1611)

Barbara Jordan
バーバラ・ジョーダン
アメリカの民主党政治家
◆「ニューヨーク・タイムズ・マガジン」1990.10.21

Thomas Jordan
トーマス・ジョーダン（1612頃-85)
イギリスの詩人、劇作家
◆「いかにして戦争は始まったのか」(1664)

Keith Joseph
キース・ジョセフ(1918-94)
イギリスの保守党政治家
◆ロンドン就学前保育所での発言、1972.6.29
◆ピーター・ジェンキンス『サッチャー女史の革命』(1987)

◆「ザ・タイムズ」1974.8.9

- **2120** 想像を絶するマネーサプライによってインフレを止めようとする歳入政策は、蛇口を止めずに溢れるホースの流れを止めようとするようなものだ。
  - ◈ プレストンでの発言、1974.9.5
- **2121** 人口のバランス、人材の蓄えが危機にさらされている。この世に子供を産み出し、育てていくのにふさわしくない母親のもとに多くの子供が生まれている。
  - ◈ バーミンガムでの発言、1974.10.19
- **2122** もし繁栄しようとしたら、さらなる百万長者と破産者が必要だ。
  - ◈ 上院での処女発言、1988.2.19
- **2123** 私生児はいない、ただ両親がいるだけだ。
  - ※『ハリウッドへさようならのキス』(1978)で、アニタ・ロースはアメリカの篤志家エドナー・グラッドニーがこの表現を最初に創出したと伝えている
  - ◈ 国立子供の家での発言、1991.11.6

Joseph Joubert
ジョセフ・ジュベール(1754-1824)
フランスのエッセイスト、道徳家
◈『思惟』(1842)

- **2124** 確実に木を枯らす方法の1つはその根を裸にすることだ。それは制度にも同じことが言える。われわれが残そうと望んでいる独特なものを、掘り出そうとしすぎてはならない。すべて初めは小さかったのである。
- **2125** 討論して問題に片をつけないよりは、討論しないで問題を設定する方がましだ。
  - ◈ 伝聞

William Joyce ('Lord Haw–Haw')
ウィリアム・ジョイス(「ハウ＝ハウ卿」)(1906-46)
ファシストの支援者、戦時中ドイツ・ナチ党のアナウンサー、1946年反逆罪で処刑される

- **2126** こちらドイツから！ こちらドイツから！
  - ※宣伝放送に常用した紹介台詞
  - ◈ 第2次世界大戦中ドイツからイギリスへの放送

'Junius'
「ユニウス」
18世紀のペンネーム作家、フィリップ・フランシス(1740-1818)といわれている

- **2127** 選挙権はまさに憲法の真髄である。
  - ◈「パブリック・アドバタイザー」1769.4.24、書簡11
- **2128** これが立派な大臣の智恵なのか？ 振り子の不吉な揺れなのか？
  - ◈「同上」1769.5.30、書簡12

▶ **2129** 宗教と同じに政治も神聖な誤った熱意があるものだ。われわれは他人を説得することで、自身を確信することになる。

▶ **2130** どのように階級や財産で区別しても、自由の権利は平等である。

▶ **2131** 個人に行われた不正は時に公共のサーヴィスである。

▶ **2132** ウェダバーン氏にすれば、彼はどこか、裏切り者すら信じられない何かがあった。

▶ **2133** 出版の自由はすべての市民の守護神であり、イギリス人の政治、宗教の権利である。

◆「同上」1769.12.19、書簡35

◆「同上」1770.3.19、書簡37

◆「同上」1770.11.14、書簡41

◆「同上」1771.6.22、書簡49

◆『ユニウスの書簡』(1772編)、「イギリス国家への献身」

John Junor
ジョン・ジュノー(1919-97)
イギリスのジャーナリスト
◆「オブザーヴァー」1990.1.23

▶ **2134** 優雅な退陣だ。それなのに玄関先でこのようなことをしなければならないとは？
※1976年、ハロルド・ウィルソンが退陣にあたって恩赦爵位を与える「ラヴェンダー・リスト」に、彼自身をのせたことについて

Juvenal
ジュヴェナール(483-565)
ローマの風刺家
◆『風刺詩』

▶ **2135** 転覆について誰がグラックスの不満に我慢するだろうか？
※ローマ護民官のティベリウス・センプロニウス・グラックス(紀元前163-同133)や元老院の要望に反対する、急進的な社会、経済関連の立法責任者である弟のガイウス・センプロニウス・グラックス(紀元前153頃-同121)について

▶ **2136** 護衛する彼らをどう護衛するかだ？

▶ **2137** カプリからひどく冗漫な書簡が届いた。
※紀元31年にセヤヌスを崩壊に導いた、元老院へのティベリウス皇帝の書簡について

▶ **2138** ただ2つのことが彼ら［近代市民］の熱望するものだ。パンと円形競技場だ。

◆『同上』
◆『同上』

◆『同上』

K

Franz Kafka
フランツ・カフカ(1883-1924)
チェコの小説家
◆『試練』(1925)

▶ **2139** しばしば自由よりも束縛が勝ることがある。

▶ 2140　経済学者は立証する必要がない……ある政策を採用した結果、誰もが被害を受けないとは。自説を確立するためには、結果として不利益を被った国民が全員補償されたとしても、他のコミュニティの構成員の暮らしは以前よりよくなることを示せば十分なのである。

▶ 2141　人間性の歪んだ材木からは、真っ直ぐな製品が生産されたことがない。

▶ 2142　したがって、無上命令はたった１つである。それは「普遍的な法となると信じる行動原理にのみ従ってせよ」。

▶ 2143　議会議事録は、一般に神聖なる教科書に払われるのと同じくらいの敬意をもって各省庁で検討され、議論の決着をつけようとするときに勝ち誇ったように持ち出される。

▶ 2144　歴史上最長の遺書。
　　※労働党の『イギリスの新しい希望』(1983)について

▶ 2145　国家主権は市民社会の民主化にとって不可欠な条件である、さらに進んだ民主的秩序は国家権力では建設されないし、国家権力なしには建設されない。

▶ 2146　君はカミソリの刃をいっぱい尻につけたイースター島の像のようだ。
　　※オーストラリア議会で当時首相であったマルコム・フレイザーに

▶ 2147　イギリスがあなた方［オーストラリア保守党］を見捨てて［ヨーロッパ］共同市場に加わったときも、あなた方は大英帝国勲章や爵位やその他の特権を求めていた。あなた方はオーストラリアにタイム・トンネルを遡らせ、本国にへつらう時代に戻そうというのか。

Nicholas Kaldor
ニコラス・カルドー(1908-86)
イギリスの経済学者
◆「経済における福祉問題」『エコノミック・ジャーナル』1939.9

Immanuel Kant
イマニュエル・カント(1724-1804)
ドイツの哲学者
◆『地球市民の目的と一般的歴史思想』(1784)
◆『道徳形而上学原論』(1785)

Gerald Kaufman
ジェラルド・カウフマン(1930-)
イギリスの労働党政治家
◆『大臣のなり方』(1980)
◆ デニス・ヒーリー『わが人生の時』(1989)

John Keane
ジョン・キーン(1949-)
オーストラリアの政治学者
◆『市民社会と民主主義』(1988)

Paul Keating
ポール・キーティング(1944-)
オーストラリアの労働党政治家、首相(1991-96)
◆ マイケル・ゴードン『指導力の疑問』(1993)
◆『下院週刊ハンサード』［オーストラリア］(1992)第１号

▷ Garrison Keillor

※オーストラリア議会でイギリス連邦支持のオーストラリア保守党議員へ向けての演説、1992.2.27

▶ **2148** 彼らは、相も変わらず帽子をひょいと上げ前髪を引っ張って英国流のやり方に敬意を表する頑固な年寄りたちだ。

◆『同上』

※イギリス連邦支持のオーストラリア保守党議員たちについて、1992.2.27

▶ **2149** 小さな花、繊細な小さな美、クリーム・パフェは個人の批評を超えているようだ。彼は単にかけ上がる気骨を求めて震えているに過ぎない。

◆ 伝聞

※オーストラリアの自由党指導者ジョン・ヒューソンについて

▶ **2150** 私はつまはじき者かもしれない。だが確かに郵送されてきたつまはじき者だ。それを国民が評価してくれている。

◆「サンデー・テレグラフ」1994.11.20

※1994、先輩の同僚に

▶ **2151** 指導力とは国民にとって心地のよいことではない。だがそれは正しいことであり強さである。

◆『タイム』1995.1.9

Garrison Keillor
ギャリソン・ケイラー（1942-）
アメリカの作家
◆『われわれはまだ結婚している』(1989)、序

▶ **2152** ロナルド・レーガン、アメリカ国民に都合の悪いことを決して語らなかった大統領。

▶ **2153** 祖先はイギリスから来たピューリタンだ。1648年に、当時イギリスの法律で許されているもの以上の崇高な制約を望んでここに到着した。

◆ 伝聞、1993

Geroge F. Kennan
ジョージ・F. ケナン（1904-）
アメリカの外交官、歴史家
◆『危機の雲』(1977)

▶ **2154** ソヴィエト連邦と合衆国の間には、軍事的敵対による危機や、犠牲に値するほどの差異は──互いの存在と引き換えにしてまで手に入れたいと思うほどのものは──、政治にもイデオロギーにもない。

▶ **2155** 戦争は不可避、可避を問わず、準備をすれば結局のところ戦闘の好機となる。

◆『同上』

▶ **2156** 政府は……人類の最も高貴な衝動が実現されるような単純な回路ではない。逆に広く不名誉なことを抑止したり、遠くへ行きすぎないように禁止したりする仕事なのである。

◆『岩山の辺り』(1993)

John F. Kennedy

ジョン・F. ケネディ (1917-63)
アメリカの民主党政治家、アメリカ合衆国第35代大統領 (1961-63)、ジョセフ・ケネディとローズ・ケネディ夫妻の息子、ロバート・ケネディの兄
ケネディについて、ベンツェン 422、ホープ 1935、ケネディ 2183、スティーヴンソン 3709 参照

◈ J.H カトラー『いとしのフィッツ』(1962)

▶ 2157　もはや必要以上に1票も買うな。地すべり的大勝利に、金を払ったら罰せられる。
　　※ 1958.3.15、ワシントンのグリディロンの夕食会で読み上げた父からの電報、ケネディの作り話といわれる

◈ ロサンジェルスでの演説、1960.7.15

▶ 2158　今日われわれはニュー・フロンティアの先端に立っている。しかし私の言うニュー・フロンティアは約束事ではなく、挑戦することだ。要約すれば私がアメリカ国民に何かを与えるのではなく、要求しようとしているのだ。
　　※民主党大統領選挙候補者指名を受諾して

◈ グレイター・ヒューストン閣僚連盟での演説、1960.9.12

▶ 2159　大統領選挙にカトリックの候補者として出馬しているのではない。民主党の候補者だ。たまたま同時にカトリック信者でもあるに過ぎない。

◈ 大統領就任演説、1961.1.20

▶ 2160　今この時この場所から友にも敵にも同じく宣言しよう。松明はアメリカの新しい世代に引き継がれた。この世代は今世紀に生まれ、戦争で鍛えられ冷たく厳しい平和によって訓練され、われわれの古き遺産を誇りとしている。そのような世代はアメリカ国民が、常にそして現在も守り続けている人権が次第に破壊されるのを傍観し黙過できない。
　われわれに好意を持つと、悪意を持つとを問わず、すべての国の人々にこう宣言しよう。われわれは自由の存続と繁栄を確保するためには、いかなる代償も惜しまず重荷も負い困苦にも耐えすべての友を支え、いかなる敵にも立ち向かうと。

▶ 2161　もし自由社会が多数の貧困者を助けられぬなら、少数の裕福な者を救うことも決してできない。

◈ 同上

▶ 2162　われわれは恐怖から、交渉することは決してしない。だが決して交渉することを恐怖しない。

◈ 同上

▶ 2163　これらのすべてが最初の100日間で達成されることはないだろう。最初の1,000日、いやこの政権の任期中に達成されることはなく、あるいは地上におけるわれわれ

◈ 同上

▷ John F. Kennedy

の一生においてさえも達成されないかもしれない。だがわれわれが始めよう。

▶ 2164　今再びラッパはわれわれを招集して鳴り響いている。武器を使えというのではない、必要だというのだ、闘えというのではない、戦闘準備に入るというのだ。長い薄明かりの中での闘いに耐えるため、来る年も行く年も「望みて喜び艱難に耐え」るためである。それは圧制、貧国、病気や戦争自体という人類の共通の敵に対する闘いである。

◆ 同上

▶ 2165　そこで、アメリカを祖国とする諸君、皆さんの祖国が何をしてくれるかを問うのではなく、皆さんが祖国のために何ができるかを問うてほしい。アメリカを祖国とする諸君、アメリカが何をしてくれるかではなく、人類の自由のために共に何ができるかを問おうではないか。

◆ 同上。オリヴァー・ウェンデル・ホームズ・ジュニアがニュー・ハンプシャー州のキーンで次のように語っている――「われわれは祖国がわれわれに何をしてくれたかを立ち止まって考えるのをやめ、代わりにわれわれ自身が祖国に何ができるかを問いかけよう」、1884.5.30

▶ 2166　わが国は、この10年［60年代］が終わるまでに、月に人類を立たせ無事帰還させるという目標を達成するために努力すべきであると信じる。

◆ 国会への一般教書演説の補足説明、1961.5.25

▶ 2167　大統領執務室に入った時今までになく驚かされた、それは伝え聞いていたことと同じく悪い状態であったからだ。

◆ ホワイト・ハウスでの発言、1961.5.27

▶ 2168　人類が戦争を終焉させねばならない、さもなくば戦争が人類を終焉させるであろう。

◆ 国連総会での発言、1961.9.25

▶ 2169　平和革命を不可能にする人は、必然的に暴力革命を起こすだろう。

◆ ホワイト・ハウスでの発言、1962.3.13

▶ 2170　おそらく、当時トーマス・ジェファーソン大統領が1人で食事をとったとき以来の最高の能力、才能がこの建物に集中している。
　　　※ホワイト・ハウスでのノーベル賞受賞者の晩餐会で

◆「ニューヨーク・タイムズ」1962.4.30

▶ 2171　父は常に、ビジネスマンはすべてろくでなしだと言っていた。だが私は今までは決して信じてこなかった。
　　　※ＵＳスチールの値上げ提案を受けて

◆ 1962.4

▶ 2172　学識のない自由は常に危険であり、自由のない学識は常に空しい。

◆ ヴァンダービルト大学の90周年式典での発言、1963.3.18

▶ 2173　もしわれわれが今差別を終焉できないとしても、少なくとも多様化によって世界を救うことはできる。

◆ ワシントンのアメリカン大学での演説、1963.6.10

▶ 2174　人種を理由に、アメリカのために戦うこと、死ぬこ

◆ 人権法案を国会に提案した時

とを禁じられた者はいない。闘いの壕や墓地に「白人」とか「有色人」とかという標識はない。

▶ 2175　新たに分割された西ベルリン市での発言：
どこに住んでいようと、すべての自由な人々はベルリン市民である。それゆえに自由人として、私は「私がベルリン人」であるという言葉に誇りを持つのだ。
　※ 1963 年に、西ベルリンの支援と防衛にアメリカが関与することを表明した、この言い回しは後になってちょっとした話題の種となった。ベルリナー（ベルリン人）というのはドイツ語でドーナツの意味があったため

◆ のメッセージ、1963.6.19

◆ 西ベルリンでの発言、1963.6.26

▶ 2176　昨日、闇に一条の光が射した。史上初めて、国際的制約のもとで核廃絶の力が集結するという議論に到達したということだ。

◆ ワシントンでのテレビ演説、1963.7.26

▶ 2177　権力が人間を傲慢に導こうとする時、詩は抑制を想起させる。権力が人間関係を狭くしようとする時、詩は人間の存在の豊かさと多様性を想起させる。権力が腐敗した時、詩が清浄にする。というのは芸術が、われわれが抑制する試金石とするべき、基本的な人間の真実を確立しているからだ

◆ マサチューセッツ州のアマースト短大での発言、1963.10.26

▶ 2178　自由社会では芸術は武器ではない。芸術家は魂の工兵ではない。

◆ 同上

▶ 2179　私は幻想を持たない理想主義者である。

◆ 伝聞、マクラウド 2562 参照

▶ 2180　なぜ戦争の勇者になれたのかと尋ねられて：
不本意なことに、ボートが沈められたのだ。

◆ アーサー・M. シュレジンジャー・ジュニア『1,000 日』（1965）

▶ 2181　ワシントンは南側が効率的で、北側は魅力的な都市だ。

◆『同上』

▶ 2182　これはイースト・ボストンから地獄への長旅だ。
　※大使に着任した 2 週間後、ウィンザー城を訪ね妻ローザに向かって

Joseph P. Kennedy

ジョセフ・P. ケネディ（1888-1969）
アメリカの財界人、外交官、ジョン・フィッツジェラルド・ケネディ、ロバートケネディの父、ローズ・ケネディの夫

◆「ザ・タイムズ」1995.1.24（ローズ・ケネディの死亡記事）

◆ ジョン・H. デーヴィス『ケネディ一家』（1984）

▶ 2183　ジャックを紙石鹸のように売ろうとしている。
　※息子のジョン・F. ケネディを大統領に売りこもうとして

▶ 2184　やっていればタフになる。タフになればやっていける。

▶ 2185　およそ5分の1の国民はあらゆることにいつも反対する。

▶ 2186　それは一家のお金、私たちが喜ぶどのような方法でも遣うことは自由よ。お金があれば遣って、そして勝利するの。
　　　※息子ロバート・ケネディの大統領選挙での散財に対する質問に応えて

▶ 2187　さあ、テディが走らなければならない。
　　　※娘にロバート・ケネディの暗殺を聞いて

▶ 2188　アフリカは文化的にも文化制度でも、数世紀にわたって支配されてきた。ヨーロッパの言う自由などという小さな概念はかけらも持たず、農奴制も気質として永遠に受け入れはしない。自身の解放のために絶えることなく、闘わなければならない。このことなくしては、敵である帝国主義の餌になったままの運命を甘受することになる。

▶ 2189　1936年にライン地方にドイツ軍が再侵略して：結局のところ彼ら自身の裏庭に、進入することに過ぎないのだ。

◆J. H. カトラー『いとしのフィッツ』(1962)。ニュート・ロックニーの言葉とも伝承

Robert F. Kennedy
ロバート・F. ケネディ(1925-68)
アメリカの民主党政治家、ジョセフ・ケネディとローズ・ケネディ夫妻の息子、ジョン・フィッツジェラルド・ケネディの弟
◆ペンシルヴェニア大学での講演、1964.5.6

Rose Kennedy
ローズ・ケネディ(1890-1995)
ジョセフ・ケネディの妻、ジョン・フィッツジェラルド・ケネディとロバート・ケネディの母
◆「デイリー・テレグラフ」1995.1.24(死亡記事)、伝聞、おそらく偽作
◆「ザ・タイムズ」1995.1.24(死亡記事)、伝聞、おそらく偽作

Jomo Kenyatta
ジョモ・ケニアッタ(1891-1978)
ケニアの政治家、ケニア首相(1963)、大統領(1964-78)
◆『ケニア山に向かって』(1938)結語

Philip Henry Kerr, Lord Lothian
フィリップ・ヘンリー・カー、ロジアン卿(1882-1940)
イギリスのジャーナリスト、政治家、駐米大使(1939-)
◆A. レンティン『ロイド=ジョー

▶ 2190　あなた方がわれわれを援助してくれたら、腰抜けを助けたことにはならない。
　　　※アメリカ国民への演説、死の前日に読みあげた

▶ 2191　星条旗だ。
　　　おぉ長く翻らんことを、
　　　自由の土地と勇者の故郷の上に！

Francis Scott Key
フランシス・スコット・キイ
(1779-1843)
アメリカの法律家、詩人
◉「星条旗よ永遠なれ」(1814)

John Maynard Keynes
ジョン・メイナード・ケインズ
(1883-1946)
イギリスの経済学者

▶ 2192　政府には協力しますが、犯罪と考えられる目的には嫌悪して近づきません。

◉ダンカン・グラントへの書簡、1917.12.15

▶ 2193　クレマンソーについて：
ペリクレスがアテネに抱く思いと同じ思いをフランスに感じている。──フランスのユニークな価値ただそれだけだ。だが政治理論はビスマルクのものである。フランスにある幻想を持っていた。さらに1つの幻滅は、フランス人の同志を含む人類に対してである。

◉『平和の経済関係』(1919)

▶ 2194　オデュッセウスのように、座っていると大統領は賢く見える。
　　　※ウッドロー・ウィルソンについて

◉『同上』

▶ 2195　レーニンは正しかった。時流を堕落させる以上に、捉えにくく、また曖昧に社会の存在基盤を転覆させる手段はないということである。その道筋には破壊する側の隠し持っている経済法則の力すべてをからませる、要するに1人で100万人いる患者を診断できないようなやり方なのである。

◉『同上』

▶ 2196　だがしかし、このロングランは現在の諸課題を誤った方向に誘導していくに違いない。ロングランの中でわれわれはすべて死んでいくであろう。

◉『金融改革の小冊子』(1923)

▶ 2197　賢明に機能している資本主義であれば、いま目にしている代替策よりも経済の到達しようとする目的の方がより効率的であると言えよう。しかし……そこには極端な反対を唱える多数の意見が存在する。

◉『自由放任の終わり』(1926)

▷ John Maynard Keynes

▶ **2198** マルクス主義は歴史の残している意味合いを常に残さなければならず、すなわち教義が非論理的で鈍重であっても、歴史上の出来事や人間の心に強力に影響を与え忍耐するように作動させる。 ◆『同上』

▶ **2199** 現在のことしか知らないこと、あるいは過去のことしか知らないことの、どちらが保守的な人間をつくるか判断できない。 ◆『同上』

▶ **2200** 政府にとって重要なことは、個人がすでに行っていることに手を出すべきでないということだ。行うべきことは政府によって小善を大善に小悪を無悪にすることだ。だが現在はやることは何もない。 ◆『同上』

▶ **2201** ロイド゠ジョージについて：
ケルト人が魔法の森や悪夢にうなされていた古い時代から、半女半鳥の海の精、羊の足をした吟遊詩人、半身人間のまま現代を訪問する怪異な姿。 ◆『自伝のエッセイ』（1933）、「ロイド゠ジョージ氏」

▶ **2202** ロイド゠ジョージについて：
誰がカメレオンの色を塗るのか、誰が魔法のほうきの柄に縄でつなぐのか？ ◆『同上』、「同上」

▶ **2203** 人間は市民同士の均衡よりも、銀行の収支均衡を強制指導する方が好ましい。 ◆『一般理論』（1936）

▶ **2204** 現代コミュニティの基礎的心理法則を確認すると、実際の収入が増加していっても、消費はその絶対増加分と等しくは増加しないだろう。 ◆ 同上

▶ **2205** もし大蔵省が古いびんに紙幣を満たしたなら、町のごみで坑口まであふれている廃れた炭坑を掘り、適当な深さに埋めるといい。そしてあとは、実証ずみの市場原理に任せ、私企業に札束を掘り出させればいい（採掘権は当然ながら、紙幣の埋まっている土地の権利を入札させるのだ）。そうすれば、失業対策にもなり、地域からの収入と資本は実際よりもかなり大きくなるだろう。もちろん、家屋などを建てたりする方がまともな政策なのだが、そのやり方には政治的にも実際的にも困難があるため、上のような方法でもやらないよりましなのだ。 ◆ 同上

▶ **2206** 明確に試験官よりも経済学を知悉していた。
※公務員試験でなぜ成績が悪かったのか説明して ◆ ロイ・ハロッド『ジョン・メイナード・ケインズの生涯』（1951）

▶ **2207** 経済学者や政治哲学者の思想は、正しくても間違っていても、一般に理解されている以上に有力なものである。実業家は知的影響を試みようとしていると自分では信じているが、おおかたのところで現実にあわない経済理論 ◆『一般理論』（1947 編）

家の奴隷となっている。政府の狂った判断は、目標も定めず国民の声を聞くのだが、つまるところ数年前の学界の三文文士の狂乱した学説を蒸溜したものに過ぎない。

▶ 2208　われわれはよく気のつく家事使用人を突風に向かって投げいれた。だからわれわれ自身を救い、世界の救済に助力できたのだ。

※第2次世界大戦時のイギリスについて

◈A. J. P. テイラー『イギリス史1914-1945』(1965)

▶ 2209　ヴァイオレット・ボナム・カーター女史：ロイド＝ジョージ首相が部屋で1人でいる時に、何が起きていると思いますか？
メイナード・ケインズ：1人でいるときは、誰もいません。

◈ヴァイオレット・ボナム・カーター女史『政治における人間性の影響』(ジブー語講座、1963)

Ayatollah Ruhollah Khomeini

アヤトラ・ルホラ・ホメイニ (1900-89)

イラン・シーア派ムスリム指導者、イラン国王を転覆したイスラム革命を指導し、1979年に追放からイランに帰国

▶ 2210　法律が必要とあれば、イスラム教がすべて制定する。必要ない、……政府が成立した後で、座って法律を立案する。

◈『イスラム教と革命、最高指導者ホメイニの著作と宣言』(1981)、「イスラム政府」

Nikita Khrushchev

ニキタ・フルシチョフ (1894-1971)

ソヴィエトの政治家、首相 (1958-64)

▶ 2211　われわれの微笑がマルクス、エンゲルス、レーニンの教義を放棄していると信じる人がいるならば、本人自身をだましていることになる。またそれを待っている人々は、小エビが口笛を吹く学習をするまで待つことになる。

◈モスクワでの発言、1955.9.17

▶ 2212　一気呵成、決定的に、個人崇拝の信仰を廃止しなければならない。

◈第20回共産党大会・秘密会での発言、1956.2.25

▶ 2213　このことを言うのは、類似する社会主義国家のためのみだけではないのだ。平和的に共存しなければならない理想に基づいているからなのである。資本主義国家も、われわれが存在しているかいないかに依存しているわけではない。もし友好的でなければ招待を受け入れず、逆にわれわれが会いに行くような招待をしないでほしい。好むと好まざるとにかかわらず、歴史はわれわれの側にある。われわれはあなた方を埋葬する。

※ポーランドの指導者ゴムルカをモスクワに招待した歓迎会

◈「ザ・タイムズ」1956.11.19

で西側外交官たちへの発言、1956.11.18。この文脈の「われわれはあなた方を埋葬する」とは「われわれはあなた方より長生きする」を意味する

▶ 2214　もし天国の鳥が捕らえられなければ、口やかましい女性を捕まえることにしよう。

◆『タイム』1958.1.6

▶ 2215　戦争になっていなくても、蓋つき深鍋のなかの魚のように帝国主義者に踊りをさせようと思っている。

◆ ウィーンで、1960.7.2

▶ 2216　政治家はみなまったく同じだ。川がないのに橋を建設する約束をする。

◆ ニューヨークのプレス会議で、1960.10

▶ 2217　私の足元にハリネズミを投げようとしたら、あなたの足元に2匹のヤマアラシを投げる。

◆「ニューヨーク・タイムズ」1963.11.7

▶ 2218　労働者が明るい革命的な語句でだまされる、と信じている人は間違っている。もし、物質的、精神的豊かさが何の不安もなく成長し続けると言われれば、人々は今日は耳を傾け、明日も耳を傾けるかもしれないが、やがて言いだすだろう。「何故将来の約束をするのか？ それでは墓に入ったあとの安楽を話しているようなもので、そんな話はとっくに坊さんたちから聞かされている」

◆ 世界青年フォーラムでの演説、1964.9.19

David Maxwell Fyfe, Lord Kilmuir

▶ 2219　忠誠心はトーリー党の秘密兵器である。

デーヴィッド・マクスウェル・ファイフ、キルミュア卿（1900-67）
イギリスの保守党政治家、法律家
キルミュアについて、発言者不明 128 参照
◆ アンソニー・サンプソン『イギリスの解剖』(1962)、クリッチリー 1142 参照

▶ 2220　感謝の念は政治活動の平常の姿ではない。

◆『政治的冒険』(1964)

Edward King

▶ 2221　今までの人生ではグラッドストンに反対票を投じてきている。今彼は私を主教にした。
　　※ 1885 年にリンカン市の主教に指名され、確固たる保守の見解を表現して

エドワード・キング（1829-1910）
イギリスの牧師、オックスフォード大学初のキリスト教神学理論教授
◆『英国人名辞典』

Martin Luther King

マーティン・ルーサー・キング
(1929-68)
アメリカの人権運動指導者

◉『ニューヨーク・ジャーナル・アメリカン』1962.9.10

▶ 2222　白人の兄弟になりたいが、従兄にはなりたくない。

◉『愛の強さ』(1963)

▶ 2223　もし人間が生存権を持つと仮定したら、戦争や破壊に替わる代替案を提供しなければならない。飛行機や弾道弾ミサイル時代では、選択は非暴力か非生存かである。

▶ 2224　キリストが十字架の上から貴い法を言葉で確定された。主は目には目をという古い哲学が、すべての人を色盲にすることを知られた。悪魔で悪魔に勝利しようとは求められなかった。善意をもって悪魔を克服された。

◉『同上』

▶ 2225　世界で誠実な無知と、自覚した愚かさほど危険なことはない。

◉『同上』

▶ 2226　人間の究極の尺度とは安楽さや便利の瞬間に立ち会っているのではなく、挑戦や論争の時代に立ち会っていることだ。

◉『同上』

▶ 2227　ある場所での不正義は、あらゆるところの正義をおびやかすことになるのです。

◉ アラバマ州のバーミンガム刑務所からの書簡、1963.4.16

▶ 2228　黒人の自由獲得の大きな一歩の重大な躓きは、白人市民の議員やクー・クラックス・クランではなく、正義の推進よりも命令だけに執着する温和な白人たちです。彼らは正義の存在である、肯定的平和への緊張感のない、否定的平和を好むからです。

◉ 同上

▶ 2229　人間は死を賭しても何かを発見できなければ、生きている糧がないと申し上げている。

◉ デトロイトでの発言、1963.6.23

▶ 2230　ある日ジョージア州の赤い丘の上で、かつての奴隷の息子と奴隷所有者の息子が友情関係をもって机を一緒にできるだろうという夢を見ている。
この国の私の4人の小さな子供が、ある日一市民として肌の色ではなくその人格によって判断される日が来ることを夢見ている。

◉ ワシントンの公民権運動での発言、1963.8.28

▶ 2231　自由の輪を作ろうとする時、あらゆる村や集落、州、市に自由の輪をつくろうとする時、あらゆる神の子たち、黒人、白人、ユダヤ人、非ユダヤ人、プロテスタントの人々、カトリックの人々がその日の到来を加速できるだろう。また、人々は手を取り合って、古い黒人霊歌「ついに自由が、ついに自由が、全能の神よ感謝します、われわれはついに自由だ」という歌が歌えるようになるだろう。

◉ 同上

▶ 2232　生きる手段は生きる目的を凌駕するものだ。科学の力は精神の力を追い越している。ミサイルを誘導しても、人間を誤って誘導することがある。

◆『愛の強さ』(1963)

▶ 2233　兄弟として共生を学ばなければならない、さもなければ愚か者として共に滅びなければならない。

◆ セントルイスでの発言、1964.3.22

▶ 2234　暴動は社会底辺から耳に届いてこない言葉である。

◆『われわれはここからどこにいく?』(1967)

▶ 2235　ただ神の意思を行いたいだけだ、主も山に登ることを許してくれる。そこで山上から見渡し約束の地を見るだろう。だから今晩は幸福なのだ。何事も悩んではいない、何人も恐れはしない。
　　　※メンフィスでの発言、1968.4.3。暗殺される前夜

◆「ニューヨーク・タイムズ」1968.4.4

David Kingsley, Dennis Lyons, and Peter Lovell-Davis

デーヴィッド・キングスレイ、デニス・ライオンズ、ピーター・ローヴェル゠デーヴィス

▶ 2236　昨日の男たち（かつて失敗した！）。
　　　※保守主義者を引き合いに出した労働党の選挙宣伝スローガン

◆ デーヴィッド・バトラー、ミシェル・ピント゠ダスチンスキー共著『1970年のイギリス総選挙』(1971)

Hugh Kingsmill

ヒュー・キングスミル(1889-1949)
イギリスの文学者
◆ 伝聞

▶ 2237　国民は戦時にのみ平和である。

Neil Kinnock

ニール・キノック(1942-)
イギリスの労働党政治家、労働党指導者(1983-92)
◆ G. M. F. ドローウァー『ニール・キノック』(1984)

▶ 2238　忠誠心は政治的墓場が満杯となり、場所が不足するほどに立派な本質である。
　　　※ 1996.6、権限委譲の議会決定に反対して

◆「ガーディアン」1981.2.6

▶ 2239　彼らは親切な資本主義、穏やかな市場経済、空調の整ったジャングルを欲している。
　　　※社会民主主義の会議について

▶ 2240　フォークランド戦争の軍人について説明している時に、サッチャー首相を「目立ちたがりや」と野次った議員に応えて：グース・グリーンの復興のために、彼らを現地に残せとい

◆ テレビでのインタヴュー、

▶ **2241**　もしマーガレット・サッチャーが木曜日に勝利したら、あなたは正常でなく若くなく、病気にならず、年を取らないようにと警告する。
　　※保守党党首の再選挙の見通しについて

◈ ブリッジエンドでの発言、1983.6.7

▶ **2242**　労働者に内容のないメモを手渡しつつ、街中を雇上げのタクシーであちこち逃げ回る労働党会議の不気味な混乱。
　　※リヴァプール労働都市会議の行動について

◈ 労働党大会での発言、1985.10.1

▶ **2243**　国家のために死ぬことを厭わないが、私のために国家を死なせはしない。

◈ 同上、1986.9.30

▶ **2244**　キノック家として、初めて大学に入学できるまでに何世代かかって私がいるのか？
　　※後になってアメリカの政治家ジョー・バイデンが盗用した

◈ ランドゥドノウでの発言、1987.5.15

▶ **2245**　社会主義国家への道は数々あるが、絶え間のない労働党の分裂の繰り返しが1つの道を不可能にすると考える。

◈「ガーディアン」1988.1.29

▶ **2246**　誰も7年間を越す激務を担う労働党党首を、非難できるとは思ってもいない。

◈「サンデー・タイムズ」1990.8.5

▶ **2247**　あなたに血にまみれたカバブ料理にされるつもりはない。
　　※ジェームズ・ノーティのインタヴューの時（コメントは放送されなかったが、非公式に伝達され、広く知られるようになった）

◈「同上」1990.10.14

Rudyard Kipling

ラドヤード・キプリング（1865-1936）
イギリスの作家、詩人、スタンリー・ボールドウィンの従弟

▶ **2248**　ああ、東は東、西は西、2つは決して出会わないであろう。

◈「東と西のバラッド」(1892)
◈「イギリスの旗」(1892)

▶ **2249**　世界の風よ、答えをおくれ！　風はあちこちですすり泣く—
　　風がイギリスの何を知ろう、イギリスのことはイギリスしか知らないというのに—
　　湯気と蒸気とほらを吹き出す貧しい街育ちの人々を。

▶ **2250**　スエズの東のどこかに航海させよ、そこは最善で最悪のようなところだ、
　　十戒もなく喉の渇きがあるところだ。

◈「マンダレー」(1892)

▶ **2251**　まさにこれがジャングルの掟だ——空のそれと同様に昔から事実として。

◈「ジャングルの掟」(1895)

▷ Rudyard Kipling

ジャングルの掟を守る狼は栄え、破る狼は死滅する。

▶ 2252 　われわれは数千年も海を培ってきた　　　　　　◆「死の歌」(1896)
　　　　 それでも、海は呼んでいる、まだ足りないと、
　　　　 波の1つとして
　　　　 イギリス同朋の死が刻まれていない波はないという
　　　　 のに。
　　　　 われらの最良の仲間たちを、たゆたう海草に捧げ、
　　　　 鮫とはぐれ者の鴎に与えてきた。
　　　　 もしも血が海軍の代価だとすれば、
　　　　 おお神よ、われわれはもう十分支払った！

▶ 2253 　われらの父の神は、古きを知っている、　　　　◆「退場について」(1897)
　　　　 広い戦線の主は、
　　　　 その恐るべき手の下で
　　　　 われわれは椰子と松を統治する――
　　　　 万軍の主よ、いまだわれわれとともにあれ、
　　　　 忘れさせぬように、忘れさせぬように！
　　　　 騒動と叫びが死に――
　　　　 将軍と国王が発ち――
　　　　 なんじの古き犠牲はいまだ存在する、
　　　　 謙虚な悔恨の心。
　　　　 万軍の主よ、いまだわれわれとともにあれ、
　　　　 忘れさせぬように、忘れさせぬように！

▶ 2254 　国は国に語り、　　　　　　　　　　　　　　　◆「雪のわが淑女」(1898)
　　　　 玉座は玉座に言葉をかける。
　　　　 「母の家で私は娘、
　　　　 けれど私の家では私が主。
　　　　 わが門は開いている、
　　　　 わが門は閉じる、
　　　　 そして私は母の家に住まう」
　　　　 雪のわが淑女が語った。

▶ 2255 　白人の荷物を取り去り――　　　　　　　　　　◆「白人の荷物」(1899)
　　　　 あなたの最高の種を送り出し――
　　　　 さあ、息子を追放者に縛りつけよ
　　　　 なんじの捕虜たちの欲望に応えるために。

▶ 2256 　もし周り中が正気を失い、そのことであなたを非難　◆「もしも――」(1910)
　　　　 しても、なお正気を保てるのなら、
　　　　 もし国中があなたを疑い、また疑うことを許して
　　　　 も、自分を信じることができるなら、
　　　　 もし待つことができ、待つことに倦まず、
　　　　 嘘をつかれても嘘にのまれず、

憎まれても憎まず、
それでいて善人すぎず、賢い口もきかず、
夢を見ながら——夢に支配されず、
考えながら——思考を目的にせず、
勝利や惨事にあっても
同じように振る舞えるなら……。

▶ 2257　豊かで怠惰な国には常に誘惑がある、
鼻息荒く、偉そうな素振りでこう言いたいのだ——
「打ち負かした方がいいことはわかっているが、ひまがない。だからお前に金をやるので立ち去るがいい」
それがデーン税を払うと言うことだ。
しかし何度も何度も証明されてきたことだ、
もし1度でもデーン税を支払ったなら
デンマーク人から逃がれられない。

◆「デーン税とは何か」(1911)

▶ 2258　あらゆる権力、暴君個人、群集たち
頭は大きくなりすぎ、
自らの仕事を破壊し、
自らの退路を演出して終焉する。

◆「後援者たち」(1919)

▶ 2259　掘らない。あえて盗まない。
そこで群集を喜ばすために嘘をつく。
今私の嘘は事実ではないと判明した
私が殺した人に立ち向かわねばならぬ。
今度はどんな話をすれば私は救われるのか
だまされた怒れる若者たちを前にして。

◆「戦争の墓碑銘：政治家の死」(1919)

▶ 2260　責任のない権力。時代を超越した売春婦の特権。
※「デイリー・エクスプレス」紙と持ちつ持たれつのビーヴァーブルック卿の政治姿勢を要約したもの。彼がキプリングに「欲しいのは権力だ。ある日はキスをして、ある日は蹴飛ばす」と言ったことを受けて。キプリングの従弟であるスタンリー・ボールドウィンは、1931年3月18日のロンドンでのスピーチで文言を使用する許可を後に得た

◆『キプリング・ジャーナル』1971.12

Henry Kissinger

ヘンリー・キッシンジャー
(1923-)
アメリカの政治家

▶ 2261　来週には危機はないはずだ。私のスケジュールがすでに一杯だからだ。

◆『ニューヨーク・タイムズ・マガジン』1969.6.1

▶ 2262　権力は強力な催淫剤だ。

◆「ニューヨーク・タイムズ」

▶ **2263** われわれは大統領の部下だ、指示に従って行動しなければならない。

▶ **2264** 不法なことにはすぐさま行動する。憲法に違反することは、少し間を置いて行動する。

▶ **2265** 政治家のうちの 90％は人に尽くし、残りの 10％は悪口を言うものだ。

▶ **2266** 歴史は休息所も、避暑地の高原も知らない。

▶ **2267** 勢力均衡を操ることは永遠の仕事であって、予見できる目的を求める短期的努力ではない。

▶ **2268** イランの安定化は、弾薬が尽きた人間と同じだ。

▶ **2269** 歴史は国際的安定に向けて、2 つの道を示している。支配と均衡である。

▶ **2270** 他国民にとって、ユートピアは決して復元しない祝福された過去である。アメリカ人にとっては水平線のすぐ先に見えている。

▶ **2271** ［ウッドロー・］ウィルソンにとって、アメリカの国際的役割の正当性は救世主的なものである。アメリカは勢力均衡ではなく、世界中に拡大している原則に義務を負っている。

▶ **2272** 正当性、安定性、価値分配、勢力均衡外交を一本化させた。一般的価値は均衡が強要してくる能力の限界を示しつつ国民の要求を抑制した。

　　　※ウィーン会議について

▶ **2273** 有名になったことの大きな利点は、夜の宴会で人々を退屈させても、彼らの責任と考えるようになったことだ。

▶ **2274** 国王の兵として友好国であるフランスを援助するために、共通の敵に対して海外からの指令を受けている。この新しい経験で、あなたは酒と女性の誘惑に出会うかもしれない。絶対に 2 つの誘惑を拒否しなければならない。すべての女性にはこれ以上ない礼儀で対応しながらも、親密になるべきではない。義務を勇気を持って実行しなさい。神を恐れ、国王をたたえよ。

　　　※イギリス海外派遣軍の兵士に向けてのメッセージ（1914）

▶ **2275** あなたが殺されることはなんとも思わない、だが捕虜になることには異議がある。

　　　※第 1 次世界大戦時、前線に出たいと了承をとりに来た英皇

1971.1.19

◆M. カルブ、B. カルブ共著『キッシンジャー』（1974）

◆「ワシントン・ポスト」1977.1.20、伝聞

◆1978、伝聞

◆『ホワイト・ハウス年鑑』（1979）

◆『同上』

◆「トゥデイ」1987.7.23

◆「ザ・タイムズ」1991.3.12

◆ 伝聞

◆『外交』（1994）

◆『同上』

◆ ジェームズ・ノーティ「スペクテイター」1995.4.1、伝聞

Lord Kitchener

キッチナー卿（1850-1916）
イギリスの軍人、政治家
キッチナーについて、アスクィス 199、ロイド＝ジョージ 2431 参照

◆「ザ・タイムズ」1914.8.19

◆『レジナルド、イーシャー子爵の書簡と記録』第 3 集（1938）、1914.12.18

太子（後のエドワード8世）に対して

Philander C. Knox

フィランダー・C.ノックス
(1853-1921)
アメリカの法務長官
◈ テイラー・ディネット『ジョン・ヘイ：詩から政治へ』
（1933）

▶ 2276　セオドア・ローズヴェルトがパナマ運河の取得に法的正当性を求めていたとき：
そう、大統領、合法性を汚す大きな実績を作るべきではありません。

Helmut Kohl

ヘルムート・コール(1930-)
西ドイツ首相(1982-90)、戦後初の統一ドイツの首相(1990-)
◈「ニューヨーク・タイムズ」1987.1.25

▶ 2277　この数十年間、過小評価されてきていた。自分なりにはよくやってきたと思う。

◈「ザ・タイムズ」1989.12.20

▶ 2278　目標は歴史という時間が許すなら、国家の統一である。
※東ドイツを初めて公式訪問した際にドレスデンの群集に、1989.12.19

◈「ガーディアン」1990.2.15

▶ 2279　ドイツ民族は、今こそ母国の統一を実現する歴史的機会を手にしている。

Paul Kruger

ポール・クルーガー(1825-1904)
南アフリカの軍人、政治家
◈ 下院で、1897.2.18

▶ 2280　損害請求——ジェームソン博士とイギリス南アフリカ会社の軍隊の略奪侵入に対して。2つの大きな金額があって、1つは物質的な損害で総額が 677,938 ポンド3シリング3ペニー、2つ目は道徳というか精神的なもので合計が 1,000,000 ポンドである。
※ジョセフ・チェンバレンが下院で、南アフリカ共和国からの電報として公表した

Stanley Kubrick

スタンレー・キューブリック
(1928-)
アメリカの映画監督、映画脚本家
◈「ガーディアン」1963.6.5

▶ 2281　常に強大な国家はギャングスターのように、弱小国家は売春婦のように演ずる。

L

▶ 2282　老人がトランプカードを袖に隠しておくことに、異論はない。だが全権能が、あたかも存在するというほのめかしには反対する。
　　※グラッドストンの「権力増大へのたび重なる声明」について

Henry Labouchere
ヘンリー・ラボーチェリ(1831-1912)
イギリスの政治家
◆ アール・カーゾン『現代政治修辞法』(1913)

▶ 2283　民衆が興奮したとき、どうしたら平穏さを再び取り戻せるか思いつかない。また今平和な状態であれば、どうすれば平穏さが混乱するのか理解ができない。

Jean de la Bruyère
ジーン・デ・ラ・ブルーイレ(1645-96)
フランスの風刺道徳家
◆『気質』(1688)、「主権と国家」

▶ 2284　不始末をすることは、素晴らしいことだ！
　　※ヒューバート・オブライエンを判事に任命したことについて、1936

▶ 2285　紙テープはスパゲティでない。

▶ 2286　街を清掃したところで民主党でも共和党でもない。

Fiorello La Guardia
フィオレロ・ラ・ガーディア(1882-1947)
アメリカの政治家、ニューヨーク市長
◆ ウィリアム・マナーズ『忍耐と不屈の精神』(1976)
◆ 国際連合救済復興機関についての発言、1946.3.29
◆ チャールズ・ギャレット『ラ・ガーディアの時代、ニューヨーク市の黒幕政治と改革政治』(1961)

▶ 2287　論争は今明と暗の間にあって、誰が統治するのかではなくわれわれが生存できるか、保護されるか否かということである。騎兵隊には吉報がない。
　　※1656年の国会で少将による統治を支持する演説で

John Lambert
ジョン・ランバート(1619-83)
イギリスの軍人、議会制支援者
◆『英国人名辞典』

John George Lambton, Lord Durham

▶ 2288　40,000ポンドは1年間にすれば穏当な収入であって——そのような状況がゆっくりと進んでいくでしょう。

ジョン・ジョージ・ラムトン、ダーハム卿(1792-1840)
イギリスのホイッグ党政治家

◆ トーマス・クリーヴィのエリザベス・オードへの書簡、1821.9.13

Noman Lamont
ノーマン・ラモント（1942-）
イギリスの保守党政治家
◆ 下院で、1991.5.16
◆ 保守党大会での演説、1991.10.9

▶ **2289**　物価には支払う価値がある
　　※首相として、失業が増えているという批判に応えて

▶ **2290**　波の変化は時として見分けがつかない。私たちが見ているのは生命構成要素の見返りである——信頼である。経済の原動力と言える新鮮な若芽はもうふたたび現れつつある。
　　※「しばしば回復の新鮮な若芽」と引用される

▶ **2291**　時として政権に、権力を持たない印象を与えている。
　　※「政権についている、だが権力は持たない」は当初、1924年のラムセイ・マクドナルドの少数政権の時にA. J. P. テイラーが用いた

◆ 下院での演説、1993.6.9

Bert Lance
バート・ランス（1931-）
アメリカの政府職員
◆『国家の仕事』1977.5

▶ **2292**　破滅していなければ、安定させるな。

Walter Savage Landor
ウォルター・サヴェッジ・ランドー（1775-1864）
イギリスの詩人
◆『想像上の会話』（1824-29）
◆「警句」『地図帳』1855.4.28

▶ **2293**　賢い人間であっても、権力に魅了された委員会では浅はかな人間になる、委員会室のランプはあらゆる顔を同一色にしてしまう。

▶ **2294**　ジョージ1世はいつも下劣だと思われていて、
　　　　ジョージ2世はさらに輪をかけている。
　　　　道徳などいまだ聞いたことがない
　　　　ジョージ3世にはよいところがあるのか？
　　　　4世が地球から降下させられたとき
　　　　神はジョージ家の終わりを喜ばれるであろう！

Andrew Lang
アンドリュー・ラング（1844-1912）
スコットランドの文学者
◆ アラン・L. マッケイ『静かな

▶ **2295**　酔っぱらいが街路灯の鉄柱を照明よりも寄りかかるために用いるように、彼は統計学を駆使する。

▷ William Langland

▶ 2296　ブルーウェスター家、バクスター家、ボッチャ家、コーク家——
　　　　この型の人間たちは徹底して冷酷である
　　　　貧しい人々に対して。
　　　　※他の原文としては「ベイカー家、ブリュワー家、ボッチャ家、コーク家として。多くの人々を最も傷つけた」がある

▶ 2297　最善の支配者とは、
　　　　人民はひたすら生活する自分だけを意識していること。
　　　　次善は人民に敬愛されていること、
　　　　三善は人民に恐れられていること。
　　　　そして人民に疎まれののしられていること……。
　　　　最善の支配者は国家の事業が完成した時に、
　　　　すべての人民に「われわれ自身でなしとげた」と自覚させる支配者である。

▶ 2298　ルイ 16 世：大暴動である。
　　　　ラ・ロシュフコー＝リアンクール：いいえ、閣下、大革命です。
　　　　※バスティーユ監獄崩壊の知らせがヴェルサイユ宮殿に届けられて、1789

▶ 2299　ホッブスを読み直して絶望的にやり場のない、暗い気持ちになりました。イギリスに関する作品は以前と変わらずでしたが、初期のきめの粗い作品は気分を高揚させるものがありました。

▶ 2300　信じられないほど頭脳明晰で横柄な人柄のショーが、皮肉をこめて外務大臣の堕落しようとしている、ある姿を明らかにし始めていました。惨めなオースティンはもちろん、激烈に反論しようとしました。しかし機敏なスズメバチを捕らえようとする象のように見えました。

目の収穫』(1977)、伝聞

William Langland
ウィリアム・ラングランド（1330 頃 -1400 頃）
イギリスの詩人
◆『波止場農夫の幻想』

Lao-tzu
老子（紀元前 604 頃 – 同 531 頃）
中国の哲学者、老荘思想の創始者
◆『老荘の智恵』(1948)

Duc de la Rochefoucauld–Liancourt
ラ・ロシュフコー＝リアンクール公爵（1747-1827）
フランスの社会改革者
◆F. ドレフュス『ラ・ロシュフコー＝リアンクール』(1903)

Harold Laski
ハロルド・ラスキ（1893-1950）
イギリスの労働党政治家、学識者
◆「オリヴァー・ウェンデル・ホームズ・ジュニアへの書簡」、1919.1.29
◆「同上」、1926.7.3

※バーナード・ショーとオースティン・チェンバレンの対決について

▶ 2301　同僚が死刑執行人に向いているとしても、忠実に敬い続けます。

◆「同上」、1926.12.4

▶ 2302　いつも文章を最高潮で終わらせようと考えているようでした。猿がノミを探すように対句を探しているようでした。

◆「同上」、1927.5.7

※ウィンストン・チャーチルについて、ロンドン大学経済学部晩餐会で

Hugh Latimer
ヒュー・ラティマー（1485頃-1555）
イギリスのプロテスタント殉教者

▶ 2303　リドリー師は元気で、人間らしくやっていてほしい。われわれは今日、イギリスを神の恵みによって、ローソクのように照らすだろう、［私は］決して消されることはないと信じている。

◆ ジョン・フォックス『行為と記念』（1570編）

※異教の信仰で火あぶりの刑になる前に、1555.10.16

Richard Law
リチャード・ロー（1901-80）
イギリスの保守党政治家、アンドリュー・ボナー・ローの息子

▶ 2304　われわれはチェンバレン氏に、ピットやチャタムのようにあれとは言わない──ただ下水道スキャンダルで暴露された、市会議員以下でないようには求める。

◆「時と潮」1939.9.30

※ネヴィル・チェンバレンについて

Mark Lawson
マーク・ローソン（1962-）
イギリスの作家、ジャーナリスト

▶ 2305　官庁は些細な取るに足らない事柄にも、徹底して妥当性を与える傾向がある。

◆ ジョー・クィーナン『大英帝国の茶筒』（1992）、序

Nigel Lawson
ナイジェル・ローソン（1932-）
イギリスの保守党政治家、大蔵大臣（1983-89）

▶ 2306　保守党は政府の仕事が、仕事の政府だとは決して信じていない。

◆ 下院で、1981.11.10

▶ 2307　10代のヘボ作家。

◆「フィナンシャル・タイムズ」1985.9.28。ナイジェル・ローソンの財政政策の側近の造語といわれる

※財政情報誌について

▶ 2308　破壊的な潜在力を有する、陰険に隠されている冷たい氷山の一角を代表するだけである。
※首相経済顧問アレン・ウォルターズの外国為替レートについての記事について

◆ 大蔵大臣辞任後の下院で、1989.10.31

▶ 2309　私が大臣だった時は、何よりも閣議を待ち望んだものだ。夏休みを返上して重労働している最中で、一番休息できる時期だったから。

◆「サッチャー時代の内閣」（1994）

Emma Lazarus
エマ・ラザラス（1849-87）
アメリカの詩人
◆『新しい巨頭』（1883）

▶ 2310　疲れを、貧しさを私に与えよ、
　　　　大衆は自由を呼吸しようと渇望し、
　　　　海岸に溢れるあなた方は惨めに拒絶され、
　　　　家なき人、嵐で難破した人々をつれてきなさい。
　　　　黄金の扉の側にランプを吊るしている。
※自由の女神像の碑文、ニューヨーク

Alexandre Auguste Ledru-Rollin
アレクサンドル・オーギュスト・ルドリュ=ロラン（1807-74）
フランスの政治家
◆ E. デ・ミレコート『現代』第14巻（1857）、「ルドリュ=ロラン」

▶ 2311　ああ、そうだ！　私は指導者なのだ、確かに彼らに従わねばならない！

Charles Lee
チャールズ・リー（1731-82）
アメリカの軍人
◆ 1777.10.17

▶ 2312　北部の月桂冠を、南部の柳に変えないように心しなさい。
※ホレーショー・ゲイツ将軍にサラトガのバーゴイネを放棄して

Henry ('Light-Horse Harry') Lee
ヘンリー・（「軽騎兵ハリー」・）リー（1756-1818）
アメリカの軍人、政治家
◆『ワシントン将軍の弔辞』（1800）

▶ 2313　市民としてまず戦争に、まず平和に、まず故国の人々を心に秘めていた。
※ジョージ・ワシントンについて

Richard Henry Lee
リチャード・ヘンリー・リー（1732-94）
アメリカの政治家

▶ 2314　まさにこの連帯した植民地は、当然の権利として自由で独立した州である。すなわちイギリス女王への忠誠心から解放される。グレート・ブリテン国家と州の政治的関

係は、もちろん完全に解消される。

▶ 2315 　戦争が恐ろしいことは、はっきりしている。好きになるように成長するべきだ。
　　※フレデリックスバーグの戦いの後で、1862.12
▶ 2316 　グラント将軍に会いに行くしかないとは思う、だが1,000回死んだ方がましだ。
　　※アポマトックスで南部連合軍の降伏を間近にして、1865
▶ 2317 　北部の人民と闘ったが、南部から大切な権利をむしり取ろうとしていると信じたからである。冷酷で復讐心に燃えた感情で彼らを丁寧に扱わなかったわけではないが、祈らなかった日は1日もなかった。
▶ 2318 　テントをたため。
　　※臨終の言葉

▶ 2319 　相手が角を引っこめて攻撃停止するか、われわれが爆撃して石器時代に戻してやるかだ。
　　※北ヴェトナムについて

▶ 2320 　何がなされるべきなのか？

▶ 2321 　1歩前進、2歩後退
▶ 2322 　帝国主義は資本主義の独占段階である。

▶ 2323 　今こそロシアに社会主義国家を建設しなければならない。
▶ 2324 　善良な男がフェビアン主義者に落ちぶれた。
　　※ジョージ・バーナード・ショーについて

▶ 2325 　いや民主主義は、多数派原理とは同一ではない。民

◆ 大陸会議に提案された決議、1776.6.7。1776.7.2に採択

Robert E. Lee
ロバート・E. リー（1807-70）
アメリカの南部連合軍将軍
◆ 伝記
◆ ジェフリー・C. ワード『南北戦争』（1991）

◆『同上』

◆ 1870.10.12

Curtis E. LeMay
カーティス・E. ルメイ（1906-90）
アメリカの空軍将校
◆『ルメイ作戦』（1965）

Lenin
レーニン（1870-1924）
ロシアの革命家、ソヴィエト社会主義共和国連邦初代首相（人民委員会議長）（1918-24）
◆ 冊子の題名（1902）、元はN. G. チェニシェアスキーの小説の題名（1863）
◆ 本の題名（1904）
◆『資本主義の最終段階における帝国主義』（1916）、「帝国主義の最も短い定義」
◆ ペトログラードでの発言、1917.11.7
◆ アーサー・ランサム『1919年のロシアでの6週間』（1919）、「レーニンとの会話記録」
◆『革命と国家』（1919）

主主義とは、多数派が少数派を制圧する国家である。ある階級がある階級に対抗する権力構造の組織化であり、人口数の一定部分の人民が他に対抗するものでもある。

▶ 2326　国家が存在している間は、自由は存在できない。自由があるところには、国は存在しない。

◆『同上』

▶ 2327　共産主義はソヴィエト権力に国家の全電力を加えたものに等しい。

◆ 第8回党大会報告、1920

▶ 2328　誰が？　誰を？
※「誰が誰を追い越すかではないか？」を意味して政治科学の定義について

◆『ウラジーミル・マカコーフスキー全集』第6巻（1970）、1921.10.17

▶ 2329　ボス支配の終わり。

◆ ニール・ハーディング『レーニンの政治思想』（1981）第2巻

▶ 2330　自由は貴重だ——だからこそ配給されねばならぬ

◆ シドニー・ウェッブ、ベアトリス・ウェッブ共著『ソヴィエト共産主義』（1935）第2巻

William Lenthall

ウィリアム・レントール（1591-1662）
イギリスの下院議長

▶ 2331　見る目もない、いわんやここで話す舌もない、国会が喜んで指示を出さない限りは。
※ 1642年1月4日、国王が逮捕するよう命令した5人の議員を見たかとチャールズ1世に尋ねられて

◆ ジョン・ラシュワース『歴史蒐集 第3部』第2巻（1692）

Doris Lessing

ドリス・レッシング（1919-）
イギリスの小説家、短編作家、ローデシア育ち

◆『草は歌っている』（1950）

▶ 2332　古くからの移民が「この国を理解すべき」という時、それは「原住民とはこういうものだというわれわれの考えに慣れろ」ということなのだ。

◆『同上』

▶ 2333　白人が偶然アフリカで原住民の目を見て人間と認識してしまうと（それこそ気づくのを避けたかったことだ）、本人は否定するだろうが、罪の意識が高まり、憤懣にいらだち笞を振るうことになる。

Leslie Lever

レスリー・リーヴァー（1905-77）
イギリスの労働党政治家

▶ 2334　寛大さは私の性格なのだ、しかるに、この政府に対して、単に愚の骨頂であると説明されればこと足りる場合には、不正であるなどと攻撃したりはしないと、急ぎ保証しておきたい。

◆ レオン・ハリス『政治的機知のあざやかな手法』（1964）

Bernard Levin
バーナード・レヴィン (1928-)
イギリスのジャーナリスト
◆「ザ・タイムズ」1987.9.21
◆『振り子の年』(1970)

▶ 2335　狂人が潰した人々を、初めは神々とする。
　　※毛沢東について、1967

▶ 2336　［トニー・］ベンは、新規入隊のボーイ・スカウトが、自分を甘やかす両親との関係を示すのと同じくらいの熱意（言葉では言わないにしても）をもって、60年代のテクノロジーに飛び込んだ。

▶ 2337　ハロルド・マクミランとハロルド・ウィルソンについて：彼らの間でセイウチと大工の関係で、60年代を2分したのだ。

◆『同上』

▶ 2338　漠然と狐の精神を持った浜辺の雌鹿。
　　※ハロルド・マクミランについて

◆『同上』

▶ 2339　60年代のインフレーションは静脈瘤やフランスの外交政策と同様に、耐えるにしてはあまりに厄介な代物であった。

◆『同上』、結び

▶ 2340　かつてイギリスの大臣がくしゃみをすると、世界の半分の男性が鼻をかんだものだ。いまではイギリスの首相がくしゃみをしたとしても、だれも「お大事に」とは言わないだろう。

◆「ザ・タイムズ」1976

▶ 2341　第2次世界大戦後に街に起こってきた変化を、痛みを感じることなく見ることができる通行人は、白杖や盲導犬を備えた人たちだけだ。

◆「同上」1983

▶ 2342　潔癖性が政治発展を測るのに有効な指標になったのはいつからなのか？

◆『意見が欲しければ』(1992)

▶ 2343　ハロルド・マクミランは、その野獣性で地位をかため、権力は平然と悪賢くマフィアの秘密会議でしか見られないような貪欲さで手に入れ、脂で汚れた柱によじのぼり、ライバルを蹴落とし（相当ないやがらせをして）、それでいてすべて失望の種であったと言う。

◆『同上』、マクミラン 2587 参照

▶ 2344　権力が弱体であれば、行使する欲求は強くなる。

◆「ザ・タイムズ」1993.9.21

▶ 2345　「解放」を名称に掲げる組織で、これまでもそしてこれからも誰かをまたは何かを解放できる組織は1つもないことを、何度も指摘してきた。

◆「同上」1995.4.14

Duc de Lévis
レヴィ公爵 (1764-1830)
フランスの軍人、作家
◆『格言と意見』(1812 編)、「政治──政治の格言」

▶ 2346　統治は選択だ。

Willmott Lewis

ウィルモット・ルイス(1877-1950)
イギリスのジャーナリスト、ワシントンの「タイムズ」通信員
◆ クロード・コックバーン『困難な時に』(1957)

▶ 2347　人間は良かれと思う政策の、あら探し的な行為を回避しなければならない。慈善心に富んだ視点を持ち、あらゆる政府は可能な限り国民を苦しめようとし、しなければならない範囲でしか善政をしないと心しておくべきである。
※クロード・コックバーンに

▶ 2348　第1次世界大戦後、ワシントン軍縮会議のフランス代表団長がワシントンをヴェルサイユの黒人町であると評したことに：
このように、(彼の当を得ているとはいえ間の悪い発言をすぐさま伝えられた南部出身の上院議員の反応は想像に難くないので、あえて言う必要もありませんが)彼は我と我が身に刃を突き立てたようなものです。それでなくとも彼に一撃見舞ってやろうという者が大勢いる都市で、まったくもって余計な発言でした。
※クロード・コックバーンに

◆『同上』

Robert Ley

ロバート・レイ(1890-1945)
ドイツのナチ党員、1933年から労働戦線責任者
◆1933年からドイツ労働戦線のスローガン

▶ 2349　喜びを通じての強さ。

Basil Henry Liddell Hart

バジル・ヘンリー・リドル・ハート(1895-1970)
イギリスの軍事歴史家、戦略家
◆『防衛か抑止か』(1960)

▶ 2350　強くあれ可能な限り。あらゆる場面で冷静を保て。限りなく忍耐力を持て。敵を追い込むな、体面を保てるように援助せよ。相手の身になって考えよ──彼の目で見たように物事を処理せよ悪魔のように、自分だけの正義にとらわれるな──裸の王様は無意味である。
※政治家への助言

Abbott Joseph Liebling

アボット・ジョセフ・リーブリング(1904-63)
◆「ニューヨーカー」1960.5.14

▶ 2351　表現の自由は、自由をわがものとする人にのみ認められるものだ。

Charles-Joseph, Prince de Ligne

シャルル・ジョセフ、リーニュ

▶ 2352　進行しない。議会は踊っている。

※ウィーン会議について

の皇太子(1735-1814)
ベルギーの軍人
◆ オーギュスト・ド・ラ・ガルデ・シャボン『ウィーン会議の回想』(1820)

Abraham Lincoln
エイブラハム・リンカン
(1809-65)
アメリカの共和党政治家、アメリカ合衆国第16代大統領(1861-65)
リンカンについて、スタントン3686、ホイットマン4119参照
◆ イリノイ州議会での発言、1837.1.11

▶ 2353　政治家とは、人民の利益とは別の利益感覚を持つ人間の一種である。そしてできるだけ好意的に言っても、政治家は集団としては正直な人間から大きく外れている。私が堂々とこう言えるのは、私自身が政治家だから、個人攻撃と受けとられることはないからだ。

◆ イリノイ州スプリングフィールドで開かれた「青年講演会」での演説、1838.1.27
◆ イリノイ州議事堂での演説、1840.12.18

▶ 2354　暴民政治による矯正が、適正であるような不平不満というものはない。

▶ 2355　禁酒は……法律で人間の食欲を抑制しようとする点で限界を逸脱していて、犯罪のないところに犯罪を作り出そうとするものである。禁酒法はわれわれの政府が拠って立つ、大切な原則を突然に吹き飛ばすことになる。

◆ 下院で、1848.1.12

▶ 2356　誰でもどんなところででもその意志を持ち力があれば、立ち上がる権利を有し、既存の政府を倒し、よりよく適合する政府を作る権利がある。

▶ 2357　誰もが他者の同意なくして、支配できない。

◆ イリノイ州ペオリアでの演説、1854.10.16
◆ 演説、1858.5.18

▶ 2358　権利に勝利を与えるには、血塗られた銃弾ではなく、平和的な投票だけが必要なのだ。
※一般的には「投票は銃弾よりも強い」と引用されている

▶ 2359　奴隷になろうとは思わず、同じく所有者になろうとも思わなかった。私の民主主義の理想を表している。これと異なれば、程度の差はともあれ民主主義ではない。

◆ 発言の断片、1858.8.1?

▶ 2360　あなたが黒人の人間性を喪失させることに成功し、押さえつけて、末永く原野の動物として止めておいたとして、彼の魂を抜き去り、呪われた者の魂にのしかかる闇に希望の一条の光さえ吹き消されるような場所に彼を追いやったとして、あなたの呼び出した悪魔が今度はあなたを八つ裂きにするのではないか？

◆ イリノイ州エドワーズヴィルでの演説、1858.9.11

▷ Abraham Lincoln

- **2361** 「分裂した家は持ちこたえられない」。半分奴隷、半分自由のこの政府が永久に存続するのは不可能だと信じている。 ◆ 演説、1858.6.16

- **2362** 白人種、黒人種間の政治的、社会的な平等を導入しようとは思わない。私の判断では、両者の身体的差異が完全に平等な足がかりをもって一緒に生活することをこれから先永久に許さないであろう。違いがあるはずであることが必然となれば、私は自分の属する人種が優位であることを望む。 ◆ 同上、1858.8.21

- **2363** 保守主義とは何なのか？ 新人と未経験者に対抗して、老人と経験者に固執することか？ ◆ 同上、1860.2.27

- **2364** もしこの航海で合衆国の善く古い船を救う共通利益が掌握できなければ、誰もが次の航海の機会がないということだ。 ◆ オハイオ州クリーヴランドでの演説、1861.2.15

- **2365** 政府の基本法においてその終末を準備している政府はないと断言してかまわない。 ◆ 第1回大統領就任演説、1861.3.4

- **2366** 本日、あら探しのようなやり方で憲法、法律を解釈する目的も、精神的な束縛もなく公式の宣誓をした。 ◆ 同上

- **2367** この国は制度からして、そこに住んでいる国民に帰属する。現在の政府に飽きがくるたびに、国家を分割したり転覆したりする革命的権利や憲法修正の権利を行使できるのだ。 ◆ 同上

- **2368** すべての戦場や英霊墓地から、この広大な故国の血のかよった心や、冷たい心が広がって記憶されるべき霊妙なる和音は、再びわれらのよき天使に触れられた時、ユニオンの合唱となって一層力強く湧き起こる。 ◆ 同上

- **2369** 準備する必要性が増したと思います。注意してください。 ◆ ペンシルヴェニア州知事アンドリュー・カーテンへの書簡の全文、1861.4.8

- **2370** ニューヨークの選挙の感想を聞かれた時に：
恋しい娘に会いに走って行き、靴の爪先を切り株にぶつけたケンタッキーの少年に似ている。少年は泣くには大きすぎるし、笑うには痛めつけられすぎていると言った。 ◆ 『フランク・レスリーのイラストレイテッド・ウィークリー』1862.11.22

- **2371** 西暦1863年1月1日に、州内で、あるいは州の指定された地域内で奴隷として所有されているすべての人、それゆえに合衆国に反抗している人々は、この時をもって、以後永久に自由の身となる。 ◆ 奴隷解放宣言、1862.9.22

- **2372** 市民諸君、われわれは歴史から逃げられない。存在意義の大きさ如何で、私たちの誰ひとりいなくてすむものではない。われわれが通る火のような試練の道には、最後 ◆ 国会の年頭教書、1862.12.1

の世代まで名誉か不名誉の光が準備されている。

▶ **2373** 奴隷に自由を与えようとする時、自由な名誉ある人々にも同時に自由を保障することになる。われわれが与え、維持するものによって、われわれは気高くも守るのか、それとも惨めに失うのか、地上の最後にして最高の希望を。

◈ 同上

▶ **2374** この闘争における最高の目的は、連合軍を救済することです。もし奴隷の解放なくして連合軍を救済できるとすれば、それを行います。すべての奴隷を解放することで救済できるとすれば、それを行います。一部を解放して他を孤立させることで救済できるとすれば、それもまた行います。ここに大統領としての、公的な義務の見解と方針を表明します。あらゆる人民がどこでも自由になれるという、従来からの個人的な願望をことさら飾り立てようとはしません。

◈ ホレーショー・グリーリーへの書簡、1862.8.22

▶ **2375** 87年前、われわれの祖先はこの大陸に新しい国家を建設したが、それは自由な精神で構想され、人民はすべて平等なものとしてつくられているという主張をもとに誕生してきたのであった。広い意味でこの地をわれわれは献納も清浄化も神聖化もできない。この地で闘って生きて死んでいく勇者は、われわれの力を超えたところで浄化されている。ここで何を言っても世界は注意を払わず、長くは記憶されないであろう。しかしこの地で何が起こったかは忘れ去られることはない。選び捧げられるべきものはむしろ生きているわれわれであり、ここに闘った兵士たちがこれまで気高く推進してきた未完の仕事を実行するためである。死者たちの死を無駄に終わらせないように高潔な決意を表明しよう。この国が神のもとで、新しい自由の誕生を獲得できるようにしよう。そして人民の、人民による、人民のための政府が、地上から滅びないようにしよう。

◈ ゲティスバーグ国営墓地での献納演説、1863.11.19。翌日報道された。リンカン記念碑には「国民による、国民のための」とある。発言者不明139、エヴェレット1470、パーカー3004 参照

▶ **2376** 勝利を得た将軍たちだけが、独裁者に昇りつめられるのです。あなたに求めるのは軍事的勝利であり、正直、独裁政治の危機を感じるのです。
　※ジョセフ・フッカーにポトマック軍の指揮を命令した書簡、1863

◈ シェルビー・フット『南北戦争、フレディリックスバーグからメリディアンへ』(1991)

▶ **2377** 事件をコントロールするなと主張します、だが明らかに事件が私をコントロールしていると告白します。

◈ A. G. ホッジスへの書簡、1864.4.4

▶ **2378** 流れを渡っている時に馬を乗り換えることは最善策ではない。

◈ 全国統一同盟への返答、1864.6.9

▶ **2379** 長らく重大な問題であったのは、人民の自由を強く

◈ ある小夜曲の返事、

▷ Abraham Lincoln

掲げない政府が大いなる危機にあって存続できるほど強くあれるかということだ。

▶ 2380　現政権の国政の指揮をとっていて、最終的に政権を離れるようになった時、たった1人の友人を残して地上のあらゆる友人を失っているだろう。その1人の友人とは私の心の中にいるだろう。

▶ 2381　愛情深く希望を持ち熱心に祈ることで、戦争の甚大な罰は急速に消えていくであろう。だがもし神の意思が、奴隷の250年にわたる報われない苦労でつみ重ねられた富が消え去り、むち打たれて流された血が、また剣によって流された血によってあがなわれたものであるとすれば、主が3,000年前に言われた「神の審判は真実でもありまた正しい」ということである。

▶ 2382　誰に対しても悪意を持たず、すべてに奉仕し、神がお与えくださった正義を固く守り、なすべき仕事を最後までなさせたまえ、傷ついた国の手当てをし戦いに耐えた人々を癒し、その未亡人と子供を守り、公正で永続する平和を、わが国に、そしてすべての国にもたらすよう、できる限りのすべてをなさせたまえ。

▶ 2383　大統領として、憲法の目しか持っていない。貴方が見えないのだ。
※サウス・カロライナ州知事に答えて

▶ 2384　こんなことが好きな人々は、本人たちも好きとわかっているだろう。
※本の判断について

▶ 2385　重大な戦争を起こすきっかけの本を書いた、小柄な女性があなたなのですか！
※『アンクルトムの小屋』(1852)の著者、ハリエット・ビーチャー・ストウと会って

▶ 2386　主は普通に見える人民を好まれる。主がそういう人民を創造されたからだ。

▶ 2387　奴隷制を擁護する人がいると、その人に奴隷の気分を味わわせてみたくなる。

▶ 2388　富める者を滅ぼしても貧しい者の助けにはならない。賃金を払う者の収入を下げても稼ぐ者を上げることにはならない。

▶ 2389　一時的にはすべての人をだませるであろう。さらにいつでもある程度の人をだませる。だがいつでもすべての人はだませない。

1864.11.10

◆「70人ミズーリ会議」への返答、1864

◆ 第2回大統領就任演説、1865.3.4

◆ 同上

◆ 伝聞

◆ G. W. E. ラッセル『収集と回想』(1898)

◆ カール・サンドバーグ『エイブラハム・リンカン：戦時』(1936) 第2巻

◆ 伝聞、ジェームズ・モーガン『われらの大統領』(1928)

◆ インディアナ連隊での演説、1865.3.17

◆ 伝聞、おそらくは偽文書

◆ アレキサンダー・K. マクルーア『リンカンの時代と物語』(1904)、フィネアス・バーナムの発言ともいわれる

Eric Linklater
エーリック・リンクレイター (1899-1974)
スコットランドの小説家
◆『アメリカのジュアン』(1931)

▶ 2390 「アメリカでは、革命は起こらないだろう」とイザドールが言った。ニキティンはうなずいた。「人民はみな清潔好きすぎる。いつもシャツを着替えたり、体を洗ったりしている。浴室では荒々しくはなれないし、世の中をひっくり返したいとも感じない」

George Linley
ジョージ・リンリー (1798-1865)
イギリスの音楽作詞家
◆「プリンス・オヴ・ウェールズに栄えあれ」(1862 歌)

▶ 2391 古くからの山々から、
われらの愛すべき谷間から、
ああ、祈りがこだまする。
「プリンス・オヴ・ウェールズに栄えあれ」

Walter Lippmann
ウォルター・リップマン (1889-1974)
アメリカのジャーナリスト
◆『運命の人』(1927)

▶ 2392 クーリッジ氏の不活発な雰囲気は、相当に極まったものだ。行動が怠惰などという程度のものではない。クーリッジ氏を常に支配しているものは微動だにしない、毅然とした不活発である。性格がもたらす剛直さ、細部に注ぐ絶え間のない注意、仕事への意欲的な献身などを通して、ひたすら活発に働くことをしないのだ。

▶ 2393 個人財産は自由の本源的な資源である。いまだに大切な砦である。

◆『善良な社会』(1937)

▶ 2394 指導者が最終的に試されるのは、問題解決にあたり他者の犠牲の背後に隠れているか前面に出て引き受けるかである。

◆「ニューヨーク・ヘラルド・トリビューン」1945.4.14

▶ 2395 報道の自由は特権ではないが、偉大な社会にとって根本的に必要なものである。

◆ ロンドンの国際報道協会大会での演説、1965.5.27

▶ 2396 自由への意志は能力を発揮し人間を肯定する、あらゆる個人を永遠に成長させるものである。

◆ アーサー・セルダム『後退する国家』(1994)

Maxim Litvinov
マクシム・リトヴィーノフ (1876-1951)
ソヴィエトの外交官
◆ A. U. ポープ『マクシム・リトヴィーノフ』(1943)

▶ 2397 平和は分かち得ないものである。
※第1次世界大戦連合国への覚書、1920.2.25

Ken Livingstone
ケン・リヴィングストン (1945-)

▶ 2398 問題は多くの国会議員がウェストミンスターの酒場や売春宿以外のロンドンを見ようとしないことにある。

▷ Livy

▶ **2399** 打ち倒せ！
※紀元前390年に、ローマを陥落させたガリア王ブレンヌスの叫び(諺となっている)

▶ **2400** われわれは大戦に敗れた。
※紀元前217年、ハンニバルのトラジミーン湖の待伏せの結果を、ローマ人に向けて被害報告

▶ **2401** 外国語は話さない。戦時以外、決して外国は訪問しない。外国人が好きではない。

▶ **2402** われわれの利益を監視する、忠実で信頼できる大型番犬マスチフだが、労働組合の1回目の騒動で逃げていってしまった。……本物のマスチフ犬だったのかって？　確かに愛くるしい。紳士のプードルだ。
　　　※上院とアーサー・バルフォアについて

▶ **2403** 擬卵は持っていない。来年強奪する他人の鶏小屋を探している。
※大臣として、1908

▶ **2404** 公爵の立場を維持していくのは、2隻の超弩級艦を維持するほどに費用がかかる。公爵たちには弩級艦と同じくらい大きな恐怖であり、もっと長持ちするのである。

▶ **2405** 働かずして増収となる最高の事例は、名士の姓のハイフンでつないだ部分である。問題は相手の名前だ。
※絹業者の娘と結婚し、妻側の姓を自分の姓とつなげたウィリアム・ジョインソン＝ヒックスについて

イギリスの労働党政治家
◆「ザ・タイムズ」1987.2.19

Livy

リヴィウス(紀元前59-紀元後17)
ローマの歴史家
◆『ローマ市建設元年』
◆『同上』

Selwyn Lloyd

セルウィン・ロイド(1904-78)
イギリスの保守党政治家
◆『スエズ1956』(1978)

David Lloyd George

デーヴィッド・ロイド＝ジョージ(1863-1945)
イギリスの自由党政治家、首相(1916-22)
ロイド＝ジョージについて、アスクィス202、ボールドウィン338、ベネット413、チャーチル955、クレマンソー1087、グリッグ1729、ケインズ2201、2202、マッシンガム2668、テイラー3786参照

◆下院で、1907.6.26

◆フランク・オーウェン『動乱の旅』(1954)

◆ニューキャッスルでの演説、1909.10.9

◆1909頃、伝聞

▶ **2406** 上院について、1911 頃：
失職者の中から無作為に選ばれた 500 人の男性団体。

◈ ニューキャッスルでの演説、1909.10.9

▶ **2407** われわれが忘れてきた栄光の絶頂点は——義務、愛国心——であり、天に向かっていかつい指が指し示す、輝く白い雪に覆われていて尊い犠牲の高峰である。

◈ ロンドン・クィーンズホールでの演説、1914.9.19

▶ **2408** 私は天気のよい夕方にノースクリフと一緒に働くくらいなら、バッタと一緒に天気のよい夕方にウォルトン・ヒースを散策する。
　　※ノースクリフ卿について、1916 頃

◈ フランク・オーウェン『動乱の旅』(1954)

▶ **2409** 今朝 11 時に、史上最高に人類を苦しめ、残酷で恐ろしかった戦争が終わった。それゆえこの運命の朝、すべての戦争が終わったと言えると思う。

◈ 下院で、1918.11.11

▶ **2410** われわれの任務は何か？　英雄が住むにふさわしいイギリスにすることだ。

◈ ウォルヴァーハンプトンでの演説、1918.11.23

▶ **2411** M. クレマンソーは……有名な現代の雄弁家であるが、最高の雄弁は物事を上手にやりとげ、最悪の雄弁は遅らせることを知っている。
　　※パリ平和会議での演説、1919.1.18

◈「ザ・タイムズ」1919.1.20

▶ **2412** 野蛮人は鍵穴から金切り声を出す。
　　※ヴェルサイユ平和会議について

◈ 下院で、1919.4.16

▶ **2413** 政治で成功したければ、分別を上手に制御しなければならない。

◈ リデル卿の日記、1919.4.23

▶ **2414** 富を有する人から徴税するには、死は便利な機会である。

◈『平和会議とその後のリデルの個人日記 1918–23 年』(1933)

▶ **2415** 私の思い違いでなければ、［アイルランド］占領の段階で喉をかき切って殺していた。

◈ ロンドン市長公邸での演説、1920.11.9

▶ **2416** アーサー・バルフォアの歴史上の影響について：淑女のポケットハンカチーフのちょっとした香り以上のものではない。

◈ トーマス・ジョンズの日記、1922.6.9

▶ **2417** ヴァレラと交渉するのは……水銀をフォークですくいあげようとするのに似ている。
　　※これに対しヴァレラは「なぜ彼はスプーンを使わないの？」と言った

◈ M. J. マクマナス『ヴァレラのイーモン』(1944)

▶ **2418** 人間性の気質の野蛮性のなかでも、ひときわ偏狭という点で反ユダヤ主義という愚かさ加減以上のものはない。

◈『平和なのか？』(1923)

▶ **2419** 世界は精神障害者が営む、精神病院のようになりつつある。

◈「オブザーヴァー」1933.1.8

▶ **2420** 政治屋とは国民が同意しない政治を行う人であっ

◈ ウェストミンスター、セント

265

▷ David Lloyd George

た。もし同意する政治をしていたなら、政治家であった。

▶ 2421　ネヴィルは卸売業でいながら、細かな小売商の心を持っている。
　　　※ネヴィル・チェンバレンについて

▶ 2422　1936年にヒトラーと会談後に：
指導者こそが適切な名前だ。偉大で素晴らしい指導者だ。

▶ 2423　ウィンストンは創造主のところまで昇っていき、キリストにぜひ会いたいと言うだろう。キリストに多くのことを聞き、できれば、聖霊に会おうとさえした。ウィンストンは人に会うのが大好きだ。
　　　※ウィンストン・チャーチルについて

▶ 2424　政府は、海賊に襲われた未婚のおばたちの一団のように振る舞っている。
　　　※スペイン市民戦争で、イギリス商船員がスペイン東海岸で攻撃されたときに

▶ 2425　首相は犠牲の実態を公にすべきだ。なぜなら政府の大法官を犠牲にするより、勝利することだと言っても何の役にも立たない。
　　　※ネヴィル・チェンバレンについて

▶ 2426　ビーヴァーブルックの執事に「卿は散歩に出られています」と言われて：
ああ、水の上でね、ビーヴァーだから。

▶ 2427　首相には友情がない。

▶ 2428　世界に真実。
　　　※ウェールズの格言。ドゥーイヴォーのロイド=ジョージ伯爵になった時に採用した標語、1945.1

▶ 2429　柵の上に長く座っていて、鉄が魂にくいこんでしまった。
　　　※ジョン・シモンについて

▶ 2430　自分の喜びを伝えようとして、母親から追放された男だ。
　　　※ウィンストン・チャーチルについて

▶ 2431　瞬間に光を放つあの反抗的な燈台の1つは、周囲の薄暗がりを一瞬は捉えるが、突然再びまったくの闇に戻

ラル・ホールでの演説、1935.7.2

◆ 1935、デーヴィッド・ディルクス『ネヴィル・チェンバレン』(1984)

◆ フランク・オーウェン『動乱の旅』(1954)
◆ A. J. シルヴェスターの日記、1937.1.2

◆ 1938.6.21、ピーター・ローランド『ロイド=ジョージ』(1975)

◆ 下院で、1940.5.7

◆ カドリップ卿の書簡、「デイリー・テレグラフ」1993.9.13
◆ 常用表現、グラッドストンに対する発言。A. J. P. テイラー『ロイド=ジョージ、発展と没落』(1961)
◆ ドナルド・マコーミック『マーリンの仮面』(1963)

◆ 伝聞

◆ ピーター・ローランド『ロイド=ジョージ』(1975)

◆ 伝聞

る。中間の段階はなかった。
　　※戦争大臣キッチナーについて

▶ 2432　悩むだけの誠意はあるが、そのまま貫くほどではない。
　　※ラムゼー・マクドナルドについて

◆A. J. シルヴェスター『ロイド・ジョージとの生活』(1975)

Gwilym Lloyd George, Lord Tenby

▶ 2433　政治屋は猿のようなものだ。高く登るほど、彼らが露出したもので不快にさせられる。

グイリン・ロイド＝ジョージ、テンビィ卿(1894-1967)
イギリスの自由党政治家、デーヴィッド・ロイド＝ジョージの次男
◆1954頃、伝聞。ピーター・ヘネシーがフェビアン協会の恒例晩餐会で引用、1995.11.25

John Locke

▶ 2434　どんな理由でも……［人は］自然が与えたものに自分の労働や自分が生来持っているものを加えて財産とする。

ジョン・ロック(1632-1704)
イギリスの哲学者
◆『市民政府の第2の協定』(1690)

▶ 2435　人間は……本性の権力を持ち……それは生命、自由、土地という財産を保持するために……他者からの侵害に対し、自分の財産を守る生得権がある。

◆『同上』

▶ 2436　人間は……本来完全に自由、平等で独立している。誰も土地から追い出されず、同意がなければ他者の政治活動に支配されない。

◆『同上』

▶ 2437　国家が国民を統一したり、政府として統治する最大で主たる目的は、国民財産の保持である。

◆『同上』

▶ 2438　人間が本然の自由を自らが放棄し、市民社会とのきずなとする唯一の道は、他者と社会へ参加し、コミュニティの統一に同意することなのだ。

◆『同上』

▶ 2439　時には反対して公共の善のために自由裁量に従って、法の規定外で行動するこの権利は国王大権と呼ばれる。

◆『同上』

Henry Cabot Lodge Snr.

▶ 2440　われわれは英系アメリカ人、アイルランド系アメリカ人、ドイツ系アメリカ人などではなく、ただのアメリカ人になろう。人がアメリカ人になろうとするならば、何の資格要件もなくそうするべきで、そうでないならアメリカ

父親のヘンリー・カボット・ロッジ(1850-1924)
アメリカの共和党政治家
◆米大陸上陸記念日演説、ブ

▷ Henry Cabot Lodge Jr.

人と書かせないようにしよう。

▶ 2441　昨日、市民権を与えられた人と同じく、何世代もここで生活した多数の人の旗である。

ルックリンのニューイングランド協会で、1888.12.21、ローズヴェルト 3291 参照
◈ 演説、1915

Henry Cabot Lodge Jr.

息子のヘンリー・カボット・ロッジ（1902-85）
アメリカの共和党政治家

▶ 2442　私が敗れたのはうらめしい茶会のせいだ！
※ 1952 年の上院選挙で敗北した言いわけをして。全国的な共和党の流れに対抗して息子の民主党候補ジョン・F. ケネディのためにローズ・ケネディが茶会を開いた

◈ ローズ・ケネディの死亡記事、「ガーディアン」1995.1.24

Huey Long

ヒューイ・ロング（1893-1935）
アメリカの民主党政治家、ルイジアナ州知事
◈『全員が国王』（1933）

▶ 2443　さしあたり、まさに私を巨頭と呼べばよい。

▶ 2444　反対陣営の支援者たちが、候補者は子供の時は裸足であったと言っているのに応じて：
ウィルソン氏よりましだと言える。私は裸足で生まれてきた。

◈ T. ハリー・ウィリアムズ『ヒューイ・ロング』（1969）

▶ 2445　ああ、とんでもない。原則に忠実で、またそのようにさせる。
※政治に関する人となりを分析しようとしたジャーナリストに対して

◈『同上』

▶ 2446　聖書は今まで書かれた本では、最高のものだ。75 セントと嚙みタバコで買える。誰かに説明してもらう必要はない。

◈『同上』

▶ 2447　善人が原則に捕らわれない時が来た。

◈ 伝聞

Alice Roosevelt Longworth

アリス・ローズヴェルト・ロングワース（1884-1980）
セオドア・ローズヴェルトの娘
◈『多事な時間』（1933）

▶ 2448　ハーディングは悪い人ではなかった。ただ間抜けだった。
※アメリカ大統領ウォレン・G. ハーディングについて

Louis XIV (the 'Sun King')

ルイ 14 世（「太陽帝」）（1638-1715）

▶ 2449　朕は国家なり。
※パリ国会の前に、1655.4.13（おそらく本人の言葉ではない）

▶ 2450　ずっと待たされるところだった。

1643年からフランス王
◈ J. A. デューロウレ『パリの歴史』(1834) 第6巻

▶ 2451　命令をする時はいつも。
100人の不満分子と、1人の恩知らずを生み出している。

◈ 出典について疑問あり、例えば、E. フォーニー『歴史のエスプリ』(1857)

▶ 2452　ピレネー山脈はもういい。
※スペイン国王に孫が即位する際に、1700

◈ ヴォルテール『ルイ14世の世紀』(1768編) 第2巻

◈『ルイ14世の世紀』(1753) でヴォルテールがルイ14世に、またフランスのマーキュレー・ギャラント (パリ) でスペイン大使に語ったと言われている、1700.11

Louis XVI

▶ 2453　1789.7.14 (バスティーユ監獄破壊の日) の日記の見出し：
何事もなし。

ルイ16世 (1754-93)
1774よりフランス国王、フランス革命の勃発で1789、退位。1793、処刑

◈ シモン・シャーマ『市民』(1989)

Louis XVIII

▶ 2454　レジオ公爵の軍最高司令官としての指揮棒を、弾包小袋に入れていない者は、諸君の中には1人としていないことを忘れてはならない。今は諸君が戦力となるまでになった。
※セントーシァ士官候補生への講演、1819.8.9

ルイ18世 (1755-1824)
1814年からフランス国王、1795年より名目上の国王

◈『モンテーニュ大学』1819.8.10

▶ 2455　時間厳守は国王の礼儀である。

◈『J. ラフィテの思い出』(1844)、伝聞

David Low

▶ 2456　今まで戦争に反対しなかった人に会ったことがない。ヒトラーやムッソリーニでさえ本音では。

デーヴィッド・ロー (1891-1963)
イギリスの政治風刺漫画家、『ブリンプ大佐』の製作者、反動体制の理論派

◈『ニューヨーク・タイムズ・マガジン』1946.2.10

Robert Lowe, Viscount Sherbrooke

ロバート・ロウ、シャーブルック子爵(1811-92)
イギリスの自由党政治家

▶ 2457　未来の主人公たちに読み書きを学ばせようと説得することは、絶対的に必要であると信じている。
　　※改革法案が通過した時に、「坊ちゃんたちを教育するべきだ」という大衆に向けて

◆ 下院で、1867.7.15

▶ 2458　大蔵大臣というのは大なり小なり、自分を徴税機械にする人間である。できる限り公平に一定額の窮乏を、配分することで信用されている。

◆ 同上、1870.4.11

James Russell Lowell

ジェームズ・ラッセル・ローウェル(1819-91)
アメリカの詩人

▶ 2459　われわれには戦争、負債、国旗がある。
　　　　もし独立がなければこの先どうなるのか？

◆『ビグロー報告書』(第2集、1867)第4章「秘密会議でのジェフ・デーヴィスの発言」

▶ 2460　ある時人間や国家が判断するときがある、
　　　　真実と偽りの闘争のなかで善か悪の側のために。

◆「現在の危機」(1845)

▶ 2461　死刑台の永遠の真実、王冠の永遠の誤り―
　　　　だが、死刑台は未来に向かって揺れ、背後では知られざる薄暗闇がある、
　　　　神は影の中に立ち、頭上で見上げている。

◆「同上」

Lucan

ルーカン(39-65)
ローマの詩人

▶ 2462　自分の側のさらなる正義を示すために、武器を手にしたと知れば承認できない。誰もが訴訟では信頼できる審判の前に弁論する。勝利する訴訟は神が弁論し、負ける者は小カトーが弁論する。

◆『ファルサリア』

▶ 2463　そこに有名な名前の幽霊が立っている。
　　※ポンペイウスについて

◆『同上』

▶ 2464　行うべきことがある間は何も考えない。

◆『同上』

Martin Luther

マルティン・ルター(1483-1546)
ドイツのプロテスタント神学者

▶ 2465　ここに立つ、他には何もできない。神よ助けたまえ。アーメン。

◆ ヴォルムス国会での発言、1521.4.18、伝聞

▶ 2466　悪魔たちが屋根の瓦のように、虫の大軍をふりまいて攻撃すると聞いても支配されない。

◆ ザクセンの皇太子たちに、1524.8.21

Rosa Luxemburg

ローザ・ルクセンブルク（1871-1919）
ドイツの革命家
◉『ロシア革命』（1918）

▶ 2467　各人の自由はそれぞれあると考える人々にすれば、自由は排他的である。

Robert Lynd

ロバート・リンド（1879-1949）
イギリス在住のアイルランド人、エッセイスト、ジャーナリスト
◉ 伝聞

▶ 2468　熟慮せずに決断した信念は、人間の持つ幻想の最も古くまた危険なものの１つであることは明らかである。

Jonathan Lynn and Antony Jay

ジョナサン・リン（1943-）とアントニー・ジェイ（1930-）
◉ 編集手帳、『はい、大臣』第1巻（1981）

▶ 2469　長く政治訓練と政治経験を続けていると、一語ですむことに20語を費やし、数千語で書けることを100万語で書こうとし、理解を混乱させるのに事件や出来事をぼかしたりはぐらかしたりする言辞を弄するものだとわかる。政治家が意味不明のことをなしとげた時は安全ということだ。
　　　※ジム・ハッカーについて

▶ 2470　「野党が答えにくい質問をしようとしていますが」「ええ……政府は答弁をしない予定です」　◉『はい、大臣』第1巻（1981）

▶ 2471　「考慮中」とは記録を紛失したということである。「前向きに考慮中」とは探しているということである。　◉『同上』

▶ 2472　大臣には行動が必要である。政策は実現に代替するものである。　◉『同上』

▶ 2473　下院議員──そのモットーは──「敗北は、悪意──勝利は、復讐！」　◉『同上』

▶ 2474　もし必ず大臣に拒否されるような提案を書きたいなら、勇敢に書くことだ。　◉『同上』

▶ 2475　国家機密保護法は秘密ではなく、公務員を守るものだ。　◉『同上』

▶ 2476　部外秘の機密とは、昨日文書化されたものだ。機密とは今日まで文章化されていないものだ。　◉『同上』第2巻（1982）

▶ 2477　外交とは次世紀まで生き延びることだ。政治とは金曜日の午後まで生き延びることだ。　◉『はい、首相』第1巻（1986）

▶ 2478　共同責任とは、誰もが賛成する仕事をした時にすべてが彼らの考えから出たことだと漏洩し、誰もが賛成しない仕事をした時には反対だったと漏洩することだ。　◉『同上』第2巻（1987）

- **2479** それこそは不規則動詞ではないのか？　私が極秘の要点報告をする。あなたが漏洩する。彼が国家機密保護法第2条a項で告発される。

    ◆『同上』

- **2480** 政治家の三段論法として、行政官庁でよく言われている：
    第1段階、何かをしなければならない。
    第2段階、これが問題だ。
    第3段階、ゆえにしなければならない。

    ◆『同上』

M

- **2481** 通り過ぎてきた、しかし、帰ってくる。
    ※ 1942.3.20、コレヒドールの日本の戦線を突破してオーストラリアに到着して

- **2482** 戦争では、事実、勝利に代わるものはない。

- **2483** まだ当時兵舎で最も人気のあったバラッドの1つを、繰り返し歌っていたのを憶えている。老兵は決して死なない、という意味を最高に誇り高く歌い上げていた。老兵は消えていくのみだ。いま軍歴を閉じようとしている。そして消えていくのみだ。

- **2484** ありがとう、奥様。痛みは消えています。
    ※ 4歳の子供が両足に熱いコーヒーをかけた時に

- **2485** オバデアの預言書拘束は、主を、鎖に、つなぎ、貴族は、鉄で、つながれる。

- **2486** ああ、なんじらなにゆえに北から
    両手、両足、服などすべてを赤くして勝ち進んできたのか？
    またどこから、歓声を上げて騒動を興してきたの

Douglas MacArthur
ダグラス・マッカーサー（1880-1964）
アメリカの将軍
◆「ニューヨーク・タイムズ」1942.3.21
◆『連邦議会議事録』1951.4.19、第97巻
◆ 国会合同会議での演説、1951.4.19

Lord Macaulay
マコーレー卿（1800-59）
イギリスのホイッグ党政治家、歴史家、詩人
マコーレーについて、メルボルン 2682、スミス 3648 参照
◆ G. O. トレヴェリヤン『マコーレー卿の人生と書簡』（1876）
◆「ネーズビーの戦い」（1824）、架空の著者名
◆『同上』

か？
さらに足で踏みつけた、絞りかすのぶどうはいつからつくりはじめたのか？

▶ 2487　熱血漢は長い黒髪でそこに立っている、アストリー、マーマデューク卿とラインのルパートだ。
　　◆「同上」

▶ 2488　雄弁の目的はただひとつ、真実を語るのではなく説得だ。
　　◆「アテネの雄弁家のエッセイ」『騎士の季刊誌』1824.8

▶ 2489　この文学〔歴史〕の分野には論議となる境界がある。2つの明瞭な領域の境界線がある。それは憎悪しあう双方の権力のもとにある。さらに他の領域と同じように不明確で未成熟で、無秩序に支配されている。それぞれ2人の支配者、理想と想像が均衡せずに互いにかわるがわる唯一絶対の統治者となる。時には虚構となり、時には理論となるのである。
　　◆「歴史」(1828)

▶ 2490　人々にとって、生まれた時から父性をもとに躾られるほど、苛立たしいことはない。言い換えれば干渉政府であって、人々に何を読み、何を言い、食べ、飲み、着るかを問う政府である。
　　◆『エジンバラ・レヴュー』1830.1

▶ 2491　彼はある卓越した長所を持っています——私を熱心に賞賛してくれていることですが——いつしか詩人デラメアか王位を狙った弁護士モーティマーの名前で小説のヒーローになるかもしれません。思うだけでも名誉なことです。
　　※小説家で、政治家のブルワー・リットンについて
　　◆書簡、1831.8.5

▶ 2492　食い意地のはった子供がアップルパイを食べるように、賞賛を受けとり、さらに忠実な子供がセンナ茶を飲むように、酷評を受けとりました。
　　※自分の小説を非難したブルワー・リットンについて
　　◆同上

▶ 2493　ゆでた子牛の肉が冷めた以上に嫌いです。
　　※トーリー党のエッセイストで小説家のジョン・クロッカーについて
　　◆同上

▶ 2494　今われわれと、われわれが統治する数百万人の間に立つ通訳者となるべき階層をつくりだすことに、全力を挙げなければならない。階層とはインドでは血縁と肌の色である、だがイギリスでは判断力、意見、道徳、知性がそれにあたる。
　　◆議事録、インド国会議員として、1835.2.2

▶ 2495　部隊にとっては何もないとき。
　　すべては国家のためであるとき。
　　偉人が貧しい人々を救済するとき、
　　貧民は偉人を愛する。
　　◆『古代ローマの抒情詩』(1842)、「ホラティウス」

▷ Lord Macaulay

　　国土が明瞭に分割されるとき。
　　利権が明瞭に売買されるとき。
　　ローマ人が兄弟のようであった
　　過去の勇気ある日々に。

▶ 2496　すべての人々の仕事は、誰の仕事でもなくなる。　　◆『エジンバラ・レヴュー』（1843）第1巻に寄稿したエッセイ「ハラム」

▶ 2497　速記者が座っている柱廊は、王国の4番目の財産である。　　◆『同上』、「同上」

▶ 2498　戦争の核心は暴力であり、戦争に穏健なこととは愚行であると知っている。　　◆『同上』、「ジョン・ハンプデン」

▶ 2499　ニコロ・マキアヴェリについて：
　　姓はナイフの形容詞、名前は悪魔の同義語のやき直しである。　　◆『同上』、「マキアヴェリ」

▶ 2500　われわれの時代の多くの政治家は、証明すべき命題を放置する癖がある。国民が自由に振る舞うまで、誰もが自由になれないことと同じである。泳げるまで水に入らずに問題解決しようとする、馬鹿げた昔話に金言のお墨付きを与えることに等しい。もし国民が奴隷状態で、自由を賢く善人ぶって待っていれば、明らかに永遠に待つことになるであろう。　　◆『同上』、「ミルトン」

▶ 2501　豊かさと雄弁、貴族と司祭を彼ら［清教徒］は軽蔑して見下げていた。すなわち自分たちの方が豪華な財宝を持っていると豊かさを評価し、自分たちの方が最高にきれいな言葉の雄弁を駆使し、自分たちの方が創造された正しい貴族であり、より強力な手で賊戦を憂える司祭であると思っていたのである。　　◆『同上』、「同上」

▶ 2502　イギリス国民が、道徳の面で周期的に発作を起こす愚かさほど、見るに耐えないことはないとわかっている。　　◆『同上』、「バイロン卿のムーアの生活」

▶ 2503　5％は当然の利息であると聞いていた。　　◆『同上』、「サウジーの対話集」

▶ 2504　死に競争相手はない。死は不変である。プラトンは決して不機嫌ではない、セルヴァンテスは決して短気ではない。デモステネスは決して不意には来ない。ダンテは決して長居はしない。政治的見解に相違がないことでキケロを遠ざけられる。異端でないことでボシュエの恐怖に興奮できる。　　◆『エジンバラ・レヴュー』（1843）第2巻に寄稿したエッセイ「ベーコン卿」

▶ 2505　ミドルセックスの1エーカーは理想郷の公国よりも勝っている。　　◆『同上』、「同上」

▶ 2506　トーリー党の断固たる不屈の新進の希望。　　◆『同上』、「教会と国家とグラッドストン」
　　※グラッドストンについて

- **2507** 最高の知性――山上のような――は夜明けの曙光を初めに受けとめ周囲に反射する。 ◉『同上』、「ジェームズ・マッキントッシュ卿」
- **2508** イギリスの歴史は、断然にして発展の歴史である。 ◉『同上』、「同上」
- **2509** ジョージ3世の即位の日、ホイッグ党の支配的立場も終焉し、その日のうちにホイッグ党への制裁が始まった。 ◉『同上』、「ウィリアム・ピット、チャタム伯爵」
- **2510** 遠隔地を力ずくで支配するのは、領地より高くつくものである。 ◉『同上』、「スペイン戦争の継承」
- **2511** 学生は誰がモンテスマ皇帝を収監し、誰がアタワルパ皇帝を縛り首にしたかは知っている。 ◉『エジンバラ・レヴュー』(1843) 第3巻に寄稿したエッセイ「クライヴ卿」
- **2512** 裁判長は富豪で、冷静で破廉恥だった。 ◉『同上』、「ウォーレン・ヘイスティングス」
- **2513** ウェストミンスター大寺院について：600年にわたる怨念が葬られている沈黙と和解の教会。 ◉『同上』、「同上」
- **2514** 尊敬する国主に偽りの勇気も、背徳の誠意も示してこなかった。それがうわべの誠意と虚しい勇気であった。 ◉「あるジャコバイトの碑文」(1845)
- **2515** 目にしなければならない白い崖のそばで、あなたのように語ったあの愛ある言葉によって、あらゆる敵意を忘れ、1人のイギリス人の涙をイギリスの塵の上に流す。失意の心がここに眠る。 ◉「同上」
- **2516** わが国の歴史の威厳が低下していき、国民の非難に陽気に耐えていくことになるだろう。 ◉『イギリスの歴史』第1巻 (1849)
- **2517** だが、わが国の民主主義は当初から、最も貴族的であった。そしてその貴族政治は世界で最高の民主主義であった。 ◉『同上』
- **2518** 迫害は彼ら [ピューリタン派やカルヴァン派] に当然な結果をもたらした。分離派を誕生させ、派閥を形成させた。 ◉『同上』
- **2519** ルイ16世は、明確に国王としての不可欠な資質を発揮した。それは部下の人物鑑定能力と、部下の行動を信頼するに先立つ情報収集能力である。 ◉『同上』
- **2520** 普通はめぐりあえない人が多数集まってこない無愛想な人間は、伝統ある社会を支配するにふさわしい人間ではない。 ◉『同上』
- **2521** キリスト教徒の40世代にわたる、悲しみを慰めるための美しい収集品を、病身の両親のベッドの側で幼児期に読むのは犯罪である。 ◉『同上』
- **2522** 清教徒は熊に苦痛を与えるからではなく、見物人が ◉『同上』

喜ぶという理由で熊を犬にいじめさせる遊びを嫌った。

▶ 2523　市民ひとりひとりが都を建設している間は、おびただしい支出、重税、馬鹿げた商業制限、腐敗した裁判所、悲惨な戦争、洪水、迫害、大火災、扇動があったとしても、それほど早く崩壊することはない。

◆『同上』

▶ 2524　防衛を約束した隣人を侵略しようとしている頃に、黒人がコロマンデル海岸で闘争し、北米インディアンが五大湖の周辺で互いの頭皮を剝いでいた。

◆『自伝評論』(1857)、「フリードリッヒ大王」

Eugene McCarthy
ユージン・マッカーシー (1916-)
アメリカの民主党政治家

▶ 2525　政治を動かすとは、フットボールをコーチするのに似ている。試合を理解できるだけ賢く、試合が重要だと思い込む程度に愚かでなければならない。
　　※大統領選挙の最中に

◆ あるインタヴューで、1968

Joseph McCarthy
ジョセフ・マッカーシー(1908-57)
アメリカの政治家、反共活動家

▶ 2526　今この手に、国務省が認識している205人の共産党員のリストがある。ところがいまだに、国務省で働き政策づくりをしている。

◆ ウェスト・ヴァージニア州ウィーリングでの演説、1950.2.9

▶ 2527　マッカーシズムは覚悟を決めたアメリカニズムだ。

◆ ウィスコンシンでの演説、1952、リチャード・ローヴァー『ジョー・マッカーシー上院議員』(1973)所収

Mary McCarthy
メアリー・マッカーシー(1912-89)
アメリカの作家

▶ 2528　官僚——何者でもないものによる統治——は専制政治の現代版となりつつある。

◆「ニューヨーカー」1958.10.18

George B. McClellan
ジョージ・B・マクレラン(1826-85)
アメリカの軍人、政治家

▶ 2529　ポトマック河畔はまったく静寂であった。
　　※独立戦争当時に言われた

◆ 伝聞

Colonel MacCormick

コロネル・マコーミック
「シカゴ・トリビューン」経営者
◆ J. K. ガルブレイス『われわれの時代の生活』(1981)

▶ 2530　イギリス人はもう嫌うほど重要な相手ではない。
　　※イギリスのジャーナリスト、ウッドロー・ワイアットのインタヴューを快諾した時の説明として

John McCrae

ジョン・マクレー(1872-1918)
カナダの詩人、軍医
◆「フランダース戦場にて」
　(1915)

▶ 2531　投げられた松明を受けとめそこねても。
　　なお高く掲げてよ。
　　なお高く掲げてよ。
　　万一死んで誠意が絶たれても
　　われらは眠らず、ポピーは育つ
　　フランダース戦場で。

Ramsay MacDonald

ラムゼー・マクドナルド(1866-1937)
イギリスの労働党政治家、首相(1924、1929-31、1931-35)
マクドナルドについて、ジョージ5世1609、ロイド=ジョージ2432、ニコルソン2856、ラモント2291参照
◆『労働指導者』1915.3.11
◆『ソーシャリスト・レヴュー』
　1921年1-3月
◆「オブザーヴァー」1930.5.4
◆ スノーデン子爵『ある自叙伝』
　(1934)第2巻
◆ カール・コーエン『議会と民主主義』(1962)

▶ 2532　戦争はうけがよい。戦争請負人たちは利益を生み出し、貴族政治は名誉を拾い集める。

▶ 2533　闇社会が定めた恐怖は、「法治国家」が作り出す恐怖と比べれば子供の遊戯である。
▶ 2534　戦争は殺人だといわれる。違う、自殺である。
▶ 2535　明日、ロンドン中の公爵夫人はキスを求めてくるだろう！
　　※挙国一致内閣を樹立した後に、1931.8.25
▶ 2536　国民の公民権を代表する政府は、迅速に誠意をもっては何もできないだけの責任を負っている。

Mick McGahey

ミック・マガヘー
イギリスの炭鉱夫、労働組合運動家
◆「インディペンデント」
　1990.3.10

▶ 2537　ミサの集会と大衆運動を取り違えている。
　　※アーサー・スカーギル全国炭鉱労働組合委員長について

George McGovern

ジョージ・マクガヴァン
(1922-)
アメリカの民主党政治家、大統領候補(1972)
◆「オブザーヴァー」1990.3.18、「今週の発言」

▶ 2538　時代の先頭にいるといわれる時、本当は適当な時期ではない丁寧な表現なのだ。

Lord MacGregor

マグレガー卿(1921-)
イギリスの社会学者
◆「ザ・タイムズ」1992.6.9

▶ 2539　人の魂のある部分を指先でもてあそぶ、ジャーナリストの醜悪な見世物興行。
　※新聞調査委員会委員長として、皇太子夫妻の結婚報道の範囲について

Niccolò Machiavelli

ニコロ・マキアヴェリ(1469-1527)
フィレンツェの政治家、政治哲学者
◆『君主論』(1513)

▶ 2540　民衆は寛大に処置するか抹殺するかのどちらかだ。なぜなら、ささいな痛手ならば復讐するが、抹殺すればできないからだ。

◆『同上』

▶ 2541　議論になることだ。恐れられるよりも愛される方がよいのか、逆なのか？　答えは両方が望ましいのだろう。しかし、2つを具備することは難しい。君主にとって2つのうちの1つを捨てるとしたら、愛されるよりも恐れられる方が安全である。

◆『君主論』(1513に書かれた)

▶ 2542　誰もが馴れ親しんで教訓ともなっている、自分の信念に反対させてはならない。「民衆を信頼するということは、泥の上に家を建てるようなものだ」

◆『君主論』(1513)

▶ 2543　そこで君主は動物のように振る舞う必要に迫られるのだ。すなわち狐とライオンの中間に入る、野獣を選ぶべきなのだ。なぜならライオンは罠から自分を守れず、狐は狼から自分を守れない。君主はそこで、罠が識別できる狐、狼を恐れさせるライオンにならなければならない。

◆『同上』

▶ 2544　人間社会の全体に言えることだが、富や名誉が奪われなければ、民衆は満足しているものだ。

◆『同上』

▶ 2545　真実を告げることが攻撃していることではない、と納得している人間以外の追従から身を守る術はない。だがすべての人間が真実を告げるようになったら、あなたは尊敬を失う。

◆『同上』

▶ 2546　国を手中にして、権力を奪取しようとする者は自分

に危害を加える者に攻撃するために接近するべきだ。それも一撃で事をすませるべきだ。危害を日常的に繰り返させないためにだ。安心感を与えてきた人間はより安心させ、自分の利益を得ていく。そうでないやり方をする者は、気おくれし、あるいは悪辣な助言をする時は手にナイフを持たざるを得ない。

▶ 2547 君主は部下の仕事を非難する場面からは遠くにいて、神の恩寵は君主のものとするべきである。

▶ 2548 君主にとって国を設計したり、法整備をしたりする場合、民はすべて邪悪であり、放任されれば邪な精神に基づいてすべての行動をとるという前提に立つ必要がある。

▶ 2549 成功か失敗かは時代に適合するかどうかだ。

▶ 2550 もし、どうしても事件を言い逃れなければならない場合は、知らせないこと、知られたらすぐさま防衛体制準備に入るべきだ。

▶ 2551 戦争は意図して起こせる。しかし、謝罪しても終わらない。

◈『同上』

◈『ティトゥス・リウィウスの最初の10巻についての論考』（1513-17）

◈『リヴィウスについての講演』（1518）

◈「ラファエロ・ジローラミが皇帝の大使になったときの助言」（1522.10）

◈『フィレンツェの歴史』（1521-24）

James MacKintosh

ジェームズ・マッキントッシュ（1765-1832）
スコットランドの哲学者、歴史家

◈『倫理社会発展の論文』（1830）、「ジェレミー・ベンサム」

◈『フランス革命擁護論』（1791）

▶ 2552 人間は吐く意見ほどに善でもなく悪でもない。

▶ 2553 コモンズは制度に誠実に、博学で見事なまでに不活発なままである。
　　※フランスのコモンズ制度について

Donald Mclachlan

ドナルド・マクラクラン
「サンデー・テレグラフ」の初代編集長

◈「サンデー・テレグラフ」の編集者コメント、1956.1.3

▶ 2554 アンソニー・イーデン政権について：
ほとんどの保守党員たちと、職業別労働組合委員の有数の幹部たちであり、確固たる政府の持ち味を有している。

Iain Macleod

イアン・マクラウド（1913-70）
イギリスの保守党政治家
マクラウドについて、バトラー

▶ 2555 現在、下院が耳を傾けるべき、低俗で粗野で厳しい立場でじっくりと討論したい。
　　※国民健康保険法案の第2読会の議論の時にアネイリン・ベ

▷ Iain Macleod

ヴァンについて

▶ **2556**　枢密顧問官の承認なくして国民健康保険法案を議論するということ。アネイリン・ベヴァン不在で国民健康保険を論じるのは、墓掘人その1のいないハムレットを上演するようなものだ。

▶ **2557**　この場面では大蔵大臣も下院議長も何が起こったかまったくわからない、そのなかでは悪魔さえも力を失う魔法の円と緊迫した距離にあるということだ。
　※ハロルド・マクミランの辞任後、保守党党首に"進化"したアレック・ダグラス＝ホームについて

▶ **2558**　大勢の人々がそろって最後のどぶにつかるとは期待されていない。
　※ラブ・バトラーを支持した後で、1963年のホーム卿政権を他の人々は支持したり、動揺している時に拒否し続けていることについて

▶ **2559**　いつも保守党は都合よく間違ったことを大目に見てしまう。事実しばしば、都合よく正しいことも大目に見てしまう。

▶ **2560**　この国の革命は特にトーリー党内では、企てられることはまずない。ただ起こるだけだ。
　※保守党党首選挙について、1965

▶ **2561**　イーノック・パウエルと政治手法を比べて：
旅の道連れであるが、パウエルの運転する汽車が目的地に到達する2つ3つ手前の駅で下車することもある。時として終着駅の車両止めに、衝突することもある。

▶ **2562**　ジョン・フィッツジェラルド・ケネディは、鮮やかな修辞で自分を幻想ではなく、理想主義者として描き出した。首相という立場を、理想なき幻想家として描こうと思う。

▶ **2563**　議会ではできる時に反対するのは、野党の本分であるばかりか喜びでもある。

▶ **2564**　政敵たちが燃えさかる甲板の上で肩を並べるのを見たいものだ。

▶ **2565**　もし野党が常時、武器としてブーメランを持って、攻撃してきた時は手が出ない。

▶ **2566**　2位になるために走るのではない。

772、フット 1497、ソールズベリー 3366 参照
◆下院で、1952.3.27
◆同上

◆「ザ・スペクテイター」
　1964.1.17

◆『英国人名辞典』

◆「ザ・スペクテイター」
　1964.2.21

◆「同上」1965.7.30

◆1965、ナイジェル・フィッシャー『イアン・マクラウド』（1973）

◆下院で、1966.3.1、ケネディについて 2179 参照

◆「ザ・スペクテイター」
　1966.8.26

◆伝聞、1967

◆『英国人名辞典』

◆ノイジュル・フィッシャー『イアン・マクラウド』（1973）

Marshall McLuhan

マーシャル・マクルーハン
(1911-80)
カナダのコミュニケーション論学者
◆「モントリオール・ガゼット」1975.5.16

▶ 2567　テレビは居間の寛ぎに、戦争の野獣性を持ち込んだ。ヴェトナム戦争はヴェトナムの戦場ではなく、アメリカの居間で敗れた。

Comte de Macmahon

コント・ド・マクマオン(1808-93)
フランスの陸軍司令官、第3共和制大統領(1873-79)
◆G. アノトー『フランス現代史』（1903-08）第2巻

▶ 2568　ここにいて、ここに留まる。
※クリミア戦争でマラコフ要塞を落として、1855.9.8

William McMahon

ウィリアム・マクマホン(1908-88)
オーストラリアの政治家、首相(1971-72)
◆L. オークス、D. ソロモン共著『オーストラリア首相をつくる』(1973)

▶ 2569　政治が政権に着こうとしている。

Harold Macmillan

ハロルド・マクミラン(1894-1986)
イギリスの保守党政治家、首相(1957-63)
マクミランについて、ベヴァン454、バーチ514、516、ヘッドラム1825、ヘネシー1855、レヴァン2337、2338、2343、マクラウド2557、ソープ3870参照
◆アンソニー・サンプソン『マクミラン』(1967)
◆「サンデー・テレグラフ」1964.2.9

▶ 2570　保守主義はいつも世襲の社会主義の形態をとる。
※1936年に

▶ 2571　われわれは、アメリカ帝国のもとではギリシャ人である。ギリシャ人がクラウディウス皇帝の作戦を支援したように、われわれは連合軍司令官を支援しなければならな

▷ Harold Macmillan

い。
※1944年にリチャード・クロスマンに。アイゼンハワーが連合軍司令官となって仏領北アフリカにアメリカの影響力が増した後で

▶ 2572　今ドイツはたたきのめされ、軽蔑され、不潔なもののように避けられているが、再び東西２つの陣営から言い寄られることになるだろう。そして飢え苦しんでいる流浪人の立場から、最高の入札額で縁故を売るヨーロッパの勝手気ままな売春婦になる。

◆下院で、1946.2.20

▶ 2573　神から授けられた官僚の権威の前に、神から授けられた王の権威を倒れさせることはなかった。

◆1950、ピーター・ヘネシー『ホワイトホール』(1990)

▶ 2574　戦争はなくならない。
※ロンドンでの記者会見、1955.7.24。ジュネーヴ・サミット後に

◆「ニューズ・クロニクル」1995.7.25

▶ 2575　永久に、陳腐な常套句と軽率さに均衡をとられている。
※外務大臣生活について

◆「ニューズウィーク」1956.4.30

▶ 2576　素直になろう。国民の多くはこれほどよかったことはない。国中を視察して回り、工業地帯に行き、農場を歩き、国の豊かさを見れば自分の人生でも、わが国の歴史でもかつてなかった好ましい状態を目にするだろう。ある人々が心配し始めていることは「好況が事実なのか」ということだが、私に言わせれば「好況が継続するのか」ということだ。
※「これほどよかったことはない」というのは、1952年のアメリカの選挙運動での民主党のスローガン

◆ベッドフォードでの演説、1957.7.20

▶ 2577　なすべき最善の仕事はこまごまとした地方の難問を解決して、イギリス連邦の広大な構想に着手することだと思った。
※英連邦各国訪問のためロンドン空港を出発する時の記者会見、1958.1.7。大蔵大臣などが辞任した後で

◆「ザ・タイムズ」1958.1.8

▶ 2578　党内で過半数になろうとして、短気を起こさないことだ。あらゆる派閥が過半数を求めているからだ。
※イースト・インディア・クラブで新人の国会議員への助言、1959

◆ジュリアン・クリッチリー『砂糖菓子の袋』(1994)

▶ 2579　必ず反抗すべきだ。だが１度に１つずつだ。それ以上だと鞭が乱れるからだ。
※新人国会議員への助言

◆『同上』

▶ 2580　彼［アネイリン・ベヴァン］は資本主義体制の、差し迫った崩壊を予言して楽しんでいる。さらにその葬式の

◆マイケル・フット『アネイリン・ベヴァン』(1962)

お供以外での、何らかの役割を演じようと準備している。

▶ **2581**　変化の風はこの大陸を吹き抜けている。好むと好まざるとにかかわらず、［アフリカの］国民意識の成長は政治的な事実である。

◆ ケープタウンでの演説、1960.2.3

▶ **2582**　北大西洋条約機構の 15 ヶ国の代表である大使や大臣が全員一致したならば、抑止力は信頼して維持され続けるのか？　1 本の指は引き金にかかっている。15 本の指は安全装置にかかっている。

◆ 伝聞、1960

▶ **2583**　ふつう自由主義者は、健全で独特な思想と混ざり合っているものだ。運悪く、健全な思想は独特でなく、独特な思想は健全ではない。

◆ ロンドン保守党員への演説、1961.3.7

▶ **2584**　大当たりの［政治の］テレヴィジョン番組は、演芸場の出し物と苦悩している議会控室での場面とますます似通ってきているようだ。

◆ 国会記者会見での発言、1962.3.14

▶ **2585**　［彼らは］物質的な成功と豊かさがもたらす難問に悩まされる、奇妙な国民である。
　※有望な後継者の記した秘密の備忘録で、イギリス人について、1963

◆「インディペンデント」1995.1.1

▶ **2586**　イギリス政府は、2 人の売春婦によって壊滅させられるべきではないと決断した。
　※プロヒューモ事件でのコメント、1963

◆ アンソニー・サンプソン『マクミラン』（1967）

▶ **2587**　権力？　玉手箱のようなものだ。掌中にしても何もない。

◆ アンソニー・サンプソン『イギリスの新解剖』（1971）、レヴィン 2343 参照

▶ **2588**　チャーチルはもともとイギリス国民からは、評価の定まらない人間であった。すなわち平和な時には適応できない、天才肌の感覚を持っていると受け取られていた。

◆ 伝聞、1975

▶ **2589**　まともな神経の持ち主なら直接挑戦しようとはしない団体が 3 つある。ローマ・カトリック教会、近衛旅団とイギリス炭鉱夫組合である。

◆「オブザーヴァー」1981.2.22、ボールドウィン 337 参照

▶ **2590**　首相官邸について：
　ストレスが耐え難いほどになり、ジェイン・オースティンに慰めを求めることもある。

◆「バトラー文書」、ピーター・ヘネシー『隠された針金』（1995）

▶ **2591**　初めにジョージ王朝の銀製品が、次にサロンの素敵な調度品もなくなった。ついにカナレットの版画もだ。
　※トーリー党改革派の民営化策についての発言、1985.11.8。しばしば「一族に伝わる銀製品を売った」と言われる

◆「ザ・タイムズ」1985.11.9

▶ **2592**　中世の政界ではローマ教皇庁へへつらいつつ、素晴らしくうまくやっただろう。恐ろしい陰謀家で、いつも何

◆ アリスティアー・ホーン『マクミラン』（1988）第 1 巻

か奇想天外な企てを持っていて……新聞を信頼している。
　※ラブ・バトラーについて

▶ 2593　国会議員に求められる唯一の素質は、手紙を上手に書く能力だ。

◆ ジュリアン・クリッチリー『砂糖菓子の袋』（1994）

▶ 2594　最後の幕が降りた時は、芝居の終わりを受け入れる方が芸術的だ。舞台を引退した後も楽屋に残りたい誘惑はあるが、そうしても報われることはない。

◆『その日の終わりに』（1973）

James Madison

ジェームズ・マディソン（1751-1836)
アメリカの民主共和党政治家、アメリカ合衆国第4代大統領（1809-17）

▶ 2595　自由とは派閥にとって、火に対する空気のようなものである。それがなければ、すぐさま消えてしまう不安定なものである。政治生活に不可欠な自由を、派閥を育成するということで奪うことは、動物の生命に不可欠な空気を、火に力を与えるという理由で地上からなくすことを願うに等しい愚かなことである。

◆『連邦主義者』（1787）

▶ 2596　人間の才能が多種多様であるところから財産権が発生するのであるが、それと同様に利害関係が同一化されず克服し難い障害となる。こうしたいろいろな人間の才能を保護することが、政府のまず第一の目的である。財産を獲得しようとする多様で等しくない才能を保護することから、異なる程度と種類の財産所有がすぐさま生じてくる。

◆『同上』

▶ 2597　派閥とは全体の中で多数、少数を問わず、他の市民の利益やコミュニティの伝統的に集積した利益に反発する感情や利益という共通の衝動で結合し、行動する一定の数の市民を言うものと理解している。

◆『同上』

▶ 2598　派閥が存在する普遍的で永続的な淵源は、財産が多様であり不平等に配分されていることである。

◆『同上』

▶ 2599　立法、行政、司法などのあらゆる権力が同じ一部の人間、それは1人、少数、多数、世襲継承者、独裁者の手に集中すると、たとえ公選されていても、まさに専制の定義に該当すると断定されるであろう。

◆『同上』

▶ 2600　人民の自由を制約するにしても、暴力で突発的に起こす権利強奪よりも、権力者による漸進的に静かに侵害する事例の方が多くある。

◆ ヴァージニア会議での演説、1788.6.16

▶ 2601　政府とは、人による人の管理であり、大きな難問がここにある。すなわち初めに政府によって統括される人々を支配しなければならない、次に政府による政府の統御を義務づけなければならない。

◆ 伝聞

▶ 2602　ダブリンに英国大使として赴任して：
この地では片言が歴史となる。

John Maffey
ジョン・マーフィー（1877-1969）
イギリスの外交官
◆ 書簡、1945.5.21

▶ 2603　イギリスにとって強制的に素面にさせられているよりも、自由の方が好ましいだろう。
　　※酩酊酒法について

William Connor Magee
ウィリアム・コナー・マギー
（1821-91）
イギリスの修道院長
◆ 貴族院で、1872.5.2

▶ 2604　ここにイギリス教会は自由になる。

Magna Carta
マグナ・カルタ
ラニミードでジョン王が署名した政治憲章、1215
◆ 第1条
◆ 第39条

▶ 2605　いかなる自由人も同じ自由人の合法的裁判、または国法によるものでなければ、監禁、財産没収、法保護剝奪や追放されたり、または手段は別にして侵害されたりしない。そればかりか朕が自由人に向けて抑圧に出向いたり、軍隊を派遣したりしない。

▶ 2606　朕はすべての人民の権利や正義を売買したり、拒否したり、凍結させたりしない。

◆ 第40条

▶ 2607　市議会議員は茸のようなものだ。暗がりに置かれて、時々肥料がかけられる。

Alex Magowan
アレックス・マガワン
北アイルランド、ニュートナビー市議会議員
◆ 伝聞、1974

▶ 2608　はるか彼方に北軍の陸海軍も見たこともない難破船が、世界支配のはざまに横たわっていた。

Alfred T. Mahan
アルフレッド・T. マハーン
（1840-1914）
アメリカの海軍将校、歴史家
◆『フランス革命と帝国と海軍力の影響 1793-1812』(1892) 第2巻

▶ 2609　アメリカ大統領の身辺警護は、ただ大統領を撃った

Norman Mailer
ノーマン・メイラー（1923-）

犯人を確実に捕らえようとするだけだ。

アメリカの小説家、エッセイスト
◆「サンデー・テレグラフ」1990.3.4

John Major

ジョン・メージャー(1943-)
イギリスの保守党政治家、首相(1990-97)
メージャーについて、ブレア553、サッチャー3851参照

▶ 2610　まず第一に政治に求められるのは知性とか体力とかではなく、忍耐である。政治は息の長いゲームであって、亀がしばしば兎に勝つのである。

◆「デイリー・エクスプレス」1989.7.25

▶ 2611　政治が国民を傷つけていないなら、機能していないということだ。

◆ ノーサンプトンでの演説、1989.10.27

▶ 2612　欧州為替機構に加盟するという主張が曖昧に聞こえるとすれば、声がしわがれているからである。

◆「インディペンデント」1990.3.24

▶ 2613　社会はもう少し強く非難するべきで、もう少し理解を控える必要がある。

◆「メール・オン・サンデー」のインタヴューで、1993.2.21

▶ 2614　50年後もイギリスは、郡対抗クリケット試合場に長い影を落とし、生温かいビールを飲み、どこの国にもない緑の郊外があり、愛犬家が散歩をさせている国家である。それはジョージ・オーウェルが言っているように、朝もやの中を、聖餐式に出るために老いた女中が自転車に乗っていく風景である。

◆ ヨーロッパの保守的団体での講演、1993.4.22、オーウェル2919参照

▶ 2615　根本に戻る時だ。自己修養、順法精神、隣人愛、自分や家族への責任意識そして国家への責任転嫁の禁止。

◆ 保守党大会での演説、1993.10.8

▶ 2616　8人の名を挙げることができる——だがそのうちの半分は気がふれていた。ピクニックにリンゴは何個不足しているか？
　※保守党の批判者について

◆ 1993.9.19

Josephe de Maistre

ジョセフ・デ・メーストル(1753-1821)
フランスの作家、外交官

▶ 2617　あらゆる国がそれなりの政府を有しています。

◆ 書簡、1811.8.15

Bernard Malamud

バーナード・マラマード(1914-

▶ 2618　非政治的な人間などいない。特にユダヤ人は。

▶ 2619　黒い肌でアメリカに生まれたら、刑務所に生まれたに等しい。

▶ 2620　われわれは統一のために闘っているのではなく、分離のために闘っているのでもない。人間として承認させるために闘っているのだ。人権のために……闘っている。

▶ 2621　人口は抑制されなければ、等比級数的に増加する。食糧は算術級数的に増えるだけだ。

▶ 2622　人間と食糧の永遠の闘い。

▶ 2623　すでに人間で一杯になった世界に生まれ、もし両親から当然得られるはずの生活の最低限の糧が得られなかったり、社会が労働力として必要としなかったりしたとなれば、食糧の最低限度の権利を主張することもできず、いる場所に何の関係も持てない。だが、自然の全能のもてなしに、彼のための皿はない。

▶ 2624　もし国王を99回打倒しても、まだ国王であり、かつまた子孫も跡継ぎとなるだろう。もし国王がたった1度、われわれを罰すれば絞首刑となり、子孫は奴隷となるだろう。
　　　※戦時議会で、1644.11.10

▶ 2625　クリケットは、精神生活を大切にしない人々が行うイギリスのゲームであるが、永遠という概念を自得するために考え出されたものである。

▶ 2626　帝国主義時代を通じて、イギリスは数百万の人々に明らかにできないほどの被害をもたらした。歴史の事実で

86)
アメリカの小説家、短編小説家
◆『ザ・フィクサー』(1966)

Malcolm X
マルコム X (1925-65)
アメリカの平等権活動家
◆インタヴューで、1963.6
◆『黒人革命』、ニューヨークでの講演、1964

Thomas Robert Malthus
トーマス・ロバート・マルサス
(1766-1834)
イギリスの政治経済学者
◆『人口論』(1798)
◆『同上』
◆『人口論』(1803 編)

Earl of Manchester
マンチェスター伯爵 (1602-71)
政治家、チャールズ1世と議会の抗争時の議会指導者
◆『国内版政府関係文書一覧 1644-45』

Lord Mancroft
マンクロフト卿 (1914-87)
イギリスの保守党政治家
◆『ふちなし帽の中の蜂』(1979)

Nelson Mandela
ネルソン・マンデラ (1918-)
南アフリカの政治家、アフリカ

ある。このことを認めることができれば、まさにイギリス社会への尊敬がさらに増すだろう。

民族会議活動家、1994年より大統領
◆「ガーディアン」1990.4.2

Winnie Mandela
ウィニー・マンデラ(1934-)
南アフリカの政治活動家
◆「ガーディアン」1986.4.15

▶ 2627　あのマッチの軸で、首飾りで、われわれはこの国を自由にするだろう。
　　※黒人の小都市での演説、1986.4.14
　　※「首飾り」とはガソリンを浸したタイヤを、生贄の首にかけて火をつけたもの

John Manners, Duke of Rutland
ジョン・マナーズ、ラットランド公爵(1818-1906)
イギリスのトーリー党政治家、作家
◆『イギリスの信頼』(1841)

▶ 2628　富、通商、法律、教育は死滅させよ、だがわれわれに古き高潔さは残したまえ。

Lord Mansfield
マンスフィールド卿(1705-93)
スコットランドの法律家、政治家
◆レックス対ウィルクス裁判で、1768.6.8、『ザ・イングリッシュレポート』(1909)第98巻、アダムズ39参照
◆キャンベル卿『イギリスの裁判長たちの生活』(1849)第2巻

▶ 2629　憲法は国家に、法律家の判断に影響を与えることを許してはいない。そんなことがあってはならない！ 法律家は政治からの影響力がどれほど強力なものであっても、政治的状況を顧慮してはならない。もし謀反が意図された帰結だとしたら、われわれは敢えて「どんなことがあっても、正義は果たさねばならぬ」と言うだろう。

▶ 2630　正義の要求と思ったら熟慮し、それに従って決定しなさい。けれども決して理由を述べてはいけません。というのも判断はおそらく正しいけれども、そこに至った理由はきっと間違っているからです。
　　※法律に無知な新指名された植民地知事への助言

Mao Zedong
毛沢東(1893-1976)
中国の政治家、中華人民共和国共産党主席(1949-76)、国家元首(1949-59)
◆報告、1927.3
◆講義、1938

▶ 2631　革命とは人を晩餐に招いたり、随筆を書いたり絵を描くこととは全然違う。

▶ 2632　戦争が流血を伴う政治であるように、政治は流血なき戦争である。

- **2633** あらゆる共産主義者は「政治権力は夥しい銃身から育ってくる」という真実を把握しなければならない。
  ◈ 演説、1938.11.6
- **2634** 原子爆弾は反動勢力のアメリカが、人民を怯えさせようとする張子の虎である。一見恐ろしい、しかし事実は違う。すべての反動勢力は張子の虎である。
  ◈ インタヴューで、1946
- **2635** 幾百の花を咲かせ、幾百の思想の流れを競わせることは、芸術や科学の発達を循環させ、わが国の社会主義者を育成させる政策なのである。
  ◈ 北京での演説、1957.2.27
- **2636** 世界の人民は結束して、アメリカ反動主義者とそのすべての追随者を打ち破れ！
  ◈「アメリカの攻撃に反対して、コンゴの人民を支持する声明」1964.11.28

William Learned Marcy
ウィリアム・ラーンド・マーシー（1786-1857）
アメリカの政治家
◈ 上院で、1832.1.25

- **2637** ニューヨークの政治家は……規則に問題があると思っているわけではない。ただ勝利者の目には（その規則は）敵から奪い取った戦利品だ。

Marie-Antoinette
マリー＝アントワネット（1755-93）
ルイ16世の王妃
◈ 伝聞。『告白』（1740）で、ルソーは類似の表現をよく知られた言い回しであると指摘している。ルイ18世は『1791年のコブレンツ、ブリュッセル探訪記』（1823）で、「なぜ民はお菓子を食べないの？」をルイ14世の妃マリー・テレーズ（1638-83）の言葉としている

- **2638** ケーキを食べさせなさい。
  ※国民にパンがないと聞いて

George C. Marshall
ジョージ・C. マーシャル（1880-1959）
アメリカの将軍、政治家、国務長官（1947-49）。マーシャル・プランとして有名なヨーロッパの経済援助計画を指導した
◈「アメリカ軍の幕僚長に向け

- **2639** もし人類が世界平和の解決方法を発見したとすれば、かつての記録が革命的に逆転させられるだろう。

▷ John Marshall

▶ **2640**　わが国の政策はある国や主義に対抗してではなく、飢餓、貧困、絶望や混乱を指導監察するものだ。自由な制度が存在できて、政治、経済に緊急性が求められている世界で、機能する経済が復活させられねばならないからだ。
　　　※マーシャル・プランを発表して

▶ **2641**　税の権力は破壊の権力を内包している。

▶ **2642**　人民は憲法を制定し、改正することができる。彼ら自身の意思による創造物であり、その意思によってのみ生き続ける。

▶ **2643**　この国に必要なのは、本当に香りの良い5セントの葉巻だ。

▶ **2644**　政府の精神は、国の精神でなければならない。政府の形も、国が作ってきたものでなければならない。政府とは国の自然な構成要素が、均衡したものに過ぎない。

▶ **2645**　彼はありきたりなことをせず、言いもしない
　　　記憶に刻まれるべきこの時に。
　　　その鋭い眼差しに何かをなし、語るのは
　　　斧の刃の方であった。
　　　卑しい恨みから神に希望を失った正義の汚名を
　　　晴らすことを祈るでもなく横たえた。
　　　あたかもベッドに横たえるように。
　　　※チャールズ1世の死刑について

▶ **2646**　今アイルランド人は恥じている
　　　1年間も飼いならされたと知った。
　　　1人ができる多くのことを、

ての隔年報告書」1945.9.1
◆ ハーヴァード大学での演説、1947.6.5

John Marshall
ジョン・マーシャル（1755-1835）
アメリカの裁判官
◆ マッカローチ対メリーランド州裁判（1819）で
◆ コーヘンズ対ヴァージニア州裁判（1821）で

Thomas R. Marshall
トーマス・R. マーシャル（1854-1925）
アメリカの政治家
◆「ニューヨーク・トリビューン」1920.1.4

José Martí
ジョセ・マルティ（1853-95）
◆『われらのアメリカ』（1891）

Andrew Marvell
アンドリュー・マーヴェル（1621-78）
イギリスの詩人
◆「アイルランドからクロムウェル復帰の抒情詩」（1650 記述）

◆「同上」

▶ 2647 それぞれの石を選び、重さを比べ、
深さと高さを測ってみると、
こちらは沈みあちらは新しく浮び上がる、
強固な国は均衡の真実で作られる。

◆「護国卿殿下の栄えある下で政府の最初の記念日、1655」

▶ 2648 宗教は……人民にとって麻薬である。

Karl Marx

カール・マルクス（1818-83）
ドイツの政治哲学者、近代共産主義の創始者

◆『ヘーゲル法哲学批判への寄稿』(1843-44)、序
◆『フォイエルバッハに関する論文』(1845 著)
◆『ルイ・ボナパルトの2月18日』(1852)

▶ 2649 哲学者は世界をいろいろな方法で、解釈しているのに過ぎない。問題は、それを変えることだ。

▶ 2650 ヘーゲルは世界史で、歴史上の大事件や人間は必ず似たような形で再び現れると言っている。彼はつけ加えることを忘れてしまった。初めは悲劇、2度目は茶番劇と。

▶ 2651 改めて証明したかったことは……階級闘争はまぎれもなく、プロレタリアートを招来するということであります。
※「プロレタリアート独裁」という文言はさらに早く、マルクスなどがサインしている『革命的共産主義者世界社会の憲法』(1850)に使用されている

◆ ジョージ・ウェイデメヤーへの書簡、1852.3.5 で、マルクスはオーギュスト・ブランキ(1805-81)がこの文言を盗用して使用していると主張している。しかしブランキの作品にはこのような内容は見当たらない

◆『「政治経済批判」への寄稿』(1859)、序

▶ 2652 人類は常に解決可能な諸問題しか見ようとしない。したがってその事象に接近すると、すでに解決のための物質的状況が存在しているか、少なくともその形成過程にある時に、問題が必ず浮上してきていることが明白である。

▶ 2653 人間の存在を決定するのは意識ではなく、逆に社会的存在が意識を決定するのだ。

◆『同上』、同上

▶ 2654 この著作の窮極の目標は、近代社会の経済法則や運動をそのまま提示することである。

◆『資本論』(ドイツ初版、1867)、序(1865.7.25)

▶ 2655 可能性について検討すれば、欲望について検討することになる。

◆『ゴーダ宣言批判』(1875 著、出典はさらに以前にある)。考えられる出典として、モレリーの『自然法』(1755)、J. J. L. ブランク『労働組織』(1839)（サン＝シモンを引用し、この文言の考え方については否定

▶ 2656 私の知る限りでは、私はマルクス主義者ではありません。

◆ フリードリヒ・エンゲルスからコンラッド・シュミットに宛てた書簡に記されているといわれている、1890.8.5

Karl Marx and Friedrich Engels

カール・マルクス(1818-83)とフリードリヒ・エンゲルス(1820-95)
近代共産主義の創設者の2人

▶ 2657 幽霊がヨーロッパを徘徊している。共産主義の幽霊が。

◆『共産党宣言』(1848)、巻頭言

▶ 2658 それゆえ現存する社会の全歴史は、階級闘争の歴史である。

◆『共産党宣言』(1848)

▶ 2659 階級と階級対抗者で作る古いブルジョア社会に代わって、われわれは1つの社会を作る、そこでは個々人がそれぞれ自由に発展していて、すべてが自由に発展している。

◆『同上』

▶ 2660 プロレタリアートには、鎖の他に失うものは何もない。われわれには獲得すべき世界がある。万国の賃金労働者は団結する。
※"万国の労働者よ団結せよ!"と引用される。

◆『同上』、巻末

Queen Mary

メアリー王妃(1867-1953)
ジョージ5世の妃

▶ 2661 苦境に立ったの!
※エドワード8世から、シンプソン夫人と結婚して王位を辞退する用意があると聞かされて、首相スタンレー・ボールドウィンに

◆ ジェームズ・ポープ=ヘネシー『王妃メアリーの人生』(1959)

▶ 2662 あのためにこのすべてを投げうった。
※息子のエドワード8世王が退位の後に、ロンドン、モールバラハウスに戻った時に、1936.12

◆ デーヴィッド・ダフ『ジョージとエリザベス』(1983)

▶ 2663 あなたが家族や全国民にもたらした結果が、衝撃となっているとわかっていないと思うのです。戦争中に大きな犠牲を払った人たちにしてみれば、国王であるあなたが小さな犠牲を拒むとは信じられないようです。

◆ 前エドワード8世であるウィンザー公への書簡、1938.7

Mary, Queen of Scots

メアリー、スコットランド女王(1542-87)
スコットランド女王(1542-67)

▶ 2664 人生の終わりは始まりです。
※母にあたるギーズのメアリーの紋章に刺繍された標語

▶ 2665　私が死んで遺体を切り開いてみれば、カレー港が心に葬られていると知るでしょう。

▶ 2666　野望は、平民には悪徳でも、
皇太子にとっては美徳である。

▶ 2667　立派さは人々には
祝福とし尊敬されるが、私にとっては呪いである。
さらに高貴な生まれのわたしたちを人々は、
自由人と評するが、その実奴隷に過ぎない。
幸福とは黄金の中庸なのだ。

▶ 2668　ロイド=ジョージの魂のために、不潔なプールを不本意ながら浚渫する、誠実な老いたC. P. スコットの姿を見ていると憂鬱このうえなかった。
※連立時代の末期にロイド=ジョージを擁護する言葉を探そうとして、「マンチェスター・ガーディアン」の編集者C. P. スコットが試みたことについて、1922

▶ 2669　長年、会う人ごとに合わせようとして回り道をしてきた政治家の愛想のよさ。

◆ホーソーンデンのウィリアム・ドラモンドからベン・ジョンソンへの書簡に引用されている、1619

Mary Tudor
メアリー・チューダー(1516-58)
1553年からイギリス女王
◆『ホリンシェドの年代記』第4巻(1808)

Philip Massinger
フィリップ・マッシンジャー(1583-1640)
イギリスの脚本家
◆『内気な恋人』(1613版権、1655出版)
◆『フィレンツェの立派な公爵』(1627版権、1635出版)

Henry William Massingham
ヘンリー・ウィリアム・マッシンガム(1860-1924)
イギリスのジャーナリスト、「ザ・ネイション」編集者
◆ヴィヴィアン・フィリップス『私の時代と流儀』(1943)

W.Somerset Maugham
W. サマセット・モーム(1874-1965)
イギリスの小説家、短編小説家、脚本家
◆『作家ノート』(1949)記述、1938

James Maxton

ジェームズ・マクストン(1855-1946)
イギリスの労働党政治家
◆「デイリー・ヘラルド」1931.1.12

▶ 2670　要するに、2頭の馬に乗れないならばとてもサーカスとは言えない。
　※労働党からスコットランド独立労働党が分裂するのに反対して。しばしば「とても"クソ"サーカスとは言えない」と引用される

Horace Maybray-King

ホレース・メイブレイ=キング(1901-86)
イギリスの労働党政治家、下院議長
◆「オブザーヴァー」1966.10.9、「今週の発言」

▶ 2671　イギリス議会の神話の1つは、3つの政党があるということだ。自分自身の苦い経験から言えば、下院には政党が 629 ある。

Jonathan Mayhew

ジョナサン・メイヒュー(1720-66)
アメリカの神学者
◆『高位の権力への無制限の服従と不抵抗に関する論考』(1750)
◆『同上』

▶ 2672　支配者たちは神から、迷惑を働く権力を与えられていない。

▶ 2673　皇太子が法律を超えて立ち上がった瞬間に、王の地位を失う。意志も目的もすべて王にふさわしくないとみなされる。そのような場合、もはや臣下に服従を求める正当性は失われる。権限を超えて行動する下級将校が部下を従わせる権威を失うのと同様に。

Catherine de' Medici

カトリーヌ・デ・メディチ(1518-89)
フランス王妃、アンリ2世の妻
◆イザーク・ディズレーリ『文学の興味』第2集(1849)第2巻、おそらく偽作

▶ 2674　誤報でも3日の間信じられていれば、政府には大いに役に立つでしょう。

Robert Megarry

ロバート・メガリー(1910-)
◆「寛大な社会の法律と法律家」（リンカーンズ・イン・ホー

▶ 2675　イギリスにあっては、特に禁じられていないことはすべて許される。ドイツでは特に許されていること以外はすべて禁じられ、フランスでは特に禁じられていることで

もすべて許される。欧州経済共同体（EEC）では（当時）何が許されるのかは誰もわからないし、いずれにせよ多くの費用がかかるだろう。

▶ **2676** 賢人の約束したことはすべて起こらず、愚かな人が起きると発言したことは、議会を通過する。
　　※カトリック解放法（1829）について

▶ **2677** 誘惑され絶望させられた少女でも、追放された首相でも、誤って登用されたことについて不満を言うのは卑しいことです。
　　※ウィリアム4世に解雇されて

▶ **2678** 危険なままに放置すれば危険だ、取り込めばただ破壊的なだけだ。
　　※第2次内閣の組閣の時、メルボルンが前大法官ブルーハムを外して

▶ **2679** あなたは圧制を敷きすぎました。他人の領域を邪魔しすぎました。首相の聖域を徐々に侵略しました。あなたの立場に伴う威厳にそぐわない方法で、マスコミに働きかけしたと信じています。
　　※メルボルン第2次内閣で、外した理由を説明するために前大法官ブルーハムへの書簡

▶ **2680** なんと！　聖職者がまた死んだ！
　　私を困らせようとして死んでいるに違いない。

▶ **2681** 芸術を手すさびにする閣僚は救いようがない！

▶ **2682** トム・マコーレーがそうであるように、自信満々でいたいと望んでいる。

▶ **2683** 誰もがある種の強力な原則がなければ、とてつもなく愚かなことはできない。

▶ **2684** 結局、トウモロコシの値は下がるのか上がるのか、どちらであろうといいんだが、全員が同じことを言えないといけない。
　　※トウモロコシの固定関税に同意して閣議を終了した時に。メルボルンは全員が同意するまで扉を背にしていたという

▶ **2685** 宗教が個人生活の分野に関与する時、大変なことになる。
　　※福音説教を聞いて

▶ **2686** 願うことは、誤った時に支えてくれる人々がいるこ

ルで行われた第5回リデル記念講演、1972.3.22）

Lord Melbourne

メルボルン卿（1779-1848）
イギリスのホイッグ党政治家、首相（1834、1835-41）

◈ H. ダンクリー『メルボルン卿』（1890）

◈ エミリー・イーデン『リスター夫人への書簡』、1834.11.23

◈ デーヴィッド・セシル卿『M卿』（1954）

◈『同上』

◈『同上』

◈『同上』

◈ アール・カウパー『メルボルン卿の記録の序』（1889）

◈ デーヴィッド・セシル卿『若いメルボルン』（1939）

◈ ウォルター・バジョット『イギリス憲法』（1867）

◈ G. W. E. ラッセル『収集と回想』（1898）

◈ デーヴィッド・セシル卿『M

とだ。
　※ある政治家が「私はあなたが正しい限り支える」と言うのに答えて
▶ 2687　何をするべきか、と疑念が生じた時は何もしない。
▶ 2688　政府の義務は犯罪を防ぎ、契約を保全することだ。

▶ 2689　大衆紙は最後のチャンスという名の酒場できっと飲んでいる。

▶ 2690　民主主義は、一般の人々が自分の望みを知り、望んだものを良い状態でしっかりと受けとっていいという理論である。

▶ 2691　現実政治の本来の目標は、あらゆる想像上の小悪魔たちを継続して活用して脅威を感じさせ、それを理由に住民を安全に導くために騒々しく驚かし続けることである。

▶ 2692　善良な政治家というのは、正直な強盗と同じように、まったく想像を超えた存在である。

▶ 2693　私は何年も記録を調べ、またそのために人を雇って調査してきたが、知る限りでは、この世界では国民という大きな集団の知性を、低く評価することで損失を出した者はいない。

▶ 2694　民主主義のもとで最ももみじめな生活は、政治的な大望を持つことである。失敗は卑しいことであり、成功は恥ずかしいことである。

▶ 2695　彼［カルヴィン・クーリッジ］は、ほかの大統領よりも日も夜も問わずよく眠った。ネロはぶらぶら過ごし、クーリッジはいびきをかくだけであった。

▶ 2696　国家に人食い人種の恐ろしい体質があるとして、納税者の納めた税で太った自由な伝道師たちを食わせる約束をした。
　※1948年の大統領選キャンペーンでのハリー・トルーマンの成功について

▶ 2697　失業した政治家ほどみじめで哀れなものはない、引退した種馬としか扱われない。

卿』(1954)

◆『同上』
◆『同上』

David Mellor

デーヴィッド・メロー (1949)
イギリスの保守党政治家
◆「ハード・ニューズ」(4チャンネル) のインタヴューで、1989.12.21

H. L. Mencken

H. L. メンケン (1880-1956)
アメリカのジャーナリスト、文芸評論家
◆『ハ長調の冊子』(1916)
◆『女性の保護について』(1923)

◆『偏見』第4集 (1925)

◆「シカゴ・トリビューン」1926.9.16

◆「ボルティモア・イヴニング・サン」1929.12.9

◆「アメリカン・マーキュリー」1933.4

◆「ボルティモア・サン」1948.11.7

◆『名文集』(1949)

▶ 2698　清教主義(ピューリタニズム)。どこかで誰かが幸せになっているかもしれないと絶えず恐れること。
◆『同上』

▶ 2699　政府は、教科書に描かれているような非人格的な存在ではない。他と同じく人間の集団に過ぎない。100人が集まれば2人の正直で勤勉な人と、10人のはっきりと悪党と言える人と、88人の貧しく愚かな国民がいる。
◆『少数者報告』(1956)

▶ 2700　民主主義では、政党は他党に統治能力がないと主張することに主なエネルギーを献げ、一般的に各党ともにそれに成功するし、たいていは正しい（確かに統治能力に欠ける）。
◆『同上』

▶ 2701　最悪の政府はしばしば最高に道徳的である。犬儒派で構成された政府は時として忍耐強く、人間的である。しかし狂信派が頂点を極めると、圧制には際限がなくなる。
◆『同上』

Jean Meslier
ジャン・メリエ (1664頃-1733)
フランスの聖職者

▶ 2702　この件について、無知で教育のない人間がかつて希望したことがあったと記憶する。彼は世界中の偉人や貴族たちが聖職者の腸で絞首刑にされるのを望んでいると言った。私について言えば、ヘラクレスのような強さを持って世界中の悪徳や罪を粛清し、世界中の人々を哀しみの中で苦しめている誤りや罪［聖職者］というあらゆる怪物を叩き潰す快楽を持てたらと願っている。
　※しばしば『最後の国王は最後の聖職者の腸で首をくくられるといい』と引用される。
◆『新約聖書』(1864)、ディドロー 1251 参照

Prince Metternich
メッテルニヒ公子 (1773-1859)
オーストリアの政治家

▶ 2703　イタリアは地政上の表現である。
　※パーマストンとイタリア問題を議論して、1847
◆『メッテルニヒ刊行会による回顧、記録など』(1883) 第7巻、ビスマルク 525 参照

▶ 2704　彼自身の没落について：
蜂起した市民に呼びかけたい。夢想世界の市民たちでは、何も改革されない。1848年3月14日、そこにはたった1人、足りないだけだった。
◆『メッテルニヒの遺作集から』(A. フォン・クリンコウシュトローム編、1880) 第8巻

▶ 2705　私の魂には、誤りがひとたびも近づかなかった。
　※ギゾーへの挨拶で、1848
◆ フランソワ・ピエール・G. ギゾー『回想』(1858-67) 第4巻

▶ 2706　皇帝がすべてです。ウィーンは無力です。
◆ ボンベルス伯爵への書簡、1848.6.5

▶ 2707　政治家にとって最高の才能は、何を譲歩するかでは
◆『譲歩と非譲歩』(1852)

▶ 2708 「自由」は到達点ではなく、まぎれもなく出発点である。出発点は「秩序」という言葉で規定される。自由は秩序の概念なくしては存在できない。

◆『私の政治的遺言』

▶ 2709 尊厳を守るために子供たちを焼死させた偉大な神モレクの権利、国家主義に疑問を持つのだ。
　　※フォークランド戦争に反対する演説で、1984

Anthony Meyer
アンソニー・メイヤー（1920-）
イギリスの保守党政治家
◆「リスナー」1990.9.27

Jules Michelet
ジュール・ミッシェレ（1798-1874）
フランスの歴史学者
◆『国民』（1846）
◆『フランス史』（1833-1867）

▶ 2710 政治の最初の仕事は？　教育。第2は？　教育。そして第3は？　教育。

▶ 2711 イギリスは帝国、ドイツは国民、民族、フランスは個人である。

▶ 2712 「早く投票し、何回も投票しよう」──北部の都市では、公に選挙の横幕に書き記して薦めていた。

William Porcher Miles
ウィリアム・ポーチャー・マイルズ（1822-96）
国会で、1858.3.31

▶ 2713 完成は夢であると主張する人の圧倒的多数は、実現したとしても自分には何の楽しみももたらさないと感じているからこそなのである。

John Stuart Mill
ジョン・スチュアート・ミル（1806-73）
イギリスの哲学者、経済学者
◆『実現可能性の演説』（1828）

▶ 2714 個人的にしろ集団的にしろ、他人の行動の自由を妨害することが是認される唯一の場合は、自己防衛である。

◆『自由論』（1859）

▶ 2715 その名称にふさわしい唯一の自由は、われわれの方法で自身の善を追求することである。

◆『同上』

▶ 2716 本人の意思にかかわらず、文明化された人々に対して権力の行使が正当化される唯一の事由は、他者への侵害を防ぐことである。その人の善は、それが身体的、道徳的なものであろうと十分な理由とはならない。

◆『同上』

▶ 2717 もしすべての人間がたった1人を除いて同じ意見を持ち、たった1人だけが反対意見を持っていたとすると、すべての人間はその1人の沈黙を正当化できないことは、その1人が権力を持っても、すべての人間の沈黙を正当化

- 2718 秩序と安定を目指す政党、進歩と発展を目指す政党の双方とも健全な国家の政治生活には必要な要素である。 ◆『同上』
- 2719 個人の自由はこの限りにおいて、制限されなければならない。すなわち他人に迷惑をかける存在であってはならない。 ◆『同上』
- 2720 私はコミュニティが、他のコミュニティを強制して、文明化する権利を持つとは考えていない。 ◆『同上』
- 2721 自由とは切望して実行することにある。 ◆『同上』
- 2722 国民を自分の手で利益の目的としてより扱いやすい道具となるよう矮小化しようとする国家は、小さな人間には大きなことが実現できないことを確認するだけだろう。 ◆『同上』
- 2723 社会が興されねばならないとき、古い計画が立案される必要はない。 ◆『評論と議論』第1巻（1859）
- 2724 保守党員……存在そのものが最高に愚かな政党。 ◆『代表政府への熟慮』（1861）
- 2725 両性間に社会関係を存在させている規律の原則は、一方の性が他方より劣るということで、それ自体誤っていて人間の改善に大きな障害の1つになっている。 ◆『女性の服従』（1869）
- 2726 政治形態である法律や制度は、すでにある個々の人間の関係を認めるところから始まる。法律や制度は単なる物理的な事実を法的権利に変換させ、その事実に社会の承認を与え物理的な勢力の秩序を無視した不法な闘争に代わって、権利を主張し守る公的に組織された手段を原則的に代理する。 ◆『同上』
- 2727 権力を渇望する人は、まず一番身近な人々にその対象を求める。その人物は人生をともに過ごす人であり、関心事のほとんどを共有する人であり、その人物に対しては、彼の権威の客観性もしばしば個人的な好みに左右される。 ◆『同上』
- 2728 大多数の国の法律は、それを執行する人間よりはるかに悪質である。法律の大半はほとんど、あるいはまったく実行に移されない時にのみ存在できるのだ。もし結婚生活が期待されるようなものであるとしたら、法律だけを見ても、社会は地上の地獄となるであろう。 ◆『同上』
- 2729 人間の改善は、思想系統の基本的な体質が大変化をとげるまで不可能である。 ◆『自伝』（1873）
- 2730 地代を不労所得とする国家の不法占有。 ◆『評論と議論』
- 2731 怠惰の喜びを克服して退屈な仕事をしようとする唯一の動機は、自分や家族の経済状況を改善できる見通しがあることである。 ◆『フォートナイトリー・レヴュー』1879.4

Alice Duer Miller

アリス・デュア・ミラー
(1879-1942)
アメリカの作家
◆『白い崖』(1940)

▶ 2732　私はアメリカ育ち、
嫌なものをたくさん見て──たくさん許した、
でもイギリスが終わり、死んだ地上で、
私は生きていたくない。

Charles Wright Mills

チャールズ・ライト・ミルズ
(1916-62)
アメリカの社会学者
◆『パワー・エリート』(1956)

▶ 2733　パワー・エリートについて言えば、少なくとも国家の重要問題で政治的、経済的、軍事的な範囲が、重複し錯綜して関係する問題に決断を下す立場と言える。国家的事業が決定される時、パワー・エリートが決定している。

Lord Milner

ミルナー卿(1854-1925)
イギリスの植民地大使
◆ グラスゴーでの演説、1909.11.26

▶ 2734　もし国家に異変が起こると信じ、阻止する権利があれば、結果の如何にかかわらず阻止するのがわれわれの義務である。

John Milton

ジョン・ミルトン(1608-74)
イギリスの詩人、ピューリタン革命の間は政治的に行動する国会議員。出版の自由を要求して『言論の自由』(1644)を公にし、王政復興(1660)を前に共和制の保護を書いた
◆『教会支配の道理』(1642)第2巻、序論
◆『離婚の教義と規律』(1643)、「イギリスの国会へ」
◆『言論の自由』(1644)

▶ 2735　この国はかつて詮索好きで暴虐な低能者たちが主張した不自由さ、目の覚めるようなウイットが飛び交わない高位の聖職者の不条理なくびきから、自らを解放したことがある。

▶ 2736　イギリスは先んじて、国民に生活の仕方を教えてきたことを忘れるべきではない。
▶ 2737　何の働きも呼吸さえもせず出撃もせず、敵を見ているだけで闘いからこそこそ逃げ、不滅の名誉が砂埃や熱情なく向こうから走り寄ってくる、逃亡者も世間から隔絶された徳も評価できない。
▶ 2738　抑圧し、罰するために法はどのようにあるべきかを知り、信念のみが訴えることができるのは何であるかを知るにはすぐれた技能が必要である。

◆『同上』

▶ 2739　誰も心から自由を愛せはしない、だが善良な人間は別である。それ以外の者が愛せるのは自由ではない、放縦だ。

◆『国王と司法職の在任』(1649)

▶ 2740　まったくの無知ではないのに、人がすべて自由に生まれついていることを知らないほどの愚か者はいない。
▶ 2741　クロムウェル、われわれの総大将。

▶ 2742　……平和は勝利をもたらす。
　　　　戦争と同じほど有名だ。
▶ 2743　私が話したことは、「善き古き大義」という言葉を誤って用いたわけではない。
▶ 2744　彼らは、ただ立って待っている者にも仕えているのだ。

▶ 2745　プロシアにすれば、戦争は国家産業なのだ。

◆『同上』

◆「クロムウェル護国卿へ」
　（1652年記述）
◆「同上」

◆『自由共和国建設への準備と容易な道』（第2版、1660）
◆「私の視力がどう使われたかを考える時」（1673）

Comte de Mirabeau
ミラボー伯爵（1749-91）
フランスの革命家
◆ アルバート・ソレル（1842-1906）が、ミラボーの『フリードリヒ大王の下でのプロシア王国』（1788）の序文に基づき、ミラボーの言として伝聞している

Joni Mitchell
ジョニ・ミッチェル（1943-）
カナダの歌手、作詞家

▶ 2746　主よ、この国には危機がある。
　　　　教会と国が手を結べば、魔女狩りも戦争もできる。

◆ ピーター・マクウィリアムス『もしあなたが行えば、誰にも関係ない』（1993）

François Mitterrand
フランソワ・ミッテラン（1916-96）
フランスの社会党政治家、フランス大統領（1981-95）
◆「オブザーヴァー」1990.11.25

▶ 2747　彼女はカリギュラの目とマリリン・モンローの口を持っている。
　　　　※マーガレット・サッチャーについて。新任の欧州担当大臣ローラン・デュマへ閣僚会議のブリーフィング

Walter Monckton
ウォルター・モンクトン（1891-1965）
イギリスの法律家、保守党政治家

▶ 2748　労働大臣を要請された時、モンクトンは未経験ということで躊躇した：
　　　　チャーチル：あなたの過去に政治経験がないことが資格なのだ。

▷ Walter Mondale

モンクトン：それを言うなら、政治的未来に何も期待しないということですね。

▶ 2749　ウィンザー公夫人に会釈するように妻に言って：
何の障りもない、背の低い人を幸せにするだけだ。

▶ 2750　保守的すぎて、立派な指導者にはなれない。
※アンソニー・イーデンについて

▶ 2751　あなたの新しい発想を聞いて、"牛肉はどこだ？"という広告を思い出した。
※小さなハンバーガーと、大きなロールパンのサイズに関する好ましくない比較をした広告に触れて

▶ 2752　政治のメイージは、セメントを混ぜるようなものだ。水が多すぎれば丸くもできず、形にもならない。固くなれば、再成形はできない。

▶ 2753　ラッセル卿の時のように切り刻まないでくれ。
※死刑執行人に伝えた。当時は、5太刀を必要としたという

▶ 2754　欧州統合に関係するアメリカの外交政策について：
大国が、分割統治政策の原則の代わりに、以前は別々であった人々を結束させ、大きなコミュニティの立ち上げを一貫して毅然として支援してきたことは世界史上初めてのことである。

▶ 2755　ヨーロッパは存在してこなかった。1つの存在として機能してきた秘密会議は、国家主権へは何ひとつ貢献してこなかった。真剣にヨーロッパを創らねばならない。

◆『英国人名辞典』

◆ アンドリュー・ロバーツ『著名なチャーチル支持者たち』（1994）
◆『同上』

Walter Mondale

ウォルター・モンデール
（1928-）
アメリカの民主党政治家、副大統領
◆ ゲリー・ハートとのテレビ討論、1984.3.11
◆「インディペンデント・日曜版」1991.5.12

Duke of Monmouth

モンマス公爵（1649-85）
チャールズ2世の非嫡出子、1681年のプロテスタントの王位継承排斥事件（ドライデン参照）の支援者の中心人物、ジェームズ2世に反逆して失敗したモンマス反逆事件の指導者
◆ T. B. マコーレー『イングランドの歴史』第1巻（1849）

Jean Monnet

ジャン・モネ（1888-1979）
フランスの経済学者、外交官、欧州経済機構の創設者
◆ 1953、フランソワ・デュシューヌ『ジャン・モネ』（1994）
◆ アンソニー・サンプソン『新しいヨーロッパ』（1968）

- ▶ 2756　共同市場は過程であって、生産ではない。
- ▶ 2757　ヴェルサイユの政治は理解しなかった、経済を信ずるだけだった。
  ※ヴェルサイユ条約について
- ▶ 2758　人々が安心させられるはずの"同盟"という言葉が、力を有していないので驚いた。実際の意味は協調という古くからの機構であり、国家主権が最優先され、結論は両者間の妥協ということになるのだ。
- ▶ 2759　すぐれた政治家とは、まだ先の予見できない状況にしっかりと取り組み、長い期間をかけて課題に働きかけのできる人だ。
- ▶ 2760　誰もが世界を新しく始められる。制度だけが賢く成長する。経験を集積し貯える。そして経験と知恵から、同じ法律に従っている人々は、自分たちの性質ではなく、経験が変化したのであることに、次第に気づくようになるだろう。
  ※19世紀のジュネーヴの日記作家アンリ・フレデリック・アミエにモネが賛辞を与えている
- ▶ 2761　制度は人間関係を支配する。文化の真の掟である。
- ▶ 2762　われわれはフランス国民に代わって、ヨーロッパ国民をつくるべきではない。
- ▶ 2763　国家矜持は最高の国家財産である。

◆『同上』
◆ インタヴューで、1971、フランソワ・デュシューヌ『ジャン・モネ』(1994)
◆ インタヴューで、1971、『同上』

◆『回顧録』(1978)

◆ フランソワ・デュシューヌ『ジャン・モネ』(1994)

◆『同上』
◆『同上』

James Monroe

ジェームズ・モンロー(1758-1831)
アメリカの民主共和党政治家、アメリカ合衆国第5代大統領(1817-25)、1803年のルイジアナ買収、モンロー・ドクトリンの計画者

◆ 最初の就任演説、1817.3.4
◆ 議会の年頭教書、1823.12.2

- ▶ 2764　アメリカ大陸は、これ以降将来の問題としてヨーロッパの権力で植民地化されることは考えられない。
  ※モンロー・ドクトリンが何を目指すかを初めて表明
- ▶ 2765　ヨーロッパの列強諸国の戦争に関連して、わが国はどのような関係も持たない。われわれの政策に身を処すだけだ。
- ▶ 2766　ヨーロッパの列強諸国が所有する、植民地や独立を何ら妨害しない。ヨーロッパの列強諸国がわれわれが独立を承認している政府に対して、抑圧のために、あらゆる方

◆ 同上

◆ 同上

▷ Montaigne

法で彼らの運命を支配しようと介入するならば、合衆国に向けての非友好的な意志があるとみなして見逃すことはできない。どのような手段を講じても運命は支配できない。

▶ 2767　家庭のあれこれとした不和の方が、国家の不調和よりも悩みは深いものだ。家庭内問題は重要であるというよりも厄介なものである。

▶ 2768　名声と平静さは決してベッドをともにしない。

▶ 2769　世界の最高の王座であっても、ひたすら尻で座る。

▶ 2770　火薬の発明以来、結局のところ、人類の滅亡、また人民や国家が全滅する、ある種の秘密が明らかになることに今日まで怯え続けている。

▶ 2771　海のように地球上を覆おうとすると、草や浜辺の小さな石が阻止する。同じように、権力が無限であると考えている君主は、微小な障害で阻止されて、生まれながらの誇りを嘆願や祈りに服従させる。

▶ 2772　ルイジアナの野蛮人が果実を欲しがる時は、木を切り倒して集める。そこに専制政府がある。

▶ 2773　共和制はぜいたくで、君主制は貧困で終焉している。

▶ 2774　大概の政府の腐敗は常に道義から始まる。

▶ 2775　民主主義原理の腐敗は、平等の精神が失われたからではなく、極端な平等の精神が起こり、命令を下す選民に平等を求めるところから始まる。

▶ 2776　共和国が小国であれば海外の武力で、もし大国であれば国内の悪徳で破壊される。

▶ 2777　隣国が衰え始めたならば、崩壊を早めさせるべきではない。最高に運の向いてきた状況であるからだ。君主にすれば身近で災難となり蹂躙される運命を、代わって引き受けてくれるかけがえのない存在が現れたわけである。

▶ 2778　自由とは、法律の認めるすべての行為を行う権利である。

▶ 2779　権力を持つ者がそれを悪用するようになることは、これまでずっと観察されてきたことだ。

▶ 2780　市民の政治的自由は、ひとりひとりの市民が自分なりに考える安全を保つことからくる精神の平静であり、市民がこの自由を享受するためには、市民が市民によって脅

Montaigne
モンテーニュ（1533-92）
フランスの倫理学者、エッセイスト
◆『随想録』（1580）
◆『同上』
◆『同上』

Montesuqieu
モンテスキュー（1689-1755）
フランスの政治哲学者
◆『ペルシャ人の手紙』（1721）
◆『法の精神』（1748）

◆『同上』

◆『同上』
◆『同上』
◆『同上』

◆『同上』

◆『同上』

◆『同上』

◆『同上』

◆『同上』

▶ 2781　イギリスはドイツ人から、議会政治の思想を手に入れた。この素晴らしい秩序は森で見つかった。

◆『同上』

▶ 2782　この国家［イギリス］は、議会が行政よりも腐敗すれば消滅するであろう。

◆『同上』

▶ 2783　国家はそれぞれの固定した政体下にあるよりも、それまでの政体から少しずつ改正していくことで繁栄するものだ。その時こそ国家のバネがしっかりと機能していて、廃れていく政体を守る人々と、勝利する政体を前進させる人々の間で穏やかな競争関係が存在する。

◆『同上』

▶ 2784　王室の権威は、用意周到に機能すべき壮大なバネである。

◆『同上』

▶ 2785　穏やかな国家では、重税には代償を用意している。自由だ。専制国家では控え目な税が自由の対価である。

◆『同上』

▶ 2786　土地は地味の豊かさよりも、むしろ住民の自由さによって生産する。

◆ アレクシス・ド・トクヴィル『アンシャン・レジーム』（1856）、伝聞

Lord Montgomery

モントゴメリー卿（1887-1976）
イギリスの陸軍元帥

▶ 2787　戦争は非常に乱暴なゲームだ、それを行う政治はもっと悪い。

◆1956、伝聞

▶ 2788　法則 1. 戦争規範の 1 頁、「モスクワには進軍するな」法則 2.「陸軍を中国へ派兵するな」

◆ 上院で、1962.5.30

▶ 2789　人生の多くをドイツと、政治家と闘ってきた。ドイツ人と闘う方がよほど楽だ。
　※アラメインの 25 周年記念式典の一環としてカイロでの講演、1967.5.13.

◆「ザ・タイムズ」1967.5.15

Thomas More

トーマス・モア（1478-1535）
イギリスの学者、聖人、イギリス大法官（1529-32）
モアについて、ホイッティントン 4126、ボルト 571 参照

▶ 2790　あなたがたの羊は、極めて我慢強く飼いならされているのを常としてきて、小食であった、しかし今では私からすると大食となり、野蛮になり、人間自身を食べ飲み尽くすまでになった。

◆『ユートピア』（1516）、「ギャリソンズ常備軍がもたらした災害」の概要による

▶ 2791　身近にいる同志が正義を求めているとして、神が一方に味方すれば、反対側に悪魔が味方することになる。神

◆ ウィリアム・ローパー『トーマス・モア卿の生涯』

▷ John Morley

の根拠とするところは善であり、悪魔は正ということになる。
- 2792 「神に誓って、モア様、主の怒りは死です」「それですべてですか卿よ？」[ノーフォーク公爵に答えた]「結構なことには、信仰においてあなたと私の徳に差異はない。しかし、私は今日、あなたは明日死ぬだろう」 ◆『同上』
- 2793 この家［ロンドン塔］は自分の家と同じくらい天国に近いのではないか？ ◆『同上』
- 2794 隊長殿、私が無事登るのを見届けてほしい、落ちる時は自由にさせてほしい。 ◆ウィリアム・ローパー『トーマス・モア卿の生涯』
  ※絞首台を登りつつ

John Morley

ジョン・モーリー（1838-1923）
イギリスの自由党政治家、作家
◆『妥協について』(1874)

- 2795 転向させることはない、なぜなら黙らせればよい。
- 2796 最高の沈黙の福音が、立派な30冊の本にしっかりと凝縮されている。 ◆『雑多な批評』(1886)、「カーライル」
  ※カーライル『フリードリヒ大王伝』(1858-65)について。同書でカーライルは大王を"強くて、静かな人間"と記している
- 2797 内閣にあっては閣僚すべてが同等の立場で等しい発言権を持ち、まれに意見が分かれたとしても1人1票の友愛原則で決定が下されるにもかかわらず、内閣の責任者は「第一人者」であり、その地位にある限り例外的な権威を持っている。 ◆『ウォルポール』(1889)
- 2798 素直な性格が、知性の鋭敏さを阻害するものではない。 ◆『グラッドストンの生涯』(1903)
- 2799 政治家の好ましい記憶とは何を憶えて、何を忘れるべきかを知っていることである。 ◆『回顧』(1917)

George Pope Morris

ジョージ・ポープ・モリス（1802-64）
◆伝聞、ロス3307参照

- 2800 鉄の腕を持った兵士、誠実な心を持った兵士、ティピカヌーの勇気ある老兵士。
  ※ウィリアム・ヘンリー・ハリソンの選挙応援歌、1840

William Morris

ウィリアム・モリス（1834-96）
イギリスの作家、芸術家、デザイナー
◆『社会主義者賛歌』(1885)、「労

- 2801 この声と噂はなんだろう？ 誰もが聞いているこれはなんだろう、
  近くで嵐が吹きあれた時のくぼんだ谷に吹く風のような、

恐れの夕まぐれにうねる海のような？
それは行進する人々である。

働者の行進」

Harbert Morrison
ハーバート・モリスン（1888-1965）
イギリスの労働党政治家
◆ 軍需大臣として放送、
1940.5.22

▶ 2802　国民の働きが求められています。戦時の迅速さで働いてもらいたいのです。おやすみなさい、——そしてまた懸命に働いてください。

Wayne Lyman Morse
ウェイン・ライマン・モース（1900-74）
◆「ニュー・リパブリック」
1956.7.22

▶ 2803　自由主義者は、市民と個人財産権を強調し、個人が国家を従者にするまで優位でなければならないと主張する。

Desmond Morton
デズモンド・モートン（1891-1971）
イギリスの軍人、情報機関員、公務員
◆ アンドリュー・ロバーツ『著名なチャーチル支持者たち』（1994）

▶ 2804　チャーチルが連合作戦に執心していたことについて：
大鉄道会社の社長が趣味として庭に造った模型鉄道に夢中になるような感覚で連合作戦に熱中していた。

Rogers Morton
ロジャーズ・モートン（1914-79）
アメリカの広報官
◆「ワシントン・ポスト」
1976.5.16

▶ 2805　タイタニック号の甲板で、家具を再配置しようとはしていない。
※フォード大統領の選挙運動責任者として、最後の6回の予備選挙で5回負けて

Oswald Mosley
オズワルド・モーズレー（1896-1980）
イギリスの政治家、ファシスト指導者
モーズレーについて、アトリー207参照
◆「ザ・タイムズ」への書簡、
1968.4.26

▶ 2806　現在も、過去も、右翼ではなかった。左翼であったが、今は政治的に中立である。

John Lothrop Motley

ジョン・ロスロップ・モトレー
(1814-77)
アメリカの歴史家
◆『オランダ共和国の台頭』
（1856）

▶ 2807　生命ある限り勇気ある全国民の希望の星であった、死んだとき町中の幼児が泣いた。
　　　※オラニエ公ウィリアムについて

Lord Mountbatten

マウントバッテン卿(1900-79)
イギリスの航海士、軍人、政治家
マウントバッテンについて、チャーチル989、ウィニー4108、ジーグラー4211参照
◆ストラスバーグでの演説、1979.5.11

▶ 2808　核兵器競争は軍事目標を持たない。核兵器があっては戦争は闘えない。その存在は人類に危機をもたらしただけだ。

Daniel P. Moynihan

ダニエル・P.モイニハン(1927-)
アメリカの民主党政治家
◆「ザ・ワシントン・ポスト」
　1994.11.25

▶ 2809　福祉は軽蔑を含んだ用語となっていた。議論が百出し、しばしば、自由主義者や保守主義者が衝突して、幼い子供たちが眼中にないような政治闘争の報復に満ちた分野であった。

Robert Mugabe

ロバート・ムガベ(1924-)
アフリカの政治家、ジンバブエ首相(1980-87)
◆「サンデー・タイムズ」
　1984.2.26

▶ 2810　クリケットは国民を文明化し、善良な紳士を養成する。ジンバブエの全国民がクリケットをして、紳士たる国民になってほしい。

Malcolm Muggeridge

マルコム・マガーリッジ(1903-90)
イギリスのジャーナリスト
◆『慎重に扱え』(1966)
◆『悪魔のような森』(1973)

▶ 2811　退屈な人間で、しかもイギリスに穴を開けた。
　　　※アンソニー・イーデンについて

▶ 2812　イギリスの公共社会で際立って成功しようとすれば、大衆が抱く馬券売りか牧師のイメージをかもし出す必要がある。チャーチルは前者の、ハリファックスは後者の典型である。

▶ 2813　過去は評価するが、将来は疑った。
※1930年代のイギリス連邦について

▶ 2814　下院の公式議事録を読んで混乱した未来の世代は、イギリス陸軍が世界中から撤退したと確認するだろう。だが、あなた方の祖先が闘った道義から撤退したわけではない。

▶ 2815　ウィンストン・チャーチルについて：
英語を駆使して部下のイギリスの自由民を戦闘に定着させ、長い独裁の暗夜が急襲しつつあるヨーロッパの人々を励まし熱くさせた。

▶ 2816　政治家がテレビが問題を派手にしすぎていると不満を言う時、テレビは、すべての参加者が馴れているわけではないことをありのままに映し出しているだけだということをはっきりさせなければならない。

▶ 2817　動転していない人が、本当の状況を理解できるものではない。
※ヴェトナム戦争について

▶ 2818　われわれは正確に定刻に、出発しなければならない。今からすべて完全無欠に動いていかねばならない。
※駅長に

Ed Murrow
エド・マロー（1908-65）
アメリカの放送関係者、ジャーナリスト
◈ ラジオ放送、「リスナー」1946.2.28
◈ 同上、「同上」

◈ 放送、1954.10.30、「光を求めて」（1967）

◈ 1959、伝聞

◈ ウォルター・ブライアン『信じられないアイルランド』（1969）

Benito Mussolini
ベニト・ムッソリーニ（1883-1945）
イタリアのファシスト政治家、首相（1922-43）
◈ ジョルジョ・ピニ『ムッソリーニ』第2巻（1939）

N

▶ 2819　もしバプ［ガンジー］だけでも、貧困の中から立ち上がってきた費用を知ってさえいたら！

Sarojini Naidu
サロジーニ・ナーイドゥ（1879-1949）
インドの政治家
◈ A. キャンベル＝ジョンソン『マウントバッテン使節団』（1951）

▷ Lewis Namier

Lewis Namier
ルイス・ネーミア（1888-1960）
ポーランド生まれのイギリスの歴史家
◆1919、ジュリア・ネーミア『ルイス・ネーミア』（1971）
◆『パーソナリティと権力』（1955）

▶ **2820** どれほど恐ろしい極悪非道な行為をもってしても、国の独立権を奪うことはできないし、最悪の敵や迫害者の支配を正当化することはできない。

▶ **2821** 政治思想で重要な点は、表には現れない感情や音楽であり、それに比べれば思想そのものは単なるオペラの歌詞、それもかなり質の悪いものに過ぎない。

Napoleon I
ナポレオン1世（1769-1821）
フランスの皇帝（1804-15）
◆ガスパール・グールゴー『回顧録』（1823）第2巻『エジプト――ピラミッド戦争』
◆カムバサル領事への書簡、1803.11.16
◆J. フィッケンシュタインへの書簡、1807.4.14
◆オランダ国王への書簡、1807.4.4
◆「イスパニア・サンクロード事件を視察して、1808.8.27」
◆書簡、1811.12.17

◆D. G. ド・プラド『1812年のポーランド大公国大使の歴史』（1815）

◆E. A. ド・ラス・カズ『セントヘレナの記録』（1823）第1巻、1815.12.4-5

◆伝聞、長い句をまとめたものと思われる。E. A. ド・ラス・カズ『セントヘレナの記録』（1823）第4巻、1816.11.14。フリードリヒ大王の伝聞とも言われる

▶ **2822** 兵士よ、考えてみよ。このピラミッドの頂上から、4,000年の時間が見下ろしているのだ。
　　※ピラミッド戦争に先立って、エジプト軍への演説、1798.7.21

▶ **2823** そこ［海峡］は水路に過ぎず、誰でも渡ろうとする勇気があればすぐにも渡れるでしょう。

▶ **2824** 自分の考え方にこだわる人よりも、まったく視点の異なる人の方が不快を我慢しやすいのです。

▶ **2825** 治世の初年に好評を得た君主は、2年目に笑い飛ばされたのです。

▶ **2826** 戦争は人間の性格と人間関係で、4分の3は決まる。動員力と物量が残りの4分の1と計算される。

▶ **2827** 統治者が何をしているかには大きな関心が集まるが、その妃が何をしているのかとなると、誰も気にしない。

▶ **2828** 崇高さから、馬鹿らしさへはたったの一歩に過ぎない。
　　※モスクワからの撤退の後でポーランド大使ド・プラドに、1812

▶ **2829** 道徳の勇気について言えば、午前2時の勇気にはめったに会ったことがない。とっさの勇気を言っているのだ。

▶ **2830** 軍隊は胃袋で進軍する。

▶ **2831** ローマ法皇にどう対処するかと尋ねられて：

まるで20万人を抱えているようだが。

▶ 2832　職業は才能ある人々に開放されている

▶ 2833　イギリスは商業の国民である。

▶ 2834　気持ちや記憶や想像力の仕組みにこれほど対抗するものはない。新しい度量衡のシステムは今後数世代にわたって困惑の基となり、障害となるであろう。些細なことで人民に激痛を与えることになる！
　　※メートル法の導入について

▶ 2835　今夜はだめ、ジョセフィーヌ。

▶ 2836　タレーランについて：
絹の靴下に大便を詰め込んだような男。

▶ 2837　地上のどこででも、自由を簡単に楽々とは手に入れられない。われわれの望む頂上に到達するまでには、いくつもの谷を通過しなければならない。

▶ 2838　歴史のすべては常に勝利者や征服者が書き、彼らの見方で貫かれている。

▶ 2839　世界が眠っている深夜の一撃で、インドは生命や自由に目ざめるだろう。
　　※独立の直前に

▶ 2840　光明はわが国民から消え去り、全土に暗黒がある。
　　※放送、1948.1.30。ガンジーの暗殺について

▶ 2841　自分の気質で失うものが多かった。しかし、勇気は失わなかった。

▶ 2842　民主主義も社会主義も、目的に対する手段であってそれ自体が目的ではない。

◆ J. M. ロビンソン『コンサルヴィ枢機卿』(1987)
◆ バーリー・E. オメーラ『追放のナポレオン』(1822) 第1巻
◆ バーリー・E. オメーラ『追放のナポレオン』(1822) 第2巻、アダムズ48、スミス3622参照
◆『記録』……ステ・ヘレンの著作(1823-25)

◆ 伝聞、おそらく偽文書。R. H. ホーン『ナポレオン伝』(1841) 第2巻、辱めが行われたかもしれない状況を記述している

◆ 伝聞

Jawaharlal Nehru
ジャワーハラー・ネール(1889-1964)
インドの政治家、首相(1947-64)
ネールについて、パティル3021参照
◆「ラックノウからトリプリへ」(1939)
◆『インドの発見』(1946)

◆ インド憲法会議での演説、1947.8.14

◆ リチャード・J. ウォルシュ『ガンジーを語るネール』(1948)
◆ デリーでの記者会見、1958.6.8
◆「基本的なアプローチ」、個人的な報告書、再版ヴィンセント・シェーン・ネール『ネール：

▶ 2843　一般的に資本主義社会の諸力といわれるものは、抑制されなければ、富めるものをより富ませ、貧しいものをより貧しくして相互の乖離をさらに広げるものである。
▶ 2844　かつての総督が忘れられても、カーゾンはインドのあらゆる美を復活したことで記憶されるであろう。
　　　※スウィントン卿との会話で
▶ 2845　私がインドを治めた最後のイギリス人であろう。

権力の時代』(1960)
◆「同上」、『同上』

◆ケネス・ローズ『超人』(1969)

◆J.K. ガルブレイス『わが時代の人生』(1981)

Allan Nevins
アラン・ネヴィンズ(1890-1971)
アメリカの歴史学者
◆『現代史』(ニューヨーク) 1935.5

▶ 2846　連合国は過去にドイツを過小に捉え、さらに時間をかけすぎて失敗をした。その結果としてナチス・ドイツが全人類への脅威となったのだ。

Huey Newton
ヒューイ・ニュートン(1942-)
アメリカの政治活動家
◆『革命的自殺』(1973)

▶ 2847　私は［1966年に］豹をわれわれのシンボルに採用し、政治的な伝達手段として黒豹党と呼ぶようにした。豹はどう猛な動物で、隅に追い詰められるまで攻撃しないが、その時には襲いかかる。

Nicholas I
ニコライⅠ世(1796-1855)
1825年からロシア皇帝
◆F. マックス・ミューラー(編)『ストックマー男爵の回顧』(1873)
◆伝聞、「パンチ」1855.3.10

▶ 2848　トルコは死にかけた人間である。われわれは生かそうと努力するのだが、成功しないだろう。望んで、死ぬに違いない。
　　　※オスマン・トルコに言及して。もともとは「ヨーロッパの病人」と表現された
▶ 2849　ロシアには信用できる1月、2月という2人の将軍がいる。

Nicias
ニキアス(紀元前470頃 - 同413)
アテネの政治家、将軍
◆トゥキディデス『ペロポネソス戦争の歴史』

▶ 2850　町は城壁の内側にも、人のいない船の中にもあらず、人々の中にある。
　　　※シラクサでアテネ軍が敗北した時の演説、紀元前413

Harold Nicolson
ハロルド・ニコルソン(1886-

▶ 2851　純真さと不確実さは、勢力均衡を構成する抑圧と抵

抗の関係にある。平和のアーチを築くのに鉄の腱ではない、ほぞ穴が切られている。ある晩、手のひら一杯のほこりがアーチ型天井からパラパラと落ちてくるだろう。こうもりは鳴き飛び回り、突然、パニックに陥る。か細い人間の指では破滅は止められない。

▶ **2852** ヨーク公（将来のジョージ6世）について、1936年頃：
ちょうど大きなウィンザーの沼から飛び立つシギのような人。

▶ **2853** チェンバレン（洋服ブラシなみの心と作法の持主）は最後の敗戦の価値とひきかえに、一時的平和を確認させることのみを緊急課題としてる。
　※ネヴィル・チェンバレンについて

▶ **2854** ネヴィル・チェンバレンの心が最近広くなっている思わないか、とC. E. ジョードに尋ねられて：
そのとおり、かがり針が縫い針より大きい程度だ。

▶ **2855** これからウールワースを利用する生活に身を処さねばならない。
　※第2次世界大戦の余波を予想して

▶ **2856** 私はかつてラムゼー・マクドナルドに取り付いているのを見たような神経衰弱に取り付かれている。明かりが次第に暗くなっていくようだ。

▶ **2857** 演説家としてアトリーをウィンストン・チャーチルと比較して：
パガニーニを聴いた後では村のバイオリン弾きのようだ。

▶ **2858** イギリスのビジネスマンが、貧乏人の顔を踏みつけていると噂するのは、まったく公正であるとは思わない。しかし時として、どこに足があるかということに注意を払っていない。
　※ノース・クレイドンの補欠選挙の野次に応えて、1948

▶ **2859** 17年間、彼は動物を殺しては収集するほかはまったく何もしなかった。
　※伝記の主題としてのジョージ5世について

▶ **2860** スエズ問題──略奪のないショーウィンドー破りは、すべて撃破であって略奪ではない。

Harold Nicolson

1968）
イギリスの外交官、政治家、作家、ナイジェル・ニコルソンの父
◆『公の顔』（1932）

◆ アンドリュー・ロバーツ『著名なチャーチル支持者たち』（1994）
◆ 日記、1938.6.6

◆ ナイジェル・ニコルソン（編）『ハロルド・ニコルソンの日記と書簡』第1巻（1966）、序
◆ 日記、1941.6.4

◆ 日記、1947.4.28

◆ 日記、1947.11.16
◆ ナイジェル・ニコルソン（編）『ハロルド・ニコルソンの日記と書簡 1945-1962』第3巻（1968）

◆ ヴィタ・サックヴィル=ウェストへの書簡、1949.8.17

◆ アンソニー・ジェイとの会話、1956.11.「ヴィタ・サックヴィル=ウェストへの書簡」1956.11.8 も参照。「われわれのショー・ウインドー破りの侵入は撃破

の段階で捕まった」

Nigel Nicolson
ナイジェル・ニコルソン
（1917-）
イギリスの保守党政治家、作家、ハロルド・ニコルソンの息子
◆「ザ・スペクテイター」
　1992.11.7

▶ 2861　反逆者たちに最後にひとこと言うとすれば、常に予備の第2の職業を持っていなさい。
　　※下院のマーストリヒト条約の投票を考察し、1956年のスエズ危機の際に政府の投票を棄権した結果として自分が議席を失ったことに照らして

Reinhold Niebuhr
ラインホールド・ニーバー
（1892-1971）
アメリカの神学者
◆『光の子供と闇の子供』（1944）、序

▶ 2862　正義に対する人間の能力は、民主主義を可能にする。だが人間の不正義への傾向は、民主主義を必要とする。

Martin Niemöller
マルティン・ニーメラー（1892-1984）
ドイツの神学者
◆国会議事録、1968.10.14

▶ 2863　ヒトラーがユダヤ人を迫害する時、私はユダヤ人ではなかったので気にしなかった。またヒトラーがカトリック教徒を迫害した時もカトリック教徒でなかったので、関係なかった。さらにヒトラーが労働組合や企業を迫害した時、労働組合員ではなかったので、無関係であった。だがついに、ヒトラーが私とプロテスタント教会を攻撃した時、もはや心を痛める人は残っていなかった。
　　※時として「ドイツでまず彼らが共産主義者を襲った。しかし私は共産主義者でなかったので、はっきりとは声をあげなかった」に続く

Friedrich Nietzsche
フリードリヒ・ニーチェ（1844-1900）
ドイツの哲学者、作家
◆『楽しい学問』（1822）
◆『ツァラトゥストラはかく語りき』（1883）、序
◆『善と悪のかなた』（1886）
◆『道徳の系譜のために』（1887）

▶ 2864　道徳とは個人の群れの本能である。

▶ 2865　超人を教えよう。人間は超越されるものだ。

▶ 2866　支配者の道徳と被支配者の道徳。

▶ 2867　あらゆる貴族的民族の大本となっていることであるが、略奪者は間違いなく、見栄えのする銀髪の獣で、貪欲に強奪と勝利をむさぼりつくすのだ。

Richard Milhous Nixon

リチャード・ミルハウス・ニクソン(1913-94)

アメリカの共和党政治家、アメリカ合衆国第37代大統領(1969-74)

1972.11に再選されてまもなく、ウォーターゲート事件への関与が明らかとなり、辞任した最初の大統領となった。ニクソンについて、アブズグ2、発言者不明94、110、157、コナブル1114、ジョンソン2063、スティーヴンソン3709、ジーグラー4212参照

▶ 2868 　パットと私は10セント硬貨を得るのに、正直だったと満足している。パットはミンクのコートを持っていない。しかし立派な共和党製のコートを持っている。いつも彼女に何を着てもよく似合うと言ってきかせている。
　　　※副大統領に選出されて、1952。選挙戦の批判に応えて

◆ テレビでの発言、1952.9.23

▶ 2869 　幼い娘がチェッカーズと名付けた、選挙後のコッカー・スパニエルの贈り物について：
もう1つ話さなければならないことがある、自分から言っておかないとまた（ワイロだのと）周囲からうるさく言われそうなので。選挙後に贈り物を受けた。コッカー・スパニエルの子犬だった。子供たちは犬を可愛がっている。今言いたい。批判する人々がどんなふうに言おうと、飼い続ける。

◆ 同上

▶ 2870 　政治家による非政治的発言などというものはない。

◆ ラジオ-テレビ管理職協会での講演、ニューヨーク、1955.9.14

▶ 2871 　これでもういじめる相手のニクソンはいなくなった。
　　　※カリフォルニア州知事選に敗北後の記者会見、1962.11.5

◆「ニューヨーク・タイムズ」1962.11.8

▶ 2872 　真実にわれわれが関わりを持つところから始めなればならない。ありのままに見て、ありのままに語り、事実を探し、真実を語り、事実を生きよ。そのことがわれわれがやろうとすることだ。
　　　※マイアミでの大統領選挙候補者指名受諾演説、1968

◆「同上」1968.8.9

▶ 2873 　正常な選挙によって治せない悪いことは、この国には何もない。
　　　※大統領選挙期間の会見

◆ ニューヨーク州シラキュースで、1968.10.29

▶ 2874 　天地創造以来の、世界史で最高の1週間であった。
　　　※月面着陸の最初の人間が帰還したのを歓迎して

◆ 発言、1969.7.24

- ▶ **2875** 偉大な物言わぬ多数派。
- ▶ **2876** 中国人は、国際社会から孤立していられないほど偉大で、活力のある国民である。確かにわれわれの利益となり、アジアと世界の平和と安定の利益でもある。そこで北京との改善されて現実的な関係に向けて、どのようにして可能なステップを踏んでいくかということになる。
- ▶ **2877** 人生では政府が何をしてくれるか求めるよりも、自分に何ができるかを問おうではないか。
- ▶ **2878** ホワイトハウスでは、誤魔化しはできない。
- ▶ **2879** 私はミスを犯した、だが全公職生活を通じて利益を得ていない。公職を利権化したことは決してない。1セント、1セント稼いできた。公的生活で正義を邪魔したことはない。国民が大統領が泥棒かどうか判断するというこの試練は、歓迎する。当然のことだが、泥棒ではない。
- ▶ **2880** この国には信頼できる農夫、サラリーマン、配管工、大工が求められる。
  ※ホワイトハウスでの辞任会見、1974.8.9
- ▶ **2881** 歴史の目的のために会話を録音をする、という間違った決定がなされたというのが私の考えである。
- ▶ **2882** 大統領が行うことなら、不法ではないということだ。
- ▶ **2883** 自身を破滅させた。剣を差し出した、それで刺された。
- ▶ **2884** 海外援助は、世界中で最も不人気な愚行である。政治的なお荷物である。
- ▶ **2885** オリンピック競技での2位は銀メダルをもたらす。政界での2位は忘却をもたらすのだ。
  ※大統領選挙でジョージ・ブッシュにマイケル・デュカキスが敗北して、1988
- ▶ **2886** 私なりの政治のルールで行動してきた。先祖や助言者よりも王道を通らなかったことが失敗のもとであった。

◆ 放送で、1969.11.3
◆ 国会への最初の外交政策リポート、1970.2

◆ 2期目の大統領就任演説、1973.1.20
◆ ウォーターゲート事件のテレビ会見で、1973.4.30
◆ 記者会見での発言、1973.11.17

◆「ニューヨーク・タイムズ」1974.8.10

◆ 伝聞、1974
◆ 会話、デーヴィッド・フロスト『私は剣を差し出した』(1978)
◆ テレビのインタヴューで、1977.5.19、デーヴィッド・フロスト『私は剣を差し出した』(1978)

◆「オブザーヴァー」1985.4.22、「今週の発言」
◆「サンデー・タイムズ」1988.11.13

◆『アリーナ』(1990)

Charles Howard, Duke of Norfolk

- ▶ **2887** 真面目なカトリック信者にはなれない。したがって天国へは行けないだろう。人が地獄へ行かなければならないとしたら、貴族院から行こうと地上のどこから行こうと

チャールズ・ハワード、ノーフォーク公爵(1746-1815)
イギリスの貴族

同じく支離滅裂である。

▶ 2888　陛下の統治下には、太陽が決して沈まない。

▶ 2889　法律は破られるためにある。
▶ 2890　静かに座っていられない、ジェームズ、商業主義の悪用をしているように聞こえてくる。

▶ 2891　貴族の地位が欲しくなったら、正直な男を装って買うだろう。

▶ 2892　新聞の力は非常に大きい、だが出版禁止の力ほどではない。
　　※事務所でのメッセージ、「デイリー・メイル」1918

▶ 2893　国会への書面で、1605.11.11。彼の関心は陰謀ではなく他にあるという証拠を挙げようとして：
過去2年間の屋敷の建設や庭園づくりや個人支出に関するユーモアを点検してほしい。

▶ 2894　国民を飢えさせてでも、その負債の支払いをするべきだろうか？

▶ 2895　貧しい国であるから、社会主義政策を取り入れてきた。だが社会主義社会を建設するには、社会発展をさせねばならない。

◈ ヘンリー・ベスト『個人と文学の回想』(1829)

Chistopher North
クリストファー・ノース(1785-1854)
スコットランドの文芸評論家
◈『ブラックウッズ・マガジン』(1829.4)、「アンブローズ夜話」
◈『同上』(1830.5)、「同上」
◈『同上』(1835.2)、「同上」

Lord Northcliffe
ノースクリフ卿(1865-1922)
イギリスの貴族、新聞経営者、ノースクリフについて、テイラー 3783 参照
◈ トム・ドリバーグ『スワッフ』(1974)
◈ リジナード・ローズ、ジェフリー・ハームズワース共著『ノースクリフ』(1959)

Earl of Northumberland
ノーサンバーランド伯爵(1564-1632)
イギリスの貴族
◈『英国人名辞典』

Julius Nyerere
ジュリアス・ニエレレ(1922-)
タンザニアの政治家、タンガニーカ大統領(1962-64)、タンザニア大統領(1964-85)
◈「ガーディアン」1985.3.21
◈「オブザーヴァー」1985.7.28、「今週の発言」

▷ Michael Oakeshott

O

▶ **2896** 計画に抵抗する計画は反対よりも勝るが、政治の同種のスタイルに過ぎないのである。
　　※ハイエクの『隷従への道』について

Michael Oakeshott
マイケル・オークショット
(1901-91)
イギリスの大学人
◆『政治の理想主義』(1962)

▶ **2897** 私がホーヒー氏が心臓を刺し貫かれて、政治的に言えば真夜中の十字路に埋められるのを目撃したとしても、万一に備えてにんにくのかけらを首に巻き続けるべきだった。

▶ **2898** 全体主義的改革の最初の大実験に対する、知的抵抗の最初の大行動。
　　※バークの『フランス革命』の記述について

Conor Cruise O'Brien
コナー・クルーズ・オブライエン(1917-)
アイルランドの政治家、作家、ジャーナリスト
◆「オブザーヴァー」1982.10.10
◆『荘厳なメロディ』(1992)

▶ **2899** 同朋たちに忠告をしてきたし、これからも必要に応じて続ける。それが、議会で頭のおかしな議員を喜ばせようとそうでなかろうとかまわない。

Dniel O'connell
ダニエル・オコンネル(1775-1847)
アイルランドの民族主義指導者、社会改革家、国会議員(1828)
◆『英国人名辞典』

▶ **2900** さて、古い歌には終わりがある。
　　※労働条約の正式書面に署名して、1706

James Ogilvy, Lord Seafield
ジェームズ・オジルヴィ、シーフィールド卿(1664-1730)
スコットランドの大法官
◆『ロックハート報告』(1817)

▶ **2901** すべての政治は地方のものだ。

Thomas ('Tip') O'Neill
トーマス・('ティプ'・)オニール(1912-94)
アメリカの民主党政治家、下院議長(1977-87)
◆「ニューヨーク・レヴュー・オヴ・ブックス」1989.3.13

P. J. O'Rourke

P. J. オローク (1947-)
アメリカのユーモア作家、
ジャーナリスト

- 2902 政府に金と権力を差し出すのは、10代の少年にウィスキーと車の鍵を渡すようなものだ。 ◆『売春婦議会』(1991)
- 2903 政治は神の無限の寛大さのように、最後の頼みの綱である。 ◆『同上』
- 2904 私がアメリカの政治制度に持っている唯一の固い信念は、こんなものだ。神は共和党であり、サンタ・クロースが民主党である。 ◆『同上』
- 2905 憲法は2億5千万人の国民にもらさず指示を与える文書としては極めて率直で簡潔だ。トヨタのカムリの運転マニュアルは、座席が5つしかないのに4倍もある。 ◆『同上』
- 2906 ワシントンにはあなた方が、階段を登るだけで上院議員気分になれるギリシャ、ローマ風の建物が多く存在している。上院議員は、確かにこのような感覚と好みを持っているのでワシントンが官庁街として現代建築の最悪の姿を回避した1つの理由となっている。 ◆『同上』
- 2907 政府の実際の活動は、統治しようとする側からすると平凡すぎる。責任ある公選された公務員や任命された高級公務員は、国の監督という単調な仕事を実行するために官僚的な部門を創出するのだ。 ◆『同上』
- 2908 賢いアメリカ人は政府がどのような行動をとるにしても、自分以外の他人に向けてとる行動であれと希望している。この思想は外交政策の背景にあるものである。 ◆『同上』
- 2909 どこの国の政府も売春婦の議会である。問題は、民主主義ではわれわれが売春婦であるということだ。 ◆『同上』

George Orwell

ジョージ・オーウェル (1903-50)
イギリスの小説家

- 2910 生粋のブルジョワの地位にある人は、妥当な範囲で希望することはかなうという予測を持って生きている。そこで、緊迫した場面では"教育のある"人々が前面に出てくるという事実がある。 ◆『ウィガン埠頭への道』(1937)
- 2911 綿花の町ランカシャーでは、何ヶ月いても、教育のある人の話し方を聞くことなく過ごせるかもしれない。その一方で、イギリス南部の町では、どこでも間違いなくレンガを投げれば主教の姪に当たる。 ◆『同上』
- 2912 典型的な社会主義者はホワイトカラーの取り澄ました小男で、たいていは隠れた禁酒主義者、時に菜食主義者の性癖、非国教派の経歴を持っていて、特に失いたくない ◆『同上』

▷ George Orwell

ほどの社会的地位を得ている者である。

▶ 2913　どこにでもいる労働者で土曜の夜のパブで会うような男にとっては、社会主義とは賃金上昇、労働時間短縮や、いばりちらす上司がいないことくらいの意味だ。

◆『同上』

▶ 2914　没落する中流階級であるわれわれは、がんばって労働者階級に入らなければ沈んでしまう。頑張ることは思ったよりも恐ろしいことではなく、最終的にはロンドンなまりのHを発音しない以外は失うものはない。

◆『同上』

▶ 2915　今までのところ、子供の頃に知っているイギリスである。鉄道は野生の花畑を切り裂くように通じ、赤いバス、青い制服の警官──すべてが深い眠りについていて、イギリスの深い眠りは、突然に爆弾が破裂しなければ目が覚めないのではないのかと危惧している。

◆『カタロニアへの忠誠』(1938)

▶ 2916　大方の革命家は、潜在的にはトーリー党である。彼らは社会の形を正しく変化させればすべてが可能であるように想像をする。一旦有効に変化した後は、それ以上は何も求めないように思える。

◆『鯨の内部』(1940)、「チャールズ・ディケンズ」

▶ 2917　イギリスは……家庭のようなものだ、どちらかといえば堅苦しいヴィクトリア朝時代の家庭で、厄介者は多くはいないが、食器棚には溢れるほどの人骨が納まっている。豊かな親戚には追従しなければならないし、貧しい親戚には恐ろしさのあまり背筋をぴんと立てて、家庭の収入源については沈黙という深い陰謀めいたものがある。若い世代はだいたい圧迫されていて、権力のほとんどは無責任な叔父や寝たきりの叔母の掌中にある。それでもそれは家庭である。お互いだけに通じる言葉があり、共通の思い出がある。さらに敵が近づいてくれば親密になってくる。お門違いの人間が仕切っている家庭。

◆『ライオンと一角獣』(1941) 第1部「イギリス、あなたのイギリス」

▶ 2918　たぶんワーテルローの戦は、イートン校の運動場で勝利したことになる。しかし次に続く、すべての闘いは同じその場で敗北した。

◆『同上』、ウェリントン 4091 参照

▶ 2919　年老いた女中が秋の朝の霧の中を聖餐式に向かって自転車をこいでいく……イギリスの風景としては一場面であるとともに、特別な場面である。

◆『同上』、メージャー 2614 参照

▶ 2920　アトリーを見ていると、どうしても硬直する前の今死んだばかりの魚を思い出す。

◆ 日記、1942.5.19

▶ 2921　人間は生産しないで消費する唯一の創造物である。

◆『動物農場』(1945)

▶ 2922　4本足はよし、2本足はだめ。

◆『同上』

▶ 2923　全動物は平等だが、なかにはもっと平等なものもある。

◆『同上』

▶ **2924** カトリックと共産主義者は似た者同士のようである。反対者は誠実でも知的でもないはずだと考えているところが同じである。　◆『論争』1946.1、「文学の妨害」

▶ **2925** 戦争終結の最短方法は負けることである。　◆『同上』1946.5、「ジェームズ・バーナムの第2思想」

▶ **2926** 独裁者は監視している。　◆『1984年』(1949)

▶ **2927** 戦争は平和である。自由は奴隷である。無知は力である。　◆『同上』

▶ **2928** 過去を取り仕切る者は未来を、現在を取り仕切る者は過去を取り仕切る。　◆『同上』

▶ **2929** 国家の世論操作の故意のもくろみが、思想の枠を狭めているのがわからないのか？　つまるところ、表現する言語がないところでは、文字通り思想犯があり得なくなるだろう。　◆『同上』

▶ **2930** 自由とは、2足す2は4と言えることだ。それが受け入れられるなら、あとは自ずとつながる。　◆『同上』

▶ **2931** サイムは死んだのではなく、人間ではないとして殲滅されたのだ。　◆『同上』

▶ **2932** 二重思考とは、ある人の心に浮かぶ2つの矛盾する信念を同時に持ち、それを受け入れる力を言うのだ。　◆『同上』

▶ **2933** 権力は手段ではなく、目的である。革命を防止するために、独裁国家を建設するのではない。独裁国家を建設するために革命を起こすのだ。　◆『同上』

▶ **2934** もし未来図を求めるなら、人間の顔に押された永久に消えない靴跡を想像すればよい。　◆『同上』

▶ **2935** 現代では政治的発言や記述の役割は、要するに防御できない者にとっての防御である。　◆『象を打つ』(1950)、「政治と英語」

▶ **2936** はっきりとした言語の大敵は不誠実である。現実と言語で表現された政策の間に差異があるようだと、本能的に烏賊が墨を吐き出すように、長い言葉と使い古された慣用語に変わる。　◆『同上』

▶ **2937** 政治の言葉……は、嘘を健全な誠実に、殺人を尊敬につくりかえ、純粋なふうに堅実さを演出するのだ。　◆『同上』

John L. O'Sullivan

ジョン・L. オサリヴァン (1813-95)

アメリカのジャーナリスト、外交官

◆『ユナイテッド・ステイツ・マ

▶ **2938** 社会の多様で一般的な利益を支配し指導する中央集権として理解すれば、あらゆる政府は、悪あるいは悪の親である……。最善の政府は最小に統治するものだ。

▷ 2939 われわれに対する悪意に満ちた干渉は、神の摂理の助けで、年々増え続ける数百万人の発展のために与えられた大陸に拡張しようとする明白な運命を阻止するものだ。
　　※テキサス併合反対について

▷ 2940 代表権なき課税は暴政である。
　　※「アメリカ独立革命」の標語 (1761 頃)

▷ 2941 憲法に反する行為は無効である。同様に、自然な平衡法に反する行為も無効である。
▷ 2942 自由のあるところ、そこが祖国だ。

▷ 2943 私は善意にものをみる、そして認める。私は悪い状況に従う。

▷ 2944 汝、手に負えないゲルマニクスよ、偉大な将軍の膝下に頭を置くことになった。

▷ 2945 全世界があなたと私を除いて奇妙な存在である。芸術でさえも少しおかしい。
　　※同志の W. アレンについて。ニューラナークで仕事関係を解消する時に、1828

▷ 2946 お前は知っていない、息子よ、世界を少しも智恵が支配していないことを？

ガジン・アンド・デモクラティック・レヴュー』(1837)、序
◆『ユナイテッド・ステイツ・マガジン・アンド・デモクラティック・レヴュー』(1845)

James Otis
ジェームズ・オーティス (1725-83)
アメリカの政治家
◆『米国人名辞典』
◆『援助令状に反対する議論』(1763)
◆ ジェームズ・オーティスが標語として使用、ベンジャミン・フランクリンの言葉とも言われている。ペイン 2986 参照

Ovid
オヴィディウス (紀元前 43- 紀元後 17 頃)
ローマの詩人
◆『変態』
◆『悲嘆詩』

Robert Owen
ロバート・オーウェン (1771-1858)
ウェールズ生まれの社会主義者、慈善事業家
◆ 伝聞

Count Oxenstierna
ウクセンシェルナ伯爵 (1583-1654)
スェーデンの政治家
◆ 息子への書簡、1648。ジョン・

セルデンは、『卓話』(1689)、「教皇」で、「ある教皇」(ユリウス3世といわれる)が「一握りの愚か者が全世界を支配するとは、汝は知らないと言った」と引用している

P

▶ **2947** 私はアメリカ合衆国が、人民の、人民による、人民のための政府であると信じている。その公正な権力は統治される人民の同意に由来する。共和国の民主主義、主権ある州の集った主権国家。分割できない完全な統一、自由、平等、正義は、そのために運命を犠牲にしたアメリカの愛国者によって確立されている。私はそれゆえ、国を愛すること、憲法を支持すること、法に従うこと、国旗を敬うこと、すべての敵から国を守ることは義務と信じている。

William Tyler Page
ウィリアム・タイラー・ペイジ
(1868-1942)
◆「アメリカの信条」(1918年の入賞作品)、議会記録第56巻

▶ **2948** われわれは絶対的独裁主義には反対して扉を閉め、錠前をかける賢さを持ち続けてきた、それと同時に王冠に鍵を渡す愚かさを持ち続けてきた。

▶ **2949** 政府は最良の状態であっても、必要悪である。最悪の時は、とても耐えられるものではない。政府は装いのようなものであり、永年の純粋さの徽章である。国王の王宮は、天国の破壊されるあずまやの上に建てられている。

▶ **2950** 国王が世襲する権利がいかに馬鹿げているか、自然が証明するには自然が認めないということだ。だからこそ自然は、ライオンをよこすべきところにロバをよこして、王家の血統をしばしばあざ笑うのだ。

▶ **2951** 君主政治とその継承は世界を血と灰にする。

▶ **2952** 1人の正直な人間が社会に与える価値は、神の目から見ても、過去の王冠をかぶせられたあらゆる悪漢たちよりも勝るものである。

▶ **2953** 問題は市のことでも、郡のことでも、県のことでも、王国のことでもない。少なくとも、地球上で8分の1の人間が生活している大陸のことである。問題は1日、1年、ある時代だけのことではない。後世代は事実上抗争に

Thomas Paine
トーマス・ペイン(1737-1809)
イギリスの政治理論家
◆『コモン・センス』(1776)
◆『同上』

◆『同上』

◆『同上』
◆『同上』

◆『同上』

▶ **2954** 降服するにしても、隷属するにしても、イギリスはこの大陸をヨーロッパ戦争や闘争に直接巻き込もうとする傾向があり、私たちと仲良くやろうとする国に闘争心をかきたて、私たちの方も怒りや不平を抱いていない相手との間に不和をひき起こす。　◆『同上』

▶ **2955**　アメリカについて：
自由は世界中で狩られてきている。アジアやアフリカではとっくに排撃されている。ヨーロッパではよそ者とみなし、イギリスでは自由に近づくな、と警告を発してきた。ああ！　逃亡者を受け入れ、今すぐ人間を収容する準備をせよ。　◆『同上』

▶ **2956**　われわれの力で、再び世界と関わらなければならない。　◆『同上』

▶ **2957**　宗教について言えば、政府の欠くことのできない義務であると考えよ、それゆえあらゆる良心的な候補者を守る。私は政府がなさねばならない他の仕事はないと思っている。　◆『同上』

▶ **2958**　人間の魂が試される時だ。夏の兵士と太陽の愛国者はこの危機の最中、国への奉仕を尻込みするだろう。しかし今立ち上がっている者は、男性、女性の愛と感謝を受ける者たちである。　◆『危機』(1776.12)、序

▶ **2959**　簡単に安く手に入れたものは、同じく安っぽくしか尊敬されない。　◆『同上』、同上

▶ **2960**　イギリスについて：
イギリスは東西世界の文明化を通じた、領土の広大な拡張によってもたらされた交易の恩恵に浴している。イギリスは誇らしげに自らを「雷」のように偶像化したり、獲得した全国家の内臓を剥ぎ取るような態度をとるべきでない。　◆『アメリカの危機』第2部（1777）

▶ **2961**　私は思想の農夫です。栽培した全収穫は無償提供します。　◆ ヘンリー・ローレンスへの書簡、1778 春頃

▶ **2962**　金持ちは美しい反逆者を輩出します。　◆ ジョセフ・リードへの書簡、1780.6.4

▶ **2963**　完全な改革がイギリスでは欲求されています。広い気持ちが求められています──宇宙を抱きとめる心です。島国に自分を閉じ込めたり世界とこぜりあいするのではなく、イギリスが懐深く世界と交わり、これからもさらなる幸福を導き現実の富を追求していき、勇気をもって私は誰の敵でもないと発言することです。　◆『アッベ・レイノルへの書簡』（1782）

▶ **2964**　[エドマンド・バークは] 琴線に触れた現実の困苦　◆『人間の権利』(1791)

ではなく、想像力に訴えた見せかけの偽の困難に影響される。羽を哀れんでも死んだ鳥のことを忘れている。
　　※フランス革命に関するバークの感想について、1790

▶ 2965　大鉈を振るって、政府に人間愛護の精神を教えよう。人間を堕落させた彼らの血なまぐさい罰である。　◆『同上』

▶ 2966　[フランスでは]他の国々では貴族政治、他の国では貴族制と言われる、同時代的なあらゆる階級は、すでに存在しない。貴族階級は人間に昇格させられている。　◆『同上』

▶ 2967　肩書きは仇名に過ぎない。そしてすべての仇名は肩書きである。　◆『同上』

▶ 2968　世襲議員という考えは、世襲裁判官、世襲陪審員同様に矛盾がある。世襲算術家、世襲賢人も愚劣である。世襲桂冠詩人も滑稽である。　◆『同上』

▶ 2969　迫害は宗教にもともと内在する特徴ではない。だが一般的にすべての公認宗教にあって、あるいは国教にあって、強力に特徴づけられていることも事実である。　◆『同上』

▶ 2970　候補者は人間ではなく、主義であった。　◆『同上』

▶ 2971　われわれが以前革命と呼んでいたものは、人間の変化に過ぎなかった。アメリカやフランスを通じて世界中で目にすることは、革命の自然秩序の修復に過ぎない。　◆『同上』

▶ 2972　イギリス議会は上・下両院で構成されているが、結果的に一院の立法府の影響を受け、各院独自の気質を持つわけではない。大臣がどんな人物でも、いつ就任しても、麻薬の細いつえで触ると、議会は従順に眠ってしまう。　◆『人間の権利』第2部(1791)

▶ 2973　あらゆる世襲的な政府は、自然と専制的になる。政府を相続するということは、あたかも動物や薬草群のように人間を相続することだ。　◆『同上』

▶ 2974　実のない形式的な政府が倒されるとすぐ、社会は活動を開始する。全組織が代替わりし、国民的利益が国民的安全を創造する。　◆『同上』

▶ 2975　君主制について：
カーテンの陰にある物を隠しておいて、あらゆる種類の大騒ぎや興奮の種や威厳に見える幸福な雰囲気などを匂わせる。だが、何かの折に、カーテンが開いてしまったときに、同席者たちはそれを見て大笑いする。　◆『同上』

▶ 2976　文明化されたと言われる国々で年輩者が救貧院に入り、若者が絞首台に登るのを見たら、政府のシステムのどこかが間違っているに違いない。　◆『同上』

▶ 2977　世界が私の祖国であり、善い行いをすることが私の宗教である。　◆『同上』

▷ Lord Palmerston

▸ **2978**　2人の人間が、教義についてまったく同じように考えるということは信じられない。まともに考えていない者だけが、一見人の意見に同意するのである。

◆『同上』

▸ **2979**　ロケットのように飛びたち、つえのように落下しました。
　　※エドマンド・バークがチャールズ・ジェームズ・フォックスとフランス革命について国会討論をして敗北した時に

◆『最近の宣誓についての受信人への書簡』(1792)

▸ **2980**　人間の幸福には自身への精神の誠実さが必要である。背信は信頼や不信にあるのではなく、信じていないことを信じていると公言することである。

◆『理想の時代』第1部(1794)

▸ **2981**　啓示は初めのコミュニケーションに限られる。それ以後は、ある人が自分に訪れたと称する啓示の説明に過ぎないからだ。私はその啓示を信じる義務感にかられるかもしれないが、私も同じように感じることはできない。なぜならそれは、私にもたらされた啓示ではなく、彼にもたらされたという彼の言葉を受け取っているに過ぎないからだ。

◆『同上』

▸ **2982**　選挙したり拒否したりすることは、自由市民の特権である。

◆『国家情報者』1802.11.29

▸ **2983**　人間よりむしろ道徳原理が権力の候補者になれば、投票が道徳義務を実行することになり、棄権は義務を怠ることになるのだ。

◆『トレントンの真のアメリカ』1803.4

▸ **2984**　人間愛護の宗教。

◆『手紙、……イギリスの侵略について』(1804)

▸ **2985**　2つの革命を分かちあうということは、ある目的のために生きるということだ。

◆ エリック・フォナー『トム・ペインと革命のアメリカ』(1976)

▸ **2986**　自由がないところ、そこが私の祖国。

◆ ジョン・キーン『トム・ペイン』(1995)、オーティス 2942 参照

▸ **2987**　世界中のどの国においても言われるかもしれない。「私は貧しいことが幸福。国民に鞭や生活苦が見当たらず、刑務所に囚人がいず、街には物乞いが見られず。高齢者は欲しがらず、税金には重圧をかけず。理想の世界は友人、なぜならその幸福の友人が私だから」、以上のことが言えるならば、その国は憲法や政府を誇れるかもしれない。

◆ ジョン・キーン『トム・ペイン』(1995)

Lord Palmerston

パーマストン卿(1784-1865)
イギリスのホイッグ党政治家、首相(1855-58、1859-65)

◆ 下院で、1848.3.1

▸ **2988**　私たちには永久の同盟関係はないし、永遠の敵もいない。私たちの諸利益は永遠で不朽であり、これに従うのは私たちの義務である。

▶ 2989 　私は、したがって、恐れることなく議会の下す評決に挑戦する。太古の昔にローマ人が、自分はローマ市民だと言えば冷遇を免れたように、イギリス市民はどの土地にあっても、祖国の目と腕が不正や悪からしっかりと守ってくれることを確信できるかどうかが問題なのだ。
　　※ジブラルタル生まれのイギリス人で、ギリシャの貿易商デーヴィッド・パシフィコ（1784-1854）に与えられた保護に関する論戦での討論で

◆ 同上、1850.7.25

▶ 2990 　連合と呼ぶかもしれない、原子の偶然で幸運な一致と呼ぶかもしれない。
　　※ディズレーリとの仕組まれた連携について

◆ 同上、1857.3.5

▶ 2991 　われわれはイギリスの北部に土地を持ち、南部に住んでいる理性的な人が、北部の道路沿いに宿屋を持ちたがる以上に、エジプトを求めてはいません。彼は宿屋が上手に運営され近寄りやすく、訪ねた時はいつもマトンの骨付き肉でもてなし、早馬を用意しておいてくれればそれで十分です。

◆ アール・カウリーへの書簡、1859.11.25

▶ 2992 　政府の役割は国民を興奮させて、扇動するよりも落ち着かせることだ。

◆P. グエダラ『グラッドストンとパーマストン』(1928)

▶ 2993 　得するとは何か？　他人を喜ばすある人の意見。

◆T. カーライル『ナイアガラを射つ、その後？』(1867)

▶ 2994 　パーマストン卿は、軽率な性格であるが、かつて――シュレスウィヒ=ホルシュタイン問題を理解している人が3人いるといっていた。その1人のコンソート配偶の宮は死に、デンマークの政治家（名前不明）は精神病で、本人はそのことを忘れてしまっていた。

◆R. W. セトン=ワトソン『1789年-1914年のヨーロッパにおけるイギリス』(1937)

▶ 2995 　イギリスにはフランス語で言う繊細な感受性という用語がないと言われて：
　いや、われわれにもある。ペテン師という語だ。

◆ 伝聞

▶ 2996 　死ぬ。主治医さん、私がとるべき最後の行動！
　　※臨終の言葉

◆E. レーサム『作家と名言』(1904)

Christabel Pankhurst

クリスタベル・パンクハースト (1880-1958)
イギリスの女性解放運動家、エメリーン・パンクハーストの妹
◆『女性のための投票』1911.3.31
◆『自由になった』(1959)

▶ 2997 　われわれはここに自由だけでなく、自由のために闘う女性としての権利を主張する。それは義務であると同時に、権利である。

▶ 2998 　報道や民衆に対してあなたの平静さを失わないことは、政治生活の大きなルールである。

Emmeline Pankhurst

エメリーン・パンクハースト (1858-1928)
イギリスの女性解放運動家、「女性社会と政治統一」の設立者 (1903)
◆ アルバート・ホールでの演説、1912.10.17
◆ ジョージ・デインジャーフィールド『自由なイギリスの奇妙な死』(1936)

▶ 2999　政府には人命以上に守らなければならない何かがある。それは財産の保全、さらに財産を使って敵を倒すことだ。私は政府にそう直言する。皆さんは北アイルランドの指導者に、あえて反抗の刺激を与えてこなかった。やるなら私も参加する。

▶ 3000　破れた窓ガラスの議論が、現代政治の最高に価値ある議論である。

Dorothy Parker

ドロシー・パーカー (1893-1967)
アメリカの批評家、ユーモア作家
◆ マルコム・カウリー『仕事中の作家』第1集 (1958)

▶ 3001　カルヴィン・クーリッジが死んだと聞かされて：国民はどうして知ったの？

Martin Parker

マーティン・パーカー (1656頃死亡)
イギリスのバラッド作者
◆「イギリス政府の醜聞について」(1671)

▶ 3002　国王が機嫌がよくなるまで、時間が癒すことはなく、またすべては終わらない。

Theodore Parker

セオドア・パーカー (1810-60)
◆『宗教に関する講演』(1842)

◆『アメリカの理想』1850.5.29

▶ 3003　真実は街ではまだ死に絶えていない。人間の魂ととても近しく、その種はどんなに遠くに飛んでも、どこかで根づき、100倍にも増える。

▶ 3004　民主主義は——あらゆる人民の、人民による、人民のためのものである。永遠の正義の原則と神の普遍の法律の政府。端的に言えば自由の理念と呼んでいる。

C. Northcote Parkinson

C. ノースコート・パーキンソン (1909-)
イギリスの作家
◆『パーキンソンの法則』(1958)
◆『同上』

▶ 3005　消費は収入に見合って増えてくる。

▶ 3006　仕事は完成までの時間を十分にとることで拡大されていくものだ。

▶ 3007　会議は本質では機械的というより有機的である。構造ではなくて植物である。根があり成長し花を咲かせ、しぼみ、枯れる。他の会議から飛んできた種を撒き散らし、次々と咲かせていくものだ。
◆『同上』

▶ 3008　会議録の項目に要した時間は、関わった総時間に反比例するだろう。
◆『同上』

▶ 3009　重要な決定権を与えられていない人は、委ねられている決定の重要さを認め始めるものだ。
◆『同上』

▶ 3010　人々は、ただ不幸な結婚の故に、地方政界に入っていく。
◆『同上』

Francis Parkman
フランシス・パークマン（1823-93）

▶ 3011　新しいイングランドの成長は、よく働く大衆の集積した努力の結果であった。各人が自分の狭い環境の中で、相応の財産や富を集めた。新しいフランスの国土拡張は、欧州大陸を掌中に入れようと闘う、壮大な熱望を達成するためのものであった。虚しい試みであった。
◆『新世界における開拓国家フランス』（1865）、序

▶ 3012　最高に重要で広範囲にわたる問題が、この大陸［北アメリカ］に生じていた。フランスがこの大陸に残るのかそうでないかだ。
◆『モントカームとウルフ』（1884）、序

Charles Stewart Parnell
チャールズ・スチュアート・パーネル（1846-91）
アイルランドの民族主義指導者、パーネルについて、イェーツ4202参照

▶ 3013　アイルランドがなぜイギリスの一部のように扱われなければならないのか……アイルランドは地理上の断片ではなく国家なのだ。
◆下院で、1875.4.26
◆『英国人名辞典』

▶ 3014　わたしの政策は懐柔策ではなく、報復策なのだ。
　※アイルランド党党首として下院で議会戦略について、1877

▶ 3015　アメリカ、アイルランドを問わず、どこにいようとイギリスに束縛されてきたアイルランドとの最後の紐帯を断絶するまで誰も満足しない。
◆シンシナティーでの演説、1880.2.20

▶ 3016　誰しも前進する国家の境界を固定する権利はない。ここまでは行っていい、これ以上は行くなと言う権利はない。
◆コークでの演説、1885.1.21

▶ 3017　誰でも価値のある——ほとんどないが——、助言があれば取り入れて、自分で最善と考えることを行えばよい。
◆コナー・クルーズ・オブライエン『パーネル』

Matthew Parris

マシュウ・パリス(1949-)
イギリスのジャーナリスト、前保守党政治家
◆『後ろを見よ!』(1993)
◆「ザ・タイムズ」1994.2.9

▶ 3018　貴族院のサッチャー夫人について：
大きな猫を少しの間プードルの箱に入れたら、ヴェルヴェットで爪をといでいる。

▶ 3019　政界とはうぬぼれを満足させ、自尊心を飢えさせるところだ。

Blaise Pascal

ブレイズ・パスカル(1623-62)
フランスの算術家、哲学者、道徳家
◆『パンセ』(1909)

▶ 3020　もう少しクレオパトラの鼻が低ければ、世界全体の顔が変わっていたかもしれない。

Sadashiv Kanoji Patil

サダジブ・カノジ・パティル
インドの政治家、ネール政権の食糧農業大臣
◆ J.K.ガルブレイス『われわれの時代の生活』(1981)

▶ 3021　首相は太いバンヤン樹のようなものだ。数千の避難所が下にある、そこでは何も育たない。
　　※ネール首相の後継者が誰になるかを訊かれて

Patrick Pearse

パトリック・ピアス(1879-1916)
アイルランドの民族主義指導者、復活祭蜂起後処刑
ピアスについて、イェーツ 4201 参照
◆ フェニアン団のエレミヤ・オドノヴァン・ローサの墓碑銘、1915.8.1

▶ 3022　愚かにも、愚かにも、愚かにも、フェニアン武士を死に至らしめた、この墓がアイルランドにある限り束縛が平和をもたらさないだろう。

Lester Peason

レスター・ピアソン(1897-1972)
カナダの外交官、自由党政治家、首相(1963-68)
◆ トロントでの演説、1955.3.14
◆「ザ・タイムズ」1971.10.25

▶ 3023　戦争の準備は巨人のようにするが、平和の準備はピグミーのようにしかしない厳しい現実がある。

▶ 3024　進んで我慢しないだけでなく、まったく我慢しなかった。
　　※ディーン・アチソンについて

▶ 3025　外交の主たる要諦は「イエス」と聞こえるような振

◆ ジェフリー・ピアソン『時代

▶ 3026　カナダはイギリスの統治方法、フランスの文化、アメリカの知識を得たつもりだった。ところがフランスの統治方法、アメリカの文化、イギリスの知識であった。

▶ 3027　正義は必ず政治問題となる。

▶ 3028　私もトーリー党員だ。不平もある。だが、トーリー党員としての私は、刑法の厳正さを緩めようとする政策に私の名前が出ず、1本の法律にも関係しなかったことを知ればまったく満足している。実行する際に悪用させない。不公平な行政の安全弁となる。

▶ 3029　アイルランドには真実を知ろうとする食欲がない。

▶ 3030　私は国王の大臣として、明確に決定的に、緊急的に国が必要とする時に適応する行動がとれる権利を保有している。

▶ 3031　公的生活の経験から、老人に代わって若者を雇用することに賛成である。

▶ 3032　長生きすればするほど、様々な政策に軽率に突然に同意し妥協する愚かさを見てきた。

▶ 3033　政権についていれば、殺した敵のあらゆる素質を継承したインド人のように見受けられる。

▶ 3034　われわれは人々の意向に従うためではなく、人々の利益を調整するためにここにいる。意向が利益に反するのであれば、従わない。

▶ 3035　祖国に触れていない人間は、多数の意見を常には黙認できない。

▶ 3036　政府は国民感情の監督と抑制なしに存在できない。

▶ 3037　あらゆる国々で不同意、不満の絶えることのない大瓶が見てとれるだろう。

▶ 3038　平和を気短に要求することは、戦争を煽る危機と同等である。

▶ 3039　誤りを頑張り通すところに威厳を感じない。

を捉えよ』(1993)
◆『ザ・エコノミスト』1991.7.22

Robert Peel

ロバート・ピール(1788-1850)
イギリスの保守党政治家、首相(1834-35、1841-46)
ピールについて、カラン1173、ディズレーリ1277、1280、1292、ヘネシー1855、ウェリントン4093参照

◆ ゴールバーンに、1822.9.23
◆ 下院で、1827.5.1

◆ リーヴソン・ゴーワーに、1828
◆ 下院で、1829.3.30

◆ ウェリントンに、1829

◆ 下院で、1830

◆ 同上、1831

◆ 同上

◆ 同上

◆ 同上、1832
◆ 同上

◆ 同上

◆ 同上、1833

▶ **3040** ロバート・ウォルポールについて：
大方の聴衆の塊を切り離すのに、カミソリよりも適切な道具を選択した。
◆ マーホンに、1833

▶ **3041** 断言はできないが、大声で叫ぶ者が一番害をもたらすものである。
◆ 下院で、1834

▶ **3042** 政府の粗末な手段が何かと言えば、公の財布に手を突っ込んだ結果起きる解決すべき困難な問題が、国民を際限なく混乱させ卑劣にするのだ。
◆ 同上

▶ **3043** スコットランド人から見たイギリス雷鳥は、イギリス人から見たスコットランド人のようだ。動き回ることなく用心深く、倹約的な鳥である。
◆ アバディーンに、1836

▶ **3044** 本当の政治政策は、まず決断があって次に決断の優先度によって実行に移される。決断のタイミング以前には決断せず、直前に問題解決の方途を注意深く検討する。
◆ グラハムに、1841

▶ **3045** 名誉もなく希少で価値あるものになり、消滅しないことがすぐれたことなのである。
◆ 同上

▶ **3046** フランスとイギリスの間にある心のかよった相互理解は、ヨーロッパの平和と福祉の要である。
◆ 下院で、1841

▶ **3047** 時としてあざ笑われていることに警告を受けるが、自分にとっては都合のよいことである。
◆ 同上、1842

▶ **3048** 何も他にやる仕事がない人間でも、役所で人に課税通告をすることはできる。
◆ 同上

▶ **3049** 政府の大きな戦術は、世界が供給する道具によって作動することだ。
◆ 内閣で、1844

▶ **3050** アイルランドでは進んで苦情を言いふらしたり、救済策への苦情を好む集団がいます。
◆ 女王へ、1844

▶ **3051** 哲学者は大衆が我慢していれば、経費にはひどく無頓着である。
◆ ハディングトンへ、1844

▶ **3052** 聖職者は地上の常識を越えてはならない。聖職者には男子の私生児がいる。
◆ グラハムへ、1845.8.13

▶ **3053** アイルランド人は政治において何が問題となっているかを見分ける力がない。
◆ 同上、1845.12.28

▶ **3054** 政治には事実は、少なくとも確かな事実は、ほとんどない。
◆ ブローハム卿へ、1846

▶ **3055** 大公法はわずかの理由で施行されなくなる。
◆ ラドナー卿へ、1846

▶ **3056** 君主制はいつも自由よりも組織化されている。

Charles Péguy
チャールズ・ベギー（1873-1914）
フランスの詩人、エッセイスト
◆『基本真理』(1943)、『戦争と平

和」

▶ 3057　議会は女性を男性に、男性を女性にすること以外は何でも可能だ。

Henry Herbert, Lord Pembroke
ヘンリー・ハーバート、ペンブルック卿（1534頃-1601）
◆ 第4代伯爵である彼の息子がオックスフォード大学総長就任に備えて引用、1648.4.11

William Penn
ウィリアム・ペン（1644-1718）
イギリス人のクェーカー教徒、ペンシルヴェニア州の建設者
◆『孤独の果実たち』（1693）
◆『同上』

▶ 3058　目を覆う貧困や非道な行為に痛めつけられると、宗教や政府に向けての攻撃となる。

▶ 3059　賄賂や心づけを取ることは、州から搾取することと同じく厳しい罪で罰するべきである。

Samuel Pepys
サミュエル・ピープス（1633-1703）
イギリスの日記作家
◆ 日記、1660.10.13
◆ 同上、1662.7.9
◆ 同上、1662.7.21
◆ 同上、1664.8.7

▶ 3060　チャリング・クロスへ行って、ハリソン少将が絞首され、引きずられ四つ裂きにされるのを見た。誰もがその場では当たり前のように、従順に受けとめられていた。

▶ 3061　王への敬意が失せた。彼とても雨に命令できるわけではないと知ったから。

▶ 3062　王にとっては、金をかけずに臣民と同じように質素に関わることは不可能のように見える。

▶ 3063　私たちが語らっているところへ、数人の貧しい人間が、秘密集会をしていた廉で下級捕吏につれられてきた。私は従うか、さらに賢くなって捕まらないか神に祈った。

▶ 3064　愛らしく頭の冴えているネル。
　　　※ネル・グウィンについて

◆ 同上、1665.4.3

Pericles
ペリクレス（紀元前495頃-同429）
ギリシャの政治家
◆ トゥキディデス、『ペロポネソス戦争の歴史』

▶ 3065　名だたる男にとって全世界が記録である。

Juan Perón

ホアン・ペロン（1895-1974）
アルゼンチンの軍人、政治家、大統領（1946-55、1973-74）
◆「オブザーヴァー」1960.2.21

▶ 3066　もしペロンとして生まれていなかったら、ペロンになろうと望んだであろう。

H. Ross Perot

H. ロス・ペロー（1930-）
アメリカの実業家、大統領選挙無所属候補
◆よりよい政府のシンポジウムでの演説、1992.11.2
◆気に入りの言葉、ケン・グロス『ロス・ペロー』（1992）

▶ 3067　選挙後、私たちのような人間（つまり無所属候補）は仕事に戻らなければならない。税金を払うために5ヶ月間働かなければならないからだ。

▶ 3068　活動家とは川を清掃する人間であって、汚れを終結させる人間ではない。

▶ 3069　ジョージ・ブッシュが1992年の大統領選挙の討論の貴重な経験のストレスで入院した後で：
私には4兆円にものぼる負債を急増させた経験はない。

◆「ニューズウィーク」1992.10.19

▶ 3070　自身の政治的将来について：
できることなら、立ち去れればなあ。しかし、もし私が消えれば勝ち目はゼロになるだろう。だから、この周りにいなければならないのだ。

◆「オブザーヴァー」1995.8.20、「今週の言葉」

Henri Philippe Pétain

アンリ・フィリップ・ペタン（1856-1951）
フランスの将軍、政治家、国家元首（1940-42）
◆「オブザーヴァー」1946.5.26

▶ 3071　ある人が回想録を記すことは、本人を除いたあらゆる人々の悪口を言うことだ。

Mike Peters

マイク・ピーターズ
アメリカの風刺漫画家
◆「ウォール・ストリート・ジャーナル」1993.1.20

▶ 3072　投票記載台に入ったならば、大統領に最適という人に投票すると思う？　それとも生涯をかけて立派な漫画家にしてくれる、悪臭を放つバケツに投票すると思う？

Roger Peyrefitte

ロジェ・ペルフィット（1907-）
フランスの作家
◆『外交作戦』（1953）

▶ 3073　理想的な公僕はいつも無色、無臭、無味でなければならない。

Edward John Phelps
エドワード・ジョン・フェルペス（1822-1900）
アメリカの法律家、外交官
◈ ロンドン市庁舎での発言、1889.1.24

▶ 3074　失敗しない人は何もしないものだ。

Kim Philby
キム・フィルビー（1912-88）
イギリスの諜報部員、ソヴィエトのスパイ
◈「サンデー・タイムズ」1967.12.17

▶ 3075　敵に売るには、まず溶け込むべきだ。

Prince Philip
フィリップ殿下（1921-）
エリザベス2世の夫
◈ 実業家に向けての講演、1961.10.17
◈ 伝聞、1969

▶ 3076　今こそ、過去に敗戦した軍事行動と同様の場面に直面しているという自責の念の思いである。撤退の時だと思う。

▶ 3077　どんな舞台であれ、もはや君主制が役割を演ずる場面はこないとあなた方が思うならば、どうぞ議論なしに穏便に治めてほしい。
　　　　※カナダ国民に対して

Morgan Phillips
モーガン・フィリップス（1902-63）
イギリスの労働党政治家
◈ ジェームズ・キャラハン『時代と機会』（1987）

▶ 3078　労働党はマルキシズムよりメソジスト派に借りがある。

Wendell Phillips
ウェンデル・フィリップス（1811-84）
アメリカの奴隷制廃止論者、演説家
◈ 演説、1852.1.8
◈ 同上、1852.4.12

▶ 3079　革命は作るものではない、来るものだ。樫の木が自然に生長するようなものだ。過去から現れる。その基は遠くかなたにある。

▶ 3080　法の十全の活用とは悪法を自身の足で踏みにじることだ。

▶ 3081　神の側にこそ多数がある。

◈ 同上、1859.11.1

- 3082 誰もが最終的に本人のワーテルローに出会う。　◆同上
- 3083 牢獄にあろうと、栄誉の渦中にあろうと、自由は勝利しか知らない。　◆同上
- 3084 真実は永遠に絶対である。そして意見とは目撃者のむら気や、激情の気質を濾過した真実である。　◆『偶像』1859.10.4

Phocion

フォキオン（紀元前402頃 – 同317）
アテネの軍人
◆ プルタルコス『対比列伝』、「フォキオン」

- 3085 デモステネス：アテネ人はあなたを殺すだろう。フォキオン、彼らは狂っている。
  フォキオン：いや、あなたを殺すだろう、正気づいているから。

Kenneth Pickthorn

ケネス・ピックソーン（1892-1975）
イギリスの保守党政治家、歴史家
◆ 下院で、1960.2.8

- 3086 イギリス人は手続きが苦手で、与党が議会の51%を支配する政府では、積極的、消極的とを問わず議会の望むすべてのことをいつでも実行する。

William Pitt, Earl of Chatham

ウィリアム・ピット、チャタム伯爵（1708-78）
イギリスのホイッグ党政治家、1756年国務大臣（事実上の首相）、連立政権を率いる（1756-61、1766-68）。ウィリアム・ピット（1759-1806）の父
ピットについて、ウォルポール 4020 参照
◆ 下院で、1741.3.2
◆ バジル・ウィリアムズ『ウィリアム・ピット、チャタム伯爵』（1913）
◆ 演説、1763.3 頃

- 3087 若者の行う残酷な犯罪については……言い繕いも否定もしようとは思わない。

- 3088 私は裁判弁護士にひと言発言しなければならない。彼らは少人数、だが短剣になるだろう。
  ※法務長官ウィリアム・マリーに、下院で
- 3089 これ以上のみじめな国民は小屋にこもって国王の権力に抵抗するだろう。小屋は粗末で、屋根はガタガタ鳴り、風は吹き抜け、嵐は吹き込み、雨漏りもするだろう。だがイギリス国王は入ることはできない！

◆ 下院で、1766.1.14

- 3090 信頼とは熟成した愛情のもとで、ゆっくりと育っていく植物である。若さは軽々しい季節である。

- 3091 際限のない権力は、権力者の心を腐敗させがちである。
- 3092 国王の蔭には王冠以上の何かがある。
- 3093 わが国にはカルヴィン主義の信条、ローマカトリック的な礼拝式、アルミニウス派の僧侶がいる。
- 3094 アメリカは征服できない。
- 3095 憲法の天稟に祈願する。
- 3096 15年前は世界の脅威だったものが、今旧敵に「すべてを差し上げます。平和だけをください」と言うようになっているか？
  ※上院での最後の発言で、死の直前にアメリカ植民地主義者とその同盟者のフランスの支配に反対して
- 3097 われわれのスローガンは安全だ。
- 3098 公園はロンドンの肺である。

- 3099 欠乏は人間の自由に突き付けられた、あらゆる侵害のための口実である。暴君の議論であり、奴隷の信条である。

- 3100 われわれは再びヨーロッパの救済を開始しなければならない。
- 3101 わが国民は思い出さなければならない……国家が存亡状態にあること、争わなければならないこと。財産のため、自由のため、独立のため、いや、国民として生存するためにだ。品性のためだ。イギリス人の名前のためだ。この世にあって人間にとって、すなわち高貴さと価値のためだ。
  ※ナポレオンによってアミアン和平が崩壊し、戦争の再発に際して、1803.7.22
- 3102 イギリスは自身の実力行使で救済された。ヨーロッパは標本として救済されるだろう。
  ※フランスとの戦争で祖国の救済者としての賞賛に応えて
- 3103 地図を巻き取れ。あと10年間は、何も望めない。
  ※ナポレオンのアウステルリッツ戦争の勝利を聞いて。ヨーロッパの地図について、1805.12
- 3104 ああ、祖国よ、祖国よさらば！

◆貴族院で、1770.1.9

◆同上、1770.3.2
◆同上、1772.5.14

◆同上、1777.10.18
◆同上
◆バジル・ウィリアムズ『ウィリアム・ピット、チャタム伯爵』(1913)

◆伝聞
◆ウィリアム・ウィンダムが下院で引用、1808.6.30

William Pitt

ウィリアム・ピット(1759-1806) イギリスの政治家、首相(1783-1801、1804-06)。ウィリアム・ピット、チャタム伯爵の二男 ピットについて、バーク704、フォックス1517、1518参照

◆下院で、1783.10.18
◆1795、『英国人名辞典』

◆『高貴人ウィリアム・ピットの演説』(1806)

◆R. クープランド『ウィリアム・ピットの戦争演説集』(1915)

◆スタンホープ伯爵『高貴人ウィリアム・ピットの人生』(1862)

◆スタンホープ伯爵『高貴人ウィ

※臨終の言葉。口承「私はベラミーの子牛肉のパイが食べたかった」

リアム・ピットの人生』第3巻（1879）（「祖国を一番愛している」、第4巻（1862）43章）。G. ローズ『日記と通信』(1860) 第2巻、1806.1.23、引用「祖国よ、私の祖国よ！」

Pius VII

ピウス7世（1742-1823）
1800年よりローマ法王
◆ J. M. ロビンソン『コンサルヴィ枢機卿』(1987)

▶ 3105　われわれは地獄の門に行く準備ができた──それほど遠くないうちに。
　　※ナポレオンとの合意に努力して、1800-01頃

Plato

プラトン（紀元前429-同347）
ギリシャの哲学者
◆『国家』中でトラシュマコスが語っている

▶ 3106　私が「真正」だとか「正義」を唱えることは他ならぬ強い同志のためなのだ。

◆『国家』

▶ 3107　政治参加を拒否した罰の1つは、身分の卑しいものに統治されて死んでいくことだ。

◆『同上』

▶ 3108　専制君主が外敵に恐怖を受けず、征服したり外交で処理したりして戦いなどで活躍していれば、人民は自然と指導者を求めるようになるだろう。
　　※「外敵」ここでは「追放された反逆者」

Pliny the Elder

大プリニウス（23-79）
ローマの政治家、学者

▶ 3109　常にアフリカから新しい変化が起こる。

◆「いつもアフリカは何か新しいものをつくりだしている」の伝承形、『自然史』

George Washington Plunkitt

ジョージ・ワシントン・プランキット（1842-1924）
アメリカの政治家

▶ 3110　機会と見たら、すぐに手に入れた。

◆ ウィリアム・L. リオーダン『タマニー・ホールのプランキット』(1905)

▶ 3111　盗む政治家は盗賊より質が悪い。馬鹿者だ。政治的

◆『同上』

縁故で周囲を固めていたとしても、1セントを盗ったら何の言いわけもできない。

▶ 3112　ある人が民衆や彼［シーザー］を非難している時、彼は太って髭の長い者は恐れないが、青白くてやせているのは別だと言ったと聞いている。

▶ 3113　最初、シーザーの公政策の上べを知って、それからその深さに恐れを感ずる人は穏やかな海面におののく人と同じである。

　　※キケロについて

▶ 3114　政治家とは国民への奉仕のために、そこに身を置く政治屋である。政治屋とは自身への奉仕のために、そこに国民を置く政治家である。

▶ 3115　さあ、アンナ様！　3つの場面が追従します、
　　　ある時は相談であり、ある時はお茶飲みであり。

▶ 3116　政治家、まだ真実の友だ！　魂は誠実で
　　　行動は信義をもって、名誉は清々しい
　　　約束をひとつも破らず、個人的な目的のない人に仕え、
　　　肩書を手にせず、友を失わない人。

▶ 3117　統治の形態とすれば、馬鹿者たちを争わせることだ。
　　　最高の行政が最善である。

▶ 3118　もし相手に魅了されたなら、ベーコンがいかに輝いていたかに思いをめぐらせるのだ。
　　　人間として最も賢明であり、最も輝き、最も卑しかったのだ。
　　　また名前を口笛で吹きながら強奪し、
　　　クロムウェルのように、永遠に非難され続けている。

▶ 3119　古い流儀の政治家たちは過去の智恵を嚙み尽くす、最後には実際のところよろけるものだ。

▶ 3120　地位と財産は、できれば優雅に手に入れよ。
　　　でなければどのような手を使っても、財産と地位は

Plutarch
プルターク（46頃-120頃）
ギリシャの哲学者、伝記作家
◉『対比列伝』、「アントニー」
◉『同上』、「ジュリアス・シーザー」

Georges Pompidou
ジョルジュ・ポンピドー（1911-74）
フランスの政治家、首相（1962-68）、大統領（1969-74）
◉1973、伝聞

Alexander Pope
アレキサンダー・ポープ（1688-1744）
イギリスの詩人
◉『髪の毛盗み』（1714）
◉『何人かへの書簡』、「アディソン氏へ」（1720）

◉『人間への書簡のエッセイ』第3集（1733）
◉『同上』第4集（1734）

◉『何人かへの書簡』、「コブハム卿へ」（1734）
◉『ホラティウスの偽物』、「ホラティウス全集第1巻、書簡第

　　　　手に入れよ。

▶3121　そらみたことか！　恐怖の帝国、混乱！　が再来した。
　　　　光は世界を再創造する前に消滅する。
　　　　無秩序を子孫に手渡す！　カーテンを降ろせ。
　　　　宇宙の闇ですべてを包め。

▶3122　国会の下院で何が通過したのかを女王に尋ねられ答え
　　　　て、1581：
　　　　陛下に御満足いただくとすれば、7週間。

▶3123　預言者のふりをしなくなった時に、運命の創造者に
　　　　なれるかもしれない。

▶3124　自由のために計画しなければならない、安全のため
　　　　だけではない。もし他の道理がなければ、自由だけが安全
　　　　を確実なものにできるからだ。

▶3125　人類には歴史はない。人間生活のすべての局面の歴
　　　　史だけがある。そのうちの1つが権力の歴史である。それ
　　　　が世界の歴史とみなされている。

▶3126　マルキシズムはエピソードに過ぎない──よりよ
　　　　い、より自由な世界を建設するために絶えまなく危険な闘
　　　　争を続けてきた結果、犯した多くの判断間違いの1つにす
　　　　ぎないのだ。

▶3127　複雑な社会工学は、技術の領域を超えた限界という
　　　　点で身体工学と似ている。

▶3128　民主主義は余剰経済を楽しむ国々は最高に評価する
　　　　が、経済が不活発な国々はまったく評価しない。

▶3129　われわれがワシントン流の威厳をジェファーソン流
　　　　の簡素に換えた。それは、事実、ジャクソン流の俗悪さの
　　　　別名に過ぎないのだ。

1集」(1738)、ホラティウス
1936 参照
◆『愚人列伝』(1742)

John Popham
ジョン・ポパム(1531?-1607)
下院議長、首席裁判官
◆ ベーコン『警告集』

Karl Popper
カール・ポッパー(1902-95)
オーストリア生まれの哲学者
◆『開かれた社会とその敵』
　(1945)、序
◆『開かれた社会とその敵』
　(1945)

◆『同上』

◆『開かれた社会とその敵』(新編、1952)

◆『歴史主義の貧困』(1957)

David Morris Potter
デーヴィッド・モリス・ポッター
(1901-71)
◆『富める人々』(1954)

Henry Codman Potter
ヘンリー・コドマン・ポッター
(1835-1908)
1887年からニューヨークの司
教

◆『ポッター司教の演説』(1890)

Colin Powell
コリン・パウエル(1937-)
アメリカの将軍
◆『ナショナル・インタレスト』
　1994年春号

Enoch Powell
イーノック・パウエル(1912-)
イギリスの保守党政治家
パウエルについて、マクラウド
2561参照。
◆「デイリー・テレグラフ」
　1964.1.31

▶3130　はっきり言って、私の哲学はむしろ簡単なのだ。軍隊に対して持ちあわせる政治の期待は、全体として現実的なものである。こそこそするな、自分自身を誤るな。
　※ナショナル・プレス・クラブでの昼食会の発言、1993.9.28

▶3131　政治では、取るより与える方が祝福される。

▶3132　時としてばかげた振舞いは悪いことではない。もしわれわれが政治家だったら、話すことすらないかもしれないが？
◆伝聞、1964

▶3133　職業政治家は、職業広告業と相通ずる。双方とも正直さや誠実さが社会的に低い評価しか得られないと、自身を解雇しなければならない。
◆同上、1965

▶3134　誰もが起こらないと思っていた戦争で、歴史は右往左往させられる。
◆保守党大会での発言、1967.10.19

▶3135　神々が破壊しようとされる時は、まず、お怒りになる。われわれは怒らねばならない。文字通り怒る。わが国は年間約50,000人のやっかい者の流入を許し、人口減のおり、移民の将来的拡大の要因となっている。国民が忙しく、葬式の薪を山と積み上げているのを見ているようだ。
◆バーミンガムでの演説、1968.4.20

▶3136　将来を展望すれば、はっきりと予感している。ローマのように「テヴェレ河は血で泡だっている」ように見える。
◆同上

▶3137　「産業を救済する」ということは、社会主義にとって象の落とし穴である。小枝や若葉で隠されたその底には、鋭い釘がある深い穴である。
◆イーストボーンでの演説、1969.9.20

▶3138　誰もが政治家になれとは強要されていない。ただ狐狩りと詩作とに比較される。どちらも獲物を分け合う娯楽である。
◆伝聞、1973

▶3139　差別をほじくりだす立法狂がいる。だが人生はたいがい差別なのだ。
◆同上、1975

▶3140　政党は——政権を獲得したり保持する相互扶助のた
◆演説、1976.9.30

▶ 3141 「名誉の前に政権」こそが保守党政権の合言葉だった。
※ 1970-74 年の保守党政権について

▶ 3142 政治生活は、順調に進んできている中間点で切断されて水泡に帰す、なぜならそれが政治の本質であり人生だからだ。

▶ 3143 イギリスの歴史から議会を取り除いたら、意味のないものになる。

▶ 3144 政治家が報道に不満を言うことは、船長が海に不満を言うことだ。

▶ 3145 トーリー党は諸制度を考える人々の組織であって、運営する人々よりも賢い。

▶ 3146 アン・ブラウン：憶えていてほしいことは？
イーノック・パウエル：戦争で殺されたいと望んできた。

▶ 3147 政治家は公的な仕事をするうえで、簡潔に行動しなければならない。だが歴史家は主題を認識して格付けをするために、いつも素朴に虚偽を操っているという妄想にとりつかれている。

▶ 3148 フランス人やイタリア人と物やサーヴィスを自由に交換できないと言い訳するのは、海水浴や入浴に同じ作法がないと言っているのと同じで論理的ではない。赤裸々で根も葉もない攻撃だ。

▶ 3149 生きて下院議員としてとどまることは、政治家人生の最優先の言わずもがなの欲求である。

▶ 3150 国民の集団的記憶のない歴史とは何か？

▶ 3151 政治的、党派的偏見に影響されてきて将来に想像力を働かせ、経済学者たちの過去の計画を頼りに働いてきたホワイトホールの失政の目立つ、一握りの集団のつくる国家という実体を暴露するためにカーテンを開けよ。

▶ 3152 自由連合論者について：
政治的なラバ。祖先の誇りも子孫の希望も持たない。

◆「スペクテイター」1977.10.15

◆『ジョセフ・チェンバレン』（1977）、あとがき

◆「議会人」（BBC テレビ）、イーノック・パウエルとロビン・デイの討論、1979.2.4

◆「ガーディアン」1984.12.3

◆「デイリー・テレグラフ」1986.3.31

◆ ラジオでのインタヴュー、1986.4.13

◆「スペクテイター」1989.11.26

◆「ガーディアン」1990.5.22

◆「理論と実践」1990

◆BBC ラジオ 4、1991.2.16
◆ 伝聞

John O`Connor Power
ジョン・オコナー・パワー
（1848-1919）
アイルランドの法律家、政治家
◆H. H. アスクィス『記憶と反射』（1928）、ディズレーリ 12/1、ドネリー 1362 参照

John Prescott
ジョン・プレスコット（1938-）
イギリスの労働党政治家、1994年から労働党副委員長
◆「オブザーヴァー」1994.6.19、「1週間の発言」

▶ 3153　トニー・ブレア、マーガレット・ベケットと労働党党首選挙の討論の最中に：
われわれは、死に向かって愛の危機のただ中にある。

Richard Price
リチャード・プライス（1723-91）
イギリスの非国教徒牧師
◆『わが国の愛についての講演』（1790）

▶ 3154　さぁて、考えてもみよ、自由を獲得し、湧き上がる熱情をこの目で見た。人間社会に幅広い修正が始まった。国王の支配も統治権で変わった。聖職者も理性と良心によって変わる。

Matthew Prior
マシュウ・プライア（1664-1721）
イギリスの詩人
◆『ソロモン』（1718）

▶ 3155　国王とは何者だ？――耐えることで非難される人　国民に心配をかける公的荷物。

Pierre-Joseph Proudhon
ピエール＝ジョセフ・プルードン（1809-65）
フランスの社会改革家
◆『財産とは何か？』（1840）

▶ 3156　財産は窃盗だ。

John Pym
ジョン・ピム（1584-1643）
イギリスの議会派指導者
◆『英国人名辞典』

▶ 3157　自由が承認されたといっても、事実として現実とならなければ、国を笑いものにするに過ぎない。
※エッヂヒルの戦いの後で、チャールズ１世の人を欺く性格を指摘してロンドン市民に市庁舎で発言

Pyrrhus
ピュロス（紀元前319-同272）
紀元前306年からエペイロスの王
◆ プルタルコス『対比列伝』、「ピュロス」

▶ 3158　もう1回勝利しようとしたら、われわれは負けていた。
※紀元前279、アスクルムでローマ軍を破って。『ピュロスの勝利』の由来

Q

▶ 3159　あなたはただ1つの商業のルールを認めるのです。それは（あなたの有利になることですが）すべての買い手、売り手が誰であろうと自由に売買する許しを与えることです。

François Quesnay
フランソワ・ケネー（1694-1774）
フランスの政治経済学者
◆M. アルファからケネーへの手紙、1776、L. サレロン『重農主義とケネー』（1958）第2巻所収。しかし、ケネーの著作には見当たらない。ダルジャンソン 170 参照

▶ 3160　完璧に正当性があり、それ相当の義務が生じ、心して独立の準備をし、できれば平和裡に遂行するべきだが、力ずくでも決行されなければならない。

Josiah Quincy
ジョシア・クィンシー（1772-1864）
アメリカの連邦主義政治家
◆ 国会討論の要約、1811.1.14

R

▶ 3161　今日は声を大にしてはっきりと声明する。十分な血と涙。もう十分だ。
　　※パレスチナ人へ。イスラエル—パレスチナ宣言の署名をしながら

Yitzhak Rabin
イツハク・ラビン（1922-95）
イスラエルの政治家、軍指導者、首相（1974-77、1992-95）
◆ ワシントンで、1993.9.13

▶ 3162　社会は日常的な市民サーヴィス、警察力、徴税史員——知られていないが今世紀初めから権力の集中によって成り立つようになってきている。

▶ 3163　政府はいつも、実際のところ言論、出版の自由を望んではいないはずで、管理して、上手に手なずけようとするものだ。

Lord Radcliffe
ラドクリフ卿（1899-1977）
イギリスの法律家、公務員
◆ 権力と国家（BBC リースレクチャーズ、1951）
◆ 1967、ピーター・ヘネシー『新聞がいまだ言わないこと』（1985）

▶ 3164　イギリスでは最貧民層でさえ最高生活を営んでいる。
　　※パトニーの陸軍論争で、1647.10.29

Thomas Rainborowe
トーマス・レインボロウ（1648没）
イギリスの軍人、議会派

◆C. H. ファース（編）『クラーク報告書』第 1 集 (1891)

Milton Rakove
ミルトン・ラーコーヴ (1918-83)
◆『ヴァージニア・クォータリー・レヴュー』(1965)

▶ 3165　第 2 の法則、すなわちラーコーヴの政治原則の法則では、市民は政治課題からの距離に比例して直接に影響を受けるとしている。

Walter Raleigh
ウォルター・ローリー (1522 頃 – 1618)
イギリスの探検家、宮廷人
◆トーマス・フラー『イギリスの価値の歴史』(1662)、「デヴォンシャー」
◆『嘘』(1608)

▶ 3166　登山ができたなら気持ちよいが、まだ滑落を恐れている。
　　※窓ガラスに書かれた詩、エリザベス 1443 参照

▶ 3167　例えば宮廷が光を放ち、
　　　　腐った木のように輝く。
　　　　例えば教会は明示する、
　　　　善、不善とは何かと。
　　　　教会と宮廷が答えたとすれば、
　　　　双方にとって嘘である。

▶ 3168　厳しい治療だが、確かに万病の治療法の 1 つである。
　　※処刑に先立って、斧の刃の上にいるような感じについて

◆D. ヒューム『大英帝国の歴史』(1754)

▶ 3169　心臓さえ正常なら、頭をどちらに向けても大したことではない。
　　※処刑の時、頭をどちらにして寝るかときかれて

◆W. ステビング『ウォルター・ローリー卿』(1891)

▶ 3170　長旅に出るから、友人に別れの挨拶をしなければならない。
　　※別れの言葉

◆E. トンプソン『ウォルター・ローリー卿』(1935)

John Randolph
ジョン・ランドルフ (1773-1833)
アメリカの政治家
◆下院で、1806.3.5.

▶ 3171　戦争回避の確実な道は恐れぬことだ。

▶ 3172　神がミズーリ州を与えたもうた。悪魔が奪えるわけがない。
　　※ 1820 年、奴隷州であるミズーリ州の連邦参加を承認するかどうかについての上院での議論で

◆ロバート・V. レミニ『ヘンリー・クレー』(1991)

▶ 3173　能力は普通以下ではなく、相応の報酬を受けてきたのである。いや、そうだカリギュラの馬は執政官ではな

◆発言、1828.2.1

かった。
　　　※財務長官としてリチャード・ラッシュを任命したジョン・クィンシー・アダムズについて
▶ 3174　最高の能力はあるが完全に腐敗している。月光の下で腐敗した鯖のように輝いて悪臭を放っていた。
　　　※エドワード・リヴィングストンについて
▶ 3175　目的に向かって、オールを隠して漕ぎだした。
　　　※マーティン・ヴァン・ビューレンについて
▶ 3176　特権で最高の旨味は――他人の金を使うことだ。

◆W. キャベル・ブルース『ロアノークのジョン・ランドルフ』(1923) 第2巻
◆『同上』
◆『同上』

▶ 3177　上手くやりたければ、続ければよい。

Sam Rayburn
サム・レイバーン (1882-1961)
アメリカの政治家
◆ ニール・マクニール『民主主義の鍛錬』(1963)

Ronald Reagan
ロナルド・レーガン (1911-)
アメリカの共和党政治家、アメリカ合衆国第40代大統領 (1981-89)、元ハリウッド俳優
レーガンについて、ケイラー 2152、シュローダー 3390、ヴァイダル 3982、デンプシー 1229、ギップ 1653 参照

▶ 3178　政府は大きな赤ん坊のようなものだ――他人に対して無責任で、自分1人で栄養分を運河のように異常な食欲で摂る。
　　　※カルフォルニア州知事選の遊説で、1965

◆ 伝聞
◆ 1966、マーク・グリーン、ゲイル・マコール（共編）『彼は再びやる』(1983)

▶ 3179　政治はちょうど、ショービジネスのようなものだ。開幕の地獄、しばらく順調に進行して閉幕の地獄だ。
▶ 3180　政府は問題を解決しない。補助するだけだ。
▶ 3181　政治は2番目に古い職業だと思う。1番目のものに、極めて類似していることがわかった。
▶ 3182　すでに堕胎賛成者が生まれていることに注目する。
▶ 3183　ジェリー・ビーンズの食べ方からも、性格の大体はわかるものだ。
▶ 3184　アメリカの国民が、まだまだ豊かになれることを確認したい政党である。
▶ 3185　核凍結提案の議論では、誇りの誘惑に注意しろと強調したい――核凍結を軽率に唱えたいという誘惑は、歴史

◆ 演説、1972.11.11
◆ ロサンゼルスの会議で、1977.3.2
◆ 大統領選挙討論会で、1980.9.21
◆「ニューヨーク・タイムズ」1981.1.15
◆ 共和党国会議員夕食会で、1982.5.4
◆ 全国福音教会連合での演説、1983.3.8

の事実や悪魔帝国の攻撃的な衝動を無視しているという点で表裏一体となって誤りを犯している。

▶ 3186　アメリカ国民の皆さん、ロシアを永久に非合法国家とする法律に署名した朗報を公にします。攻撃は 5 分以内に可能となりました。
　　　※ラジオのマイク・テストの演説、1984.8.11

◆「ニューヨーク・タイムズ」1984.8.13

▶ 3187　納税者――州政府のために働いてはいるが、公務員試験のために働かなければならないわけではない。

◆ 伝聞、1985

▶ 3188　わが国は孤立して最高に不可思議な集団で馬鹿げた狂人たちの、相次ぐ無法な攻撃やナチスの第三帝国出現以来の唾棄すべき犯罪を、もはやこれ以上許すつもりはない。
　　　※アメリカ航空機ハイジャックに関する発言、1985.7.8

◆「ニューヨーク・タイムズ」1985.7.9

▶ 3189　中東のこの気違い犬。
　　　※リビアのカダフィー大佐について、1986.4.9

◆「同上」1986.4.10

▶ 3190　わが国では、家庭に食糧がないからといって、飢えているはずだと思い込むには当たらない。

◆ 記者会見で、1986.7.11

▶ 3191　英語で 9 語からなる尋常でない言葉は「私は政府から派遣されて助けにきた」である。
　　　※農業援助について

◆ シカゴでの記者会見で、1986.8.2

▶ 3192　ゴルバチョフ氏はこの壁に涙を流せ。

◆ ベルリンで、1987.7.12

▶ 3193　彼の人気やそんなことに腹を立てはしない。ああ、昔、エロール・フリンと共演したことがあった。
　　　※ミカエル・ゴルバチョフについて

◆ フロリダ州ジャクソンヴィルでの学童への講演、1987.12.1

▶ 3194　考えを強固に持ったり打ち出すことは、映画の中だけでなくあらゆる機会で成功する指導力の秘訣であると学んだ。

◆『ザ・ウィルソン・クォータリー』1994 年冬号、伝聞

▶ 3195　これから人生の日没に向かって導かれる旅を始める。
　　　※アルツハイマー症をアメリカ国民に公表した際の演説、1994

◆「デイリー・テレグラフ」1995.1.5

John Redmond
ジョン・レドモンド（1856-1918）
アイルランドの政治家、民族主義指導者
◆『英国人名辞典』

▶ 3196　1914 年春、レドモンドがティペラリーから来た友人の聖職者に、今国民からアイルランドの自治を奪うことができるのかと尋ねられて：
ヨーロッパ戦争になればそうなるであろう。

Joseph Reed
ジョセフ・リード（1741-85）
アメリカの革命政治家
◆ W. B. リード『ジョセフ・リードの生活と書簡』(1847)

▶ 3197　買収する価値がありません。私と同様に、大英帝国の国王もそれほど金持ちではない。
　　　※大英帝国とアメリカの植民地の統一を首尾よく推進できたら、ジョージ・ジョンストン総督が 1 万ポンドを提供し、国

王の植民地にリードの事務所をかまえさせると提案してきたことへの回答

▶ 3198　2人の同僚、国会議員について：
人間としての知識の総量から何かを減らすことなしには、決して口を開かない人々だ。

Thomas Brackett Reed
トーマス・ブラケット・リード
(1839-1902)
アメリカの政治家、国会議員
◈ サムエル・W. マッコール『トーマス・ブラケット・リードの生涯』(1914)

▶ 3199　国民は国民に平和を語るだろう。

Montague John Rendall
モンタギュー・ジョン・レンドール (1862-1950)
BBC の設立幹部
◈ BBC のモットー、聖書 486 参照

▶ 3200　外交は悪魔のような仕事だ。彼ら外国人が、いつもわれわれの気まぐれに盲従させられるわけではない。

▶ 3201　あらゆる政治は、しかし、多数派の無関心をもとにしている。

James Reston
ジェームズ・レストン (1909-95)
アメリカのジャーナリスト
◈「ニューヨーク・タイムズ」1964.12.16
◈「同上」1968.7.12

▶ 3202　アヒルのように見え、歩き、鳴いたらまさにアヒルに違いない。
　　※共産主義者禁止のマッカーシー時代の、探索時に
▶ 3203　不法行為は路面電車と同じくあちこちに見受けられた。仕事にありついた時は、人間の威厳、市民権、人間性が放棄させられた。
　　※ワグナー法が制定される以前のアメリカの労働事情について

Walter Reuther
ウォルター・ルーサー (1907-70)
アメリカの労働運動指導者
◈ 伝聞
◈ 同上

▶ 3204　栄光の 92 人の記録。マサチューセッツ湾の名誉ある下院議員たち──権力の側の、不当で横柄な脅迫に不屈に立ち向かった。憲法制定権能の認識と自由に厳正であることを求めて 1768 年 6 月 30 日に「法律撤廃反対」に投票した。

Paul Revere
ポール・リヴィア (1735-1818)
アメリカの愛国者
◈ 伝聞

※リヴィアの銀の"自由"大杯の銘、1788

▶ **3205**　もし、イギリスが海上から侵入してくるとすれば、北教会の尖塔に2個のカンテラを掲げたでしょう。もし、陸上からならば、1個を信号として用いたでしょう。チャールズ川を横切りボストン海峡を渡り切る困難を承知していたからです。
※チャールズタウン安全協会のコナント大佐と暗号を打ち合わせして、1775.4.16

◉ ジェレミー・ベルクナップへの書簡

Joshua Reynolds
ジョシュア・レイノルズ（1723-92）
イギリスの画家

▶ **3206**　下院は個人会社にそっくりだ。議員が他の議員を議論で納得させることなどあり得ないのだ。激情や高慢さが議論に反発するからだ。

◉ ジェームズ・ボスウェル『サミュエル・ジョンソンの生涯』（1791）、1778.4.3

Cecil Rhodes
セシル・ローズ（1853-1902）
イギリス生まれ、南アフリカのダイヤモンド鑑定士、政治家、ケープ州植民地首相（1890-96）

▶ **3207**　どこの国籍を持ちたいかと誰にでも聞いてみろ。100人中99人は、イギリス人がいいと答えるだろう。

◉ ゴードン・レ・シュア『セシル・ローズ』（1913）

▶ **3208**　イギリス人であるということは、人生の賭けでは最高の景品である。

◉ A. W. ジャーヴェス『ある積極的人生の賭け』（1928）

▶ **3209**　あまりに仕事をしてこなかった、まだやり残したことがある。
※死の当日に語った

◉ ルイス・ミッチェル『ローズの生涯』（1910）

David Ricardo
デーヴィッド・リカード（1772-1823）
イギリスの経済学者

▶ **3210**　地代は地球の一部である。土地の本源的に不滅な力を使用するために、地主に払うものである。

◉『税と政治経済の原則について』（1817）

Grantland Rice
グラントランド・ライス（1880-1954）

▶ **3211**　あらゆる戦争は老人によって企てられる
　　　　　遠く離れた議会の委員会室で。

Stephen Rice

ステフォン・ライス(1637-1715)
アイルランドの法律家
◆W. キング『アイルランドのプロテスタントの状況』(1672)

▶ 3212　王位継承法を1台の荷車にのせ6頭の馬に引かせて素通りする。

Tim Rice

ティム・ライス(1944-)
イギリスの抒情詩人
◆ 歌の題名(1976)

▶ 3213　アルゼンチンよ、泣かないでおくれ。
※エヴァ・ペロンの人生をもとにしたミュージカル「エヴィータ」から

Mandy Rice-Davies

マンディ・ライス＝デーヴィス(1944-)
イギリスの高級売春婦
◆「ガーディアン」1963.7.1

▶ 3214　1963年6月29日、ステフォン・ウォードの裁判で、アスター卿がクリーヴデンの自宅でのパーティと彼自身に関する彼女の主張が事実ではない、という異議申し立てをしていると聞いて：
彼はそう言うでしょうね。

Ann Richards

アン・リチャーズ(1933-)
アメリカの民主党議員、テキサス州財務長官、後に知事
◆ 民主党大会での基調演説、1988、ウォーラス・O. シャリトン『この犬は狩をする』(1989)

▶ 3215　あの犬は狩り立てようとしない。
※共和党の政策について

◆ 民主党大会での基調演説、1988、「インディペンデント」1988.7.20

▶ 3216　惨めなジョージ、どうにもならない——もともと生まれは良くなかった。
※ジョージ・ブッシュについて

Johann Paul Friedrich Richter ('Jean Paul')

ヨーハン・ポール・フリードリヒ・リヒター('ジャン・ポール')(1763-1825)
ドイツの作家
◆ トーマス・カーライル「ジャン・ポール・フリードリヒ・

▶ 3217　摂理によってフランスは大陸の帝王となり、イギリスは大海の帝王となった。そして、ドイツは大気の帝王となった。

リヒター」『エディンバラ・レヴュー』91号（1827）

Adam Ridley
アダム・リドリー（1942-）
イギリスの経済学者、前保守党政策研究局長
◉『王立行政協会報告』1985年冬季版

▶ 3218　政党というものは現実世界を忘却し、政府で学んだ教訓を打ち壊し、理想とする理論の平原に悠然と降り立とうとしていつの時代でも対立しているが、愚かで矛盾し実行不可能な政策で地力をつけてくるものだ。

Nicholas Ridley
ニコラス・リドリー（1929-93）
イギリスの保守党政治家
◉「インディペンデント」1990.3.10

▶ 3219　最後にやりたいことは、家族ともっと時間を共にすることだ。
　　※通商大臣として、大臣としての未来より過去を大切にするのかという嘲罵に答えて

▶ 3220　ヨーロッパ通貨統合について：
これこそドイツが全ヨーロッパを接収するように、デザインされた騒ぎに過ぎない。
　　※リドリーが閣僚を辞任した余波の最中に、ドミニク・ローソンのインタヴューを受けて

◉「スペクテイター」1990.7.14

▶ 3221　公選されていない政治家17人は、国民にも責任説明を果たさずただ浪費するだけで増税にも無責任で、増税に曖昧で怠惰な議会に迎合させられたのである。
　　※欧州共同体について

◉「同上」

▶ 3222　原則としてこんなに大幅でなければ、主権を放棄することに反対ではない。正直言ってアドルフ・ヒトラーに与えたほどでなければ。
　　※欧州共同体について

◉「同上」

Hal Riney
ハル・ライニー（1932-）
アメリカの広告会社社長
◉「ニューズウィーク」1984.8.6

▶ 3223　再びアメリカに朝が来た。
　　※ロナルド・レーガンの大統領選挙スローガン、1984

Geoffrey Rippon
ジェフリー・リポン（1924-）
イギリスの保守党議員
◉ 伝聞、1987.5
◉ 同上、1987.5

▶ 3224　世界は3階層に分かれている。持てる者、持てない者、そして持てるが払わない者。

▶ 3225　野党の政治家は、いつでも真実に汚染されないように努めなければならない。

▷ Maximilien Robespierre

Maximilien Robespierre

▶ 3226　高級売春婦、調停役、トリビューン紙ではない、もとより国民の守護者ではない。私自身国民に過ぎない。

▶ 3227　個人的なことは自立した個人意思が治めるように、一般意思は社会で定められている。

▶ 3228　人間の奪い、譲ることのできない権利を侵害する法律は、まさしく不正であり専制的である。とても法律とは言えない。

▶ 3229　どんな制度でも人民が善と思わず、官僚が腐敗しやすいものは悪である。

▶ 3230　革命政府は専制政治に対抗する自由の独裁である。

▶ 3231　邪悪が独裁の根であるように、徳は共和制の真髄である。

▶ 3232　たった1つの意思が必要なのだ。

▶ 3233　平時の人民政府の基本を廉潔さだとすれば、変革時は廉潔さと慎重さだ。廉潔さのない慎重さは悲惨だ。慎重さのない廉潔さは無力だ。

▶ 3234　政治宣伝は、選挙区に実際に内包される問題点を逸らせて、故意に感情的な大騒ぎにしようとする。人が普通に奮い起こせる、思索の小さな能力も実際に麻痺させてしまう。

▶ 3235　最高の皮肉であるが、"民主主義のために世界を安全にする"戦争は1848年の革命の崩壊以来、世界が過去最悪の危険状態に陥って、より危険な状態にすることで終わった。

▶ 3236　最近になって社会主義は資本主義の次に来る段階ではなく、その補助に過ぎないことがわかってきた。産業革

マキシミリアン・ロベスピエール（1758-94）
フランスの革命家
ロベスピエールについて、カーライル825参照

◆ジャコバン・クラブでの演説、1792.4.27

◆『有権者への書簡』（第2集）、1793.1.5

◆『人権宣言』1793.4.24、第6条。この条項とは多少異なる形で、ロベスピエール草案1793.4.21に記録されている。

◆『人権宣言』1793.4.24、第25条

◆演説、1794.2.5
◆会議で、1794.5.7

◆個人記録、S. A. ベーヴィル、J. F. バレリー共著『ロベスピエール著作未刊作品』第2巻（1828）

◆J. M. トンプソン『フランス革命』、伝聞

James Harvey Robinson

ジェームズ・ハーヴィー・ロビンソン（1863-1963）
◆『人間喜劇』（1937）

◆『同上』

Joan Robinson

ジョーン・ロビンソン（1903-）
イギリスの経済学者

命が伝播しなかった国々の発展手段は、技術的に達成した成果を模倣できた。すなわちゲームのルールがいろいろと違う時、急速に統一できる手段のようなものである。

▶ 3237　揺り籃を揺するかわりに、制度を揺すった。
　　※選挙勝利の挨拶で。アイルランドの女性に賛辞を送った

▶ 3238　議長、裏切り者がわかった。陰に隠れて企てをしようとしている。芽のうちに摘み取る。

▶ 3239　ここに偉大で力強い王が眠る
　　　　約束は信じるに価せず。
　　　　馬鹿なことは言わず、
　　　　賢いこともしなかった。
　　※チャールズ2世について。1行目が次のように変えられているものもある、「ここにわれらが君主王が眠る」

▶ 3240　愉快な君主、醜聞がちで寂しい人。

▶ 3241　この政治事件を読んだり観察したりすればするほど、各政党が他党より質が悪いと認めることになる。いつも政治から離れている方が見通しがきくのだ。

▶ 3242　共産主義は禁酒法のようなものだ。発想はよくても決して機能しない。

▶ 3243　ジョークではない。ただ政府を観察し、事実を報告しているだけだ。

▶ 3244　おお自由！　おお自由！　そなたの名には、どんな罪が関係するのか！

◆「マルクス、マーシャル、ケインズ」(1955)

Mary Robinson
メアリー・ロビンソン(1944-)
アイルランドの労働党女性政治家、1990年から大統領
◆「ザ・タイムズ」1990.11.10

Boyle Roche
ボイル・ロッシュ(1743-1807)
アイルランドの政治家
◆ 伝聞

Lord Rochester
ロチェスター卿(1647-80)
イギリスの詩人
◆「王の碑銘」、C. E. ドブル他『トーマス・ハーン：批評と収集』(1885-1921)、1706.11.17、チャールズ2世 900 参照
◆「国王チャールズ2世の諷刺」(1697)

Will Rogers
ウィル・ロジャーズ(1879-1935)
アメリカの喜劇作家
◆『文盲概要』(1924)
◆ 1927、『ウィークリー・アーティクルズ』(1981)第3巻
◆「ロジャーズ類語辞典」、『サタデー・レヴュー』1962.8.25

Mme Roland
ロラン夫人(1754-93)
フランスの革命家
◆ A. ド・ラマルティーヌ『ジロンド党の歴史』(1847)

Oscar Romero

3245 時に専制政治が徹底的に人権を侵害したり人民の公益を攻撃したり、時に対話や理解や理性の道を耐え難く閉ざしたりするようなことが起こると、教会は暴動のための暴力の合法的権利を語るようになる。

オスカー・ロメロ (1917-80)
エルサルヴァドルのローマ・カトリック牧師、サン・サルヴァドルの大司教
◆ アラン・ライディング「ラテン・アメリカの十字架と剣」(1981)

3246 誰もがあなたに了解なくして、劣等感を感じさせることはできない。

Eleanor Roosevelt

エレナー・ローズヴェルト(1884-1962)
アメリカの人道主義者、外交家、フランクリン・ローズヴェルト夫人
ローズヴェルトについて、スティーヴンソン3710参照
◆『カトリック・ダイジェスト』1960.8

Franklin D. Roosevelt

3247 この不幸な時代にあって、植物を植えることが要求されている。植物は根から生えてくるのであって、芽からではない。経済のピラミッド構造の底辺にいる忘れられた人々にもう一度頑張ってもらう。

フランクリン・D. ローズヴェルト(1882-1945)
アメリカの民主党政治家、アメリカ合衆国第32代大統領(1933-45)
ローズヴェルトについて、チャーチル1005、ホームズ1922、トルーマン3936参照
◆ ラジオ演説で、1932.4.7
◆ ジョージア州アトランタ、オグルソープ大学での演説、1932.5.22

3248 私は時代傾向を見誤っていないが、国が必要とし、要求しているのは大胆に固執する実験だ。ある手法をとり実行することは常識である。まかり間違って失敗しても、素直に認めてもう１度他のことを試行すればよい。とにかく、何かを実行することだ。

3249 国民に、私自身に誓う。アメリカ国民にとってのニューディール政策を。
※大統領候補者指名受諾に際して

◆ シカゴの民主党大会での演説、1932.7.2

3250 絶対必要でない人間などいない

◆ ニューヨークでの大統領選挙演説、1932.11.3

- 3251　私たちが恐れるのは、恐れそのものだ。　◆ 大統領就任演説、1933.3.4
- 3252　世界政策では、国民に善隣政策を提案したい。　◆ 同上
- 3253　アメリカの現在の世代は、運命と同行している。　◆ 大統領再選受託演説、1936.7.27
- 3254　戦争を見てきた。陸でも海でも。負傷兵の血も見た。毒ガスでむせているのも。気が狂って死んだのも。町が崩壊するのも。48時間前に前進していった1,000人の兵隊のうち生き残り兵200人が、足を引きずって疲弊しきった姿も見た。飢えている子どもたちも見た。母親たちや妻たちの苦悩も見た。私は戦争を憎む。　◆ ニューヨーク修養会での演説、1936.8.14
- 3255　大統領1期目で言いたいことは、利己主義と権力欲が相争っていたということだ。また、2期目の政府で言いたいことは、権力に指導者がいたということである。　◆ マディソン・スクウェア・ガーデンでの演説、1936.10.31
- 3256　国民の3分の1は衣・食・住難だと思う。　◆ 2期目の大統領就任演説、1937.1.20
- 3257　戦争は伝染病だ。　◆ シカゴでの演説、1937.10.5
- 3258　自由を継続するための唯一の確かな砦として、国民の利益を擁護する強力な政府がそこに存在し、国民に政府の主権支配を確実にする十分な強さと善意が浸透していることがある。　◆「炉辺談話」ラジオ放送、1938.4.14
- 3259　どこかの国で平和が破綻すれば、すべての国の平和は危機に直面する。　◆「同上」、1939.9.23
- 3260　4つの定義を思い出しています。急進主義者は、無防備で両足をしっかり地につけている人間です。保守主義者はしっかりとした立派な足を持っていながら、前へ歩くことを学んでこなかった人間です。反動主義者は後ろへ歩く夢遊病者です。自由主義者は頭にあることを両手両足に命令して——支持に従って——使う人間です。　◆「ニューヨーク・ヘラルド・トリビューン」のフォーラムでのラジオ放送、1939.10.26
- 3261　1940年6月の10日目のこの日は短剣を持って、隣人の背中を突き刺したようなものだ。
    ※イタリアがフランスに宣戦布告したと聞いて　◆ シャーロッツヴィルのヴァージニア大学での演説、1940.6.10
- 3262　以前にも話したが、しかし何度も何度も何度も主張したい。子供たちをいかなる外国の戦争にも送り込むようなことはしない。　◆ ボストンでの演説、1940.10.30
- 3263　技術、富、特に意志を持った人間がいる。私たちは民主主義の確固たる兵器庫に違いない。　◆「炉辺談話」ラジオ放送、1939.12.29
- 3264　私たちは人間の自由について、4つの要素に基づいた世界を希求している。第1は、世界中どこでも言論と表現の自由。第2には、世界中どこでもそれぞれのやり方で、誰もが信仰する自由。第3は、世界中どこでも飢えからの自由。第4は、世界中どこでも恐怖からの自由である。　◆ 国会への一般教書、1941.1.6

▷ Theodore Roosevelt

▶ **3265**　私たちは自由に責任を持ち自由を信じて、自由を守るために喜んで闘う。ぬくぬくと生きるより、私たちと共に行動すると深く信ずる国民とこの場で戦死した方がましだ。
　　※オックスフォード大学の民法博士号授与式で

◆1941.6.19、イバルーリ 1965 参照

▶ **3266**　昨日、1941年12月7日、忌まわしい日であるが、アメリカは日本帝国の空、海軍が策謀した奇襲を受けた。

◆ 国会発言、1941.12.8

▶ **3267**　本は空爆では殺されない。人民は死ぬ。しかし、本は死なない。人も軍隊も記憶を消し去ることはできない。この戦時、本が武器である。人民の自由のために本が武器となるように繊細な配慮をしてほしい。

◆「アメリカ書籍販売業者へのメッセージ」1942.5.6

▶ **3268**　今後同じ10年間程度を御一緒できるとは喜ばしい。
　　※60歳の誕生日の祝詞、ウィンストン・チャーチルへの電話

◆ W. S. チャーチル『運命の要』（1950）

▶ **3269**　アメリカの人々は――アメリカ先住民のほかは――メイフラワー号でアメリカに来た人々をはじめとする移民か移民の子孫である。

◆ ボストンでの選挙演説、1944.11.4

▶ **3270**　アメリカ国民は地道に活動する政党を評価する能力に見事に長けている。

◆ 同上

▶ **3271**　孤立して平和には生きられないと学んだ。平和な生活は、遠い他国民の平和な生活に依存している。意地悪な犬でも駝鳥でもなく、人間として生活しなければならないと学んだ。私たちは人間社会の仲間として、世界市民となることを学んだのだ。

◆ 4期目の大統領就任演説、1945.1.20

▶ **3272**　納得してください。さあ、出てきて後押しして

◆ 伝聞、ピーター・ヘネシー『ホワイトホール』（1990）

▶ **3273**　任務は、友よ、平和を守ることである。この戦争の終わりを見たら、あらゆる戦争の始まりの終わりにしなければならない。
　　※1945.4.13、ジェファーソン誕生記念日の未使用演説文。その日はローズヴェルト大統領の死後だった

◆『公文書』（1950）第13巻

▶ **3274**　私たちの明日を実現する時の唯一の限界は、今日への疑いである。強くて積極的な誠意で前進させよう。
　　※ジェファーソン誕生記念日の未使用演説文の最後の1行、1945.4.13

◆『同上』

Theodore Roosevelt
セオドア・ローズヴェルト
（1858-1919）
アメリカの共和党政治家、アメリカ合衆国第26代大統領（1901-

▶ **3275**　外国との関係を品のない安っぽい外交政策ではなく、精力的な生々とした外交政策として伝えたい。

Theodore Roosevelt

09)
ローズヴェルトについて、ハンナ 1793、ノックス 2276 参照
◆ シカゴ・ハミルトンクラブでの発言、1899.4.10

▶ 3276　至難な課題を敢えて実行したり栄光の勝利を手に入れることより、勝利も敗北も知らない灰色の灯の下に生活して失敗を次に生かしながら、大喜びするどころか鋭い痛みを我慢する不幸な精神の人々と肩を並べる方が好きなのだ。

◆ 同上

▶ 3277　私は強い大鹿なのです。限界まで使ってください。
※後に「大鹿」は進歩党の一般的名称として用いられる

◆ マーク・ハンナへの書簡、1900.7.27

▶ 3278　人生では、フットボールのように従うべき原則がある。ラインを強く抜けろ。

◆『精力的な人生』(1900)

▶ 3279　マッキンレーにはチョコレートのエクレアにまさる気骨がない！
※共和党政治家で合衆国第 25 代大統領のウィリアム・マッキンレー(1843-1901)について。彼の暗殺でローズヴェルトが大統領に就任した

◆ H.T. ペック『共和党の 20 年』(1906)

▶ 3280　わが共和国の善良な市民の第 1 の必須条件は、自分の任務を果たそうとしてそれができるということだ。

◆ ニューヨークでの演説、1902.11.11

▶ 3281　現在も語り伝えられる家庭的な古い諺がある。「静かに話せば太い枝を運べる、すなわち遠くに行ける」もし大半のアメリカ国民が静かに話し、機能的で最高に訓練された海軍が順調に整備されてきていれば、モンロー・ドクトリンは支持されるだろう。

◆ シカゴでの演説、1903.4.3

▶ 3282　祖国のため血を流せば、後で十分に同等の待遇が与えられる。特別に扱われるようでなければ、誰にも何も残らない。

◆ イリノイ州スプリングフィールドにあるリンカン記念館での発言、1903.6.3

▶ 3283　生命を差し出してくれた人々への最高の褒美は、元気に働く機会があることと、働きがいのある仕事を与えることである。

◆ シラキューズの州祭りでの演説、ニューヨーク労働者の日、1903.9.7

▶ 3284　国民は法の上にも下にもいない。それどころか法に従うことを求める時は、誰の許しも得る必要がない。法に従うことは権利として要求されるが、恩顧からではない。

◆ 任期 3 年目の国会への教書、1903.12.7

▶ 3285　醜聞あさりの人間が社会の健全性のために、不可欠なことがしばしばある。ただし醜聞をどの程度かき集めたらやめるか、を知っていればの話だ。

◆ ワシントンでの演説、1906.4.14

▶ 3286　巨万の富を握る犯罪者たち。

◆ マサチューセッツ州プロヴィンスタウンでの発言、

▷ Lord Rosebery

▶ 3287 批評家はものの数には入れない。力のある男が罪を犯しても指摘もしない、一方で善行の実績ある行為者がさらに善行を重ねるのである。信望は実際に闘争の場にいる人間が手にするものである。

▶ 3288 国民誰もがコミュニティの権利である私有財産と課税問題と関係するが、公共の福祉が要求する政策のどの程度を規制するかが問われている。

▶ 3289 今ハルマゲドンの時、神のために闘う。

▶ 3290 愚かな狂気……改革運動で少数過激派を形成する人々。

▶ 3291 この国に愛国心の薄弱なアメリカニズムの余地はない。国民を絶対的に崩壊させる確実な道は、継承するべき国家の可能性をかたくなに排除し、国籍がますます混乱するのを許すことである。

▶ 3292 アメリカ国民としての私たちの欠点の1つは、「逃げ口上の曖昧な言葉」を多用しがちだということだ。これはいたちが卵の中身だけすすりとるという意味である。そこで「逃げ口上の曖昧な言葉」を乱発すればあとに何も残らなくなる。

▶ 3293 この国では、半々のアメリカ主義はあり得ない。あるのは唯一100パーセントのアメリカ主義、アメリカ人だけでそれ以外の人間は眼中にないものだ。

▶ 3294 誰もが御都合主義の苗床でしか、悪行は正当化されない。

▶ 3295 灯を消してくれ。
　　※臨終の言葉

▶ 3296 たとえ強大な国家でも大英帝国と離別する必要性はない、帝制は連邦国家制である。

▶ 3297 引退も隠遁もしなかった。彼自身の待ちに待った葬式の唯1人の会葬者として、じわじわと公的に死んでいった。
　　※ランドルフ・チャーチル卿について

▶ 3298 甘い権力の場所は知らない。権力のない場所、最小

1907.8.20

◆ パリ、ソルボンヌでの「共和国の市民権」演説、1910.4.23

◆ オサワトミーでの演説、1910.8.31

◆ シカゴ、進歩党大会での演説、1912.6.17

◆『自伝』(1913)

◆ ニューヨークでの演説、1915.10.12

◆ セントルイスでの演説、1916.5.31

◆ サラトガでの演説、1918.7.19

◆『仕事』(1925) 第15巻「改革者の経度と緯度」

◆ 1919.1.6

Lord Rosebery
ローズベリー卿 (1847-1929)
イギリスの自由党政治家、首相 (1894-95)

◆ オーストラリア、アデレードでの発言、1884.1.18

◆ 伝聞

◆「ザ・スペクテイター」1895.7.6

の権力の場所——それは煉獄、煉獄でないにしても地獄だ。

▶ **3299**　帝国主義、私が無謀な帝国主義と呼ぶものとは異なる真の帝国主義は幅広い愛国主義に過ぎない。

◆ ロンドン市自由クラブでの演説、1899.5.5

▶ **3300**　人生には2つの筆舌に尽くし難い喜びがある。1つは理想、1つは現実である。理想は、君主から公の立場を保障されることだ。現実の喜びは、君主にその立場を返すことだ。

◆『ロバート・ピール卿』(1899)

▶ **3301**　素人の国家であるとほのめかし始めた。

◆ グラスゴー大学での学長挨拶、1900.11.11

▶ **3302**　収容所の外にいる人はそれをなくそうとは願わない。
　　※大英帝国について

◆ 同上

▶ **3303**　1人で畝を耕さなければならない。
　　※自由党党首から外れるとして、1901.7.10

◆「ザ・タイムズ」1901.7.20

▶ **3304**　時代遅れの政策に囲まれ、腐りかけたお守りをつけて眠りこけている人間。
　　※自由党のある党員について

◆ チェスターフィールドでの演説、1901.12.6

Ethel Rosenberg and Julius Rosenberg

▶ **3305**　私たちは無実……。この真実を放棄すれば、人生に値段をつけられないほど高価な値段をつけることになる。
　　※死刑恩赦の請願提出時に、1953.1.9

エセル・ローゼンバーグ(1916-53)とジュリアス・ローゼンバーグ(1918-53)
アメリカ人の夫婦、ロシアのスパイ犯として刑死

◆ エセル・ローゼンバーグ『死刑囚棟からの書簡』(1953)

▶ **3306**　アメリカ・ファシズムの初めての犠牲です。
　　※ローゼンバーグの死刑執行前にジュリアスからエマニエル・ブロックへの書簡、1953.6.19

◆『エセルとジュリアス・ローゼンバーグの証拠』(1954)

A. C. Ross

▶ **3307**　ティピカヌー川とタイラー、も。
　　※ウィリアム・ヘンリー・ハリソンの大統領選挙キャンペーンの歌、1840

A. C. ロス(1840年頃活躍)
◆ 伝聞、モリス 2800 参照

Dick Ross

▶ **3308**　思いもつかないことを考えなければならない。結果が出るまでは地味な服を着ていなければならない。

ディック・ロス
イギリスの経済人、前中央政策検討副委員長
◆1970年代初頭、ピーター・ヘネシー『ホワイトホール』

Christina Rossetti

クリスティーナ・ロセッティ
(1830-94)
イギリスの詩人、D. G. ロセッティの妹

▶ 3309 私たちのインド人国王は、素晴らしい悲惨さの罠をあちこちにしかけます。
　　　※カンダハル包囲中に

◆ アメリア・ヘイマンへの書簡、1830.7.29

Jean Rostand

ジャン・ロスタン (1894-1977)
フランスの生物学者

▶ 3310 愚行、暴行、虚無、残虐、邪悪、不誠実、誤謬――われわれと同じ方向を向いていれば、いずれも目に止まることはない。

◆『生物学者の思想』(1939)

Lord Rothschild

ロスチャイルド卿 (1910-90)
イギリスの行政官、科学者、初代中央政策検討委員長
ロスチャイルドについて、ハード 1958 参照

▶ 3311 1970年、政府のシンクタンクに指名され国務大臣バーク・トレンド、大蔵大臣ウィリアム・アームストロングと出会った：
この国がかつて名前を聞いたことのない2人の男に運営されていたとは、今週までわからなかった。

◆ ピーター・ヘネシー『ホワイトホール』(1990)

▶ 3312 だいたい政治家は、自分の世界が現実のものだと信じるものだ。官僚は時として違う見方をする。
　　　※中央政策検討委員長辞任にあたって

◆「ザ・タイムズ」1974.10.13

▶ 3313 政党のマニフェストには、義歯のようにきらきら光る約束や万能薬がある。

◆『ほうきの柄の瞑想』(1977)

Claude-Joseph Rouget de Lisle

クロード=ジョセフ・ルジェ・ド・リール (1760-1836)
フランスの兵士

▶ 3314 来たれ、祖国の子らよ、
栄光の日が来た……。
武器を取れ、市民よ！
大隊をつくれ！

◆「ラ・マルセイエーズ」(1792.4.25)

Jean-Jacques Rousseau

ジャン=ジャック・ルソー
(1712-78)
フランスの哲学者、小説家

▶ 3315 社会契約論

▶ 3316 人間は自由人として生まれるが、至るところで鎖につながれている。

▶ 3317 奴隷たちは鎖を外したい欲求があるにもかかわらず、とても貶められているために、失えない。

◆ 本の題名、1762
◆『社会契約論』(1762)

◆『同上』

Maude Royden

モード・ロイデン(1876-1956)
イギリスの宗教作家、社会改革家、牧師

▶ 3318 教会は社会発展とともに歩まねばならない。もはや、保守党のみを信仰者の代表として満足していてはだめだ。

◆ ロンドン、クィーンズホールでの演説、1917.7.16

Paul Alfred Rubens

ポール・アルフレッド・ルーベンス(1875-1917)
イギリスの作詞家

▶ 3319 ああ、あなたを失くしたくない。しかしあなたは出ていくことになる、
国王と国のため、国王と国はともにあなたを求めている。
身も心もあなたを求め、いないとさみしい。
歓迎して、感謝して、キスをする。
また帰ってきた時に。

◆「国王と国があなたを望む」(1914、歌)

Richard Rumbold

リチャード・ランボールド(1622頃-85)
イギリスの共和制支持者、策謀家

▶ 3320 一握りの人間を馬に乗せ長靴をはかせ拍車をつけさせ、数百万の人間に馬として乗られて鞍や手綱を装備させられるために、神が現世につかわせたとは信じられない。
※絞首台にて

◆ T. B. マコーリー『イギリスの歴史』第1巻(1849)

Dean Rusk

ディーン・ラスク(1909-94)
アメリカの政治家、国務長官(1961-69)

▶ 3321 当事者は対峙し緊張している。しかし、他の人は驚いて目をぱちくりしていると思う。
※キューバのミサイル危機に際して、1962.10.24

◆「サタデー・イヴニング・ポスト」1962.12.8

▶ 3322 わずか3分の1の人は同じ時間に眠り始める。残りの3分の2は起きていて、どこかで何らかのいたずらを犯すのだ。

◆ 伝聞、1966

▶ 3323 アメリカ人にも一皮むけば、孤立主義者がいる。

◆ イギリスの外務大臣ジョー

▷ John Ruskin

▶ 3324　権力は腐敗するものと言われてきた、だが権力の衰退は絶対的腐敗をもたらすものだ。

ジ・ブラウンへ。トニー・ベンの日記、1968.1.12
◆伝聞、1968

John Ruskin
ジョン・ラスキン（1819-1900）
イギリスの芸術家、社会評論家

▶ 3325　労働者は教区から年金を与えられるべき自然で当然な理由がある。というのも、労働者は教区に十分な功労を果たすからである。上流階層の人々は国から年金を与えられる理由がある、なぜなら彼らは国家に功労があるからだ。

◆『この最後のものに』（1862）、序文

▶ 3326　あなたのポケットにあるギニーの価値は、完全に隣人のポケットのギニーの債務不履行がもたらしたものである。もし彼が不履行しなかったならば、あなたには関係がなかったはずだ。

◆『この最後のものに』（1862）

▶ 3327　政府と協同はすべて、生の法則の範疇である。無政府と競争は死の法則である。

◆『同上』

▶ 3328　貧民は富裕層の財産を手に入れる権利がないと長年知られかつ言われてきていたのだが、同様に金持ちには貧困層の財産を手に入れる権利がないと言える。

◆『同上』

▶ 3329　国家の第1の義務はそこに生まれたすべての子供たちが良質な住宅、十分な衣服、しっかりした食事、一貫した教育を授かるように分別がつく年齢まで見届けることである。

◆『時と潮』（1867）

▶ 3330　あらゆる支配力は、原則として同じものはない。正しいものと正しくないものとがあるのだ。

◆『同上』

▶ 3331　あなた方が国会で声を挙げようとする！　国民と挙げるその声にアイディアがなければ、国会内外を問わずネズミの叫び声にすらならない。

◆『同上』

▶ 3332　例えば愚かなことだが、政党を「自由」と「保守」に分けて考えてみる。この2種類の支持は対立しているわけではない。「自由」と「反自由」の間に対立があるだけだ。言うならば、国民の間に自由を求める側と嫌う側があるということだ。私は過激な反自由主義者だ。だが保守的でなければならないと言う者には従わない。保守主義者とは、あるがままにとどめておきたいと願う人のことを言うのだ。破壊を望む破壊主義者に反対する。さらに、変革を望む改革者にも反対する。今私は反自由主義者ではあるが、多くを破壊しなければならないと思っている。

◆『フォース・クラヴィゲラ』（1871）

▶ 3333　われわれ古い一派の共産主義者は自分たちの財産は皆のもの、皆のものは自分たちのものと考える。だから、

◆『同上』

ルーブル美術館はパリの人々と同様に私のものだと考えた。美術教授としての私に、燃やしたいのかどうかという一語の投げかけもなかった。そればかりか、結果について何の通知も示唆もいまだに来ない。

▶ **3334** あなたは他人から搾取しようとする欲望は、人間の一貫した本能であると主張し、その本能の上に完全な政治経済学を樹立した。 ◆『同上』

▶ **3335** 目に見える政府とはある国家にとっては玩具、他の国家にとっては病気、ある国家にとっては馬具、さらに多くの国家にとっては荷物ですべての国家に必要なものである。 ◆『同上』

▶ **3336** 今の私もそうであるが、私の父は古い流れの過激なトーリー党員であった。ウォルター・スコット派、すなわちホメーロス派の一員である。 ◆『過ぎしことども』(1885)

Bertrand Russell
バートランド・ラッセル(1872-1970)
イギリスの哲学者、数学者

▶ **3337** 楽しむことの次に大きな喜びは他人の喜びを、もっと一般的には他の人が権力を獲得するのを邪魔することにある。 ◆『懐疑論』(1928)

▶ **3338** 感情に基づいた意見は、いつも確かな根処のないところから出てくる。事実、感情は当事者の理性的な信念の欠如の尺度である。 ◆『同上』

▶ **3339** 嫉妬が民主主義の基本だ。 ◆『幸福の征服』(1930)

▶ **3340** 国民を飢餓に至らせず、刑務所に収監させない必要がある限り世論を尊重しなければならない。この限界を越えると、無用な暴政に自ら服従することになる。 ◆『同上』

▶ **3341** 共産主義が短時日でも世界を征服するようなことは、断固として嬉しいことではない。もしあったとしても永続するものではない。 ◆ 伝聞、1958

▶ **3342** 他人、国民、宗教を憎悪しなくても幸福になれる人はとても少ない。 ◆ 同上

▶ **3343** 宗教は神が政府側に存在しているとおおむね信じ込む形態から、規定されるのかもしれない。 ◆ 同上

▶ **3344** 世界の紛争は愚かさが一人合点をし、知性が猜疑心に満たされることから起こる。 ◆ 同上

Lord John Russell
ジョン・ラッセル卿(1792-1878)
イギリスのホイッグ党政治家、

▶ **3345** 派閥のひそひそ話が、国民の声に勝ることは不可能だ。

※第2次選挙法改正に失敗してバーミンガムの15万人集会の演説に応えて、1831.10

▶ 3346　平和が尊厳をもって守られなければ、もはや平和ではない。
▶ 3347　法案の不備がそれも多数出てきた、ある規定は存在することで、または存在しないことで目立ったのであった。

S

▶ 3348　平和は国土の一部よりはるかに貴い。

▶ 3349　君主政治は下院が世論に敬意を払わなかったり、貴族院が論争の的になった時にだけ本当の庶民の制度となる。現実的に君主政治は、わが国の上記の2つの財産の柱である。

▶ 3350　国民は首相が真実と一体であると思っている、しかし既婚者たちと同様に時として別居している。

▶ 3351　イギリスの政策は、時として衝突を避けるために外交上の釣竿を差し出して、ゆっくり下流に流しています。

首相(1846-52、1865-66)
ラッセルについて、ダービー1236参照
◆ S. ウォルポール『ジョン・ラッセル卿の生涯』(1889)
◆ グリーノックでの演説、1853.9.19
◆ ロンドン市の有権者への演説、1859.4

Anwar al-Sadat
アンワー・アル＝サダト(1918-81)
エジプトの政治家、大統領(1970-81)
◆ カイロでの演説、1978.3.8

Lord St John of Fawsley
フォースレーのセント・ジョン卿(1929-)
イギリスの保守党政治家、著述家
◆「ザ・タイムズ」1982.2.1

Saki
サキ(1870-1916)
スコットランドの作家
◆『耐えられないバッシングトン』(1912)

Lord Salisbury
ソールズベリー卿(1830-1903)
イギリスの保守党政治家、首相(1885-86、1886-92、1895-1902)
ソールズベリーについて、ビスマルク528、ディズレーリ1322、

▶ **3352** 頻発する誤解は小縮尺の地図の普通の使い方にもある。地図で親指をインドにもう１本をロシアに置けば、誰でもすぐに政治状況はインドが非常事態で注目されなければならないと考える。もし閣下が大縮尺の地図──イギリス軍事地図の大きさ──を用いたとすれば、ロシア、イギリス領インドの距離は指で測れるほどではなく定規でしか測れないと判断する。

▶ **3353** 専門家を信じるべきではないという人生経験が、徹底された教訓はありません。医者を信じたら健康によいことはありません。神学者を信じたら潔白に、兵士を信じたら安全を確保できません。無味乾燥な常識を多量に混ぜ合わせ、薄めて強い酒を要求するようなものだからです。

▶ **3354** 難しい外交交渉を成功させると同時に、田舎の邸宅で４人の貴族を歓待する苦悩は筆舌を超えた想像の世界です。

▶ **3355** ビーコンズフィールドは難聴で、フランス語がわからず、ビスマルクの演説の独特の雰囲気など、すべての混乱を知るにつけ、絶えず陰謀を想定しなければならない最悪の先行き不透明な思いに動揺しています。
　※ベルリン議会からソールズベリー夫人への書簡、1878.6.23

▶ **3356** 国民の不幸不満の発見のために存在するはずの政党の使命が、自らが存在する理由を作りあげたがるものである。

▶ **3357** 悲惨な事件を回避する絶対的権力を持ち、その結果を知っていながら権力行使を拒む人間は起こったことに責任を持つものだ。

▶ **3358** われわれはヨーロッパ共同体の同志だ。そのとおりに行動する義務を果たさなくてはならない。

▶ **3359** 所有権に関して私には、尊重されるべき個人の自由を確立したり剥奪したり、束縛したりあらゆる計略を憤ってきた罪がある。生命の自由が無視され平和に統治されていない国家、人道主義の原則に従って統治されていない国家は、市民の生命を危険にさらし自由だけを要求する存在である。

▶ **3360** 骨折り仕事でごつごつした手の息子たち。

ゴーシェン 1703、ヘネシー 1855 参照
◆ リットン卿への書簡、1877.3.9
◆ 貴族院で、1877.6.11

◆ リットン卿への書簡、1877.6.15

◆ ライアンズ卿への書簡、1878.6.5

◆ グウェンドレン・セシル夫人『ロバート、ソールズベリー侯爵の生涯』(1921-32)

◆ エディンバラでの演説、1882.11.24

◆ 貴族院で、1884.2.12

◆ カーナヴォンでの演説、1888.4.10
◆ 貴族院で、1897.7.29

◆『クォータリー・レヴュー』1873.10。後にデニス・カーネイ (1847-1907) によってアメ

▷ 3361 自分を巡査以上とは思っていない──犯罪がなければ役割は消えてなくなる。
※保守党大会でグラッドストンと自身の立場を比較して

▷ 3362 給仕による、給仕のための。
※「ザ・デイリー・メール」について

▷ 3363 「誤審」の間違った判決を弁護するということは、それを許すことにつながる。人間の判断が正しく機能するということは、最も基本的な責任につながることである。

▷ 3364 この紳士たちを自由にさせておいたら、火星が月を攻撃する可能性を考えて防衛策を要求してくるだろう。
※上級軍事顧問団について。存在しないことを危惧する傾向に触れて

▷ 3365 人は地図を凝視しすぎると狂う。

▷ 3366 才能を鼻にかけ続けている。
※療養中の植民地省大臣マクラウドについて。「アフリカの白人社会と彼の関係に触れて」

▷ 3367 他人の財産を欲しがる者は、自身の財産を浪費する。

▷ 3368 平地に乱を起こす者は、大きな反撃を受ける。
▷ 3369 彼は良く見られるよりも、地のままを願った。
※カトーについて
▷ 3370 金銭ずくの都市は滅亡に熟していくものだ。もし買主が見届けられればだが。
※ローマについて
▷ 3371 カルタゴ人の信頼。
※裏切りを皮肉って

▷ 3372 ［聖ミカエル-聖ジョージ勲位を授けられた］下院議員は、議会で「自分を神と呼べ」と言うことで有名で

リカでも知られるようになった
◆ グウェンドレン・セシル夫人『伝記的研究……ロバート、第3代ソールズベリー侯爵』(1962)
◆ H. ハミルトン・ファイフ『ノースクリフ、ある身近な伝記』(1930)
◆ グウェンドレン・セシル夫人『ロバート、ソールズベリー侯爵の生涯』(1921-32) 第3巻
◆ ロバート・テイラー『ソールズベリー卿』(1975)

◆ ピーター・ヘネシー『2度目はない』(1992)

Lord Salisbury
ソールズベリー卿 (1893-1972)
イギリスの保守党政治家
◆ 貴族院で、1961.3.7

Sallust
サラスト (紀元前86-同35)
ローマの歴史家
◆『カテリン』
◆『同上』
◆『同上』

◆『ユグルタ』

◆『同上』

Anthony Sampson
アンソニー・サンプソン (1926-)

> 3373 あったが、自分に「敬意を払って神と呼べ」と言うまでになった。さらに選ばれた数少ない総督や力のある外交官は、「神が私を神と呼べ」と言うまでになった。

イギリスの著述家、ジャーナリスト
◆『イギリスの解剖』(1962)
◆『現代イギリスの解剖』(1965)

▶ 3373 『立派な善良』はいわば隠れた大作であり、誰もが価値、健全性、思慮分別を正しく、信頼できる内容と推し量って評価している。そして、ここからこの大作は判定委員会の委員たちの闘いの表舞台となったのである。

▶ 3374 帝国伝説のすべてを通じて最も危険なことは、確実に衰えていく文化を支配してきた古代の階層的利益や価値を可能にした頑迷な官僚主義である。イギリスの保守的官公吏たちは自分たちを守り、古い帝国の名誉に報いようと必死である。カスティリヤ王国やビザンチン帝国の餡を聞くのだろうか？

◆『変貌するイギリスの解剖』(1982)

Paul. A. Samuelson

ポール・A. サミュエルソン (1915-)
アメリカの経済学者
◆『経済学』(第8版、1970)

▶ 3375 消費者はいわば王様である。投票者がその商品を得るために投票するようにお金を使うのだ。

Lord Sandwich

サンドイッチ卿(1718-92)
イギリスの政治家、外交官、初代海軍大臣
◆ N. W. ラクソール『回想』(1884) 第1巻

▶ 3376 誰か事件を書類にし、1ページ目の末尾に署名をしようとしたら、すぐさま応酬する。書類を強引に奪い取って困らせようとしても、休憩時間まで待たねばならぬ。
　　※海軍会議への官僚によるアピールについて

George Santayana

ジョージ・サンタヤナ(1863-1962)
スペイン生まれの哲学者、評論家
◆『理性生活』(1905)、序文
◆『理性生活』(1905)

▶ 3377 狂信は目的を忘れた時に、倍の努力をさせることで存在している。

▶ 3378 過去を記憶していない者は、同じことを繰り返して非難される。

Jean-Paul Sartre

ジャン=ポール・サルトル (1905-80)
フランスの哲学者、小説家、脚本家、評論家

▶ 3379 金持ちが戦争を起こせば、死ぬのは貧乏人だ。

◆『神と悪魔』(1951)

Hugh Scanlon
ヒュー・スキャンロン(1913-)
◆ テレビのインタヴューで、1977.8.9

▶ 3380　もとより自由は許可されるものではない。自由は多数意見に従うものだ。

Arthur Scargill
アーサー・スカーギル(1938-)
イギリスの労働組合指導者
◆ 下院労働特別委員会での証言、1980.4.2

▶ 3381　国会自体が現行のままではなくなるということは、法律で権利・義務を確定しなかったからであろう。

Lord Scarman
スカーマン卿(1911-)
イギリスの裁判官
◆ 会話、1982、アンソニー・サンプソン『イギリスの本質的な解剖』(1992)
◆『来るべき時代の姿』(1989)

▶ 3382　成文憲法の必要性について：
人間集団、議会でさえもこれまで人権擁護を信用するに至らなかった。

▶ 3383　主権の源泉となる人民は、実際のところ、いわゆる憲法というメヌエットを議会と政党の権力のもとで片時踊る相手同士のようなものである。

▶ 3384　イギリスは、権力の均衡と監視の仕組みが今のようにできてきたけれども、もし偏った考えを持つ政府が下院の多数派を占めてしまうと制御がきかなくなるので、「選挙による独裁」で、悪い奴が変な憲法を作ってしまわないうちに食い止めなければならない。

◆『同上』

▶ 3385　法の下での政府は、打ち破られてしまうという脅威がある。

◆『なぜイギリスは成文憲法を必要とするか』(1992)

▶ 3386　国民はいつまでも政府を正常に保つ必要性を感じている。政治感覚には人類の歴史と同じくらい古い感情がある。

◆『同上』

▶ 3387　予期せぬ恐怖や差別がある時代に、慣習法は時代遅れになっている。議会に脅しや差別があるにせよ、意志に逆らうことはできないからだ。
　　※「権利章典」制定を記念しての講演の後に

◆ 会話、1992.7.20、アンソニー・サンプソン『イギリスの本質的な解剖』(1992)

Arthur M. Schlesinger Jr.
アーサー・M. シュレジンジャー2世(1917-)

▶ 3388　逃げ腰の大統領への忠告は、使用人大統領であってはならないということだ。アメリカ民主主義は大統領を帝

▶ **3389**　レーニンが 1895 年にシベリアでチフスで死に、ヒトラーが 1916 年に西部戦線で殺されたと……仮定したら。20 世紀は今のようになっていただろうか。

▶ **3390**　ロナルド・レーガンは──政治テクニックで何なく突破しようとして──悪い評判のつかないテフロン加工の大統領を完璧に演じきろうとしている。何ら悪評が残らないように用心している。

▶ **3391**　国民は、兵器管理を消臭剤管理と取り違えるような大統領を抱えている。

▶ **3392**　小さいことは美しい。経済学が人間本位だとすれば。

▶ **3393**　人間の不道徳や、醜態、怠惰や堕落、世界平和や次世代への危機を呼びさませ。あなたが"不経済"を自覚しない限り、生存権、成長、富などに真面目に疑問を持つことはできない。

▶ **3394**　間違っていようと、正しかろうと祖国。もし正しければそれでよし。間違っていれば正せばよい。

▶ **3395**　内閣と首相の関係について：
うなぎの生殖のように、曖昧で神秘的だ。

政ロシア皇帝とあやつり人形との中庸にすると悟らねばならない。

アメリカの歴史家
◆『帝王的大統領制』(1973)、序文
◆『アメリカ歴史の循環』(1986)

Patricia Schroeder
パトリシア・シュローダー (1940-)
アメリカの民主党政治家、国会議員
◆ アメリカ下院での演説、1983.8.2
◆「オブザーヴァー」1987.8.9、「今週の言葉」

E. F. Schumacher
E. F. シューマッハー (1911-77)
ドイツ生まれの経済学者
◆ 本の題名、1973
◆『小さいことは美しい』(1973)

Carl Schurz
カール・シュルツ (1829-1906)
アメリカの軍人、政治家
◆ アメリカ上院での演説、1872.2.29

Claud Schuster
クロード・シュスター (1869-1956)
イギリスの公務員
◆ G. H. L. ル・メイ『ヴィクトリア体制』(1979)

C. P. Scott

▶ **3396** 新聞は、確かにどこか独占的である。第1の本分は独占の誘惑を回避することである。まずニュースを収集する仕事がある。新聞の魂の危機があるとすれば、ニュースが腐敗していないかを見極められるかということである。何かに貢献しようとそうでなかろうと、公表に値しなかろうと、誤りの顔から偽りのない真実の顔にしなければならない。コメントは自由、しかし事実は神聖である。

▶ **3397** 人間は魂の限りをつくし必死に呼吸する、
だれもがかつて口にしたことがなかった、
これは私の、私の故郷だ！
心はまだ燃え尽きずにここにある、
足跡が故郷に向く
外国の浜辺をさまよってから！

▶ **3398** われわれ［イギリス人］は、いわば上の空のまま世界征服し、世界の半分を植民地化した。

▶ **3399** 法律について、無知であることは言い訳にはならない。なぜ言い訳にならないかというと、すべての臣民が法律を知っているからではない。誰もが無知を理由に弁解や言い訳をしようとし、そして誰もがどうしたら論駁できるかをわからない。

▶ **3400** 国王は国民の平和のために存在している。ちょうど家庭で肉を買う役が決められているように。

▶ **3401** 世界中で「人民の福祉を最高の法とせよ」という語句ほど誤用されているものはない。

▶ **3402** 忙しがる者たちの、威張りちらす者による、大物ぶる者のための政府。
　　　※過剰統治の見出し

C. P. Scott
C. P. スコット（1846-1932）
イギリスのジャーナリスト、「マンチェスター・ガーディアン」編集者（1872-1929）
◈「マンチェスター・ガーディアン」1921.5.5

Sir Walter Scott
ウォルター・スコット卿（1771-1832）
スコットランドの作家、詩人
◈『最後の吟遊詩人の詩』（1805）

John Seeley
ジョン・シーリー（1834-95）
イギリスの歴史家
◈『英国の膨張』（1833）、ヘールシャム 1749 参照

John Selden
ジョン・セルデン（1584-1654）
イギリスの歴史家、古物収集家
◈『机上対話』（1989）、「法」

◈『同上』、「国王について」

◈『同上』、「人民」、キケロ 1051 参照

Arthur Seldon
アーサー・セルドン（1916-）
イギリスの経済学者
◈『資本主義』（1990）

W. C. Sellar and R. J. Yeatman

▶ 3403　騎士党党員（誤っているが情緒的）と円頭党（正しいがよそよそしい）。

W. C. セラー（1898-1951）と R. J. イェートマン（1898-1968）
イギリスの作家
◆『1066年とすべてのこと』（1930）

▶ 3404　尻議会——そう呼ぶのは長い間座っているからだ。　◆『同上』

▶ 3405　チャールズ2世はいつも楽しんでいる、だから皇帝というほどの王ではない。　◆『同上』

▶ 3406　国家の負債は幸運と言うべきで、政治経済学の言う恐れから懲らしめを受ける危険性があるからだ。　◆『同上』

▶ 3407　最も記憶されるべきは、国民が自分の状況確認——イギリスが豊かな人々を一瞬にして誕生させたという——をしたことである。すなわち女性も子供もその多くが死にもせず、ひどい奇形にもならず工場で1日25時間働けたのである。これが産業革命の実態なのだ。　◆『同上』

▶ 3408　グラッドストンは……晩年をアイルランド問題の解答を書くことに費やそうとしていたようだ。不幸なことに準備が整うたびに、アイルランドが密かに問題を変更してしまったのだ。　◆『同上』

▶ 3409　アメリカは確かに最高の国家であったが、歴史は始まったばかりだった。　◆『同上』

Nassau William Senior

▶ 3410　すべての国民を貧しくするのは人間組織の権力によるものだが、すべての国民を豊かにはできない。

ナッソー・ウィリアム（父）（1790-1864）
イギリスの経済学者
◆ 日記、1849

William Seward

▶ 3411　世界中が知っていることだが、革命は決して後退しない。

ウィリアム・シーワード（1801-72）
アメリカの政治家
◆ ロチェスターでの演説、1858.10.25

Edward Sexby

▶ 3412　殺人でない殺害は、3つの疑問点で端的に語られる。

エドワード・セクスビー（1658没）
イギリスの策謀家
◆ パンフレットの題名（暴君殺

害の弁明、1657）

Anthony Ashley Cooper, Lord Shaftesbury

▶ **3413** クロムウェルからの貴族院議員就任の要請を断って：
神を認めなさい。そうすればすべてを認めたことになる。

アンソニー・アシュリー・クーパー、シャフツベリー卿（1621-83）
イギリスの市民革命時に当初は王党派を支持し、後に議会主義派となる（1644年より）。チャールズ2世の治世の国王継承問題についてはモンマスの支持者であった
シャフツベリーについて、クロムウェル1158、ドライデン1381参照
◆『英国人名辞典』

William Shakespeare

▶ **3414** どうした、この不平不満のごろつきどもめ、くだらない苦情のかゆみをかきむしり、からだじゅう疥癬だらけになる気か？

ウィリアム・シェイクスピア（1564-1616）
イギリスの劇作家
◆『コリオレーナス』（1608）

▶ **3415** きさまらの人気をあてにするのは、重い鉛の鰭で泳ぎ、か細い草で柏の大木を切り倒すようなものだ。

◆『同上』

▶ **3416** 聞いたか、この雑魚どものラッパ手が言ったことを？
王様気どりで「許さぬ」だと！

◆『同上』

▶ **3417** 民衆がローマなのだ。

◆『同上』

▶ **3418** ええい、野良犬どもめ！ きさまらの吐く息は腐った沼地の臭気よりがまんならぬ。きさまらから好意のことばを聞くぐらいなら、空気を腐らす野ざらしの死体の臭いをかぐほうがまだましだ。
おれがきさまらを追放してやる。

◆『同上』

▶ **3419** やつが城門を出るのを見に行け、やつのまねをして軽蔑のことばを思いきりその背中に浴びせてやれ。

◆『同上』

▶ **3420** 無数の頭をもつ化け物がおれを突き出す。

◆『同上』

▶ **3421** 戦争がいいね、おれも。昼が夜にまさるように、戦争は平和にまさる。なにしろ陽気で、目がさめて、耳がさえて、生き生きとしてる。ところが平和ときたらまるで中風病みのよいよいだ、陰気で、目がかすんで、耳が遠く

なって、死んだも同然だ。戦争が殺す人の数よりも、平和が生む私生児の数のほうが多いだろう。

▶ **3422** あの男はローマを、ミサゴが魚をとらえるように、身にそなわった威光で手に入れるだろう。　◆『同上』

▶ **3423** どうして貢ぎ物を収めなけりゃならないんだ？　もしもローマ皇帝が、お日様を毛布でくるんだり、お月様をポケットにしまったりできるなら、あかりがほしいから貢ぎ物を収めるかもしれないけれど、でなけりゃ収めないからな、ねえ、お父さん。　◆『シンベリン』(1909-10)

▶ **3424** 続けるもやめるもともにむずかしい宮廷の遊泳術を。てっぺんまで登れば必ず落ち、落ちぬまでも滑りやすくて落ちると同様のひどい不安に明け暮れするそこでの生活を。　◆『同上』

▶ **3425** おれにはなにやら漠然とした胸騒ぎがする、わが国に不吉なことの起こる前ぶれではなかろうか。　◆『ハムレット』(1601)

▶ **3426** だが、ご身分を考えてみろ、あのかたの意志はご自分のものではない、あのかたも生まれには従わねばならぬ、身分卑しいもののように、勝手気ままに生きることは許されぬのだ。あのかたの選ぶ道はただちに国家の安寧・福祉の存否にかかわってくる。
とすれば、妃を選ぶときも、ご自分を主君と仰ぐ国民全体の賛否に左右されることになる。
だから、たとえおまえを愛していると言われても、うのみにしないのが賢明というものだ、あくまでも、デンマーク全国民の同意がともなわなければ、ご自分の約束を実行に移すこともできぬ特別な地位におられるかたのことばだからな。　◆『同上』

▶ **3427** なにかが腐っているのだ、このデンマークでは。　◆『同上』

▶ **3428** 時間はわずかしかない、まもなく煉獄の炎にふたたびわが身をさいなまれねばならぬ。　◆『同上』

▶ **3429** でなければだれががまんするか、世間の鞭うつ非難、権力者の無法な行為、おごるものの侮蔑、さげすまれた恋の痛み、裁判のひきのばし、役人どもの横柄さ、りっぱな人物がくだらぬやつ相手にじっとしのぶ屈辱、このような重荷をだれががまんするか、この世から短剣のただ一突きでのがれることができるのに。
このようにもの思う心がわれわれを臆病にする。　◆『同上』

▶ **3430** 高貴なものの狂気、これはすててはおけぬだろう。　◆『同上』

▶ **3431** きみという男は、あらゆる苦労に耐えながら、たえてそれを顔に出さない。　◆『同上』

運命が罰をくだそうとほうびをくれようと、ひとしく感謝の念をもって受け入れる、理性と感情がほどよく調和していて、運命の女神の思いのままの音色を出す笛にはならない、まったくうらやましくなる。

- **3432** わが命運もつきはてた。　　　　　　　　◆『同上』
- **3433** 身分高きものも落ちぶれるや飼い犬まで逃げ去り、貧しきものも世に出ずるや敵まで味方となる。　◆『同上』
- **3434** 国王のご不幸はおん身ひとつではすみません、渦巻きのように周囲のものを巻きこみます。それは山頂にすえられた巨大な車輪です、その太い輻の1本1本に無数の小さな付属物がとりつけられています。　◆『同上』

  したがって、万一それが山頂より転落するときは、どのようなささいな部品といえども、大混乱のうちにともに破滅へとむかいます。

- **3435** 業病の持ち主が病気をかくしてついにはいのちを失うようなものだ。　◆『同上』
- **3436** 実のところ、ありのままに申しあげればほんのひとかけらの土地をとるのが目標です、なんの利益もない、ただ名誉がかかっているだけの。　◆『同上』
- **3437** そのことばにはなんの意味もありませんが、とりとめないことばづかいはかえって聞くものにあれこれ憶測を生み出させるもの、みんな勝手にそのことばをつなぎ合わせて解釈するのです。　◆『同上』
- **3438** 国王の身には天の加護がある、いかなる反逆者もはかない望みを抱くだけ、その望みを実行には移せぬのだ。　◆『同上』
- **3439** このように反逆はつねにその報いを受けるのだ。　◆『ヘンリー4世』第1部（1597）
- **3440** まったくわがイギリス人の悪い癖だ、なにかいいものがあればすぐそれをこき使ってダメにしてしまう。　◆『同上』第2部（1597）
- **3441** わしがこの王冠を手に入れるについては、さまざまな道ならぬ道を通ったものだ、そしてわし自身承知のことだがこれを頭上に戴いてからも無事平坦の道ではなかった。　◆『同上』
- **3442** ここはイギリスの宮廷だ、トルコの宮廷ではないぞ、兄弟殺しのアムラスがアムラスの跡を継ぐのではない、ヘンリーがヘンリーを継ぐのだ。　◆『同上』
- **3443** ああ、イングランドよ！　雄大な精神を宿す小さな肉体のように、内なる偉大さを秘めた島国よ！　◆『ヘンリー5世』（1599）

  おまえの子らがことごとく母なるおまえを愛するとすれば、おまえは名誉の命じるままにいかなる大事を達成することか。

  ところが、見るがいい、フランス王はおまえの弱点を、つ

まり裏切り者の一味を見いだし、そのうつろな胸を不正な
金貨で満たしたのだ。

▶ **3444**　ハリーはあの勝ち誇った幹から出た一枝だ、彼の天　◆『同上』
性の力と悪運の強さを見くびってはならぬ、十分な警戒が
必要だ。

▶ **3445**　この悪党、私生児、不司下郎、ごろつき——なんだ　◆『同上』
と言いたいのだ？　わがアイルランド人のことをとやかく
言うのはどこのどいつだ？

▶ **3446**　というのは、おれみたいなものが言うのもなんだ　◆『同上』
が、王様だっておれと同じ人間にすぎん、王様だってスミ
レの花はおれと同じように匂うだろうし、大空はおれと同
じように見えるだろう。

▶ **3447**　奇襲戦法によらずに正面から堂々ととり組んで戦っ　◆『同上』
た遭遇戦において、一方がこのように大きな損害を受け、
他方がこのように小さな損害ですんだためしがあったで
しょうか？

▶ **3448**　臣下1人1人のつくすべき義務は王様のものだが、　◆『同上』
臣下1人1人の魂は自分のものだ。

▶ **3449**　王の責任か！　ああ、イギリス兵一同のいのちも、　◆『同上』
魂も、借金も、夫の身を案じる妻も、子供も、それまでに
犯した罪も、すべて王の責任にするがいい！
おれはなにもかも背負わねばならぬ。

▶ **3450**　一般庶民が享受しうる無限の心の安らぎを、王はど　◆『同上』
のぐらい捨てねばならぬのか！　しかも、王がもっていて
庶民がもっていないものといえば、儀礼のほかに、形式的
儀礼のほかに、いったいなにがある？

▶ **3451**　手をのばして、その黄金の冠をおとりになったらい　◆『ヘンリー6世』第2部（1592）
かが？

▶ **3452**　これがイギリス宮廷の流行なのですか、これが慣習　◆『同上』
なのですか？
これがブリテン島の政治なのですか？
これがアルビヨン国王の権威なのですか？

▶ **3453**　たしかに、紳士がたがのさばるようになってからと　◆『同上』
いうもの、このイングランドも住みにくくなっちまったも
んだ。

▶ **3454**　ケード：いずれこのイングランドでは、3ペンス半　◆『同上』
のパンが1ペニーで買えるようになるだろう、1クォート
入りの酒瓶に3クォート半の酒が入るようになるだろう。
弱いビールなんか飲むやつはおれが重罪に処してやる。

▶ **3455**　まったく嘆かわしい話じゃないか、罪もない子羊を　◆『同上』

殺して羊皮紙を作り、その羊皮紙になにか書きなぐって人間を消しちまうってことは？

▶ 3456　きさまはラテン文法学校などこさえて、国じゅうの若いもんを堕落させやがった、こいつはふらち極まる謀反だ。また、おれたちのご先祖様は本なんかもっておらず、棒切れに刻み目つけるだけでことたりたのに、きさまは印刷なんてものをはやらせやがった、おまけに、国王の王冠と権威に逆らって紙工場など建てやがった。　　◆『同上』

▶ 3457　これ以上つべこべ言うな、ウォリック、さもないと、ことばのかわりに放つおれの使いが、おまえに父上の恨みを晴らしかねんぞ、この場でな。　　◆『同上』第3部（1592）

▶ 3458　さらばと言えば、わが偉大なる地位とも永久におさらばだ。　　◆『ヘンリー8世』（1613）

▶ 3459　おれはまるで浮き袋につかまるいたずら小僧のように、長い夏のあいだ栄光の海を泳ぎまわっていた、そのうちに無謀にも背の立たぬところにまできてしまった、そこでついにふくれあがった高慢の浮き袋が破れ、いまのおれはただ1人、人生の遊泳に疲れはてたこの老いの身を荒波にゆだね、やがてその底に永遠に沈む運命にある。
この世のむなしい栄耀栄華よ、おれはおまえを憎む、おれの心はいま別の世界にむかって開かれたのだ。ああ、王侯の寵愛にすがって生きる人間のなんとみじめなことか！
われわれがあこがれ求めるほほえみ、王侯たちが見せるあの甘い笑顔と、彼らがくだす破滅とのあいだには、戦争や女が与える以上の苦痛と恐怖がある、そのあいだに落ちこむものは、地獄に落ちるルシファーのように2度と復活する希望はないのだ。　　◆『同上』

▶ 3460　いいな、クロムウェル、おれの命令だ、野心は捨てろ、天使さえその罪で堕落した、とすればどうして人間が、神の姿になぞらえられたものが、それで成功を望めよう？
自分を愛するのは最後にし、自分を憎む人々を大事にしろ。不正堕落より清廉潔白のほうが結局は成功の早道だ。つねに右手にはおだやかな平和をたずさえろ、そうすれば悪意の舌も沈黙するだろう。正義を守り、恐れを抱くな。すべてを国のため、神のため、真実のために捧げるよう心がけろ、それでもし倒れるとすれば、クロムウェル、おまえは殉教者として倒れるのだ。　　◆『同上』

▶ 3461　おれが王に仕えた半分ほどの熱意をもって天にまします神にお仕えしていたら、神もこの年になったおれを素　　◆『同上』

裸で敵のなかにほうり出されたりはしなかったろう。

▶ **3462** そのご治世にあっては、万民がみずから育てた葡萄棚の下で楽しく食事をし、
隣人相集って平和の歌を陽気に歌うことでしょう。 ◆『同上』

▶ **3463** この唐変木、石頭、無情の木石にも劣るやつめらが！
ああ、血も涙もない冷酷なローマの平民ども、きさまらはポンペーを忘れたのか？ ◆『ジュリアス・シーザー』（1599）

▶ **3464** シーザー：いま群衆のなかからおれを呼んだのはだれだ？
この耳にどの楽器の音よりも鋭く聞こえたぞ、「シーザー」と呼ぶ声が。言え、シーザーは聞こう。
占い師：用心なさい、3月15日に。 ◆『同上』

▶ **3465** これが驚かずにいられるか、こんな意気地のない弱虫が、この壮大な世界の先頭に立って、あろうことか勝利の栄冠を独り占めにしようとは。 ◆『同上』

▶ **3466** いいか、おい、あいつはロードス島の巨人像のように世界狭しとばかり立ちはだかっているのだぞ。
おれたちちっぽけな人間はその巨大な脚のあいだをうろつきまわり、恥ずべき墓穴を捜しているにすぎぬ。
人間、ときにはおのれの運命を支配するものだ、だから、ブルータス、おれたちが人の風下に立つのは運勢の星が悪いのではない、罪はおれたち自身にある。 ◆『同上』

▶ **3467** ブルータスはシーザーに劣らずたちまち精霊を呼び起こすだろう。ああ、神々に聞きたいものだ、シーザーはいったいなにを食らってあれほどまでに成りあがったのか。 ◆『同上』

▶ **3468** ローマの歴史を語って、こう言えたものがいるか、この広大な城壁がただ1人の人間しか容れなかった時代があったと？　広いローマはたしかに大広間だ、たった1人の人間でいっぱいになるのだから。 ◆『同上』

▶ **3469** おれのそばにいるのはふとった男だけにしてほしい、髪をきちんとなでつけ、夜はよく眠るような男だけに。あのキャシアスはやせて飢えた顔つきをしている、あの男は考えすぎる、ああいう男は危険だ。 ◆『同上』

▶ **3470** ああいう男は、おのれよりも偉大な人物を見ると、きまって心がおだやかではなくなってくる、だからああいう連中は非常に危険なのだ。 ◆『同上』

▶ **3471** 権威の座にともなう害は、力におごってあわれみを捨てることにある。 ◆『同上』

▶ **3472** だがよく聞く話ではないか、謙遜というものは、 ◆『同上』

▷ William Shakespeare

若々しい野心が足をかける梯子であり、高きに登らんとするものはまずこれに顔を向ける、だが1度そのてっぺんに登れば、たちまち梯子には背を向け、今度はさらに高い雲を望み、いままで登ってきた足もとの階段には軽蔑の目を向けるという。

▶ **3473** ああ、陰謀よ、おまえも恥ずかしいのか、あらゆる悪が勝手気ままに跳梁する闇夜にも、その恐ろしい顔を見せぬとは？　　◆『同上』

▶ **3474** われわれは、ケーアス、生贄を捧げるものでありたい、屠殺者ではなく。　　◆『同上』

▶ **3475** 神々に捧げる供えもののつもりで彼に剣をふるおう、猟犬にくれてやる死肉のつもりで切りきざむのではなく。　　◆『同上』

▶ **3476** そこで、あなたは追従がきらいですねと言ってやれば、そうだと答える、それがいちばんの追従だと気づかずにな。　　◆『同上』

▶ **3477** シーザー：（占い師に）3月15日がきたぞ。　　◆『同上』
占い師：きましたが、シーザー、まだすぎ去ってはいません。

▶ **3478** おれがおまえたちであれば心を動かされるだろう、おれが哀願によって人の心を動かせる男なら人の哀願によって心を動かされもするだろう。　　◆『同上』
だがおれは北極星のように不動だ、天空にあって唯一動かざるあの星のようにな。
空には無数の星屑が散りばめられておる、それはすべて火であり、それぞれ光を放っておる、だが不動の位置を保持する星は1つしかない。
人間世界も同じだ、この世には無数の人間がおる、すべて血肉をそなえ、理性を与えられておる。
だがおれの知るかぎり、その数知れぬ人間のなかで、厳然として侵すべからざる地位を保持するものは1人しかない、それがこのシーザーだ。

▶ **3479** おまえもか、ブルータス！　死ぬほかないぞ、シーザー！　　◆『同上』

▶ **3480** 市民、元老院の諸君、恐れることはない、安心してここにおられるがいい、野心が負債を支払っただけだ。　　◆『同上』

▶ **3481** キャシアス：さあ、身をかがめ、手をひたそう。千載ののちまでもわれわれのこの壮烈な場面はくり返し演じられるだろう、いまだ生まれぬ国々において、いまだ知られざる国語によって。　　◆『同上』

ブルータス：そしてシーザーはくり返し舞台に血を流すだろう、いまこのポンペー像の足もとに身を横たえ、塵と化した男は。

▶ **3482** 血塗られた剣を頭上にふりかざし、声をそろえて叫ぼうではないか、「平和だ、解放だ、自由だ」と。 ◆『同上』

▶ **3483** ああ、偉大なるシーザー、なんとなさけない姿に！ あなたの征服、栄光、勝利、獲物のすべてがこの小さな亡骸となりはてたか？ ◆『同上』

▶ **3484** 復讐を求めてさまよい歩くシーザーの霊魂は、地獄から出てきたばかりの復讐神エイテを伴い、全土にひびき渡る王者の声をもって、高らかに「虐殺だ」と命じ、戦争の猟犬どもを解き放つだろう。
そしてこの卑劣な行為は、埋葬を求めてうめく腐れ肉の山とともに、天までその悪臭を放つだろう。 ◆『同上』

▶ **3485** 私はこう答えよう——それは私がシーザーを愛さなかったためではない、それ以上にローマを愛したためであると。 ◆『同上』

▶ **3486** 彼は勇敢であった、それを思うと私は尊敬せざるをえない。だが彼は野心を抱いた、それを思うと私は刺さざるをえなかった。 ◆『同上』

▶ **3487** だれかここに、その性卑劣にしてみずからの祖国を愛さないものがいるか？　いたら、名乗り出てくれ。私はその人に罪を犯した。さあ、答えを待とう。 ◆『同上』

▶ **3488** わが友人、ローマ市民、同胞諸君、耳を貸してくれ。私がきたのはシーザーを葬るためだ、称えるためではなく。人間のなす悪事はその死後もなお生きのびるものであり、善行はしばしばその骨とともに埋葬されるものである。
シーザーもそうあらしめよう。高潔なブルータスは諸君に語った、シーザーが野心を抱いていたと。
そうであれば、それは嘆かわしい罪にほかならず、嘆かわしくもシーザーはその報いを受けたのだ。 ◆『同上』

▶ **3489** シーザーは私にとって誠実公正な友人であった、だがブルータスは彼が野心を抱いていたと言う、そしてそのブルータスは公明正大な人物だ。 ◆『同上』

▶ **3490** 貧しいものが飢えに泣くときシーザーも涙を流した、野心とはもっと冷酷なものでできているはずだ、だがブルータスは彼が野心を抱いていたと言う、そしてそのブルータスは公明正大な人物だ。 ◆『同上』

▶ **3491** 諸君はみな、ルペルクスの祭日に目撃したろう、私 ◆『同上』

はシーザーに三たび王冠を献げた、それをシーザーは三たび拒絶した。これが野心か？

▶3492　諸君もかつては彼を愛した、それも理由あってのことだ、とすれば、いま彼の哀悼をためらうどんな理由がある？　◆『同上』

▶3493　つい昨日までは、シーザーの一言は全世界を畏怖せしめるものであった。それがどうだ、いまはそこに横たわり、匹夫とても敬意を表するものはない。　◆『同上』

▶3494　これこそはもっとも無惨非道の一撃であったのだ。　◆『同上』

▶3495　ああ、なんという崩壊であろうか、同胞諸君！　私も、諸君も、すべてのものが崩れ伏したのだ、血なまぐさい反逆が勝ち誇るその足もとに。　◆『同上』

▶3496　私は諸君の心を盗みとるためにきたのではない、私は雄弁家ではない、ブルータスのような。　◆『同上』
ただ、諸君も知るとおり、一介の無骨者であって、友人を愛する男にすぎん。

▶3497　この私には、人の血を湧き立たせるような、知恵も、ことばも、価値も、身ぶりも、弁舌も、説得力も、なに１つない、ただ率直に語るのみだ。　◆『同上』
ただ諸君自身のすでに知っていることを語り、シーザーの傷口を示し、あわれな物言わぬ傷口に私のかわりに語れと命じるのみだ。

▶3498　私がブルータスで、ブルータスがアントニーであれば、そのアントニーは諸君の胸に怒りの火を点じ、シーザーの傷口の１つ１つに舌を与えて語らせ、ローマの石という石も暴動に立ちあがることだろう。　◆『同上』

▶3499　あとはなりゆきまかせだ。わざわいのやつ、動きはじめたな、好きなところに行くがいい。　◆『同上』

▶3500　これだけは死刑だな。名前にしるしをつけておいた。　◆『同上』

▶3501　まったくなんの取り柄もない男だな、あいつは、使い走りが分相応だ。　◆『同上』

▶3502　人のなすことにはすべて潮時というものがある、うまくあげ潮に乗れば幸運の港に達しようが、それに乗りそこなえば人生航路の行き着く先も不幸の浅瀬というわけだ、動きがとれぬことになる。　◆『同上』
そういう満ち潮にいまのわれわれは浮かんでいる、この有利な潮をとらえなければ、いのちがけの船荷を失わねばならぬだろう。

▶3503　ああ、ジュリアス・シーザー、おまえの力はいまだ強大さを誇っておる。おまえの霊はこの世をさまよい、わ　◆『同上』

▶ **3504** 彼こそ一味のなかでもっとも高潔なローマ人だった。彼だけは別にして、共謀者どもはすべて大シーザーへの憎しみからこの挙に出た。
彼だけは、いささかも私心をまじえず、ひたすら万人のためを思って一味に加わった。
その生涯は高雅、その人柄は円満な調和に満ち、そのために大自然も立って、全世界にむかい、叫びうるはずだ、「これこそは人間であった！」と。 ◆『同上』

▶ **3505** わがイングランドは、最初にみずからの手でみずからを傷つけぬかぎり、傲慢な征服者の足もとにひれ伏すことなどかつてなかったし、これからも断じてないでしょう。こうして貴族諸卿がふたたび祖国にもどってきたからには、たとえ全世界が三方から攻めてこようともびくともしません。
もはやわれわれを悲しませるものはなに1つないでしょう、イングランドがおのれ自身にたいして忠実である以上。 ◆『ジョン王』(1591-98)

▶ **3506** 権力が追従に屈するとき、忠義が口を開くのを恐れるとでもお思いか？　王が愚行に走るとき直言するのが臣下の名誉。 ◆『リア王』(1605-06)

▶ **3507** 大きな車が山の上からころげ落ちるときは手を放すもんだ、いつまでもつかまっていたら首の骨をへしおるのがおちだ。だが大きなやつが山の上に登っていくときは、しっかりつかまって引っぱりあげてもらうもんだ。 ◆『同上』

▶ **3508** 犬も権威ある役職にあれば人間を従わせることができる。 ◆『同上』

▶ **3509** おまえもガラスの目玉を手に入れるがいい、そして卑しい策士のように、見えないものでも見えるふりをすることだ。 ◆『同上』

▶ **3510** マルカム：その生涯を通じて、生涯を閉じるときほど彼にふさわしい姿はなく、その死に際して、かねてから死を覚悟したものの平静さをもって、いたばんたいせつないのちをむぞうさに投げすてたとのこと。
ダンカン：顔を見て人の心のありようを知るすべはない。あの男にはわしも絶対の信頼をおいていたのだが。 ◆『マクベス』(1606)

▶ **3511** のみならず、ダンカンは生まれながらに温厚篤実、国王として非のうちどころがない。そのいのちを奪えば、彼の美徳はトランペットの舌をもつ天使のように高らかに大逆の罪を天下に訴えよう。 ◆『同上』

▶ **3512** おれには野望の脇腹を蹴り立てる拍車はない、ある ◆『同上』

▷ William Shakespeare

のは鞍に飛び乗ろうとする野心だけ、それもはやりすぎて向こう側に落ちてしまう。

▶ **3513** 破滅がその最高の腕をふるったのだ！ 神をないがしろにする人殺しが聖なる御堂の扉をうちこわし、そこにおさめられてあったいのちを盗みとったのだ！ ◆『同上』

▶ **3514** ついに手に入れたな、国王、コーダー、グラームズ、魔女どもの予言したすべてを。そしてそのためにだいぶ手を汚したのではないか。 ◆『同上』

▶ **3515** マクベス夫人：思う相手とともにこの世から消えてしまったはず、とり返しのつかないことは頭からとりのぞかなければ。すんだことはすんだことです。 ◆『同上』
マクベス：おれたちは蛇に傷を与えたが、殺してはいない、傷口が癒えてもとどおりになれば、無益な害意を見せたおれたちは、その毒牙の危険にさらされることになる。

▶ **3516** ダンカンはいま墓のなかだ、人生という痙攣する熱病も癒えて安眠している。 ◆『同上』
反逆が暴威をふるったのも過去のことだ、いまはもう剣も、毒も、内憂も、外患も、なに１つとして彼にふれることはできぬ。

▶ **3517** どうだ、スコットランドは？　みじめな国だ、おのれがどういう状態にあるか知ることさえ恐れている。 ◆『同上』

▶ **3518** 甘い父親が樺の枝で作った鞭を、ただこけおどしのために子供に見せつけておいて、いっこうに用いないと、やがてはその鞭も恐怖の的と言うよりは軽侮の種になってしまう。法律も同じこと、執行力を失えば法律のいのちも失われる。 ◆『尺には尺を』(1604)
放らつ無頼の徒が正義を足蹴にし、赤児がその乳母をなぐり、こうしてあらゆる秩序は乱れに乱れてしまう。

▶ **3519** 法律を案山子同然のものにしてはなるまい、害をなす鳥をおどすために立てたものも、いつまでも同じ姿にしておけば鳥も慣れ、恐れるどころか止まり木にしてしまう。 ◆『同上』

▶ **3520** 誘惑されるということは、エスカラス、誘惑におちいることとは別だろう。たしかに罪人に死刑を宣する12名の陪審員のなかには１人や２人、自分たちが裁く犯人よりもっと重い罪を犯しているものがいるかもしれない。 ◆『同上』

▶ **3521** どうかお聞きください、偉いかたがたの身分の高さをあらわすしるし、たとえば国王の冠とか、公爵代理の剣とか、式部官の杖とか、裁判官の衣とかは、いずれも、慈悲の心にくらべれば、そのかたがたにそれほどふさわしいとは思いません。 ◆『同上』

▶ 3522　死ぬのがこわいの？　死は想像しているうちがいち ◆『同上』
ばんこわい、実際の死の苦痛は、私たちに踏みつぶされる
あわれな虫けらも、私たちをひねりつぶす巨人も、その大
きさに変わりはないわ。

▶ 3523　ああ、恵み深い天使たち、私に耐える力をお与えく ◆『同上』
ださい、そして時がくれば、
いま権威にかくれている悪をあばいてください！
天が公爵様を悲しみから守ってくださいますよう、不当に
も信じてもらえない私は黙って去りましょう。

▶ 3524　慈悲は義務によって強制されるものではない、天よ ◆『ベニスの商人』(1596–98)
り降りきたっておのずから大地をうるおす恵みの雨のよう
なものなのだ。

▶ 3525　王様がいなければ代理のものも王者のように光を放 ◆『同上』
つけれど、王様がお帰りになればたちまちその威厳もむな
しく消えてしまう、小川の流れが大海原に飲み込まれてい
くように。

▶ 3526　このはかない人生がわれわれに与えうる最高の宝と ◆『リチャード2世』(1595)
は、斑点のような汚点がかつて汚したことのない名声で
す。それを失えば、人間も金粉をぬった粘土細工にすぎま
せん。譬えて言えば、忠臣の胸に宿る勇気こそもっとも美
しい宝石です、それは十重二十重の飾りの中心にあるから
です。
名誉は私のいのちです、つまり、名誉を失うことはいのち
を失うことです。

▶ 3527　おれは命令すべく生まれついた、懇願することはで ◆『同上』
きぬ。

▶ 3528　たった一言になんという長い歳月が宿ることか！ ◆『同上』
重い足どりの冬が四たびと、腰の軽い春が四たび、それが
一言で尽きてしまう。王のことばとはそういうものか！

▶ 3529　この歴代の王の王座、この王権に統べられた島、 ◆『同上』
この尊厳にみちた王土、この軍神マルスの領土、
この第2のエデン、地上におけるパラダイス、
自然の女神が、外国からの悪疫を防ぎ、
戦の手から守らんとして築いた、この砦、
この幸福な種族、この小宇宙たる別天地、
しあわせ薄くしてねたみにとりつかれた外敵の
悪意の手の侵入にそなえて、みずからを守る
城壁ともなり、館をめぐる堀ともなる、
白銀の海に象嵌されたこの貴重な宝石、
この祝福された地、この大地、この領地、このイングラン

▷ William Shakespeare

ド、
代々の王を生み育てたこの母胎、この乳母、
その種族ゆえに恐れられ、その血統ゆえに名高く、
頑迷なるユダヤの地にある、この世の救い主、
聖母マリアのみ子の墓をとりもどさんとして、
キリストの教えのため、真の騎士道のために戦い、
はるか海外にまで雄名をはせた、あの
尊い王たちを生み育てたこの国、この尊い、尊い国、
世界のすみずみにまで名声をとどろかせたこの尊い国、
それがいま、おれは死にのぞんではっきり断言するが、
貧しい小作地かなにかのように貸し出されているのだ。
天を摩す荒波にかこまれ、海神ネプチューンの
飽くことなき包囲攻撃を、その岩壁ではね返していた
イングランドも、いまは恥辱にかこまれ、腐った羊皮紙に
インクの汚点をたらした書類に縛りつけられている。
他を征服することをつねとしていたイングランドが、
恥ずかしくもみずからを征服してしまっているのだ。

▶ 3530　この国を食い荒らす毛虫ども。　　　　　　　◆『同上』

▶ 3531　荒海の水を傾けつくしても、神の塗りたもうた聖油　◆『同上』
を王たるこの身から洗い落とすことはできぬ、まして世の
つねの人間どもの吐くことばごときで神の選びたもうたそ
の代理人を廃位させることはできぬ。

▶ 3532　王の名は、2万の兵士の名前に匹敵するものではな　◆『同上』
いか。
武器をとれ、おれの名よ！　とるにたらぬ臣下が1人、偉
大な栄光に刃向かおうとするのだ。

▶ 3533　さあ、みんなこの大地にすわってくれ、そして　　◆『同上』
王たちの死の悲しい物語をしようではないか、
退位させられた王、戦争で虐殺された王、
自分が退位させたものの亡霊にとりつかれた王、
妻に毒殺された王、眠っていて暗殺された王の物語を。
みんな殺されたのだ、なにしろ、死すべき人間にすぎぬ
王のこめかみをとりまいているうつろな王冠のなかでは、
死神という道化師が支配権を握っており、
王の威光をばかにし、王の栄華をあざ笑っておるのだ。
そしてつかの間の時を与えて、一幕芝居を演じさせる、
そこで国王として君臨し、畏敬され、目でもって人を殺し、
まるでいのちを守る肉体という城壁が、永遠に攻め落とせ
ぬ
金城鉄壁であるかのように思いこみ、むなしいうぬぼれに

William Shakespeare

ふくれあがっていると、さんざんいい気にさせておいた
死神めは、時はよしとばかり、小さな針の一刺しで
その城壁に穴を開け、王よ、さらば！　というわけだ。

▶ **3534**　見ろ、リチャード王みずから姿を見せたぞ、まるで　　◆『同上』
火と燃える東の門から顔を出した太陽が、西への輝かしい
旅路を進もうとしてふと見ると、よこしまな雲がさえぎっ
てその栄光を暗くし、その行く手を汚しているので、真赤
になって腹を立てている、といったところだ。

▶ **3535**　王はどうすればいい？　服従せねばならぬのか？　　◆『同上』
王は服従しよう。退位せねばならぬのか？
王は喜んで退位しよう。失わねばならぬのか、王の名を？
神の名において、それを捨てよう。

▶ **3536**　王冠をよこせ。では、従弟、王冠を手にするがいい。　◆『同上』
さあ、従弟、こちら側には私の手、そちら側にはあんたの
手がある。
この黄金の王冠もいまは深い井戸のようなものだ、そこに
かかってかわるがわる水を汲みあげる2つの桶は、一方は
からになってつねに空中高く躍っておるが、他方は底に沈
んで人目にふれず、水がいっぱいになっておる。
底に沈んで悲しみを飲み、涙でいっぱいの桶が、私だ、そ
してもちろん、高く舞いあがっているのが、あんただ。

▶ **3537**　私の栄誉、私の権力はあんたの自由になっても、私　　◆『同上』
の悲しみはそうはいかぬ、私はまだ私の悲しみの王だ。

▶ **3538**　さあ、よく見るがいい、私が私ではなくなるさまを。　◆『同上』

▶ **3539**　私は自分の涙で、王の聖油を洗い落とそう、私は自　　◆『同上』
分の手で、王の冠を譲り渡そう、私は自分の舌で、王の地
位をとり消そう、私は自分の息で、王への服従の義務を吹
き飛ばそう。

▶ **3540**　私の目は涙でいっぱいだ、読もうにもよく見えぬ。　　◆『同上』
だが、いくら塩からい水が目を曇らせても、ここに謀反人
どもの群れがいることだけは見えておる。
いや、目を転じて自分を見れば、この私自身、ほかのもの
と同じく謀反人だということがわかる、なにしろ私は、栄
華を極めた王のからだから王の衣を剥ぎとることに心から
の同意を与え、栄光を卑賤に、主権を奴隷に、至高を下男
に、威厳を下郎におとしめた張本人なのだから。

▶ **3541**　われらをおおっていた不満の冬もようやく去り、　　◆『リチャード3世』(1591)
ヨーク家の太陽エドワードによって栄光の夏がきた。

▶ **3542**　戦の神も、そのきびしい顔をなごやかにほころば　　◆『同上』
せ、つい昨日までは武装した軍馬にうちまたがって恐れお

ののく敵兵どもの心胆を寒からしめていたのに、いまはどうだ、ご婦人の部屋に入りびたって、みだらなリュートの音に合わせて踊り騒いでいる。

▶ **3543** おれは色男となって、美辞麗句がもてはやされるこの世のなかを楽しく泳ぎまわることなどできはせぬ、となれば、心を決めたぞ、おれは悪党となって、この世のなかのむなしい楽しみを憎んでやる。 ◆『同上』

▶ **3544** こうして聖書から盗んだ使い古しのことばを継ぎはぎして、おれの裸の悪事に着せるのだ。おれは聖者と見えるだろう。 ◆『同上』

▶ **3545** わざわいなるかな、子供の治める国は、って言うぜ。 ◆『同上』

▶ **3546** エリザベス：それを償う行為を？　その天使のようなお顔にどのようなご好意をかくしておられることやら？
リチャード：あなたのお子たちを引きあげてさしあげよう。
エリザベス：断頭台の上にか、首をはねるために？ ◆『同上』

▶ **3547** 今日、日は輝かぬ！　だがそれは、おれにとってもリッチモンドにとっても同じではないか。このおれに曇り顔を見せるあの空は、やつにも暗い顔を向けるのだ。 ◆『同上』

▶ **3548** 沈む太陽にはドアを閉めるのが世の習いだ。 ◆『アテネのタイモン』(1607頃)

▶ **3549** 石は蝋のようにやわらかく、護民官は石のように固い、石は沈黙をまもり、人を傷つける言を吐かない、護民官はその舌でもって人に死刑を宣告する。 ◆『タイタス・アンドロニカス』（1950）

▶ **3550** わからないのか、愚かもの、このローマはな、いまや虎がのさばり歩く荒野と化したのだぞ。 ◆『同上』

▶ **3551** 天の星々も、惑星も、宇宙の中心であるこの地球も、序列、階級、地位、規制、進路、均衡、季節、形式、職務、慣習を正しい秩序のもとに一糸乱れずまもっております。 ◆『トロイラスとクレシダ』（1602）

▶ **3552** このように序列が、つまり高いもくろみへの様子がぐらつくとき、大事業は成りがたいのです。 ◆『同上』

▶ **3553** 序列を排してその弦の調子を狂わせれば、耳ざわりな不協和を生じます。あらゆるものが対立抗争しはじめます。おだやかなるべき海は増長してその岸辺より高くふくれあがり、この堅い地球をいたるところで水びたしにします。
強いものが弱いものを徹底的に支配し、乱暴ものの息子が父親をなぐり殺します。 ◆『同上』

▶ **3554** 世間の評判ってやつは皮の上着みてえなもんだ、それを着こんだらそっくり返ったまま身動きもできねえ。 ◆『同上』

▶ 3555　どうしてみんな、わしらによろしく頼むと頭をさげときながら、頼まれてやるわしらの仕事をきらいやがるんだ？

◆『同上』

Robert Shapiro
ロバート・シャピロ（1942-）
アメリカの法律家、O. J. シンプソン裁判の当初の弁護団長

▶ 3556　ジョニー・コクランが弁護団のリーダーシップをとって代わり、戦術の変更について：
われわれは人種カードだけでなく、真新しいカードを下ろすところから始めた。
　※これに対して、コクランは「われわれは人種カードではなく、確実性に賭けた」と答えた

◆「ザ・タイムズ」1995.10.5、
　チャーチル 940 参照

George Bernard Shaw
ジョージ・バーナード・ショー
（1856-1950）
アイルランドの劇作家

▶ 3557　イギリス人の行動が理解できなくても、たいして問題ない。だがイギリス人の犯す間違いはわからないだろう。すべて原則で動くのだ。愛国心の原則で闘う。ビジネスの原則で略奪する。帝国主義で奴隷とする。数々の原則で脅すのだ。王国の原則で王を支持するとともに、共和制の原則で王を断首するのだ。

◆『運命の人』（1898）

▶ 3558　スウィンドン：歴史は何を語る？
バーゴイン：歴史は、はい、相も変わらず嘘をつくのでしょう。

◆『悪魔の弟子』（1901）

▶ 3559　彼［ブリトン族］は野蛮人で、部族や島の習慣は自然の法律だと考えている。

◆『シーザーとクレオパトラ』
　（1901）

▶ 3560　あなたの友人のイギリス兵士はイギリス陸軍省の他は、何事も受け入れられる。

◆『悪魔の弟子』（1901）

▶ 3561　イギリス人は、奴隷にはならない。なぜなら政府や世論が許してくれることは何事も勝手にできるからだ。

◆『人と超人』（1903）

▶ 3562　平和への技術ということでは、人間は大下手だ。

◆『同上』

▶ 3563　革命は専制政治の荷を軽くしてはいない。すなわち他の人間の肩に荷を移しかえただけだ。

◆『同上』、「革命便覧」、序文

▶ 3564　民主主義は腐敗した少数が指名する、無能な多数が行う選挙にとって代わられる。

◆『同上』、「格言：民主主義」

▶ 3565　自由は責任を意味する。それが理由で多数の人が恐れる。

◆『同上』、「同上」

▶ 3566　政府の技術は、偶像崇拝の組織化である。

◆『同上』、「格言：偶像崇拝」

▶ 3567　普通の人を差別したり、優れた人を当惑させる称号は劣等意識を持つ人間の不名誉である。

◆『同上』、「革命家の格言：称号」

▶ 3568　金銭は確かに世の中で最重要なものである。健全で成功を目指す人間や国家の道徳は、基盤にこの事実を内包

◆『不合理な縁』（1905）、序文

- 3569 アイルランド人の感情は想像力そのものである。 ◆『イギリス人の他の島』(1907)
- 3570 彼は何も知らない。しかし、すべて知っていると考えている。それは、はっきりと政治的経験を指しているからだ。 ◆『バーバラ少佐』(1907)
- 3571 世の中では目的が達成できない場合は、互いに殺しあうという心構えがなければ事は成就しないのだ。 ◆『同上』
- 3572 暗殺は究極の検閲である。 ◆『ブランコ・ポスネットの素顔』(1911)、「忍耐の限界」
- 3573 無政府主義は警察が国民を殴打できる遊戯である。 ◆『不適当な結合』(1914)
- 3574 イギリスではどこへ行っても自然があり、あらゆることに満足していて心の底から素敵なイギリス国民がいる。いつも、何を見つめているのか？ 家庭の中心にある安定したものだ。 ◆『悲しみの家』(1919)
- 3575 船長は寝棚で瓶のたまり水を飲み、船員は前甲板で賭け事をしている。船は座礁し、沈没し難破するだろう。神の法則が、あなたがイギリスに生まれたということで味方して、時間をかせいだと考えられるのか？ ◆『同上』
- 3576 人類の争いから愛国主義をたたき出さない限り、静かな世界は実現しないだろう。 ◆『オフラハティー のろまな兵士』(1919)
- 3577 すべて偉大な真理は、神への冒瀆から始まる。 ◆『アナジャンスカ』(1919)
- 3578 富める者の収入が現在われわれが支援する貧者に分配されているとすれば、彼らはそれほど窮しないことは明らかなはずだ。ところが、誰もが貯蓄する余裕がないので、資本の供給は止められるだろう。地方の家屋は没落していくだろう。さらに、学問、科学、芸術文学などもろもろが、すなわちわれわれの文化は消滅するだろう。 ◆『社会主義と資本主義への知的女性のための案内』(1928)
- 3579 イギリス人は自動車を手に入れる余裕がある間、政治に何をさせるのだろうか？ ◆『りんごの荷車』(1930)
- 3580 ピーターから奪いポールに与える政府は、黙っていてもポールの支持に左右されるものだ。 ◆『全国民の政治疑問』(1944)
- 3581 イギリスとアメリカは共通言語で分断された2国である。 ◆ ショーの著作には見られないが、これと類似の伝聞がある。ワイルド 4127 参照

Hartley Shawcross

ハートリー・ショークロス
(1902-)
イギリスの労働党政治家、法廷弁護士

- 3582 「だけど、」とアリスは言った。「言葉にした質問は別のことよ」、「そうじゃない、」ハンプティ・ダンプティが言った。「その質問というのは主人公のものに違いない。それがすべてだ」。われわれはこの一瞬の主人公であ

るが、それにとどまらず将来にわたる長い時間の主人公でもある。
　　※「われわれは今、主人公である」としばしば引用された

◆貴族院で、1946.4.2、キャロル 847 参照

▶ 3583　あの太った紳士に激情があるの？
　　※1人の児童として、議会でチャールズ・ジェームズ・フォックスの演説を聞いて

Charles Shaw-Lefevre

チャールズ・ショー=ルフェーヴル（1794-1888）

◆ G. W. E. ラッセル『収集と回想』（1898）

Lord Shelburne

シェルバーン卿（1737-1805）
イギリスのホイッグ党政治家、首相

▶ 3584　国家は国内統一を目指すばかりでなく、外国と善隣外交をすることになるだろう。政府の法規制は常識や正直をもとに、要求を掲げる国民と一体である。

◆貴族院で、1770.11.22

▶ 3585　国会開会の国王発言の擁護について：
詭弁派の頼みとするかすかな一本の糸に過ぎないばかりでなく、彼らの行く手に高慢というよりも、みじめな形となって織り込まれるであろう。

◆同上、1776.10.31

▶ 3586　大英帝国の太陽は、アメリカの独立を確認するたびに沈んでいくようである。アメリカの独立は、イギリスの滅亡の結末であろう。

◆同上、1782.10

Percy Bysshe Shelley

パーシー・ビシュ・シェリー
（1792-1822）
イギリスの詩人

◆「オジマンディアス」(1819)

▶ 3587　「名前はオジマンディアス、王の王だ。
　　　　仕事を見ろ、そう、力強く絶望的だ！」

◆「ソネット：1819 年イギリス」（1819 年記述）

▶ 3588　年老いた、狂った、盲目の、みくびられた、死にかけた王だ！

◆「無秩序の仮面」(1819)

▶ 3589　途中で殺人者に会った——
キャッスルリーの仮面をかぶっていた。

▶ 3590　イギリス人たちは、どこを耕すのだろうか？
腰を低くさせる支配者のために。

◆「イギリス人の歌」(1819 記述)

▶ 3591　種を植え、別人が収穫する。
富を見つけ、別人が保持する。
外衣を織り、別人が着る。
武器を鍛錬し、別人が身に帯びる。

◆「同上」

▶ 3592　最高権威にふさわしい教皇選挙の会議は、いかめしく冷たい。

◆『足かせを解かれたプロメテウス』(1820)

▷ William Shenstone

罪の血は売り買いされる。
▶ 3593 専制政治は国の最高に洗練された市民の保有する利益を侵害し、さらに「あえて踏みにじるのは、自由だ」と言うのだ。
▶ 3594 独裁政治は泥棒の荷を結ぶ紐に過ぎない。
▶ 3595 光をそこに！ 自由は叫んだ、
海からの日の出のように、
アテネが現れた！

◆『改革の哲学的見解』(1819-20 記述)

◆『同上』
◆『ヘラス』(1822)

William Shenstone
ウィリアム・シェンストーン (1714-63)
イギリスの詩人、エッセイスト
◆『仕事——散文と韻文』(1764) 第2巻「政治について」、アナカルシス72、スウィフト3735参照

▶ 3596 法律はよく見る繊維の織目のようなものだ、小者は通り抜け、偉い人は破り抜け、中程度のものだけが引っかかるのだ。

Philip Henry Sheridan
フィリップ・ヘンリー・シェリダン(1831-88)
南北戦争のアメリカ連合騎兵隊指揮官
◆ 伝聞、おそらくすでに格言になっている

▶ 3597 結構なインディアンとは、死んだインディアンのことだけだ。
　　※コブ砦で、1869.1

Richard Brinsley Sheridan
リチャード・ブリンズリー・シェリダン(1751-1816)
アイルランド在住のイングランド人の劇作家、ホイッグ党政治家
◆『批評』(1779)
◆『ピサロ』(1799)
◆ 下院で、T. ムーア『シェリダンの生涯』(1825)第2巻

▶ 3598 新聞だって！ あなた、下劣な、気ままな、忌わしい、非道な——いまだに読んでいない——いや新聞を手に取らない習慣だ。

▶ 3599 われわれの誇る王冠は、人民の選択である。
▶ 3600 名誉ある紳士は冗談の記憶力や、物事の想像力に頼るものである。
　　※ダンダス氏に応えて

William Tecumseh Sherman
ウィリアム・テクムシー・シャーマン(1820-91)

▶ 3601 戦争は敵が選択した救済策であり、彼らの望むことすべてを与えよう。

▶ 3602 ［グラント将軍は］私が狂っているときに側にいた。彼が酔ったとき私が側にいた。そして今は互いにいつも側にいる。
※戦友の連合軍指揮官、ユリシーズ・S. グラントとの関係について

▶ 3603 軍人が有名になるわけが理解できる。戦場で殺され、新聞で名前を誤報されるからだ。

▶ 3604 もし指名されても受託しないし、当選しても就任しません。
※共和党の大統領候補への擁立を説得されて、1884

▶ 3605 わが国の組織労働者は同志であると認めている。あとは、まったく無価値なものであって重要ではない。

▶ 3606 北米は、地球上にあって自由人の唯一の残された立派な苗床だと評価している。
※1774、ボストン茶会事件の罰として提案されたマサチューセッツ州の憲法改正に反対投票して

▶ 3607 ロビンと私は、正直者同士である。彼はジョージ王を、私はジェームズ王を支持している。だが長いネクタイをしている者［サンデーズ、ラッシュアウト、パルトニーやその同志］はジョージかジェームズのもとの地位を求めているだけだ。
※政治的対立者のロバート・ウォルポールとの関係についての見解

アメリカの将軍、1864年からユリシーズ・S. グラント将軍の後の連合軍最高指揮官
◆1864、ジェフリー・C. ワード『南北戦争』(1991)
◆同上、『同上』

◆ケン・バーンズ『南北戦争』(ドキュメンタリー、1989) エピソード第9
◆ヘンダーソン将軍への電信、『回想録』(1891、第4版)

Emanuel Shinwell
エマニュエル・シンウェル(1884-1986)
イギリスの労働党政治家
◆マルゲイトの電機同業組合大会での演説、1947.5.7

Jonathan Shipley
ジョナサン・シプリー(1714-88)
イギリスの牧師、聖アサフの司教
◆『英国人名辞典』

William Shippen
ウィリアム・シッペン(1673-1743)
イギリスのジャコバイト派政治家
◆『英国人名辞典』

Algernon Sidney

アルジャノン・シドニー（1622-83）
イギリスの策謀者、1683年のライ・ハウス陰謀事件で、真偽不明のままで死刑となる
◆『政府についての論述』(1698)

▶ 3608　嘘つきは記憶がよいはずだ。

▶ 3609　人間は魚のように生きている。大きいものは小さいものをむさぼり食う。

◆『同上』

▶ 3610　太陽にろうそくは必要ない。

◆『同上』

Emmanuel Joseph Sieyès

エマニュエル・ジョセフ・シエイエス（1748-1836）
フランスの大修道院長、政治家
◆ シエイエスの言葉と伝聞、しかし、後に彼自身が否定（『指針』1793.1.20では「死」と投票したと記録）

▶ 3611　死、奇麗ごとでなく。
　　※ルイ16世に死を決するフランス会議の投票に臨んで、1793.1.16

▶ 3612　フランス革命の間に何を行ったかということを問われて：生き延びた。

◆ F. A. M. ミニュー『小伝――シエイエス伯爵の生涯』(1836)

Simonides

シモニデス（紀元前556頃-同468）
ギリシャの詩人
◆ ヘロドトス『歴史』、伝聞

▶ 3613　さあ、スパルタ人について語れ、通りすぎる貴方、ここに国の法律に従順な、われわれが眠る。
　　※ペルシャ人と闘ってテルモピュライの道を守って、英雄的な死をとげたスパルタ人の墓碑銘

Kirke Simpson

カーク・シンプソン
アメリカのジャーナリスト
◆ ニューズ・レポート、1920.6.12、ドーハティー 1193 参照

▶ 3614　オハイオの［ウォーレン・］ハーディングは、今朝早く共和党の大統領候補として煙草のけむりの充満する部屋で同志に選出された。

C. H. Sisson

C. H. シソン（1914-）
イギリスの詩人
◆『ロンドン動物園』(1961)

▶ 3615　ここに市民の下僕が眠る。
　　誰にも丁寧であったし、悪魔の下僕でもあった。

Noel Skelton

ノエル・スケルトン（1880-1935）
イギリスの保守党政治家
◈「ザ・スペクテイター」
　1923.5.19

▶ 3616　私有財産に基づく民主主義の発展を目指してできるだけその意味をわかりやすく述べること、すなわち賃金労働者に政治や教育と併行して産業経済的な地位をもたらすことが、民主主義を安定した確固たるものにするのだ。

Adam Smith

アダム・スミス（1723-90）
スコットランドの哲学者、経済学者
◈1755、『哲学的主題の研究』
　（1795）
◈『道徳情操論』（1759）

▶ 3617　最低の野蛮主義の国家から、最高程度の豊かさのある国家に発展するのに欠くことのできない必須条件は、平和、柔軟性のある税とまともな司法行政である。

▶ 3618　そこで場とは、例えば議員たちの職分と妻たちを峻別するはっきりした客体のようなものであるのだが、人間生活の半分を占める労働の境界でもある。さらに、場はあらゆる騒ぎや騒動、強奪や不正の原因であり、強欲や野望をこの世界に引っ張りこんでくるものである。

◈『同上』

▶ 3619　［機構のなかで生活している人は、］局面ごとに生じる数々の事件をいとも簡単に調整して、広い社会の雑多な人材をその手で上手に生かしている。さらにその手で感じとるものの他は、運動の原則を局面ごとに持たないことも配慮しない。人間社会の大きな運動局面では社会機構のひとつひとつが意向を有している。同時に政府も異なった選択を行っているのだ。

◈『国富論』（1776）

▶ 3620　われわれが食事をとれるのも、肉屋、醸造業者、パン屋の博愛的な感情によるものではなく、彼ら自身の利益に対する関心によるものである。われわれが呼びかけるのは彼らの博愛的な感情ではなく、自愛心に対してであり、彼らに語るのはわれわれの必要ではなく、彼らの利益についてである。

◈『同上』

▶ 3621　同業者仲間は、楽しみや気晴らしのために集った時でさえ、会話は社会公共に対する陰謀、すなわち値段をつり上げるある種の方策の話になる。

◈『国富論』（1776）、アダムス48、ナポレオン2833 参照

▶ 3622　顧客を増やすことだけを目的に、大きな国を創りあげるのは、当初そのことは商業に関わる人のためにだけとられた計画と思われがちであるかもしれない。だが、それは商業者にとって満足のいくものではない。商業者に影響を受ける政府の国民にとっては最高に満足することになる。

◈『国富論』（1776）

▶ 3623　それゆえ国王や大臣が、国民個人を監視して、支出を抑制しようとすることは最高に自分本位な思い込みによ

る。彼ら自身が、いつも例外なく、社会の浪費者なのだ。彼らの支出を自身で注目させれば、彼ら同様に安心して個人を信用するようになるかもしれない。彼らの贅沢が国を亡ぼさないとすれば、国民が国を亡ぼすことは決してない。

▶ **3624** 消費はあらゆる生産活動の唯一の目標であり、目的である。そして、生産者の利益は、消費者の利益を増進させるのに必要な範囲でのみ、考慮されるべきものである。 ◆『同上』

▶ **3625** 国民のポケットから略奪する金について、一刻も早く他国の政府にならうような政府には芸がない。 ◆『同上』

▶ **3626** 大英帝国の各県が帝国の支援に貢献できないということは、大英帝国が戦時中の各県の防衛、平和時の市民生活や軍部にかかわる支出に責任を負わないことになり、国の将来展望や環境へのまったく平凡な計画に適応する努力をするようになる。 ◆『同上』

▶ **3627** 各個人は必然的に、できるだけ社会の年間収入を大きくしようと自分なりに労働する。彼は社会一般の利益を増進しようなどと意図しているわけではないし、自分が社会の利益をどれほど増進しようとしているかも知らない。外国産業よりも国内産業活動を維持するのは、ただ自分自身の安全を思ってのことである。生産物が最大の価値を持つように産業を運営するのは、自分自身の利得のためなのである。だが、こうすることで多くの場合と同じく、この場合にも、見えざる手に導かれて、自らは意図してもいなかった目的を促進することになる。 ◆『同上』

▶ **3628** 偉大な国は個人で貧困になることは決してない。だが時として公的浪費や政策の誤りがもたらすことはある。だいたい、多くの国や公共自治体の歳入は非生産的な手に委ねられて運営されてしまっている。 ◆『同上』

▶ **3629** およそ個人がその一家を治めるにあたって慎慮であることは、一大王国を治めるうえにおいても、まず愚かなことであるはずがない。もし、ある外国がある商品をわれわれ自身が作るよりも安く供給できるならば、彼らに比べて多少ともまさっているようなわれわれの産業の生産物の一部をもって、その商品をその国から買う方がよい。 ◆『同上』

▶ **3630** ある国が、特定の商品の生産上、他の国よりもはるかにすぐれた自然の利点を有していて、これと競争するのは無駄だと全世界が認めているものは往々にしてある。たとえば、温室、温床、温壁を用いれば、スコットランドでも上質のブドウがとれるし、また外国からブドウ酒を輸入する費用の30倍ほどもかければ、このブドウから輸入品 ◆『同上』

と同質のごく上等のブドウ酒もつくることができよう。だがスコットランドでボルドー産の赤ブドウ酒やブルゴーニュ種ワインの醸造を奨励するだけのために、外国産ブドウ酒の輸入をすべて禁止するというような法律は、いったい合理性があるのだろうか。自国で必要とされる商品を製造するために、これと同量の商品を外国から買うのに要するよりも30倍も多くの資本も労働をその製造に振り向けるということが明白に不条理ならば、この資本なり労働なりを、30分の1、いや300分の1でも余分に、この種の用途に向けることも、前記の例ほどははっきりと目立ちはしないにしても、まさしく同種の不条理なのである。

▶ **3631** それを教えるための公共施設がない教育部門が、総じていちばんうまく教育しているということは注目すべきである。 ◆『同上』

▶ **3632** 君主たちは、しばしばその他の商業的企業にも首を突っ込み個人のように普通の営業部門で投機家となって、進んで財産を増やそうとした。成功したためしはまずない。君主の仕事の処理につきまとう浪費が、その成功をほとんど不可能にしてしまうからである。君主の代理人は、主人の富は無尽蔵と判断していくらで買おうが売ろうが、君主の財貨をある場所からある場所に移すのにいくらかかろうが、少しも気にしない。 ◆『同上』

▶ **3633** 自分の環境をよくしようとするすべての個人の自然な努力は力強く、1人で何びとの助けもなく、富や財産を獲得するだけでなく、しばしば愚かな人間のつくった法律が影響して妨害するような、数多くの出すぎた障害をも克服する可能性を有している。 ◆『同上』

Alfred Emanuel Smith

アルフレッド・エマニュエル・スミス（1873-1944）
アメリカの政治家、大統領候補（1928）

▶ **3634** 全体状況として最高潮に迫りつつあることは、ウィリアム・ランドルフ・ハーストに疫病神がついたことでも明白な事実となった。
　　※ニューヨーク州知事選挙で、スミスと対抗して敗北したオグデン・ミルズがハーストを応援すると聞いて

◆「ニューヨーク・タイムズ」
　1926.10.25

▶ **3635** あらゆる民主主義の病は、民主主義を徹底することで治療できる。

◆オルバニーでの講演、
　1933.6.27

▶ **3636** 自治体の暖炉に、空の靴下をぶら下げる正直な地方公務員はいない。彼らは厳しいクリスマスの来る前に、サンタ・クロースを撃ち殺そうとしている。

◆『ニュー・アウトルック』
　1933.12

Cyril Smith

シリル・スミス(1928-)
イギリスの自由党政治家
◆『偉大なシリル』(1977)

※ニュー・ディール政策へのコメント

▶ 3637　下院について：
ウェスト・エンドの最長の道化芝居。

F. E. Smith, Lord Birkenhead

F. E. スミス、バーケンヘッド卿(1872-1930)
イギリスの保守党政治家、法律家
スミスについて、アスクィス 201 参照
◆グラスゴー大学での総長演説、1923.11.7
◆『日常の個性』(1924)、「カーゾン侯爵」
◆『法律と人生と書簡』(1927)
◆ビーヴァーブルック卿『人と権力』(1956)

▶ 3638　世界はたくましい心と、鋭い剣を持つ人々に提供する輝く賞で継続していくのだ。

▶ 3639　われわれは辛抱強さが地球を相続していく、と信じる気高い権威がある。だが、サマセット・ハウスの記録に、この金言が明白に証拠付けられていることは確認していない。

▶ 3640　自然はこの種の狂気［ボルシェヴィズム］には、何ら配慮しない、しかし驚くほど立派に影響を受けた遺産としての作品ではある。

▶ 3641　オースチン［チェンバレン］はいつもゲームをやっている。だが、いつも敗れている。

Howard Smith

ハワード・スミス(1919-)
イギリスの外交官、前モスクワ大使
◆「タイムズ」1988.9.8

▶ 3642　私には過去に脳死と公表されて、国民と話したという貴重な経験はない。そこで彼がそれほど元気でないという、こんな話をしても問題ないと思う。
　　　　※レオニード・ブレジネフについて

Ian Smith

イアン・スミス(1919-)
ローデシアの政治家、首相(1964-79)
◆ラジオ放送での演説、1976.3.20

▶ 3643　ローデシアの黒人多数支配のルールが──1,000 年以内に終わるとは──信じられない。

Samuel Francis Smith
サミュエル・フランシス・スミス (1808-95)
アメリカの詩人、神学者
◆「アメリカ」(1831)

▶ 3644　わが祖国、あなたのもの、
　　　　自由で優しい土地、
　　　　あなたを私は歌う。
　　　　父の死んだ土地はどこ？
　　　　ピルグリムの誇りの土地、
　　　　あらゆる山腹から山腹へ、
　　　　自由の鐘を鳴らそう。

Sydney Smith
シドニー・スミス (1771-1845)
イギリスの牧師、エッセイスト
◆『ピーター・ピリムリーの書簡』(1807)
◆「ジョン・マリーへの書簡」1834.11
◆ レディ・ホーランド『回想録』(1855)
◆『同上』
◆ H. ピアソン『スミスの中のスミス』(1934)
◆ アラン・ベル（編）『シドニー・スミスの言葉』(1993)、伝聞

▶ 3645　アイルランドと名前が出た途端、イギリス人は普通の感覚、普通の思慮や常識を忘れて暴君の野蛮さ、大馬鹿者の愚鈍さを演ずるように思える。

▶ 3646　トーリー党もホイッグ党もまた、かわるがわる客を招く主人役なのでしょうが、煮ても焼いても政治は味わえないのです。

▶ 3647　ダニエル・ウェブスターは、飛び跳ねるような元気な印象を与える。

▶ 3648　彼［マコーレー］は、時に突然黙りこくる。そのことが、彼の会話を完全に輝くものにしている。

▶ 3649　少数派は——概ねいつも正しい。

▶ 3650　弟［ボーバス］と私は自然の法則を逆転させた。彼は重力で上がり、私は軽さで沈む。

Tobias Smollett
トバイアス・スモレット (1721-71)
スコットランドの小説家
◆『ランスロット・グリーヴス卿の冒険』(1762)
◆「スコットランドの涙」(1746)

▶ 3651　こう見ると国民の半分は狂っていて、半分は多少は不健全である。

▶ 3652　嘆け、不運なカレドニア人、嘆け。
　　　　なんじの失われた平和、なんじの月桂冠は破れた。

C. P. Snow
C. P. スノー (1905-80)
イギリスの作家、科学者
◆『帰郷』(1956)

▶ 3653　公の世界は、権力の廊下。

Philip Snowden

フィリップ・スノードン(1864-1937)
イギリスの労働党政治家
◆ C. E. ベチョーファー・ロバーツ（エペソ書）『フィリップ・スノードン』(1929)
◆ ラジオ放送、1931.10.17

▶ 3654　政府という政府は権力を持てば、過去の発言は消失させたいと願うであろう。

▶ 3655　社会主義ではない。ボルシェヴィズムに狂奔させられているのだ。
　　　※ 1931年の労働党選挙キャンペーンについて

Socrates

ソクラテス(紀元前469-同399)
ギリシャの哲学者
◆ プラトン『ソクラテスの弁明』
◆『同上』

▶ 3656　知恵と権力で最高に名高く最大の都市アテネのその優秀な市民が知恵や真実を求める思想も魂の完成にも関心がなくて、富、評判、名誉を得るのに恥ずかしさを感じないのだろうか？

▶ 3657　徳は金銭からは生じない、だが徳からは金銭をはじめ人間にとってすべてに良いことがもたらされ、個人にも国家にとっても同様なのだ。

Alexander Solzhenitsyn

アレクサンデル・ソルジェニツィン(1918-)
ロシアの作家
◆『イワン・デニソビッチの生涯のある一日』(1962)
◆『初めの輪』(1968)

▶ 3658　囚人の思想には――どちらにしても自由はない。同じことを繰り返すものだ。

◆ ノーベル賞受賞記念講演、1970

▶ 3659　人民からすべてを奪わない限りにおいて、影響力を持つのだ。だが人民からすべてを奪いとってしまいもはや彼らが権力下にいなくなれば――人は再び自由になるのだ。

▶ 3660　人類救済は他人の力を頼まずに、誰もがすべてのものを自分の関心事として作ることにある。東側の人々は西側の人々が何を考えているのか無関心であり、西側の人々は東側に何が起こっているのか無関心である。

▶ 3661　わが国では嘘は道徳の範疇ではなく、国家の柱である。

◆ インタヴュー、1974、『柏木と子牛』追記(1975)
◆ 本の題名(1973-75)

▶ 3662　収容所列島
　　　※ ソヴィエト連邦に点在する政治犯の収容所に言及して

◆ BBC ロシア・サーヴィス放送、「リスナー」1979.2.15

▶ 3663　そのとおりわれわれはまだ共産主義の囚人ではあるが、ロシアでは共産主義は死んだ犬なのだ。西側の多数の人々にとっては、まだ生きたライオンであろうが。

▶ 3664　アメリカの難問はギリシャ神話のミノタウロスや怪獣、投獄、重労働、死、政府干渉や検閲ではなく、貪欲、倦怠、愚痴や無関心である。権力ですべてを内包する強圧的な政府の行動ではなく、自由を生かそうとする公の情熱のなさが既得権を許すことになるのである。

◆『ポリシー・レヴュー』1994年冬季号

▶ 3665　不正投票の告訴に応えて：
あなたは選挙に勝った、だが私は票の集計では勝った。

Anasutasio Somoza
アナスタシオ・ソモサ(1925-80)
1967年にニカラグアの公選大統領、79年にニカラグアの左翼武装革命組織のサンディニスタに転覆させられ、パラグアイに亡命中に暗殺された
◆「ガーディアン」1977.6.17

▶ 3666　白人は人類の歴史の癌である。白人、彼らだけが──イデオロギーや発明で──すなわちしっかり根づいていた自主的な文明を滅亡させ、地球の生態系の均衡も崩し、今では人類の生存そのものをも脅かしている。

Susan Sontag
スーザン・ソンタグ(1933-)
アメリカの作家
◆『パルティザン・レヴュー』1967年冬季号

▶ 3667　上院の討論の質について：
それは思うに、死んだ後に人生がある確かな証拠だ。

Lord Soper
ソーパー卿(1903-)
イギリスのメソジスト派聖職者
◆「リスナー」1978.8.17

▶ 3668　西へ行け、若者よ、西へ行け！

John L. B. Soule
ジョン・L. B. ソウル(1815-91)
アメリカのジャーナリスト
◆「テレ・ホート[インディアナ]・エキスプレス」(1851)、社説

▶ 3669　さあ、戦いのすべてを語ってくれ、
互いに何のために闘うのかを。

▶ 3670　「さらに皆は、公爵を賛えた、
この大戦争に勝利をもたらした」
「だが、結局何かよいことがあったのか？」

Robert Southey
ロバート・サウジー(1774-1843)
イギリスの詩人、作家
◆「ブレンハイムの闘い」(1800)
◆「同上」

子供のピーターキンが言った。
「当然、私には説明できない」と彼が続けた、
「でもそれは、有名な勝利なんだ」

▶ 3671　ネルソンの死は、イギリスでは何か国家的な不運以上に受け止められていた。はじめ人々は驚いたが、次第に親友が亡くなった報を聞いたようになった。

◆『ネルソンの生涯』(1813)

Henry D. Spalding
ヘンリー・D. スポルディング (1990没)
◆「ニュー・リパブリック」 1947.10.27

▶ 3672　アイクが好き。
※ 1947年、アイゼンハワー大将が大統領候補になろうと目論んで準備していた時に、初めてアメリカで着けられたボタン・バッジの表現

Herbert Spencer
ハーバート・スペンサー (1820-1903)
イギリスの哲学者
◆『エッセイ』(1891) 第3巻、「アメリカ人」
◆『同上』、「金銭と銀行の国家改ざん」

▶ 3673　共和体制の政府は、政府とすれば最高のものである。だがそれがゆえに人間性に最高の型を要求するもので、その型の人間性は今世界のどこにも存在しない。

▶ 3674　愚かな結末から国民を守る究極の結果は、愚かなことが世界中に充満することになる。

Oswald Spengler
オズワルド・シュペングラー (1880-1936)
ドイツの歴史家
◆『決断の時』(1933)

▶ 3675　社会主義とは労働者階級の資本主義に過ぎない。

Edmund Spenser
エドマンド・スペンサー (1552頃-99)
イギリスの詩人
◆『妖精の女王』(1596)

▶ 3676　大きなことを支配して、小さなことにまで手が届かない。

Benjamin Spock
ベンジャミン・スポック (1903-)
アメリカの小児科医
◆『ヴェトナム戦争とスポック博士』(1968)

▶ 3677　ヴェトナムで勝つには、国民を皆殺しにしなければならない。

Cecil Spring-Rice

セシル・スプリング゠ライス
(1859-1918)
イギリスの外交官、1912年から駐ワシントン大使

◆「あなたに、祖国に誓う」(ワシントンから出発する前夜に記す、1918.1.12)
◆ロバート・スキデルスキー『ジョン・メイナード・ケインズ』第1巻 (1983)

▶ 3678　あなたに、祖国に誓う。地球規模で絶対の、全体の、完璧な愛に満ちた奉仕を。愛は完全だ。愛は試練に耐える、最高に尊く、最善であるものを祭壇にしつらえる。愛は決して揺るがず対価を支払い、死を伴う犠牲にも決して臆しない。

▶ 3679　ウィルソンは国民の羊飼い、マカドゥーは羊飼いの杖だ。
　　※ウッドロー・ウィルソン大統領と大蔵大臣について。第1次世界大戦にアメリカを引き入れようとしたイギリスの企みと考え合わせて不運な批評と考えられる

Joseph Stalin

ジョセフ・スターリン (1879-1953)
ソヴィエトの独裁者
◆『レーニン主義の構造』(1924)
◆『レーニン主義の問題』(1926)

▶ 3680　国家は階級支配をする方法の道具であり、階級の敵の抵抗を打ち砕くのに役に立つのだ。

▶ 3681　問題がある。社会主義は他国からの援助がなくて、一国が孤立して建設が可能なのか？　質問は肯定的に答えられねばならない。

▶ 3682　ローマ法王！　いくつに分裂させたいのですか？
　　※法王を懐柔する手段としてロシアのカトリック教を励ますように求められて

◆1935.5.13、W. S. チャーチル『嵐を集めて』(1948)

▶ 3683　窮極の真実伝説の1つは──ユダのことである。
　　※ラディック判決について、1937

◆ロバート・ペイン『スターリンの栄光と没落』(1966)

▶ 3684　1人の死は悲劇、100万人の死は統計である。

◆伝聞

Charlrs E. Stanton

チャールズ・E. スタントン
(1859-1933)
アメリカの軍人
◆「ニューヨーク・トリビューン」1917.9.6

▶ 3685　ラファイエット、私たちはここにいる。
　　※ラファイエットのパリの墓で、1917.7.4

Edwin McMasters Stanton

エドウィン・マクマスターズ・スタントン (1814-69)
アメリカの法律家

▶ 3686　今や時代に属することになった。
　　※エイブラハム・リンカンについて。暗殺をうけて、1865.4.15

▷ David Steel

◆I. M. ターベル『エイブラハム・リンカンの生涯』(1900)

David Steel
デーヴィッド・スティール (1938-)
イギリスの自由党政治家、自由党党首 (1976-88)
スティールについて、フット1502参照
◆自由党大会での挨拶、1981.9.18

▶ 3687　幸運にも半世紀ぶりに年次大会の締め括りにこう言うことができる――自分の選挙区に戻って政権につく準備をしてください、と。

Lincoln Steffens
リンカン・ステファンズ (1866-1936)
アメリカのジャーナリスト
◆『書簡』(1938) 第1巻。J. M. トンプソン『ロシア、ボルシェヴィズムとヴェルサイユ条約』(1954) では、ステファンズがロシアに到着しないうちにこの表現を考えついていたと指摘している

▶ 3688　未来を見つめてきた。それは機能している。
　　※訪ソした後で、1919

Gertrude Stein
ゲルトルード・スタイン (1874-1946)
アメリカの作家
◆『アメリカの地理的歴史』(1936)

▶ 3689　アメリカでは誰かがいるところよりも、誰もいない空間の方が多い。それがアメリカをアメリカたらしめている。

James Fitzjams Stephen
ジェームズ・フィッツジェイムズ・ステファン (1829-94)
イギリスの法律家
◆『自由、平等と博愛』(1873)

▶ 3690　天才が統治する方法は、有能な少数を強引に説得し、無関心で自堕落な多数を動かすことだ。

Thaddeus Stevens
タデウス・スティーヴンズ (1792-1868)

▶ 3691　大統領は最高指揮官であるが、議会は指揮官である。神がお望みなら従う。大統領と知事たちは、国王や総

402

督の政府ではなく人民の政府であり、議会は人民のものであると学ぶであろう。

▶ **3692** 政治家ではない、市民だ。
※選挙キャンペーンの演説、1948

▶ **3693** われわれは我慢しなければならない――戦争するより、平和をもたらす方が難しい。
▶ **3694** 乱発されない限り、お世辞は誰も傷つけていないと思う。
▶ **3695** 国民を誤った方向に導くよりは、選挙に敗れた方がましだ。
※民主党の大統領候補者指名を受諾して、1952
▶ **3696** アメリカ人民に分別を語ろう。真実を語れば、痛みがなければ何も得られないと。
※民主党の大統領候補者指名を受諾して
▶ **3697** もし彼ら［共和党員］が民主党員への嘘の指摘をやめなければ、われわれは共和党員に真実を語ることはしない。
▶ **3698** アメリカ人が祖国を愛していると言う時、自尊心を満足させ自由が存在する心に感じられる空気や光を言うのだ。
▶ **3699** 空腹な人間は自由人ではない。
▶ **3700** 革命を止める時というのは、初めであって終りではない。
▶ **3701** 原子力に悪魔は存在しない。人間の魂に存在するのだ。
▶ **3702** アメリカではどんな少年でも大統領になれる。それも冒険のうちの１つであると思う！
▶ **3703** 自由社会というのは、異端でいても安全な社会である。
▶ **3704** 共和党は［リチャード・ニクソンを］副大統領候補に指名した……アメリカ大統領選挙で、かつてある青年に一瞬、心臓停止したのかと問われた彼を、過剰に応援すべきでなかった。

アメリカの政治家
◆ 下院での演説、1867.1.3

Adlai Stevenson
アドレー・スティーヴンソン
（1900-65）
アメリカの民主党政治家
◆ バート・コクラン『アドレー・スティーヴンソン』（1969）
◆ シカゴ議会外交委員会での演説、1946.3.21
◆ テレビ放送で、1952.3.30
◆ ハーバート・ミューラー『アドレー・スティーヴンソン』（1968）
◆ イリノイ州、シカゴ民主党全国大会での演説、1952.7.26
◆ 1952、大統領選挙中の演説、J. B. マーティン『アドレー・スティーヴンソンとイリノイ州』（1976）
◆ ニューヨークでの演説、1952.8.27
◆ ミネソタ州カッソンでの演説、1952.9.6
◆ サンフランシスコでの演説、1952.9.18
◆ コネチカット州ハートフォードでの演説、1952.9.9
◆ インディアナポリスでの演説、1952.9.26
◆ デトロイトでの演説、1952.10.7
◆ オハイオ州クリーヴランドでの演説、1952.10.23

※一般的には「ちょうど鼓動が止まった」と引用される

▶ **3705** ホワイト・ハウスへ行く私におかしなことが起こった。
　※大統領選挙に敗れてワシントンでの演説、1952.12.13

▶ **3706** 国務長官［ジョン・フォスター・ダレス］が瀬戸際政策——深い淵の際までつれていく作戦——を力説しているようだ。

▶ **3707** 候補者を朝食の穀物のように加工して商品化できるという考えは、——半券引き換えのように票は集められるかもしれないが——民主主義の完全な侮辱であると思う。

▶ **3708** ずっと以前からあなたの絶えない勇気と恐れを知らない生き方の知恵を貸してくれる、と教えてほしかった。
　※大統領候補者指名選挙に敗れて、1960

▶ **3709** 古代にキケロが演説を終えると、人々は「上手な演説だ」と言った。だが、デモステネスが演説を終えると「行進しよう」と言った。
　※ジョン・フィッツジェラルド・ケネディを紹介して、1960

▶ **3710** 暗黒を呪うより、ロウソクの光を灯そうとした。彼女の燃えたつ輝きは世界を暖かくした。
　※エレナー・ローズヴェルトの死の感想

▶ **3711** 世界中の卵の殻のような禿頭の知識人、連帯しよう——黄身の他は何も失うものがない。
　※おそらく次の焼き直しであろう。「世界の知識人は立ち上がろう、黄身以外失うものがないと加えたい」オークランドでの演説、1956.2.1

▶ **3712** 自分の墓碑銘としてこれ以上のものがあれば、同世代の安らかな眠りを妨げることになる。

▶ **3713** 政治家とは大きな口を開けて、あらゆる問題に関わりを持ちたがる人のことだ。

▶ **3714** 粘り強い国民の声の響きは、その意見を音楽として聞く権利に価するものだ。

▶ **3715** 政治は準備の必要性が考えられない唯一の仕事である。

◆ オールデン・ホイットマン『肖像——アドレー・E. スティーヴンソン』(1965)

◆ コネティカット州ハートフォードでの演説、1956.2.25、ダレス 1402 参照

◆ 民主党全国大会での演説、1956.8.18

◆ ハーバート・J. ミューラー『アドレー・スティーヴンソン』(1968)

◆ バート・コクラン『アドレー・スティーヴンソン』(1969)

◆「ニューヨーク・タイムズ」1962.11.8

◆ 伝聞

◆ ジャック・W. ゲーマンドとジュールズ・ウィットカヴァーの銘文「時がきたら起こせ」(1985)

◆ 伝聞

◆『アメリカの法律概要』(1984)

Robert Louis Stevenson
ロバート・ルイス・スティーヴンソン (1850-94)
スコットランドの作家
◆『人間と本の身近な研究』

（1822）

Caskie Stinnett
カスキー・シュティンネット
（1911-）
◈『赤を除いて』（1960）

▶ 3716　外交官とは現実に旅に行きたい人々に、地獄に行けと言える人間である。

Baroness Stocks
バロネス・ストックス（1891-1975）
イギリスの教育者
◈『私の備忘録』（1970）

▶ 3717　貴族院はとっぷりと夕暮れた家庭だ。

Tom Stoppard
トム・ストッパード（1937-）
イギリスの劇作家
◈『マルクィスト卿とお月様』（1966）

▶ 3718　貴族院、決して賛同できない幻想であるが──権力なき責任、時代とともに去勢された大権となっている。

◈『跳躍者』（1972）
◈『茶番劇』（1975）

▶ 3719　民主主義は投票ではなく勘定だ。
▶ 3720　戦争は無情な資本主義だ。戦争に行けば皆わかるのだが、英雄になりたくないから戦争にいくのだ。
▶ 3721　感想は自由だが、事実は高価なものだ。

◈『夜も昼も』（1978）、スコット3396 参照
◈『同上』

▶ 3722　あなたと同じく出版の自由を支援する。でも新聞には我慢ならない。

William Stoughton
ウィリアム・ストートン（1631-1701）
◈ ボストンでの選挙説教、1669.4.29

▶ 3723　神は荒野に選ばれた穀物を送られ、国民をふるいにかけられた。

Lord Stowell
ストウェル卿（1745-1836）
イギリスの法律家
◈ 下院でディズレーリが引用した、1848.2.22

▶ 3724　判例が原則を保存する。
　　　※弁護士会長としての意見、1788

◈ キャンベル卿『大法官たちの生活』（1857）、ディズレーリ1336 参照

▶ 3725　3％の上品な簡便さ。

Thomas Wentworth, Lord Strafford

▶ 3726　国王の権威は秩序や政府という橋の要石である。すなわちひとたび震動が起これば、あらゆる骨組みが瓦解して土台や城の胸壁が散乱した土の塊となる。

トーマス・ウェントワース、ストラフォード卿(1593-1641)
イギリスの政治家
◈ ヒュー・トレヴァー＝ローパー『歴史の評論』(1952)

Simeon Strunsky

▶ 3727　民主主義を理解しようとする国民は、アリストテレスを調べて図書館にいる時間は少なくして、バスや地下鉄に乗っている時間を長くするべきだ。

シメオン・ストランスキー(1879-1948)
◈『意味のない都市』(1944)

Louis Sullivan

▶ 3728　国家的な保健サーヴィスの可能な性格について：われわれが行おうとすることは、国税庁のあわれみと郵便局の効率を合致させることである。

ルイ・サリヴァン(1933-)
アメリカの保健社会福祉長官
◈「ニューズウィーク」1922

Maximilien de Béthune, Duc de Sully

▶ 3729　フランスを育んだ、2つの乳房は耕作と牧草である。

マキシミリアン・ド・ベチューン、シュリ公爵(1559-1641)
フランスの政治家
◈『回顧録』(1638)

▶ 3730　イギリス人は自分たち流儀に、悲しいまでに満足している。

◈ 伝聞

Arthur Hays Sulzberger

▶ 3731　猫がどちらにジャンプするのか、一般大衆に報ずる。あとは一般大衆が猫に関心を持つだろう。
　　　※ジャーナリズムについて

アーサー・ヘイズ・ザルツバーガー(1891-1968)
アメリカの新聞経営者
◈「タイム」1950.5.8

Charles Sumner

▶ 3732　奴隷制が存在するところには自由はあり得ない。自由のあるところに奴隷制は存在しない。

チャールズ・サムナー(1811-74)
アメリカの政治家、演説家
サムナーについて、アダムズ19参照
◈「奴隷と反逆」、クーパー協会での発言、1864.11.5
◈「われわれは国民か？」1867.11.19

▶ 3733　国旗がある。吹き付ける風は確かに冷たく、国への誇りがないのに風にたなびく旗を見上げられない。だが海

外では、旗が国それ自身をいとおしく包み込む同志愛となる。

▶ 3734　英連邦の報道の自由とは、広告主が抗議をしない社主の偏見を刊行する自由だ。

Hannen Swaffer

ハンネン・スワッファー（1879-1962）

イギリスのジャーナリスト

◉1928頃、トム・ドリバーグに語った、トム・ドリバーグ『スワッフ』(1974)

▶ 3735　法律はくもの巣のようなものだ。小さなハエはつかまえられるが、気難し屋やわがまま者にはつき破らせる。

Jonathan Swift

ジョナサン・スウィフト（1667-1745）

アイルランド在住のイングランド人の詩人、風刺作家

◉『精神能力の批判的評論』(1709)、アナカルシス 72、シェンストーン 3596 参照

◉『同盟国の行動』(1711)

▶ 3736　王国の声をロンドンの喫茶店の谺と取り違えるとは、愚かすぎて話にならない。

▶ 3737　地球上で時間をかけて自然を痛めつけてきた、小さな憎むべき害虫の最も有害な種族が、あなたがた原地人であると結論づけざるを得ない。

◉『ガリヴァー旅行記』(1726)、「ブロブディングナグへの船出」

▶ 3738　そして彼は、持論を展開する。今まで1本の穀物の穂、1枚の植物の葉しか育たなかったところに2本の穂、2枚の葉を可能とする人がいるとすれば、人の善をよりよく評価し全世界の政治家を寄せ集めるよりも、国に基本的なサーヴィスを行っていることになる。

◉『同上』、「同上」

▶ 3739　この不幸な人々が数々の知恵、才能、人徳を生かして帝王を説得して次のような計画を提案しようとしていた。公共の善を扱う大臣を教育する。優れた可能性や、進んだサーヴィスに利益報酬を与える。国民の生活基盤がもたらす、真の利益を王子が解るように指導する。労働者が価値を置いた職業選択をする。多くの野蛮な理解できない奇怪な現象を用いて、理性の人の心に立ち入ったり、古い観念で私を固めたりしない。このようになれば哲学者たちが真実として支持できない、誇張された不合理なことは存在しないことになる。

◉『同上』、「ラピュータへの船出、など」

▶ 3740　ロンドンにいるアメリカの知人は、自信を持ってこ

◉『アイルランドの子供を両親と

う言った。上手に養育された若い健康な子供は、ちょうど1歳になって、噛んでも、燻しても、焼いても、煮ても、最高に美味で滋養がある健康によい食物である。フリカッセ料理やシチューで提供しても同じくらい美味しい。

国家の重荷としない穏やかな提案』(1729)

T

- ▶ 3741 さあ、ブリテンの国境は破れた。あらゆる未知のものは栄光となる。
  ※あるブリテン指導者カルガクスの演説の報告
- ▶ 3742 彼らは野蛮行為をし、それを平和と言う。
- ▶ 3743 あなたは本当に幸運だ、アグリコラ、人生の栄誉だけでなく死の幸福な時期においても。
- ▶ 3744 怒りと不公平を同時に持たずに。
- ▶ 3745 共和国が腐敗するほど、法律は増えてくる。
- ▶ 3746 この時代には好きなことが考えられ、考えていることが言えるまれな幸運が与えられている。
- ▶ 3747 まだ普通の市民であった時にも、普通の市民以上に頼もしく見えた。そして1人で統治しなくなっても、市民の同意が統治を可能とした。
  ※ガルバ皇帝について
- ▶ 3748 神は強者の側にいる。

Tacitus
タキトゥス (56頃-117以後)
ローマの元老院議員、歴史家
◆『アグリコラ』
◆『同上』
◆『同上』

◆『年代記』
◆『同上』
◆『歴史』

◆『同上』

◆『同上』、ヴォルテール 3988 参照

- ▶ 3749 自由の権利の次には個人財産の権利が憲法で認められ、個人の自由と連携し人類が打ち立てた他のどの制度よりも文明の発展に貢献している。

William Howard Taft
ウィリアム・ハワード・タフト(1857-1930)
アメリカの共和党政治家、アメリカ合衆国第27代大統領(1909-13)
◆『庶民政治』(1913)

Charles-Maurice de Talleyrand

- ▶ 3750 追放されたブルボン家の人々について：
  何も学ばないのだから、忘れるものは何もない。
  ※同様のコメントがルイ18世の廷臣にある。フランス陸軍大将デュムーリェの伝聞で、ナポレオンがエルバ島からフランスへ帰る途中の宣言に引用したというもの

シャルル＝モーリス・ド・タレーラン(1754-1838)
フランスの政治家
タレーランについて、ナポレオン 2836 参照

▶ 3751　ナポレオンのボロディノの被害の多い勝利を聞いて、1812：
これは終わりの始まりだ。

▶ 3752　事件ではない。ニュースの1項目だ。
※ナポレオンの死を聞いて、1821

▶ 3753　とりわけ、紳士は取るに足らない熱意しか持ち合わせない。

▶ 3754　1789年前後に生まれなかった者は、人生の快楽がどんなものか知り得なかった。

▶ 3755　［反逆罪は］死ぬ時間の問題だ。

▶ 3756　最も基幹となる産業を公共化し、国家と労働者の協力関係で運営するようになった。そうすることでそれまで個人利益の追求で産業の従属物となり、窒息させられてきた職業の情熱と公共的精神の活性化の動機が産業文明の活況と社会の質全体の向上につながるようになった。
※石炭産業の国有化について、1919

▶ 3757　イギリス人の性格的な長所は抑制された現実の行動力であり、特徴的な欠点は原則を参考にした行動の決断を下すのに機敏でないことだ。

▶ 3758　軍国主義……は固執崇拝である。偶像のご機嫌取りのために魂を屈従させたり、身体を傷つけたりすることだ。

▶ 3759　収入や富がまったく平等なことを恐れる者たちが……法秩序や生命や財産の安全が平等なことを恐れていないように思える。

▶ 3760　私有財産は、少なくとも破滅した世界では必要な制度である。財産が公共のものであるよりは、個人のものであった方が人は働き愚痴は少ない。人間の弱さに対して譲歩するものであって、欲望深いことを賞賛することではない。

▶ 3761　高利子を取ることは、聖書に反することだ。アリス

◆ 口承。レジョン・ドヌール5等受勲者パナによれば、タレーランが言ったと伝聞される、1796.1

◆ サン＝ブーヴ『M. ド・タレーラン』(1870)、伝聞

◆ フィリップ・ヘンリー・スタンホープ『ウェリントン公爵との会話記録』(1888)、1831.11.1

◆ P. シャール『不正批評と旅の冊子』(1868)第2巻

◆ M. ギゾー『時代と歴史に奉仕した回想』(1858)第1巻

◆ ダフ・クーパー『タレーラン』(1932)

R. H. Tawney

R. H. トーニー(1880-1962)
イギリスの経済史学者

◆ アンソニー・サンプソン『変貌するイギリスの解剖』(1982)

◆『欲求社会』(1921)

◆『同上』

◆『平等』(1931 編)

◆『宗教と資本主義の台頭』(1926)

◆『同上』

トテレスにも反する。自然にも反する。なぜなら労働せずに生活するからだ。悪人が金持ちになろうとして、神の御手にある時をよこしまな人間たちの利益のために売りわたすことだ。金貸しを利用している者から本来その者に属する利益を強奪するのだ。

▶ **3762** 現在の経済秩序もそれを再建しようと明示される過多な計画も、自明の理を無視すれば行き詰まる。すなわち、物質的な富が増加しなければ、市民で気骨がある人にすら自尊心への侮辱、自由への干渉を調整するために償いが必要であるということである。経済組織の合理的な評価をすればその事実を認めねばならない。産業が暴虐化した人間性がもたらす反発にも力を失わなければ、純粋な経済でないという基準をも満足させねばならない。

◆『同上』、結論

▶ **3763** カワカマスの自由は雑魚の死である。

◆『平等』(1938 編)

▶ **3764** 民主主義とは、一般市民が主導権を持つ社会である。上司に対する恐ろしいまでの尊敬。精神的自由の拡大……。克服されるべき真の敵……。金権政府のように公的に肥大化した分野に隠された事実などには、簡単に誤魔化されやすい。どう揺さぶりをかけるか！

◆ シカゴでの講演の未刊行の部分(1939)、トーニーの葬儀の弔辞

▶ **3765** 政治が実業界と上流社会の車輪に油をさしている魅惑的な境界付近は、双方が希望に満ちて微笑んでいるように見える。

◆『ジェームズ1世の経済と政治』(1958)

▶ **3766** 貴族の爵位授与を辞退して：
私は今まで労働党を傷つけるようなことをしたか？

◆「イヴニング・スタンダード」1962.1.18

A. J. P. Taylor

A. J. P. テイラー(1906-90)
イギリスの歴史家
◆「マンチェスター・ガーディアン」1941.3.7
◆「同上」1944.3.29

▶ **3767** 民主主義がなければ社会主義は無価値だ。しかし、たとえ社会主義者がいなくても民主主義には絶大な価値がある。

▶ **3768** ドイツにとって悪いことと言えば、多くを持ちすぎていることだ。すなわちドイツ人が多すぎる。さらにドイツは強すぎる。組織化されすぎている、工業資源が整備されすぎている。

▶ **3769** イギリスの政治制度には性格の荒い放れ象のいる余地はない。

◆『ヒストリー・トゥデイ』1951.7、「パーマストン卿」

▶ **3770** クリミア——沸騰しない戦争。

◆『戦争の噂』(1952)。もとは『ヒストリー・トゥデイ』のエッセイの題名、1951.2.2

A. J. P. Taylor

- **3771** ビスマルクは最上級の政治の天才である、だが大成する政治家に必須な1つの資質に欠けている。未来を信頼していない。 ◆『ブリタニカ大百科事典』（1954）

- **3772** 政治家は舞台上で演技する。歴史家は舞台裏で見ている。 ◆『イギリス人と他国民』（1956）

- **3773** 何度も思い出すのだが、一国の外交政策が少数の専門家と、とても専門家と言えない政治家によってつくられている。「イギリス」と書くとき、「突発した問題に関わる外務省の役人が誰もいない」ことを意味する。 ◆『騒動師』（1957）

- **3774** 社会的適合は静寂な生活をもたらすのだ。あなたを大学の椅子に座らせるかもしれない。だが歴史のすべての変化、進歩は社会規範に従わない人から始まる。われわれは、まだ洞穴で生活しているべきだ。 ◆『同上』

- **3775** 宥和政策は賢い行程をたどった。たとえ不適格な人間が行ったにしても。外交官の言葉に極めて高貴な用語が残されている。 ◆「マンチェスター・ガーディアン」1958.9.30

- **3776** 正確さでヒトラーの領域にまで到達した唯1人の競馬予想屋は、顧客の儲かる予想をしない。 ◆『第2次世界大戦の起源』（1961）

- **3777** 共産主義はヨーロッパの亡霊——恐れや対応の致命的な失敗から名付けた——だがそれに対抗する遠征隊は、その亡霊よりもさらに虚ろである。 ◆『同上』

- **3778** しかしながら常に人間の大失敗は、人間悪より以上に歴史を形づくってきた。 ◆『同上』

- **3779** ヒトラーの罪科をもって、他のドイツ人は無罪を要求できた。 ◆『同上』

- **3780** 「民主的封建制のユーゴスラヴィア」は、ハプスブルク家の歴史の強大な権力実現と翻訳される。 ◆『ハプスブルグ体制1809–1918』（第2版、1961）

- **3781** 歴史から多くを学ぶ人々のように、彼［ナポレオン3世］は過去の失敗から新しい失敗をどう行うかを学んだのだ。 ◆「リスナー」1963.6.6、「過去の誤った教訓」

- **3782** 第1次世界大戦は、ヨーロッパの議員に時刻表の使用を余儀なくさせた。鉄道時代の予期せぬ絶頂期であった。 ◆『第1次世界大戦』（1963）

- **3783** 影響力の代わりに権力を熱望したが、結局のところ双方とも手に入れられなかった。
  ※ノースクリフ卿について ◆『イギリスの歴史 1914–1945』（1965）

- **3784** 歴史が現代に近づいてきてさらに親密になっているようだ。 ◆『同上』、「書誌学」

- **3785** 第2次世界大戦では、イギリス人は年相応の経験をした。これは市民の戦争であったのだが……。「希望と栄光の国」を歌っている人はいなかった。「イギリスは立ち ◆『イギリスの歴史 1914–1945』（1965）

上がる」を歌う人さえいなかった。それでもイギリスは発展してきている。

▶3786　信用以外の感性を生かして決断して立ち上がった。　◆『同上』
　　　※ロイド=ジョージについて

▶3787　第1次世界大戦後の時代について：
　　　文化は一般市民の文化的な行動とともにもたらされてきた。現実には大衆は冷静であり、支配していた人間以上に賢明であった。　◆『サラエボからポツダムまで』（1966）

▶3788　ジョンソンの友人のエドワードのように、私も常識をかなぐり捨ててマルキシストになろうとしている。　◆『近代歴史ジャーナル1977』、「事故を起こしやすい」

▶3789　もし人がどう生きているかによって尊敬されるとすれば、何を保有しているかということで尊敬されるはずがない。　◆『政治家、社会主義と歴史家』（1980）

Henry Taylor

ヘンリー・テイラー（1800-86）
イギリスの作家、地方公務員
◆『政治家』（1836）

▶3790　政治家は20年間に1人の友人を持つより、失うことが多くても1年に20人の支持者を探す方が重要である。

▶3791　思慮深いと自覚する政治家がインタヴューの結果、オフレコのつもりであったにもかかわらず約束させられたり、了解させられたりすることを本人のせいにされることがある。時間がたっていないのに、反対すると明確に約束したことを思い出せないこともあろう。　◆『同上』

▶3792　政治家は、温和というよりは強い良心を持つべきである。　◆『同上』

▶3793　公的生活をしていると、良心に手綱ばかり締めていて、拍車をかけられない人に出会うことは確かである。　◆『同上』

▶3794　法案を執行する手は、提案した頭脳に属するべきである。　◆『同上』

▶3795　実力者から縁故を引き出し自分の利益にする人は、細かなことで彼らを悩ますことはないはずだ。　◆『同上』

▶3796　［政治家は］羅針盤で舵をとらねばならないはずだ、だが風にまかせて寝ていなければならないのが現実だ。　◆『同上』

▶3797　秘密は秘密であることも秘密、ということで安全に保たれる。　◆『同上』

▶3798　秘密厳守を必要とする事件で優柔不断さは、他の事情が同じならば最高に有害となるであろう。第1に秘密の最大の救いは敏速さであるから。第2に、決定できない人々はあれこれ相談した挙句に結果として秘密を知る人を増加させるからである。　◆『同上』

- ▶ **3799** 最小の努力で全幅の信頼を与えられて国会議員として選出されるということは、執務する政治家の唯一の関心事に救済が与えられることだ。
- ▶ **3800** 公益の支出を求めて個人的に接触をしてくる、性格がよく親切な人々は、自覚はなくとも公務員につきまとう罪を犯している。
- ▶ **3801** 大股で歩いて出世してきている人は、小股では満足しない。公務員は、それゆえに、競走馬のように、太りすぎない範囲で報酬によって養われるべきである。
- ▶ **3802** 身分の高い人々は他者の性格に関心を持たず、一般的に自らの安全のために周りを鋭く観察せず、人生でも自分だけ積極的に日の目を見させ、他者にはまったく無関心、無知となっていくのだ。

◈『同上』

◈『同上』

◈『同上』

◈『同上』

- ▶ **3803** 30年代、失業中の父の下で育った。父は暴動を起こしたわけではなかった、自分でバイクに乗って進んで職探しをしていた。

- ▶ **3804** 今日の犯罪と暴力の爆発の引き金は……「悲観的社会」の誕生をもたらした戦後の時代と態度にある。
- ▶ **3805** 「保守的」という用語は、BBCが1960年代のさんざんな10年で精神的に傾きかけたイギリスで、我慢のきかない独善的で信心深く装う、純真で経験不足の陰気な人々と元気な正統派とを合成したと考えられている用語である。
- ▶ **3806** 公正に問う——どちらに喝采するのか？……自分が生まれた場所を振り返るのか？　今いるところか？
  ※イギリス移民の愛国心について

- ▶ **3807** 権力国家の概念の代わりに、福祉国家のそれに導かれる。

Normam Tebbit

ノーマン・テビット（(1931-)
イギリスの保守党政治家
テビットについて、フット1501参照
◈ 保守党大会での演説、
　1981.10.15
◈「ガーディアン」1985.11.4

◈「インディペンデント」
　1990.2.24

◈「ロサンゼルス・タイムズ」の
　インタヴュー、「デイリー・テ
　レグラフ」のレポート、
　1990.4.20

William Temple

ウィリアム・テンプル（1881-1944）
イギリスの神学者、1942年から
カンタベリー教会大主教
◈『市民と聖職者』(1941)

John Tenniel

ジョン・テニール（1820-1914）
イギリスのデッサン画家
◆「パンチ」1890.3.28

▶ 3808　パイロットが落下する。
　　　　※漫画の見出し、詩の題名。ドイツ皇帝のウィルヘルム２世がビスマルクを公職から追放したことについて

Lord Tennyson

テニソン卿(1809-92)
イギリスの詩人
◆「ロックスリー・ホール」
　（1842）

▶ 3809　前へ、前へ整列しよう、
　　　　全世界を永遠に回転させ、レコードの変化する溝は
　　　　音楽を響かせている。

◆「あなたは問う、なぜすぐ病
　気になるの」(1842)

▶ 3810　定住した政府の土地、
　　　　公正で古い誉れある土地、
　　　　自由がゆっくりと広がって、
　　　　祖先から祖先へと。

◆「ウェリントン公爵の死の頌詩」(1852)

▶ 3811　最近の立派なイギリス人は背が低い。

▶ 3812　おー、誰もが知っている上品なグレー髪！　　　　◆「同上」
▶ 3813　あの強さの、あの高さの塔が倒されようとしている　◆「同上」
　　　　どのような風が吹きつけようとも毅然として立つ！
▶ 3814　世界の地震、ワーテルロー！　　　　　　　　　　◆「同上」
▶ 3815　時間に奉仕するために真実を売り渡さない人、　　◆「同上」
　　　　もとより権力のために永遠の神を雑に扱ってはならない。

▶ 3816　ざっと見た島の歴史のなかで１度や２度ではなく、　◆「同上」
　　　　義務の小道は栄光への道だった。
▶ 3817　権威は死んでいく王を忘れている。　　　　　　　◆「アーサー王の死」(1869)
▶ 3818　古い秩序は変わる、新しく場所を確保して、　　　◆「同上」
　　　　神は多くの道を自身で切り開く、
　　　　１つの良い習慣がなければ世界は腐敗する。

Terence

テレンティウス(紀元前190-同159)
ローマの喜劇脚本家
◆『フォルミオ』

▶ 3819　多くの人がいるだけの意見がある。それぞれ正しい
　　　　道である。

Margaret Thatcher

マーガレット・サッチャー
（1925-）
イギリスの保守党政治家、首相

▶ 3820　私の時代では女性の首相、議長、外務大臣——最高の職ではないが——は誕生しないでしょう。どちらにしても、首相になろうとは思いません。100％約束します。

Margaret Thatcher (1979-90)

サッチャーについて、発言者不明 108、ビッフェン 507、キャラハン 800、クリッチリー 1138、1141、ヒーリー 1834、1835、1837、ヘネシー 1855、キノックス 2240、ミッテラン 2747、パリス 3018、ウェスト 4101 参照

※陰の教育担当スポークスマンとして面会して

◆「サンデー・テレグラフ」1969.10.26

▶ **3821** 政治では何か発言しようとしたら、男性に頼めばよいのです。何かやろうとするならば、女性に頼めばよいのです。

◆「ピープル」(ニューヨーク) 1975.9.15

▶ **3822** いつも親愛なテッドを好ましく思っています。だが、政治的には何の同情も感じません。
　※前任者のエドワード・ヒースについて

◆ 伝聞、1975

▶ **3823** 赤の夜会服を着て、あなたの前に立っています。顔は少しメークアップして、明るい髪はなだらかに波打っています。……西側の鉄の女! 私が? 冷戦の戦士? そう、いいわ、——もしわれわれの生き方の基本である、価値や自由の防御を邪魔しようとする願い方がそう言うのであるのなら。

◆ フィンチリーでの演説、1976.1.31

▶ **3824** 南東地方の知的な批判者と同じで、背景には何のコンプレックスもありません。あなたが現実にあることを実行しようとする時、コンプレックスを持つ時間はありません。

◆ 1977、アンソニー・サンプソンとの会話、アンソニー・サンプソン『変貌するイギリスの解剖』(1982)

▶ **3825** ペニーは天から降ってきません。地から耕して得られます。

◆「オブザーヴァー」1979.11.18、「今週の発言」

▶ **3826** 言ったことを行っている限りは、大臣の発言の多さは気にしません。

◆「オブザーヴァー」1980.1.27

▶ **3827** われわれは、生産と収入を均衡して手に入れなければなりません。提案は簡単に人気を博するようなものではありませんが、基本的には健全です。いつかは、国民は現実的な代替案がないので受け入れると信じています。
　※一般的に頭字語で TINA と要約されている

◆ 保守党女性大会での演説、1980.5.21

▶ **3828** Uターンという、メディアが好んで用いるキャッチフレーズを息を殺して待っている人に、これだけは申しあげたい。「もし、望むならもとに戻りなさい。女性は一緒に戻るわけにはいきません」

◆ ブライトンの保守党全国大会での演説、1980.10.10

▶ **3829** 経済学は方法論です。目的は魂を変えることです。

◆「サンデー・タイムズ」1981.5.3

▷ Margaret Thatcher

- **3830** 私の政治は、同じような数百万人の抱える問題を基本としています。誠実の日の労働は誠実の日の支払い。収入の範囲内で生活する。雨の日のために巣の中の卵を取っておく。請求書は分割払い。警察を支持します。

  ◆「ニューズ・オヴ・ザ・ワールド」1981.9.20

- **3831** 1つのことをきっぱりと断言させてほしい。国家医療制度は、保守党政権が守ります。

  ◆保守党全国大会での演説、1982.10.8

- **3832** そのニュースにおめでとうと言い、武装した空軍や海軍を祝福しましょう。
  ※サウス・ジョージア奪還について。「おめでとう、おめでとう」と引用される

  ◆ダウニング街路上で記者に、1982.5.14

- **3833** あなた方は政治生活の半分を平凡な環境問題に関わってきましたが、今真の危機に直面して奮いたっているはずです。
  ※フォークランド紛争について、1982

  ◆スコットランド保守党大会での演説、1982.5.14

- **3834** ヴィクトリア朝の価値の保全をするかどうかを尋ねられました。過去にも率直に発言してきました。そして、現在もそうです。

  ◆イギリス・ユダヤ・コミュニティでの演説、1983.7.21。1983.1.17のブライアン・ウォルデンとのインタヴューに関連して

- **3835** さて、いつものような仕事になるに違いありません。
  ※ブライトンのグランドホテルの爆破数時間後、ブライトン警察署の階段で。しばしば「いつものように続けよう」と引用される

  ◆「ザ・タイムズ」1984.10.13

- **3836** 日曜日、朝の教会で──よく晴れた爽やかな日はイギリスでは少ないのですが、その日は素晴らしい朝でした──陽の光はステンドガラスを通し、花と教会に注がれていました。自分はこの素晴らしい日を見ることができなくなるところだったのだと実感しました。それからまったく突然に、「この日を見ていない何人かの親愛なる友人がいるのだ」と思いつきました。
  ※ブライトン爆破事件の後

  ◆テレビでのインタヴュー、1984.10.15

- **3837** ミカエル・ゴルバチョフについて：
  われわれは一緒に仕事ができます。

  ◆「ザ・タイムズ」1984.12.18

- **3838** 最後の選挙の間に、本当によい合意を得ました。説得の背後に合意があります。

  ◆伝聞、1984

- **3839** テロリストやハイジャッカーが頼みにしている、宣伝の酸素を絶つ方法を探す努力をしなければなりません。

  ◆ロンドンのアメリカ法律家協会での演説、1985.7.15

- **3840** 猫の飛び跳ね方を探究するのに人生を費やしたくありません。猫を導く道を本当に知っているのです。

  ◆マイケル・カールトンとのインタヴュー、BBCラジオ、1985.12.17

Margaret Thatcher ◁

▶ 3841　強い意図だけを持っているのなら、誰も「よきサマリア人」を思い出さないでしょう。のみならず金銭も持っていればこそ。
　◆テレビでのインタヴュー、1986.1.6

▶ 3842　「社会」のようなものはありません。あるのは個人の男と女と家庭です。
　◆『女性自身』1987.10.3

▶ 3843　私たちも、お婆さんになります。
　◆「ザ・タイムズ」1989.3.4

▶ 3844　人一倍に我慢強いのです。終わりに向けて自分なりの道を進むとすれば。
　◆「オブザーヴァー」1989.4.4

▶ 3845　政策顧問団が助言し、大臣たちが決断します。
　※個人的な経済顧問のアラン・ウォルターズと大蔵大臣ナイジェル・ローソン（翌日、辞任）のそれぞれの役割について
　◆下院で、1989.10.26

▶ 3846　2日前に辞職したナイジェル・ローソンについて：私だったら、大蔵大臣ぐらいたやすかったでしょう。
　◆ブライアン・ウォルデンとの会見、1989.10.29

▶ 3847　家から出ずにダマスカスへ旅行するふりをしているから、ダウニング街に来られないのです。
　※ニール・キノックについて
　◆「インディペンデント」1989.10.14

▶ 3848　あなたが去るのを見るのは心の底から残念です。しかし理解しましょう。あなたが望むように、家族と費やす時間をさらに増やすことができたのですから。
　※ノーマン・ファウラーの辞任に際して
　◆「ガーディアン」1990.1.4、ファウラー 1516 参照

▶ 3849　他の人は難問を持ち込んできましたが、デーヴィッドは慰めにきてくれました。
　※ヤング卿について
　◆「オブザーヴァー」1990.10.30

▶ 3850　ダメ！ダメ！ダメ！
　※ヨーロッパ統一通貨と、さらなるブリュッセルの集中支配に明確に反対して
　◆下院で、1990.10.30

▶ 3851　変速レヴァーを引きません、良き目立たない運転手になります。
　※次期首相のジョン・メージャーの指名にあたって
　◆「インディペンデント」1990.11.27

▶ 3852　首相という首相は、ウィリーが必要です。
　※ホワイトロー卿の送別晩餐会で
　◆「ガーディアン」1991.8.7

▶ 3853　内閣の多数派から首相として留任できないと言われて：微笑みの表情に隠された裏切り。
　◆「サッチャーの時代」(BBC) 1993.10.20

▶ 3854　時折、首相は威嚇するべきだと思います。首相の椅子がか弱く、頼りなくてはまったく意味がない、でしょう？
　◆「同上」

▶ 3855　通行税について：時間があれば、かつて地方政府が行政としてなし得なかった、待望の実利的な改革が実現しているでしょう。
　◆『ダウニング街の時代』(1993)

▶ 3856　丸太小屋からホワイト・ハウスへ。

William Ropscoe Thayer
ウィリアム・ロスコー・セアー
（1859-1923）
アメリカの伝記作家、歴史家
◆ ジェームズ・ガーフィールドの伝記（1910）の題名

▶ 3857　国王は君臨し、人民は自身を統治する。

Louis Adolphe Thiers
ルイ・アドルフ・ティエール
（1797-1877）
フランスの政治家、歴史学者
◆「ル・ナシオナール」1830.1.20 の無署名記事。1830.2.4 の署名記事には、「国王は管理せず統治せず、君臨する」とある

▶ 3858　紙にサインした手が町に落ちてきて。
　　　　5本の主権を持つ指が呼吸に課税して、
　　　　地球の死を倍にして、国を半分にした。
　　　　5人の国王は1人の国王を死に追いやった。
▶ 3859　条約に署名した手は熱病を育て、
　　　　飢餓が広がりバッタが来た──
　　　　偉大にも手は支配し、
　　　　走り書きした名前の人間。

Dylan Thomas
ディラン・トーマス（1914-53）
ウェールズの詩人
◆「紙にサインした手が町に落ちてきて」
◆「同上」

▶ 3860　さて、この頑固で小柄な男がシンプソン夫人と一緒にいる。ハロルド、殺さないのか。率直に言う。
　　　　※ハロルド・ニコルソンに。エドワード8世の退位危機について
▶ 3861　宮廷では家庭生活が嫌悪されて。
　　　　※イギリス国民と退位危機について

J. H. Thomas
J. H. トーマス（1874-1949）
イギリスの社会主義者、政治家
◆ ハロルド・ニコルソンへの書簡、1936.2.26
◆ 同上

▶ 3862　アメリカが顔よりも魂を救うところを見たい。
　　　　※ヴェトナム戦争に反対して

Norman Thomas
ノーマン・トーマス（1884-1968）
アメリカの長老教会牧師、作家
◆ ワシントンDCでの発言、1965.11.27

Lord Thomson of Fleet
フリート街のトムソン卿(1894-1976)
カナダ生まれのイギリスの新聞社主、テレビ会社所有者
◆R.ブラドン『ロイ・トムソン』（1965）

▶ 3863　商業テレビ局を所有して：紙幣を印刷する許可をもらったようなものだ。

Henry David Thoreau
ヘンリー・デーヴィッド・ソロー(1817-62)
アメリカの作家
◆『市民的不服従』(1849)
◆『同上』

◆『コンコードとメリマック河の1週間』(1849)、「火曜日」
◆『ジャーナル』1853

◆『森の生活』(1854)、「結び」

▶ 3864　「政府は最小に統治するのが最善である」というモットーに心底賛同している。これが発展して、最終的には私が信じて止まない「政府はまったく統治しないことが最善である」に到達すると信じている。
▶ 3865　不当に政府が収監している場合は、まともな人間の真実の居場所は刑務所である。
▶ 3866　真実を語るには2人の人間が必要である。1人は話し、1人は聞く。
▶ 3867　年老いた賢い政治家は、人間に成長するのではなく、最後は波止場ゴロになり下がるに過ぎない。
▶ 3868　今生活している世界の政府は、もともとワインを飲みながら夕食後の会話を楽しむイギリス政府のようには設計されてはいなかった。

Julian Thompson
ジュリアン・トンプソン(1934-)
イギリスの軍人、フォークランド紛争時の地上軍副司令官
◆「フォークランド紛争——語られざる物語」(ヨークシャー・テレヴィジョン) 1987.4.1

▶ 3869　女王や祖国のために死のうと思うのは自由だ。だが政治家のために死のうなどとは決して思ってはならない。

Jeremy Thorpe
ジェレミー・ソープ(1929-)
イギリスの自由党政治家、自由党党首(1967-76)
◆D. E. バトラー、アンソニー・キング共著『1964年の総選挙』(1965)

▶ 3870　ハロルド・マクミランの第7次内閣成立を阻止して、1962.7.13：これ以上の大きな愛を持つ人間はいない。彼は人生のために友人を捨てることになる。

James Thurber

ジェームズ・サーバー (1894-1961)
アメリカのユーモア作家
◆『現代の寓話』(1940)、リンカン 2389 参照

▶ 3871　たっぷりと時間をかけ、大勢の人々をだませる。

Lord Thurlow

サーロウ卿 (1731-1806)
イギリスの法律家、大法官
(1778-83、1783-92)
◆ ジョン・ポインダー『文学的抜粋』(1844) 第 1 巻

▶ 3872　法人は罰せられる身体がないばかりか、責められるべき魂もない。だから思うまま振る舞う。
　　※「責められる魂も蹴られる身体もないのに、法人に自覚するように期待したか？」と一般的には引用される。

Alexis de Tocqueville

アレクシス・ド・トクヴィル (1805-59)
フランスの歴史家、政治家
◆『1835 年のアイルランドからイギリスへの旅』(1958)、1835.5.8
◆『同上』、1835.7.2

▶ 3873　フランス人は誰にも上流階級になることを望まない。イギリス人は中流階級を望む。フランス人は常に心配して眉目を上に向けている。イギリス人は満足して目線を低くする。どちらも、それが誇りであり、それぞれは理解されるべきだ。

▶ 3874　腐臭のする下水溝の真中から、人間産業の大きな河が湧き上がり世界中に豊かさを運んでいる。この誤った流れから純金が流れ出る。ここに人間性は完璧性と野獣性の双方を達成し、文明は驚きを生み出し文明化した人間は再び野蛮に戻ることになる。
　　※マンチェスターについて

◆『アメリカ民主主義』(1835-40) 第 1 巻

▶ 3875　アメリカ社会の表面には、民主的な塗料が塗られている。しかし時としてそれに剝がれた古い貴族色が現れる。

◆『同上』

▶ 3876　アメリカ国民は自分たちの英雄主義が、実際のサーヴィスで強化された宗教の一種になっていると正しく理解している。

◆『同上』

▶ 3877　大統領の義務が制約されているだけに、国家が痛手を受けなければ危機を脱するかもしれない。国会は、連邦が消滅しない限り危機をかわすかもしれない。それというのも、国会は議員を替えると国会の精神を変化できるという選挙母体を持っているからなのだ。しかし最高裁判所が良識のない腐敗した人間で構成されるようになれば、連邦は無政府主義や市民戦争で脅かされることになるだろう。

◆『同上』

▶ 3878　神は人間を完全に独立し、自由であるものとは創造

していない。あらゆる人間の囲いは、運命を超えられない輪で括られている。しかしその輪の広い縁の内側には、強力な自由がある。

▶ **3879** 世界中の国家にとって文明化が一番難しかったのは、習慣となっていた生活を追求していたからなのだ。 ◆『同上』

▶ **3880** アメリカ合衆国の共和党政府を通じて理解できることは、社会自体の緩やかで静かな振舞いである。 ◆『同上』

▶ **3881** 今日、世界には２つの大国の民がいて、同じ目的に向けて異なった地点から出発しているように見える。ロシア人とアメリカ人である。出発点は異なるし行程も同じではない。しかしそれぞれが、神の意思によって地球の半分の運命を揺り動かし、運命づけようとしているように見える。 ◆『同上』

▶ **3882** 出会った人の社会的地位を瞬時に判断できない時、イギリス人は用心深くあらゆる接触を避けようとする。不本意な知遇に関わりを持たされ、少々のサーヴィスを無理強いされるのを恐れている。礼儀正しい挨拶を恐れる。さらに自分が嫌っているのと同等に、見知らぬ人からの押し付けがましい感謝の気持ちを避けたいと思っている。 ◆『同上』第2巻

▶ **3883** アメリカ合衆国に来てみて、統治される国民の能力の高さに驚くと同時に統治する側の能力のないことにも驚いた。 ◆『同上』

▶ **3884** 時として自由だけが物質的安楽の代わりになり、より強力に堂々と情熱にとって替わろうとする。富の獲得よりもさらに偉大な目的に満ちた希望をもたらし、人間の悪徳や徳の判別をしたり識別できる光を創造することもある。 ◆『アンシャン・レジーム』（1856）

▶ **3885** 魂のある人間本人が苦心して制定した法律に従うよりは、部下の１人の気まぐれに進んで頼るという傾向はないのか？ ◆『同上』

▶ **3886** 専制君主自身は、自由が優れていることを否定しない。ただ自分１人のためだけの価値であってほしいと願い、他者にとっては無価値であり続けさせる。 ◆『同上』

▶ **3887** 宗教改革が来世の見通しの下に実行されたのとまったく同じ手法で、フランス革命は現世への関与を前提に政治の世界で行われた。フランス革命は市民をある特別な社会のかけ離れた、抽象的な対象物と考えていた。同じく、宗教改革は人間を国や時間から独立した人間として考えていた。 ◆『同上』

▶ **3888** 歴史とは本物が少なくて、複写の絵が多く展示されている画廊である。 ◆『同上』

▶ 3889　国民が貴族政治を滅ぼせば、当然のこととして中央集権主義が登場する。 ◆『同上』

▶ 3890　当時と今日の習慣の実質的な相違の１つは、官庁に支払う代償にある。当時は公職を政府が売りだしていたが、今は贈与されている。もはや金を払う必要はない。人の魂を売ることで目的は達成されたからだ。 ◆『同上』

▶ 3891　われわれの革命の研究者は、すぐに政府についての多数の複雑な学術論文の誕生をもたらしたのと同じ精神によって革命が導かれ実行されたと発見する。研究者は、革命前、革命後双方の官庁にも、立法制度、均衡のとれた法律を洗い流す一般理論への同様の愛情を認める。理論にも同様の信用、新しく独自の制度の欲求、憲法の部分修正ではなく、原案に適応する模範や論理の法則に従って全憲法を再構築する同様の願望を認める。恐ろしい風景！ 起草者の利益となることは政治家の弱点となり、規範の修正点は革命には致命的なこととなる。 ◆『同上』

▶ 3892　中央集権主義と社会主義は、同じ土壌に生まれる。一方は野草で他方は園芸草である。 ◆『同上』

▶ 3893　人間が自由でいるために、何が必要なのか？　自由の味。その崇高な味を分析しろとは求めないでほしい。感じられるだけなのだ。各人の偉大な心にあって、神がそれを受け入れるように準備するのだ。満たされ燃え上がらせるものだ。誰もが感じたことのない、卑しい心を説明するのは時間の無駄である。 ◆『同上』

▶ 3894　暴力が善意の人々の利益目的で行使されるほど危険であることは、言を待たない。 ◆『同上』

▶ 3895　自由である以上に自由でありたいと願う人は、召使いになるべくして生まれてきた人だ。 ◆『同上』

▶ 3896　社会が革命へと向かうということは、悪い社会がより悪くなっていくとばかりは言えない。革命で破壊された社会秩序は、破壊直前よりましである。さらに経験では、悪い政府にとって最も危険な瞬間は、一般的に改革が準備された時であると証明されている。 ◆『同上』

▶ 3897　彼［野蛮人］が、野生動物を追跡して初めて投げつけた石や、木を伸ばして果物をたたき落とそうと振るった棒こそが、他の獲物を得るための道具の専有であり、資本の本源の発見である。

Robert Torrens
ロバート・トレンス（1780-1864）
イギリスの経済学者
◆『富の生産についての諸論』
（1821）第２章

▶ 3898　アメリカはかなり狭い部屋にいる大型の、気のいい犬である。尾を振るたびに椅子を倒す。

Arnold Toynbee
アーノルド・トインビー（1889-1975）
イギリスの歴史家
◆ 伝聞

▶ 3899　王、賢明な眼で見る
　　　　王の２大学の国家、
　　　　オックスフォード大学に騎馬隊を派遣した、なぜ？
　　　　それは学んだ体が忠誠を欲した。
　　　　ケンブリッジ大学の本に豊かな洞察力がある
　　　　確かに忠誠な体が学びたがっている。
※ジョージ１世がイーライ司教の蔵書をケンブリッジ大学に贈った時の添え文

Joseph Trapp
ジョセフ・トラップ（1679-1747）
イギリスの詩人、パンフレット作者
◆ ジョン・ニコルズ『文学的逸話』（1812-16）第3巻、ブラウン640参照

▶ 3900　政治決断に伴う強烈な試練は「代案はあるのか？」である。

Lord Trend
トレンド卿（1914-87）
イギリスの公務員、内閣官房長官（1963-73）
トレンドについて、ロスチャイルド3311参照
◆ 伝聞、1975

▶ 3901　公務員採用の新制度の組織化について：
　　　　行政サーヴィスの援助のために、若さの華を受けいれるように提案された。

Charles Trevelyan
チャールズ・トレヴェリアン（1807-86）
イギリスの公務員
◆ 1853年、「ザ・タイムズ」の編集者ジョン・タデウス・ディレーンに、アサ・ブリッグズ『ヴィクトリア時代の国民』（1965）

▶ 3902　もしフランスの貴族が小作農たちとクリケットを楽しめたら、大邸宅は燃やされていなかっただろう。

G. M. Trevelyan
G. M. トレヴェリアン（1876-1962）
イギリスの歴史家
◆『イギリス社会史』（1942）
◆『英国人名辞典 1941-50』

▶ 3903　あらゆるものが憎悪でつつまれた世界では、人を好

きになろうとするか、少なくともお互いに耐えようと知恵をはたらかせた。
　※スタンリー・ボールドウィンについて

(1959)

▶ 3904　北アイルランド紛争について：
家族の病気のことは決して語らない。

William Trevor
ウィリアム・トレヴァー (1928-)
アイルランドに住むイギリス人、小説家、短編作家
◆「オブザーヴァー」1990.11.18

▶ 3905　貴族政治は……それ自体を最高に長持ちさせるだろう。しかし民主主義だけが支配層を刷新して発展できる。

Hugh Trevor-Roper
ヒュー・トレヴァー＝ローパー (1914-)
イギリスの歴史家
◆『歴史の諸論』(1952)
◆『キリスト教ヨーロッパの台頭』(1965)

▶ 3906　長年、継続されてくる運命にあった反動運動のすべてが、根本的な種を有しているはずである。何世代もの間、正統として受け入れられてきて長く続いている反動運動は、抵抗しながら進歩して同じ社会環境から突出してきたものに違いない。

▶ 3907　一般に歴史家は、権力が頼りとする太鼓持ちである。

▶ 3908　権力を操り政策を決定する人は、大体において20～30年前の出来事で記憶が形成されているものだ。

◆『歴史と想像』(1981)
◆『反革命から栄光の革命まで』(1992)、序文
◆『反革命から栄光の革命まで』(1992)

▶ 3909　革命では、いかに政治から宗教を解き放つか？　宗教は個人の見解から形成されている。群衆が思想的に酔うように奉仕するだろう。しかし、政治の高い次元からすると宗教は気まぐれである。

▶ 3910　第2次世界大戦中の在英アメリカ軍について：
過剰支出、過剰食欲、過剰性欲そしてわが国を過剰支配している。

Tommy Trinder
トミー・トリンダー (1909-89)
イギリスの喜劇人
◆トリンダーと関連付けられる、しかし彼の創作ではないだろう

▶ 3911　改良も革新もせず……絶対に妥協しないイギリスのトーリー党政治家の鼻孔を、ひどく不潔な悪臭が刺激する。政府のさわやかな水で、どのような丸薬でも飲み込める。

Anthony Trollope
アンソニー・トロロプ (1815-82)
イギリスの作家
◆『ザ・バートラムズ』(1859)

▶ 3912　現政府でもかつての政府でも立憲君主制下に生活していて、すべての個人に十分な自由を与えたりしてはいなかったように思える。　◆『北アメリカ』(1862)

▶ 3913　民主的国民が鋭く大衆感覚を意識するほど、専制的なものはない。　◆『同上』

▶ 3914　時には自称慈善家ほど、有害で残酷な存在はないと考えている。　◆『同上』

▶ 3915　[公平さとは] 他人を自分の水準まで向上させるために闘っていることや、説教していることを容赦する教義である。　◆『同上』

▶ 3916　おそらくパリサー氏は、イギリスが他のどのような資源よりも、誇るべき動機を持っていると固執する政治家の1人であった。具体的には、保守主義と、現在の強さと未来への最高の安全さである進歩との必要な組み合わせを、イギリスにもたらそうというものである。　◆『国家を捨てられるか?』(1864)

▶ 3917　怠惰な政府が、今までのイギリス政府でも最悪のものではない。だがわが国の政治家全員が何か実現しようと望んだことが、大きな失敗となっている。　◆『フィネアス・フィン』(1869)

▶ 3918　急進派政治家について：
何も建設するものがないと、一般論をいつも弄ぶことができた。責任から解放されていると、小さなことも学習したり、大きな事実さえ身につけようと求めようとはしなかった。存在する悪をののしるのが仕事であり、1回でも拝謁の特権が得られれば大した仕事なのである。森の木を切り倒すのは彼の仕事であり、大地に植林することなどしなかった。　◆『同上』

▶ 3919　上手な話し手となるのに第1番に必要なことは、多くの聴衆がいることだ。　◆『同上』

▶ 3920　この国にあって政党に必要な性格は、避けること、避けられる限り、一大変化に巻き込まれそうなどのような問題でも避けることだ。最高の馬車馬は坂を転げ落ちそうになる馬車を、しっかりと支えることのできる馬なのである。　◆『フィネアス・リダックス』(1874)

▶ 3921　華々しく大蔵大臣の椅子あるいは反対側に座ることを運命付けられた人間は、最初の贈り物として厚い皮膚を神に要求すべきだ。　◆『同上』

▶ 3922　公平さは天国であろう。もし手に入れられたなら。　◆『首相』(1876)

▶ 3923　いまだかつて元首の政治権力に同意する、2人目のイギリス人に会ったことがない。　◆『アメリカ貴族院議員』(1877)

▶ 3924　良い政府とは苦悩させない政府ではなかったのか？　◆『南アフリカ』(1875)

▷ Leon Trotsky

▶ 3925　そんな理論はすり切れた実践で固執してもまず不可能である。

◆『サッカレー』(1879)

▶ 3926　トーリー党のトーリーイズムを永続させようとすると、ほとんど運命が敵の目的を達成させることになるのだ。

◆『なぜフローマン女史は評価を上げたか？』(1882)

▶ 3927　ある人がどのような政治政策を心に抱いて熟慮していても、仲間の環境を改善しようとするものでなければ、私は政治的陰謀者、ほら吹き、手品師とみなすのだ。

◆『自伝』(1883)

▶ 3928　政治生活について：
あなたが1つの言葉を読んで現実的に受け止めて嫌悪したり、憎むべき態度を目にし事実に照らして嫌悪するような時は、すべてを無に帰して暗黙のうちに信頼を強く要求する傾向が生ずる。

◆『土地同盟』(1883)

▶ 3929　しかし確かに人間の能力は……［首相になろうという人については］知性の力、確固とした勇気、先見力のある狡猾さだけではない。人間は単に本人がそうなりたい、と信じさせられることで有能となる。

◆『パーマストン卿』(1883)

Leon Trotsky

レオン・トロツキー (1879-1940)
ロシアの革命家

◆『次は何か？』(1932)

▶ 3930　権力が必要とされる場面では、大胆に断固として徹底的に行使されねばならない。しかし、権力の限界も知らねばならない。政治操作や合意の解消によって、権力の複雑な組み合わせがあるということである。

▶ 3931　文明は小作農を荷を運ぶ動物にした。ブルジョワジーは、長い時間をかけて荷物の形を変えただけに過ぎない。

◆『ロシア革命の歴史』(1933) 第3巻

▶ 3932　ロシア社会民主労働党は、哀れな孤立した個人である。破産者である。使命は流行遅れだ。今から属するべきところ――歴史のごみ箱に行け！

◆『同上』

▶ 3933　老化は誰にでも訪れるが、一番避けたいことだ。

◆『追放日記』(1959)、1935.5.8

▶ 3934　1人の雇用主が統治している国では、不服従は徐々に餓死していくことを意味する。古い原理、働かざる者食うべからずということは、今も新鮮に存在する。従わざる者、食うべからず。

◆ 伝聞

▶ 3935　権力を信じないということは、引力を信じないに等しい。

◆ G. マクシモフ『労働のギロチン』(1940)

Harry S Truman

ハリー・Sトルーマン (1884-1972)
アメリカの民主党政治家、アメ

▶ 3936　フランクリン・ローズヴェルトの死後、大統領に就任した後、新聞記者に：
昨日、何が起こったのかと聞かれた時、私は月になったよ

Harry S Truman

うだった、すべての星や惑星が私に向かって落ちてくるように感じた。

リカ合衆国第33代大統領（1945-53）
トルーマンについて、メンケン 2696、ヴォーン 3967 参照
◆1945.4.13

▶ 3937　16時間前、アメリカの飛行機は広島に原子爆弾を投下した。太陽がもたらした科学力の影響で、極東に戦争を持ちこんだ者たちから解放された瞬間だ。
　　※原子爆弾を投下して初めての報告

◆1945.8.6

▶ 3938　原子力エネルギーの解放は、古い考えの枠組みでは革命的すぎて考えられない新しい兵力を構築した。

◆国会での演説、1945.10.3

▶ 3939　威力があり互恵的で、あらゆる国家が受け入れ可能な増強された安全装置。
　　※トルーマン大統領、クレメント・アトリー英首相、W. L. マッケンジー・キング加首相の原子力エネルギーについての宣言

◆1945.11.15

▶ 3940　すべての大統領は、自分の時間を追従、キス、非難を受けることに費やしつつ、国民が何を要求しているかを把握しようとする栄光に満ちた公職の人間です。

◆姉への書簡、1947.11.14、『非公開』(1980)

▶ 3941　政府に心と精神の規制を求める人々は、殺されることを恐怖しすぎて暗殺を避けようとしても、自殺問題からは逃れられない。

◆ワシントンの国立公文書館での演説、1952.12.15

▶ 3942　ひとたび決定されれば、後のことは思い悩まない。

◆『回顧録』(1955) 第2巻

▶ 3943　大統領が直面する最大の問題は、過去に淵源を持つものである。

◆『同上』

▶ 3944　私にとって政党綱領は国民との契約である。

◆『同上』

▶ 3945　大統領は政府を運営するために、政治理解が必要である。しかしそのことに関係なく当選し得るのだ。

◆『同上』

▶ 3946　われわれの憲法で基本となる要素が1つあるとすれば、軍隊の文民統制である。

◆『同上』

▶ 3947　決して彼ら［国民］を地獄に落とさない。ただ真実を語っている。それを国民は地獄と考える。

◆「ルック」1956.4.3

▶ 3948　政治屋は政府を熟知している人間だ、そこで政治屋として政府を指揮・監督する。政治家は10年か15年死んだままでいる政治屋である。

◆「ニューヨーク・ワールド・テレグラム・アンド・サン」1958.4.12

▶ 3949　隣人が失職した時は、景気停滞である。あなたが失職した時は、景気後退である。

◆「オブザーヴァー」1958.4.13

▶ 3950　効率的な政府のあるところ、絶対権力がある。

◆コロンビア大学での講義、1959.4.28

▶ 3951　いつも誠実に振る舞うべきだ、そのように考えていなくても。

◆伝聞

▷ Barbara W. Tuchman

▶ 3952　雌ジカはここまで。
　　　※トルーマンの机上に

◆ 伝承されていないモットー

▶ 3953　彼［マッカーサー将軍］が意地悪な女の愚鈍な息子——実のところそうだけれど——という理由では非難はしなかったし、将軍たちに関する法律も反対しなかった。もしそうしていたら、半分あるいは4分の3の将軍が投獄されることになっただろう。

◆ メルル・ミラー『率直な発言』（1974）

▶ 3954　秘密と、自由で民主的な政府では混じり合わない。

◆『同上』

Barbara W. Tuchman

バーバラ・W. タックマン（1912-89）

アメリカの歴史家、作家

▶ 3955　戦意喪失した将軍のような無気力な戦闘は、ドイツ人の支配力や軍人精神そのものを喪失させ、他のどこの国民よりも最後の戦いの準備が立ち遅れていた。

◆『1914年夏』（1962）

▶ 3956　イギリス政府は、突然に厳しく特別な決定を要求される最大の苦難の瞬間を迎えている。

◆『同上』

▶ 3957　歴史上この夏こそパリがフランスであった——そして静寂であった。

◆『同上』

A. R. J. Turgot

A. R. J. テュルゴー（1727-81）

フランスの経済学者、政治家

▶ 3958　彼は天から稲妻の一筋を、専制者たちから笏を奪い取った。
　　　※避雷針を発明し、独立宣言の起草者の1人であるベンジャミン・フランクリンの胸像に

◆ 碑文

Mark Twain

マーク・トウェイン（1835-1910）

アメリカの作家

▶ 3959　おそらく事実と数字により、国会のほかには明確に純粋なアメリカの犯罪階級はいないと例示できるだろう。

◆『赤道に沿って』（1897）

▶ 3960　わが国へ神の徳とともに、言葉に尽くせない3つの大切なものがもたらされた。言論の自由、信教の自由、それらに働きかけない思慮深さである。

◆『同上』

▶ 3961　まず事実を摑めば、そこから自分が望むだけの脚色ができる。

◆ ラドヤード・キップリング『海から海へ』（1899）

▶ 3962　あなたが愚か者だったとしたら。議会人だったとしたら。私は何回も自分で繰り返し自問する。

◆ A. B. ペイン『マーク・トウェイン』（1912）

V

▶ **3963** 長く侮辱され続けていると、大きな精神的貧困が生じる。政治が改善を執拗に意図する勢力を追放し、正義の怒りが次々と爆発していくうちに、ますます国民の心が貧しくなっていくのが明確となる。

▶ **3964** 政治は、確かに国民を日常生活の課題から切り離す技術である。

Paul Valery
ポール・ヴァレリー(1871-1945)
フランスの詩人、批評家、文学者
◈『今のままで』(1941-43)

◈『同上』

▶ **3965** 一般大衆は地獄へ落ちろ！
※一般大衆が豪華車両導入に関与するかどうかという時に

William Henry Vanderbilt
ウィリアム・ヘンリー・ヴァンダービルト(1821-85)
アメリカの鉄道の大立者
◈「ニューヨーク・タイムズ」へのA. W. コールの書簡、1918.8.25

▶ **3966** 人類が自分たちが正しいのかという疑いを持たず、確信をした時ほど恐ろしいものはない。

Laurens van der Post
ローレンス・ヴァン・デル・ポスト(1906-96)
南アフリカの冒険家、作家
◈『カラハリの失われた世界』(1958)

▶ **3967** 熱さに耐えられなかったら、台所から出なさい。

Harry Vaughan
ハリー・ヴォーン
◈「タイム」1952.4.28。ハリー・S トルーマンによれば、彼がヴォーンに戦争を茶化して述べたと伝えられる

▶ **3968** 高価な品物を地位の象徴として消費することは、紳士の余暇利用のよい手法である。

Thorstein Veblen
ソースタイン・ヴェブレン(1857-1927)
アメリカの経済学者、社会科学者
◈『余暇階級の理論』(1899)

▶ **3969** 過去の地位の現れとしての余暇利用や消費の研究を

◈『同上』

通して見ると、道理にかなった目的から見てそれぞれの効用は消費の要素という点で共通して存在していることが明らかとなる。一方は時間と労働の消費であり、他方は物品の消費である。

▶ **3970** 平和を望む者は戦争に備えよ。
※一般的には「もしあなたが平和を望むなら戦争に備えよ」と引用される

▶ **3971** 革命が悪魔のように恐れられる理由は、子供たちを次々にむさぼり喰うことにあるのかもしれない。

▶ **3972** 今日まで彼ら〔バントゥー族〕は教育問題で自分たちのコミュニティから追い払われ、事実ヨーロッパの緑の草原を見せるといって導かれてきたが、いまだに草を食べることも許されずに支配されてきている。無計画な教育は多くの問題を提起し、バントゥー族が連帯する生活を混乱させ、ヨーロッパ人の自治生活も危険に晒したことは明々白々なことである。

▶ **3973** 貨幣は臭わない。
※ティトゥスの公衆便所への課税反対への答え。ティトゥスの鼻先にコインをつきつけて「臭わない」と言った。ティトゥスは「そうだ、小便でできている」と答えた

▶ **3974** 悲しいかな、神になると思う。
※不治の病を得て

▶ **3975** 私は直系よ。
※継承の系図を見せられて、1830.3.11

Vegetius
ウェゲティウス（379-95）
ローマの軍事作家
◆『兵法要記』

Pierre Vergniaud
ピエール・ベルニョー（1753-93）
フランスの革命家、他のジロンド党員に処刑された
◆アルフォンス・ド・ラマルティーヌ『ジロンド党の歴史』（1847）

Hendrik Frensch Verwoerd
ヘンドリック・フレンシュ・ヴェルヴォード（1901-66）
南アフリカの政治家、首相（1958-66）
◆南アフリカ共和国上院での演説、1954.6.7

Vespasian
ヴェスパシアヌス（9-79）
69年よりローマ皇帝
◆スエトニウス『皇帝たちの生涯』、「ヴェスパシアヌス」
◆『同上』、「同上」

Queen Victoria
ヴィクトリア女王（1819-1901）
1837年からイギリス女王
ヴィクトリアについて、グラッドストン 1680 参照

▶ 3976　女王は、狂気じみてよこしまで馬鹿げた「女性の権利」運動に、誰が参加し話し書いているのか、脆弱で不確かな性が屈服させられ、女性の感覚や行儀正しさが忘れられていないかすべてを一表にして提出することを熱望しています。

▶ 3977　グラッドストンの最後の首相指名について：
国家、ヨーロッパ、広大な帝国への危機や、かけがえのない利益は年老いた、手の震える、判断力のない 82 歳の男性に委ねられます。緊急事態です！

▶ 3978　将来の総督は俗物的で下品で威張り散らして攻撃的な態度のわが市民議会に支配されるべきではありません。もしわが国がインドと平和裡に幸せな関係を持てるとしたら……人々を踏みつけてはなりませんし、長年にわたって征服されていると思い出させたり、感じさせてはなりません。

▶ 3979　私が集会であるかのように話してくる。
　　　　※グラッドストンについて

▶ 3980　敗北の可能性には関心がない。それは存在しないのです。
　　　　※ボーア戦争の「黒い週間」中に、1899.12

▶ 3981　楽しませてくれない。

▶ 3982　ロナルド・レーガンについて：
死体保存者の技術の勝利。

▶ 3983　社会主義は自転車に乗ってしか来ない

▶ 3984　壮大な努力こそがローマ国民を建設した。

◆ セオドア・マーティン『女帝の配偶者』(1875)
◆ セオドア・マーティンへの書簡、1870.5.29

◆ ランズダウン卿への書簡、1892.8.12

◆ ソールズベリー卿への書簡、1898.5.27

◆ G. W. E. ラッセル『収集と回想』(1898)
◆ グウェンドレン・セシル女史『ロバート、ソールズベリー侯爵の生涯』(1931)
◆ 伝聞、カロライン・ホランド『独身女性のノート』(1919)、1900.1.2

Gore Vidal
ゴア・ヴィダル(1925-)
アメリカの小説家、批論家
◆「オブザーヴァー」1981.4.26

José Antonio Viera Gallo
ホセ・アントニオ・ヴィエラ・ガリョ(1943-)
チリの政治家
◆ イヴァン・イリッチ『エネルギーと平等』(1974)、題辞

Virgil
ウェルギリウス(紀元前70-同19)

▶ 3985　馬を信じるな、トロイ人。どんなことがあっても、ギリシャ人が贈り物を持ってきたらまず警戒しろ。

▶ 3986　戦いを見た、恐ろしい戦いを、テヴェレ河が多量の血で泡立っていた。

▶ 3987　政府は牛飼い人と屠殺者を必要としている。

▶ 3988　神は重装備の大軍の側ではなく、最高の射手の側にいる。

▶ 3989　過去も現在も神聖ローマ帝国と呼ばれるこの塊は、神聖でもローマでも帝国でもなかった。

▶ 3990　この国〔イギリス〕では国民を勇気づけるために、時として将軍を殺すことも十分に考えられる。

▶ 3991　あなたの言うことに同意はしない。しかしあなたが発言する権利は死ぬ覚悟で守る。
　※伝聞。この言葉はS.G.タレンティアの『ヴォルテールの全行動』のなかでヘリヴェティウスに、1759年に火あぶりになったデレスピリトについて書き送った

▶ 3992　デレスピリトの火あぶり刑にヴォルテールが明言したこと：オムレツになんという大騒ぎを！

▶ 3993　何事をするにつけても、悪口を踏みつけてあなたを愛する人を愛しなさい。

▶ 3994　政府の技術は、市民のある階級からできる限りの金を吸い上げて、別の階級へ移すことにある。

▶ 3995　迷信は全世界を炎の中に投げ出す。哲学はそれを鎮める。

▶ 3996　事実、歴史は犯罪と不運を一幅の絵画にしたに過ぎない。

▶ 3997　もし人がある人に仕えなければならないとしたら、私は黙って私より強い人さらに自分と同じ生まれの200匹のネズミよりも、育ちのよいライオンに仕えた方がよいと思っている。

▶ 3998　群集を鎖でつなげられれば、足かせをつけているのと同じであろう。

ローマの詩人
◆『アイネーイズ』
◆『同上』

◆『同上』、パウエル3136参照

Voltaire
ヴォルテール（1694-1778）
フランスの作家、哲学者
◆「ピッチンニー・ノート」（1735頃-50）

◆「同上」

◆『風俗史論』（1756）

◆『カンディド』（1759）

◆『ヴォルテールの友人』（1907）

◆ジェームズ・パートン『ヴォルテールの生涯』（1881）第2巻
◆M.ダランベールへの書簡、1962.11.28
◆『哲学辞書』（1764）、「金」

◆『同上』、「迷信」

◆『無邪気な人』（1767）

◆友人への書簡、アレクシス・ド・トクヴィル『アンシャン・レジーム』（1856）

◆伝聞

W

▶ 3999　特殊な環境下では、イギリス下院で真実でないことを発言する必要がある。

William Waldegrave
ウィリアム・ウォルドグレイヴ（1946-）
イギリスの保守党政治家
◈ 下院特別委員会で、「ガーディアン」1994.3.9

▶ 4000　わが国の政治には、幻想の管理が増えてきているように思われる。
　　　※議会に再選されないと報告されて

George Walden
ジョージ・ウォルデン（1939-）
イギリスの保守党政治家、コラムニスト
◈ 1995.7.23

▶ 4001　上院で長く、焦点の定まらない内容のない発言に言い訳して、1820年頃（選挙区がブンコム）：
　　　ブンコム［＝駄弁］について語っているのだ。

Felix Walker
フェリックス・ウォーカー（全盛期、1820）
アメリカの政治家
◈ W. サファイア『政治の新しい言葉』（第2版、1972）、カーライル836参照

▶ 4002　今の差別、明日の差別、永遠の差別！

George Wallace
ジョージ・ウォレス（1919-）
アメリカの民主党政治家、アラバマ州知事
◈ アラバマ州知事就任演説、1963.1

▶ 4003　われわれが突入したこの世紀は──今次大戦が発生した世紀でもあるが──普通人の世紀にしたい、そうしなければならない。

Henry Wallace
ヘンリー・ウォレス（1888-1965）
アメリカの民主党政治家
◈ 演説、1942.3.8

▶ 4004　ローマは鷲の紋章を世界中に広げることができたけれども、決してこの島を自分のものにはできなかった。

Edmund Waller
エドマンド・ウォーラー（1606-87）
イギリスの詩人

▶ 4005　他国は海洋を道として使っている、イギリスだけが住まいとして使っている。

▶ 4006　われわれの言語は回帰線の下で語られている、フランダース地方の一部ではわれわれのくびきとして受け入れられている。

◆「護国卿への称賛」(1655)
◆「スペインとの戦争について」(1658)
◆「嵐の後、殿下の死の後とまったく同じ」(1659)

▶ 4007　最高の政府は、群集である。

Horace Walpole

ホレース・ウォルポール(1717-97)

イギリスの作家、鑑定家、ロバート・ウォルポールの息子

◆ ホレース・マンへの書簡、1743.9.7

▶ 4008　誰もが憲法を語る、だが誰もが憲法が最善であることを忘れている。国民が意図してそれをうまく生かしているかどうかは別として。

◆ 同上、1770.1.18-19

▶ 4009　スピーチは素晴らしい。だが、彼の即興発言と同じくらいまぎらわしいものだ。
　　　※チェスターフィールド卿について、1751

◆『ジョージ2世の回想録』(1846)第1巻

▶ 4010　内部の実情を知る人であれば、政治家の善意の意図がもたらす結果よりも、その何倍も失敗がもたらすことが多いことに配慮しなければならない。

◆1757、『同上』

▶ 4011　切れ味のよいサーベルが逆に鞘から抜きにくくさせていた。要するに、彼の演説の口ごもりや、品のなさが弁論の質を下げていた。
　　　※ヘンリー・フォックス、ホランド卿について、1755

◆『同上』第2巻

▶ 4012　犠牲者と思うのだったのなら、英雄のように振る舞うべきだった。
　　　※ビング提督について。処刑の日に、1757

◆『同上』

▶ 4013　おそらく最高に身震いしている者、運命に威厳を保持している者が最高の勇者だ。反省に基づく決断力が真の勇気だ。

◆1757、『同上』

▶ 4014　国民は司教冠と殉教者の栄誉との中間はないと知っているようだ。聖職者が殉教者の栄誉にふさわしくないと思われているとすれば、司教冠の追求から決して道を逸れない。聖職者の信条は、「カンタベリーかスミスフィールドか」と考えることだからだ。

◆1758、『同上』第3巻

▶ 4015　全身の情熱を不気味な微笑が表現している。
　　　※ジョージ・グレンヴィルについて、1763

◆『同上』

▶ 4016　アメリカへの支配権、アイルランドへの権威、ヨーロッパへのすべての影響力をイギリスでの専制を目論んだせいで失った。それは静かにしているヴェニスの総督よりも無念さや屈辱に身にさらしていることになる。
　　※ジョージ3世について、1770

◆『同上』第4巻

▶ 4017　[東洋は] 征服する方が外交より容易であった。

◆ホレース・マンへの書簡、1772.3.27

▶ 4018　バビロンの川沿いに座って泣きました。あなたを考えているとき、オー、アメリカを！

◆レヴゥド・ウィリアム・メイソンへの書簡、1775.6.12

Robert Walpole

ロバート・ウォルポール（1676-1745）
イギリスのホイッグ党政治家、初代イギリス首相（1721-42）。ホレース・ウォルポールの父
ウォルポールについて、ピール3040、シッペン3607参照

▶ 4019　妃殿下よ、今年ヨーロッパでは5万人が殺害されています。だが1人のイギリス人もいないのです。
　　※キャロライン女王に対して、1734。ポーランド継承戦争時にイギリスが参戦を拒否したときに

◆ジョン・ハーヴェイ『回想録』（1734-43記述、1848出版）第1巻
◆『英国人名辞典』

▶ 4020　この恐ろしい若い騎手の口封じをしなければならない。
　　※国会選挙に出馬前に騎兵隊騎手職にあった大ウィリアム・ピットについて。1736年のイギリス皇太子の結婚には祝賀演説をしたが、陰険で皮肉に満ちて攻撃的であったので間もなく陸軍を免職させられた

▶ 4021　今は功を奏している。だが、間もなく苦悩を示すようになるだろう。
　　※スペインへの宣戦布告について、1739

◆W. コックス『ロバート・ウォルポール卿の回想』（1798）第1巻

▶ 4022　全員に自分なりの価値がある。
　　※議会の同僚について

◆『同上』

▶ 4023　[公職につける期待からくる感謝の心は] 成功のとき恩顧を感ずる愛すべき態度である。

◆W・ハツリット『イギリスの喜劇作家の講義』（1819）、「ウィットとユーモアについて」

▶ 4024　通常は落ち着いているウォルポールが、議会でかんしゃくを起こし、委員会を散会させて：
かんしゃく持ちの性格では誰もが仕事に適さない。

◆エドマンド・フィッツモーリス『シェルバーンの人生』（1875）

▷ Charles Dudley Warner

▶ 4025　すべての羊にそれなりの牧場が与えられている。
　　※自分の官職任命権が満足できるほど拡大していることについて

◆ 伝聞

▶ 4026　ホートンの図書館で、ヘンリー・フォックス（ホーランド卿）に会って：
あなたは字が読める。たいそう幸福なことだ。私は、現役の時はまったく文字を拒否していた、そのようなことから人生を通じて、今でも1ページも読めない。これはすべての大臣への忠告である。

◆ エドマンド・フィッツモーリス『シェルバーンの人生』（1875）第1巻

▶ 4027　政治は奇妙な同僚をつくる

Charles Dudley Warner
チャールズ・ダッドリー・ウォーナー（1829-1900）
アメリカの作家、編集者
◆『庭園の夏』（1871）

Earl Warren
アール・ウォーレン（1891-1974）
アメリカの最高裁判所裁判官
◆「ニューヨーク・タイムズ」
　1962.11.12

▶ 4028　文化生活では、法律は倫理の海に浮いているに過ぎない。

Booker T. Washington
ブッカー・T. ワシントン（1856-1915）
アメリカの教育学者、解放奴隷
◆ アトランタの国際博覧会での演説、1895.9.18
◆『奴隷から立ち上がって』（1901）
◆ 伝聞

▶ 4029　純粋に見て社会的なあらゆる事象は指のように別れている、だが確かに手のように相互に発展してきている。

▶ 4030　どんな民族でも、詩を書くように土地を耕す気高さを学ばなければ繁栄しない。

▶ 4031　あなたは抗内ストライキを打たなければ、彼を抑えきれない。

▶ 4032　嘘がつけない、パパ。嘘がつけないと知ってるでしょ。ぼくが手斧で切りました。

George Washington
ジョージ・ワシントン（1732-99）
アメリカの軍人、政治家、アメリカ合衆国初代大統領（1789-97）
ワシントンについて、バイロン778、フランクリン1532、1534、

▶ 4033　アメリカ人が自由人でいるか、奴隷となるか決定しなければならない時がすぐそこに迫っている。すなわち彼らの富を、自分のものと呼べるかどうかということだ。
いまだ生まれていない数百万人の運命は、神の下、この軍隊の勇気と行動にかかっている。残酷で手段を選ばない敵は、われわれにただ勇気ある抵抗か最も卑屈な服従かを選択することしか残していない。われわれは、それゆえ攻略するか、死かの決心をすべきである。

▶ 4034　誰も最も高値をつけてくれる人を断る徳を持ち合わせていない。

▶ 4035　決め手となる海軍力がないので、何も決定的なことはできない。もしあればすべては名誉と栄光に満ちている。

▶ 4036　国から国民に寄せる真のほどこしに期待したり、計算することにまさる大きな誤りはない。

▶ 4037　世界中どこにあっても、固い同盟国に関わりを持たないことがわれわれの真の政策である。

▶ 4038　警告させてほしい。政党精神の有害な影響に対しては、最高に威厳ある態度を、と。

▶ 4039　日常的に他人を気ままに好悪している国民は、ある種奴隷のようなものだ。憎悪や愛情の奴隷であり、必ずや国民の義務や利益を誤った方向に誘導する。

▶ 4040　自由は根付き始めれば、早く成長する植物である。

▶ 4041　さあ、がんばりぬく、進むことを恐れない。
　　※臨終の言葉

▶ 4042　天が落ちてきても正義を断行しよう。

リー 2313 参照
◈ M. L. ウィームズ『ジョージ・ワシントンの生涯』(第 10 版、1810)
◈ 一般命令、1776.7.2

◈ 書簡、1779.8.17

◈ ラファイエットに、1781.11.15
◈『大統領演説──公的生活から引退する』(1796.9.17)
◈『同上』

◈『同上』

◈『同上』

◈ 伝聞
◈ 1799.12.14

William Watson

ウィリアム・ワトソン(1559 頃 - 1603)
イギリスのローマ・カトリック教会の陰謀者
◈『宗教と国家に関する 10 の論争問題の宣言』(1602)。有名な金言としてイギリスで初めて引用された、アダムズ 39 参照

Evelyn Waugh

イーヴリン・ウォー(1903-66)
イギリスの小説家
◆『大当たり』(1938)
◆『同上』

▶4043　煮ても焼いても食えない政府は、どこでも力ずくで互いに敵対する。国民には自給自足、海外では自己主張。

▶4044　愛国者には正義があり、勝利しつつあるということを想起せよ。そして早急に勝利すべきだ。イギリス世論は、決断せずにだらだら続く戦争には関心がない。さっそうとした勝利、愛国者側の個人的な勇気に向けたある疑わしい行為、首都への華々しい進軍。それは戦争の野獣のような言い訳に過ぎない。

◆『同上』

▶4045　他の国家は「武力」を行使する。だがわれわれイギリス連邦のみは「権力」を使う。

◆『ギルバート・ピンフォートの試練』(1957)

▶4046　「民主主義では……」ピンフォート氏はそれまで以上に強調して、「政府は政策を押し付けるために権威を求めない。権威を果たすために政策を求める」と言った。

◆『無条件降伏』(1961)

▶4047　どこに悪魔のいないところがあるのか？　ナチスが戦争を仕掛けたということはきわめてわかりやすい……。穏健な人でも個人的な誇りを戦争で満足させられる。男として殺したり、殺されたりすることで表現できた。わがままであったり、だらしなかった後ろめたさを償うために苦難を引き受ける。国家の危機が特権を正当化したのだ。

◆ マイケル・デイヴィ(編)『イーヴリン・ウォーの日記』(1976)、「非公式ノート1960-65」、1964.3

▶4048　ランドルフ・チャーチルは入院した……肺の除去のために。「悪性」ではないということで病状は発表された。悪性でなく手術も成功して、ランドルフの局部を摘出し現代医学の典型的な勝利であった。

◆ アンドリュー・ロバーツ『著名なチャーチル支持者たち』(1994)

▶4049　ジョージ６世の治世はマティルダとステファン以来、最も悲惨な歴史として記録されるであろう。

◆ 伝聞

▶4050　保守党の問題点は、時代をたった一秒も戻さないことだ。

Beatrice Webb

ベアトリス・ウェッブ(1854-1943)
イギリスの社会主義者、シドニー・ウェッブの妻

◆ マーティン・ギルバート『チャーチルの探求』(1994)

▶4051　人が我慢できないほどに落ち着かず、根気強くもなく労働能力もなく、わがままで傲慢で狭量で反動的であるが、ある種の個人的魅力、胆力と独創性、知的ではなく人柄。
　　※ウィンストン・チャーチルについて、1903

◆『私の見習い期間』(1926)

▶4052　労働を男女の区別で考えたことはない。労働は目に見えず、個人が相互に積み重ね繰り返していて、人間集団

を算数的に表しているように思える。

▶ 4053　まず法案とわが党の原則を検討する必要がある。各条項ごとに委員会で論戦がなされる。そして実施されて、国の隅々まで機械的に適用される。社会が漸進してゆく必然性は、正しい認識を必ずもたらすものだ。

▶ 4054　誰も成功するとは言わなかった。
　※ 1931年に新政府が金本位制から離脱した時。労働党政権は下野するに当たりこの国家方針を批判することはなかった

▶ 4055　結婚は感情の紙くず箱である。

▶ 4056　プロテスタンティズムの倫理と資本主義の精神。

▶ 4057　国家とは人間支配の人間関係であり、その関係とは合法的（すなわち合法的とみなされる）暴力手段に支えられている。

▶ 4058　「永遠の昨日」の持つ権威。

▶ 4059　世界の不合理な経験は、あらゆる宗教改革を前進させる力となった。

▶ 4060　「公的秘密」の概念は［官僚主義の］特殊な発明である。

▶ 4061　バクスターの言い分では表面的な効用は「軽い上衣、いつでも側に投げ捨てられる」ように聖人の肩にのみ存在するべきだった。ところが運命はその上衣が、鉄の獄舎になるべきだと命じたのだ。

▶ 4062　人民の政府は人民のために建設され、人民によって建設され、人民に責任を負うべきだ。

Sidney Webb

シドニー・ウェッブ(1859-1947)
イギリスの社会主義者、ベアトリス・ウェッブの夫
◆ 労働党年次大会での党首演説、1923.6.26
◆ ナイジェル・リーズ『ブルーアーの引用句集』(1994)
◆ バートランド・ラッセル『自伝』(1967)第1巻

Max Weber

マックス・ウェーバー(1864-1920)
ドイツの経済学者
◆『社会科学としての政治の記録』第20巻(1904-05)(論文題名)
◆「職業としての政治」(1919)

◆「同上」
◆「同上」
◆「同上」

◆『宗教社会学論文集』(1920)第1巻

Daniel Webster

ダニエル・ウェブスター(1782-1852)
アメリカの政治家
ウェブスターについて、スミス3647参照

▷ Josiah Wedgwood

▶ 4063　自由と統合は現在も将来も1つで、分離できない！
▶ 4064　天に太陽がある最後の時を確かめようとした時、かつての栄光ある国家が破壊され、不名誉な残骸として輝いているのさえ見られないかもしれない。国家は非道な仕打ちをし、対立を助長し、好戦的になる。国土は市民の争いで分裂させられ、友愛という血でずぶぬれにされる。
▶ 4065　状況がもたらした恐ろしい連鎖。
　　　※ジョセフ・ホワイト船長殺人事件についての議論
▶ 4066　自然資源の岩を打ち砕いたら、歳入の豊かな流れが噴出した。公的信用の死体に触れて、驚きで跳びあがった。
　　　※アレキサンダー・ハミルトンについて
▶ 4067　植民地支配の原則への疑問について言えば、現実の被害はまだまだはるかに厳しいもので、彼ら［植民地］は権力に抵抗する旗を挙げてきた。征服や服従の目的からすれば、その栄光の高さにあってはローマとは比較するすべもなかった。全地球上に点在する占有物、軍用基地、朝の太鼓の音、イギリスの軍隊風支配が連続して、破壊されてきている緊張が地球をとりまいている。
▶ 4068　法律に基づく政府ではない政府は、どのように表現されようと独裁主義である。
▶ 4069　1つの国家、1つの憲法、1つの運命。
▶ 4070　神よ、私は、私も、アメリカ人である！
　　　※バンカー・ヒル記念碑完成の演説、1843.6.17
▶ 4071　法律。われわれを尊敬する、われわれも法律を尊敬する。
▶ 4072　アメリカ人として生まれた。アメリカ人として生活する。アメリカ人として死ぬだろう。
▶ 4073　頂上にはいつも空きがあるものだ。
　　　※法律家が過剰になったということを助言されて

▶ 4074　同胞ではない、私は。
　　　※鎖につながれて跪く黒人奴隷を描いた、ウェジウッドのカメオにまつわる伝説

◆ フットの決断について上院で2度目の演説、1830.1.26、リンカン 2375 参照
◆ 同上
◆ 同上

◆ 演説、1830.4.6

◆ 演説、1831.3.10

◆ 上院での大統領への反対演説、1834.5.7

◆ メイン州バンゴアでのレセプションで、1835.8.25
◆ 演説、1837.3.15
◆『著作と演説』1巻 (1903)

◆ チャールストン法曹協会の夕食会での演説、1847.5.10
◆「妥協法案」についての上院での演説、1850.7.17
◆ 伝聞

Josiah Wedgwood
ジョサイア・ウェジウッド
（1730-95）
イギリスの陶芸家
◆ 複写で再現、E. ダーウィン『植物園』第1章 (1791)

Simon Weil
シモン・ウェイル(1904-43)
フランスのエッセイスト、哲学者
◆『政治史』(1960)、「野蛮の影響」(1939 頃記述)

▶ 4075 野蛮さは不変であり一般的な人間性であって、多かれ少なかれ環境変化に基づいて顕されるようになってきたと想像している。

◆『根をはること』(1947)、「魂の欠乏」

▶ 4076 正義そのものが結果的なものではなく、関係する義務との関係にある。誰にも認められないでいる義務は、存在のすべてを失うのである。誰にも認められないでいる正義には、大きな価値はない。

◆W. H. オーデン『ある世界』(1971)

▶ 4077 国民に最大の経済利益を要求する国は、市民を生活できる物体ではなく、戦争が起こせる物体とみなすものである。

Stanley Weiser and Oliver Stone
スタンレー・ワイザーとオリヴァー・ストーン(1946-)
◆『ウォール街』(1987、映画)、ブースキー 564 参照

▶ 4078 貪欲――適当な用語がないが――は善だ。貪欲は正しい。貪欲は機能する。

Orson Welles
オーソン・ウェルズ(1915-85)
アメリカの俳優、映画監督
◆『第三の男』(1949、映画)。ウェルズがグレアム・グリーンの台本に加えた言葉

▶ 4079 ボルジア家が30年間支配したイタリアでは、戦争、恐怖、殺人、流血がミケランジェロ、レオナルド・ダ・ヴィンチやルネサンスを作っていった。スイスでは 500 年間の民主主義と平和、兄弟愛があり、それが何を作り出してきたのか？ 鳩時計だ。

Duke of Wellington
ウェリントン公爵(1769-1852)
イギリスの将軍、政治家、首相(1828-30)
ウェリントンについて、テニソン 3811、3812、3815 参照
◆ 書簡、1810.8.29
◆ ウィリアム・ベンティンク卿への書簡、1811.12.24

▶ 4080 この時代の将軍についてチェスターフィールド卿が言ったように、「敵が自分たちの名前をリストで見るだけで十分だと思う、私のように震えるであろう」。
※一般的には「男たちの名前がどんな効果を敵にもたらすかはわからない。だが、私を恐れさせる」と引用される

◆ 近衛師団営舎からの書簡、1851.6.22。近くの観察者 [J. ブース]による『ワーテルロー戦争』(1815)、後にウェリン

▶ 4081 人民の熱狂には、信頼をおいてはなりません。強く、正しく、もし可能なら善良な政府を構築すべきです。しかしともかく強固なものを。

▶ 4082 近衛師団まで来て止まれ！

▷ Duke of Wellington

▶ 4083 猛攻撃しよう諸君、誰が一番猛攻撃できるかやってみよう。
　　※ワーテルローの戦いで
▶ 4084 公表させて黙殺する。
　　※ハリエット・ウィルソンの威しに応えて、1825年頃

▶ 4085 首相として初の閣議で：
異常な事態だ。私は指令を出した。彼らはここにとどまり議論したがった。
▶ 4086 彼［ナポレオン］に、いつも彼の存在は戦場で4万人の兵士以上の差の働きがあると言い続けてきた。

▶ 4087 われわれ［われわれの軍隊］は屑となって地球の構成体となった。
▶ 4088 人生でこれほどまでに悪質な議員を見たことがない。
　　※第1次改革議会を見て
▶ 4089 この国民は立派な人を見せ物にしてしまうように見える。貴族政治でも隣人と自由に交わらなかったら、大きな失敗に巻き込まれるかもしれない。
　　※狐狩りで
▶ 4090 あらゆる戦争は、また人生は、何かを行うことで知らなかったことを発見する努力である。それは私の言う「丘の向こう側を推量する」ことであろう。
▶ 4091 ワーテルローの戦いは、イートン広場で戦ったからこそ勝てたのだ。

▶ 4092 「ジョーンズさんですよね？」と街で見知らぬ男性に声をかけられて：
もしあなたがそう信ずるなら、何でも信じることになるだろう。
　　※軍事画家であるジョージ・ジョーンズ少将(1786-1869)がウェリントンに似ていることについて
▶ 4093 私は世間話はしない、ピールは無作法だ。

▶ 4094 敗戦の次に最悪の惨めさは戦争に勝つことである。

トンは否定した
◆ ウォルター・スコット卿『ポールの書簡』(1816)

◆ 伝聞、エリザベス・ロングフォード『ウェリントン：剣の時代』(1969)

◆ ピーター・ヘネシー『ホワイトホール』(1990)
◆ フィリップ・ヘンリー・スタンホープ『ウェリントン卿の発言録』(1888)、1831.11.8

◆『同上』

◆ ウィリアム・フラスター『ウェリントンの言葉』(1889)
◆ 1836、フィリップ・ヘンリー・スタンホープ『ウェリントン卿の発言録』(1888)

◆『クローカー報告』(1885)第3巻

◆ 伝承、文章は存在しない。C. F. R. モンタランベートル『イギリスの未来政治』(1856)、オーウェル 2918 参照

◆ エリザベス・ロングフォード『国家の柱』(1972)

◆ G. W. E. ラッセル『収集と回想』(1898)
◆『フランセス、シェリー夫人の日記 1787-1817』(R. エッジカム編)。S. ロジャーズ『回想録』(1859)参照、この項の変型

▶ 4095 川の真上に下院を建設しなければならない。……大衆は周りを囲んで要求を強要できない。

◆ ウィリアム・フレイザー『ウェリントンへの言葉』(1889)

H. G. Wells

H. G. ウェルズ (1866-1946)
イギリスの小説家

◆『愛とルイシャム氏』(1900)

▶ 4096 いずれにしても社会契約とは、人間社会に存在する要するに陰謀であり、一般的な善に対して他者も自分もだますことなのだ。嘘は野蛮な個人を社会的なフリーメイソン主義にモルタルのように塗り込めるのだ。

▶ 4097 戦争を終わらせる戦争。

◆ 本の題名 (1914)

▶ 4098 イギリスはすぐさまなすべきことから真剣に試みるべきことまでを取り上げ、50年から100年続いた怠惰な時間を取り戻し対応しなければならない。

◆『人間の仕事、富、幸福』(1931)

▶ 4099 ビーヴァーブルック卿について：
もしマックスが天国に行けたとしても、長くはいられないだろう。天国と地獄の、もちろん両者の鍵を握って関係を調整しようと救済の手を差し伸べるだろうが、どちらかが吸収して合体させようとせずに投げ出すだろう。

◆ A. J. P. テイラー『ビーヴァーブルック』(1972)

Rebecca West

レベッカ・ウェスト (1892-1983)
作家、ジャーナリスト、文学評論家

▶ 4100 現在、アイルランドで対応を迫られているフェミニスト運動であるが、政府は初期のフェミニスト思想から戦術的にも技術的にも対応が要求されていた。

◆ 1916、『若いレベッカ』(1982)

▶ 4101 どんなことが起こっても国民は女性に導かれて勝利するよりも、男性の手によって、地獄に行くことを望むことを忘れてはならない。
※ 1979年の会話。マーガレット・サッチャーの初の選挙勝利の直前に

◆「サンデー・テレグラフ」
　1988.1.17

▶ 4102 長年、裏切り者を観察してくると、スパイという仕事は堂々と文化生活を建ち上げる技術として認められるとは考えられない。それは田舎者の遊びだ。

◆『反逆の意味』(1982編)

John Fane, Lord Westmorland

ジョン・フェイン、ウェストモーランド卿 (1759-1841)
イギリスの貴族

▶ 4103 立派、本当に！ 彼らが司祭職の良さを語り始めたら、私たちは素晴らしい道に出会ったことになる。

◆ ソールズベリー女史の日記に記述、1835.12.9

Charles Wetherell

チャールズ・ウェザーレル
(1770-1846)
イギリスの法律家、政治家
◆ セント・レナーズ卿『リンドハーストとブルムのキャンベルの人生の誤報』(1869)。リンドハースト卿の伝聞ともいわれる

▶ 4104　さて死に対する新しい恐怖をもたらす、上品で伝記的な友人がいる。
※キャンベル卿について

Grover A. Whalen

グローヴァー・A. ホェーレン
(1886-1962)
◆ クェンティン・レイノルズ『法廷』(1950)

▶ 4105　夜警棒の先までには無数の法律がある。

Thomas, Lord Wharton

トーマス、ウォートン卿 (1648-1715)
イギリスのホイッグ党政治家
◆「新しい歌」(1687作)、トーマス・キンセラ『アイルランド詩の新オックスフォード本』(1986)。ウォートンを非難しているとも伝聞
◆『英国人名辞典』

▶ 4106　アラ！　なぜジェームズ王が後ろにいるのか？
　　　　ホー！　反逆の風が私に吹いてくる。
※リチャード・タルボットをあざけるウィリアム国王派の歌。1688年のダブリンでカトリック・ジェームズ2世にティアコネル伯爵が贈った。改作されたものがアイルランド語でパロディー化された

▶ 4107　私は3王国のうちの1人の国王を歌った。
※「新しい歌」がジェームズ2世に対するプロパガンダの武器となったことをウォートンが自慢した言葉とされる

Robert Whinney

ロバート・ウィニー
イギリスの海軍艦長
◆ アンドリュー・ロバーツ『著名なチャーチル支持者たち』(1994)

▶ 4108　司令官として徹底的に不運だったのだ、ひとつの栄光ある敗北の次にまた次がくる。
※マウントバッテンの戦時海軍経歴について

E. B. White

E. B. ホワイト (1899-1985)
アメリカのユーモア作家
◆「ニューヨーカー」1944.7.3

▶ 4109　民主主義は日常生活の半分以上の時間を使って、半数以上の人々が正しいと繰り返すいぶかしさである。

▶ 4110　よく言う投票結果の予測はまったく科学ではなく、ただの降霊術に過ぎない。もともと国民は予測できない、だが国民の意向を掴むことはできるけれども、国民が一気に階段を駆け上がりきらないという確信はできない。

◆「同上」1948.11.13

Theodore H. White
セオドア・H. ホワイト
アメリカの作家、ジャーナリスト

▶ 4111　ジョンソンの権力に向かう本能は、サケが産卵のために上流に向かって泳ぐのと同じく原始的なものである。
　　　※リンドン・ジョンソンについて

◆『大統領をつくる』(1964)

▶ 4112　今日、政治に激しく流れ込んでいる金は民主主義を汚染するものだ。

◆「タイム」1984.11.19

William Allen White
ウィリアム・アレン・ホワイト
(1868-1944)
アメリカのジャーナリスト、編集者

▶ 4113　はったりの政治屋。

◆「エンポリア・ガゼット」
　1901.10.25

▶ 4114　自由とは進んで他者に譲る場合を除いては、手に入れることのできない唯一のものである。

◆ 伝聞

William Whitelaw
ウィリアム・ホワイトロー
(1918-)
イギリスの保守党政治家
ホワイトローについて、サッチャー 3852 参照

▶ 4115　本来の自分以上に利口そうに登場することは、決して賢明ではない。少し控え目に登場する方が時として賢明である。

◆ 伝聞、1975

◆「オブザーヴァー」1983.5.1

▶ 4116　労働党は無関心層を扇動しつつある。
　　　※アラン・ワトキンスが典型的な"ウィリー主義"と思い出して

Gough Whitlam
ゴフ・ホイットラム(1916-)
オーストラリアの労働党政治家、首相(1972-75)

▶ 4117　総督ジョン・カー卿が、1975年11月、ゴフ・ホイットラム率いる労働党政府を解散させて：
「神よ救いたまえ」と言うだろう。しかしこれからは「総督よ救いたまえ」とは言わないだろう。あなた方は今始まった選挙運動中、投票日まで激怒と熱情を持ち続けてほしい。

◆ キャンベラでの演説、
　1975.11.11

▷ Walt Whitman

Walt Whitman
ウォルト・ホイットマン（1819-92）
アメリカの詩人

◆『草の葉』(1855)、序文

▶ 4118　要するにアメリカ合衆国そのものが偉大な詩である。

▶ 4119　オー、船長、私の船長！　われわれの恐ろしい旅は終わり、
　　　　船はあらゆる困難に耐え切り、れわれの求めた成果は、獲得した、
　　　　港は近い、鐘が聞こえる、人は大喜びしている。
　　　※エイブラハム・リンカンの死についての寓話的詩

◆「オー、船長、私の船長」(1871)

▶ 4120　船は安全に堅実に錨を下ろし、その航海は終了した。
　　　　苦しい旅で勝利した船は目的に戻った。
　　　　浜辺で大いに喜べ、鐘を鳴らせ！
　　　　だが私は悲しんで足踏みする、
　　　　船長が死んで冷たくなった甲板を歩く。

◆「同上」

▶ 4121　この塵はかつて人間であった、
　　　　やさしく、簡素、正義で用心深いこの手の中にある、
　　　　どの国どの時代にも見受けられた、歴史上誤った罪に反抗して、
　　　　この国の人民は救われる。

◆「この塵はかつて人間だった」(1881)

▶ 4122　民衆が選良たちの尽きない強引さに反抗して、一勢に蜂起するところ。

◆「広い轍の歌」(1881)

▶ 4123　健全な父親がしっかりしている町、
　　　　体のがっしりした母親がしっかりしている町、
　　　　そこには立派な町がある。

◆「同上」

▶ 4124　奇妙なこと、（ではないかもしれないが？）すなわち戦い、殉教者、流血、暗殺が凝縮されていて、多分、事実として、長く続いた凝縮した国民性がある。
　　　※アメリカ南北戦争について

◆ ジェフリー・C. ワード『南北戦争』(1991)

John Greenleaf Whittier
ジョン・グリーンリーフ・ウィッティアー（1807-92）
アメリカの詩人

◆「バーバラ・フリッチー」(1863)

▶ 4125　「射て、どうしてもというならこの白髪頭を
　　　　だが、国旗を思いやってほしい」と彼女は言った。
　　　　悲しみの影、恥ずかしさの赤面、
　　　　リーダーの顔に顕れた。

Robert Whittington
ロバート・ホイッティントン

▶ 4126　時の要求として、素敵な歓喜と気晴らしの男、時と

して哀しい重大なところもあり、人の言うところの普遍の人間である。

※トーマス・モアについて

▶ 4127　今日われわれは真実のところ、もちろん言語を除いてすべてがアメリカと共通している。

▶ 4128　もし国家が犬か過激派にならなければ、あなたはいつか首相になるだろう。

▶ 4129　太陽の下で、領土のために闘って勝った。太陽の下で、当然のことながら領土を堅持することが私の仕事である。太陽の光線は外国貿易と交通に実のある影響を与えるに違いない。

▶ 4130　サンドィッチ伯爵：これは驚いた、ウィルクス、君が絞首刑か天然痘のどちらで死ぬかわからない。
ウィルクス：それは、閣下、私がはじめに閣下の原則か閣下の女主人のどちらを抱くかによります。

▶ 4131　真実の粒を与えよ。それを科学者が分析できないように、多量の誤りでかき混ぜる。

▶ 4132　「あなたの国が亡くなったことを知っていないのか？」バッキンガム公爵が尋ねた。「亡国を知らなくてよい方法が１つあるが」とウィリアムが答えた、「戦って力尽きるまで頑張ることだ」。

◆『ヴルガリア』(1521) 第2章、エラスムスが説いた有名なモアの理念。『愚劣な賞賛について』(1509)の序文、「一年中の人間」として上演された

Oscar Wilde

オスカー・ワイルド (1854-1900)
イギリス系アイルランド人の劇作家、詩人
◆『キャンタヴィルの幽霊』
　（1887）、ショー 3581 参照
◆『理想の夫』(1895)

Wilhelm II

ウィルヘルム２世 (1859-1941)
ドイツ皇帝、プロシャ国王
(1888-1918)
◆ ハンブルクでの演説、
　1901.6.18、ビューロウ 657 参照

John Wilkes

ジョン・ウィルクス (1727-97)
イギリスの議会改革者
◆ チャールズ・ペトリー『4人のジョージ』(1935)、出典が疑わしい
◆ アドリアン・ハミルトン『女性に関する悪名高い随筆、ウィルクスは悪徳と徳の間に座って』(1972)

William III

ウィリアム３世 (1650-1702)
1672 年からオランダ総督、1688 年よりイングランドとアイルランド国王
◆ ギルバート・バーネット司教

▷ Wendell Willkie

▶ 4133　弾丸に当たるも当たらないも運次第だ。

『私の人生の歴史』(1838 編)
◆ ジョン・ウェズリー『ジャーナル』(1827)、1765.6.6

Wendell Willkie
ウェンデル・ウィルキー(1892-1944)
アメリカの法律家、政治家

◆『1 つの世界』(1943)

▶ 4134　自由とは分割できない用語である。われわれがそれを楽しもうとしたら、そのために闘おうとしたら、すべての人々に広げなければならない、たとえ金持ちでも貧者でも、われわれと意見が同じでも違っていても、民族や、皮膚の色が違っていても。

▶ 4135　憲法は第1、第2階級の市民のために提供されるのではない。

◆『アメリカ計画』(1944)

Charles E. Wilson
チャールズ・E. ウィルソン(1890-1961)
アメリカの実業家
発言者不明 82 も参照

▶ 4136　ここ数年わが国にとってよいことが、ジェネラル・モータースにとってよいことなのかその逆はどうかを考えた。差異はなかった。わが社は大きすぎる。わが国の福祉と同調する。

◆ 国防長官に推薦され、上院軍事委員会での証言、1953.1.15

Harold Wilson
ハロルド・ウィルソン(1916-95)
イギリスの労働党政治家、首相(1964-70、1974-76)
ウィルソンについて、ベン 402、バーチ 517、ブルマー・トーマス 656、ホーム 1925、ジュノー 2134 参照

▶ 4137　耳にするすべての財界人たち、チューリッヒの小鬼たちや他の金融センター。

◆ 下院で、1956.11.12
◆ 同上、ウィルソン 4145 参照

▶ 4138　度重なる危機ごとに国家の諸問題の答えを出すのにダンケルク精神を訴えるように、いつも自身に祈り続けてきた。

▶ 4139　この政党は道徳十字軍でなければ零だ。

◆ 労働党大会での演説、1962.10.1
◆「オブザーヴァー」1962.11.11

▶ 4140　もし燻製のシャケと罐詰のシャケのどちらかを選ぶとすれば、罐詰を取る。酢をつけて。

▶ 4141　われわれは科学的革命を社会主義と言い換えているが、イギリスはこの革命の絶頂期に鋳込まれようとしたものの、経済の面から革命の制約された行動や時代離れした

◆ 労働党大会での演説、1963.10.1

手法を取る余地はなかった。
　※一般的には「技術革新の絶頂期」と表現されている

▶ **4142**　私が考えるわが国民が追求しようとしている問題は、アメリカが永年の景気後退の後にケネディを得たこととどこか似ている。彼は 100 日間──劇的に行動する 100 日間──の計画を持っていた。

◆ 政治報道の会合で、1964.7.15

▶ **4143**　スメジックの保守党議員は最高得票して満足し、さらに次の総選挙までには再び忘れられる 1 人の議員を送り出そうとする。その彼は任期中ここで国会のハンセン氏病患者のように働くだろう。
　※人種差別的な印象を持った補欠選挙の結果について

◆ 下院で、1964.11.3

▶ **4144**　1 週間は政治には長い。
　※おそらく最初は 1964 年のポンド危機の時に控え室でのブリーフィングで

◆ ナイジェル・リーズ『世紀の発言』(1984)、チェンバレン 872 参照

▶ **4145**　ダンケルクの精神が、成功へと導いてくれると信じている。

◆ 労働党大会での演説、1964.12.12、ウィルソン 4138 参照

▶ **4146**　[労働は]政府の自然な仲間である。

◆ 1965、アンソニー・サンプソン『変貌するイギリスの解剖』

▶ **4147**　入手可能な専門家のアドヴァイスでは、経済的、財政的な制裁の累積した効果は、数ヶ月というより数週間以内に反乱を終息させるであろうというのだ。
　※ローデシアの一方的な独立宣言に対して

◆ ラゴス会議の最終公式発表、1966.1.12

▶ **4148**　現在のところ海外のポンドは、他の外貨と比べて 14％程度低い。そうではなくてもちろん、イギリスにいるあなたのポケット、財布、銀行やイギリスにあるポンドは下がりつつある。

◆ 大臣の放送、1967.11.19

▶ **4149**　芝のたまったタンクを空にしてくれ、ヒュー。
　※労働組合委員長ヒュー・スキャンロンに。チェッカーズで、1969.6

◆ ピーター・ジェンキンス『ダウンニング街の闘い』(1970)

▶ **4150**　何が進行しているかわかっている。私が進行している。
　※労働党大会で。指導力に疑念を持つとの噂にコメントして

◆ 伝聞、1969

▶ **4151**　ある人の賃金増は他の人の物価高になる。

◆ ブラックバーンでの演説、1970.1.8

▶ **4152**　もしスラグが 120 フィートも積み上がっている土地を買って、そのスラグを取り除くのに 10 万ポンドかかるとすると、われわれが非難している土地投機ではない。土地再利用だ。

◆ 下院で、1974.4.4

▶ **4153**　この政党はちょっとした古い駅馬車のようだ。もう少し早く走らそうとすると、自然と外部の人間を上機嫌に

◆ アンソニー・サンプソン『変貌するイギリスの解剖』(1982)

　　　　※労働党について
▶ **4154**　どのような政党が政権をとっても大蔵省は権力を持つのだ。
　　　　※野党として

◆『同上』

▶ **4155**　君主政治は労働を重視した産業である。

◆「オブザーヴァー」1977.2.13

▶ **4156**　トニー・ベンについて：
　　年とともに未熟になる。

◆1981、アンソニー・サンプソン『変貌するイギリスの解剖』（1982）

▶ **4157**　この国で国有化を必要とする唯一の目標は大蔵省だ、しかし誰も成功していない。

◆1984、ピーター・ヘネシー『ホワイトホール』（1990）

Henry Wilson

ヘンリー・ウィルソン（1864-1922）

イギリスの軍人、チャーチルの筆頭戦略アドヴァイザー（1919-21）

▶ **4158**　彼は良質の才能をたくさん持っている、だがまだ表に出ていないものは多い、もちろん欠点もあるがそれはすべて店のウィンドーに出ています。
　　　　※ウィンストン・チャーチルについて。上級陸軍補佐官への書簡に

◆ マーティン・ギルバート『チャーチルの探求』（1994）

Woodrow Wilson

ウッドロー・ウィルソン（1856-1924）

アメリカの民主党政治家、アメリカ合衆国第28代大統領（1913-21）

▶ **4159**　自由は政府がもたらすものではない、常に自由は政府の主題がもたらすものだ。自由の歴史は抵抗の結果である。自由の歴史は政府権力の限界の歴史であって、その増強にあるのではない。

ウィルソンについて、クレマンソー 1087、ケインズ 2194、キッシンジャー 2271 参照

◆ ニューヨーク・プレス・クラブでの講演、1912.9.9

◆ 上院への教書、1914.8.19

▶ **4160**　合衆国は事実その名の通り中立でなければならない。
　　　　※第1次世界大戦の勃発にあたって

◆ ホワイトハウスにて、1915.2.18

▶ **4161**　稲妻で記された歴史のようである。そして私が唯一悩むのはまったく恐ろしいまでに真実であるからだ。
　　　　※D.W.グリフィスの映画「国家の誕生」を見て

▶ **4162**　他の国家を判断するのに適した国家はない。

◆ ニューヨークでの演説、1915.4.20

- ▶ 4163　人間として闘うことに誇りを持ちすぎるべきではない。ある国民が正しいと判断したことを、正しいからといって、権力で他国に納得させる必要もない。
  ◆ フィラデルフィアでの演説、1915.5.10
- ▶ 4164　われわれは離れて立っている、慎重に中立的に。
  ◆ 国会での演説、1915.12.7
- ▶ 4165　［それは］わが国に以前には決して存在しなかったもの──国家意識を創造した。合衆国の救済ではなく、合衆国の再生である。
  ※南北戦争について
  ◆ 戦没者追悼記念の演説、1915
- ▶ 4166　アメリカが砂に頭を埋めたダチョウのはずがない。
  ◆ デ・モインでの講演、1916.2.1
- ▶ 4167　勝利のない平和のはずである。対等な国同士の間にある平和だけが継続できる。
  ◆ アメリカ上院での演説、1917.1.22
- ▶ 4168　世論を代表せずに自分の考えだけを訴えるごく少数のわがままな国民は、アメリカ合衆国の偉大な政府を救いのない侮辱的なものに貶めている。
  ※大統領声明。1917.3.4。アメリカ商船武装法案が否決されて長引く牛歩戦術に反発して
  ◆「ニューヨーク・タイムズ」1917.3.15
- ▶ 4169　武装中立は決して効果的ではない。
  ◆ 国会で、1917.4.2
- ▶ 4170　アメリカが宝物としてきた幸福や平和を生み育ててきた原則のために、アメリカが血を流したり、権力を用いる特権を行使する日が到来する。
  ◆ 同上
- ▶ 4171　世界は民主主義のために安全をもたらさなければならない。
  ◆ 同上
- ▶ 4172　正義は平和より大切なものだ。
  ◆ 同上
- ▶ 4173　一旦国民を戦争に突入させたのは、忍耐そのものであったことを忘れているのだろう。
  ◆ ジョン・ドス・パソス『ウィルソン氏の戦争』(1917)
- ▶ 4174　世界平和のプログラムは……これである。1つ、平和への誓約を公表して堂々とそれに到達する。
  ◆ 国会演説、1918.1.8
- ▶ 4175　一般的に国家間の提携は、政治的独立を相互保障し合ったり、小さな国家と同様に大国の領土保全を認め合う目的で締結されていなければならない。
  ◆ 同上
- ▶ 4176　アメリカこそ世界で唯一、理想主義的国家である。
  ◆ サウスダコタ州スー・フォールズでの演説、1919.9.8
- ▶ 4177　10分間スピーチしなければならないとすれば、準備に1週間必要だ。もし15分間なら、3日間だ。30分間なら2日間だ。もし1時間なら今すぐでもできる。
  ◆ ジョセフス・ダニエルズ『ウィルソン時代』(1946)
- ▶ 4178　武力を信頼する国民は、金持ちで賭け事が好きに違いない。

William Windham
ウィリアム・ウィンダム(1750-1810)

▷ John Winthrop

イギリスの政治家
◆ 下院で、1807.7.22

John Winthrop
ジョン・ウィンスロップ (1588-1649)
アメリカの入植者
◆『クリスチャン・チャリティ、これについてのモデル』(説教、1630)

▶ 4179　われわれは丘の上の街にいると思わなければならない。すべての人々の目はわれわれに注がれている。そこでわれわれが行おうとするこの仕事に、神を誤って利用してわれわれから救いの手を引き上げようとするならば、世界中に物語とことわざを広げることになるであろう。

Robert Charles Winthrop
ロバート・チャールズ・ウィンスロップ (1809-94)
◆ ボストン・コモンについての演説、1862.8.27

▶ 4180　あらゆる州の星、あらゆる星の州。

Humbert Wolfe
ハンバート・ウルフ (1886-1940)
イギリスの詩人
◆「火を越えて」(1930)

▶ 4181　あなたは賄賂や
邪なことを望めない、
やれやれ！
イギリス人のジャーナリストは。
だが、
賄賂を望まないとすれば、
その機会はない。

James Wolfe
ジェームズ・ウルフ (1727-59)
イギリスの将軍、ケベック州の支配権獲得者
◆ J. プレイフェア『エジンバラの王立協会会報での J. ロビンソンの自伝的報告』第7巻 (1815)

▶ 4182　将軍は……グレイ哀歌のすべてを繰り返したうえで条約締結をした。彼はフランスを明日打倒する栄光よりも、栄光の詩の著者になる方をとると言った。

Thomas Wolfe
トーマス・ウルフ (1900-38)
アメリカの小説家
◆『家路を見よ、天使』(1929)、ウィルソン 4171 参照

▶ 4183　「彼らは今あなたをどこに配置しようとしているのか、ルーク？」ハーリー・タグマンが鼻先のコーヒーのマグカップごしに言った。「い、今のところノーフォークの海軍基地は」ルークは答えた、「偽善行為で世界を平和に

しようとしている」。

▶ 4184 カルトは政治権力を持たない信仰である。

Tom Wolfe
トム・ウルフ（1931-）
アメリカの作家
◈『われわれの時代に』(1980)

▶ 4185 アボット神父、私はみんなの前に骨を置きにきた。

Thomas Wolsey
トーマス・ウルジー（1475頃-1530）
イギリスの枢機卿、大法官（1515-29）
◈ ジョージ・カヴェンディッシュ『トーマス・ウルジーの交渉』(1641)

▶ 4186 王に勤勉に仕えてきたのと同様に、神に仕えてきている。神は私の髪が白くなるまで放されないだろう。

◈『同上』

▶ 4187 あなたのスローガンである「自由か死か」は素晴らしい、と思う。あなたが選んだ方に私は賛成する。

Alexander Woollcott
アレキサンダー・ウールコット（1887-1943）
アメリカの作家
◈ 伝聞

William Wordsworth
ウィリアム・ワーズワース（1770-1850）
イギリスの詩人
◈「それは血の思想ではない」(1807)

▶ 4188 玄関の広間に過去の無敵騎士団の兵器庫が下がっている、
自由か死か、シェークスピアの語った舌のとおりわれわれが語る、
ミルトンが持っていた誠実さと道徳を有する。
地球の最初の血が万物に吹き出してきて、多種な名前となる。

▶ 4189 彼女はかつて謝礼に豪華な東洋を手に入れた、そして西洋の安全柵となった。

◈「ベネチア共和国の消滅」(1807)

▶ 4190 生きて夜明けを迎えるとは幸福である、また、若いことは天国にものぼることだ！

◈「熱狂者に顕れたフランス革命」(1809)、『プレリュード』(1850)

Henry Wotton
ヘンリー・ウォットン（1568-

▶ 4191 この場の高さゆえの輝き、

希望やウィットがあざむく時、
誰も狭い空間を注目しない
刑務所と微笑の間で。

▶ 4192　大使とは自国の利益を求めて、嘘を言うために送り出される正直な人である。

▶ 4193　ニューサウスウェールズの右翼活動家が普通に歩く時は片手に短剣、片手に聖書を持っているといわれている。どちらも実際には優雅に使おうとはしない。

▶ 4194　聖書は人民の人民による、人民のための政府である。

1639)
イギリスの詩人、外交官
◆『サマーセット伯爵の突然の抵抗について』(1651)
◆ クリストファー・フレックモアの作品集、1604

Neville Wran
ネヴィル・ウラン(1926-)
オーストラリアの政治家
◆1973、ミカエル・ゴードン『指導力の問題』(1993)

John Wycliff
ジョン・ウィクリフ(1330頃-82)
イギリスの宗教改革家
◆ 聖書のウィクリフ訳の序文、1384

X

▶ 4195　裏切り者のアルビオンの最悪の時に攻撃しよう。

Augustin, Marquis de Ximénèz
オーグスティン、ヒメネス侯爵(1726-1817)
フランスの詩人
◆「フランカスの時代」(1793.10)

Y

▶ 4196　ジェファーソン・デーヴィスについて。連邦大統領選挙で、1861：
人と時間が出くわした。

▶ 4197　ロマンチックなアイルランドの死と滅亡、

William Yancey
ウィリアム・ヤンシー(1814-63)
アメリカの南部連合国政治家
◆ シェルビー・フット『南北戦争——サムター砦からペリーヴィルまで』(1991)

W. B. Yeats
W. B. イェーツ(1865-1939)

W. B. Yeats

オリアリーとともに墓に入る。　　　　　　　　アイルランドの詩人、アイルランド自由州上院議員（1922-28）
◆「1913年9月」（1914）

▶ 4198　このような時間以上に良い時を思う　　　◆「沈黙を守る理由」（1916）
　　　　われわれの詩は口を閉ざさせる、事実、
　　　　政治家を正す贈り物はない。

▶ 4199　広がる渦巻の中で回る回る　　　　　　　◆「第二の条件」（1920）
　　　　ハヤブサはタカ匠に耳を貸さない。
　　　　すべては離れて落下する、中心にはまとまらない。
　　　　無秩序だけが地上にゆったりとある、
　　　　血でかすんだ波がゆったりと寄せる、どこでも
　　　　無邪気な儀式はかき消される。
　　　　最良の者たちは信念を欠き、最悪の者たちは
　　　　情熱のある強烈さで一杯。

▶ 4200　長すぎる犠牲　　　　　　　　　　　　　◆「復活祭、1916」（1921）
　　　　石の心臓ができる。
　　　　それで十分なのか？

▶ 4201　私は逆に書いた——　　　　　　　　　　◆「同上」
　　　　マクダノーとマクブライド
　　　　コノリーとピアス
　　　　今、間に合うだろう、
　　　　どこでも緑色が着られ、
　　　　変化した、完全に変化した。
　　　　恐ろしい美しさが誕生した。

▶ 4202　イングランド人とアイルランド人の血を引く人々について：
　　　　われわれは……美しい人民ではない。われわれは、ヨー　　◆アイルランド上院での演説、
　　　　ロッパの大きな蓄積の1つである。われわれはバークの人　　　1925.7.11。分離の討論で
　　　　間である。スウィフト、エメット、パーネルの人間であ
　　　　る。われわれはこの国の近代文学の最大の創造者である。
　　　　われわれは政治的知性の最善を創造している。

▶ 4203　アイルランドからわれわれは来た。　　　◆「暴言への呵責」（1933）
　　　　大きな憎悪、小さな部屋、
　　　　初めから手足をもがれていた。
　　　　私は母の子宮から
　　　　狂った心を持って生まれてきた。

▶ 4204　その日々に心を集中せよ　　　　　　　　◆「ベン・バルベンの下で」
　　　　その時が来るまで　　　　　　　　　　　　（1939）
　　　　不屈のアイルランド精神でいるだろう。

Boris Yeltsin

ボリス・エリツィン（1931-）
ロシアの政治家、1990年より
ロシア連邦大統領
◆「ガーディアン」1994.9.1
◆「ニューズウィーク」
　1994.12.19

▶ **4205**　現代は過去の時代の最後の日である。
　　※ソヴィエト軍のドイツ駐留を終えるベルリンでの式典で

▶ **4206**　ヨーロッパは冷たい平和に突入する危険にある。
　　※ヨーロッパ安全保障会議のサミットで、1994.12.

Andrew Young

アンドリュー・ヤング（1932-）
アメリカの民主党政治家、閣僚
◆モリス・K.ウダール『大統領ほどおかしいものはない』（1988）

▶ **4207**　100人の地位の高いビジネスマンが決行すれば、何も不法なことはない。

Michael Young

マイケル・ヤング（1915-）
イギリスの作家
◆『能力主義の台頭』（1958）

▶ **4208**　今日われわれは民主主義が熱望以外の何ものでもないと率直に認めている。人民と言うよりも、むしろ最も賢い人民によって統治している。生まれによる貴族政治ではなく、富による金権政治でもない、能力による能力政治である。

Z

Israel Zanguill

イスラエル・ザングウィル
（1864-1926）
イギリスの作家、社会事業家、
ロシア逃亡者の息子
◆『坩堝』（1908）

▶ **4209**　アメリカは神の創造したもうた坩堝である、ヨーロッパのあらゆる人種が溶け込んだ壺であって溶かして再生する！

Emiliano Zapata

エミリアーノ・ザパタ（1879-1919）
メキシコの革命家
◆『アヤラの計画』1911.11.20

▶ **4210**　彼らの多くは君主に追従して、一握りの金貨ほしさに贈収賄などで兄弟の血を流している。
　　※小作人についてのザパタの見解で、革命の大義を裏切っているということ

Philip Ziegler

フィリップ・ジーグラー

▶ **4211**　忘れるな。いろいろなことがあったにしても、彼は

偉大な男であった。
※マウントバッテンの伝記(1985出版)執筆中の机の上に置かれたメモ

▶ **4212** ホワイト・ハウスはウォーターゲート事件に関与していない、という大統領の以前の発言に触れて：
[ニクソン氏の最近の発言は]ホワイト・ハウスの立場の利用であり、……以前のすべての発言は無効である。

▶ **4213** 武装蜂起は改革の理念や資本主義が自然消滅することに反対し、イギリスの労働者に戦争を固定化し、妥協しようとする傾向に対抗して闘争させるためのものに違いありません。ただし武装した暴動が完全に成功することはあり得ます。

▶ **4214** 私は告発する。
※ドレフュス事件に関してフランス共和国の大統領に対する公開書簡

(1929-)
イギリスの歴史家
◆ アンドリュー・ロバーツ『著名なチャーチル支持者たち』(1994)

Ronald L. Ziegler
ロナルド・L. ジーグラー(1939-)
アメリカの政府スポークスマン
◆「ボストン・グローブ」1973.4.18

Grigori Zinoviev
グリゴリ・ジノヴィエフ(1883-1936)
ソヴィエトの政治家
◆ イギリス共産党への書簡、1924.9.15、「ザ・タイムズ」1924.10.25（ジノヴィエフ書簡は偽造という説もある）

Émile Zola
エミール・ゾラ(1840-1902)
フランスの小説家
◆『黎明』1898.1.13

訳者あとがき

　かつて『いろは歌留多の政治風土』を出版しました。例の「犬も歩けば棒にあたる」です。日本人の生活の知恵としての巧みさを紹介したものです。庶民から自然発生した世間、世渡りの工夫です。
　以前より、過去から学び現在に生かす、ということが、今の日本人にとって重要であるということを一貫して思ってきました。
　現代が生き急ぎ、結果を急ぎ、焦燥感に駆られているだけに、冷静な観察眼が必要なのです。歴史、文学、教育など一貫して人間に残されてきた古典といわれる書物を読めば、今に役立つ事例、考え方がふんだんにあります。実利的な効能だけでなく、時間とともに教養としての、ぶ厚い腐葉土となっているのです。
　過去を感傷として視ずに、過去の人たちの生き方、考え方のアーカイヴスとして保存、活用していくべきです。
　40年間、政界にいて得心しつつあることは、変化のなかに安定を求め、安定のなかに変化を求めるということです。
　しかし、変化を求め未来を語るというだけの、今の風潮には、重みも厚みも感じられません。
　過去から現在を引き出し、現在から過去を引き出す、ということにもっと重きを置くべきです。
　要するに平衡感覚です。どちらかに片寄らない思考方法を身に付けると同時に、行動にもそれを結び付け実践することが大切です。
　本書は日本語訳にしておよそ500ページ、4214項目の大部なものとなりました。
　かけた時間も13年間ということで、大変な作業でした。もともと政治の世界に身を置いてきたのですが、"知的作業"となると別物です。議員活動の主たるものは、議会はもとより、日常の世話役活動を含めて区切りのないものです。
　当然のことながら、机に向かう時間を割くことができず、やむをえず朝方4時、5時起床で時間を作ることになりました。もともと朝早く起きることは苦手ではないので、地道に進めてきたのです。

　日本人の私から見ると、初見参の人物が歴史の分岐点で、鍵を握る発言をしていることに、目を開かされる思いがしばしばでした。
　また、オックスフォード大学の所在地であるイギリス、ヨーロッパ大陸、アメリカを中心にした視角で見るとあたりまえの政治発言が輩出し

ていますが、残念なことに日本からはたった1人、昭和天皇の終戦の発言があるだけです。

　この本が編まれたのは1996年であり、知的要塞であるオックスフォード大学出版局が全力をあげた結果がこの程度なのですから、欧米の一般国民の日本政治に対する関心や理解はさらに低いのではないでしょうか。わが国が経済的には世界2位、あるいは3位といっても、歴史上、文化的に世界と連携した政治史が、いまだに育成されていないことが障壁となっています。これからの課題です。

　また原書の表題が『ポリティカル・クォーテーションズ（Political Quotations）』となっているものを、敢えて「政治発言」と直接訳にしました。政治「的」発言の「的」の持つ曖昧さはなく、核心に触れていると思うからです。政治発言の時代、国状、風土、支配者、国民などの現場を想像して、今日の私たちの生活とどう結び付くのかと読むと、政治史の大河は予定調和しているようでもあります。時に感情と空気に流され、思いついたように理想理念だけに溺れやすい、振幅の大きい日本人の政治感覚とは数段違う状況判断が随所にちりばめられています。

　なぜ短いシェイクスピアの劇中のひと言が「政治発言」なのか。この疑問を持たれた時から、政治発言の裏に潜む空気を読み解く努力をすることになります。こうして日本人に欠けている政治感覚を研いでいくのです。行動を伴った言論の持つ力、恐ろしさを知る格好の材料となるはずです。もとより執筆やスピーチ、演説にも引用できるはずです。発言に格調と重要性が加わることでしょう。

　原書を私に紹介した長女・和田洋子に感謝します。彼女は、国際的な人権問題に関心を持ち、サセックス大学、ロンドン大学で修士をとり、過去にチリ、スーダン、現在はボリビアで人権などの国連活動をしています。

　朝早く10年を超える作業に協力をした妻・紗千代、次女・紀子にも心から「ありがとう」と言わせてもらいます。

　また、遅々として進まない作業の助手として当時の東京外国語大学大学院生森（李）奏子さん、同じく山崎沙久良さんにもお世話になりました。政策スタッフの末永幸雅、仙波拓也、山崎実桃李の諸氏にも感謝です。文京学院大学の生徒にも教材として活用したこともあります。

　最後になりますが、シェイクスピアの発言については、斯界の権威者であられる小田島雄志訳『シェイクスピア全集』（白水社刊）のものを採用させていただいたことを報告し、深く感謝いたします。

　　平成22年6月25日　北軽井沢大学村にて

　　　　　　　　　　　　　　　　　　　　　　　　　和田宗春

政治引用句発言者一覧

A

Diane Abbott
　ダイアン・アボット…1
Bella Abzug
　ベラ・アブズグ…1
Accius
　アッキウス…1
Dean Acheson
　ディーン・アチソン…1
Lord Acton
　アクトン卿…1-2
Abigail Adams
　アビゲイル・アダムズ…2
Franklin P. Adams
　フランクリン・P.アダムズ…2
Henry Brooks Adams
　ヘンリー・ブルックス・アダムズ…3
John Adams
　ジョン・アダムズ…3-4
John Quincy Adams
　ジョン・クィンシー・アダムズ…4-5
Samuel Adams
　サミュエル・アダムズ…5-6
Frank Ezra Adcock
　フランク・エズラ・アドコック…6
Joseph Addison
　ジョセフ・アディソン…6
Konrad Adenauer
　コンラート・アデナウアー…6-7
Aeschylus
　アイスキュロス…7
Herbert Agar
　ハーバート・エイガー…7
Spiro T. Agnew
　スピロ・T.アグニュー…7
Alcuin
　アルクィン…7
Richard Aldington
　リチャード・オールディントン…8
Cecil Frances Alexander
　セシル・フランシス・アレクサンダー…8
Henry Southworth Allen
　ヘンリー・サウスワース・アレン…8
William Allen
　ウィリアム・アレン…8
Woody Allen
　ウッディ・アレン…8
Joseph Alsop
　ジョセフ・オールソップ…8
Leo Amery
　レオ・アメリー…9

Fisher Ames
　フィッシャー・エイムズ…9
Anacharsis
　アナカルシス…9
Anonymous
　発言者不明…9-18
Susan Brownell Anthony
　スーザン・ブラウネル・アンソニー…18
John Arbuthnot
　ジョン・アーバスノット…18
Hannah Arendt
　ハンナ・アーレント…18
Marquis d'Argenson
　ダルジャンソン侯爵…19
Aristotle
　アリストテレス…19
Robert Armstorng
　ロバート・アームストロング…19-20
William Armstrong
　ウィリアム・アームストロング…20
Matthew Arnold
　マシュウ・アーノルド…20
Thomas Arnold
　トーマス・アーノルド…20-1
Raymond Aron
　レイモン・アロン…21
Henry Fountain Ashurst
　ヘンリー・ファウンテン・アッシュルスト…21
Herbert Henry Asquith
　ハーバート・ヘンリー・アスクィス…21-2
Margot Asquith
　マーゴット・アスクィス…22
Nancy Astor
　ナンシー・アスター…22
Brooks Atkinson
　ブルックス・アトキンソン…22-3
Clement Attlee
　クレメント・アトリー…23-4
W.H.Auden
　W. H. オーデン…24-5
Augustus
　アウグストゥス…25
Marcus Aurelius
　マルクス・アウレリウス…25-6
Jane Austen
　ジェーン・オースティン…26

B

Francis Bacon
　フランシス・ベーコン…26-8
Joan Baez
　ジョーン・バエズ…28

Walter Bagehot
ウォルター・バジョット…28-33
Jacques Bainville
ジャック・バンヴィル…33
Michael Bakunin
ミハイル・バクーニン…33
James Baldwin
ジェームズ・ボールドウィン…33-4
Stanley Baldwin
スタンリー・ボールドウィン…34-5
Arthur James Balfour
アーサー・ジェームズ・バルフォア…35-7
Lord Balogh
バロー卿…37
E.Digby Baltzell
E・ディグビー・バルツェル…37
Honoré de Balzac
オノレ・ド・バルザック…37
George Bancroft
ジョージ・バンクロフト…37
Lord Bancroft
バンクロフト卿…38
Imamu Amiri Baraka
イマーム・アミリ・バラーカ…38
Ernest Barker
アーネスト・バーカー…38
Bernard Baruch
バーナード・バルーク…38-9
Lord Bauer
バウアー卿…39
Beverley Baxter
ビヴァリー・バクスター…39
Charles Austin Beard and Mary Ritter Beard
チャールズ・オースティン・ビアードとメアリー・リッター・ビアード…39
Lord Beaverbrook
ビーヴァーブルック卿…39-40
Henry Becque
アンリ・ベック…40-1
Brendan Behan
ブレンダン・ビーハン…41
Francis Bellamy
フランシス・ベラミ…41
Hilaire Belloc
ヒレア・ベロック…41-2
Julien Benda
ジュリアン・バンダ…42
Ruth Fulton Benedict
ルース・フルトン・ベネディクト…42
Ernest Benn
アーネスト・ベン…42
Tony Benn
トニー・ベン…42-3
Arnold Bennett
アーノルド・ベネット…44
A.C.Benson
A.C.ベンソン…44
Jeremy Bentham
ジェレミー・ベンサム…44

Edmund Clerihew Bentley
エドマンド・クレリヒュー・ベントレー…44-5
Lloyd Bentsen
ロイド・ベンツェン…45
George Berkeley
ジョージ・バークレー…45
Peter Berger
ピーター・バーガー…45
Irving Berlin
アーヴィング・バーリン…45-6
Isaiah Berlin
イザイア・バーリン…46
Daniel Berrigan
ダニエル・ベリガン…46
Theobald von Bethmann Hollweg
テオボルト・フォン・ベトマン・ホルウェグ…46-7
Mary Mcleod Bethune
メアリー・マクラウド・ベシューン…47
John Betjeman
ジョン・ベチェマン…47
Aneurin Bevan
アネイリン・ベヴァン…47-9
Albert Jeremiah Beveridge
アルバート・ジェレマイア・ベヴァリッジ…49
William Henry Beveridge
ウィリアム・ヘンリー・ベヴァリッジ…49-50
Ernest Bevin
アーネスト・ベヴィン…50-51
The Bible (Authorized Version)
聖書（欽定版）…51-2
George Bidault
ジョルジュ・ビドー…52
Ambrose Bierce
アンブローズ・ビアース…52
John Biffen
ジョン・ビッフェン…53
John Biggs-Davison
ジョン・ビッグス＝デーヴィソン…53
Steve Biko
スティーヴ・ビーコー…53
Josh Billings
ジョシュ・ビリングス…53
Nigel Birch
ナイジェル・バーチ…53-4
Augustine Birrell
オーガスティン・ビレル…54
Otto von Bismarck
オットー・フォン・ビスマルク…54-6
Hugo La Fayette Black
ヒューゴ・ラ・ファイエット・ブラック…56-7
William Blackstone
ウィリアム・ブラックストン…57
Tony Blair
トニー・ブレア…57-8
William Blake
ウィリアム・ブレイク…58
Alfred Blunt,Bishop of Bradford
アルフレッド・ブラント、ブラッドフォード主教…58

政治引用句発言者一覧

William Joseph Blyton
　ウィリアム・ジョセフ・ブライトン…59
David Boaz
　デーヴィッド・ボアズ…59
Allan Boesak
　アラン・ボイザック…59
Ivan Boesky
　イヴァン・ブースキー…59
Curtis Bok
　カーティス・ボック…59
Henry St John, Lord Bolingbroke
　ヘンリー・セント・ジョン、ボーリングブローク卿
　…60
Simón Bolívar
　シモン・ボリヴァル…60
Robert Bolt
　ロバート・ボルト…60
Andrew Bonar Law
　アンドリュー・ボナー・ロー…60
The Book of Common Prayer
　聖公会祈禱書…60
Christpher Booker
　クリストファー・ブッカー…61
John Wilkes Booth
　ジョン・ウィルクス・ブース…61
Robert Boothby
　ロバート・ブースビー…61
Betty Boothroyd
　ベティ・ブースロイド…61
James H.Boren
　ジェームズ・H. ボレン…61-2
Jorge Luis Borges
　ホルヘ・ルイス・ボルヘス…62
Caesar Borgia
　カエサル・ボルジア…62
Robert H.Bork
　ロバート・H. ボーク…62
George Borrow
　ジョージ・ボロー…62
James Boswell
　ジェームズ・ボズウェル…62
Antoine Boulay de la Meurthe
　アントワーヌ・ブーレイ・ド・ラ・ムルト…62-3
Pierre Boulez
　ピエール・ブーレ…63
Randolph Silliman Bourne
　ランドルフ・シリマン・ボーン…63
Lord Bowen
　ボーウェン卿…63
Edward Boyle
　エドワード・ボイル…63
Omar Bradley
　オマール・ブラッドレー…63-4
John Bradshaw
　ジョン・ブラッドショー…64
Edward Stuyvesant Bragg
　エドワード・スチューヴサント・ブラッグ…64
Luis D.Brandeis
　ルイス・D. ブランダイス…64-5

William Cowper Brann
　ウィリアム・クーパー・ブラン…65
Bertolt Brecht
　ベルトルト・ブレヒト…65
William Joseph Brennan Jr.
　ウィリアム・ジョセフ・ブレナン・ジュニア…65
Aristide Briand
　アリスティード・ブリアン…66
Edward Bridges
　エドワード・ブリッジェズ…66
John Bright
　ジョン・ブライト…66-7
Vera Brittain
　ヴェラ・ブリッテン…67
David Broder
　デーヴィッド・ブローダー…67
D.W.Brogan
　D.W. ブローガン…67
Henry Brooke
　ヘンリー・ブルック…67
Robert Barnabas Brough
　ロバート・バーナバス・ブラフ…67-8
Lord Brougham
　ブルーハム卿…68
Heywood Broun
　ヘイウッド・ブルーン…68
George Brown
　ジョージ・ブラウン…68
Gordon Brown
　ゴードン・ブラウン…68
H.Rap Brown
　H. ラップ・ブラウン…68-9
John Brown
　ジョン・ブラウン…69
Joseph Brown
　ジョセフ・ブラウン…69
William Browne
　ウィリアム・ブラウン…69
Frederick 'Boy' Browning
　フレデリック・'ボーイ'・ブラウニング…69-70
Robert Browning
　ロバート・ブラウニング…70
Louis Brownlow
　ルイス・ブラウンロウ…70
William Jennings Bryan
　ウィリアム・ジェニングス・ブライアン…70
Arthur Bryant
　アーサー・ブライアント…70-1
James Bryce
　ジェームズ・ブライス…71
Zbigniew Brzezinski
　ズビグニュー・ブレジンスキー…71
Frank Buchman
　フランク・ブックマン…71
Gerald Bullett
　ジェラルド・ブレット…71-2
Ivor Bulmer-Thomas
　イヴォー・ブルマー゠トーマス…72
Prince Bernhard von Bülow
　ベルンハルト・フォン・ビューロー殿下…72

463

Edward George Bulwer-Lytton
　エドワード・ジョージ・ブルワー＝リットン…72
Samuel Dikinson Burchard
　サミュエル・ディキンソン・バーチャード…72
Edmund Burke
　エドマンド・バーク…72-9
John Burns
　ジョン・バーンズ…79
Robert Burns
　ロバート・バーンズ…80
Aaron Burr
　アーロン・バー…80
Ian Buruma
　イアン・ブルマ…80
Barbara Bush
　バーバラ・ブッシュ…80
George Bush
　ジョージ・ブッシュ…81
David Butler
　デーヴィッド・バトラー…81
R.A. ('Rab') Butler
　R.A. ('ラブ'・) バトラー…81-2
John Byrom
　ジョン・バイロム…82
Lord Byron
　バイロン卿…82-3

C

Julius Caesar
　ジュリアス・シーザー…83-4
Joseph Cairns
　ジョセフ・ケアンズ…84
John Caldwell Calhoun
　ジョン・コールドウェル・カルホーン…84
Caligula (Gaius Julius Ceasar Germanicus)
　"カリギュラ（ガイアス・ジュリアス・シーザー・ゲルマニクス）"…84
James Callaghan
　ジェームズ・キャラハン…85
Italo Calvino
　イタロ・カルヴィーノ…85
Lord Camden
　キャムデン卿…85-6
Simon Cameron
　サイモン・キャメロン…86
Lord Campbell of Eskan
　エスカンのキャンベル卿…86
Thomas Campbell
　トーマス・キャンベル…86
Timothy Campbell
　ティモシー・キャンベル…86
Henry Campbell-Bannerman
　ヘンリー・キャンベル＝バナーマン…86-7
Albert Camus
　アルベール・カミュ…87
George Canning
　ジョージ・キャニング…87-8
Al Capone
　アル・カポネ…88

Benjamin Nathan Cardozo
　ベンジャミン・ネーサン・カードーゾー…88
Thomas Carlyle
　トーマス・カーライル…88-90
Stokely Carmichael and Charles Vernon Hamilton
　ストークリー・カーマイケルとチャールズ・ヴァーノン・ハミルトン…90
Lewis Carroll
　ルイス・キャロル…90
Edward Carson
　エドワード・カーソン…90
Jimmy Carter
　ジミー・カーター…90-1
John Cartwright
　ジョン・カートライト…91
Thomas Nixon Carver
　トーマス・ニクソン・カーヴァー…91
Roger Casement
　ロジャー・ケースメント…91
Ted Castle
　テッド・キャッスル…91-2
Catherine the Great
　エカテリーナ大帝…92
Wyn Catlin
　ウィン・カトリン…92
Carrie Chapman Catt
　キャリー・チャップマン・キャット…92
Cato the Elder (or 'the Censor')
　大カトー（または「戸口総監」）…92
Constantine Cavafy
　コンスタンティヌス・カヴァフィ…92
Count Cavour
　カヴール伯爵…92
Lord Edward Cecil
　エドワード・セシル卿…93
Lord Hugh Cecil
　ヒュー・セシル卿…93
Robert Cecil
　ロバート・セシル…93
Joseph Chamberlain
　ジョセフ・チェンバレン…93-4
Neville Chamberlain
　ネヴィル・チェンバレン…94-5
Henry ('Chips') Channon
　ヘンリー・（'チップス'・）シャノン…95
John Jay Chapman
　ジョン・ジェイ・チャップマン…95-6
Charles I
　チャールズ1世…96
Charles II
　チャールズ2世…97
Salmon Portland Chase
　サルモン・ポートランド・チェース…97
Mary Chesnut
　メアリー・チェスナット…97-8
Lord Chesterfield
　チェスターフィールド卿…98
G. K. Chesterton
　G.K. チェスタトン…98-9

Lydia Maria Child
　リディア・マリア・チャイルド…99-100
Erskine Childers
　アースキン・チルダーズ…100
Lawton Chiles
　ロートン・チャイルズ…100
Rufus Choate
　ルーファス・チョート…100
Frank Chodorov
　フランク・チョドロヴ…101-2
David Christy
　デーヴィッド・クリスティ…101
Clementine Churchill
　クレメンタイン・チャーチル…101
Lord Randolph Churchill
　ランドルフ・チャーチル卿…101-2
Winston Churchill
　ウィンストン・チャーチル…102-11
Count Galeazzo Ciano
　ガレッツォ・チアーノ伯爵…111
Cicero(Marcus Tullius Cicero)
　キケロ（マルクス・トゥリウス・キケロ）…111-2
Lord Clare
　クレア卿…112
Edward Hyde, Lord Clarendon
　エドワード・ハイド、クラレンドン卿…112
Alan Clark
　アラン・クラーク…113-4
Karl von Clausewitz
　カール・フォン・クラウゼヴィッツ…113
Henry Clay
　ヘンリー・クレー…113-4
Eldridge Cleaver
　エルドリッジ・クリーヴァー…114
Sarah Norcliffe Cleghorn
　サラ・ノークリフ・クレグホーン…115
Georges Clemenceau
　ジョルジュ・クレマンソー…115
Grover Cleveland
　グローヴァー・クリーヴランド…115-6
Harlan Cleveland
　ハーラン・クリーヴランド…116
William Jefferson ('Bill') Clinton
　ウィリアム・ジェファーソン・（'ビル'・）クリントン…116
Lord Clive
　クライヴ卿…117-8
Thomas W. Cobb
　トーマス・W. コブ…117
William Cobbett
　ウィリアム・コベット…117
Lord Cobbold
　コボルド卿…117
Claud Cockburn
　クロード・コーバーン…117-8
Edward Coke
　エドワード・コーク…118
Samuel Taylor Coleridge
　サミュエル・テイラー・コールリッジ…118

Michael Collins
　マイケル・コリンズ…118
Barber B. Conable Jr.
　バーバー・B. コナブル・ジュニア…118
James M. Connell
　ジェームズ・M. コネル…119
Cyril Connolly
　シリル・コノリー…119
James Connolly
　ジェームズ・コノリー…119
Joseph Conrad
　ジョセフ・コンラッド…119
A.J. Cook
　A.J. クック…119
Peter Cook
　ピーター・クック…120
Calvin Coolidge
　カルヴィン・クーリッジ…120
Francis M. Cornford
　フランシス・M. コーンフォード…121-2
Coronation Service
　戴冠式…121
Thomas Coventry
　トーマス・コヴェントリー…121
Michel Guillaume Jean de Crèvecoeur
　マイケル・ギローム・ジーン・ド・クレヴェクール…121
Ivor Crewe
　アイヴォー・クルー…121
George Washington Crile
　ジョージ・ワシントン・クライル…121
Julian Critchley
　ジュリアン・クリッチリー…122
Oliver Cromwell
　オリヴァー・クロムウェル…122-3
Anthony Crosland
　アンソニー・クロスランド…123-4
Lord Cross
　クロス卿…124
Richard Crossman
　リチャード・クロスマン…124
Robert Crouch
　ロバート・クローチ…124
E. E. Cummings
　E.E. カミングス…124-5
Mario Cuomo
　マリオ・クオモ…125
John Philpot Curran
　ジョン・フィルポット・カラン…125
Edwina Currie
　エドウィナ・カリー…125
Lord Curzon
　カーゾン卿…125-6
Astolphe Louis Léonard, Marquis de Custine
　アストルフ・ルイ・レオナルド、クスティン侯爵…126

465

D

Richard J. Daley
リチャード・J. ダレイ…126

Hugh Dalton
ヒュー・ダルトン…126-7

George Dangerfield
ジョージ・デンジャーフィールド…127

Samuel Daniel
サミュエル・ダニエル…127

Georges Jacques Danton
ジョルジュ・ジャック・ダントン…127

Clarence Darrow
クラレンス・ダロウ…127

Harry Daugherty
ハリー・ドーハティー…128

Charles D'Avenant
チャールズ・ダヴェナント…128

David Davis
デーヴィッド・デーヴィス…128

Jefferson Davis
ジェファーソン・デーヴィス…128

Christopher Dawson
クリストファー・ドーソン…128

Lord Dawson of Penn
ペンのドーソン卿…128-9

John Dean
ジョン・ディーン…129

Régis Debray
レジス・デブライ…129

Eugene Victor Debs
ユージーン・ヴィクター・デブズ…129

Stephen Decatur
ステファン・ディケーター…129

Daniel Defoe
ダニエル・デフォー…129-30

Charles de Gaulle
シャルル・ド・ゴール…130-1

Vine Victor Deloria Jr.
ヴァイン・ヴィクター・デロリア・ジュニア…131

Demosthenes
デモステネス…131

Jack Dempsey
ジャック・デンプシー…131-2

Deng Xiaoping
鄧小平…132

Lord Dennig
デニング卿…132

Edward Stanley, 14th Earl of Derby
エドワード・スタンリー、第14代ダービー伯爵…132-3

Edward Stanley, 15th Earl of Derby
エドワード・スタンリー、第15代ダービー伯爵…133

Camille Desmoulins
カミーユ・デムーラン…133

Thomas E. Dewey
トーマス・E. デューイ…133

Porfirio Diaz
ポーフィリオ・ディアズ…133

A. V. Dicey
A.V. ダイシー…133

Charles Dickens
チャールズ・ディケンズ…134

John Dickinson
ジョン・ディキンソン…134

Denis Diderot
デニス・ディドロー…135

Joan Didion
ジョアン・ディディオン…135

Benjamin Disraeli
ベンジャミン・ディズレーリ…135-41

Milovan Djilas
ミロヴァン・ジラス…142

Michael Dobbs
マイケル・ドブズ…142

Bubb Dodington
バブ・ドディントン…142

Robert Dole
ロバート・ドール…142

Ignatius Donnelly
イグナティウス・ドネリー…142

Reginald Dorman-Smith
レジナルド・ドーマン=スミス…142-3

John Dos Passos
ジョン・ドス・パソス…143

William O. Douglas
ウィリアム・O. ダグラス…143

Caroline Douglas-Home
カロライン・ダグラス=ホーム…143

Frederick Douglass
フレデリック・ダグラス…143-4

Margaret Drabble
マーガレット・ドラブル…144

Francis Drake
フランシス・ドレイク…144

Joseph Rodman Drake
ジョセフ・ロッドマン・ドレイク…144

William Driver
ウィリアム・ドライヴァー…144-5

John Dryden
ジョン・ドライデン…145-6

Alexander Dubček
アレキサンダー・ドプチェク…146

Joachim Du Bellay
ジョアシム・デュ・ベレイ…146

W. E. B. Du Bois
W.E.B. デュボア…146

John Foster Dulles
ジョン・フォスター・ダレス…146-7

John Dunning, Lord Ashburton
ジョン・ダニング、アシュバートン卿…147

Eric Dupin
エリック・デュパン…147

Lillian K. Dykstra
リリアン・K. ディクストラ…147

E

Stephen T. Early
ステファン・T. アーリー…148

Abba Eban
アバ・エバン…148

Anthony Eden
アンソニー・イーデン…148

Clarissa Eden
クラリッサ・イーデン…148

Edward VII
エドワード7世…148-9

Edward VIII
エドワード8世…149

John Ehrlichman
ジョン・エーリッチマン…149

Albert Einstein
アルバート・アインシュタイン…149-50

Dwight D. Eisenhower
ドワイト・D. アイゼンハワー…150

George Eliot
ジョージ・エリオット…150-1

T. S. Eliot
T.S. エリオット…151

Queen Elisabeth of Belgium
ベルギーのエリザベス女王…151

Elizabeth I
エリザベス1世…151-3

Elizabeth II
エリザベス2世…153

Queen Elizabeth, the Queen Mother
エリザベス皇太后、女王の母…153-4

Alf Ellerton
アルフ・エラートン…154

Ebenezer Elliott
エビニーザー・エリオット…154

Ralph Waldo Emerson
ラルフ・ウォルドー・エマーソン…154

Friedrich Engels
フリードリヒ・エンゲルス…154-5

Ennius
エンニウス…155

Erasmus
エラスムス…155

Dudley Erwin
ダッドリー・アーウィン…155

Robert Devereux, Lord Essex
ロバート・デヴェロー、エセックス卿…155

William Maxwell Evarts
ウィリアム・マクスウェル・エヴァーツ…155-6

Edward Everett
エドワード・エヴェレット…156

William Norman Ewer
ウィリアム・ノーマン・ユワー…156

F

Quintus Fabius Maximus
クィントゥス・ファビウス・マクシマス…156

Émile Faguet
エミール・ファゲ…156

Thomas Fairfax
トーマス・フェアファックス…156-7

Lucius Cary, Lord Falkland
ルシアス・ケアリー、フォークランド卿…157

Michael Faraday
マイケル・ファラデイ…157

James A. Farley
ジェームズ・A. ファーリー…157

Farouk
ファルーク…157

Guy Fawkes
ガイ・フォークス…157-8

Dianne Feinstein
ディアンヌ・ファインスタイン…158

Ferdinand I
フェルディナンド1世…158

Eric Field
エリック・フィールド…158

Frank Field
フランク・フィールド…158

L'Abbé Edgeworth de Firmont
ラベ・エッジワース・ド・フィルモント…158

H. A. L. Fisher
H.A.L. フィッシャー…158-9

John Arbuthnot Fisher
ジョン・アーバスノット・フィッシャー…159

John Fiske
ジョン・フィスク…159

Gerry Fitt
ゲリー・フィット…159

Robert, Marquis de Flers and Arman de Caillavet
ロベール、マルキ・ド・フレアとアマン・ド・ケラヴェ…159

Andrew Fletcher of Saltoun
ソルトウンのアンドリュー・フレッチャー…160

Ferdinand Foch
フェルディナン・フォッシュ…160

Michael Foot
マイケル・フット…160-1

Gerald Ford
ジェラルド・フォード…161

Howell Forgy
ハウエル・フォージー…161

E. M. Forster
E.M. フォスター…161-2

Harry Emerson Fosdick
ハリー・エマーソン・フォスディック…162

Charles Foster
チャールズ・フォスター…162

George Foster
ジョージ・フォスター…162

Charles Fourier
シャルル・フーリエ…162

Norman Fowler
ノーマン・ファウラー…163

Caroline Fox
キャロライン・フォックス…163

Charles James Fox
　チャールズ・ジェームズ・フォックス…163
Anatole France
　アナトール・フランス…164
Francis I
　フランソワ1世…164
Barney Frank
　バーニー・フランク…164
Felix Frankfurter
　フェリックス・フランクファーター…164
Benjamin Franklin
　ベンジャミン・フランクリン…164-5
Lord Franks
　フランクス卿…166
Michael Frayn
　マイケル・フレイン…166
Frederick the Great
　フリードリヒ大王…166
E. A. Freeman
　E.A. フリーマン…166
John Freeth
　ジョン・フリース…166
Milton Friedman
　ミルトン・フリードマン…166-7
Robert Frost
　ロバート・フロスト…167
J. William Fulbright
　J. ウィリアム・フルブライト…167-8
Thomas Fuller
　トーマス・フラー…168
Alfred Funke
　アルフレッド・ファンク…168

G

Hugh Gaitskell
　ヒュー・ゲートスケル…168
John Kenneth Galbraith
　ジョン・ケネス・ガルブレイス…168-70
Indira Gandhi
　インディラ・ガンジー…170-1
Mahatma Gandhi
　マハトマ・ガンジー…171
James A. Garfield
　ジェームズ・A. ガーフィールド…171
Giuseppe Garibaldi
　ジュゼッペ・ガリバルディ…172
John Nance Garner
　ジョン・ナンス・ガーナー…172
William Lloyd Garrison
　ウィリアム・ロイド・ギャリソン…172
James Louis Garvin
　ジェームズ・ルイス・ガーヴィン…172
Eric Geddes
　エリック・ゲッデーズ…172-3
George II
　ジョージ2世…173
George III
　ジョージ3世…173

George V
　ジョージ5世…173-4
George VI
　ジョージ6世…174-5
Daniel George
　ダニエル・ジョージ…175
Henry George
　ヘンリー・ジョージ…175
Edward Gibbon
　エドワード・ギボン…175-6
Kahlil Gibran
　カーリル・ジブラーン…176
W. S. Gilbert
　W.S. ギルバート…177
Ian Gilmour
　イアン・ギルモー…177
Newton Gingrich
　ニュートン・ギングリッチ…177-8
George Gipp
　ジョージ・ギップ…178
Valéry Giscard d'Estaing
　ヴァレリ・ジスカール・デスタン…178
William Ewart Gladstone
　ウィリアム・ユーアート・グラッドストン…178-81
Thomas Glascock
　トーマス・グラスコック…181
Joseph Goebbels
　ジョゼフ・ゲッベルス…181
Hermann Goering
　ヘルマン・ゲーリング…181
Nikolai Gogol
　ニコライ・ゴーゴリ…182
Isaac Goldberg
　アイザック・ゴールドバーグ…182
Ludwig Max Goldberger
　ルードウィグ・マックス・ゴールドバーガー…182
Emma Goldman
　エマ・ゴールドマン…182
Oliver Goldsmith
　オリヴァー・ゴールドスミス…182-3
Barry Goldwater
　バリー・ゴールドウォーター…183
Richard Goodwin
　リチャード・グッドウィン…183
Mikhail Sergeevich Gorbachev
　ミカエル・セルゲーヴィチ・ゴルバチョフ…183
George Joachim, Lord Goschen
　ジョージ・ヨアキム、ゴーシェン卿…184
Ernest Gowers
　アーネスト・ゴーワーズ…184
D. M. Graham
　D.M. グラハム…184
James Graham, Marquess of Montrose
　ジェームズ・グラハム、モントローゼ侯爵…184
Phil Gramm
　フィル・グラム…185
Bernie Grant
　バーニー・グラント…185
Ulysses S. Grant
　ユリシーズ・S. グラント…185-6

468

Henry Grattan
　ヘンリー・グラタン…186
John Chipman Gray
　ジョン・チップマン・グレイ…186
Patrick, Lord Gray
　パトリック、グレイ卿…186
Thomas Gray
　トーマス・グレイ…186-7
Horace Greeley
　ホラス・グリーリー…187
Gregory VII
　グレゴリウス7世…187
George Grenville
　ジョージ・グレンヴィル…187
Lord Grey of Fallodon
　ファロダンのグレイ卿…187
John Grey Griffith
　ジョン・グレイ・グリフィス…187
Roy Griffiths
　ロイ・グリフィスス…188
John Grigg
　ジョン・グリッグ…188
Joseph ('Jo') Grimond
　ヨセフ・('ヨー'・)グリモンド…188
Andrei Gromyko
　アンドレイ・グロムイコ…188
Philip Guedalla
　フィリップ・ゲダーラ…188-9
Henry Gurney
　ヘンリー・ガーニー…189
Nell Gwyn
　ネル・グウイン…189

H

Earl Haig
　ヘイグ伯爵…189
Lord Hailsham
　ヘールシャム卿…189-90
Richard Burdon Haldane
　リチャード・バードン・ホールデーン…190
H.R.Haldeman
　H.R.ホールデマン…190-1
Edward Everett Hale
　エドワード・エヴェレット・ヘール…191
Matthew Hale
　マシュー・ヘール…191
Nathan Hale
　ネーサン・ヘール…191
William Haley
　ウィリアム・ヘイリー…191
Lord Halifax ('the Trimmer')
　ハリファックス卿('日和見主義者')…191-3
Lord Halifax
　ハリファックス卿…193
Alexander Hamilton
　アレクサンダー・ハミルトン…193-4
Richard Hampden
　リチャード・ハムデン…194

Mark Hanna
　マーク・ハンナ…194
William Harcourt
　ウィリアム・ハーコート…194-5
Keir Hardie
　カー・ハーディ…195
Warren G. Harding
　ウォレン・G.ハーディング…195
Thomas Hardy
　トーマス・ハーディ…195
John Harington
　ジョン・ハリントン…195-6
John Marshall Harlan
　ジョン・マーシャル・ハーラン…196
Lord Harlech
　ハーレフ卿…196
Harold II
　ハロルド2世…196
Robert Goodloe Harper
　ロバート・グッドロー・ハーパー…196
Michael Harrington
　マイケル・ハリントン…196
William Henry Harrison
　ウィリアム・ヘンリー・ハリソン…196-7
Minnie Louise Haskins
　ミニー・ルイーズ・ハスキンス…197
Roy Hattersley
　ロイ・ハタズリー…197
Václav Havel
　ヴァーツラフ・ハヴェル…197
R. S. Hawker
　R.S. ホーカー…197-8
John Milton Hay
　ジョン・ミルトン・ヘイ…198
Bill Hayden
　ビル・ヘイデン…198
Friedrich August von Hayek
　フリードリヒ・アウグスト・フォン・ハイエク…198-9
Cuthbert Morley Headlam
　カスバート・モーリー・ヘッドラム…199
Denis Healey
　デニス・ヒーリー…199-200
William Randolph Hearst
　ウィリアム・ランドルフ・ハースト…200
Edward Heath
　エドワード・ヒース…200-1
G. W. F. Hegel
　G.W.F. ヘーゲル…201
Heinrich Heine
　ハインリッヒ・ハイネ…201
Joseph Heller
　ジョセフ・ヘラー…201
Lillian Hellman
　リリアン・ヘルマン…201
Leona Helmsley
　レオナ・ヘルムズレー…201
Arthur Henderson
　アーサー・ヘンダーソン…201-2

Leon Henderson
　レオン・ヘンダーソン…202
Peter Hennessy
　ピーター・ヘネシー…202
Henri IV (of Navarre)
　アンリ4世（ナヴァールの）…202-3
Henry II
　ヘンリー2世…203
Henry VIII
　ヘンリー8世…203
Patrick Henry
　パトリック・ヘンリー…203-4
A. P. Herbert
　A.P. ハーバート…204
Frank Herbert
　フランク・ハーバート…204
Herodotus
　ヘロドトス…204-5
Lord Hervey
　ハーヴェイ卿…205
Alexander Ivanovich Herzen
　アレクサンデル・イワノヴィッチ・ヘルツェン…205
Michael Heseltine
　マイケル・ヘゼルタイン…205-6
Gordon Hewart
　ゴードン・ヒューワート…206
J. R. Hicks
　J. R. ヒックス…206
Charles Hill
　チャールズ・ヒル…206
Joe Hill
　ジョー・ヒル…206-7
Emperor Hirohito
　裕仁天皇…207
Adolf Hitler
　アドルフ・ヒトラー…207
Thomas Hobbes
　トーマス・ホッブス…207-8
John Cam Hobhouse
　ジョン・カム・ホブハウス…208-9
August Heinrich Hoffman
　アウグスト・ハインリッヒ・ホフマン…209
Lancelot Hogben
　ラーンスロット・ホグベン…209
James Hogg
　ジェームズ・ホッグ…209
Sarah Hogg
　サラ・ホッグ…209
Henry Fox, Lord Holland
　ヘンリー・フォックス、ホランド卿…209-10
Oliver Wendell Holmes Jr.
　オリヴァー・ウェンデル・ホームズ・ジュニア…210
Alec Douglas-Home, Lord Home
　アレック・ダグラス＝ホーム、ホーム卿…210
Richard Hooker
　リチャード・フッカー…210-1
Herbert Hoover
　ハーバート・フーヴァー…211

Bob Hope
　ボブ・ホープ…211
Horace
　ホラティウス…211
Samuel Horsley
　サミュエル・ホーズリー…212
John Hoskyns
　ジョン・ホスキンズ…212
A. E. Housman
　A. E. ヒュースマン…212
Samuel Houston
　サミュエル・ヒューストン…212
Geoffrey Howe
　ジェフリー・ハウ…212-3
Julia Ward Howe
　ジュリア・ウォード・ハウ…213
Victor Hugo
　ヴィクトル・ユーゴー…213
David Hume
　デーヴィッド・ヒューム…213
Hubert Humphrey
　ヒューバート・ハンフリー…214
Lord Hunt of Tanworth
　タンワースのハント卿…214
Douglas Hurd
　ダグラス・ハード…214
Saddam Hussein
　サダム・フセイン…214-5
Robert Maynard Hutchins
　ロバート・メイナード・ハッチンズ…215
Aldous Huxley
　オルダス・ハックスレー…215

I

Dolores Ibarruri ('La Pasionaria')
　ドロレス・イバルーリ（「情熱の花」）…215
Henrik Ibsen
　ヘンリック・イプセン…215-6
Harold L. Ickes
　ハロルド・L. イッキス…216
Ivan Illich
　イワン・イリイチ…216
William Ralph Inge
　ウィリアム・ラルフ・インゲ…216-7
Bernard Ingham
　バーナード・インガム…217
Eugène Ionesco
　イージェネ・イオネスコ…217
Hastings Lionel ('Pug') Ismay
　ヘースティングス・ライオネル・（'パグ'・）イスメイ…217
Alija Izetbegović
　アリシア・イゼッベゴヴィッチ…217-8

J

Andrew Jackson
　アンドリュー・ジャクソン…218-9

Jesse Jackson
　ジェシー・ジャクソン…219
James I (James VI of Scotland)
　ジェームズ1世（スコットランドのジェームズ6世）
　…219
James V
　ジェームズ5世…219-20
Douglas Jay
　ダグラス・ジェイ…220
Thomas Jefferson
　トーマス・ジェファーソン…220-4
Roy Jenkins
　ロイ・ジェンキンス…224
Simon Jenkins
　サイモン・ジェンキンス…225
W. Stanley Jevons
　W．スタンレー・ジェヴォンズ…225
John XXIII
　ヨハネス23世…225
Lyndon Baines Johnson
　リンドン・ベインズ・ジョンソン…225-7
Paul Johnson
　ポール・ジョンソン…227
Samuel Johnson
　サミュエル・ジョンソン…227-9
Hanns Johst
　ハンス・ヨースト…229
John Paul Jones
　ジョン・ポール・ジョーンズ…229
William Jones
　ウィリアム・ジョーンズ…229-30
Ben Jonson
　ベン・ジョンソン…230
Barbara Jordan
　バーバラ・ジョーダン…230
Thomas Jordan
　トーマス・ジョーダン…230
Keith Joseph
　キース・ジョセフ…230-1
Joseph Joubert
　ジョセフ・ジュベール…231
William Joyce ('Lord Haw-Haw')
　ウィリアム・ジョイス（「ハウ＝ハウ卿」）…231
'Junius'
　「ユニウス」…231-2
John Junor
　ジョン・ジュノー…232
Juvenal
　ジュヴェナール…232

K

Franz Kafka
　フランツ・カフカ…232
Nicholas Kaldor
　ニコラス・カルドー…233
Immanuel Kant
　イマニュエル・カント…233
Gerald Kaufman
　ジェラルド・カウフマン…233

John Keane
　ジョン・キーン…233
Paul Keating
　ポール・キーティング…233-4
Garrison Keillor
　ギャリソン・ケイラー…234
Geroge F. Kennan
　ジョージ・F. ケナン…234
John F. Kennedy
　ジョン・F. ケネディ…235-7
Joseph P. Kennedy
　ジョセフ・P. ケネディ…237-8
Robert F. Kennedy
　ロバート・F. ケネディ…238
Rose Kennedy
　ローズ・ケネディ…238
Jomo Kenyatta
　ジョモ・ケニアッタ…238
Philip Henry Kerr, Lord Lothian
　フィリップ・ヘンリー・カー、ロジアン卿…238-9
Francis Scott Key
　フランシス・スコット・キイ…239
John Maynard Keynes
　ジョン・メイナード・ケインズ…239-41
Ayatollah Ruhollah Khomeini
　アヤトラ・ルホラ・ホメイニ…241
Nikita Khrushchev
　ニキタ・フルシチョフ…241-2
David Maxwell Fyfe, Lord Kilmuir
　デーヴィッド・マクスウェル・ファイフ、キルミュア卿…242
Edward King
　エドワード・キング…242
Martin Luther King
　マーチン・ルーサー・キング…243-4
David Kingsley, Dennis Lyons, and Peter Lovell-Davis
　デーヴィッド・キングスレイ、デニス・ライオンズ、ピーター・ローヴェル＝デーヴィス…244
Hugh Kingsmill
　ヒュー・キングスミル…244
Neil Kinnock
　ニール・キノック…244-5
Rudyard Kipling
　ラドヤード・キプリング…245-7
Henry Kissinger
　ヘンリー・キッシンジャー…247-8
Lord Kitchener
　キッチナー卿…248-9
Philander C. Knox
　フィランダー・C. ノックス…249
Helmut Kohl
　ヘルムート・コール…249
Paul Kruger
　ポール・クルーガー…249
Stanley Kubrick
　スタンレー・キューブリック…249

L

Henry Labouchere
　ヘンリー・ラボーチェリ…250

Jean de la Bruyère
　ジーン・デ・ラ・ブルーイレ…250

Fiorello La Guardia
　フィオレロ・ラ・ガーディア…250

John Lambert
　ジョン・ランバート…250

John George Lambton, Lord Durham
　ジョン・ジョージ・ラムトン、ダーハム卿…250-1

Noman Lamont
　ノーマン・ラモント…251

Bert Lance
　バート・ランス…251

Walter Savage Landor
　ウオルター・サヴェッジ・ランドー…251

Andrew Lang
　アンドリュー・ラング…251-2

William Langland
　ウィリアム・ラングランド…252

Lao-tzu
　老子…252

Duc de la Rochefoucauld-Liancourt
　ラ・ロシュフコー=リアンクール公爵…252

Harold Laski
　ハロルド・ラスキ…252-3

Hugh Latimer
　ヒュー・ラティマー…253

Richard Law
　リチャード・ロー…253

Mark Lawson
　マーク・ローソン…253

Nigel Lawson
　ナイジェル・ローソン…253-4

Emma Lazarus
　エマ・ラザラス…254

Alexandre Auguste Ledru-Rollin
　アレクサンドル・オーギュスト・ルドリュ=ロラン…254

Charles Lee
　チャールズ・リー…254

Henry ('Light-Horse Harry') Lee
　ヘンリー・(「軽騎兵ハリー」・)リー…254

Richard Henry Lee
　リチャード・ヘンリー・リー…254-5

Robert E. Lee
　ロバート・E. リー…255

Curtis E. LeMay
　カーティス・E. ルメイ…255

Lenin
　レーニン…255-6

William Lenthall
　ウィリアム・レントール…256

Doris Lessing
　ドリス・レッシング…256

Leslie Lever
　レスリー・リーヴァー…256

Bernard Levin
　バーナード・レヴィン…257

Duc de Lévis
　レヴィ公爵…257

Willmott Lewis
　ウィルモット・ルイス…258

Robert Ley
　ロバート・レイ…258

Basil Henry Liddell Hart
　バジル・ヘンリー・リドル・ハート…258

Abbott Joseph Liebling
　アボット・ジョセフ・リーブリング…258

Charles-Joseph, Prince de Ligne
　シャルル・ジョセフ、リーニュの皇太子…258-9

Abraham Lincoln
　エイブラハム・リンカン…259-62

Eric Linklater
　エーリック・リンクレイター…263

George Linley
　ジョージ・リンリー…263

Walter Lippmann
　ウォルター・リップマン…263

Maxim Litvinov
　マクシム・リトヴィーノフ…263

Ken Livingstone
　ケン・リヴィングストン…263-4

Livy
　リヴィウス…264

Selwyn Lloyd
　セルウィン・ロイド…264

David Lloyd George
　デーヴィッド・ロイド=ジョージ…264-7

Gwilym Lloyd George, Lord Tenby
　グイリン・ロイド=ジョージ、テンビイ卿…267

John Locke
　ジョン・ロック…267

Henry Cabot Lodge Snr.
　父親のヘンリー・カボット・ロッジ…267-8

Henry Cabot Lodge Jr.
　息子のヘンリー・カボット・ロッジ…268

Huey Long
　ヒューイ・ロング…268

Alice Roosevelt Longworth
　アリス・ローズヴェルト・ロングワース…268

Louis XIV (the 'Sun King')
　ルイ14世(「太陽帝」)…268-9

Louis XVI
　ルイ16世…269

Louis XVIII
　ルイ18世…269

David Low
　デーヴィッド・ロー…269

Robert Lowe, Viscount Sherbrooke
　ロバート・ロウ、シャーブルック子爵…270

James Russell Lowell
　ジェームズ・ラッセル・ローウェル…270

Lucan
　ルーカン…270

Martin Luther
　マルティン・ルター…270

Rosa Luxemburg
　　ローザ・ルクセンブルク…271
Robert Lynd
　　ロバート・リンド…271
Jonathan Lynn and Antony Jay
　　ジョナサン・リンとアントニー・ジェイ…271-2

M

Douglas MacArthur
　　ダグラス・マッカーサー…272
Lord Macaulay
　　マコーレー卿…272-6
Eugene McCarthy
　　ユージン・マッカーシー…276
Joseph McCarthy
　　ジョセフ・マッカーシー…276
Mary McCarthy
　　メアリー・マッカーシー…276
George B. McClellan
　　ジョージ・B. マクレラン…276
Colonel MacCormick
　　コロネル・マコーミック…277
John McCrae
　　ジョン・マクレー…277
Ramsay MacDonald
　　ラムゼー・マクドナルド…277
Mick McGahey
　　ミック・マガヘー…277
George McGovern
　　ジョージ・マクガヴァン…278
Lord MacGregor
　　マグレガー卿…278
Niccolò Machiavelli
　　ニコロ・マキアヴェリ…278-9
James MacKintosh
　　ジェームズ・マッキントッシュ…279
Donald Mclachlan
　　ドナルド・マクラクラン…279
Iain Macleod
　　イアン・マクラウド…279-80
Marshall McLuhan
　　マーシャル・マクルーハン…281
Comte de Macmahon
　　コント・ド・マクマオン…281
William McMahon
　　ウィリアム・マクマホン…281
Harold Macmillan
　　ハロルド・マクミラン…281-4
James Madison
　　ジェームズ・マディソン…284
John Maffey
　　ジョン・マーフィー…285
William Connor Magee
　　ウィリアム・コナー・マギー…285
Magna Carta
　　マグナ・カルタ…285
Alex Magowan
　　アレックス・マガワン…285

Alfred T. Mahan
　　アルフレッド・T. マハーン…285
Norman Mailer
　　ノーマン・メイラー…285-6
John Major
　　ジョン・メージャー…286
Josephe de Maistre
　　ジョセフ・デ・メーストル…286
Bernard Malamud
　　バーナード・マラマード…286-7
Malcolm X
　　マルコム X…287
Thomas Robert Malthus
　　トーマス・ロバート・マルサス…287
Earl of Manchester
　　マンチェスター伯爵…287
Lord Mancroft
　　マンクロフト卿…287
Nelson Mandela
　　ネルソン・マンデラ…287-8
Winnie Mandela
　　ウィニー・マンデラ…288
John Manners, Duke of Rutland
　　ジョン・マナーズ、ラットランド公爵…288
Lord Mansfield
　　マンスフィールド卿…288
Mao Zedong
　　毛沢東…288-9
William Learned Marcy
　　ウィリアム・ラーンド・マーシー…289
Marie-Antoinette
　　マリー・アントワネット…289
George C. Marshall
　　ジョージ・C. マーシャル…289-90
John Marshall
　　ジョン・マーシャル…290
Thomas R. Marshall
　　トーマス・R. マーシャル…290
José Martí
　　ジョセ・マルティ…290
Andrew Marvell
　　アンドリュー・マーヴェル…290-1
Karl Marx
　　カール・マルクス…291-2
Karl Marx and Friedrich Engels
　　カール・マルクスとフリードリヒ・エンゲルス…292
Queen Mary
　　メアリー王妃…292
Mary, Queen of Scots
　　メアリー、スコットランド女王…292-3
Mary Tudor
　　メアリー・チューダー…293
Philip Massinger
　　フィリップ・マッシンジャー…293
Henry William Massingham
　　ヘンリー・ウィリアム・マッシンガム…293
W.Somerset Maugham
　　W. サマセット・モーム…293

James Maxton
　ジェームズ・マクストン…294
Horace Maybray-King
　ホレース・メイブレイ＝キング…294
Jonathan Mayhew
　ジョナサン・メイヒュー…294
Catherine de' Medici
　カトリーヌ・デ・メディチ…294
Robert Megarry
　ロバート・メガリー…294-5
Lord Melbourne
　メルボルン卿…295-6
David Mellor
　デーヴィッド・メロー…296
H. L. Mencken
　H. L. メンケン…296-7
Jean Meslier
　ジャン・メリエ…297
Prince Metternich
　メッテルニヒ公子…297-8
Anthony Meyer
　アンソニー・メイヤー…298
Jules Michelet
　ジュール・ミッシェレ…298
William Porcher Miles
　ウィリアム・ポーチャー・マイルズ…298
John Stuart Mill
　ジョン・スチュアート・ミル…298-9
Alice Duer Miller
　アリス・デュア・ミラー…300
Charles Wright Mills
　チャールズ・ライト・ミルズ…300
Lord Milner
　ミルナー卿…300
John Milton
　ジョン・ミルトン…300-1
Comte de Mirabeau
　ミラボー伯爵…301
Joni Mitchell
　ジョニ・ミッチェル…301
François Mitterrand
　フランソワ・ミッテラン…301
Walter Monckton
　ウォルター・モンクトン…301-2
Walter Mondale
　ウォルター・モンデール…302
Duke of Monmouth
　モンマス公爵…302
Jean Monnet
　ジャン・モネ…302-3
James Monroe
　ジェームズ・モンロー…303-4
Montaigne
　モンテーニュ…304
Montesquieu
　モンテスキュー…304-5
Lord Montgomery
　モンゴメリー卿…305
Thomas More
　トーマス・モア…305-6

John Morley
　ジョン・モーリー…306
George Pope Morris
　ジョージ・ポープ・モリス…306
William Morris
　ウィリアム・モリス…306-7
Harbert Morrison
　ハーバート・モリスン…307
Wayne Lyman Morse
　ウェイン・ライマン・モース…307
Desmond Morton
　デズモンド・モートン…307
Rogers Morton
　ロジャーズ・モートン…307
Oswald Mosley
　オズワルド・モーズレー…307
John Lothrop Motley
　ジョン・ロスロップ・モトレー…308
Lord Mountbatten
　マウントバッテン卿…308
Daniel P. Moynihan
　ダニエル・P. モイニハン…308
Robert Mugabe
　ロバート・ムガベ…308
Malcolm Muggeridge
　マルコム・マガーリッジ…308
Ed Murrow
　エド・マロー…309
Benito Mussolini
　ベニト・ムッソリーニ…309

N

Sarojini Naidu
　サロジーニ・ナーイドゥ…309
Lewis Namier
　ルイス・ネーミア…310
Napoleon I
　ナポレオン1世…310-1
Jawaharlal Nehru
　ジャワーハラル・ネール…311-2
Allan Nevins
　アラン・ネヴィンズ…312
Huey Newton
　ヒューイ・ニュートン…312
Nicholas I
　ニコライ1世…312
Nicias
　ニキアス…312
Harold Nicolson
　ハロルド・ニコルソン…312-4
Nigel Nicolson
　ナイジェル・ニコルソン…314
Reinhold Niebuhr
　ラインホールド・ニーバー…314
Martin Niemöller
　マルティン・ニーメラー…314
Friedrich Nietzsche
　フリードリヒ・ニーチェ…314

Richard Milhous Nixon
　リチャード・ミルハウス・ニクソン…315-6
Charles Howard, Duke of Norfolk
　チャールズ・ハワード、ノーフォーク公爵…316-7
Chistopher North
　クリストファー・ノース…317
Lord Northcliffe
　ノースクリフ卿…317
Earl of Northumberland
　ノーサンバーランド伯爵…317
Julius Nyerere
　ジュリアス・ニエレレ…317

O

Michael Oakeshott
　マイケル・オークショット…318
Conor Cruise O'Brien
　コナー・クルーズ・オブライエン…318
Dniel O'connell
　ダニエル・オコンネル…318
James Ogilvy, Lord Seafield
　ジェームズ・オジルヴィ、シーフィールド卿…318
Thomas ('Tip') O'Neill
　トーマス・（'ティプ'・）オニール…318
P. J. O'Rourke
　P. J. オローク…319
George Orwell
　ジョージ・オーウェル…319-21
John L. O'Sullivan
　ジョン・L. オサリヴァン…321-2
James Otis
　ジェームズ・オーティス…322
Ovid
　オヴィディウス…322
Robert Owen
　ロバート・オーウェン…322
Count Oxenstierna
　ウクセンシェルナ伯爵…322-3

P

William Tyler Page
　ウィリアム・タイラー・ペイジ…323
Thomas Paine
　トーマス・ペイン…323-6
Lord Palmerston
　パーマストン卿…326-7
Christabel Pankhurst
　クリスタベル・パンクハースト…327
Emmeline Pankhurst
　エメリーン・パンクハースト…328
Dorothy Parker
　ドロシー・パーカー…328
Martin Parker
　マーティン・パーカー…328
Theodore Parker
　セオドア・パーカー…328
C. Northcote Parkinson
　C. ノースコート・パーキンソン…328-9

Francis Parkman
　フランシス・パークマン…329
Charles Stewart Parnell
　チャールズ・スチュアート・パーネル…329
Matthew Parris
　マシュウ・パリス…330
Blaise Pascal
　ブレイズ・パスカル…330
Sadashiv Kanoji Patil
　サダシブ・カノジ・パティル…330
Patrick Pearse
　パトリック・ピアス…330
Lester Peason
　レスター・ピアソン…330-1
Robert Peel
　ロバート・ピール…331-2
Charles Péguy
　チャールズ・ペギー…332-3
Henry Herbert, Lord Pembroke
　ヘンリー・ハーバート、ペンブルック卿…333
William Penn
　ウィリアム・ペン…333
Samuel Pepys
　サミュエル・ピープス…333
Pericles
　ペリクレス…333
Juan Perón
　ホアン・ペロン…334
H. Ross Perot
　H. ロス・ペロー…334
Henri Philippe Pétain
　アンリ・フィリップ・ペタン…334
Mike Peters
　マイク・ピーターズ…334
Roger Peyrefitte
　ロジェ・ペルフィット…334
Edward John Phelps
　エドワード・ジョン・フェルペス…335
Kim Philby
　キム・フィルビー…335
Prince Philip
　フィリップ殿下…335
Morgan Phillips
　モーガン・フィリップス…335
Wendell Phillips
　ウェンデル・フィリップス…335-6
Phocion
　フォキオン…336
Kenneth Pickthorn
　ケネス・ピックソーン…336
William Pitt, Earl of Chatham
　ウィリアム・ピット、チャタム伯爵…336-7
William Pitt
　ウィリアム・ピット…337-8
Pius VII
　ピウス7世…338
Plato
　プラトン…338
Pliny the Elder
　大プリニウス…338

George Washington Plunkitt
　ジョージ・ワシントン・プランキット…338-9
Plutarch
　プルターク…339
Georges Pompidou
　ジョルジュ・ポンピドー…339
Alexander Pope
　アレキサンダー・ポープ…339-40
John Popham
　ジョン・ポパム…340
Karl Popper
　カール・ポッパー…340
David Morris Potter
　デーヴィッド・モリス・ポッター…340
Henry Codman Potter
　ヘンリー・コドマン・ポッター…340-1
Colin Powell
　コリン・パウエル…341
Enoch Powell
　イーノック・パウエル…341-2
John O'Connor Power
　ジョン・オコナー・パワー…342
John Prescott
　ジョン・プレスコット…343
Richard Price
　リチャード・プライス…343
Matthew Prior
　マシュー・プライア…343
Pierre-Joseph Proudhon
　ピエール=ジョセフ・プルードン…343
John Pym
　ジョン・ピム…343
Pyrrhus
　ピュロス…343

Q

François Quesnay
　フランソワ・ケネー…344
Josiah Quincy
　ジョシア・クィンシー…344

R

Yitzhak Rabin
　イッハク・ラビン…344
Lord Radcliffe
　ラドクリフ卿…344
Thomas Rainborowe
　トーマス・レインボロウ…344-5
Milton Rakove
　ミルトン・ラーコーヴ…345
Walter Raleigh
　ウォルター・ローリー…345
John Randolph
　ジョン・ランドルフ…345-6
Sam Rayburn
　サム・レイバーン…346
Ronald Reagan
　ロナルド・レーガン…346-7

John Redmond
　ジョン・レドモンド…347
Joseph Reed
　ジョセフ・リード…347-8
Thomas Brackett Reed
　トーマス・ブラケット・リード…348
Montague John Rendall
　モンタギュー・ジョン・レンドール…348
James Reston
　ジェームズ・レストン…348
Walter Reuther
　ウォルター・ルーサー…348
Paul Revere
　ポール・リヴィア…348-9
Joshua Reynolds
　ジョシュア・レイノルズ…349
Cecil Rhodes
　セシル・ローズ…349
David Ricardo
　デーヴィッド・リカード…349
Grantland Rice
　グラントランド・ライス…349-50
Stephen Rice
　ステファン・ライス…350
Tim Rice
　ティム・ライス…350
Mandy Rice-Davies
　マンディ・ライス=デーヴィス…350
Ann Richards
　アン・リチャーズ…350
Johann Paul Friedrich Richter ('Jean Paul')
　ヨーハン・ポール・フリードリヒ・リヒター（'ジャン・ポール'）…350-1
Adam Ridley
　アダム・リドリー…351
Nicholas Ridley
　ニコラス・リドリー…351
Hal Riney
　ハル・ライニー…351
Geoffrey Rippon
　ジェフリー・リポン…351
Maximilien Robespierre
　マキシミリアン・ロベスピエール…352
James Harvey Robinson
　ジェームズ・ハーヴィー・ロビンソン…352
Joan Robinson
　ジョーン・ロビンソン…352-3
Mary Robinson
　メアリー・ロビンソン…353
Boyle Roche
　ボイル・ロッシュ…353
Lord Rochester
　ロチェスター卿…353
Will Rogers
　ウィル・ロジャーズ…353
Mme Roland
　ロラン夫人…353
Oscar Romero
　オスカー・ロメロ…354

Eleanor Roosevelt
　エレナー・ローズヴェルト…354
Franklin D. Roosevelt
　フランクリン・D. ローズヴェルト…354-6
Theodore Roosevelt
　セオドア・ローズヴェルト…356-8
Lord Rosebery
　ローズベリー卿…358-9
Ethel Rosenberg and Julius Rosenberg
　エセル・ローゼンバーグとジュリアス・ローゼンバーグ…359
A. C. Ross
　A. C. ロス…359
Dick Ross
　ディック・ロス…359-60
Christina Rossetti
　クリスティーナ・ロセッティ…360
Jean Rostand
　ジャン・ロスタン…360
Lord Rothschild
　ロスチャイルド卿…360
Claude-Joseph Rouget de Lisle
　クロード＝ジョセフ・ルジェ・ド・リール…360
Jean-Jacques Rousseau
　ジャン＝ジャック・ルソー…360-1
Maude Royden
　モード・ロイデン…361
Paul Alfred Rubens
　ポール・アルフレッド・ルーベンス…361
Richard Rumbold
　リチャード・ランボールド…361
Dean Rusk
　ディーン・ラスク…361-2
John Ruskin
　ジョン・ラスキン…362-3
Bertrand Russell
　バートランド・ラッセル…363
Lord John Russell
　ジョン・ラッセル卿…363-4

S

Anwar al-Sadat
　アンワー・アル＝サダト…364
Lord St John of Fawsley
　フォースレーのセント・ジョン卿…364
Saki
　サキ…364
Lord Salisbury
　ソールズベリー卿…364-6
Lord Salisbury
　ソールズベリー卿…366
Sallust
　サラスト…366
Anthony Sampson
　アンソニー・サンプソン…366-7
Paul A. Samuelson
　ポール・A. サミュエルソン…367
Lord Sandwich
　サンドイッチ卿…367

George Santayana
　ジョージ・サンタヤナ…367
Jean-Paul Sartre
　ジャン＝ポール・サルトル…367-8
Hugh Scanlon
　ヒュー・スキャンロン…368
Arthur Scargill
　アーサー・スカーギル…368
Lord Scarman
　スカーマン卿…368
Arthur M. Schlesinger Jr.
　アーサー・M. シュレジンジャー 2 世…368-9
Patricia Schroeder
　パトリシア・シュローダー…369
E. F. Schumacher
　E. F. シューマッハー…369
Carl Schurz
　カール・シュルツ…369
Claud Schuster
　クロード・シュスター…369
C. P. Scott
　C. P. スコット…370
Sir Walter Scott
　ウォルター・スコット卿…370
John Seeley
　ジョン・シーリー…370
John Selden
　ジョン・セルデン…370
Arthur Seldon
　アーサー・セルドン…370
W. C. Sellar and R. J. Yeatman
　W. C. セラーと R. J. イェートマン…371
Nassau William Senior
　ナッソー・ウィリアム（父）…371
William Seward
　ウィリアム・シーワード…371
Edward Sexby
　エドワード・セクスビー…371-2
Anthony Ashley Cooper, Lord Shaftesbury
　アンソニー・アシュリー・クーパー、シャフツベリー卿…372
William Shakespeare
　ウィリアム・シェイクスピア…372-87
Robert Shapiro
　ロバート・シャピロ…387
George Bernard Shaw
　ジョージ・バーナード・ショー…387-8
Hartley Shawcross
　ハートリー・ショークロス…388-9
Charles Shaw-Lefevre
　チャールズ・ショー＝ルフェーヴル…389
Lord Shelburne
　シェルバーン卿…389
Percy Bysshe Shelley
　パーシー・ビシュ・シェリー…389-90
William Shenstone
　ウィリアム・シェンストーン…390
Philip Henry Sheridan
　フィリップ・ヘンリー・シェリダン…390

477

Richard Brinsley Sheridan
　リチャード・ブリンズリー・シェリダン…390
William Tecumseh Sherman
　ウィリアム・テクムシー・シャーマン…390-1
Emanuel Shinwell
　エマニュエル・シンウェル…391
Jonathan Shipley
　ジョナサン・シプリー…391
William Shippen
　ウィリアム・シッペン…391
Algernon Sidney
　アルジャノン・シドニー…392
Emmanuel Joseph Sieyès
　エマニュエル・ジョセフ・シエイエス…392
Simonides
　シモニデス…392
Kirke Simpson
　カーク・シンプソン…392
C.H.Sisson
　C. H. シソン…392
Noel Skelton
　ノエル・スケルトン…393
Adam Smith
　アダム・スミス…393-5
Alfred Emanuel Smith
　アルフレッド・エマニュエル・スミス…395-6
Cyril Smith
　シリル・スミス…396
F. E. Smith, Lord Birkenhead
　F. E. スミス、バーケンヘッド卿…396
Howard Smith
　ハワード・スミス…396
Ian Smith
　イアン・スミス…396
Samuel Francis Smith
　サムエル・フランシス・スミス…397
Sydney Smith
　シドニー・スミス…397
Tobias Smollett
　トバイアス・スモレット…397
C. P. Snow
　C. P. スノー…397
Philip Snowden
　フィリップ・スノードン…398
Socrates
　ソクラテス…398
Alexander Solzhenitsyn
　アレクサンデル・ソルジェニツィン…398-9
Anasutasio Somoza
　アナスタシオ・ソモサ…399
Susan Sontag
　スーザン・ソンタグ…399
Lord Soper
　ソーパー卿…399
John L. B. Soule
　ジョン・L. B. ソウル…399
Robert Southey
　ロバート・サウジー…399-400
Henry D. Spalding
　ヘンリー・D. スポルディング…400

Herbert Spencer
　ハーバート・スペンサー…400
Oswald Spengler
　オズワルド・シュペングラー…400
Edmund Spenser
　エドマンド・スペンサー…400
Benjamin Spock
　ベンジャミン・スポック…400
Cecil Spring-Rice
　セシル・スプリング＝ライス…401
Joseph Stalin
　ジョセフ・スターリン…401
Charlrs E. Stanton
　チャールズ・E. スタントン…401
Edwin McMasters Stanton
　エドウィン・マクマスターズ・スタントン…401-2
David Steel
　デーヴィッド・スティール…402
Lincoln Steffens
　リンカン・ステファンズ…402
Gertrude Stein
　ゲルトルード・スタイン…402
James Fitzjams Stephen
　ジェームズ・フィッツジェイムズ・ステファン…402
Thaddeus Stevens
　タデウス・スティーヴンズ…402-3
Adlai Stevenson
　アドレー・スティーヴンソン…403-4
Robert Louis Stevenson
　ロバート・ルイス・スティーヴンソン…404-5
Caskie Stinnett
　カスキー・シュティンネット…405
Baroness Stocks
　バロネス・ストックス…405
Tom Stoppard
　トム・ストッパード…405
William Stoughton
　ウィリアム・ストートン…405
Lord Stowell
　ストウェル卿…405
Thomas Wentworth, Lord Strafford
　トーマス・ウェントワース、ストラフォード卿…406
Simeon Strunsky
　シメオン・ストランスキー…406
Louis Sullivan
　ルイ・サリヴァン…406
Maximilien de Béthune, Duc de Sully
　マキシミリアン・ド・ベチューン、シュリ公爵…406
Arthur Hays Sulzberger
　アーサー・ヘイズ・ザルツバーガー…406
Charles Sumner
　チャールズ・サムナー…406-7
Hannen Swaffer
　ハンネン・スワッファー…407
Jonathan Swift
　ジョナサン・スウィフト…407-8

T

Tacitus
タキトゥス…408
William Howard Taft
ウィリアム・ハワード・タフト…408
Charles-Maurice de Talleyrand
シャルル＝モーリス・ド・タレーラン…408-9
R. H. Tawney
R. H. トーニー…409-10
A. J. P. Taylor
A. J. P. テイラー…410-2
Henry Taylor
ヘンリ・テイラー…412-3
Normam Tebbit
ノーマン・テビット…413
William Temple
ウィリアム・テンプル…413
John Tenniel
ジョン・テニール…414
Lord Tennyson
テニソン卿…414
Terence
テレンティウス…414
Margaret Thatcher
マーガレット・サッチャー…414-7
William Ropscoe Thayer
ウィリアム・ロスコー・セアー…418
Louis Adolphe Thiers
ルイ・アドルフ・ティエール…418
Dylan Thomas
ディラン・トーマス…418
J. H. Thomas
J. H. トーマス…418
Norman Thomas
ノーマン・トーマス…418
Lord Thomson of Fleet
フリート街のトムソン卿…419
Henry David Thoreau
ヘンリー・デーヴィッド・ソロー…419
Julian Thompson
ジュリアン・トンプソン…419
Jeremy Thorpe
ジェレミー・ソープ…419
James Thurber
ジェームズ・サーバー…420
Lord Thurlow
サーロウ卿…420
Alexis de Tocqueville
アレクシス・ド・トクヴィル…420-2
Robert Torrens
ロバート・トレンス…422
Arnold Toynbee
アーノルド・トインビー…423
Joseph Trapp
ジョセフ・トラップ…423
Lord Trend
トレンド卿…423

Charles Trevelyan
チャールズ・トレヴェリアン…423
G. M. Trevelyan
G. M. トレヴェリアン…423-4
William Trevor
ウィリアム・トレヴァー…424
Hugh Trevor-Roper
ヒュー・トレヴァー＝ローパー…424
Tommy Trinder
トミー・トリンダー…424
Anthony Trollope
アンソニー・トロロプ…424-6
Leon Trotsky
レオン・トロツキー…426
Harry S Truman
ハリー・S トルーマン…426-8
Barbara W. Tuchman
バーバラ・W. タックマン…428
A. R. J. Turgot
A. R. J. テュルゴー…428
Mark Twain
マーク・トウェイン…428

V

Paul Valery
ポール・ヴァレリー…429
William Henry Vanderbilt
ウィリアム・ヘンリー・ヴァンダービルト…429
Laurens van der Post
ローレンス・ヴァン・デル・ポスト…429
Harry Vaughan
ハリー・ヴォーン…429
Thorstein Veblen
ソースタイン・ヴェブレン…429-30
Vegetius
ウェゲティウス…430
Pierre Vergniaud
ピエール・ベルニョー…430
Hendrik Frensch Verwoerd
ヘンドリック・フレンシュ・ヴェルヴォード…430
Vespasian
ヴェスパシアヌス…430
Queen Victoria
ヴィクトリア女王…430-1
Gore Vidal
ゴア・ヴィダル…431
José Antonio Viera Gallo
ホセ・アントニオ・ヴィエラ・ガリョ…431
Virgil
ウェルギリウス…431-2
Voltaire
ヴォルテール…432

W

William Waldegrave
ウィリアム・ウォルドグレイヴ…433
George Walden
ジョージ・ウォルデン…433

Felix Walker
フェリックス・ウォーカー…433
George Wallace
ジョージ・ウォレス…433
Henry Wallace
ヘンリー・ウォレス…433
Edmund Waller
エドマンド・ウォーラー…433-4
Horace Walpole
ホレース・ウォルポール…434-5
Robert Walpole
ロバート・ウォルポール…435-6
Charles Dudley Warner
チャールズ・ダッドリー・ウォーナー…436
Earl Warren
アール・ウォーレン…436
Booker T. Washington
ブッカー・T. ワシントン…436
George Washington
ジョージ・ワシントン…436-7
William Watson
ウィリアム・ワトソン…437
Evelyn Waugh
イーヴリン・ウォー…438
Beatrice Webb
ベアトリス・ウェッブ…438-9
Sidney Webb
シドニー・ウェッブ…439
Max Weber
マックス・ウェーバー…439
Daniel Webster
ダニエル・ウェブスター…439-40
Josiah Wedgwood
ジョサイア・ウェジウッド…440
Simon Weil
シモン・ウェイル…441
Stanley Weiser and Oliver Stone
スタンレー・ワイザーとオリヴァー・ストーン…441
Orson Welles
オーソン・ウェルズ…441
Duke of Wellington
ウェリントン公爵…441-3
H. G. Wells
H. G. ウェルズ…443
Rebecca West
レベッカ・ウェスト…443
John Fane, Lord Westmorland
ジョン・フェイン、ウェストモーランド卿…443
Charles Wetherell
チャールズ・ウェザーレル…444
Grover A. Whalen
グローヴァー・A. ホェーレン…444
Thomas, Lord Wharton
トーマス、ウォートン卿…444
Robert Whinney
ロバート・ウィニー…444
E. B. White
E. B. ホワイト…444-5

Theodore H. White
セオドア・H. ホワイト…445
William Allen White
ウィリアム・アレン・ホワイト…445
William Whitelaw
ウィリアム・ホワイトロー…445
Gough Whitlam
ゴフ・ホイットラム…445
Walt Whitman
ウォルト・ホイットマン…446
John Greenleaf Whittier
ジョン・グリーンリーフ・ウィッティアー…446
Robert Whittington
ロバート・ホイッティントン…446-7
Oscar Wilde
オスカー・ワイルド…447
Wilhelm II
ウィルヘルム2世…447
John Wilkes
ジョン・ウィルクス…447
William III
ウィリアム3世…447-8
Wendell Willkie
ウェンデル・ウィルキー…448
Charles E. Wilson
チャールズ・E. ウィルソン…448
Harold Wilson
ハロルド・ウィルソン…448-50
Henry Wilson
ヘンリー・ウィルソン…450
Woodrow Wilson
ウッドロー・ウィルソン…450-1
William Windham
ウィリアム・ウィンダム…451-2
John Winthrop
ジョン・ウィンスロップ…452
Robert Charles Winthrop
ロバート・チャールズ・ウィンスロップ…452
Humbert Wolfe
ハンバート・ウルフ…452
James Wolfe
ジェームズ・ウルフ…452
Thomas Wolfe
トーマス・ウルフ…452-3
Tom Wolfe
トム・ウルフ…453
Thomas Wolsey
トーマス・ウルジー…453
Alexander Woollcott
アレキサンダー・ウールコット…453
William Wordsworth
ウィリアム・ワーズワース…453
Henry Wotton
ヘンリー・ウォットン…453-4
Neville Wran
ネヴィル・ウラン…454
John Wycliff
ジョン・ウィクリフ…454

X

Augustin, Marquis de Ximénèz
　オーグスティン、ヒメネス侯爵…454

Y

William Yancey
　ウィリアム・ヤンシー…454
W. B. Yeats
　W. B. イェーツ…454-5
Boris Yeltsin
　ボリス・エリツィン…456
Andrew Young
　アンドリュー・ヤング…456
Michael Young
　マイケル・ヤング…456

Z

Israel Zanguill
　イスラエル・ザングウィル…456
Emiliano Zapata
　エミリアーノ・ザパタ…456
Philip Ziegler
　フィリップ・ジーグラー…456-7
Ronald L. Ziegler
　ロナルド・L. ジーグラー…457
Grigori Zinoviev
　グリゴリ・ジノヴィエフ…457
Émile Zola
　エミール・ゾラ…457

編者紹介

アントニー・ジェイ（Antony Jay）
アントニー・ジェイは1956年のパラマウントから1996年のアニーズ・バーまで40年間にわたって行政、政治の世界にテレビ作家やプロデューサーとして君臨してきている。その間にトウナイトの編集職として、『Royal Family』や『Elizabeth R.』などを制作し、デーヴィッド・フロストと『A Prime Minister on Prime Ministers』と題してハロルド・ウィルソンを12回にわたりインタヴューするなど多くの番組に関わってきた。
彼の官僚政治に向ける視点はBBCテレビの上級管理職でありながら不遇であったことや、「放送の将来アナン委員会」の行政担当として脇役を演じたことに起因する。彼の手法は1980年代の人気番組『Yes, Minister』『Yes, Prime Minister』で大きく開花した。
さらに本書、オックスフォード大学出版会の『政治発言』ですべての才能がついにヴェールを脱いだ。

訳者紹介

和田宗春（わだ・むねはる）
1944（昭和19）年生まれ。早稲田大学第一商学部、教育学部、大学院政治学研究科修了。著書に『出直せ地方政治』『地方政治ビックバン』『青い目の議員がゆく』『有権者意識に聞け』（共著）、『最年少議員奮闘記』『スキンシップ政治学 Ⅰ・Ⅱ』『いろは歌留多の政治風土』『さきがけ流選挙の闘い方』『サクセス選挙術』『奪権』（単著）、訳書にC.E.メリアム著『シカゴ』『社会変化と政治の役割』、P.アーノルド著『英国の地方議員はおもしろい！』など。論文に「メリアム研究」（文京学院大学紀要）などがある。
文京学院大学講師（非常勤）。剣道錬士6段、居合道5段、杖道4段。
現在、東京都議会議員・第43代議長。

政治発言 ── オックスフォード引用句辞典

アントニー・ジェイ編／和田宗春訳

2010年9月30日初版第1刷発行

発行所　株式会社はる書房
〒101-0051　東京都千代田区神田神保町1-44 駿河台ビル
Tel. 03-3293-8549/Fax.03-3293-8558
振替 00110-6-33327
http://www.harushobo.jp/

落丁・乱丁本はお取替えいたします。　印刷・製本　中央精版印刷／組版　閏月社
カバーイラスト　小森 傑／カバーデザイン　閏月社
© Muneharu Wada. Printed in Japan, 2010
ISBN 978-4-89984-115-9 C1530